集人文社科之思 刊专业学术之声

刊　　　名：广州大典研究

主办单位：广州大典研究中心

主　　编：刘平清

副 主 编：席　涛

执行主编：王富鹏（轮值）（总第 3 辑）

　　　　　黎俊忻（轮值）（总第 4 辑）

No.3,No.4 STUDIES ON GUANGZHOU ENCYCLOPEDIA

顾　　问：陈建华　陈春声　张　磊

编　　委

陈立胜　程焕文　方家忠　甘　谦　郭德焱　胡巧利　黄明同　黄仕忠　纪德君
江滢河　蒋　寅　李庆新　李绪柏　李哲夫　林　锐　林子雄　刘平清　刘志伟
倪根金　倪俊明　汤开建（澳门）　王海滨　王宏斌　王元林　吴承学　吴义雄
杨　权　曾伟玉　张其学　左鹏军　[美]范岱克（Paul A. Van Dyke）
[法]梅谦立（Thierry Meynard）

编辑部（以汉语拼音为序）

　　　　　陈　子　黄小高　蒋　方　黎俊忻　王富鹏　席　涛　于百川

　　　　　张玉华　赵晓涛　赵新良

编　　务：刘东楚　王春燕

投稿邮箱：gzdd-studies@foxmail.com

联系地址：广东省广州市天河区珠江东路 4 号广州图书馆南 8 楼
　　　　　广州大典研究中心《广州大典研究》编辑部

联系电话：（020）83836666 转 1801

总第3~4辑

集刊序列号：PIJ-2018-243

中国集刊网：www.jikan.com.cn

集刊投约稿平台：www.iedol.cn

广州大典研究

STUDIES ON GUANGZHOU
ENCYCLOPEDIA No.3, No.4

总第 3 ~ 4 辑

主编 刘平清

社会科学文献出版社
SOCIAL SCIENCES ACADEMIC PRESS (CHINA)

广州大典研究

总第 3 辑

（岭南三大家研究专辑）

卷首语

顺治三年丙戌（1646）十二月清军破广州，天下版籍几尽归清。陈邦彦、陈子壮和张家玉等岭南士人，于日落虞泉之时，犹效鲁阳挥戈。据瓯骆一隅，虽难以回天，却改写了清军征服岭南的历史。受其遗风鼓荡，岭海之间数十年士风直雄，以"岭南三大家"为代表的大批诗人应运而生。

明清鼎革时期那段撕心裂肺的痛楚早已被时间淡忘，血泪和墨写成的那段殷红的历史也早经蠹鱼反复浏览，被刻意销毁淹灭的诗人，数百年之后仍然是辉耀文坛的巨星。龚自珍如此评价屈大均："奇士不可杀，杀之成天神；奇文不可读，读之伤天民。"

1996年12月10~12日，在屈大均的故乡番禺，广东炎黄文化研究会曾主持召开"屈大均国际学术研讨会"。二十多年过去了，有关"岭南三大家"——屈大均、陈恭尹、梁佩兰的研究相对于其前已经发生了很大变化，取得了丰富的学术成果。同时，这一研究发展到现在，似乎也逐渐走到了一个特殊的节点上。急需对相关的研究进行一次盘点，思考如何拓展未来的研究。2018年12月1~2日在广州召开的"岭南三大家与岭南文化"学术研讨会，正好因应了这一需要。这也是第一次以"岭南三大家"为主题的学术研讨会。

《广州大典研究》第三辑为"岭南三大家"研究专辑，所收录的论文主要是从这次学术研讨会的会议论文中挑选出来的。这16篇文章分为"思想研究""作品研究""文献整理与研究""影响及事迹研究""综合研究""学术动态"六个栏目。

"思想研究"栏目为本辑的一大亮点，共有3篇文章。一为中山大学博士生导师杨权教授的《"僧其貌"而不"僧其心"——论屈大均的失路逃禅与归儒辟佛》，一为华南师范大学博士生导师左鹏军教授的《屈大均的广东情结与遗民情怀》，一为中山大学李杰博士后的《屈大均的"遗民时间"》。这三篇都是非常有分量的文章，本辑"学术动态"栏目中《"岭南三大家与岭南文化"学术研讨会会议综述》（以下简称《会议综述》）一文已有介绍，兹不赘述。杨权教授和左鹏军教授长期从事岭南文学和文献研究，"岭南三大家"也是两位教授主要关注的研究对象之一，其文章无论是材料的使用还是论点的提炼，都能见其炉锤功力。

"作品研究"栏目共有两篇文章，分别是黄鸣教授的《〈广东新语〉与明清之际广东的自然及人文地理》和孙恩乐教授的《屈大均〈广东新语〉与岭南服饰》。

"文献整理与研究"栏目是本辑的"重头戏"，共有六篇文章。罗志欢教授与弟子廖粤的《"岭南三大家"诗文评辑录·合论》《"岭南三大家"研究论著索引（1936～2018）》和陈鸿钧教授的《广州考古所藏屈大均、陈恭尹、梁佩兰撰东皋武庙钟鼎铭文拓本纪略》三篇文章在本辑"学术动态"栏目下的《会议综述》中已有介绍，兹不赘述。罗志欢教授长期从事岭南文献研究，之于岭南文献就如家藏珍玩。罗教授正在写作的"岭南三大家的研究资料集"对相关的研究将大有助益。何淑苹博士和林宏达教授合撰的《台湾七十年来屈大均研究论著目录（1949～2018）》把1949年之后至今台湾地区所有关于屈大均的研究文章和论著网罗殆尽。为了使文章尽可能地完善，除夕之时两位作者还在搜集相关资料，唯恐有所遗漏，其严谨认真的态度，令人敬佩！两位台湾学者以其地利之便为大陆学者的相关研究提供了极大的帮助。董就雄教授的《梁佩兰佚作考》对目前学界所辑全部梁佩兰佚作进行了全面的审视考查，考证出其中廿四篇（联）并非梁氏作品，并指出其前学界实得梁氏佚诗二十首，五言联句三首，佚词三首，佚文廿九篇，佚联三副，诗评五条，存目诗两首，存目文两篇。同时该文又新辑梁氏佚作七篇，并对诸佚作做了系年列表。该文是目前关于梁氏佚作最完整、最权威的一篇重量级作品。笔者的《冒广生撰〈屈翁山杂剧〉考述》对民国油印本《屈翁山杂剧》进行了介绍，并对其作者进行了考证。此杂剧在中国国家图书馆和广东省立中山图书馆都有收藏，中国国家图书馆题签于著者一项题为"屈大均撰"。此册杂剧包括四种，以序分别为《屈翁山杂剧》《云䯀娘杂剧》《廿五弦杂剧》《郑妥娘杂剧》，书后附散曲三套。封面及书内均未题撰者。经考证,《屈翁山杂剧》为冒广生所著,后经修改收入《疚斋杂剧》当中。

"影响及事迹研究"栏目收录的两篇文章分别为宋健先生的《王煐与屈大均交游考述》和梁基永博士的《梁佩兰陈恭尹两先生墓重修纪事》。"综合研究"收录的两篇文章,分别为程大立教授的《岭南三大家与桐城派》和李君明教授的《岭南三大家年表简编》。此外,《"岭南三大家与岭南文化"学术研讨会会议综述》对 2018 年 12 月 1～2 日在广州召开的"岭南三大家与岭南文化"学术研讨会会议情况和专家报告做了简要介绍。

研讨会结束于戊戌年底,本专辑的编辑定稿于己亥年初。冬天过去了,春天已经来到。一段时间的沉淀之后,相信"岭南三大家"研究将会有一个崭新的开始。相关人员所付出的努力,在此后相关的研究中一定会兑现相应的成果。

王富鹏

目 录

CONTENTS

特 稿

推进岭南文化的深入研究 ……………………………………… 陈建华 / 3

思想研究

"僧其貌"而不"僧其心"

   ——论屈大均的失路逃禅与归儒辟佛 ……………… 杨 权 / 7

屈大均的广东情结与遗民情怀 ……………………………… 左鹏军 / 32

屈大均的"遗民时间" ………………………………………… 李 杰 / 48

作品研究

《广东新语》与明清之际广东的自然及人文地理 …………… 黄 鸣 / 65

屈大均《广东新语》与岭南服饰 …………………………… 孙恩乐 / 82

文献整理与研究

梁佩兰佚作考 ………………………………………………… 董就雄 / 97

台湾七十年来屈大均研究论著

   目录（1949～2018） ………………………… 何淑苹 林宏达 / 126

"岭南三大家"诗文评辑录·合论 ………………… 罗志欢 廖 粤 / 136

1

"岭南三大家"研究论著索引（1936~2018） …… 廖 粤 罗志欢 / 150

广州考古所藏屈大均、陈恭尹、梁佩兰撰东皋武庙

　　钟鼎铭文拓本纪略 ……………………………… 陈鸿钧 / 174

冒广生撰《屈翁山杂剧》考述 …………………………… 王富鹏 / 181

影响及事迹研究

王煐与屈大均交游考述 …………………………………… 宋 健 / 191

梁佩兰陈恭尹两先生墓重修纪事 ……………………… 梁基永 / 210

综合研究

岭南三大家与桐城派 ……………………………………… 程大立 / 223

岭南三大家年表简编 ……………………………………… 李君明 / 241

学术动态

"岭南三大家与岭南文化"学术研讨会会议综述 ………… 王富鹏 / 293

目　录

C O N T E N T S

Special Contribution

Promote In-depth Study of Lingnan Culture ·················· *Chen Jianhua* / 3

Ideological Research

"Monk's Appearance" Rather than "Monk's Heart"
　—On Qu Dajun's Lost Way to Escape Zen and Return to
　　Confucianism and Create Buddhism ························ *Yang Quan* / 7
Qu Dajun's Obsession for Guangdong and Sentiments as an Adherent of
　the Ming Dynasty ································· *Zuo Pengjun* / 32
The Time of the Adherents of Ming Dynasty of Qu Dajun ········· *Li Jie* / 48

Research on Works

Guangdong Xin Yu: the Natural and Human Geography of Guangdong
　During the Ming and Qing Dynasties ···················· *Huang Ming* / 65
Qu Dajun's Guangdong Xin Yu and Lingnan Clothing ········· *Sun Enle* / 82

Literature Collation and Research

An Investigation on Liang Peilan's Lost Works ············· *Dong Jiuxiong* / 97
The Catalogue of Research Including of Papers and Books to Qu,
　Da-Jun Which Were Conducted by Researchers in Taiwan in the
　Past Seventy Years (1949 – 2018) ········ *He Shuping*, *Lin Hongda* / 126

Commentary on Poems and Essays of "Lingnan Three Renowned Poets" ·

　　Collection of Commentaries ·················· *Luo Zhihuan*, *Liao Yue* / 136

Index of Research Works on "Lingnan Three Renowned Poets"

　　(1936 – 2018) ····························· *Liao Yue*, *Luo Zhihuan* / 150

The Description of Inscription Rubbings in Emperor Wudi Temple of

　　Donggao Written by Qu Dajun, Chen Gongyin and Liang Peilan

　　Being Collected by Guangzhou Archaeology Institute ······ *Chen Hongjun* / 174

A Textual Research on Mao Guangsheng's

　　Quwengshan Zaju ································· *Wang Fupeng* / 181

Research on Impact and Events

Study & Research of Friendship between Wang Ying &

　　Qu Dajun ··································· *Song Jian* / 191

The Chronicle of Rebuilding of the Tomb of Liang Peilan

　　and Chen Gongyin ·························· *Liang Jiyong* / 210

Comprehensive Research

Lingnan Three Renowned Poets and Tongcheng

　　Literary School ···························· *Cheng Dali* / 223

A Compendium of the Cronology of Lingnan Three

　　Renowned Poets ···························· *Li Junming* / 241

Academic trends

"Lingnan Three Renowned Poets and Lingnan Culture" Seminar

　　Meeting Summary ························· *Wang Fupeng* / 293

特　　稿

推进岭南文化的深入研究

陈建华

《广州大典》编纂委员会主任、主编，
广州大典研究中心名誉主任

岭南文化由中原文化、百越文化吸纳海外文化融合而成，是中华文化的一朵奇葩，是中华文化的重要组成部分。从晋代葛洪，唐代张九龄、六祖慧能到明代陈白沙、湛若水，岭南人文逐渐兴盛。明清以来，源远流长的岭南文化大放光芒，岭南大地涌现出大批杰出的人物，诞生了一批具有全国影响的著作。岭南古代刻书肇始于宋元时期。明万历四十四年（1616），广东提学副使张邦翼首次对岭南文献进行收集和整理，编纂出版了《岭南文献》，虽有许多不足，但筚路蓝缕，难能可贵。现在我们有了更好的条件，21世纪初我们适时启动了《广州大典》的编纂工作，对广府地区的存世文献进行了全面的摸排和整理。

保护和研究本民族、本地区流传下来的文献能增强我们的文化自信。地方文献是中华民族文化的重要组成部分，对地方文献和文化的保护、整理和研究也是保护研究中华民族文献和文化的题中应有之义。《广州大典》的编纂引起了全国同行的瞩目。全国各地重视地方文献的整理、保护与研究，逐渐形成热潮。在这一过程中，广东走在了时代的前列，走在了全国的前列。整理和保护是基础，是为地方文化的研究提供文献支持。《广州大典》即将付诸梨枣之时，广州设立了面向全国学者的"《广州大典》与广州历史文化研究"课题和博士学位论文资助项目。自2013年到2018年批准立项的课题，合计有241项，其中重点课题42项、一般课题151项、博士学位论文项目40项，委托课题8项。这一举措有力地促进了岭南文化和广州历史文化的研究。

今年 10 月,我们召开了"地方文献保护与整理出版"研讨会。今天,省内外的相关专家学者再次共聚一堂,聚焦"岭南三大家",进行交流和探讨,对推动岭南文化的研究走向纵深将会起到积极的作用。从唐代"岭南诗祖"张九龄起,岭南诗歌经过唐、宋、元、明近千年的孕育发展,到明末清初终于走上高峰。这一时期的广州地区诗人辈出,产生了一个庞大的诗人群体,在全国产生一定影响的诗人有二十多人。屈大均、陈恭尹、梁佩兰在明末清初诗坛上皆为一流大家,"岭南三大家"代表了岭南文学和广州府地方文学的最高成就。这一时期是历史上岭南文学最繁荣、成就最大的时期,在岭南文学发展史上具有里程碑式的意义。

近代岭南诗人冼得霖《题屈翁山年谱》诗云"三百年间粤派开,上追太白汝奇才",认为清代三百年粤中诗派,由屈大均开其先河。屈大均不但诗词为清代一流大家,而且在经学、历史学、方志学和地方文献整理等方面都卓有成就。他的《广东新语》更是百科全书式的著作,是研究岭南文化的必读之书。《翁山诗外》,外其诗而诗词广为传诵;《翁山易外》,外其易而易解精辟。"岭南三大家"中的屈大均和陈恭尹文品、人品堪称典范,正所谓外其名而名扬,外其身而身存。高山仰止,世人师表。

粤港澳大湾区的人文底蕴是岭南文化和广府文化,广州是其中心。"岭南三大家"的著述是岭南文化、广府文化的一座宝库。我们召开这样一个会议,就是要为专家学者们搭建一个研究交流的平台,聆听专家学者的真知灼见,希望大家深入研究、挖掘"岭南三大家"作品的思想、艺术和文化意义,传承岭南的历史和文化,同时也为岭南文化、大湾区的文化建设做出积极的贡献。

(本文为陈建华同志 2018 年 12 月 2 日在"岭南三大家与岭南文化"学术研讨会开幕式上的致辞,有删节)

思想研究

"僧其貌"而不"僧其心"*

——论屈大均的失路逃禅与归儒辟佛

杨 权**

中山大学中文系，广东广州，510275

摘 要： 屈大均在甲申鼎革后因"失路"而逃禅十二年。他之所以逃禅而没有死节，是想通过"全身"来"传道"。这位袈裟遗民"僧服儒心"，落发后毫无离俗之念，对现实政治依旧保持深切关怀，且不遗余力为复明而奔忙。他先是在番禺海云寺拜岭南遗民的精神领袖天然函昰为师，但他与函昰只是政治上的同路人而不是思想上的同志，因此后来与本师及同门生隙，离开了华首—海云系，转投金陵天界系，礼江南名僧觉浪道盛。在天界系，他又与"异端派"僧人石濂大汕发生了尖锐冲突。为解决"僧服儒心"的矛盾，他在"复明"无望的康熙初年顶住舆论与心理的压力，以"事亲"与"复姓"为由还俗归儒，由于受到了儒家本位主义立场的影响，后来他还大张旗鼓辟佛。

关键词： 清初；遗民僧；屈大均；政治；佛教

清初岭南著名诗人屈大均曾于清顺治七年（1650）落发为僧，12 年之后又脱离佛门，还俗归儒，后来则崇儒辟佛。其生活经历反映了社会现实的复杂性、人生轨迹的曲折性与思想活动的多面性，因此很值得关注。兹

---

* 基金项目：《广州大典》与广州历史文化研究重点项目"海云禅系与岭南遗民僧"（批准号：2014GZZ02）。

** 杨权（1958～），男，汉族，广西玉林人。历史学博士，中山大学中文系教授、博士生导师。

围绕其出家与还俗的几个问题展开讨论。

一　人生失路　无奈出家

　　屈大均出家，与明清鼎革之后复杂的政治军事形势直接相关。屈氏曾在其《先考澹足公处士四松阡表》中提到，顺治三年（1646）清军首陷广州，他遵从其府君"仕则无义。洁其身，所以存大伦也，小子勉之!"[①] 的训导，坚决不向清朝表示臣服。次年，其师陈邦彦与陈子壮、张家玉——史称"岭南三忠"——在广州周边地区发动了大规模的抗清起义，他也亲身参加了这场声势浩大的武装斗争。起义失败后，其师杀身成仁，他则逃隐在家。不久，清将李成栋戏剧性地反清归明，迎永历帝返肇庆，抗清形势一时好转。他遂于顺治六年（1649）春赴行在谒见永历帝，并呈《中兴六大典书》，为大明江山的恢复出谋献策。当时永历帝授职中秘书，但他因父病而辞归。翌年，尚可喜打败了李成栋，清兵再陷广州，屠城七日，肆无忌惮地捕杀城内的军民，如迹删成鹫和尚《纪梦编年》所记，"男子之在城者，靡有孑遗。妇稚悉为俘虏，监管取赎"[②]，死者近 70 万。因寅属虎，而广州别名"羊城"，故这场浩劫史称"虎食羊"。在血雨腥风的氛围中，为了躲避迫害，免受"剃发留辫"之辱，屈大均遂于此年在距家乡严坑（今番禺新造镇思贤村）咫尺之遥的员岗村雷峰海云寺落发为僧。

　　在屈大均所处的时代，落发为僧是许多不肯辱节降志的明遗民对新朝的一种消极抵制方式，这种方式被陈垣先生称为"逃禅"。邵廷采《思复堂文集·明遗民所知传》谓："明之季年，故臣庄士往往避于浮屠，以贞厥志。……僧之中多遗民，自明季始。"饶宗颐指出："明季遗民遁入空门，一时才俊胜流，翕然趋向。"[③] 广东地处岭海，尚未为中原江左习气熏染，故逃禅之风更盛，李舜臣《岭外别传：清初岭南诗僧群研究》一书搜罗了 160 名广东的逃禅诗僧，而他们只是其中的很小一部分。

---

①　欧初、王贵忱主编《屈大均全集》（三），人民文学出版社，1996，第 138 页。
②　（清）成鹫和尚：《咸陟堂集》（二），广东旅游出版社，2008，第 303 页。
③　姜伯勤：《石濂大汕与澳门禅史：清初岭南禅学史研究初编》，学林出版社，1999，序第 1 页。

　　清初士人逃禅风行，与清朝统治者实行的政策有某种关联。在屈大均所处的时代，清廷对汉族士人逃禅实行默许政策，反清人士遁入佛门后，一般既往不咎。清朝方面之所以纵容逃禅，固然有想以此政策化解反抗势力的意思，但我们还要看到，当时清朝统治者对逃禅意义的理解，与逃禅者是完全相反的。廖肇亨先生曾指出，在清朝统治者的眼中，汉族士人逃禅是表示"臣服"，因为他剃了头发；而在不愿臣服的汉族士人看来，"沙门不敬王者"，逃禅就意味着与统治者的不合作。① 这种认识的差异，使双方在逃禅问题上达成了奇怪的默契。屈大均也是在这样的社会政治背景下逃禅的。

　　然而对于明遗民而言，国变之后，除隐迹逃禅外，还有另外一条路可走，那就是杀身成仁。南明的烈士瞿式耜就宁死而不肯为僧，瞿共美《东明闻见录》记载，顺治七年（1650），清将孔有德率师入桂林，俘虏了永历朝留守瞿式耜与总督张同敞。孔有德劝降，瞿、张誓死不从。孔有德敬重瞿式耜，不忍加害，派人传话："公可剃发为僧，自当了悟。"可是瞿式耜对放自己一条生路的孔有德并不领情，凛然回答："僧者，降臣之别名也。佛即圣人；圣人，人伦之至也，未识人伦，何为了悟？"这件事说明，在当时第一等的忠义之士看来，逃禅含有"忍辱偷生"的意义。对自己苟存性命于乱世，屈大均其实也是有所惭愧的，他曾说自己"求仁不得，斯为罪戾"②。而清廷方面也看不起他这种不能死节的行为，《乾隆实录》卷1021 载乾隆四十一年（1776）十一月十六日的谕旨便指屈大均的同门澹归今释"遁迹缁流，均不能死节，腼颜苟活，乃托名胜国，妄肆狂猖，其人实不足齿"。屈大均并非"腼颜苟活"之辈，否则他就不会参加其师陈邦彦等领导的反清武装起义，可既然如此，他为什么又不以身殉国呢？对这个问题，他是这样解释的："人尽臣也，然已仕未仕则有分。已仕则急其死君，未仕则急其生父，于道乃得其宜。"③ 这段话，见于其《周秋驾六十寿序》，虽是说别人，却也是说自己。他曾在《御琴记》中对着"威宗烈

---

①　廖肇亨：《明末清初遗民逃禅之风研究》，台湾大学中国文学研究所硕士学位论文，1994，第 74～75 页。

②　欧初、王贵忱主编《屈大均全集》（三），人民文学出版社，1996，第 138 页。

③　欧初、王贵忱主编《屈大均全集》（三），人民文学出版社，1996，第 92 页。

皇帝"（崇祯帝）之灵自称"草泽臣"①，意思便是说自己没有仕明的经历，但心系明朝。对自己国难不死，屈大均还有一个解释，那就是负有"传道"的责任。他在《七人之堂记》中说："士君子不幸生当乱世，重其身所以重道。天下无道，栖栖然思有以易之，惟圣人则可。"② 在他看来，在乱世末造，要使道相传不坠，士君子先得全其身。身之不存，道将焉附？因此他在《书逸民传后》说：

> 南昌王猷定有言，古帝王相传之天下至宋而亡。存宋者，逸民也。大均曰，嗟夫，逸民者，一布衣之人，曷能存宋？盖以其所持者道，道存则天下与存。……今之天下，视有宋有以异乎？一二士大夫其不与之俱亡者，舍逸民不为，其亦何所可为乎？世之蚩蚩者，方以一二逸民伏处草茅，无关于天下之重轻，徒知其身之贫且贱，而不知其道之博厚高明，与天地同其体用，与日月同其周流，自存其道，乃所以存古帝王相传之天下无穷也哉。嗟夫，今之世，吾不患夫天下之亡，而患夫逸民之道不存。③

屈大均认为，世变之后，为图虚名而死，不见得就是负责任，并不值得这么做。在"传道"论的背后，屈大均其实还有一句话没有说出来，那就是：志士只有保存生命，才能继续进行反清复明斗争。清人全祖望在《鲒埼亭集》卷四二《移明史馆帖子五》中说："士之报国，原自各有分限，未尝盖以一死期之。"因此死与不死，对屈大均来说并不是问题的关键。正如一位论者分析的："屈大均的'生'已不是目的，而是手段。是成就自己人生信仰的方式，就生死本身来讲，此时已无重大意义。不负责任只图虚名的'死'还不如有所待的'生'。"④

---

① 欧初、王贵忱主编《屈大均全集》（三），人民文学出版社，1996，第 300 ~ 301 页。
② 欧初、王贵忱主编《屈大均全集》（三），人民文学出版社，1996，第 32 页。
③ 欧初、王贵忱主编《屈大均全集》（三），人民文学出版社，1996，第 394 页。
④ 卜庆安：《论屈大均"逃禅"》，《海南师范学院学报》（人文社会科学版）2002 年第 2 期。

二 袈裟遗民 剃后心态

清初的袈裟遗民，从整体来看都是"政治和尚"，不过由于各自出家的原因与背景不尽相同，因此思想行为大有分别。

有一类袈裟遗民，特别是那些在甲申国变前就已经出家的和尚，身上往往具有"亦僧亦儒"的特征，他们多半是在确立了对佛教的信仰后才落发的。虽然出家后还会对现实政治有所关注，但是他们在本质上已属于道地的出家人。屈大均的师父函昰就属于这类遗民僧。函昰，字丽中，号天然，明崇祯举人。崇祯十二年（1639）皈依佛门，在江西庐山归宗寺礼宗宝道独和尚，祝发受具。后入住广州诃林（即光孝寺），应机施教，宗风丕振，道声远播。甲申国变后避地番禺海云寺，历住罗浮山华首台、广州海幢寺、丹霞山别传寺、庐山栖贤寺诸刹。清顺治十八年（1661），继其师主罗浮山华首台法席，成为曹洞宗第三十四代传人。因为身心俱在佛门，所以这位高僧以儒入佛，以禅为纲，融通各宗，在钻研佛教的义理的基础上，曾写作《首楞严直指》《金刚正法眼》《楞伽心印》《般若心经论》等一系列理论专著，成为清初岭南佛教的一代宗师。

另一类袈裟遗民，是甲申国变后才出家的，虽然在他们内心深处故国情怀并未完全消退，但是由于其扮演的社会角色已发生重大变化，加上政治形势今非昔比，他们在遁入佛门之后往往不再与闻世事，对社会的政治现实抱冷眼旁观的态度。已"看破红尘"的他们，隐迹于丛林寺刹，冀求精神解脱。与屈大均有交往的临济宗高僧成鹫①便是这类典型。成鹫，字迹删，少年时曾被南明永历朝录为博士弟子员。作为一名汉族的知识分子，他在内心深处对清朝是持排斥态度的，对明朝复兴是心有期待的。但是打着"兴明讨虏"旗号造反的吴三桂的失败，使他心灰意冷，面对"滇黔之炎炎者，将见扑灭；闽广之滔滔者，渐睹安澜；冠冕之峨峨者，又不

---

① 成鹫和尚《咸陟堂诗集》卷二有古风《屈翁山归自金陵予将入泷水赋赠》一首，故可知他与屈大均有交往。

免于裂冠毁冕，退修初服矣"① 的局面，他选择了自我断发，离俗出家，从此屏迹城市，不再与闻世事。

还有一类遗民僧，初出家时与现实纠葛很深，但后来在佛门的熏陶下思想逐渐发生转变，最终实现从"外僧内儒"到"亦僧亦儒"的转型，成为真正意义上的佛教徒。屈大均的同门今释澹归便是这种典型。这位与其师父函昰、师叔函可并称"岭南三大遗民僧"的和尚俗名金堡，原是明朝的进士，曾入仕南明隆武朝与永历朝，与现实政治纠葛很深。后来在朝廷的政争中受到迫害，心灰意冷，乃落发为僧。顺治九年（1652），他在广州礼函昰，受具足戒。最初，他尘心不泯，与反清复明势力有千丝万缕的关系，人称其"国亡遁迹，仍复寄其蕨薇之思"②，出家之后长期无法从过去的痛苦与仇恨中解脱，用他自己的话说就是"身托缁流，心乖白月。宰官之障未除，文士之气未尽。万行未习，六度未修"③。不过后来终于因某种机缘而顿悟，"于病中返照，大生惭愤，起坐正观，万念俱息，忽然冷汗交流，碍膺之物与病俱失。从此入室，师资契合，顿忘前所得者，老人乃印可"④，成了表里一致的合格出家人。

与上述三类遗民僧不同，还有这样一类遗民僧，他们并不是因为对佛教有信仰，而是因为人生"失路"才不得已而遁身佛门的。清初学者归庄说："二十余年来，天下奇伟磊落之才、节义感慨之士往往托于空门，亦有居家而髡缁者，岂真乐从异教哉？不得已也！"⑤ 他们虽遁身于佛门，却不以浮屠自待，心中所秉持的依旧是儒家的价值观。这类遗民僧，实际上并不是真正的和尚，而只是穿上了袈裟的儒生，是所谓"僧服儒心"者。屈大均就属于这类遗民僧。出家对于屈大均而言，其实并不是人生的追求，而只是无奈的选择。他曾坦承："予昔之于二氏也，盖有故而逃焉，予之不得已也。"⑥ 作为"不得已"的出家人，屈大均是这样认识逃禅的：

---

① （清）成鹫和尚：《咸陟堂集》（二），广东旅游出版社，2008，第 309 页。
② 冼玉清：《冼玉清文集》，中山大学出版社，1995，第 623 页。
③ （清）澹归和尚：《遍行堂集》（一），广东旅游出版社，2008，第 205 页。
④ （清）成鹫和尚：《咸陟堂集》（二），广东旅游出版社，2008，第 79 页。
⑤ （清）归庄：《送笻在禅师之余姚序》，《归庄集》，上海古籍出版社，1984，第 240 页。
⑥ 欧初、王贵忱主编《屈大均全集》（三），人民文学出版社，1996，第 122 页。

　　嗟夫，圣人不作，大道失而求诸禅。忠臣孝子无多，大义失而求
诸僧。春秋已亡，褒贬失而求诸诗。以禅为道，道之不幸也。以僧为
忠臣孝子，士大夫之不幸也。以诗为春秋，史之不幸也。①

既然逃禅是不得已的，他在穿上袈裟之后也就没有"离俗"之念，与世俗
社会依然保持密切的联系。他以"今种"为名，取的就是"忠君忧国，一
点热血，使百千万劫忠臣义士种性不断"② 之义。他把自己出家之后所住
的地方称作"死庵"，并作《死庵铭》申述己志：

　　日死于夜，月死于昼，吾如日月，以死为寿。昼夜之死，非日月
之否。欲昼夜之生，须昼夜之死。故曰：天死我身，吾将生之。天生
我心，吾将死之。欲生其身，须死其心。心生于死，身死于生。夫能
如是，是之谓能生能死之至人。③

他还取永历铜钱一枚，以黄丝系佩在身上，以示不改操守。有的遗民僧出
于"权变"的需要，也会和清朝的官员保持某种关系。例如今释就曾替人
笔削《元功垂范》一书，为平南王尚可喜歌功颂德；在他的《遍行堂集》
中，也有不少与清朝的"将军""太守""总戎""中丞""抚军""方伯"
酬答的文字。连有"未尝一言一语仰干豪贵"清誉的函昰，也与平南王尚
可喜有交往。④ 但是屈大均对清朝的达官贵人避之唯恐不及。他的一位遗
民朋友杜溶曾把他比作"义不帝秦"的"鲁仲连"，另一位遗民朋友黄生
则把他称为"击剑心"的"冲冠客"⑤。
　　屈大均在为期12年的出家生涯中，从未真正用心参究过佛理。他只是

---

① 欧初、王贵忱主编《屈大均全集》（四），人民文学出版社，1996，第318页。
② （清）钱谦益：《罗浮种上人诗集序》，《牧斋有学集》，上海古籍出版社，1996，第886
　　页。
③ 欧初、王贵忱主编《屈大均全集》（三），人民文学出版社，1996，第191页。
④ 函昰曾与尚可喜共铸一铜佛，今存广州大佛寺。
⑤ （清）黄生：《赠一灵上人》，《一木堂诗稿》，康熙二十二年（1683）刻本。

在二十七岁那年，遵师祖华首老人宗宝道独之命，写过唯一一篇不到百字的《华严宝镜跋》，其无心为僧，可见一斑。他曾在《翁山佚文》卷二的《髻人说》中自明衷曲：

> 庚寅年二十一，又复髡，则予遂圆顶为僧，然犹不肯僧其帽，终岁间戴一青纱幅巾。
>
> 壬辰年二十三，为飘然远游之举。以城市中不可以幅巾出入，于是自首至足，遂无一而不僧。①

试想一个连僧装都不屑于穿搭的人，哪里可能有为僧的自觉意识！他曾坦言："士君子不幸而当君父之大变，僧其貌可也，而必不可僧其心。"② 因为无"僧心"，所以他出家后常常东颠西跑，从事种种与佛事完全无关的政治活动。他曾两次逾岭北游，到南京谒明孝陵，入京师登煤山哭崇祯，出辽东吊袁崇焕故垒，途中凡见明遗墟废垒，必涕泣悲歌。不曾在明朝一日为官的他，却登煤山哭"威宗烈皇帝"（崇祯帝）。顺治十五年（1658），他在济南李氏家中见到了崇祯帝御用的"翔凤御琴"，"捧之流涕"，随后写下了声泪俱下的《烈皇帝御琴歌》。四年之后，在广州西郊草堂的一次遗民雅集上，他对这把御琴的见闻，仍深深打动在座的陈恭尹等人。他出家期间的诗文，总是充满亡国之患和报国之志。在故都燕京，他吟出"风雨迷神驭，山河尽国殇；御袍留血诏，哀痛几时忘"③。他虽是和尚，却无时无刻不为明室复兴而操心，常常"泪洒兰仓水，心悬缅甸城"④。在塞北，他同顾炎武等志士一起高吟"飘零且觅藏书洞，慷慨休听出塞歌。我欲金箱图五岳，相从先向曲阳过"⑤ 的诗句。字里行间，流露出拳拳报国之心。有学者注意到，在屈大均远游所交的旧友新朋中，并

---

① 欧初、王贵忱主编《屈大均全集》（三），人民文学出版社，1996，第 471 页。
② 欧初、王贵忱主编《屈大均全集》（三），人民文学出版社，1996，第 165 页。
③ 欧初、王贵忱主编《屈大均全集》（一），人民文学出版社，1996，第 229 页。
④ 欧初、王贵忱主编《屈大均全集》（一），人民文学出版社，1996，第 282 页。
⑤ 欧初、王贵忱主编《屈大均全集》（二），人民文学出版社，1996，第 811 页。

"没有什么高僧大德，基本上是朔北和江南的故臣庄士"①。据上坐为徒说法，其偶尔至寺刹亦不过"像名士的表演"②。正因此，沈德潜《清诗别裁集》并不把屈大均列为"诗僧"，而是把他归入"儒者"类。顺治十七年（1660），屈大均还在会稽与浙江抗清义士魏耕等人共商匡复大计，冒险致信远在福建厦门的郑成功，邀他引兵北上。郑成功得信，果然大举北伐，循海道入长江，接连收复30余州、府、县，并包围南京；可惜后来骄兵轻敌，功败垂成。事后，清廷侦知魏耕、屈大均曾参与其事，遂追捕他们。结果魏耕被杀，他却侥幸逃脱。这些事实说明，屈大均出家后，其思想心态与在俗时并无二致。他依旧坚持原有的政治立场，不屈不挠地与清朝做斗争。他还俗后坦白："昔者，吾之逃也，行儒之行而言二氏之言。"③ 故蔡鸿生先生评论说："'死庵'里的屈大均，根本就没有脱胎换骨，他依然是'人'——一个僧貌儒心的人！"④

正由于"僧其貌"而不"僧其心"，身为出家人的屈大均在姓氏问题的见解上也与其他出家人迥异。本来，一般出家人离俗之后，便要放弃俗姓而改姓"释"的。但他出家后始终不愿"舍其姓而姓释"，因此，他的友人在他出家期间也常以俗姓"屈"称呼他，比如，顺治八年（1651）番禺诸生、天然函昰的俗家弟子林梦锡（法名今舒）曾作五律《曾诃衍、屈一灵再访》（徐作霖、黄蠡《海云禅藻集》卷四）。顺治十七年（1660）浙中名士朱彝尊曾作五律两首，一首题为《同杜浚、俞汝言、屈大均三处士放鹤洲探梅分韵》，另一首题为《同王二猷定登种山怀古招屈五大均》（《曝书亭集》卷四）；朱彝尊还作有七古一首，题为《寒夜集灯公房听韩七山人疆弹琴兼送屈五还罗浮》（《曝书亭集》卷五）。顺治十八年（1661）觉浪道盛的门人桐岑大灯有诗赠屈大均，诗题为《送祁奕喜还山阴兼柬屈翁山》（《过日集》卷十二）。受上述观念的影响，屈大均甚至也用俗姓指称别的和尚。比如，康熙十九年庚申（1680），屈氏曾作七律《送方即山之西宁》（《翁山诗外》卷九），"即山"是临济宗天童系僧人成鹫初出家时的法字，成鹫

① 蔡鸿生：《清初岭南佛门事略》，广东高等教育出版社，1997，第85页。
② 赵园：《明清之际士大夫研究》，北京大学出版社，1999，第12页。
③ 欧初、王贵忱主编《屈大均全集》（三），人民文学出版社，1996，第124页。
④ 蔡鸿生：《清初岭南佛门事略》，广东高等教育出版社，1997，第79页。

俗姓方。

三 海云禅系 分道扬镳

屈大均于顺治七年（1650）落发出家的番禺员岗村雷峰海云寺，是清初曹洞宗在岭南的最重要道场，其方丈正是屈大均之师天然函昰和尚。函昰在当时影响很大，被誉为当时岭南明遗民的精神领袖与法门砥柱。由函昰之师宗宝道独和尚开派的曹洞宗海云系，是按"道函今古传心法，默契相应达本宗。森罗敷演谈妙谛，祖印亲承永绍隆"[1] 的法偈传续法脉的，因此屈大均出家后法名今种，字一灵。

屈大均在出家之前就与函昰有交往。函昰曾介绍他到粤秀山，从陈邦彦学《周易》和《毛诗》，因这一机缘，屈大均与陈邦彦结下了师生深谊。也许是由于屈大均出家前在岭南已享大名，屈大均进入佛门后，最初是颇受函昰器重的。函昰曾安排他到海幢寺任宗宝道独老和尚的侍者，以助老和尚"网罗散失"，编辑《憨山大师梦游全集》。而老和尚似乎也颇欣赏屈大均的才学，曾在完成佛学著作《华严宝镜》后，请这位徒孙作跋。

但是，正如上文所分析的，屈大均是在明清易代的特殊政治背景下不得已而逃禅的，他在本质上并不是真正意义上的出家人，而只是披上了袈裟的儒生。他"身在曹营心在汉"，隐身于浮屠，却又不以僧伽自待，他内心深处所持奉的仍旧是儒家的理论体系与价值观念。这一点，与其师有很大的差别。作为清初曹洞宗的一代宗师，函昰是对佛教秉持高度信仰的自觉出家人，而不是逃禅者。他对抗清志士们固然持欣赏态度，甚至暗中保护他们，但这只是基于民族大义而采取的立场，与屈大均像在俗士人一般直接卷入反清复明斗争，性质并不相同。屈大均与函昰说到底只是政治上的"同路人"，而不是"同志"，他们在保持民族气节这个问题上具有相同或相近立场，但是在对佛教的信仰与对出家的态度上存在根本分歧。因此，屈大均虽然拜了函昰为师，但是在思想方面并没有能够做到与师父交流无碍，这一点决定了师徒俩不可能长久在一起，而终有分道扬镳的

---

[1] 据清道光六年（1826）潮州开元寺住持绍法和尚编《开元寺传灯录》。

一天。

当时的学人潘耒在《屈翁山复石濂书跋》中，便提到了屈大均与函昰生隙的事实：

> （屈大均）既以天然为师，转而师觉浪，欲与天然为雁行。天然诸法嗣不与，乃推奖石濂，认为同门，以压阿字、澹归，皆出私意；甚至代石濂作书，以触犯本师，何倒行逆施至是！[①]

上面这段文字，透露了以下三点信息。

第一，本属番禺海云系的屈大均，后来转礼金陵的觉浪道盛，成为天界系的一员。

道盛，号觉浪，住金陵天界寺，是曹洞宗天界系的核心人物，像函昰一样，亦是曹洞宗的高僧和明遗民的精神领袖，他在江南佛教界的地位，与天然函昰在岭南佛教界的地位约略相似，被誉为"江南三宝"之一（另外两"宝"是藏经与长干塔）。佛教界向来有转益多师的传统，在求法学佛方面一般没有门户界限，因此屈大均脱离函昰而转礼道盛，本来也不是不可以的。不过，若考虑到天界、华首—海云两系的关系，问题就来了。天界系是曹洞宗寿昌法系的东苑支，华首—海云系是曹洞宗寿昌法系的博山支，两系同出一源。道盛是晦台元镜和尚的弟子，函昰之师道独是无异元来和尚的弟子，而元来、元镜又均是曹洞宗第二十六世寿昌慧经（字无明）的弟子。这就意味着，道盛与函昰是法叔侄关系！因此屈大均脱离函昰而转礼道盛，就造成了一个尴尬的局面，这就是使函昰与他的关系由师徒变成了"法兄弟"！潘耒说他"欲与天然为雁行"，便是这个意思。明知转礼道盛会搅乱宗门辈分，屈大均为什么还要这么做呢？因没有直接的材料可资佐证，我们只能通过逻辑推理来进行分析。屈大均转礼道盛，可能的动机有三个：一是想寻求政治庇护，二是想更进一步参究佛法，三是想脱离华首—海云系。第一动机是很容易被排除掉的，因为函昰与道盛都是

[①]（清）潘耒：《救狂砭语》，谢国桢辑《瓜蒂庵藏明清掌故丛刊》，上海古籍出版社，1983，第204~205页。

17

明遗民的精神领袖，二人不仅政治立场相同，而且社会影响也约略相当，函昰既然已充当屈大均的保护伞，屈大均哪里还有必要再另寻一把？第二个动机也不成立，因为屈大均并不是一位真正意义上的出家人，他自为僧以来就没有过学佛的真心思。在排除了前面两个动机之后，最后一个动机——想脱离华首—海云系，就成为唯一的可能。

第二，屈大均因替大汕和尚（号石濂）捉刀为文而触犯了函昰。

潘耒言屈大均"代石濂作书"，确有其事。《救狂砭语》载《屈翁山复石濂书》就有"（仆）不过代兄作一《问五家宗旨》"①之语，这说明大汕的《问五家宗旨》是屈大均代笔的。根据汪宗衍先生在《屈大均年谱》中所做的考证，屈大均还曾替大汕撰写过《离六堂诗集自序》。屈大均充当大汕捉刀人的时间应在他还俗之后，因为他是在康熙初年才与大汕订交的（详见下文），此时他与函昰已解除师徒关系。这样做为什么会触犯函昰，不得而知。不过对于我们来说，知道这个事实就已经足够，因为它已透露出屈大均与函昰不和的消息。

第三，屈大均不但与其师关系紧张，与同门也有深刻的矛盾。

潘耒在其《与梁药亭庶常书》中称："翁山本从天然剃染，复为觉浪门人。后返初服，与天然诸法嗣不相得。"②关于屈大均"与天然诸法嗣不相得"的问题，今天也已很难从屈大均本人或他人的著述中找到具体证据，但是以屈大均的心高气傲，加上他在骨子里对佛教的排斥，他与今无、今释等同门会有矛盾，那是很有可能的。虽然今天我们在屈大均和其同门的诗文别集中看不到他们相互攻讦的文字，但是我们同样找不到他们相互推奖的文字。事实是，在海云系僧人的著述中，根本就没有"屈大均"的影子！这一点，可以徐作霖、黄蠡所辑《海云禅藻集》为例来说明。是书所收，全为函昰僧俗弟子们的诗作，其中卷四收录了陈恭尹的诗两首，说明他也是函昰的门人。梁佩兰的诗作未见集中，但他作有《送乐说和尚上奉华首、雷峰、千山、海幢、栖贤、丹霞三世语录往秀州楞严寺

---

① （清）潘耒：《救狂砭语》，谢国桢辑《瓜蒂庵藏明清掌故丛刊》，上海古籍出版社，1983，第 195 页。

② （清）潘耒：《救狂砭语》，谢国桢辑《瓜蒂庵藏明清掌故丛刊》，上海古籍出版社，1983，第 56 页。

入藏，时取道乐西》一诗，看诗题便知他与海云系僧人关系密切，因此这首作品被今人黄国声收入《海云文献辑略》之中。而本为函昰入室弟子的屈大均，其诗作在集中竟付诸阙如！考虑到他作为"岭南三大家"之一的重要地位，这一缺位意味深长。

令人奇怪的是，虽然屈大均与其同门关系紧张，但是他与自己从未谋面的法叔函可有良好的关系。函可，字祖心，号千山剩人。原是明万历礼部尚书韩日缵的大公子，于崇祯年间于法兄函昰之后落发为僧，成为道独的法嗣。顺治二年（1645），他以"请藏"为由入金陵，意欲在弘光朝的政治中心为故国复兴效力，不久清兵破城，他把自己在金陵的所见所闻记为私史，名为《变纪》。在出城还粤的时候，这部书稿被清兵搜出，他因此被捕入狱。后来由于其父的门生洪承畴暗中相救，清廷没有将他处死，而是发配东北了事。在岭南的遗民僧中，函可可能是入世最深、对清朝最仇恨的一位。屈大均曾说他"盖其人虽居世外，而自丧乱以来，每以洊涩苟全，不得死于家国，以见诸公于地下为憾"①。大概是为函可在反清复明斗争中的无畏精神所感动，屈大均对这位师叔情有独钟，他曾在《广东新语》中录评函可的《剩诗》，称"其痛伤人伦之变，感慨国家之亡，至性绝人，有士大夫之所不能及者。读其诗，而君父之爱，油然以生焉"②。顺治十四年（1657），他到处放出消息，说要"出塞寻祖心禅师"，以身"代赎"③，其亲朋好友得讯后也纷纷赠诗以壮其行色④。而函昰的上首徒弟阿字今无先他一年也出关探访函可，可是与他没有丝毫的声气相通。今无在经历了千难万苦之后终于在当年的岁末来到辽阳，在千山见到了函可；而屈大均于顺治十五年（1658）东出榆关，在各地周游了一番，并未能见到函可，最后在郁闷地作了一首《言从浮峤直抵榆将访剩大师不果赋怀》之

---

① 欧初、王贵忱主编《屈大均全集》（四），人民文学出版社，1996，第318页。
② 欧初、王贵忱主编《屈大均全集》（四），人民文学出版社，1996，第318页。
③ 顾梦游《送一灵师之辽阳兼柬剩和尚》诗原注说他"欲北上具疏请自成，而放剩和尚入关"，见《顾与治诗集》卷五，《丛书集成续编》第171册，台湾新文丰出版公司，1989，第280页。
④ 例如张穆作有《送翁山道人度岭北访沈阳剩和尚》诗一首，陈子升作有《送一灵上人出塞寻祖心禅师》诗一首，钱澄之作有《送一灵出关寻剩公》诗二首，顾梦游作有《送一灵师之辽阳兼柬剩和尚》诗二首，等等。

后便南返了。

屈大均与函可虽未能谋面，但二人还是有诗歌往还的。屈大均有《寄
剩禅师》《寄沈阳剩人和尚》诗，函可有《寄介子》《同澹心咏介子庭中
蜡梅》诗，均见于各自的诗集。

四　转投天界　生隙大汕

饶宗颐先生曾指出，清初遁入空门的才俊胜流，"其活动自江南迤及
岭南，徒众之盛，实以金陵天界寺觉浪上人一系，与番禺海云天然和尚一
系最为重镇"①。作为袈裟遗民的屈大均，与清初佛门这两大重镇居然都有
密切的联系。

本属番禺海云天然和尚一系的屈大均之所以会与金陵天界系法众发生
关系，如上引潘耒《屈翁山复石濂书跋》所记，是因为他后来脱离了天然
函昰一系，"转而师觉浪"。除了潘耒的文字之外，别的文献资料也可证屈
氏曾改换门庭——由海云系的成员变身为天界系的成员的事实。例如，顺
治十六年己亥（1659），钱谦益曾为屈氏作《罗浮种上人诗集序》，文中有
"上人归侍杖人"②之语。"杖人"是道盛的别号，这是屈氏成为道盛门徒
的明证。又屈大均在《屈翁山复石濂书》中曾说自己"洞上正宗三十四代
祖师亦羞恶而不肯作"③。意思是说道盛有意传法于他，而他不屑于接受。
道盛为曹洞宗第三十三代，函昰为曹洞宗第三十四代，如果屈大均不是以道
盛门人自居而是以函昰门人自居，他就应该说自己"洞上正宗三十五代祖师
亦羞恶而不肯作"！事实上，正如笔者在《屈大均之名本为法名》一文所考
证的，正由于改换了门庭，屈氏才有了"大均"这个名字，因为曹洞宗寿
昌支是按无明慧经创制的二十八字传灯法偈来分派的："慧元道大兴慈济，

① 姜伯勤：《石濂大汕与澳门禅史：清初岭南禅学史研究初编》，学林出版社，1999，序第 1 页。
② （清）钱谦益：《牧斋有学集》，上海古籍出版社，1996，第 886 页。
③ （清）潘耒：《救狂砭语》，谢国桢辑《瓜蒂庵藏明清掌故丛刊》，上海古籍出版社，1983，第 196 页。

悟本传灯续祖先。性海洞明彰法界，广宏行愿证真常。"①

屈大均是哪一年转投道盛门下的？文献资料并无确切记载。姜伯勤先生认为他顺治十三年"受菩萨戒于觉浪道盛"②，恐有误。此年屈大均尚在广州海幢寺当道独的侍者，助老人著述，不可能在金陵受戒。笔者判断，屈氏转礼道盛，是在他顺治十五年戊戌（1658）初抵达金陵与道盛相见之后，因为次年他就已经以道盛门人的身份，去找钱谦益为自己的诗集作序了。无论如何，屈大均转投道盛门下，不会晚于顺治十六年己亥（1659），因为这一年道盛已示寂。

屈大均以和尚身份在天界系活动没多久就返粤还俗了，加上羊城离金陵甚远，因此他与天界系法众的联系可能并不是那么多。不过从其与他人的诗歌唱和中，还是可以看得出联系的存在的。例如，顺治十八年辛丑（1661），桐岑大灯有诗《送祁奕喜还山阴兼柬屈翁山》（《过日集》卷十二）赠屈氏，而屈大均的《翁山诗外》卷五、卷六、卷八则分别有《寄桐岑子》《登支硎山怀桐岑子》《寄桐岑禅师》诸作。桐岑大灯是道盛的第十七法嗣。朱彝尊有七古《寒夜集灯公房听韩七山人疆弹琴兼送屈五还罗浮》（《曝书亭集》卷五），题中的"灯公"即指桐岑大灯。同年，屈大均有诗《登秦山寄酬庐山无可大师》（《翁山诗外》卷四）、《越中寄庐山无可大师》（《翁山诗外》卷九）。无可，即明末的名士方以智，出家后礼觉浪道盛，名大智，字无可。

在天界系法众中，与屈大均关系最密切纠葛也最多的，无疑是他后来在广东才认识的石濂大汕。

大汕字厂翁，号石濂，自称是觉浪道盛的门人。道盛在江南各地弘传佛教四十年，声名远播，得戒弟子不可胜数，大汕大概确实是其中之一。这位和尚多巧思、工诗画，极有才情却放浪形骸，被学者认为是清初佛门"异端派"的代表人物。他曾应安南国王之请往该国开法，又曾在澳门普济禅院主法，后住广州长寿寺。根据姜伯勤先生的研究，他至迟在康熙二

① 杨权：《屈大均之名本为法名》，《中山大学学报》（社会科学版）2011年第5期。
② 姜伯勤：《石濂大汕与澳门禅史：清初岭南禅学史研究初编》，学林出版社，1999，第183页。

年 (1663) 从澳门移居广州，与屈大均结识则是在康熙八年之前。[①] 潘耒
《救狂后语》录《梁药亭复书》提到，大汕初至狮子林时，梁佩兰与屈大
均即为其护法。潘耒在给梁佩兰的信（《与梁药亭庶常书》）中则谓：

> （石濂）初来广州，不过卖画观音，称讲师而已。忽为善知识，
> 称觉浪法嗣，则翁山实证成之。翁山本从天然剃染，复为觉浪门人，
> 后返初服，与天然诸法嗣不相得。见石濂，爱其聪慧，谓英年可造，
> 就不惜口业，力为证明。翁山乃亲见觉浪者，翁山既以石濂为觉浪之
> 嗣，其谁曰非觉浪之嗣。[②]

上信说明屈大均对证明大汕确是道盛的门人从而使他在广州站稳脚跟发挥
了重要作用。事实上也正是仰赖屈大均的引荐，大汕才有机会通过平南王
的幕客金光交结尚可喜，最后成为其家寺——长寿寺的住持。潘耒上信记
其事：

> 渠又谄事平南王之幕客金公绚，得见平南及俺答公。广州长寿、
> 清远飞来二寺，皆实行和尚所住持，实行没，公绚言于俺达，以石濂
> 住长寿。长寿无产业，飞来有租七千余石，乃于诸当事，请以飞来为
> 下院，尽逐实行之徒，而并吞其租，翁山有力焉。[③]

　　屈大均与大汕在相交结的前期关系相当密切。上文已提到，大汕出版
其《离六堂诗集》，屈大均不仅以同门身份为他作序，而且还代笔帮他写
了自序。《离六堂诗集》卷一有《秋水词寄怀屈翁山客楚》，卷二有五古
《赠屈翁山》，卷六有《寄屈翁山》，都反映了二人原先惺惺相惜、相处投
契的交往状态。但是，两位才俊后来彼此龃龉，争论不休，最后矛盾愈演

---

① 姜伯勤：《石濂大汕与澳门禅史：清初岭南禅学史研究初编》，学林出版社，1999，第 58 页。
② （清）潘耒：《救狂砭语》，谢国桢辑《瓜蒂庵藏明清掌故丛刊》，上海古籍出版社，1983，第 56 页。
③ （清）潘耒：《救狂砭语》，谢国桢辑《瓜蒂庵藏明清掌故丛刊》，上海古籍出版社，1983，第 56~57 页。

愈烈,竟至于成为水火不容的敌人。潘耒在写给梁佩兰的信(《与梁药亭庶常书》)中记道:"石濂既得志,遂疏翁山。翁山甚不平,业已赞成之,不可复言其伪,唯于诸相知前时一吐露,弟预闻之,故知其详……"① 二人最初发生争执,焦点只集中在诗歌创作方面。邓之诚《清诗纪事初编》卷三《释大汕》载:

> (大汕)其诗清丽,大均以为剽窃。借诗乞句,自昔有之。眼前景物,遗辞命意,暗与古合者,亦常有之。大汕固亦列举大均诗之同于太白者矣,如以偷论,则自非阿罗汉,谁能免于偷乎!唯集中《河决行》、《地震行》、《剿贼行》诸篇,悲愤乃同于儒生何也。②

潘耒《救狂砭语》载《屈翁山与石濂书》有"今兄之《离六堂集》也……在翁山集中已窃至数十处"③诸语,指大汕剽窃。载于同书的《屈翁山复石濂书》,则曝光了大汕剽窃屈大均诗句的若干例子,并说这样做的目的是"使天下人皆知兄之书本之翁山"④。大汕不服气,也在复信中指屈大均抄袭、点化李白的诗句,以牙还牙。后来二人关系不断恶化,不但不再彼此称"兄",而且相互进行人身攻击。邓之诚《清诗纪事初编》卷三载:"(大汕)与屈大均龃龉,大均作《花怪》说诋之。事在康熙三十年辛未。"⑤邓氏提到的这篇《花怪》,收入潘耒的《救狂砭语》。⑥ 在这篇奇文中,作者借花讽人,说"长寿寺有一禅者,性嗜种花",其中有佛桑一树,开花色皆黄,但有一花"乃不安于黄,忽变为绛,以与同木诸花相异,其无乃好怪以媚人耶"。不点名地把大汕比为佛门异端。接着便下结

---

① (清)潘耒:《救狂砭语》,谢国桢辑《瓜蒂庵藏明清掌故丛刊》,上海古籍出版社,1983,第56页。

② 邓之诚:《清诗纪事初编》,上海古籍出版社,1984,第342~343页。

③ (清)潘耒:《救狂砭语》,谢国桢辑《瓜蒂庵藏明清掌故丛刊》,上海古籍出版社,1983,第182页。

④ (清)潘耒:《救狂砭语》,谢国桢辑《瓜蒂庵藏明清掌故丛刊》,上海古籍出版社,1983,第196页。

⑤ 邓之诚:《清诗纪事初编》,上海古籍出版社,1984,第342页。

⑥ (清)潘耒:《救狂砭语》,谢国桢辑《瓜蒂庵藏明清掌故丛刊》,上海古籍出版社,1983,第111页。

论："花无象，以人为象；花无心，以人为心。心之邪正，花不能隐，故观其花而其人之贤否可识焉。"在大汕的脸上贴上了"邪"的标签。为了证明自己的结论，作者列举了大汕"为当路大夫作春图""好奢丽，尚粉饰""红襦彩履，芳泽竟体"的种种秽行，把大汕描绘成一个不守戒律、淫邪不堪的花花公子。最后宣言："绛叛黄，吾将欲剪而去之，无使世人为其所蛊，其亦所以扶持名教也耶！"《花怪》并不仅仅是对大汕个人的人身攻击，实际上也包含了对佛门进行批判的意义，因为大汕是一代名僧，屈大均把他说得这么放荡，不免会引起人们对佛门的怀疑，因此其影响是很恶劣的。蔡鸿生先生指出："屈大均的辟佛，不及禅理奥义，显然与宋儒有别。同时，又与昌黎不同，并没有宣泄对游行浮食、惑众聚敛的义愤。"[1] 在他那里，有的只是对被他目为佛门异端的阴私的揭露与道德批判。屈大均丑化大汕，令大汕十分恼火，以至于使出恶毒的阴招。潘耒在《屈翁山复石濂书跋》中说，大汕"亦背翁山，至欲首其《军中草》，陷之死地"[2]。

　　姜伯勤先生认为，屈大均与大汕交恶的根本因由，在于双方政治态度的冲突。康熙十二年（1673）吴三桂反清，屈大均自粤北入湘从军，与吴三桂言兵事，监军于桂林。但与屈大均不同，大汕对吴三桂是持否定态度的。姜先生认为此事"种下他们日后交恶悲剧的因由"[3]。可是我们注意到，康熙十三年（1674）屈大均离粤到湖广从军时，大汕曾有《秋水词寄怀屈翁山客楚》相送，诗收在《离六堂诗集》卷一，情深而意切。这说明屈大均加入吴三桂的队伍，并未影响到他与大汕的关系。根据汪宗衍《屈大均年谱》考证，屈大均是迟至康熙三十一年（1692）至三十三年（1694）才与大汕交恶的。如果屈大均加入吴三桂的部队是他们二人交恶的"因由"，他们的矛盾不可能"冷藏"二十年后才爆发，双方论争的焦点也不会由诗歌蔓延到佛教。笔者认为，他们二人交恶的真正因由，是在对佛教的认识与态度上存在冲突。屈大均在致大汕的一封信（《屈翁山复

①　蔡鸿生：《清初岭南佛门事略》，广东高等教育出版社，1997，第 92 ~ 93 页。

②　（清）潘耒：《救狂砭语》，谢国桢辑《瓜蒂庵藏明清掌故丛刊》，上海古籍出版社，1983，第 204 ~ 205 页。

③　姜伯勤：《石濂大汕与澳门禅史：清初岭南禅学史研究初编》，学林出版社，1999，第 90 页。

石濂书》）中称：

> 仆平生绝无他长，惟有为僧不终、毅然反俗为光明正大之举。且弃
> 拂子、舍传衣，推到宝华王座，即善知识亦不屑为，洞上正宗三十四
> 代祖师亦羞恶而不肯作。知者以为仆智量过人，不知者以为背畔佛祖。[①]

从屈大均的文字中，我们可以推测出大汕对他这位同门还俗归儒是很不以
为然的，我行我素的屈大均对自己的人生选择却理直气壮。他们在这个问
题上既然存在这么大的分歧，在对佛教的认识问题上存在不可调和的矛盾
就可想而知了。

五 还俗归儒 公然辟佛

由于俗姓屈，屈大均有很深的"屈原情结"，这种情结在其出家后从
不曾衰减分毫。他出家后取字"一灵"，后来叫"大均"，取字"骚余"，
都明显地传达了要追法先祖屈原的意思，故其好友陈恭尹在《屈道人歌》
中说他"僧伽未必非灵均"[②]。屈大均自己则在《闾史自序》中说：

> 大夫之姓为屈，自有大夫，而天下之姓遂以屈之姓为天下人之姓
> 之至高至美者，盖大夫之姓，以大夫而重，大夫之忠，又以《离骚》
> 而益重。为大夫之同姓者，不能学大夫之文，宁不能学大夫之忠？[③]

在对其乡所建的"三闾大夫祠"的介绍中，他又说："吾宗自丧乱以来，
二三士大夫，亦颇能蝉蜕垢氛，含忠履正，三闾之遗风，其犹未泯也。"[④]
可见，他始终是以屈原的忠心节气作为自己的行为指南的。这种文化理念

---

① （清）潘耒：《救狂砭语》，谢国桢辑《瓜蒂庵藏明清掌故丛刊》，上海古籍出版社，
　1983，第 196 页。
② 欧初、王贵忱主编《屈大均全集》（四），人民文学出版社，1996，第 320 页。
③ 欧初、王贵忱主编《屈大均全集》（三），人民文学出版社，1996，第 47 页。
④ 欧初、王贵忱主编《屈大均全集》（四），人民文学出版社，1996，第 419 页。

一方面使他保持了绝意仕进的坚定，另一方面又使他动摇了为僧终生的决心。他在第二次北游时，曾到京城凭吊崇祯帝死社稷之地煤山，又到山东访大成至圣先师孔子的故里曲阜，蔡鸿生先生认为这两件事颇具象征性意义：前者强化了"复明"之志，后者激发了"归儒"之心，"有了这段经历，他向空门告别，就只是个时间问题了"。[1]

康熙元年（1662），社会的政治局面发生了重大变化：先是作为明朝存在象征的永历帝被吴三桂从缅甸俘获，不久被害于昆明，南明的最后一个王朝宣告覆灭，反清复明运动也因此失去了号召士民的旗帜；接着，在南方与清朝抗衡了多年的郑成功因兵败不得不从福建沿海地区撤到台湾，不久郑成功本人染疫病故于台南，自此郑氏政权日渐衰微。在清朝的统治日趋稳固、复明运动眼见再难有作为的背景下，屈大均做出了人生中又一惊人抉择——还俗归儒。这件事情发生在他身上，是很合乎逻辑的。前文已分析过，屈大均是在甲申国变之后因"失路"而遁入佛门的，他在出家之后，思想并没有发生实质性的变化，因此还俗是迟早的事。用他自己的说法，既系"不得已而逃"，则"志必将不终于二氏者"。[2]

在屈大均从出家到还俗的过程中，曾有过一个过渡阶段——为道。康熙元年（1662）他北游南归后即开始蓄发。其《髻人说》有对此事的自述："既已来归子舍，又不可以僧而事亲，于是得留发一握为小髻子，戴一偃月玉冠，人辄以'罗浮道人'称之。"[3] 在《广东新语》卷一二《屈道人歌》中，他又说："是时虽弃沙门服，犹称'屈道人'。不欲以高僧终，而以高士始。"[4]"不欲以高僧终，而以高士始"是他还俗的序曲，"为道"没几天，他就穿起了俗装。

对自己为何还俗，屈大均曾提出两条理由。一条是需"事亲"，其《髻人说》说自己"家贫母老，菽水无资，不可以久处山谷之中与鹿麋为伍"[5]。这条理由，其实是很勉强的，除孤儿之外，哪一位出家人无"亲"

---

① 蔡鸿生：《清初岭南佛门事略》，广东高等教育出版社，1997，第 83 页。
② 欧初、王贵忱主编《屈大均全集》（三），人民文学出版社，1996，第 123 页。
③ 欧初、王贵忱主编《屈大均全集》（三），人民文学出版社，1996，第 471 页。
④ 欧初、王贵忱主编《屈大均全集》（四），人民文学出版社，1996，第 320 页。
⑤ 欧初、王贵忱主编《屈大均全集》（三），人民文学出版社，1996，第 471 页。

要"事"？而"母老"的现实，他在出家之前就应当想到了的。另一条是想"复姓"，其《姓解》云：

> 吾屈为岭南望族。予弱冠以国变托迹为僧，历数年，乃弃缁服而归。或问其故，予曰：吾为僧，则舍其姓而姓释。吾以释之姓不如吾屈之姓之美也。吾为帝高阳之苗裔，虽至不才，亦犹贤于为伽文氏之徒也。且吾爱吾之姓，所以爱吾之祖与父。天使吾祖与父姓屈，复使我为屈氏之不才子孙。天之爱我亦甚矣。吾岂可以负之而姓释乎？①

以"释之姓不如吾屈之姓之美也"为还俗之由，就更滑稽了。其实屈大均还俗的真正动机，不是别的，而是想归儒。他在《归儒说》中说：

> 予二十有二而学禅，既又学玄。年三十而始知其非，乃尽弃之，复从事于吾儒。②

这段话讲得不无委曲。他从一开始就是不相信佛教的，根本没有过"学禅"的经历，也不存在"年三十而始知其非"的问题。他本来就是一位披着袈裟外衣的儒生，"复从事于吾儒"，说到底只是一种形式上的回归。不过，这种形式上的回归对于他来说还是必要的："昔者，吾之逃也，行儒之行，而言二氏之言；今之归也，行儒之行，而言儒者之言。"③ 只有通过这种回归，他才能解决多年来积压在其身上的"僧服儒心"的矛盾，实现形貌与内心的一致。

屈大均的回归虽然只是形式上的，但要实现这一点，他还是面临不少的困难。首先便是舆论的压力。他是当时社会知名度极高的人物，一时僧装，一时道装，一时俗装，前后立场大相径庭，难免惹人诟病。其朋友朱彝尊就曾提到，屈大均"烦冤沉菀，至逃于佛老之门，复自悔而归于

① 欧初、王贵忱主编《屈大均全集》（三），人民文学出版社，1996，第147页。
② 欧初、王贵忱主编《屈大均全集》（三），人民文学出版社，1996，第123页。
③ 欧初、王贵忱主编《屈大均全集》（三），人民文学出版社，1996，第124页。

儒……走马射生，纵博饮酒"，"倪荡不羁，往往为世俗所嘲笑"。① 比舆论压力更为严重的，是心理挑战——还俗后必须剃发留辫！这一点，对于民族自尊心很强的他来说，是很难接受的。但在当时的社会背景下，不这样做，头便保不住。因此在其诗文中，对剃发留辫之辱有很强烈的反映。因为被迫这么做，他从心底深处发出了"肤发今如此，那能不辱亲？梦中长痛哭，惭愧曰华身"②，"毁伤之罪，我今复罹。剥肤之痛，人皆患之"③的哀鸣。为此他很羡慕秃发之人，曾作《秃颂》赞美之："羡子之秃，不见刀锥。无烦髻结，不用辫垂。不毛之首，有如鼓槌。……受之父母，未损毫厘。"④ 为了避免留辫之辱，他头发一长便立即剪掉，始终光着脑袋冒充"秃者"。后人见他以秃为荣，便给他留了一幅"不毛之首，有如鼓槌"的写照，勒刻在今思贤乡八泉亭的像碑上。其《长发乞人赞》说："哀今之人，谁非刑余？为城旦春，髡也不如。"⑤ "刑余""城旦""髡"，说的都是剃发之耻。他盛赞一位装疯卖傻、"五年发长委地"的乞丐，说他"全而归之，非孝子舆？……委伤之罪，庶几免诸"，"一丝华夏，在尔皮肤，不使毫末，辱于泥涂"，"发之离我，不可须臾。无发则死，七尺何需"。⑥ 他还以头发拟人，写下了《藏发赋》："发兮发兮，吾为子悲。子何不幸，以至于斯？朝为骨肉，暮作尘泥。不如牛马，尚有发牦。"⑦

屈大均是在康熙元年（1662）还俗归儒的。他不愿再寄身佛门而决定还俗，这件事本身并不怎么让人惊奇——他本来就是一个穿僧服而无"僧心"的人。让人惊奇的是，这位有过 12 年空门经历的"前和尚"，在还俗后居然大张旗鼓地鞭挞佛教！

屈大均辟佛，从思想根源上来说，主要是受了其根深蒂固的儒家本位主义立场的影响。在儒、释、道三家的关系问题上，他向来以儒家为"正道"。在他的心目中，孔子远精于释氏，儒学可以覆盖禅理。他曾就人们

① （清）朱彝尊：《九歌草堂诗集序》，《曝书亭全集》，吉林文史出版社，2009。
② 欧初、王贵忱主编《屈大均全集》（二），人民文学出版社，1996，第 1116 页。
③ 欧初、王贵忱主编《屈大均全集》（三），人民文学出版社，1996，第 213 页。
④ 欧初、王贵忱主编《屈大均全集》（三），人民文学出版社，1996，第 213 页。
⑤ 欧初、王贵忱主编《屈大均全集》（三），人民文学出版社，1996，第 208 页。
⑥ 欧初、王贵忱主编《屈大均全集》（三），人民文学出版社，1996，第 208 页。
⑦ 欧初、王贵忱主编《屈大均全集》（三），人民文学出版社，1996，第 253 页。

参禅发过如下议论:

> 世之哓哓者,以为似禅,岂惟不知儒,抑且不知禅之为禅矣。嗟
> 夫!今天下不惟无儒也,亦且无禅。禅至今日,亦且如吾儒之不能纯
> 一矣。故夫以儒为禅,禅者学之,失其所以为禅;以禅为儒,儒者学
> 之,失其所以为儒,皆不可也。①

在《归儒说》中,他提出了一套自己的"儒释道优劣论",认为儒家要比
释、道二家博大精深得多:"盖以吾儒能兼二氏,而二氏不能兼吾儒,有
二氏不可以无吾儒,而有吾儒则可以无二氏云尔。"②"禅之精,尽在于儒。
欲知禅之精,求之于儒而可得矣。"③ 反复强调儒精于禅,儒可以囊括禅。
可是在现实世界中,博大精深的儒家学说,却没有起到"化禅为儒"的作
用,反而在当时强势的禅学面前处于守势,为此他感叹道:

> 嗟夫,今天下之禅者,皆思以其禅而易吾儒矣。顾吾儒独无一
> 人,思以儒而易其禅,岂诚谓禅者之怪妄其辞,而辟之莫详于先代诸
> 儒,吾兹不必谆谆其说耶?……今使有一醇儒于此,能以斯道讲明庵
> 中,使儒者不至流而为禅,而禅者亦将渐化而为儒,于以维持世道、
> 救正人心、昌明先圣之绝学,其功将为不小。④

本来,自明中叶以来,由于阳明心学的影响,士子多注意发掘儒释两
教思想上的相合,并试图融会贯通之,还俗后的屈大均却不断强调二教的
相异性,扬儒而排佛。他在《陈文恭集序》中说:

> 朱子不言静而言敬,盖患人流入于禅,然惟敬而后能静。敬也
> 者,主静之要也。盖吾儒言静,与禅学辞同而意异:吾儒以无欲而

---

① 欧初、王贵忱主编《屈大均全集》(三),人民文学出版社,1996,第124页。
② 欧初、王贵忱主编《屈大均全集》(三),人民文学出版社,1996,第123页。
③ 欧初、王贵忱主编《屈大均全集》(三),人民文学出版社,1996,第124页。
④ 欧初、王贵忱主编《屈大均全集》(三),人民文学出版社,1996,第87页。

静，故为诚为敬；禅以无事而静，故沦于寂灭而弃伦常，不可以不察也。①

他编《广东文选》时，在选择标准上亦极力排斥佛老家言，指它们是"异端"。此书的"凡例"称：

> 是选以崇正学、辟异端为要。凡佛老家言，于吾儒似是而非者，在所必黜。……其假借禅言，若悟证顿渐之类，有伤典雅，亦皆删削勿存。务使百家辞旨，皆祖述一圣之言，纯粹中正，以为斯文之菽粟、绝学之梯航。②

《翁山诗外》卷七有《赠某上人》五律四首，在第三首中，他明显表露了对佛图澄式法术的不满：

> 且复怜神骏，何须戏季龙？图澄非正法，支氏亦真宗。麈尾悬河汉，狮声应鼓钟。风流馀逸少，相赏更云松。③

虽然还俗后的屈大均以儒家为正道，但是由于清朝统治者的提倡，清初佛教相当兴盛，儒学门庭却相对冷落。对此他感到很难过，曾感叹："慨自庚寅变乱以来，吾广州所有书院皆毁于兵，独释氏之宫日新月盛，使吾儒有异教充塞之悲、斯道寂寥之叹。"④ 也许是由于认为佛教的一家独大挤压了儒家的发展空间，他以很愤然的态度攻击佛教，说出了许多很偏激的话，让人觉得匪夷所思。例如，他不仅自己背叛佛门，而且号召所有信佛的人都背叛佛门。他在《归儒说》中旗帜鲜明地宣称："今使二氏以吾为叛，群而攻之，吾之幸也；使吾儒以吾为叛，群而招之，斯吾之不幸也。""又使天下二氏之人皆如吾之叛之，而二氏之门无人焉，吾之幸也；

---

① 欧初、王贵忱主编《屈大均全集》（三），人民文学出版社，1996，第48页。
② 欧初、王贵忱主编《屈大均全集》（三），人民文学出版社，1996，第43页。
③ 欧初、王贵忱主编《屈大均全集》（一），人民文学出版社，1996，第450页。
④ 欧初、王贵忱主编《屈大均全集》（三），人民文学出版社，1996，第86页。

使天下儒者之人皆如吾之始逃之而终归之，而吾儒之门有人焉，则又吾之幸也。"① 一个曾经为僧的人，对释、道二教会愤恨到如此地步，竟至于说巴不得让人家绝了门户，这种态度，不能不令人感到十分惊讶。因此乾嘉学者屠绍理就曾作一首七律讥讽他：

才堪用世遇多艰，感愤都将述在编。遁迹缁流仍辟佛，追踪学术未成贤。不醇好说齐谐怪，难信狂谈邹衍天。识小只宜资考证，惜君风气囿于偏。②

流寓岭南的山西进士檀萃也因屈大均"为书往往诋佛"而对他加以抨击：

初，翁山入道，称今种，与今释等俱衍华首之派，未几厌之，求纵横长短之学，且饰宋儒之说，以自托于道学之徒，故其为书往往诋佛。夫始欲借人藩篱以高自标许，旋复弃去，即反唇稽之，已为违心；况躬缁服以惊动当时，而其为言则辟佛，如石门之所为，其违心更甚，皆得祸于身后，非不幸也。③

作者通信地址：广东省广州市新港西路中山大学中文系，邮编：510275，邮箱：pusyq@mail.sysu.edu.cn

责任编辑：于百川

① 欧初、王贵忱主编《屈大均全集》（三），人民文学出版社，1996，第124页。
② （清）屠绍理：《题广东新语》，《有泉堂诗文》，修龄堂，嘉庆十五年（1810）版。
③ （清）檀萃：《粤琲上》，《楚庭稗珠录》，广东人民出版社，1982。

屈大均的广东情结与遗民情怀

左鹏军*

华南师范大学国际文化学院/岭南文化研究中心，
广东广州，510631

摘　要：屈大均的一生，表现出浓重的广东情结。在改朝换代、动荡不安的明清之际，这种广东情结不但没有消减，反而发展得更加集中、更加充分，直至成为他文化信仰的重要表现形式。屈大均广东情结的内在文化渊源不仅在于对岭南的全面了解和深切体察，而且在于对以中原文化为代表的中华主流文化的一往情深；这种情愫也随着世变之亟、政治的地覆天翻而愈加深切，并通过具有思想价值的学术著作充分表现出来。屈大均彰显广东文化、维护汉族正统、传承儒家命脉的精神追求，表现了深挚而浓重的遗民思想的核心内涵；这种具有重要时代价值和标志性意义的思想，正是他个人乃至整个广东在明清易代之际与广阔的中原地区声息相通、获得思想共鸣的精神契合点。

关键词：屈大均；广东情结；中原认同；明清易代；遗民精神

一　广东情结：文化信仰的表现形式

屈大均一生，对广东文化一往情深，而且在广东文化的许多方面有独

---

* 左鹏军（1962～），男，汉族，吉林梅河口市人。华南师范大学国际文化学院教授、博士生导师，岭南文化研究中心主任，博士。

特而深切的体会。这种家乡情结首先是通过大量的诗歌表现出来的。作为一位创作了六千七百多首诗、三百多首词的高产诗人，屈大均从多个方面表现了广东的风土人情、历史事件、杰出人物，从而展现了广东文化的历史传统和多彩面貌。

屈大均有时以丰富的诗歌创作描绘广东的山川名胜，表现浓重的广东情结，从而使其诗歌创作获得了超越一般文学性的非凡的文化价值。如《夜宿广州北郊作》写广州北郊经过战乱之后发生的深刻变化："松风一接梦魂清，夜入流泉渐有声。落叶飘萧如逐客，疏钟咫尺是寒城。身依豺虎因多难，地入鱼羊为少兵。古道呼銮人不到，青磷相照到天明。"①《吊厓》云："虎头门外二洋通，想像精灵满海东。一代衣冠鱼腹里，千秋宫阙蜃楼中。乾坤开辟无斯变，龙凤驱除亦有功。万古人伦能再造，高皇神烈自无穷。"②

诗人有时通过对广东风物人情的真切描述来表达对家乡的熟稔和热爱。如《民谣》十首其一："白金乃人肉，黄金乃人膏。使君非豺虎，为政何腥臊？"其六："小府为鱼肉，大府为庖厨。金多免刀俎，且复得安居。"其九："俯有十千拾，仰有五万取。作使诸豪奴，官大好行贾。"③《广州竹枝词》七首其四云："洋船争出是官商，十字门开向二洋。五丝八丝广缎好，银钱堆满十三行。"其五："十字钱多是大官，官兵枉向澳门盘。东西洋货先呈样，白黑番奴拥白丹。白丹，番酋也。"其七："好笋是人家里竹，好藕是人家里莲。好崽是人家女婿，鸳鸯各自一双眠。崽音宰，粤人谓子曰崽。"④ 这些诗歌除真切地传达出极具特色的广东地方风物和风土民情之外，还表现出诗人丰富的历史知识和清晰的地理观念，对由于时代变迁而带来的风物人情的变化也有所反映，可见诗人面对家乡风物时态度之清醒和眼光之独特。

屈大均对澳门商业贸易和深刻变化的反映，特别是对澳门现状和将来可能给中国带来巨大影响的担心，体现出深刻的历史洞察力。如《澳门》

① 陈永正主编《屈大均诗词编年笺校》，中山大学出版社，2000，第31页。
② 陈永正主编《屈大均诗词编年笺校》，中山大学出版社，2000，第171页
③ 陈永正主编《屈大均诗词编年笺校》，中山大学出版社，2000，第35～36页。
④ 陈永正主编《屈大均诗词编年笺校》，中山大学出版社，2000，第610～611页。

六首其二："南北双环内，诸番尽住楼。蔷薇蛮妇手，茉莉汉人头。香火归天主，钱刀在女流。筑城形势固，全粤有余忧。"其五："山头铜铳大，海畔铁墙高。一日番商据，千年汉将劳。人惟真白氎，国是大红毛。来往风帆便，如山踔海涛。"① 《广东新语》卷二《地语》"澳门"条有云："嘉靖间，诸番以浪白辽远，重贿当事求蚝镜为澳。……澳有南台、北台。台者山也。以相对，故谓澳门。番人列置大铜铳以守。……澳人多富，西洋国岁遣官更治之。诸舶输珍异而至，云帆踔风，万里倏忽。唐有司不得稽也。每舶载白金巨万，闽人为之揽头者分领之，散于百工。作为服食器用诸淫巧以易瑰货，岁得饶益。向者海禁甚严，人民不得通澳，而藩王左右阴与为市，利尽归之。小民无分毫滋润。今亦无是矣。"②

　　还有一类诗歌通过对某些历史或当时人物、事件的描述以表达沉重的历史体味和深切的现实感慨，从而直接反映诗人的情感和判断。这是屈大均广东情结最集中、最深挚的表现。《读陈岩野先生政要》云："往日陈都谏，谋猷信有余。初闻哀痛诏，即上治安书。丞相劳相疾，君王叹不如。可怜捐七尺，地下奉銮舆。"③ 诗中"政要"指陈邦彦所著《中兴政要》，内有端本、肃吏、保民、励俗、制用、驭戎、固圉、讨逆八篇三十二策，凡一万七千余言，皆指陈得失，以图恢复者。《春山草堂感怀》十七首其一："地因滨海湿，人以著书贫。况复多风雨，弥令叹苦辛。半生游侠误，一代逸民真。菽水劳妻子，窗间刺绣频。"其十二："慷慨干戈里，文章任杀身。尊周存信史，讨贼托词人。素发垂三楚，愁心历九春。桃花风雨后，和泪共沾巾。"④ 是诗作于康熙九年（1670）大均继室王华姜卒后，春山草堂是大均番禺故里之居室名。

　　屈大均浓重的广东情结的第二个突出表现，就是穷二十年之精力，终于在晚年完成了兼具史志价值和诗性精神的关于广东文化的巨著《广东新语》。《广东新语》不仅在文化史上占有特别重要的地位，而且产生了特别深远的历史影响。

① 陈永正主编《屈大均诗词编年笺校》，中山大学出版社，2000，第 874～875 页。
② （清）屈大均：《广东新语》，中华书局，1985，第 36～38 页。
③ 陈永正主编《屈大均诗词编年笺校》，中山大学出版社，2000，第 33 页。
④ 陈永正主编《屈大均诗词编年笺校》，中山大学出版社，2000，第 320～322 页。

据邬庆时《屈大均年谱》所载，《广东新语》于康熙十七年（1678）成书，时屈大均已四十九岁。是谱于本年下记曰："先生撰《广东新语》二十八卷成。先生自刻所著书皆无年分，第一行序字，第二行姓名，第三行序文，殆以避署新朝年号也。"① 不仅《广东新语》一书有意避免使用清朝年号，屈氏的所有著作皆如此。

对于《广东新语》的价值，屈大均也表现得非常自信，他在此书卷首的《自序》中说："《国语》为《春秋》外传，《世说》为《晋书》外史，是书则广东之外志也。不出乎广东之内，而有以见夫广东之外。虽广东之外志，而广大精微，可以范围天下而不过。知言之君子，必不徒以为可补《交广春秋》与《南裔异物志》之阙也。"②

《广东新语》是一部空前绝后的具有百科全书性质的关于广东的笔记著作，这一点已成为公论；特别值得注意的是此书蕴含的主观色彩和时代特征，这种诗性精神不仅是作者冒着一定政治风险经过精心准备的有意为之，而且是在不得已的情况下其独立思想、反抗个性的学术化表达。这种精神，不仅与屈原一志南国、独立不迁、伤时忧国、悲天悯人的精神相合，而且与司马迁在《史记》中表现出来的强烈的诗性精神和理想人格追求相通。《广东新语》中透露出的这种诗性精神和人格追求使之超越了一般的史志、笔记著作，从而获得了学术文化意义以外的一种思想文化意义。这是其他史志笔记著作所不能达到甚至难以比拟的。

一个非常明显的表现是，作者经常在比较客观地记录广东风物或人物之余，在字里行间或结尾处发表议论或表达感慨。这种具有强烈主观情感和价值判断的成分使《广东新语》具有不同于普通史志笔记著作的特殊性质，也使之获得了作者思想与行事的风神。

在关于山川自然的诸语中，作者的主观情感、价值判断得到了相当充分的表现。如《广东新语》卷二《地语》"厓门"条："厓门，在新会南，与汤瓶山对峙若天阙，故曰厓门。自广州视之，厓门西而虎门东。西为西江之所出，东为东北二江之所出。盖天所以分三江之势，而为南海之咽喉

---

① 邬庆时：《屈大均年谱》，广东人民出版社，2006，第151页。
② （清）屈大均：《广东新语》，中华书局，1985，第1页。

者也。宋末陆丞相、张太傅，以为天险可据，奉幼帝居之。连黄鹄、白鹞诸舰万余，而沉铁碇于江。时穷势尽，卒致君臣同溺，从之者十余万人。波涛之下，有神华在焉。山北有一奇石，书'镇国大将军张弘范灭宋于此'十二字，御史徐瑁恶之，命削去，改书'宋丞相陆秀夫死于此'九字。白沙先生谓当书'宋丞相陆秀夫负帝沉此石下'，瑁不能从。光禄郭棐谓，如白沙者，则君臣忠节胥备，其有关于世教更大。而予则欲书'大宋君臣正命于此'，凡八字，未知有当于书法否？"① 对厓门巨石上所书何字、当书何字不厌其烦地辨析，显然有作者总结宋代灭亡经验教训的深意寓于其中。

而在关于艺术人文的诸语中，屈大均同样有意识地表达这种根深蒂固的诗性精神、主观评价和兴亡感慨。如《广东新语》卷十二《诗语》"曲江诗"条："东粤诗盛于张曲江公。公为有唐人物第一，诗亦冠绝一时。玄宗尝称为文场元帅，谓公所作，自有唐名公皆弗如，朕终身师之，不得其一二云。而公为人虚公乐善，亦往往推重诗人。为荆州时，辟孟浩然置幕府，又尝寄罗衣一事与太白，故太白有《答公寄罗衣》及《五月五日见赠》诗。而王摩诘有'终身思旧恩'之句。浩然则有《陪公游宴》诸篇。三子者，皆唐诗人第一流，他人鲜知罗致，独公与之相得。使玄宗终行公之道，不为小人逸间，则公之推诚荐引，以为国家经纶之用者，又岂惟诗人而已哉？剑阁蒙尘，始潸然追念。噫嘻，亦已晚矣！少陵云：受谏无今日，临危忆古人。盖谓公也。丘文庄言：自公生后，五岭以南，山川烨烨有光气。信哉！"② 不仅充分肯定张九龄在岭南诗歌史上的开创性贡献，而且表达了一种深深的遗憾：假若唐玄宗能够充分信任和任用张九龄，那么张氏对于唐王朝的贡献又岂仅为一个诗人而已？由此反映出张九龄一生经历与事业的幸运与不幸。这一见识显然融入了作者的主观感受，较一般对张九龄的评价要深刻许多，也更具有启发思考、引人深思的价值。卷十二《诗语》"邝湛若诗"条写道："湛若南海人，名露，少工诸体书。督学使者以恭宽信敏惠题校士。湛若五比为文，以真、行、篆、隶、八分五体书

---

① （清）屈大均：《广东新语》，中华书局，1985，第 35 页。
② （清）屈大均：《广东新语》，中华书局，1985，第 345~346 页。

之。使者黜置五等，湛若大笑弃去。纵游吴楚燕赵之间，赋诗数百章，才名大起。岁戊子，以荐得擢中书舍人。庚寅，奉使还广州，会敌兵至，与诸将戮心死守。凡十阅月城陷。幅巾抱琴将出，骑以白刃拟之，湛若笑曰：'此何物可相戏耶？'骑亦失笑。徐还所居海雪堂，环列古奇器图书于左右，啸歌以待骑入，竟为所害。为人好恢谐大言，汪洋自恣，以写牢骚不平之志。或时清谈缓态，效东晋人风旨，所至辄倾一座。至为诗，则忧天悯人，主文谲谏，若七哀述征之篇，虽小雅之怨诽，离骚之忠爱，无以尚之。……子鸿，字剧孟，亦负不羁之才，年二十余，能诗及击剑。先时丙戌之变，率北山义旅千余，战敌于广州东郊死之，得赠锦衣千户。父子皆烈士也。而世徒以为风流旷达诗人也。噫！"① 重点显然不在于评价邝露之诗，而在于强调邝氏父子的"烈士"性格和不屈精神。其在世变鼎革之际表现出来的这种性格和精神不仅极为难得，极为珍贵，而且与屈大均本人的个性特点和精神追求若合符契。这也许就是屈大均对邝露父子英雄人格产生强烈共鸣的深层原因。

《广东文选》选辑自汉代至明代广东重要人物的诗文作品为一编，是屈大均晚年完成的又一项重大学术工作。从广东文化精神和文学学术传承的角度来看，可以认为，《广东文选》的编选是屈大均广东情结的又一种重要表现形式，其中寄托了编选者传承与弘扬广东文化的深远用意。

屈大均本人对《广东文选》一书非常重视，甚至饱含深情。他在《〈广东文选〉自序》中就动情地说："嗟夫！广东者，吾之乡也。不能述吾之乡，不可以述天下。文在于吾之乡，斯在于天下矣！惟能述而后能有文，文之存亡在述者之明，而不徒在作者之圣。吾所以为父母之邦尽心者，惟此一书。"② 可见作者对家乡和家乡文献的一往情深，其为桑梓之地、父母之邦尽心尽意的坚定信念也可以从中清晰地感受得到。在《广东文选·凡例》中，屈大均进一步揭橥编选的标准和追求的目标："是选以崇正学、辟异端为要，凡佛老家言于吾儒似是而非者，在所必黜。即白沙、甘泉、复所集中，其假借禅家言，若悟证顿渐之类，有伤典雅者，亦

① （清）屈大均：《广东新语》，中华书局，1985，第350~351页。
② （清）屈大均辑，陈广恩点校《广东文选》卷首，广东人民出版社，2008，第1~2页。

皆删削勿存。务使百家辞旨，皆祖述一圣之言，纯粹中正，以为斯文之菽粟，绝学之梯航。"① 还说："吾粤诗始曲江，以正始元音先开风气。千余年以来，作者彬彬，家三唐而户汉魏，皆谨守曲江之规矩，无敢以新声野体而伤大雅，与天下之为袁徐、为钟谭、为宋元者俱变，故推诗风之正者，吾粤为先。是选中正和平，咸归典则，于以正人心、维风俗，而培斯文之元气，于是乎在。以此选一邦，即以此选天下，无不可者。以《春秋》之谨严，为诗人之忠厚，不佞窃有志焉。"② 以此书倡导和恢复儒家正统、保持与弘扬广东文学正脉的用意不仅非常明显，而且特别坚决。这当是屈大均针对当时广东乃至全国世风、文风状况的有感而发。

《广东新语》卷十一《文语》即以"广东文集"条弁首，中有云："予尝撰《广东文集》，其序云：……嗟夫！一国之人文，天下之人文也。知天下于一国，知一国于一人。此一人者，其出则必如文献，处则必如文恭者也。典型既往，后学无师。吾安得不为斯文之绪有深虑乎？……嗟夫！广东自汉至明千有余年，名卿巨公之辈出，醇儒逸士之蝉连，操觚染翰，多有存书。其或入告之嘉谟，或谈道之粹论，或高文典册，纪载功勋，或短章数行，昭彰懿行。其义皆系于人伦，其事多裨乎国史。作者深衷，鬼神可质，岂可挂一漏十，令其泯没无传？将一邦人物之盛，著作之宏多，反不如珰珠翠羽，犀象珊瑚，水沉伽南诸珍怪，犹能尽见于世，是岂有志好古敏求者之所忍乎？……嗟夫！广东者，吾之乡也。一桑梓且犹恭敬，况于文章之美乎？文者道之显者也，恭敬其文，所以恭敬其道。道在于吾乡之人，吾得由其文而见之，以为尚友之资，以为畜德之本，岂非吾之所以为学者乎？其不能一一镂版以传，则以贫也，有所待于有力者也。然予将终身以之，若愚公之徙太行，精卫之填东海，不以其力之不足而中辍也。知者鉴诸！"③

《广东文选》特别有针对性且有文化价值深意的编选标准，在编辑实践中得到了相当充分的体现。这在此书对广东文学史、学术史、文化史上

---

① （清）屈大均辑，陈广恩点校《广东文选》卷首，广东人民出版社，2008，第 1 页。

② （清）屈大均辑，陈广恩点校《广东文选》卷首，广东人民出版社，2008，第 1 ~ 2 页。

③ （清）屈大均：《广东新语》，中华书局，1985，第 316 ~ 320 页。

某些重要作家、学者、关键人物的重视与关注中，就可以明显地看出来。比如张九龄、余靖、崔与之、丘濬、孙蕡、黄佐、邝露、郑学醇、欧大任、欧大相、陈献章、湛若水、陈邦彦、梁有誉、黎民表、黎贞，都是屈大均特别重视的人物，从这一串人物名单中，即可以约略体会到编选者对广东历代人物的取舍与评骘，其中寄托的文化情怀也清晰可见。

无论是从岭南文化史的角度来看，还是从中国文化史的角度来看，都可以认为，屈大均是对广东文化极其用心、勤勉一生、著述甚丰并产生了重大历史影响的第一人。屈大均的这种开创性贡献不仅远绍前人的传统，而且具有超越同侪的重大价值和深远意义，在后来者中亦鲜有堪与之比肩者。

二　中原认同：广东情结的文化渊源

从文化价值观念的渊源上看，屈大均在世变之时、鼎革之际对广东文化的一往情深和着力提倡，是以对中原文化为代表的汉族正统文化的深度认同为基础的。这种认同，从屈大均早年就开始萌生。随着时代的巨变，明朝为清朝所取代，甚至连岭南这一偏远的所在也全面地成为清朝的天下。在政治文化环境发生如此重大变化的情况下，屈大均对中原文化的认同不但没有减弱，反而明显有所加强，以至于中原文化成为他最重要的文化信仰，成为他判断的主要标准和行为的主要准则。

在屈大均看来，清军虽然以血腥的手段征服了广东，但在这最后失去的汉族土地上，最大限度地保留了汉族的民族血脉和文化传统，这正是汉族同胞永不屈服、志图恢复、还我河山的文化之源，就如同南宋王朝虽然最后在广东灭亡，却留下了深远的民族精神和历史遗响一样。而且，在屈大均的思想意识中，南宋之亡与明朝之亡的历史竟然如此相似，无论是就时间来说还是就空间来说，都距他如此之近。这种直接而巨大的冲击造成的历史兴亡之感成为屈大均思想中最为深刻的内容，也是一种强大的力量，驱使他不断思考和探寻其中的究竟，并志图恢复汉族的河山。

屈大均的中原认同在诗歌中有集中而鲜明的表现，成为他创作意识中一个特别强烈的思想主题。屈大均对以中原地区为中心的广阔汉族地区的山川名胜的展现与描绘，是他中原文化认同的一种重要表现形式。《过大梁作》云："浮云无归心，黄河无安流。神鱼腾紫雾，苍鹰击高秋。类此雄豪士，滔滔事远游。远游欲何之，驱马登商丘。朝与侯赢饮，暮为朱亥留。悲风起梁园，白草鸣飕飕。挥鞭空鸣镝，龙骑如星流。超山逐群兽，穿云落两鹜。归来宴吹台，酣舞双吴钩。惊沙翳白日，垂涕向神州。徒怀匹夫谅，未报百王雠。红颜渐欲变，岁月空悠悠。"① 在开封这一著名古都——中原的腹地，展开古今兴亡的沉重思考。《黄河舟中作》云："河流黄日月，万里客愁中。天入清霜苦，人过白草空。暮心生寂寞，春气破鸿蒙。吾道宜沧海，乘桴孰可同。"② 《过涿州作》云："树木何飕飕，黄云千里愁。日月争驰驱，民生谁获休？置酒华阳馆，五鼎烹肥牛。太子捧金卮，美人弹箜篌。数石不得醉，悲歌恨仇雠。歌舞欢未终，将军刎其头。惊风起燕台，滹沱咽不流。男儿得死所，其重如山丘。白刃若春风，功名非所求。"③ 《秣陵》写在明代故都南京的感受："牛首开天阙，龙冈抱帝宫。六朝春草里，万井落花中。访旧乌衣少，听歌玉树空。如何亡国恨，尽在大江东。"④ 《大同感叹》描绘山西大同的惨象："杀气满天地，日月难为光。嗟尔苦寒子，结发在战场。为谁饥与渴，葛屦践严霜。朝辞大同城，暮宿青磷旁。花门多暴虐，人命如牛羊。膏血溢槽中，马饮毛生光。鞍上一红颜，琵琶声惨伤。肌肉苦无多，何以充君粮？踟蹰赴刀俎，自惜凝脂香。"⑤ 凡此均可见作者在广袤中原大地上的沧桑之感和沉痛心情。

诗歌中对中原地区的某些具有文化象征意味或深刻影响的历史人物与事件的追怀，也是屈大均中原认同的一种重要表现形式。出于对江山易主、山河变色的极度敏感和深刻不安，他经常被耳闻目睹的有关历史人物或事件的遗址所吸引，并进而抒发古今兴亡的感慨，这似乎已经成为屈大均的一种思考习惯和行为习惯。《邯郸道中》云："叹息丛台下，英雄日寂寥。战场无白日，旷野一秋雕。草没廉颇宅，云迷豫让桥。悲歌谁与和，

① 陈永正主编《屈大均诗词编年笺校》，中山大学出版社，2000，第55页。
② 陈永正主编《屈大均诗词编年笺校》，中山大学出版社，2000，第57页。
③ 陈永正主编《屈大均诗词编年笺校》，中山大学出版社，2000，第61页。
④ 陈永正主编《屈大均诗词编年笺校》，中山大学出版社，2000，第109页。
⑤ 陈永正主编《屈大均诗词编年笺校》，中山大学出版社，2000，第266~267页。

归思晚萧萧。"①《豫让桥》云："国士感知已，能将七尺轻。击衣仇已报，吞炭气难平。漳水西风急，邢台落日晴。千秋石桥上，过客马犹惊。"② 通过对廉颇、豫让等历史人物的追怀表达对现实的失望，寄深刻的感慨于其中。《鲁连台》云："一笑无秦帝，飘然向澥东。谁能排大难，不屑计奇功。古戍三秋雁，高台万木风。从来天下士，只在布衣中。"③ 写鲁仲连的英雄气概，得出了"从来天下士，只在布衣中"的认识，这对以功名利禄为念的肉食者来说，不啻辛辣的讽刺。《塞上曲》六首其三云："亭障三边接，风沙万古愁。可怜辽海月，不作汉时秋。白草连天尽，黄河倒日流。受降城上望，空忆冠军侯。"④ 在塞上这曾有无数英雄人物立下丰功伟绩的所在，想起霍去病和他的时代已经远去，在强烈的今昔对比中，表达诗人无尽的沧桑感慨。《吊袁督师》表达对广东东莞袁崇焕的崇敬之情："袁公忠义在，堪比望诸君。百战肌肤尽，三年训练勤。凉州无大马，皮岛有骄车。一片愚臣恨，长悬紫塞云。"⑤ 这种感受对于从广东至山海关外的屈大均来说，必然特别亲切而且有超乎寻常的意义。

《秣陵春望有作》十六首其中四首云："留得江山一片秋，可怜失国尽风流。凄凉更有金川事，烟草兼含六代愁。""日落中原虎豹骄，乾坤无力捍南朝。谁教一代衣冠尽，白骨青苔锁寂寥。""烟雨春光澹欲无，年年愁满莫愁湖。清明莫向江南过，芳草萋萋是故都。""江左衣冠久已倾，看花谁问凤凰城。年年此地逢寒食，歌罢龙蛇泪满缨。"⑥ 可见屈大均对南京有非同寻常的感情，或准确地说，明朝的兴起之地南京城，总是令屈大均产生特别强烈的兴亡沧桑之感，总是使他意绪难平。《寒食》云："烟雨催寒食，江南又暮春。可怜三月草，看尽六朝人。""自与台城别，艰难觅故君。年年寒食日，望断孝陵云。"⑦ 台城旧址在今南京市鸡鸣山南，本是三国时代吴国后苑城，东晋成帝时改建。从东晋到南朝末，这里一直是朝廷

---

① 陈永正主编《屈大均诗词编年笺校》，中山大学出版社，2000，第58页。
② 陈永正主编《屈大均诗词编年笺校》，中山大学出版社，2000，第59页。
③ 陈永正主编《屈大均诗词编年笺校》，中山大学出版社，2000，第68页。
④ 陈永正主编《屈大均诗词编年笺校》，中山大学出版社，2000，第76页。
⑤ 陈永正主编《屈大均诗词编年笺校》，中山大学出版社，2000，第83页。
⑥ 陈永正主编《屈大均诗词编年笺校》，中山大学出版社，2000，第114～115页。
⑦ 陈永正主编《屈大均诗词编年笺校》，中山大学出版社，2000，第128页。

台省（中央政府）和皇宫所在地，既是政治中枢，又是帝王享乐场所。中唐时期，昔日繁华的台城已是"万户千门成野草"，至唐末，这里就更荒废不堪了。明乎此，屈大均到此地而产生的兴亡之感如此强烈，就不难理解了。《扬州感旧》云："往日芜城困，君臣总不知。频飞丞相疏，不遣靖南师。蓟北天崩后，江南空斗时。血书三四纸，读罢泪如丝。"① 屈大均对曾发生十日屠城惨剧的扬州怀有特别的关注，并由此对清军血腥屠杀汉族同胞的罪行予以再次揭露，也是不能不如此、非如此不可的表现。

屈大均所结交的多是怀有强烈民族意识、具有坚定的汉族立场的人士，在广东如此，在中原等地更是如此。这种交友取向实际上不仅反映了古人所谓"方以类聚，物以群分"的朴素道理，而且更多地表现了在民族斗争之中、汉族危亡之际屈大均清晰而坚定的民族立场和反清精神。不仅广东籍人士陈恭尹、王隼、温汝能对屈大均的高度评价表明了这一点，从非岭南人士朱彝尊、钱谦益、潘耒、曹溶、陈维崧、毛奇龄等的褒奖赞誉中也可以更有力、更充分地感受到这一点。

屈大均对时人时事的记录与品评，多怀有深沉的物是人非、古今沧桑、世变兴亡的感慨，这就使他对这些人和事的态度和评价具有了文化认同的价值。《过太原傅丈青渚宅赋赠》云："唐氏遗民在，忧思正未央。故人期饮食，良士戒衣裳。苓采今无地，桐封旧有乡。叔虞祠下柏，与尔共风霜。""下马晋王宫，山河感慨中。无成空老大，不死即英雄。汾水城堪灌，并门骑易通。思深当岁暮，且咏有唐风。"② 从傅山坚定的遗民立场中，获得了深刻的文化认同。《梅花岭吊史相国墓》云："往昔江南北，谁分上相忧。自从开四镇，不复问中州。精爽凭飞将（谓高公杰），衣冠在古丘。梅花春不发，碧血满枝头。"③《皇明四朝成仁录》卷六云："四月十八日，扬州被围。可法御之，薄有斩获。啮血为书请援，不应。开门出战，本深遽率众迎降。越七日，城陷被屠。降夷押住者从可法出城，且战且走，渡河马蹶，可法溺死。"④ 可见屈大均在抗清英雄史可法墓前的感

---

① 陈永正主编《屈大均诗词编年笺校》，中山大学出版社，2000，第 490 页。
② 陈永正主编《屈大均诗词编年笺校》，中山大学出版社，2000，第 221 页。
③ 陈永正主编《屈大均诗词编年笺校》，中山大学出版社，2000，第 490 ~ 491 页。
④ 陈永正主编《屈大均诗词编年笺校》，中山大学出版社，2000，第 490 页。

受。《赣州吊丙戌忠节诸公》云:"城南杀气似黄埃,三十年间黯不开。腐肉犹香章贡水,忠魂多在郁孤台。三宫未得凭天险,十里徒然设地雷。秋色岂堪重眺望,乾坤处处白龙堆。"① 此诗作于康熙十九年(1680)秋南归道中。顺治三年丙戌(1646),刘同升、万之吉、扬延麟、黎遂球等守赣州,抗击清军,城破死。可见作者对坚守赣州抵抗清军南下直至最后牺牲者的凭吊与怀念,其中黎遂球是屈大均的同乡——广东番禺人。

而《哭顾征君宁人》七律四首,通过对顾炎武的怀念,表达了特别深沉的世道沧桑、故人零落、天下无人、悲苦无依之感。其一:"幽燕久客似辽东,絮帽天寒苦朔风。飞兔有人还不帝,伏龙于尔独称公。白头无子遗书散,黄石多年故冢空。留得孝陵图记在,教人涕泪哭遗忠。君有《孝陵图》及《昌平山水记》。"其二:"昌平山水是天留,海岳朝宗此帝丘。一代无人知日月,诸陵有尔即春秋。书生得尽惟哀痛,故老难存苦白头。遗骨故应园下葬,年年天寿守松楸。"其三:"招魂不返恨天涯,旅榇空归葬海沙。楚国两龚长不食,淮阳一老久无家。苍松岁晚孤生苦,白鹭天寒两鬓华。闻道五经多注释,不知谁为作侯芭。"其四:"登高忆共雁门间,北望京华洒泪还。白马小儿犹汉殿,青牛老子已秦关。河声不解消长恨,山色谁知老玉颜?耆旧只今零落尽,北邙松柏为君攀。"② 在屈大均一生写下的众多哀悼前人、怀念逝者的诗作中,这几首诗因为充分表达了遗民的悲苦、末世的苍凉而显得特别有分量。

除诗歌创作以外,屈大均晚年致力于广东文献的研究和有关著作的撰写,这是他在更加强烈的自觉意识驱动之下将早年就已经开始的事业坚决地继续下去,并希望在有生之年能够完成的一种努力。其中最重要的就是《广东新语》的撰写和《广东文选》的编选,此外还有地方志著作及《皇明四朝成仁录》等。

屈大均在《广东新语》中这样写道:"今粤人大抵皆中国种,自秦汉以来,日滋月盛,不失中州清淑之气。其真剺发文身越人,则今之徭、僮、平鬃、狼、黎、岐、蛋诸族是也。夫以中国之人实方外,变其夷俗,此始

---

① 陈永正主编《屈大均诗词编年笺校》,中山大学出版社,2000,第530页。
② 陈永正主编《屈大均诗词编年笺校》,中山大学出版社,2000,第576页。

皇之大功也。佗之自王，不以礼乐自治以治其民，仍然椎结箕倨，为蛮中大长，与西瓯、骆、越之王为伍，使南越人九十余年不得被大汉教化，则尉佗之大罪也。盖越至始皇而一变，至汉武而再变，中国之人，得蒙富教于兹土，以至今日，其可以不知所自乎哉？"①从思想文化观念、与中原文化关系的角度来看，屈大均的这种选择具有更加明显的坚守汉族正统观念、护持正在被泯灭并有可能走向消亡的民族文化传统的意味。

在屈大均看来，广东这块汉族文化的最后栖居地，岭南这块最晚被清朝占领的汉族江山，是最有可能保留一些汉族文化痕迹、存有一点汉族文化传统的所在。当广大的中原地区早已被征服，早已成为异族统治的天下的时候，他的多种想法就只剩下了一种可能，即通过对广东文献、人物、文学、历史、山川的记载和表彰，来彰显这片土地上仍然可能遗存的汉族文化传统。因此，屈大均晚年关于广东文献的整理、研究和著述，与其说是一种学术行为，不如说是一种具有政治意味的思想文化活动。他实际上是在以一种比较隐晦的方式也是更长久的方式传承处于灭亡危机之中的汉族文化，是在以一种不得已的途径护持已经被异族征服的汉族正统。这实际上是屈大均如此深切地认同中原文化的根源所在，也是屈大均遗民文化精神的集中表现。

三　广东与中原的契合：明清易代之际的遗民精神

明清之际是中国文化史上遗民精神空前兴盛并臻于高峰的关键时期，产生了极其深远的历史影响。虽然这种惊天动地的遗民精神主要发生于以江浙为中心的东南地区，但是，明清易代之际的岭南遗民精神也极堪关注。

岭南遗民精神正式发生于南宋灭亡、元朝建立之际，对于汉族士人来说，异族入主中原并成为稳定的统治者，成为遗民精神发生的最直接触发点。明清之际的岭南遗民精神一方面是岭南宋遗民影响之下的结果，另一

---

① （清）屈大均：《广东新语》，中华书局，1985，第232页。

方面是因为从宋到元、从明到清这种历史的相似性使岭南士人更直接、更深切地体会到遗民文化精神的当代价值。在许多岭南士人看来，南宋被元朝所取代，明朝被清朝所取代，不仅具有极大的相似性，而且距广东都如此之近，真切的时局动荡、改朝换代的巨变就发生在他们身边，历史仿佛重新上演了一出令汉族同胞伤心不已的亡国哀曲。于是，在明清之际的岭南，产生了另一批遗民文人群体，而且这一群体较宋末元初那一批更加强大。这是岭南遗民精神的又一次充分彰显，也是最有光彩的一次闪耀。

屈大均无疑是明清之际岭南遗民群体中最有影响力的核心人物之一，也是岭南遗民精神的杰出代表。实际上，屈大均对自己的遗民身份是很清楚的，甚至是有意强化的，比如他在《春山草堂感怀》十七首其一中，就曾经说过"半生游侠误，一代逸民真"①。他还在《咏史》中写道："匕首频虚发，无成愧丈夫。心悲虽故国，事去未穷途。巨野堪为盗，朱家且作奴。如何惭一母，无食向江湖。"② 他的《临危诗》则更加充分地表明了这一点："丙子岁之朝，占寿于古哲。乃得邵尧夫，其年六十七。我今适同之，命也数以毕。所恨成仁书，未曾终撰述。呜呼忠义公，精神同泯汩。后来作传者，列我遗民一。生死累友人，川南自周恤。独漉题铭旌，志节表而出。华跌存后人，始终定无失。林屋营发冢，俾近冲虚侧。"③ 诗中的"成仁书"指的是《皇明四朝成仁录》一书，可见屈大均对此书的看重，更可见屈大均对自己这种文化选择的清醒认识。除诗歌创作外，屈大均结交、钦重具有遗民品格的岭南人士和中原人士，都一再证明着这一点。

屈大均对所交往的人士相当尊重，对自己的声名也非常爱惜。屈大均去世之后，一些人士也多是从英雄气概、伟岸人格的角度评价他，集中反映了后人对屈大均不屈意志、坚毅节操、伟岸人格的认同与崇敬。清末诗人沈汝瑾在《国初岭南江左各有三家诗选阅毕书后》中说："鼎足相诗笔墨醋，共称诗佛不同龛。珠光剑气英雄泪，江左应惭配岭南。"又说："翁山奇气胜虞山，被禁仍留天地间。忠孝更推陈独漉，贰臣相对合羞颜。"④

① 陈永正主编《屈大均诗词编年笺校》，中山大学出版社，2000，第 320 页。
② 陈永正主编《屈大均诗词编年笺校》，中山大学出版社，2000，第 521 页。
③ 陈永正主编《屈大均诗词编年笺校》，中山大学出版社，2000，第 1058～1059 页。
④ 转引自陈永正主编《屈大均诗词编年笺校》，中山大学出版社，2000，第 1369 页。

程秉钊《国朝名人集题词》云："浩翰雄奇众妙该，遗民谁似岭南才？只应憔悴灵均裔，饭颗山前赌句来。"有注文云："陈恭尹元孝《独漉堂集》。岭南三家胜于江左。翁山五言，神似青莲；独漉七古，不减工部。泗并时之劲敌。"① 可以看出，其重点并不在于比较评价屈大均、陈恭尹和梁佩兰这"岭南三大家"的高下得失，而在于强调明清之际岭南地区迸发出来的强大的遗民精神，具有震古烁今的思想价值。近代诗人金天翮在《与郑苏堪先生论诗书》中说："天翮二三百年诗人服膺亭林、翁山，谓其歌有思，其哭有怀，其拨乱反正之心，则犹《春秋》、《骚》、《雅》之遗意也。"② 强调的也是屈大均诗中的思想与襟怀，特别是阐发儒家经典思想、传承汉族正统观念的精神气质。这是一种可以在世变之际融通古今、跨越南北的文化精神。

广东近代诗人陈融《读岭南人诗绝句》中，有咏屈大均诗四首，其第一首云："儒素缁蓝托意深，诗人气骨自森森。从来燕赵称豪杰，舍却沙亭何处寻？"第四首云："九世深仇虽可复，千年正统未能存。诗亡义有春秋在，可读先生宋武篇。"均表达了对屈大均道德文章、人品诗作的由衷钦敬，作者的感情溢于言表。在诗注中，首先引用胡汉民（字展堂）关于梁佩兰、屈大均、陈恭尹这"岭南三大家"诗之联系与区别、取径与高下的论述："窃谓翁山之诗，以气骨胜；元孝之诗，以情韵胜；药亭之诗，以格律胜。翁山如燕赵豪杰，元孝为湘沅才人，药亭乃馆阁名士也。"③ 不仅可见胡汉民论诗的见识与观点，而且可见陈融对胡汉民这种观点的认同。

生活于乾隆末年至道光中期的诗人思想家龚自珍，在屈大均的著作还犯忌被禁之际，就读过其作品并产生了强烈的共鸣，在《夜读番禺集，书其尾》中写道："灵均出高阳，万古两苗裔。郁郁文词宗，芳馨闻上帝。"又云："奇士不可杀，杀之成天神。奇文不可读，读之伤天民。"④ 确是如

---

① 转引自陈永正主编《屈大均诗词编年笺校》，中山大学出版社，2000，第1364页。笔者对原标点略有调整。
② 转引自陈永正主编《屈大均诗词编年笺校》，中山大学出版社，2000，第1369页。
③ 转引自陈永正主编《屈大均诗词编年笺校》，中山大学出版社，2000，第1370页。
④ 《龚自珍全集》，上海人民出版社，1975，第455页。

此。岭南诗人、学者、思想家屈大均以出众的才华和过人的胆识，在时局纷乱、兴亡难测、人心不古的明清之际，以坚定的信念和伟大的人格彰显了岭南遗民精神的深远渊源和思想高度，从而成为岭南一代士人的杰出代表；而这种遗民精神和文化信仰也使他个人和整个岭南一道，汇入了当时盛行一时、影响广泛的维护汉族正统和儒家传统的思想潮流之中，从而使岭南与中原乃至岭北的广阔地区获得了文化沟通、声息相关的重要基础。

从岭南思想文化史的角度来看，可以认为，屈大均的遗民精神不仅是他个人与中原相通的契合点，而且是岭南地区与中原相契合的关节点，也是来自岭南的声音汇入时代风潮的重要标志。于是，屈大均的诗性精神、遗民思想、抗争意志获得了超越岭南文化与学术本身的典范性价值，具有彰显易代之际士人品格和时代精神的独特意义。

作者通信地址：广东省广州市天河区中山大道西55号华南师范大学岭南文化研究中心，邮编：510631，邮箱：zuopengjun@163.com

责任编辑：黄小高

屈大均的"遗民时间"

李 杰

中山大学，广东广州，510275

摘 要：遗民时间有主观和客观之分，遗民通过增加主观时间比例来表露政治追求和个人心迹。屈大均的前期词作叙述的重要内容是抗拒清朝和追忆前朝，复明运动起起伏伏，屈大均远走江南塞北，咏怀古迹、凭吊古人，以此将书写的时间愈向过去回溯。随着社会秩序渐趋稳定，及遭遇多重人生变故，他最终又回到现实生活，在客观时间中重新安排后期人生。

关键词：屈大均；时间；遗民

在遗民文学中，时间性是叙述的一个重要话题，它既是叙述的潜在结构，又是特殊的意义载体。时间在这里有主、客观之分，客观时间由现实中的沙漏和纪年日历进行精确衡量，是不可更改且可预知的；主观时间又称心理时间或沉浸时间，是表现人的意识流的意象化的时间。产生这两种时间区别的原因在于，人们在生活中参照过去、现在和未来的不同坐标来感知时间，一旦过度局限于其中一个时间坐标，那么时间观就会发生偏差。清初，江南民众将惨痛的历史记忆化为民间记忆，通过创造三月十九日太阳生日的传说来寄托对故朝的追思①，其本质是群体对客观时间的对抗，及对前朝的忠贞不渝。遗民对时间的主观性处理是一种典型的时间

---

* 李杰（1985~），女，文学博士，中山大学中文系博士后研究人员，主要从事岭南文献研究。

① 赵世瑜、杜正贞：《太阳生日：东南沿海地区对崇祯之死的历史记忆》，《北京师范大学学报》（社会科学版）1999 年第 6 期。

观，如王夫之所言："历代亡国，无足轻重；只有南宋之亡，则衣冠文物亦与之俱亡。"① 遗民围绕过去某个时间坐标进行相应安排，从而深刻影响了自身的创作、思考和社会交往。本文围绕屈大均写于清初的词作，通过考察他的遗民思想来总结词中时间观念的形成与演变，总结出屈大均"遗民时间"的丰富内涵。

一

生活在易代之际的词人，与承平年代的词人身处截然不同的环境，生存是最紧迫的现实问题。蒋捷在《喜迁莺·金村阻风》中吐露了晚年的凄惨生活："怅今老，但蓬窗紧掩。荒凉愁悄。"王沂孙在乱世中为自保出任庆元路学正。进退出处，考验词人们在风云激荡、天崩地坼的时刻如何处理自身与外界的关系。至元二十三年（1286），周密、李彭老、张炎等隐居江南的亡国词人在杨氏家园大宴宾客，"或膝琴而弦，或手矢而壶，或目图与书而口歌以呼，醉醒庄谐，骈哗竞狎，各不知人世之有盛衰今古，而穷达壮老之历乎其身也"②。通过身心浸入琴、酒、诗书中，抵消外界剧变对个体的影响，从而避免触景伤情。尽管人世之盛衰、身体之壮老都是不可抗逆的自然规律，但如果将自我意识进行禁锢，时间会在这里出现相对停滞。

词人的遗民观直接改变了他们的时间观。屈大均在《书遗民传后》中引用王猷定之说"存宋者，逸民也"，并感叹："嗟夫！逸民者，一布衣之人，曷能存宋？盖以其所持者道，道存则天下与存。"③ 过去学界常常误将"逸民"与"遗民""隐士""逸士""高士"等词等而视之④，其实屈大均说得很清楚：逸民要有道，道存，则天下与存。这是一种在明末清初较

---

① 转引自朱希祖《本师章太炎先生口授少年事迹笔记》，陈平原、杜玲玲编《追忆章太炎》，三联书店，2009，第 80 页。

② （元）戴表元：《剡源文集》卷 10《杨氏池塘宴集诗序》，四库全书本，第 13 页 A。

③ 欧初、王贵忱主编《屈大均全集》（三），人民文学出版社，1996，第 394 页。

④ 孙立：《屈大均的逃禅与明遗民的思想困境》，《中山大学学报》（社会科学版）2003 年第 5 期。

为公认的看法，王夫之就多次强调："道存乎人，而人不可以多得。"① 作为"儒者之统"的道，首先是人道，人道来自人性，其内容体现为孔孟所反复倡扬的仁义礼智信之道；但同时人道与天道是相通的，因此又是一种成就君子圣贤的理想人格，在他们的政治理想中，"儒者之统"与"帝王之统"，即道统与治统应该统一。② 因此，朱熹说陶渊明是"古之逸民"，屈大均惋惜道："然所说者庄老，噫嘻，先儒固已惜之矣。"③ 可见他内心对逸民和遗民的区分是很明确的：逸民的范畴较广，且不一定执儒家政治理念，遗民则带有政治身份的色彩，只有具备道统的逸民方可称为遗民。

两宋时期严重的边境危机，使中原文明对游牧文明产生了很强的警惕和排斥，汉唐之际所流行的文化包容性于此消退殆尽。政治危机作用于文化，使诞生于先秦的夷夏观念重新受到文人重视，从元代始，这种呼声越来越高，于明末清初产生了强烈的种族主义认同。尤其是清朝入关后，许多汉族遗民文人以实际行动表明了自己与"夷族"决裂的态度：王夫之无论阴晴昼夜，皆穿木屐、撑雨伞以示不顶异朝之天、不踏异朝之地的行为，屈大均前半生改名、削发、抗清的一系列行为都斩钉截铁地表明了对清朝的强烈排斥态度。此外，许多遗民试图从历史中寻找坚守故国情怀和道德操守的典范，如朱明德将程敏政的《宋遗民录》扩充为《广宋遗民录》，并请大儒顾炎武作序。屈大均在谢翱墓表中，提及东莞袁昌祚撰有《东莞十遗民传》，称"使其得见于墓上所书"④。

抗拒新朝和追忆往昔成为屈大均表现遗民时间的重要内容，抗拒是为了实现其秉持的政治主张，追忆则是能长期抗拒的关键，二者所构成的主观时间在词人生活中占有很大比重，最终压缩了现实时间，并使未来黯然失色。与抗拒的酷烈相比，追忆是深情隽永的：康熙元年（1662），屈大均撰成《粤谢翱先生墓表》，谢翱是福建长溪人，南宋末期追随文天祥至粤抗元，兵败后一度匿于潮阳，后居浙江浦江，死后墓

---

① （清）王夫之：《读通鉴论》卷 15《宋文帝》，商务印书馆，1936，第 13 页。
② 朱汉民：《王船山的道统、治统与学统》，《北京大学学报》（哲学社会科学版）2013 年第 1 期。
③ 欧初、王贵忱主编《屈大均全集》（三），人民文学出版社，1996，第 394 页。
④ 欧初、王贵忱主编《屈大均全集》（三），人民文学出版社，1996，第 379 页。

题曰"粤谢翱墓",改变籍贯意在不忘宋,"文山败绩于粤,先生不忘文山以不忘粤耶;宋亡于粤,先生不忘粤以不忘宋耶"。可惜,"以为天能忘宋之天下,而不能忘宋之人心,宋之人心不可见,而见之于先生辈之恸哭矣"①。

值得注意的是,屈大均还写了谢翱与岭南遗民的交往信息:

> 当宋之亡,粤之人怀忠蹈义,其死于汤瓶之山,牂牁之海,以殉其君若相者有万余人焉。其遗民之仅存者,若赵必瓈、陈庚、陈纪、李春叟、翟龛、赵东山、何文季、邵绩、刘玉、刘宗者,皆东莞人,所谓"东莞十遗民"也,是皆文山所尝辟之,以与先生同为参军者也。又有香山马南宝者,其悲凉踯躅,亦往往见诸诗歌,有曰"众星耿耿沧溟底,恨不同归一少微"。未几亦以事被执,痛愤而终,必瓈则遁迹温塘,时西走大奚,东走甲子,瞻望厓山行在,伏地而哭,又尽文丞相像于厅事,朝夕哭拜。盖必邻等与先生,皆受知于文山最深,其事既同,其为情亦同,先生不欲以闽人自异,而十遗民者视先生不啻同生昆弟。亦忘先生之非粤人也。先生为宋遗民之首,而与粤人最相善,盖以忠义之一脉在焉。先生自称为粤,而大均益张大之。噫嘻,岂非粤人之大幸哉!②

因谢翱而引出所谓"东莞十遗民",全文层层递进,逻辑严密,但也存在一些值得讨论的史实。

第一,除了赵必瓈就事于文天祥帐下一事较为明确外,其他九人生平中并无任何与此相关的记载。如李春叟,明黄佐《广州人物传》卷九有其传记,里面记载他在战时哭谏曾熊飞,使邑人免剽掠,后元兵至广州时,又冒死谒其帅,使广州城免遭屠城之劫等事,但全篇无一字与文天祥相关。其实,李春叟在宋末元初能多次救民于兵燹之中,主要靠其贤能博学名声,当时"岭海名士多出其门",自然德高望重,元初时仍有地方官不

---

① 欧初、王贵忱主编《屈大均全集》(三),人民文学出版社,1996,第378页。
② 欧初、王贵忱主编《屈大均全集》(三),人民文学出版社,1996,第378~379页。

时上门问政以示尊重。另外，从年龄看，李春叟嘉熙四年（1240）已以《春秋》举乡贡，至景炎二年（1277）时已是近花甲之年的老人，实难想象此时他能与赵必瓈一起参军打仗。

第二，墓表所言赵必瓈"瞻望厓山行在，伏地而哭，又尽文丞相像于厅事，朝夕哭拜"诸事，首见于上引屈大均撰写的墓表，此前既未载于元初陈纪所撰《行状》，亦未见于洪武永乐年间陈琏所撰写之《墓表》及后来万历年间的《粤大记》等岭南文献中，其可靠性有待商榷。更矛盾的是，赵必瓈对文天祥的画像朝夕哭拜，现存诗词文中却未提到文天祥。如果说他忌讳元初高压政策而有所隐瞒，那么就大可能存在画像之事。这里有可能是屈大均仿谢翱杜撰而成，《登西台恸哭记》记载谢翱在至元二十七年（1290）曾登严子陵钓台，设文天祥牌位于荒亭隅，以竹如意击石，并唱招魂之歌。屈大均以杜撰部分史实来表彰东莞遗民，指出他们应该像谢翱那样被认可和铭记，其精神亦应得到颂扬。更深层的用意则是通过书写岭南遗民群体，强化自我的遗民身份；通过对宋明遗民历史的反复咀嚼，从主观上摒弃剧烈动荡的残酷现实，即刻意延长主观"明朝时间"来对抗客观"清朝时间"。

对明朝时间的执着在屈大均的诗文中多次出现。顺治四年（1647）春，陈邦彦反清兵败而死，屈大均效仿宋玉《招魂》而作哀辞，辞开首即称"（陈邦彦）永历元年丁亥三月以兵科给事中起兵，与督师大学士陈公子壮合攻广"①，使用了南明桂王朱由榔称帝时的年号和职衔。年号除了作为一种时间的表述方法外，也代表了帝王政权的神圣与合法。"永历"年号的来源："取藩封'永'字，又以神宗孙取'历'字，改明年丁亥为永历元年。"② 年号的延续意味着朝代的延续。顺治六年（1649），屈大均作有《先考澹足公处士四松阡表》，内称："冬十有一月复病，甫十日，遂尔不起，是为永历三年己丑之十二月五日，距公生于万历二十六年戊戌四月二十有四日，得年仅五十有二。"③ 阡表即墓表，清恽敬在《与李爱堂》中

① 欧初、王贵忱主编《屈大均全集》（三），人民文学出版社，1996，第 229 页。
② （清）南沙三余氏：《南明野史》，《台湾文献史料丛刊》第五辑，台北：大通书局，1987，第 161 页。
③ 欧初、王贵忱主编《屈大均全集》（三），人民文学出版社，1996，第 138 页。

认为，"惟是墓表之法，止表数大事"①，墓志铭可言情，言小事，但墓表中只能郑重记录大事。张晖曾以钱澄之为例，认为在不同的文体中，诗歌、尺牍、墓志铭以及不能刊行的史书《所知录》，在表达遗民心境的强度上，是递增的。越是私密性的文体，表露其遗民心境越多，力度越强，墓志铭只写给逝者的家属看，自然能表露最真实的心境。②

以永历年号记事是对明朝时间的保留。顺治十六年（1659），屈大均撰成《皇明四朝成仁录》，记录崇祯、弘光、隆武和永历四朝的抗清史实，意在突出明朝统绪，书中全采用明朝（包括南明）纪年，谨守《春秋》笔法，彰显《春秋》大义，称明军为"王师""我军"等，称清军为"奴兵""满师"等。③几年后又辑成《岭南诗选》前后集，据他自己说，"前集自唐开元至有明万历，后集自万历至今"④。就像穆恩强调说，与其说人们只理解或接受时间结构，毋宁说人们在时间中生活，一代接一代地有所建树时，不断地创造和调整时间框架，而这种遗民时间的变动不歇又影响了屈大均的词作创作。

二

清军南下，所到之处发布谕旨，以武力强迫汉人剃发。顺治三年（1646）十二月，明降将佟养甲统清兵六万攻陷广州城，同月十五日"凭文武官行香入城，一旦满城皆剃头结辫，戴红缨帽，家家贴大清顺民于门"⑤。据屈大均《髻人说》称，当时"人皆作辫，依金钱鼠尾之制，而予所留残发不盈一握，乃作一弹丸髻，大仅寸余，外戴满洲荷叶巾以掩之"⑥。对清朝而

---

① （清）恽敬：《大云山房文稿》言事卷2，世界书局，1937，第211页。
② 张晖：《文体与遗民心境的展现——以钱澄之的晚年著述为例》，《中山大学学报》（社会科学版）2011年第4期。
③ 吴航：《屈大均〈皇明四朝成仁录〉编纂考》，《廊坊师范学院学报》（社会科学版）2016年第2期。
④ 欧初、王贵忱主编《屈大均全集》（三），人民文学出版社，1996，第280页。
⑤ （清）陈舜系：《乱离见闻录》，《明史资料丛刊》第三辑，江苏人民出版社，1983，第248页。
⑥ 欧初、王贵忱主编《屈大均全集》（三），人民文学出版社，1996，第471页。

言，剃发是鉴别民众是否归顺新朝的一个标志；但对遗民而言，剃发是对个人身体的羞辱，也是一个落后夷族对优越"礼仪之邦"儒家臣民自尊的摧毁。① 一些忠烈之士选择了留发不留首，不惜赴死对抗剃发令，但更多人则是通过隐居避世等方式来逃避朝廷法令。

屈大均在《仲兄铁井先生墓表》中回忆："十年丙戌冬，广州破陷，仲兄义不欲生，予亦同怀忠愤，有捐躯报国之志。"② 对清朝的排斥和憎恶，构成他早期词作的主要情绪，如《醉花阴》：

> 烟雨台城迷古道。春色几时好。谁使马群多，一片江山，生遍萋萋草。　未过寒食莺声老。花发应须虿。处处是边阴，垂柳垂杨，不为南朝扫。③

上阕写清兵侵占广州城后四周的萧瑟景色。顺治七年（1650）十一月三日广州城再度沦陷，随后发生大屠杀，词作应该是作于次年春季。《广州城坊志》引李士祯《重建镇海楼记》言："顺治辛卯，平藩入省，官兵悉居城内，官衙民舍，迁移城外。"④ 可见屠城后清兵将原来城内居民驱逐，因此屈大均说城内"马群多"。城市失去日常生机，野草无人清理，"萋萋草"在这里和"中庭萋兮绿草生"（西汉班婕妤《自悼赋》）句意相近，暗指华夏江山沦落。下阕以抒情为主，莺在词中常与春有关，它的叫声代表了春的脚步，如"花开花谢蝶应知，春来春去莺能问"（晏几道《踏莎行》）。在具体意境构造上，有欢愉的一面，如"莺初解语，最是一年春好处"（苏轼《减字木兰花》）；还常用莺老来表示春尽，如"伤春怀抱，清明过后莺声老"（晁元礼《一斛珠》）。但屈大均在这里写"未过寒食"莺已老，寒食节在清明前一两日，也就是在仲春和暮春的中间，是祭拜亡者的时候，让人联想到广州城之前所遭受的大屠杀，莺鸟目睹生灵涂炭而戚

---

① 侯杰、胡伟：《剃发·蓄发·剪发——清代辫发的身体政治史研究》，《学术月刊》2005 年第 10 期。
② 欧初、王贵忱主编《屈大均全集》（三），人民文学出版社，1996，第 142 页。
③ 陈永正主编《屈大均诗词编年笺校》，中山大学出版社，2000，第 1248 页。
④ 黄佛颐撰，钟文点校《广州城坊志》，暨南大学出版社，1994，第 6 页。

啼。最后的"处处是边阴",从整体上对词中所写之景进行总结,一个"扫"字,是闭关却扫的意思,也是作者决心的写照。

还有较为直接的情绪描写。顺治十五年(1658)春,屈大均逾岭北游,抵京师后,在崇祯皇帝自杀的万岁山寿皇亭之铁梗海棠树下伏拜大哭,并询问宫中遗事及内府所藏御器。①在京期间他作有《多丽·春日燕京所见》,描绘了清军入关后,京师大量满汉交杂之风俗,如"更通城、紫驼细辇,逐盘头、蠕蠕公主。锦剪圆襟,珠围纤袖,汉娇蕃艳,对倾駧乳","牛羊气"②之语,其鄙夷之意毫不掩饰。

与抗拒现实相呼应,词人通过凭吊遗迹,抒发亡国带来的痛苦与哀伤,从而在词作中构建起微妙的旧朝时间。顺治十六年(1659)永历帝远走缅甸,同年屈大均游历江南,在金陵凭吊孝陵,次年春游历浙江,在西湖畔写下《风入松·西湖春日》:

> 断肠人在断桥边。桥断几时连。无端桥断因肠断,令垂杨、千缕还牵。愁里流霞难满,梦中明月难圆。 花开花落总啼鹃。泪染六陵烟。冬青那为君王改,正清明、苍翠连天。多谢斜阳芳草,莫催客髩年年。③

上阕中使用了大量具有残缺意味的词。五个"断"字在语言上形成密集的叠加效果。断桥既是实景描写,也是词人内心写照,就断桥本身来说,"不胜危处断桥倾",给情绪低落的人凄清、垂危之感。断桥的一头通向水中,意味着路的消逝,失路之悲隐含着未来被隔绝的暗示。南明王朝当时在清兵的围攻下,步步南退,摇摇欲坠,词人难免绝望。词中还撷取了其他几个残缺的意象来作为情感载体,如难满的流霞(指美酒)、残月、斜阳、落花等,与愁、泪形成呼应,当春天和残缺甚至死亡联系到一起的时候,所产生的艺术效果格外沉重而强烈。

---

① 邬庆时:《屈大均年谱》,广东人民出版社,2006,第54页。
② 侯杰、胡伟:《剃发·蓄发·剪发——清代辫发的身体政治史研究》,《学术月刊》2005年第10期。
③ 陈永正主编《屈大均诗词编年笺校》,中山大学出版社,2000,第1254页。

下阕中的"冬青"特指南京孝陵的冬青树，词人这里用"苍翠连天"来喻自己忠贞不移的气节。有趣的是，当时饱受争议的大学者钱谦益在顺治七年（1650）时作有《西湖杂感》组诗，内有"冬青树老六陵秋"之句，钱谦益曾赴金华，试图策反总兵马进宝反清，但无功而返，"树老"反映了他内心的消沉、沮丧，诗词对比之下，个中差异有待细细体会。最后词中还出现杜鹃，杜鹃作为抒写亡国之痛的意象，历来频繁出现于诗词中。屈大均在康熙初有两首与杜鹃相关的词，一首是《玉团儿·白杜鹃花》，一首是写杜宇的《河传》，就表达凄切和悲怆程度而言，以后者为高：

> 杜宇。何处。声声凄楚。溅血成痕，猩红染雨。开落朵朵氤氲。无穷古帝魂。　君臣忽隔蚕丛路。因情误。故国茫茫失路。恨年年寒食。与野死重华。总无家。①

该词可能作于康熙元年（1662），之前逃于缅甸的永历帝被当地人献于清廷，并于四月在云南被杀，这两首与杜鹃有关的词就是为此而作。扬雄在《蜀王本纪》中称杜宇是古蜀国国王，号望帝，曾参与武王伐纣战争，其治国有方，死后化为鹃鸟，春耕时节啼鸣，蜀人曰"我望帝魂也"，因呼鹃鸟为杜鹃，又称杜宇，滴血化为杜鹃花。② 词人借杜鹃啼血典故，来抒发内心的哀痛，词首开门见山写杜宇，下阕中流露出自己绝望的心情。

永历帝的死宣告了复明希望破灭，作者对自己身处的时间坐标产生了质疑。没有国，对遗民而言也就无家，更失去当下和未来的意义。为消除这种强烈紧张感，屈大均中期词作中频频回顾历史，他为寻找复兴的机会在各地不断游历，东赴江南，北抵边塞，凭吊往者，以慰今人，结交其他遗民。在途中所作的许多词中抒发自己深沉的感情，如路过采石场时，因明初常遇春曾在此处大败元军，说"蛮子军从南岸戍，名王马向中洲养"

---

① 陈永正主编《屈大均诗词编年笺校》，中山大学出版社，2000，第1255页。
② （汉）扬雄著，（明）郑朴辑《蜀王本纪》，《壁经堂丛书》影印本，1922，第2页。

（《满江红·采石舟中》）①。在金陵、榆林等地的凭吊词感慨兴衰，所写对象多为古代抵抗异族的名将，词调沉重，深刻寄托了作者对扭转现实的无限期盼，这类怀古词是屈大均《骚屑词》中最精彩的部分。

康熙初年，屈大均为离家不远的番禺县一老翁作寿词，称"天与奇龄，连闰算来，刚百三岁。神宗一代深仁，圣子七朝嘉惠"（《石州慢·为百又三岁潘仁需翁寿》）②。这是一种与时间有关的身份认同，因为人的身份会随着社会变动而不断发生变动，唯有在特定时间内，身份才会趋于稳定而具备讨论价值。屈大均随身佩有永历钱一枚，时常观看。词作中的时间执念意在消除异族执政郁积在心中的块垒，保持主体精神的和平完满和人格追求的独立，可见对他而言，隐于过去是遗民生存的必要策略与手段。

三

康熙十二年（1673），时驻云南的吴三桂因撤藩问题与清廷彻底决裂，当年十一月杀云南巡抚朱国治，以蓄发复衣冠号召天下反清。屈大均当年冬天自粤北入湘从军。路过乳源时，他邀请隐居山中的周谞同行，周认为吴三桂有过弑君之举，为人反复无常，即便叛清成功也未必恢复明朝，但屈大均认为，"我只知复明，不知其他。有大机会趁大机会，有小机会趁小机会，凡是机会则必趁，若不是机会则必走。是不是机会，要见他之后方知"③，可见其决心之强烈。

次年春，屈大均从军后与吴三桂言兵事，察觉其无复明之意后，失望地离开湖南南下。途经湘湖，作《湘春月夜》：

又黄昏，夕阳斜映湘阴。可惜一片江声，都泻作愁心。欲抱月光同卧，奈月光如雪，不暖香衾。怕素娥笑客，殷勤玉指，起弄鸣

---

① 陈永正主编《屈大均诗词编年笺校》，中山大学出版社，2000，第1253页。
② 陈永正主编《屈大均诗词编年笺校》，中山大学出版社，2000，第1267页。
③ 邬庆时：《屈大均年谱》，广东人民出版社，2006，第137页。

琴。　枫林瑟瑟，萤吹鬼火，叶助猿吟。早掩船窗，休更作、楚王迷惑，神女荒淫。云朝雨暮，断人魂、终古情深。恨宋玉，托微辞讽谏，风华寂寞，谁与知音。①

和屈大均的其他怀古词相比，上词最大的不同在于显露了词人内心的动摇迹象。此前，他词中尽管也有悲愤、痛苦和期盼，但对明朝的忠贞信心从未变化。这里借宋玉微词讽谏楚王的典故，来表达对明末黑暗政治的反省，流露出作者理想破灭后的迷茫。② 这在屈大均之前词中甚罕见，最后一句"谁与知音"，道尽了他的无限失落。年轻时的冲天豪气已难再觅，我们看到的屈大均已是一个步履蹒跚、失魂落魄的遗民。

此外，屈大均还连遭失去亲人的打击。康熙五年（1666），三十七岁的屈大均游历北方，因赋《西岳诗》而为当时代州守将赵彝鼎所赏识，赵彝鼎将外甥女王华姜许配给屈大均。王氏是明末榆林都督王庄猷的遗孤，她读屈大均诗后，认为屈是"隐君子耶，无愧吾先将军矣"。于是长途跋涉，自固原赶赴代州见屈大均，称"吾父忠，兄孝，须夫子之文以传。然夫子高隐，亦须妾也与俱"。两年后，他们携手返回番禺。据《继室王氏孺人行略》知，二人情投意合，王华姜"食菲衣粗不严"，但因路途中落下病根，遇岭南毒热后，水土不服，入冬后"数数患病，病辄腹中胀懑，自恃壮年弗药，竟以此死"。③

屈大均为王华姜过世伤心不已，写下十余首悼亡词，内容多追忆二人相遇、相知及天人永隔的哀恸，如"至自榆林，迎归荔浦，人看秦地佳人"（《凤凰台上忆吹箫》）④、"相思泪，沾湿素华寒"（《望江南·望月》）⑤、"双飞空似梦，再见更无期"（《女冠子·人日有忆》）⑥、"一朵青

---

① 陈永正主编《屈大均诗词编年笺校》，中山大学出版社，2000，第 1271 页。
② 赵沛霖：《〈高唐赋〉〈神女赋〉的神女形象和主题思想》，《社会科学战线》2005 年第 6 期。
③ 欧初、王贵忱主编《屈大均全集》（三），人民文学出版社，1996，第 116 页。
④ 陈永正主编《屈大均诗词编年笺校》，中山大学出版社，2000，第 1268 页。
⑤ 陈永正主编《屈大均诗词编年笺校》，中山大学出版社，2000，第 1270 页。
⑥ 陈永正主编《屈大均诗词编年笺校》，中山大学出版社，2000，第 1270 页。

山一朵愁。飞瀑泪争流。夕阳更作一天秋。谁忍上高楼”（《望远行》）①
等。令他更伤心的是，王氏在雁门关时所生的女儿阿雁在康熙十年
（1671）因病夭折，这一度使他对命运产生怀疑：“天妒人月频圆，萧声忽
使秦楼断。织素只三龄，同命短。”（《春草碧·伤稚女阿雁》）②

　　出于“承宗祧”的原因，康熙十年（1671）屈大均和黎静卿结合，育
有一子。康熙十三年春，屈大均从军时，黎氏又诞下一女。屈大均离开湖
南后转道广西，任已投靠吴三桂的广西将军孙延龄帐下监军。清军赶赴番
禺追捕屈大均，黎氏携子女仓皇逃命，原本身体极度虚弱的女子，此时
“炎毒所蒸，痈疽溃发，孺人侧卧地上，脓血淋漓”③。逃至佛山，黎氏已
经奄奄一息。至次年二月屈大均返回，黎氏与女儿双双病逝。

　　黎氏被安葬在王氏墓旁，屈大均作《渔家傲·清明扫二配墓》以述哀
痛：“雨过争开山踯躅，余红染得香烟足。人共啼鹃何处哭，坟新筑，鸳
鸯两两黄泉宿。　泪似棠梨飞碎玉，柳条千缕情难续。每恨生时多怨曲，
愁盈目，蘼芜忍作罗裙绿。”④屈大均在词中首次以鹃来描述身边亲人，而
之前主要用于君臣间，以及寄托兴亡和怀念故国。为黎氏所作行略中，屈
大均哀鸣：“呜呼，一何心悲至此！予窃自悔，以孺人贤而有文，可以为
闺中性命之友，顾乃远违家室，从事疆场，为三载之别，以累孺人，其毋
乃非人情也耶。犹幸及早辞归，得周旋于四十四日之中，以与孺人相诀
也。”⑤悔因“从事疆场”而导致妻女丧生。对于四十七岁的屈大均来说，
为渺茫的复明所付出的努力，不但没有收效，反而累及亲人，他为之消耗
半生的“事业”又有什么存在意义呢？王华姜的逝世伴随他追求理想的挫
折，但尚不足以动摇内心信念，黎静卿的病逝却让屈大均开始对自己的人
生重新进行思考。

　　这也是客观时间长期销蚀的结果：各种战乱平息后，华夏进入稳定阶
段，新王朝带来的秩序被普遍遵循与贯彻，遗民们的抗拒理由和信念逐渐

---

① 陈永正主编《屈大均诗词编年笺校》，中山大学出版社，2000，第 1270 页。
② 陈永正主编《屈大均诗词编年笺校》，中山大学出版社，2000，第 1269 页。
③ 欧初、王贵忱主编《屈大均全集》（三），人民文学出版社，1996，第 117 页。
④ 陈永正主编《屈大均诗词编年笺校》，中山大学出版社，2000，第 1273 页。
⑤ 欧初、王贵忱主编《屈大均全集》（三），人民文学出版社，1996，第 118～119 页。

瓦解，现实生活填补了空白时间。屈大均开始写与广东地方大员的应酬之作，如康熙二十二年（1683）冬季在端州就为两广总督吴兴祚作寿词《宝鼎现·寿制府大司马吴公》：

　　蚤梅初吐，香泛长至，氤氲春酒。贺亚相、含元难老，滋润东南膏泽厚。似瑞雪、自羚羊三峡，是处炎荒沾透。致出穴、嘉鱼十里，破冻来充笾豆。　吐握公旦今难觏。尽人贤、依恋裳绣。倾西海、朝宗节钺，欲卷羊江归大斗。奋武烈、与文谟千载，铜柱重标岭右。看白雉、西屠再献。拜舞台门恐后。　幕内多才，新乐府、铙歌齐奏。愿年年、张仲留作，堂前孝友。请燕喜、稍听丝肉，福共康侯受。教至道、双曜同流，直与天长地久。①

此年七月郑克塽降清。屈大均写寿词，意在借祝锻力辞吴兴祚的疏荐，但心意已大为转变。正如同年所作的诗中所言："年来辞赋已无心，早岁春秋元有志。书法只今在草野，一部《成仁》吾《史记》。"② 到了所谓"知天命"的年纪，词中充满享受生活的惬意，词风也闲适淡雅，"更罗裙许长，莫拖烟草。露瀼瀼、湿教人笑"（《锦缠道·示小姬辟寒》）③。

晚年为养家糊口，而数次赴肇庆筹措银钱：

　　又离家、两月高要，劳劳作客自苦。落羽摧颓，残英冷淡，老大谁为主。典裘来，碎琴去。一代文章委尘土。无补。令饥寒不免，啾啾儿女。　白头未遇。怎英雄、事业多衰暮。喜萍花无恙，阴山玉在，磨得龙精吐。向庞公，咏梁父。谁识英高有文武。须许。凤雏人往，南阳惟汝。④

现实中的琐碎和无奈将他的壮志消磨殆尽。遗民不再是他的独特的行为

---

① 陈永正主编《屈大均诗词编年笺校》，中山大学出版社，2000，第 1278 页。
② 陈永正主编《屈大均诗词编年笺校》，中山大学出版社，2000，第 589 页。
③ 陈永正主编《屈大均诗词编年笺校》，中山大学出版社，2000，第 1279 页。
④ 陈永正主编《屈大均诗词编年笺校》，中山大学出版社，2000，第 1284 页。

方式和生活时间，而更像是一个无法割舍却与生活无关的标签。尽管他后期也写了一些怀念故国和故人的词作，但也仅仅是怀念而已，遗民身份对晚年的他来说更像是一个不得不维护的累赘。透过屈大均的几百首词，可以看出他的一生在不断与客观时间做对抗，却最终彻底滑入了客观时间中。

四

通过对屈大均词作进行分析，可以看出"遗民时间"所具有的流变特征与丰富内涵。在早期词作中，词人在新旧两朝的对立和撕裂中开始偏离正常时间轨迹；伴随着反清运动逐渐深入，屈大均被迫远走塞北江南，对历史的追溯开始成为词作内容；复明理想逐渐破灭，在残酷现实的裹挟下词人又被迫将时间坐标拉回现实，重新安排了后期的人生。人们常说时间流逝，其实更准确地说，时间是静止的，流逝的是人本身。①遗民们在词中通过不同形式，对个人时间反复解构和重组。反过来看，这种充满主观的不确定性的时间观，强化了作者在创作时对意境的深刻把握。

明清之际，随着"种族"和"夷夏之防"概念的大范围流行，易代对文人的冲击格外强烈，遗民无论是对自身还是相互的认识，均经历了一个艰难的过程，他们的迷失和重新认识在词中有隐晦或直接的表露。对遗民来说，寻找身份认可的原因诚如荣格所言："人生中有多少典型就有多少原型，这些经验由于不断重复而被深深地镂刻在我们的心理结构之中。这种镂刻，不是以充满内容的意象形式，而是最初作为没有内容的形式，它所代表的不过是某种类型的知觉和行为的可能性而已。"② 身份的认同是一种与时间有关的人格之认同③，"历史的变迁，要通过时间的度量来把握"④。身份的塑造、认可和强化等片段，最终拼凑出我们在文学作品中所

---

① 〔日〕堀秀彦：《感悟浮生》，小竹编译，海南出版社，1993，第67页。
② 〔美〕霍尔等：《荣格心理学入门》，冯川译，三联书店，1987，第44~45页。
③ 余英时：《方以智晚节考》，香港：新亚研究所，1972，第150页。
④ 〔日〕平冈武夫编《唐代的历》，上海古籍出版社，1990，第1页。

看到的遗民时间，这并不是我们常认为的易代后就自动成为遗民那么简单，而是需要一个漫长的构建过程，在反复的犹豫和不确定中才逐步实现。

作者通信地址：广州市海珠区新港西路 135 号中山大学文科楼 418 室，邮编：510275，邮箱：Lastingyu@ 163. com

责任编辑：张玉华

作品研究

《广东新语》与明清之际广东的
自然及人文地理

中央民族大学文学与新闻传播学院，北京，100081

摘　要： "岭南三大家"之一的屈大均，有多种著作传世，其中，《广东新语》是与广东地域文化联系最为密切的一部著名笔记。该书以天、地、山、水、诗、艺、食、货等二十八类文化事象，构建了一部明末清初广东地区的文化名物史。本文主要以其分类为经，以书中地域为纬，利用现代历史地理学与文化地理学的相关理论与技术，研究明清交替之际广东自然与文化地理的相关特点与价值。

关键词： 屈大均；《广东新语》；自然地理；人文地理

　　学界对屈大均的地理学研究，是在改革开放以来人文地理学学科在中国重新受到重视的学术背景下展开的。1994年，司徒尚纪将屈大均及其《广东新语》作为"中国地理学史上长期被冷落、湮没了的地理学者和作品"重新提出，并称《广东新语》为"岭南地理百科全书"①，使得屈大均研究中的地理要素进入人们的视野。1997年，曾昭璇、曾宪珊将屈大均作为"中国清初杰出地理学者"提出，赞扬了其田野考察的经历，并探寻其旅游地理旨趣。② 此后，学者于屈大均作品，主要是对《广东新语》里

---

*　黄鸣（1976~），男，汉族，湖北监利人，中央民族大学文学与新闻传播学院副教授，文学博士。

①　司徒尚纪：《中国地理学史上被湮没了的屈大均其人其书》，《热带地理》1994年第1期。

②　曾昭璇、曾宪珊：《中国清初杰出地理学者屈大均——论〈广东新语〉对自然地理学的贡献》，《中国历史地理论丛》1997年第3期。

的文化地理因素多有注意，往往撷其一点加以考察。如张相平考察《广东新语》中的盗贼问题，何洁考察雷州雷神信仰问题，许桂香和司徒尚纪考察岭南服饰原料问题，曾玲玲考察来粤西洋商船问题，万静考察莞香文化问题，等等。① 时至今日，屈大均的《广东新语》，已经成为研究明末清初岭南文化地理的重要参考著作。

本文在前贤的研究基础上展开，试图以地理学的方法，对屈大均《广东新语》所载内容的自然与人文地理学分类及其当代应用价值加以论述。

一 "广东"之名称与广东自然地理

文化史上的"岭南"与"广东"名称的转换，与屈大均有密切关系。前人称广东地区，往往以"岭南"称之，屈大均则曰：

> 考唐分天下为十道，其曰岭南道者，合广东西、漳浦及安南国境而言也。宋则分广东曰广南东路，广西曰广南西路矣。今而徒曰岭南，则未知其为东乎？为西乎？且昭代亦分广东为岭南东西三道矣，专言岭而不及海焉。廉、雷二州则为海北道，琼州为海南道矣，专言海而不及岭焉。今而徒曰岭南，则一分巡使者所辖已耳。且广东之地，天下尝以岭海兼称之。今言岭则遗海矣，言海则遗岭矣。或舍岭与海而不言，将称陶唐之南交乎？周之扬粤乎？汉之南越乎？吴晋之交广乎？是皆非今日四封之所至，与本朝命名之实，其亦何以为征？凡为书必明乎书法。生乎唐，则书岭南。生乎宋，则书广南东路。生乎昭代，则必书曰广东。此著述之体也。②

---

① 参见张相平《从〈广东新语〉看明清广东盗贼》，《南方论刊》2011 年第 5 期；何洁《雷州雷神信仰研究——兼论〈广东新语〉与屈大均民俗学史地位》，上海师范大学硕士学位论文，2010；许桂香、司徒尚纪《岭南服饰原料历史地理研究》（上），《中山大学研究生学刊》（自然科学、医学版）2006 年第 2 期；许桂香、司徒尚纪《岭南服饰原料历史地理研究》（下），《中山大学研究生学刊》（自然科学、医学版）2006 年第 3 期；曾玲玲《清初屈大均笔下的西洋来粤商船》，《海交史研究》2014 年第 2 期；万静《屈大均与莞香文化》，《五邑大学学报》（社会科学版）2017 年第 1 期。

② （清）屈大均：《广东新语》，中华书局，2010，第 317 页。

赵世瑜认为，屈大均坚持以"广东"来代替"岭南"，是其作为身处广东的"我者"，对岭、海并重深有体会，且屈大均在政治上认同明朝国家，以广东代岭南，强调了国家认同，以及广东与其他地方的一体性。[①] 赵世瑜先生的分析是十分精当的，此不赘述。此为屈大均《广东新语》《广东文选》等一系列著作的旨趣所在。

而明朝行政区划中的广东，包括今天的广东全省、海南全省以及今广西壮族自治区东南部地区。

从地形上看，明代广东大致可分为以下六区。

一是珠江三角洲。珠江三角洲是西江、北江三角洲和东江三角洲及其附近岛屿的总称。总面积约11000平方公里，海拔50米左右。其地约当明代的广州府辖境中南部。

二是粤东北山地和粤东南丘陵。在珠江三角洲东北，主要山脉有青云山、罗浮山、九连山、莲花山与沿海山地，山脉多为东北—西南走向，平行排列的中低山，海拔1000米左右。沿海有狭窄平原，如潮汕平原。其地约当明代的惠州府、潮州府全境以及广州府东部山地。

三是粤北山地。主要包括大庾岭、骑田岭及其支脉滑石山、瑶山等，是南岭之一部，海拔1000～1500米，沿河盆地与峡谷相间。其地约当明代的韶州府、南雄府全境及广州府西北山地。

四是粤西—桂东南山地台地。粤西山地台地，包括珠江三角洲以西的广大地区和雷州半岛，主要有云开大山、大云雾山、天露山等，为东北—西南走向的低山丘陵，海拔一般在1000米左右。南部雷州半岛为低平台地，海拔100米以下。桂东南低山与丘陵地带，有十万大山与云开大山，钦州盆地是主要盆地。其地约当明代广东的肇庆府、罗定州、高州府、廉州府、雷州府全境。

五是海南山地台地。海南全岛面积约32200平方公里，山地在岛的中部，以五指山最为著名。其北部与雷州半岛相隔20余公里，在地质构造上与雷州半岛相似。其地约当于明代广东琼州府全境。

六是南海诸岛。（略）

---

① 赵世瑜：《"岭南"的建构及其意义》，《四川大学学报》（哲学社会科学版）2016年第5期。

地形与文化地理之关系甚巨。如海南岛的岛屿地理环境，使得其在空间上成为一个自足的整体，岛内山地多集中在中南部，以五指山最为闻名。其北部琼州海峡虽然仅宽 20 余公里，但在古代，自然形成天堑，阻隔了其与大陆的充分交流，导致该地文化较为落后，所以在《广东新语》中，关于海南岛的记载较少。除去后十卷的鸟兽草木名物之语外，前十九卷中，提及海南的仅 11 条，其中多为自然地理如雷、风、雨、星的记述，仅有"飓风神""降神"（《神语》）与"海忠介""黎人"（《人语》）数条，与民俗信仰、名人、民族相关。

《广东新语》中十府一州在前六卷中记载的条目数量见表 1。

表 1　广东十府一州在《广东新语》前六卷记载条目数量

	广州府	惠州府	潮州府	韶州府	南雄府	肇庆府	高州府	雷州府	琼州府	廉州府	罗定州	统称
天语	4	2						6	3	1		13
地语	18	7	1	3	3	1		3	1			
山语	16	5		10	2	10			2	1		2
水语	31	6	6	12			1	1	5	3	2	5
石语	7	1	2	6		2	1					2
神语	9	2		1		1		3	2		1	4
总计	85	23	9	32	5	14	2	13	13	5	3	26

资料来源：本文作者统计。

这前六卷的内容，涉及广东地区自然地理的基本状况。从《广东新语》所述条目数量上看，广州府境域是作者笔墨最集中之处，韶州府次之，惠州府再次之。肇庆、潮州、雷州、琼州诸府为同一级别。南雄府、罗定州、廉州府、高州府所涉条目较少。

这种分布的原因在于，广州府尤其是其中南部地域，是自古以来广东的中心地带，开发较早，人口密集，可采撷入笔记的素材自然较多；自古以来韶州府就是控扼入粤的通道，在地理学上具有通道价值，南岭在自然和人文上都是显著的地理区划界线，故韶州府居于第二；惠州府是珠江三角洲东部的丘陵台地地带，其开发也较早，广东名山罗浮山就在惠州府境内，亦是屈大均常游之处，故居于第三位；再下者，潮州府，唐代韩愈曾贬于此，作《祭鳄鱼文》，兴学校，重教育，为粤东人文重镇，为控扼进入福建的通道，故居于第二集团，广东西部的雷州岛多雷电、海南岛悬于海外，对于广州府之人而言，亦有偏远殊方景观的新奇意味；其余如廉州府、高州府、南雄府、罗定州，则进入作者视野者较少，故其相关条目也较少。这样的分布，反映了明代末年广东本土士人对广东的地理认知状况。

从某种意义上说，在这个明末广东案例里，自然地理分区也就是文化地理分区，它们之间是高度密合的。司徒尚纪先生后来著述《广东文化地理》，于此书也多有取材。①

二 《广东新语》的人文地理价值

《广东新语》所载内容具有很高的自然地理价值，同时也具有很高的人文地理价值。屈大均在这部笔记中，展示了他作为杰出的人文地理学家的眼界与卓识，以及与其生平思想与诗文创作一脉相通的忧患意识。

首先，对广东是一个地理地域的观念，屈大均是充满自豪之情的。在很多篇目中，他都有清楚的"我者"意识。如他说"南越之星，多于天下"（《天语·南越之星》）②，字里行间充满自豪之感。他又说："故五星聚东井，余气及于越门，而南武霸业以立。五星聚牛斗，光芒射于南海，而江门道学以兴。天象诚不虚垂示也。"（《天语·星聚》）③ 他以南越之星对应广东地域的人文，称赞其"多于天下"，又以星聚天象对应广东地域的政治军事与学术状况，举凡南越赵佗的霸业、江门陈献章的学术，在他看来，都是上应天象的吉瑞，也是广东之地自古以来允文允武、能人辈出的符号象征。在《地语·地》篇中，他更是充满自豪之情地歌颂了南粤人杰地灵的地理因素：

---

① 参见司徒尚纪《广东文化地理》，广东人民出版社，2001。
② （清）屈大均：《广东新语》，中华书局，2010，第7页。
③ （清）屈大均：《广东新语》，中华书局，2010，第8页。

> 虽天气自北而南，于此而终。然地气自南而北，于此而始。始于南，复始于极南，愈穷而愈发育。故其人才之美有不生，生则必为天下之文明。盖其位在离，离中虚，故广南之地多虚。极南之地在海中尤虚，虚而生明，故其人足文而多智，学得圣人之精华。辞有圣人之典则，以无忝乎海滨邹鲁。盖自秦、汉以前为蛮裔，自唐、宋以后为神州，虽一撮之多，非洲非岛，在烟水渺弥蛟鼍出没之间，亦往往有衣冠礼乐存焉。地之尽于海者，与诸夏而俱穷。其不尽于海者，不与诸夏而俱穷。[①]

圣人、神州、衣冠礼乐，与诸夏而俱穷。广东作为一个地理区域，与中原相阻隔，但作为文化区域，则早与神州为一体。斯土斯民，人才之美者，为"天下之文明"，"足文而多智""无忝乎海滨邹鲁"，这建立在明代以来广东人士逐渐在中央政府崭露头角，获得话语权的政治基础之上，如丘浚、海瑞等，也建立在明中期王学传播到广东，先后有陈白沙、湛若水等学者奋起，在全国范围内获得声名的学术基础之上。

其次，屈大均论述广东地理，尤其是粤北地理时，注重从军事地理角度进行分析。他分析五岭与三关（湟溪、阳山、洭口），以及西江、北江、三水等河流时，都充分注意到了粤北山地与粤中南河道的军事通道价值与交通运输意义。这与屈大均好兵学、图恢复的志向是有关联的，很多论断，颇为精辟。如：

> 湟溪、阳山、洭口皆有秦关，名曰三关。清远、汇口亦有之。盖粤东要害，首在西北，故秦所置三关皆在连州之境，而赵佗分兵绝秦新道亦在焉。佗既绝新道，于仁化北一百三十里，即今城口筑城，以壮横浦。于乐昌西南二里，上抵泷口筑城，以壮湟溪。盖仁化接壤桂阳，乐昌接壤郴州，当时东岭未开，入粤者多由此二道。即使南安有守，而精骑间道从郴、桂直趋，可以径薄韶阳，横断南北，此佗设险之意也。或曰：乐昌古城，任嚣之所筑，其在隔河二里之城，乃佗所筑，以夹武溪之水者。盖自宜章而下，三泷水最湍急，舟可两日至

---

① （清）屈大均：《广东新语》，中华书局，2010，第 29~30 页。

韶。二城夹扼泷口，则西北之要害据矣。自韶至英德，水路一日，故佗又筑万人城于浈水也。伏波出桂阳，下汇水为奇兵，即此道也。楼船出豫章，下横浦为正兵，其道直，无泷水之险，故先至。攻陷寻陕，伏波从衡岳而下，道远，亦以二城夹扼，费攻坚之力，故后期也。武帝平南粤，以曲江、浈阳、洽洭三县属桂阳郡，隶荆州，所以扶粤之门户，为犬牙参错，意深哉！①

类似这样的文字，是典型的军事地理研究文章的风格，以史为鉴，夹叙夹议，条分缕析，自古以来，由北至南入粤的通道、关隘、水路，清晰地展现在读者面前。于此足以见出屈大均军事地理分析的笔力。

对于乡邦山水，他也常以军事地理的眼光加以考量，如：

广州山有三路，分三门，而以大庾为大门。海亦有三路，分三门，而以虎头为大门。虎头者，天地之阳气所从入，刘安所谓阳门也。地体阳而用阴，海者地之宗，故祀南海神于虎头门之阴。门在广州南，大小虎两山相束，一石峰当中，下有一长石为门限，潮汐之所出入。东西二洋之所往来，以此为咽喉焉。出虎头咫尺，则万里天险，与诸番共之。②

虎头门即今虎门，屈大均家在其北，对该地地势非常熟悉，他指出其地为东西二洋往来的"咽喉"，出此则万里天险与番人共之，是对家乡地理熟悉基础上的判断。后世第一次鸦片战争时英军攻虎门，即为夺取这个"咽喉"以封锁广州之计。

最后，屈大均论述广东地理，受明末清初实学影响，颇重经世致用之学。《广东新语》后十卷，虽说是讲鸟兽草木虫鱼之属，但其内涵是农业地理与动植物经济地理。此不赘述。又如他重视水利，《水语》中的"塞新河""开河""潭滘河"诸篇，皆与水利有关。再如，他反对破坏式掠

---

① （清）屈大均：《广东新语》，中华书局，2010，第32～33页。
② （清）屈大均：《广东新语》，中华书局，2010，第34页。

夺式的采石活动。他这样描述番禺石砺山的盗采情况：

> 乃有亡命奸徒，蜂屯蚁聚，凿石网利，岁致金以十万计。潜导番夷，阴藏剧盗。且运艘出没，讥关难察。铸钱赌博，多匿其间，为乡村蟊贼，种种可忧。况山脉穿海浮沉，肺腑首郡。上则鸭墩、独洲诸阜，下则五兽雄冈。灵气泄藏，兆官民之灾诊。下关崩陷，致形势之不完。近者牛口一屯，喷流黄血；浮莲一塔，迸出黑烟。厓倾石坠，岁岁压死多人。鬼哭连村，山灵哮怒。沿茭塘一带，五里成渊，十里成谷，同井洼窊，坟墓倾沉。长此不止，势必丘陵大小尽平。高者既下，下者岂能复高？风水既伤、渊薮未已。其为全粤祸患，曷可胜言！万历、崇祯间，屡行封禁。今复公然盗凿，群豪虎视，莫可谁何，痛心疾首，其谁同此隐忧也哉！噫。①

这是我们所见较早的反对盗采山石的历史文献。从中可见屈大均敏锐的经济地理意识与生态环境和谐意识。

甚至在他旅行途中，看到一县一地的形势与出产，他都忍不住要为当地发展出谋划策：

> 使从城南铁潭口至牙溪以下，稍疏浚之，排其阏沙，燔其礴石，使滩泷三百六十，一无所阻，三篷、四篷船子可通行。则谷贾四方辐辏而谷贵，谷贵则种挙者多，益尽地力。田虽稀少而挙多，无农不挙，则无山不为村落。县之富庶，可计日而俟也。②

还有一点与他的生平和思想密切相关，就是他特别注意宋末史事。南宋末年，南宋小朝廷曾退至崖山，为元军围攻歼灭，南宋亡国于粤。屈大均于相关地方，均不忘加以致意。屈大均感慨道："嗟夫！大命已去，即一洲一岛之微，天亦不肯以与残华，使之暂为根本。浩浩沧波，必尽委君

---

① （清）屈大均：《广东新语》，中华书局，2010，第 125~126 页。
② （清）屈大均：《广东新语》，中华书局，2010，第 61 页。

臣于鱼腹之中而后已。天之所以厚其惨毒于宋，抑何甚也！白沙尝作哀歌亭于厓门，其诗曰：义尽君臣俱死节。感之深矣。"① 在其他地方如南雄珠玑巷、新会崖门、海丰甲子门、饶平南澳等处，屈大均都对宋朝的灭亡致以感慨。须知，屈大均凭吊宋末史事，实际上是感慨明末史事。盖宋与明皆亡于南，有胜国之同慨也。于何知之？《天语·风候》曰：

> 凡地之阳气，自南而北，阴气自北而南。比年岭表甚寒，虽无雪霜，而凛烈惨凄之气，在冬末春初殊甚。北人至止，多有衣重裘坐卧火炕者。盖地气随人而转，北人今多在南，故岭表因之生寒也。予诗：边人带得冷南来，今岁梅花春始开。头白老人不识雪，惊看白满越王台。又云：一自边人至，南中得雪看。炎天无旧暖，涨海有新寒。②

此处将气候与亡国之情联结而观之，称"北人今多在南，故岭表因之生寒也"，文中不尽凄回之意，尽在字里行间。

三 "屈大均游线"的旅游地理价值

明代末年，徐霞客是以其一生来壮游天下的代表性人物，其所著《徐霞客游记》，是我国地理学史上的重要著作。除了地质考察要素外，《徐霞客游记》中的文学要素与旅游地理要素，也为社会所关注。2001年，浙江宁海人麻绍勤提出设立"中国旅游日"，国务院2011年3月30日常务会议通过决议，将《徐霞客日记》首篇《游天台山日记》开篇的5月19日定为"中国旅游日"，其成为我国的非法定节假日之一。这是一个人、一部书影响后世的典型案例。

在稍后于徐霞客的时代，广东也有一位大旅行家出来，遍游南北，走遍关山险阻，其中，对于南粤山水，他更是情有独钟，留下了一篇篇充满

---

① （清）屈大均：《广东新语》，中华书局，2010，第105页。
② （清）屈大均：《广东新语》，中华书局，2010，第12页。

文学性与科学性的游记,这就是屈大均。

屈氏所著《广东新语》中有关旅游地理的篇目,集中在卷三至卷五(《山语》《水语》《石语》)之中。卷三至卷五共144篇笔记的统计见表2(并标注其文本文学性强弱)。

表2 《广东新语》卷三至卷五涉及地点统计

卷数	篇名	涉及地理位置	分类	文学性强弱
卷三 山语	梅岭	梅岭	历史地理	弱
	腊岭	五岭第二岭	历史军事地理	弱
	五岭	五岭	历史地理	弱
	三峡	英德至清远	旅游地理	强
	二禺	中宿峡	旅游地理	强
	连峡	洭口西北	旅游地理	强
	诸峡	峤南	旅游地理	强
	两三峡	西三峡	旅游地理	强
	三山	会城	区域地理	弱
	白云山	广州北	旅游地理	强
	灵洲山	广州西北	旅游地理	中
	罗浮	博罗	旅游地理	强
	西樵	三樵之西	旅游地理	强
	霍山	龙川县北	旅游地理	强
	斧柯山	端州	旅游地理	强
	顶湖山	端州	旅游地理	强
	东安诸山	东安	旅游地理	强
	锦石山	德庆州西	旅游地理	强
	丹霞山	丹霞山	旅游地理	强
	官富山	新安	人文地理	中
	翁山	翁源	旅游地理	强
	春山	沙亭宅后	人文地理	强
	五指山	琼州	人文地理	强
	北甘山	阳江	人文地理	中
	三白水山	阳春	人文地理	中
	白鹤峰	归善	人文地理	中

卷数	篇名	涉及地理位置	分类	文学性强弱
	圭峰	新会北	人文地理	中
	春冈	增城	旅游地理	强
	七星冈	龙门	旅游地理	强
	茶托冈	阳江	旅游地理	中
	七星岩	肇庆	旅游地理	强
	玲珑岩	始兴	旅游地理	强
	扬历岩	保昌	旅游地理	强
	三洲岩	德庆州东	旅游地理	中
	白面岩	翁源	旅游地理	中
	穿镜岩	灵山县西	自然地理	弱
	阳春岩洞	阳春	旅游地理	强
	碧落洞	英德	旅游地理	强
	穗石洞	会城坡山	旅游地理	中
	甘泉洞	增城	旅游地理	中
	紫霞洞	琼州	人文地理	中
	泷溪石室	乐昌	旅游地理	弱
	山火	粤地	自然现象	弱
	山影	龙川霍山	自然现象	弱
	南岭	永安	宋末史事	弱
	端州山水	端州	旅游地理	强
	韶阳诸峰	韶州	旅游地理	中
	东峤	大庾岭	旅游地理	强
	石砺山	番禺	经济地理	弱
卷四 水语	西江	西江	自然地理	弱
	南江	南江	自然地理	弱
	三水	三水	自然地理	弱
	涨海	万州城外	自然地理	弱
	海水	粤地之海	海洋地理	弱
	潮	粤地之潮	自然地理	弱
	广州潮	广州	自然地理	弱
	琼潮	琼州	自然地理	弱
	惠州西湖	罗浮	自然地理	弱

续表

卷数	篇名	涉及地理位置	分类	文学性强弱
	樵湖	西樵	旅游地理	中
	二湖	会城	人文地理	中
	陷湖	遂溪	异闻	中
	照镜湖	番禺	异闻	中
	夫溪	仁化	异闻	中
	月溪	白云山	旅游地理	中
	银溪	大埔	人文地理	中
	陆溪	德庆州西	旅游地理	中
	香溪	水通罗浮	旅游地理	中
	沉香浦	南海	旅游地理	中
	昌乐泷	乐昌县西北	旅游地理	强
	白鹅潭	珠江上流	异闻	中
	赌妇潭	龙门	异闻	中
	十龙潭	东莞	旅游地理	强
	潭川	高明	友朋之居	中
	思乡水	廉州	旅游地理	中
	黄塘	端州七星岩	旅游地理	中
	黄泥湾	阳春	旅游地理	强
	迷坑	广宁	旅游地理	中
	潮水泉	韶州	旅游地理	中
	贪泉	石门	人文地理	中
	丰湖二泉	惠州	旅游地理	中
	醴泉	开建	旅游地理	中
	寿泉	兴宁	旅游地理	中
	三泉	琼州	旅游地理	中
	瓮泉	龙门	旅游地理	中
	十三叠瀑泉	春州	旅游地理	中
	海中淡泉	粤地之海	自然地理	弱
	朋泉	白云山	友朋之居	中
	温泉	电白	自然地理	弱
	毒泉	长乐	自然地理	弱
	风井	阳江	自然地理	弱

卷数	篇名	涉及地理位置	分类	文学性强弱
	九眼井	广州	旅游地理	中
	绿珠井	博白	人文地理	中
	何仙姑井	增城	人文地理	中
	亚姑井	罗定	异闻	中
	龙井	西宁	旅游地理	中
	海月岩井	东莞	异闻	中
	官井	乐昌	自然地理	弱
	肇庆七井	肇庆	人文地理	中
	流杯曲水	增城、从化	旅游地理	中
	浦	琼山	人文地理	中
	漈	龙门	旅游地理	中
	七夕水	广州	人文地理	中
	水之异	粤地之水	人文地理	中
	广州城濠	广州	军事地理	弱
	塞新河	会城	水利	弱
	开河	高州	水利	弱
	潭滘河	新宁	水利	弱
	潮泉	连州、阳山	水文	弱
	三井	广州	人文地理	中
	罗汉井	广州	异闻	中
	永安五江	永安	水文	弱
	西樵三十二泉	西樵	旅游地理	中
	日月二泉	广州	旅游地理	中
	潮候	广州	水文	弱
	移肇庆水窦	肇庆	水利	弱
	开浚河头小河	新兴	水利	弱
	第十六条坑水	羚羊峡	自然地理	弱
	南江水口	南江	旅游地理	中
	贵谷坑	增城	异闻	中
卷五 石语	韶石	粤东之北、西北	旅游地理	中
	大英石	英德	自然地理	弱
	小英石	英州	自然地理	弱

续表

卷数	篇名	涉及地理位置	分类	文学性强弱
	蜡石	岭南	自然地理	弱
	三石	会城	旅游地理	中
	五羊石	广州	旅游地理	中
	相石	潮阳	宋末史事	中
	望夫石	清远	旅游地理	中
	南台石	平远	旅游地理	中
	九曜石	广州	旅游地理	中
	罗经石	罗旁水口	旅游地理	中
	雨之石	封川、揭阳	自然地理	弱
	犀象二石	始兴	旅游地理	中
	海石	琼海、阳江	自然地理	弱
	石粪	从化九珠山	农业史	弱
	西樵石	西樵	自然地理	弱
	端石	端州	人文地理	强
	锦石	高要	人文地理	中
	石笠	西樵	旅游地理	中
	四石镜	东莞、澄迈等地	旅游地理	中
	石船	高州	旅游地理	中
	石的	英德	旅游地理	中
	石床	电白	旅游地理	中
	端溪砚石	端州	人文地理	中
	洗头盘	永安	旅游地理	中

资料来源：本文作者归类统计。

表2涉及的文学性强弱程度在中等之上的与旅游相关（记载人文地理、宋末史事、异闻、友朋之居者，也都归于与旅游相关之类，因其文字与内容均具备文学性，且其地可征也）之地点有103个，几乎覆盖了明代末年广东省全部地区。其中，更有约30篇篇幅较长的游记，文学性很强，其价值不下于《徐霞客游记》中类似篇章；其他短篇篇什也多有短小精悍、游刃有余的文学特点。

如果说屈大均因为反清复明而南北奔走，其旅游目的还不甚彰显的话，那么，其归粤之后，专心乡邦文献故实、四处游历，则少了一分急躁与进取，多了一分闲适与从容，他对山水之美的领悟已经升华到一个很高的境界，所以其笔下的粤地山水，明秀娴净，优美动人。如：

> 三洲岩，在德庆州东七十里。哮谽靓深，如堂如房者半。两旁有隙坼二，日光分透。从右壁而上，初甚暗，不数十武即洞，如飞磴盈尺，行者前后不相顾。从穴中屈首穿而出，乃至顶。有一亭，古木丛荫，丹灶砚池，仙羊窝、石柱皆在焉。古有皎叟修真于此。李纲书"玉乳岩"三大字，祖无择铭之。其石皆苍绿色，摩挲如玉，可爱也。其南又有亭，泷江缭绕足底，下视烟波，茫然无际矣。①

其叙述文字简洁，写景与掌故，穿插其间，错落有致，有明末山水小品文风味。如：

> 十龙潭，在东莞县东南三十里。其山曰深溪，与彭峒、大岭、青嶂相连，甚幽邃。山有一大瀑布，注处辄为一潭。凡十注，遂成十潭。初潭在谷口，春水初生，潭上之石辄掩其直泻，水皆横飞以入潭，状甚诡激。右折为第二潭，水稍平，石齿历历可数。其上苍壁平削，飞溜溅空，白昼轰雷砰磕，破顶门而出，毛骨为之寒竖。其下潴水相环，如双轮回转，为第三、第四两潭。又上峰益巉峻，水益湍驶。溪中多有美玉，色如绀青，樵人以砺斤斧。异花芬郁，云雾晦冥，白沙朱草之间，虎迹尝暖。此山之最深处也，是为第五潭。上百步为第六潭，左右多怪石，突怒偃蹇，横抵飞湍，势若熊罴决斗，以与潭水冲击。常有火光熊熊，随风四射，然火光非生于石也。凡海水寒则生阴火，潭水热则生阳火，此阳火也。潭水寒而与石冲击之，过则热，热故生阳火也。如是者，凡在第七、第八、第九潭皆然。磴道峭危，往往中绝，涉涧蛇蝮行，乃得至大瀑布下。大瀑布高千尺余，排峰直注。水花成片如云，既坠复起。从空旋舞，备极瑰诡之观。其

---

① （清）屈大均：《广东新语》，中华书局，2010，第115页。

下为第十潭。水甚黝黑，是为激龙之渊。天旱，人辄怒其龙而投以热铁，则大雨，故日激龙。石上有古刻"飞泉"及"紫虚洞天"六大字，笔法用颜鲁公。①

此处缕述十潭之景，移步换景，十龙潭之幽邃诡激、突怒偃蹇的情态，跃然笔下。间杂以民间传说与格物析理的文字，使得文章文气腾挪变换，张弛有度，其清冷处颇似柳宗元永州写景诸篇什。又如：

二十里至老牙、大理二峡，夹壁欹叠，状若颓城。无数古木支拄，石色苍绿，皆作云水纹。松、杉、茶子诸树幂之。怪藤千尺，多有黄猿啸牵而下。或戏丸堕之，空中犹能翻接柔枝。已入晾纱峡，水叩石牝，呜咽有声。水石相吞，久之始答。有数复岩喷水，从风飘滴，峡尽犹沾濡不已。又入一峡名同冠，壁之石，皆为白笋芽。丛乳葳蕤，倒披而下。有一洞甚大，多文石，丹青绮分，树影森沉，瀑光明灭。驻舟其下。久之，峡转峰旋，舟层层如入螺尾，乍出阴崖，乍入阳窦，凄神寒魄，一日不知几变。②

屈大均描写连峡，亦颇有郦道元写三峡之风。屈大均的散文游记，脱胎于古来太上写山水手的郦道元与柳宗元，其文采茂然之处，亦不下郦、柳矣！

《广东新语》的内容包罗万象，举凡天文地理、医卜星象、草木虫鱼、山川林石、人文故实、经济世用、服装工艺、中外交通、民族交流、艺术宗教、志怪异闻无所不涉。它也因此成为我们考察明末清初广东自然地理与人文地理的最好样本。广东的文化区域，不管是自然还是人文，均以粤中南地区为盛，其原因在于便利的交通与丰庶的物产。其以一府之地，控扼南粤，影响辐射到南洋，是南中国最重要的中心城市，这一点，在明代屈大均的笔下就有所显现了。岭南风物之奇异、物产之富庶、人文之超

① （清）屈大均：《广东新语》，中华书局，2010，第 145 页。
② （清）屈大均：《广东新语》，中华书局，2010，第 75 页。

越，是书尽而囊之，是研究我国文化地理与岭南文化地理不可忽视的文化遗产。

屈大均在《广东新语》中所记诸地，在今天也有现实价值。除了那些比较知名的景点外，许多景点如果今天仍然留存，再次发掘出来，加以开发，也应该能够吸引游人。《广东新语》里面，举凡名山胜水、清泉奇石、楼观亭台、各地物产，均有大量的旅游文化要素可供今天汲取。将屈大均的诗词中所记载的游程，与《广东新语》中关于广东山水旅游地理的记载结合，得出一条屈大均游线，以此作为开发广东本土旅游的重要历史文化资源，是可行之举。这个问题涉及相当繁复的学术考证与地理绘图过程，当另文阐发之。

作者通信地址：北京市海淀区中关村南大街 27 号，中央民族大学文学与新闻传播学院，邮编：100081，邮箱：rui1228@163.com。

责任编辑：赵新良

屈大均《广东新语》与岭南服饰[*]

孙恩乐^{**}

广东工业大学，广东广州，510000

摘 要： 明末清初著名学者屈大均晚年撰著的《广东新语》是一部多视角、内涵丰富的广东服饰风貌集成文献。作者生动地阐述了岭南各类纺织品与服装配饰的原材料性能、工艺制作技艺，以及岭南文人士大夫清新高洁的个体服饰形象，乃至有关本土民俗服饰和外来西洋服饰文化等杂趣现象。本文拟就《广东新语》中所见各种服饰略做学术梳理及考辨，提出《广东新语》在中国服饰史特别是岭南服饰史上具有比较重要的文献价值和学术价值。

关键词： 屈大均；岭南服饰；服饰特征

《广东新语》为明末清初著名学者屈大均于晚年"考方舆，披志乘"后所撰。全书共二十八卷，每卷述事物一类，即所谓一"语"（如天、地、山、水、虫等），举凡广东之天文地理、经济物产、人物风俗无所不包，被认为是一部史料价值极高的广东地情书。

《广东新语》同时辑佚并考辨了岭南地区尤其是广州地区丰富的纺织品渊源及服饰变迁，在中国服饰史特别是岭南服饰史方面具有重要的学术史意义与学术研究价值。《广东新语》所见之纺织品，主要集中在卷十五《货语》、卷十六《器语》。《广东新语》所及人物服饰，则散见于《人语》《事语》《神语》《坟语》《宫语》《货语》《器语》《地语》等。如涉及鸟

---

* 基金项目：《广州大典》与广州历史文化研究专项课题"历代广州纺织品与服饰历史考辨"（批准号：2013GZY12）。

** 孙恩乐（1967~），女，汉族，湖南长沙人，广东工业大学教授，高级服装设计师。

衣、大帽深衣、倭衣倭帽、玉台巾、木屐等服装配饰等的描写，既可见广东地区的服饰依托于本土物产的特点，同时又呈现出浓郁的岭南风土人情与历史脉络。从某种意义上说，《广东新语》不愧为一部在旁征博引前人文献并加以充分总结的基础上整理出来的反映广东服饰风貌的集成性文献。本文拟就《广东新语》中所见服饰风貌略做学术梳理及考辨。

一　鸟衣

北方、草原常用野兽皮制作衣服，南方则用各种鸟毛做鸟衣。早在唐代武则天当政时广州就曾出鸟衣，《太平广记》卷四百五"集翠裘"条记载，大周武皇神功二年（698），"南海郡献集翠裘，珍丽异常"，武则天称："此裘价逾千金。"珍贵奇丽，既表现出珍禽色泽整合设计的自然与华贵，也说明鸟羽缝制高超工艺的合理与精细。正是当时岭南独特而丰富的服饰材料这一地域特产，加之巧夺天工的服饰加工技术，共同成就了代表唐代岭南最高工艺的鸟羽衣——"集翠裘"。[①]

屈大均在《广东新语》中说，鸟衣质地最好的是一种天鹅绒，当时东夷人剪取天鹅的细管，和机织的丝织物交杂在一起编织，它的形制巧妙美丽，以大红色为佳。这种鸟衣有冬夏二种，又因雨水打不湿，顾名思义称其为雨纱、雨缎。广东人采用这种制作方法，改用土鹅细管与丝绒一起编织，因此价格较低。还有一种叫琐袱，出自哈烈国，也是用鸟的细绒毛做成的，鸟的羽毛花纹像纨绮一般，以大红色最为贵重。广东人用类似素色纺绢模仿制作，也起同样的名字，效果却差远了，类似今天所说的"山寨"版琐袱。

明代男官服用补子图案以示官位级别及文武官类别。用孔雀毛为线缕，绣在衣服的补子图案上以示高贵，绣在女装的云肩、袖口上显示华丽，屈大均形容孔雀毛"金翠夺目，亦可爱"。孔雀毛一般从海外的印度等国进口，孔雀的尾毛又称珠毛。孔雀开屏很像锦屏，又称屏。孔雀毛的进口价格以一只孔雀开屏的一个整屏一两银子为基数，能用孔雀毛做服饰

---

① 按：后来清朝戏曲作家裘琏创作的杂剧《集翠裘》即取材于该故事。

中某个部位的装饰自是奢侈之极。

二　"五羊石"中的服饰形象

北宋政和四年（1114），张励《广州重修五仙祠记》记载："参考南越岭表游记录并图经所载，初有五仙人，皆手持谷穗，一茎六出，乘羊而至。仙人之服与羊各异色，如五方。既遗穗与广人，仙忽飞升以去，羊留化为石。"①《广东新语》卷五"石语"关于"五羊石"的表述内容与之基本一致，只是在末尾补充道："今坡山有五仙观，祀五仙人，少者居中持粳稻，老者居左右持黍稷，皆古衣冠。"②虽然反映的是早期广州的神仙传说，但同时也彰显出明清时期广州民间服饰审美趣味的某些特征。周朝已经拥有等级森严的上衣下裳礼服制度，青、赤、黄、白、黑是周朝服饰的正色，象征尊贵。以正色相调配而成的混合色绿、红、碧、紫、橙为间色。春秋战国时期，随着礼乐制度日益崩坏，中原地区服饰色彩原有的尊卑体系有所变化，如《韩非子·外储说左上》记载："齐桓公好服紫，一国尽服紫，当是时也，五素不得一紫。"③周朝曾有尚紫的色彩观念，但当时对衣服颜色的要求依然为纯色，如果是杂色则视为不祥之兆。这些色彩观念根植于中原人士的礼仪服饰文化中，中原以南、以北地区由于地理位置、气候环境乃至生活方式不同，和中原地区的服饰习俗千差万别。《列子·汤问第五》对此现象有过精辟的概括："南国之人祝发而裸；北国之人鞨巾而裘；中国之人冠冕而裳。"④据考证，黄、红、黑、白、紫五色羊是百越各部族的不同标志，其中黄色羊代表在南越部族中从事农耕的一支，最为兴盛。

《广东新语》有专节介绍用作纺织品的植物种植、影响这些植物生长

---

① 曾枣庄、刘琳主编《全宋文》第 117 册，上海辞书出版社、安徽教育出版社，2006，第223 页。
② （清）屈大均：《广东新语》，《广州大典》第 218 册，影印清康熙三十九年（1700）木天阁刻本，广州出版社，2015。以下正文中所引《广东新语》皆为此版本，不再一一出注。
③ 《韩非子》校注组：《韩非子校注》，江苏人民出版社，1982，第 394 页。
④ 杨伯峻撰《列子集释》，中华书局，1979，第 165 页。

的因素和纺织捣练制作，对用花卉做成头饰以及能做化妆品的各种动植物都很留意，甚至不惜浓墨重彩加以渲染，唯独对服装只有名称的表述并散见于对风土人情的描绘中。尽管如此，通过对这些服装名称与工艺的考辨，我们依然能隐约地判断出明清两代广州服饰变迁的发展轮廓与中原服饰的流变基本一致。

三 文人士大夫服饰形象

自魏晋南北朝后，华夏冠巾不断变化，到明代冠巾款式已经非常丰富，因官职、身份、地域不同，冠巾也会有较大的差异。当时流行的有汉巾、晋巾、唐巾、诸葛巾、纯阳巾、东坡巾、阳明巾、九华巾、玉台巾、逍遥巾、纱帽巾、华阳巾、四开巾、勇巾等款式。《广东新语》卷十六关于"冠巾"的主题性论述，既有文人、百姓日常所戴的头巾，如玉台巾、平定巾、幅巾、幞头，又有显示高贵身份的礼仪帽，如偃月冠、翠凤冠、七梁冠，还有菩萨雕塑的头饰，如花冠、冠带等，这些头饰反映了明代广州乃至广东常见的头饰形制。

屈大均在对冠巾制作材质、工艺的阐述过程中借物喻人，通过将冠巾头饰与岭南文人志士的高尚品格对应起来，将个人所擅长的辞赋、诗歌等写作方式植入其中。

> 广多木瘿，以荔支瘿为上，多作旋螺纹，大小数十，微细如丝。友人陈恂屺得其一以作偃月冠，大仅寸许，有九螺。（《广东新语·器语》）

> 戴我七梁冠，簪缨郁崔嵬。（《广东新语·坟语》）

> 斗姥像在肇庆七星岩，名摩利支天菩萨，亦名天后。花冠璎珞，赤足，两手合掌，两手擎日月，两手握剑。天女二，捧盘在左右，盘一羊头，一兔头，前总制熊文灿之所造也。（《广东新语·神语》）

> 岁中清明日、七月望日、十月朔日致祭，著为令，敕书今藏庙

中。而钵盂山土地像塑冠带，与他处幅巾深衣者异。(《广东新语·宫语》)

　　明诚书院在增城县城中，湛文简所建。堂上有《心性图》及文简所书《心性图说》，右隅有王文成所书五言古诗，今《阳明集》中《书泉翁壁诗》是也。行书字大如拳，漫灭不可尽识。堂后石刻文简像，幞头执简，上有隶书《心性图说》。甘泉书院遍天下，此其发祥之地。故尤重云。(《广东新语·宫语》)

按：偃月冠是道教的服饰，外形像元宝，全为黑色，冠顶正中间有孔洞，道士佩戴时将头发束成一个发髻，从偃月冠正中的孔洞穿出，然后用一根发簪别住；此冠前面低后面翘起，因其形状类似新月而得名；屈大均在文中说明，做偃月冠的“木瘿”材料，以“荔支瘿”材质为上乘，用大小数十微细如丝的旋螺纹做框架，做成九个螺的仅一寸大。

　　梁冠来源于进贤冠，为清以前历代文官所戴，其形方，前低后高，后倾，有围片，前开后合，冠形按明代著名的百科式图录类书《三才图会》所示制作。梁冠上的梁数是明代王公大臣区分品级的一种方法，其中一品为七梁，即七梁冠。

　　僧采之浸以寒泉，至于四旬之久。出而浣濯，渣滓既尽，惟余细筋如丝，霏微荡漾，以作灯帷笠帽，轻弱可爱，持赠远人，比于绡縠。……僧伽汇成纱，弱薄如翅蝉。持以遗远方，恍忽鲛绡烟。(《广东新语·木语》)

屈大均总结前人经验，在此提出可用菩提树的树叶浸水，浸泡后剩余的叶脉是做灯帷、笠帽的很好的材料，并以“绡縠”“翅蝉”“鲛绡”来比喻其制成品的优质效果。

　　《广东新语》提到明中后期的大儒陈献章“有玉台巾，平顶四直，象玉台山形为之”(卷十六《器语·冠巾》)，“尝戴玉台巾，扶青玉杖，插花帽檐，往来山水之间”(卷九《事语·白沙逸事》)，既道出冠巾中的一款——玉台巾，也描绘出头戴玉台巾、帽檐上插花的明代儒士云游四海的逍遥形象与优雅生活。在《广东新语》卷十六《器语·冠巾》中，屈大均记载另一位士大夫叶绚斋喜好戴平定巾：

> 叶绚斋有平定巾……今为官，昔为民，官罢乃还其真。葛衣大带，平定之巾。……平定巾一名民巾。绚斋迁宾州守，至境即弃官，归著民巾往投。

叶绚斋是明末惠州博罗人，担任过福建惠安县令，任职三年，深受百姓爱戴，后来因得罪权贵等多种原因，被削籍为民，回乡后主要归隐在罗浮山逃庵著书讲学。屈大均称赞叶绚斋"葛衣大带，平定之巾"。这里的表述有两层含义：既有服饰的外在形象描述，也有赞许叶绚斋亲民正气的内在含义。

葛衣是指葛布制作的衣服，通常在夏季穿。粗布葛衣叫"绤"，细布葛衣称"絺"。大带又称绅，是古时士大夫在深衣外面腰间束的一条大带，所以士大夫又称士绅或绅士、缙绅。平定巾指四方平定巾，也称方巾、四角方巾，黑色纱罗，可折叠，呈倒梯形造型，是明代职官、儒生及处士日常所戴的方形软帽。戴这种巾帽，服装可随便穿，并无严格规定。四方平定巾刚兴起时，高矮大小适中，随着服装制度的衍变，这种巾帽形式也有很大变化，到明末变得十分高大。《三才图会·衣服一卷》记载："方巾，此即古所谓'角巾'，制同云巾，特少云文，相传国（明）初服此，取四方平定之意。"[1]

屈大均在《广东新语》卷十九谈及顺德人李子长，形容他"平居大帽深衣，入夜不解，闭户静默，人希见其颜面"。大帽由古代圆笠发展而来，宋代已经颇为流行。沿袭至明代，成为男子的重要首服之一，接近礼帽性质，上至天子下至庶人都可以佩戴。大帽的上部是圆且高的帽筒，下接一圈帽檐，帽檐下有系带，系带打结后虚挂。早期的大帽多有帽顶和穿于系带处的帽珠等配物，洪武六年（1373）规定士庶不可用帽顶，帽珠就用水

---

① （明）王圻、王思义：《三才图会·衣服一卷》，明万历三十七年原刊本，第12页。

晶、香木替代，后来帽珠也逐渐不用。大帽制作的材料有季节之分，夏季
一般用缠棕、马尾、纱罗等，冬季用鹤绒或纻丝、绉、纱等。明朝时常赏
赐大帽给周边政权、部落，后因清初剃发易服而禁用大帽，冒顶、帽珠等
则成为清代顶戴制度的起源。

　　深衣既是我国古代最早的服装之一，也是在重视礼法的中国传统社
会中影响最为广泛和持久的服装。其特点是使身体深藏不露，整体显示
出雍容典雅的风范。对深衣最经典的诠释源自《礼记·深衣》孔氏正
义："所以此称深衣者，以余服则上衣下裳不相连，此深衣衣裳相连，
被体深邃，故谓之'深衣'。"① 深衣的款式特点在《礼记·深衣》中也
有详尽介绍："续衽钩边，要缝半下。袼之高下，可以运肘；袂之长短，
反诎之及肘。……袂圆以应规，曲袷如矩以应方，负绳及踝以应直……纯
袂、缘、纯边，广各寸半。"② 《三才图会》中有对明代流行深衣款式的
详细描画。上衣、下裳通为十二幅。用不同色彩的布料作为边缘（称为
"衣缘"或"纯"）。因此这里的大帽深衣应是文人儒士平日的装束（见
图 1、图 2）。

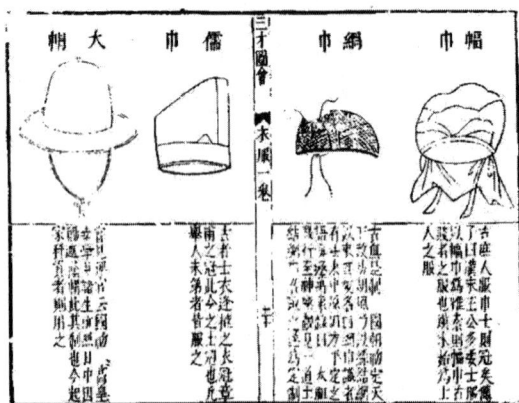

图 1　《三才图会·衣服一卷》所绘帽

---

① （汉）郑玄注，（唐）孔颖达疏，龚抗云整理《礼记正义》，北京大学出版社，1999，第
1561 页。
② （汉）郑玄注，（唐）孔颖达疏，龚抗云整理《礼记正义》，北京大学出版社，1999，第
1561~1563 页。

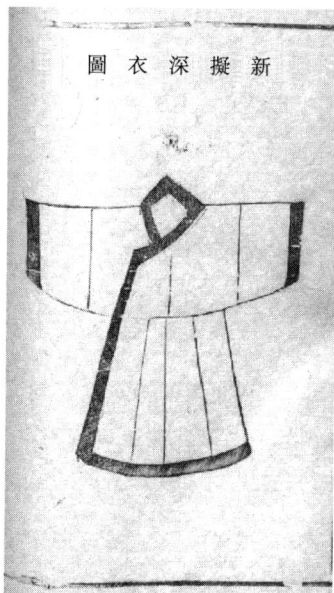

图2　《三才图会·衣服一卷》所绘深衣

此外，屈大均在《广东新语》卷十九《坟语·王将军墓》中还提到皇明义士王兴将军"夫人翠凤冠，有毋头如丝"。翠凤冠冠上饰有翠凤、珍珠和宝石组成的花卉，其中翠凤昂首翘尾，展翅欲飞，饱满艳丽。

四　本地民俗服饰形象

广州人遇干旱就会举行求雨的祭拜仪式，当地人把土地当作龙，龙的形象是黑色身子白色尾巴，求雨祭拜时参与做法事的小孩大人都穿黑色衣服，求天公降雨。民间还有专门用于唱戏的龙船，可以演绎50多种戏剧剧目，由80多位童子扮演菩萨、天仙、大将军、文人、女伎等戏剧人物，所穿的演出衣服有冠裳、介胄、羽衣、衲帔、巾帼、斗笠，手握刀槊、麾盖、旌旗、书策、佩帨等道具，与中原地区的戏剧人物形象相差无几。

广州民间艺术活动如正月十五闹元宵，城内外有100多个舞狮、象、龙、鸾的队伍。游行队伍有陆龙船，扮演者穿锦袍戴倭帽，成双对舞宝灯；农历三月二十日的天妃会，有唱伯斗歌，表演者站在板凳上，童男童女都戴鸭舌巾，穿驼绒服，唱雅俗共赏的摸鱼歌、唐人竹枝调，进行才艺展示。《广东新语》提到的以上这些生活场景，在清代广州外销通草画中有详尽的描绘，可以一一对应。

《广东新语》卷十六《器语》还提到“绛衣”的故事传说。洪武初年五仙观有个大禁钟，是永嘉侯朱亮祖下令铸造的，平日不敢敲击。有一次，司命敲击了大禁钟，城里有1000多名女婴死去，于是民间百姓纷纷给“婴儿女皆著绛衣，系小银钟以厌之”。绛衣是指深红色衣服，古代军服常用绛色，以示军威，也起到辟邪的作用。女婴穿深红色衣服，系上银质小钟，以辟邪保命。中国传统服饰文化中就有系红色腰带辟邪的习俗，尤其是广东沿海村民出海打鱼时有以此祈求平安的习俗。

关于广州地区民俗服饰中的异化现象，在《广东新语》中也有生动的描述。该书卷九《事语·过洋乐》提到“倭衣倭帽”的典故。东莞的民间办丧事，奏乐的队伍穿倭衣戴倭帽，吹奏日本鼓乐，目的是纪念东莞李竹隐先生。南宋末年，李竹隐的女婿熊飞起兵勤王，事败后李竹隐漂洋过海到日本，教授诗书，很多日本人受其感化，尊称他为“夫子”。李竹隐死后，日本人吹乐敲鼓将他送返故里，这给东莞当地人留下了深刻印象。后来东莞人送葬都用日本鼓乐，穿戴日本衣服和帽子，既有纪念之意，也表明广东人乐于接受新事物，让丧事办得更有新意，同时也印证了日本乐器传入广东的事实。

五　来华西洋服饰形象

屈大均是当时为数不多直接描绘澳门市井风情、进口物品、洋人服饰形象的广东人。《广东新语》卷二有“澳门”专题章节，对往来澳门港口的人物、礼仪、场景等细节做了放大镜式的描写，文字间带有广州地域语言色彩。其中对外国白人的外观特征、服饰形象进行了细致刻画：

> 人以黑毡为帽，相见脱之以为礼，锦𧞤裹身，无襟袖缝绽之制。腰带长刀，刀尾拖地数寸，划石作声。其发垂至肩，绀绿螺蜷……惟鼻昂而目深碧，与唐人稍异。

《广东新语》卷十八"洋舶"描述:

> 客登,则番人从雀室探其首,眼皆碧绿,发黄而面颦,以手相
> 援,见之惊犹魑魅。登未及半,则施放火器,黄雾蔽人,咫尺渺不相
> 见,声如丛雷,轰阗足底。译人云:此吾国所以敬客,愿毋恐。其人
> 无事皆细绒大笠,著红襕长裲,金纽连绵至地,或持骨朵,或负手闲
> 行,自晨至暮不息。……正德间,佛郎机绐称入贡,自西海突犯
> 莞城。

屈大均生动形象地勾画出西洋白人的服饰形象:黑色毡帽,黄色的卷发长
至肩,扎着绀绿色的束发带子。高鼻梁碧绿色眼珠,无袖裹体的外套上
衣,佩长刀。

澳门成年男性洋人一般戴帽子,这可从明末以来文人士大夫的文章中
见出一斑。明人叶权形容葡萄牙人"顶红帽","天稍寒则戴毡笠子,披氅
衣……","唯有丧者衣青长衫,戴青帽,不用他颜色"[1],说明传教士只戴
青色的帽子。清代官员焦祈年《巡视澳门记》则曰:"帽三角,短衣五色
不等。"[2]焦祈年形容葡萄牙人戴三角形的帽子,到冬天则戴毡笠帽(一种
像南方斗笠的宽边礼帽)。这种帽子澳门华人称"番斗笠"。清康熙二十二
年(1683)钦差大臣杜臻巡视澳门后记载葡人"男子披发,戴番叶笠"[3],
他是二月底三月初去的澳门,看到的大约就是毡笠帽。其形状在清乾隆年
间出版的《澳门纪略》中有记载,"服饰男以黑毡为帽,檐折为三角,饰
以錾花金片,间用藤形,如笠而小,蒙以青绢",进而指出葡人"衣服华
洁。贵者冠,贱者笠"。[4]《澳门纪略》所附之《男蕃图》即为黑色带装饰
的宽边如笠圆帽。而《三巴寺僧图》中人所戴的是黑色四方顶的帽子,则

---

① （明）叶权:《贤博编·游岭南记》,中华书局,1987,第45页。
② （清）焦祈年:《巡视澳门记》,（清）郝玉麟修、鲁曾煜纂《（雍正）广东通志》卷六二
《艺文志》,《广州大典》第250册,清雍正九年刻本,广州出版社,2015,第634页。
③ （清）杜臻:《粤闽巡视纪略》卷二"康熙二十三年二月乙未"条,《近代中国史料丛刊》
本,台北:文海出版社,1983。
④ （清）印光任、张汝霖著,赵春晨点校《澳门纪略》,广东高等教育出版社,1988。

和中国的道士帽差不多。《龙松庙僧图》中僧人戴的是黑色毡笠帽。后林则徐也曾描述所见葡人的帽子："其帽圆而长，颇似皂役，虽暑月亦多用毡绒之类为之，帽里每藏汗巾数条，见所尊则摘帽敛手为礼。"①

综上文字记载来看，澳门所见西洋人的帽子有三角帽和圆帽，黑色毡绒质地。高贵的使者戴冠帽，身份层次稍低的戴笠圆帽，传教士只戴青色的帽子。同时，帽子是外国人礼仪的道具。约为明代中后期时的日本油画《南蛮屏风》，所描绘的男性葡人帽子还有绿色、蓝色、灰色、黄色，款式各不相同，颜色更加丰富多样（见图 3）。

图 3 《南蛮屏风》所绘葡人各式帽样

关于黑奴，《广东新语》中亦有记载："其侍立者，通体如漆精，须发蓬然，气甚腥，状正如鬼，特红唇白齿略似人耳。所衣皆红多罗绒、辟支缎，是曰鬼奴。"

《广东新语》卷七"黑人"对海南岛、东南亚各岛国的黑人体貌特征进行了专门论述：

> 予广盛时，诸巨室多买黑人以守户，号曰鬼奴，一曰黑小厮。其黑如墨，唇红齿白，发鬈而黄。……一种能入水者，曰昆仑奴。记称龙户在儋耳，其人目睛青碧，入水能伏一二日，即昆仑奴也。唐时贵

---

① 林则徐全集编辑委员会编《林则徐全集》第 9 册《日记》"道光十九年七月二十六日"条，海峡文艺出版社，2002，第 4595 页。

家大族多畜之，有南海郡守常赠陶岘昆仑奴摩歌：勇健善浮游入水。

屈大均前后不乏对黑奴体貌特征的大量细节描绘，其中，屈大均对黑奴的毛发形状甚至体味都有详尽的细节描述，特别是针对黑奴的服装配饰质地所做的记录尤为珍贵。《广东新语》中提到的绒、缎质地的服饰应该是黑奴主人赐予的服装。衣服的红色描述都有佐证，如乾隆时期《皇清职贡图》卷二《大西洋国黑鬼奴图》记载"黑鬼奴""戴红绒帽"。[1]《澳门纪略》记载："黑奴男女皆衣布，无冠履。色尚白，朱紫次之，青又次之，用诸凶服。"[2] 关于黑人服饰的特征，仍以日本油画《南蛮屏风》为参照，屏风中的黑奴穿格子布、条纹布衣服。当时东南亚岛国属于葡萄牙的殖民地，葡萄牙商人将这类黑人带到日本做随从奴仆。葡萄牙商人为了显示其高贵的身份和地位，往往让黑奴的服饰跟从他们的民族服饰风格，只是层次较为低下（见图4）。

图4　《南蛮屏风》所绘奴仆服饰形象

在没有照相机的时代，屈大均通过实地考察，将所见所闻的外国人服饰形象做了写实性的宏观场景和微观场景的描述，为后人提供了不可多得的第一手素材。

六　结语

综上所述，屈大均在《广东新语》中所描述的各种纺织品与服饰的原

---

① （清）傅恒等编《皇清职贡图》，广陵书社，2008。
② （清）印光任、张汝霖著，赵春晨点校《澳门纪略》，广东高等教育出版社，1988。

材料、工艺制作技艺，既反映了广州地区能工巧匠们的别出心裁、因地制宜，也体现出作者观察事物的敏锐思维和独特视角，特别是作者善于通过日常生活中的各种服饰形象，将工匠精神、民俗风尚与其诗性情怀有机结合起来。因此，屈大均《广东新语》在中国服饰史特别是岭南服饰史上具有比较重要的文献价值和学术价值。

作者通信地址：广州市越秀区东风东路 729 号广东工业大学通识教育中心（素质教育中心），邮编：510090，邮箱：enlesun@163.com

责任编辑：赵晓涛

文献整理与研究

梁佩兰佚作考[*]

董就雄^{**}

香港珠海学院，中国香港，999077

摘　要： 该文审视目前学界所辑全部梁佩兰佚作，考证出其中廿四篇并非梁氏作品，一篇不确定是不是梁氏作品，指出学界实得梁氏佚诗二十首，五言联句三首，佚词三首，佚文廿九篇，佚联三副，诗评五条，存目诗两首，存目文两篇。同时该文新发现梁氏佚作七篇，并说明辑佚来源，对作品题目及正文中之人物做了考证。该文总合目前学界及该文所辑，确认共得梁氏佚诗廿五首，五言联句三首，佚词三首，佚文卅一篇，佚联三副，诗评五条，存目诗两首，存目文两篇。该文又对诸佚作做了系年列表，发现在佚诗佚词佚联中，可系年者只有诗四首，而在卅一篇佚文中，可系年者廿六篇，十七篇由吕永光系出；一篇由伍庆禄、陈鸿钧所系；八篇由该文所系。该文并对吕氏其中两篇之系年做了修订。

关键词： 梁佩兰；佚作；系年；六莹堂集；岭南三大家

一　引言

梁佩兰（1630～1705），字芝五，号药亭，广东南海人。康熙二十七

---

  * 本论文为香港大学教育资助委员会（UGC）辖下研究资助局（研资局，RGC）"自资学位界别竞逐研究资助计划"中"教员发展计划（FDS）""六莹堂集校注及梁佩兰与明末清初岭南文化及历史研究"的部分研究成果。项目批准号：UGC/FDS13/H04/15。

** 董就雄，男，汉族，香港珠海学院中国文学系教授，香港大学中文学院文学批评专业哲学博士。

年（1688）进士，授翰林院庶吉士。为明末清初著名诗人，号称"岭南三大家"之一。清人洪亮吉（1746~1809）《论诗绝句》评论"岭南三大家"成就时说："药亭独瀍许相参，吟苦时同佛一龛。尚得昔贤雄直气，岭南犹似胜江南。"① 认为他们比"江左三大家"（江苏钱谦益、吴伟业及安徽龚鼎孳）更胜一筹。王隼（1644~1700）编《岭南三大家诗选》时以梁佩兰居首②，足见梁氏在三家中的超然地位。《清史列传》卷七十一云："是时岭海文社数百人，推梁佩兰执牛耳……"③ 可见在当时，梁氏是岭南的诗坛领袖。加上梁氏曾在京师与朱彝尊、方中德等名家主持诗会④，又得王士禛等大家推重，都凸显了他超卓的诗学成就。

梁佩兰著有《六莹堂集》前后集共十七卷，吕永光校点补辑之《六莹堂集》（下称"吕本"）以康熙四十七年戊子（1708）《六莹堂初集》《六莹堂二集》合刊本为底本，参校以道光二十年（1840）伍崇曜诗雪轩校刊本等本，并收录若干佚诗佚文，是目前唯一且最完备的整理本。吕本"前言"云：

> 《六莹堂集》的《初集》共收梁诗五百零八首，《二集》共收一千四百四十五首，合共收一千九百五十三首。梁佩兰诗文散佚较多，今以笔者所搜集的梁氏佚诗佚文辑为《补佚》一篇……共收佚诗四十一首、楹联三联。……又收佚文二十五篇……《六莹堂文集》业已亡佚，从这些佚文，亦可略窥梁佩兰散文风采之一斑。⑤

---

① （清）洪亮吉：《道中无事偶作论诗截句二十首》其五，刘德权点校《洪亮吉集》第三册，中华书局，2001，第1244页。

② 见（清）王隼编《岭南三大家诗选》，1976年顺德潘小盘据同治戊辰（1868）中冬南海陈氏重刊本新刻之本（出版地不详）。

③ 见王钟翰点校《清史列传》第一八册《文苑传二·韩海》，中华书局，1987，第5836页。

④ 方正玉为梁佩兰写的《哀词》载："岁壬戌（董按：1682），金台举社事，推公与朱竹垞父执同家君主坛坫，一时风雅称盛。公每有所作，争相钞诵，传筒交道路。"载（清）梁佩兰《六莹堂二集》所附《哀词》，《六莹堂集》（康熙四十七年刻本），《清代诗文集汇编》编纂委员会编《清代诗文集汇编》第120册，上海古籍出版社，2010，第679页。

⑤ 吕永光：《〈六莹堂集〉校点补辑前言》，（清）梁佩兰撰，吕永光校点补辑《六莹堂集》，中山大学出版社，1992，"前言"第29~30页。

在吕本出版之后，一些学者还做了不少辑佚工作。但未见有学者对目前可见之全部梁佩兰佚作做一全盘审视，订正讹漏。笔者最近又发现梁佩兰之八篇佚作，遂拟完成此项工作，一并考订其佚作之数量及系年。

二　学界对梁佩兰作品的辑佚
成果及笔者考订

对于梁佩兰作品的辑佚，现代学者已做了大量工作，尤以吕永光为最，其早于1989年撰成《梁佩兰佚文辑目提要》一文，其中辑得梁佩兰佚文二十二篇，存目文二篇。① 及后，吕氏校点补辑之《六莹堂集》辑得佚诗（包括词作）四十一首，佚文二十五篇（已包含前述之二十二篇），楹联三副。② 该四十一首佚诗篇目为五古《题罗浮水帘洞，为殷提军寿》《里言恭祝琅翁老祖台》；五律《再偕水天炼师宿镇海楼》《七夕奉寄心公，兼柬金茅吴山带、灵洲敏公》《早春柬法性寺远公》《柬兰湖心公》《赋为龙翁老公祖年台嵩祝》；七律《同陈中洲夜话》《简书得干蝴蝶》《心公借瓷堂题壁》；五绝《罗浮》、《铁桥》四首（不标首数者代表只有一首，下同）、《观瀑》、《对梅》八首、《望狮子峰》、《葛洪衣冠冢》、《罗浮曲》二首、《梅花村作》、《倒挂鸟》二首、《兰石》、《水仙兰石》；七绝《七截句》《乙亥仲冬，余客凤城，寓于邹羽四广文中山官舍。屡过鹿门道兄沧浪洞，盘桓将及弥月。将归江郡，赋截句六首奉赠，书以为别》其四；五言联句《重九后一日雨中集长椿寺》《将归岭南，诸公古藤书屋饯别联句》《己卯八月十四日，五羊城南联句，同毛端士、司红暹、陈元孝、张损持同拈十三职韵》；词作《山花子》三首。

吕氏所辑二十五篇佚文为《荀彧论》《大樗堂初集序》《五律英华序》《南海县志序》《杨大山文集序》《清忠堂抚粤奏疏序》《中洲草堂遗集序》《金茅山堂集序》《岭南五朝诗选序》《离六堂诗序》《南塘渔父诗钞序》

① 吕永光：《梁佩兰佚文辑目提要》，《广东史志》1989年第3期，第50~53页。

② 吕永光：《六莹堂集·补佚》，（清）梁佩兰撰，吕永光校点补辑《六莹堂集》，中山大学出版社，1992，第395~434页。

《选选楼集小序》《东轩诗略序》《题陈献孟游罗浮诗序》《放生池序》《岭海见闻序》《东皋武庙钟铭》《金花庙前新筑地基碑记》《田公去思碑记》《祭成容若文》《前锦衣卫指挥佥事私谥贞谧先生独漉陈公行状》《与谢霜崖书》《与王瑶湘女史书》《与李武曾书》《复潘稼堂书》。由于梁佩兰《六莹堂集》只有诗作和词作，实是诗集，其文集则未见，故吕氏辑得佚文二十五篇，显得十分珍贵，可说是发佩兰之幽光，嘉惠学林，居功至伟。

然而，吕氏所辑佚诗佚文，亦有并非梁佩兰所作者，如其所辑七律《简书得干蝴蝶》一首，诗云：

> 羽化罗浮不记年，丹书蚕食得神仙。蜉蝣衣服消冰雪，科斗文章老洞天。尸浊自知悲玉斧，魂香应尚在花田。无情易谢人间世，朽麦生涯信可怜。^{朽麦化为①}_{蝴蝶。}

此诗辑自清代宋广业《罗浮山志会编》卷二十一，吕氏辑佚校记云：

> 此诗屈大均《翁山诗外》卷十一亦收录，究为梁作抑屈作，待考。且录之。②

核《翁山诗外》，《简书得干蝴蝶》共一题两首，此为第二首，其第一首云：

> 不复翩翩作凤车，成烟尚识锦裙裾。谁从花底留香蜕，自向芸中友白鱼。狡狯总因勾漏令，逍遥多在漆园书。未交金粉犹沾手，知是雌雄独宿余。^{蝶交则③}_{粉退。}

---

① 吕永光：《六莹堂集·补佚》，（清）梁佩兰撰，吕永光校点补辑《六莹堂集》，中山大学出版社，1992，第 400 页。
② 吕永光：《六莹堂集·补佚》，（清）梁佩兰撰，吕永光校点补辑《六莹堂集》，中山大学出版社，1992，第 400 页。
③ （清）屈大均：《翁山诗外·简书得干蝴蝶》，欧初、王贵忱主编《屈大均全集》（二），人民文学出版社，1996，第 1023 页。

笔者以为，梁佩兰《六莹堂集》中不见此题，独《翁山诗外》有此题，并共有两首，当以屈作之可能性较大。且《翁山诗外》是专集，《罗浮山志会编》是编集，前者当较可信。加上屈大均《广东新语》卷二十四《虫语·大胡蝶》一条论罗浮蝶甚详，对其生活习性极为熟悉。① 故此诗当为屈大均之作。

又如吕氏所辑五绝《罗浮》、《铁桥》四首、《观瀑》、《对梅》八首、《望狮子峰》、《葛洪衣冠冢》、《罗浮曲》二首、《梅花村作》、《倒挂鸟》二首，共二十一首，亦当非梁佩兰所作。吕氏辑佚校记云：

> 自此首以下至《倒挂鸟二首》共二十一首，屈大均《翁山诗外》卷十四亦有收录，究为梁作抑屈作，待考。姑复录之。②

笔者认为，诸诗当为屈大均所作，陈永正《屈大均诗词编年笺校》后记云：

> 康熙二十五年，屈大均将此二种诗集（董按：指《道援堂集》及《翁山诗略》）益以集外诗，编定为《翁山诗外》十五卷，并于康熙二十八年刊行。③

屈大均既是自编诗集，而集中已收录有此二十一首，屈氏当不会将梁佩兰诗编入自己专集中。虽然吕氏指出：

> 上述二十二首，宋广业所编康熙五十六年刻本《罗浮山志会编》均署为梁佩兰之作，嘉庆间温汝能所编《粤东诗海》选录其中的若干首，亦署作梁诗。故此二十二首（董按：指上述《简书得干蝴蝶》一

---

① （清）屈大均：《广东新语》下册，中华书局，1985，第589～591页。
② 吕永光：《六莹堂集·补佚》，（清）梁佩兰撰，吕永光校点补辑《六莹堂集》，中山大学出版社，1992，第400页。
③ 陈永正：《〈屈大均诗词编年笺校〉后记》，陈永正主编《屈大均诗词编年笺校》，中山大学出版社，2000，第1374页。

首及此廿一首）究竟是梁诗还是屈诗，尚待考证。①

但《罗浮山志会编》及《粤东诗海》俱为编集，而《翁山诗外》则为屈大均专集，应以后者更为可信。吕氏又云：

> （上述廿二首诗）《翁山诗外》卷十四亦录作屈诗，然《翁山诗外》凌凤翔序云："今（翁山）没后，其《诗外》若干卷，浸多亡轶，特取而补刻校正之。"可见亦有后人补录。②

其言下之意是，这廿二首虽录入屈集中，但《翁山诗外》曾经后人补录，故说不一定有误收他人之诗（包含梁佩兰诗）入屈集的情况，所以也不排除这廿二首本是梁诗，而误录入屈集中。但笔者认为这个可能性不大，原因是：其中的二十一首五绝（余下一首七律已考订如上，不赘）中有两题共十二首在屈大均集中有更多同题作品。如《铁桥》四首，在屈大均《翁山诗外》中，此题共有五首，吕氏所辑者正是其中四首，屈集五首余下的一首是其二，诗云：

> 浮山不复浮，与罗合为一。若非一铁桥，安得如胶漆。③

另外吕氏辑有《对梅》一题八首，此题在《翁山诗外》中共有三十九首④，吕氏所辑正是其中八首。由这两题的情况来看，屈大均专集中，此两题诗的数量俱较多，且更有多至三十余首者，可见该两题当是屈大均的作品。由此推知，余下九首也是屈大均作品的可能性较大。加上陈永正《屈大均诗词编年笺校》对此廿一首作品大部分能够系年并按屈氏数据作

---

① 吕永光：《〈六莹堂集〉校点补辑前言》，（清）梁佩兰撰，吕永光校点补辑《六莹堂集》，中山大学出版社，1992，"前言"第 29 ~ 30 页。

② 吕永光：《〈六莹堂集〉校点补辑前言》，（清）梁佩兰撰，吕永光校点补辑《六莹堂集》，中山大学出版社，1992，"前言"第 29 页。

③ （清）屈大均：《翁山诗外·铁桥》其二，欧初、王贵忱主编《屈大均全集》（二），人民文学出版社，1996，第 1084 页。

④ （清）屈大均：《翁山诗外·对梅》，欧初、王贵忱主编《屈大均全集》（二），人民文学出版社，1996，第 1085 ~ 1088 页。

笺注，亦可间接证明此廿一首作品为屈氏所作。此外，五律《再偕水天炼师宿镇海楼》一诗，吕永光辑自《岭南风雅》卷三，吕氏在诗后标明："原注：一作梁绍裘诗。"① 则此诗是不是梁佩兰诗仍不确定。

吕氏所辑佚作，还有《荀彧论》一文当非梁佩兰所作。此文吕氏辑自王文濡等编《清文汇》卷三十六，文云：

> 论荀文若者多矣。然予一以蔽之，曰："其节不足道也。"或曰："惟智亦然。"当陶谦死而操谋徐州，彧为之设画定策，引关东河内为喻。操与袁本初相持官渡，进退之势，未知所决。而彧驰书以楚汉之在荥阳、成皋间为比，操志乃坚，卒定冀北。又操拔邺，有进复置九州之说者；彧则劝以先定河北，次修旧京，次临荆郢，为社稷长久之利。嗟乎！操之所以危而得安，小而得大，弱而能强者，则彧之功居多也。是何长于料天下事，而短于视曹操之为人也。当其计绍为不能终定大业，称知绍矣。去而从操，其将以操为汉贼而从之乎？抑不知其为汉贼而姑从之也？而或者谓彧之从操，不过辅操以匡汉室；殚心竭力为操谋，凡以为汉谋也，而不虞操之负汉而因以负彧也。是彧固不智矣。然操之奸邪，人尽知之，以彧之智，与操周旋日久，反不察其为人，彧不若是之愚也。且操之以高帝自负，而以子房待彧，非一日矣。彧之为操谋也，一则曰："兖州盖将军之关中河内，根本宜固。"再则曰："须海内大定，乃议古制。"是明以高光之业，过相期许。操既怀抱逆志，不难以献帝为秦子婴。而彧所与言者，又皆进取天下之大计。至董昭九锡之议，乃始从而沮之。以为曹公秉忠贞之节，爱人以德，不当如是。何其前后互异，而矛盾乎心口之间哉！
>
> 昔齐东叟为狗盗有名，穆陵人慕之，执贽尽所学而归，穆陵之家无完物焉。有司捕之急，齐东叟曰："吾诲若者，盗技耳。不虞其数窃人之财，而遗穆陵长忧也。"彧既诲操以盗天下之技，而欲操无盗人之天下，将谁欺乎？然则曷为死之？曰：操死之耳。操死之者何？

① 吕永光：《六莹堂集·补佚》，（清）梁佩兰撰，吕永光校点补辑《六莹堂集》，中山大学出版社，1992，第395页。

九锡之议，或沮之也。沮之者何？或既以取天下之术诲操矣，而又欲自隐其名，此或之自以为智，而后世之所谓不智者也。

苏子曰："文若固圣人之徒。"嗟乎！何拟人之不伦，一至于此！吾于此为之说曰："如文若者，差愈于华歆、王朗之流云尔。至若其才，则王猛之比也。"孔融廉，得操诈，尝著偏宕之词以致乖忤。或曾有片词相讽否？予故曰："其节不足道也。惟智亦然。"①

吕永光辑佚校记云："此文《粤东文海》、《广东文征》署为彭钎所作。待考。"② 吕氏《梁佩兰佚文辑目提要》评此文云：

此文论述汉魏时曹操之谋士荀彧其节其智皆不足道，辟一家之说。词锋甚健，得先秦散文之遗笔。③

但笔者观此文之风格，不类梁佩兰所作，反而较似彭钎所作。此文又载《广东文征》卷二十八，同卷载有彭钎《曹相国论》一文，风格与《荀彧论》相类，兹录一段以做比对：

昔曹参好黄老之术以相汉，而后世称之。予观参自高祖起沛，以中涓从击胡陵，积功执珪，封建成侯。高祖破灭项氏有天下，参功为最，迹其生平，大抵英雄猛鸷人也。及惠帝除参相齐，得胶西人盖公言，治尚清静，相齐九年，而齐大治。及代何为相国，所辟除丞相，世皆木讷厚重，其相业大率尽醇酒中，盖黄老之术使然也。所谓天下既已平定，法制既已周详，人心风俗既已一道而从化之时，无庸喜事深文者，杂进而纷更之也。④

---

① 吕永光：《六莹堂集·补佚》，（清）梁佩兰撰，吕永光校点补辑《六莹堂集》，中山大学出版社，1992，第 406~407 页。
② 吕永光：《六莹堂集·补佚》，（清）梁佩兰撰，吕永光校点补辑《六莹堂集》，中山大学出版社，1992，第 407 页。
③ 吕永光：《梁佩兰佚文辑目提要》，《广东史志》1989 年第 3 期，第 50 页。
④ （清）吴道镕辑录，（清）张学华补订，香港珠海书院出版委员会传钞校勘，江茂森编印《广东文征》，香港：香港珠海书院出版委员会，1978。

彭钤此文论西汉相国曹参，文风犀利，论辩周密，文笔极似《荀彧论》。又，《广东文征》卷十七另收有彭氏《弭盗议》一文，兹亦引一段以做比对：

> 故弭盗所以安民，而安民即以弭盗。人知盗不弭，则相聚而为民之害也日甚，不知民不安，则群起为盗之招也至众矣。人同此心，其居然自即于盗而不以为恨者，盖非盗无以泄其不平之愤懑，非盗无以缓其死命于须史。民之不得已而为盗也，可胜叹哉！至于抚之不可，捕之不能，劳吏士于郊原，费金钱于飞挽，弭之失术未有甚于此者，诚反本而求之。以威不如以恩，以刑不如以礼，固收摄人心之善术也。①

彭氏此篇专论弭盗安民之法，文势连绵，论证严密，环环相扣，文风亦类《荀彧论》。由上面比对来看，《荀彧论》一文当非梁佩兰所作，应是彭钤作品。

在吕永光之后，司徒国健于 2004 年撰成博士学位论文《广东文士与清初政治——梁佩兰交游及著述研究》，文末《附录三：药亭诗文辑佚补》亦辑得梁佩兰佚诗五首，佚文二篇，诗评五条。诗分别为七古《子日亭成奉寄王子千使君》，七律《送张虞山之珠江》、《酬张青珇》二首、《浴佛日海幢寺听阿字首座说戒》，文分别是《枫香集序》和《忆雪楼诗集序》，诗评为梁佩兰评吴世杰《罍湖草堂近诗》五条。②

司徒氏所辑诸篇中，七古《子日亭成奉寄王子千使君》一首，据司徒氏之注，乃辑自宋广业《罗浮山志会编》卷二十。③ 核该书，确有此诗，唯题下无作者姓名，而该书之其他诗作于题下必具作者姓名，即使同一位

---

① （清）吴道镕辑录，（清）张学华补订，香港珠海书院出版委员会传钞校勘，江茂森编印《广东文征》，香港：香港珠海书院出版委员会，1978。

② 司徒国健：《广东文士与清初政治——梁佩兰交游及著述研究》，香港大学博士学位论文，2004，第 484~487 页。

③ （清）宋广业编《罗浮山志会编》，收入《续修四库全书》编纂委员会编《续修四库全书》第 725 册《史部·地理类》，上海古籍出版社，1995，第 807~808 页。

作者亦如此，独此首无，而此诗排在梁佩兰诗之后，故司徒氏误以为乃梁佩兰佚诗。此诗实为陈恭尹诗，载《独漉堂诗集·小禺初集》中，题作《闻王惠州紫诠筑子日亭于罗浮绝顶歌以寄之》。① 而梁佩兰在《罗浮山志会编》卷二十之首已有《惠州太守王子千罗浮子日亭落成，歌以寄之》一诗记子日亭落成事②，不太可能在同卷又有同一内容、同一体裁之诗，故《子日亭成奉寄王子千使君》实为陈恭尹诗无疑。至于佚文《忆雪楼诗集序》，最早由司徒氏从王瑛《忆雪楼诗集》卷首辑出③；后王富鹏亦发现此佚文，见《梁佩兰诗文拾遗》一文④；而此佚文亦见载于宋健整理、2015年出版之《王南村集·附录》中。

在司徒氏后，李舜臣又辑得梁佩兰佚文《兰湖诗选序》一篇，并加以详细说明，写成《梁佩兰佚文一篇》一文，其文云："此文见于国家图书馆藏释愿光《兰湖诗选》弁首。"又云：

> 愿光，字心月，号心公，广州法性寺僧。其《兰湖诗选》……传本甚少。蒙友人王馗博士所示，此本今存国家图书馆，其扉页右一行为"太史梁药亭先生评定"……⑤

李文又云：

> 药亭耽于禅悦，喜结方外人士，与愿光之关系尤切，唱和十分频

---

① （清）陈恭尹：《独漉堂诗集·小禺初集·闻王惠州紫诠筑子日亭于罗浮绝顶歌以寄之》，陈荆鸿笺释，陈永正补订，李永新点校《陈恭尹诗笺校》，广东人民出版社，2016，第431~432 页。

② （清）宋广业编《罗浮山志会编》，收入《续修四库全书》编纂委员会编《续修四库全书》第 725 册《史部·地理类》，上海古籍出版社，1995，第 807 页。此诗即梁佩兰《惠州王紫诠太守筑罗浮子日亭落成，作歌寄之》诗，见《六莹堂二集》卷三，《六莹堂集》（康熙四十七年刻本），收入《清代诗文集汇编》编撰委员会编《清代诗文集汇编》第120 册，上海古籍出版社，2010，第 550 页。

③ 司徒国健：《广东文士与清初政治——梁佩兰交游及著述研究》，香港大学博士学位论文，2004，第 485~486 页。

④ 王富鹏、马将伟：《梁佩兰诗文拾遗》，《韶关学院学报》（社会科学）2012 年第 5 期，第26 页。

⑤ 李舜臣：《梁佩兰佚文一篇》，《文献》2006 年第 2 期，第 182 页。

繁，见于《六莹堂集》、《兰湖诗选》中者不下三十首。康熙二十六年（1687）前后，二人曾共同主持兰湖白莲诗社，先后入社者有屈大均、陈恭尹、陶璜、周大樽、陈阿平、潘耒、何绛、梁无技等士僧一百三十余，为清初岭南风雅之盛事。①

还有王富鹏辑得梁佩兰佚诗五首，存目诗两首，佚句两句，佚文三篇，并加以说明，见其与马将伟联名发表的《梁佩兰诗文拾遗》一文。②五首佚诗为《访道图题辞》（四言古）、《珠江送别张虞山》（七律）、《舟中值和公生日，得诗三章》（五古），其中《珠江送别张虞山》即司徒国健所辑之《送张虞山之珠江》。存目诗即《炮童谣》《风筝谣》两首。佚句两句为"苦吟堪一死，佳句即长生"。核梁佩兰集，此实非佚句，乃出自《六莹堂二集》卷六《病中偶成》，全诗云：

> 呼吸玄关隔，舒和玉烝平。苦吟堪一死，佳句即长生。天与聪明极，人当老大成。惊心坐中夜，所得是无名。③

三篇佚文分别为《忆雪楼诗集序》《书超玉轩诗集后》《兰湖诗选序》，《忆雪楼诗集序》与司徒国健所辑同，《兰湖诗选序》与李舜臣所辑同。《书超玉轩诗集后》则辑自钱肃润《文瀷初编》卷十九，王氏云：

> 钱肃润（1619～1699），字季霖，号础日，江苏无锡人，著有《尚书体要》《文瀷初编》等。
>
> 从本文可知《超玉轩诗集》当为姚彦昭作，但姚彦昭何许人，尚不得而知。唯知清初诗人方文有《送姚彦昭还里，兼怀陈二如都下》

---

① 李舜臣：《梁佩兰佚文一篇》，《文献》2006年第2期，第182页。
② 王富鹏、马将伟：《梁佩兰诗文拾遗》，《韶关学院学报》（社会科学）2012年第5期，第25～27页。
③ （清）梁佩兰：《病中偶成》，《六莹堂二集》卷六，《六莹堂集》（康熙四十七年刻本），收入《清代诗文集汇编》编撰委员会编《清代诗文集汇编》第120册，上海古籍出版社，2010，第620页。

诗;《晚晴簃诗汇》卷四十收有桐城人马国志《晓发寄姚彦昭》诗。[①]

另外，伍庆禄、陈鸿钧所著《广东金石图志》一书刊有梁佩兰佚文《鼎湖山在惨禅师塔铭并序》一篇。[②] 该书于 2015 年出版，书中附有原碑图片，前有详细说明，并附全碑释文。说明文字云："清鼎湖山在惨禅师塔铭并序。现存肇庆市鼎湖山庆云寺后山。康熙三十年（1691）。高 2.4 米，宽 1.2 米，郑际泰篆额，梁佩兰撰，陈恭尹书，隶书。"[③]

约言之，学界对梁佩兰诗文之辑佚做了大量工作：其中吕永光共辑得佚诗四十一首（包括五言联句三首、佚词三首），楹联三副，佚文二十五篇，存目文二篇。减去当属屈大均所作的七律《简书得干蝴蝶》及五绝《罗浮》《铁桥》《观瀑》《对梅》《倒挂鸟》等共二十二首，和或为梁绍裘的五律《再偕水天炼师宿镇海楼》一首，以及当属彭轩之《荀彧论》一文，实得佚诗十二首，五言联句三首，佚词三首，佚文二十四篇，楹联三副，存目文两篇。司徒国健辑得梁佩兰佚诗五首，佚文二篇，诗评五条。减去本属陈恭尹的七古诗《子日亭成奉寄王子千使君》一首，实得佚诗四首，佚文二篇，诗评五条。李舜臣又辑得梁佩兰佚文《兰湖诗选序》一篇。王富鹏辑得梁佩兰佚诗五首，存目诗两首，佚句两句，佚文三篇。其中，《珠江送别张虞山》诗与司徒氏所辑同；佚句本为梁佩兰集中诗句，并非佚句；三篇佚文中，《忆雪楼诗集序》与司徒氏所辑同，《兰湖诗选序》与李舜臣所辑同。伍庆禄、陈鸿钧辑得佚文一篇。合诸位学者所辑，实得梁佩兰佚诗二十首，五言联句三首，佚词三首，佚文二十九篇，佚联三副，诗评五条，存目诗两首，存目文两篇。

三 最新发现的梁佩兰佚作

除上及诸篇佚作外，笔者还辑得梁佩兰五篇佚诗，一副佚联，两篇佚

① 王富鹏、马将伟:《梁佩兰诗文拾遗》,《韶关学院学报》（社会科学）2012 年第 5 期，第 27 页。

② 伍庆禄、陈鸿钧:《广东金石图志》，线装书局，2015，第 294~297 页。

③ 伍庆禄、陈鸿钧:《广东金石图志》，线装书局，2015，第 294 页。

文。兹录之如下，并做来源说明，以及作品题目及正文中之人物考证，若有其他数据，亦一并附论。

（一）佚诗

1. 赋送敏公越游清正

独行擎一钵，去作越山僧。深院钟初定，高崖瀑几层。诗裁柿树叶，禅对雁堂灯。布衲惊新雪，冬来好渐增。

此五律诗笔者辑自刘宝光《广东历代书家研究丛书·梁佩兰》中的《梁佩兰行书〈赋送敏公越游清正〉》图，据其图，诗后还署有"郁洲梁佩兰"五字。①刘宝光在此书中对此诗之书法评云：

这一时期（董按：指晚期），梁佩兰的书风由怒张而变为持重，由烂漫而变为老健，由超迈而变为雄浑，真正进入"人书俱老"的境界。还有手札《赋送敏公越游清正》以证其详。②

诗题中的"敏公"即释真默，字敏言，又称敏言上人或敏上人。俗姓冯，广东南海人，为广西灵峰山僧人。

2. 赋寄华翁老父台并政

百里瞻仁政，熏风扇曲阿。遥闻源父老，几处共讴歌。水碧流金澥，山青出玉禾。定知成雅化，风俗纪南讹。

此亦为五律，笔者辑自"雅昌艺术网"上的《屈大均陈恭尹梁佩兰书法立轴》图③，据该图所见，诗后书"赋寄华翁老父台并政"诸字，故笔者以之

---

① 刘宝光：《广东历代书家研究丛书·梁佩兰》，岭南美术出版社，2012，第72页。
② 刘宝光：《广东历代书家研究丛书·梁佩兰》，岭南美术出版社，2012，第71页。
③ 《屈大均陈恭尹梁佩兰书法立轴》，雅昌艺术网，https://auction.artron.net/paimai-art-5003810156/，最后访问日期：2018年5月9日。

为题。诸字后署有"南海梁佩兰"五字。诗题中"华翁老父台"未详何人。

3. 录似耀生词宗正

庭前已长招摇桂，阶下新生巨胜花。长命篆传丹秘诀，元辰符授太清家。羽人奏乐骑黄菊，天女焚香降紫车。此日算来还百岁，少年亲跪乞胡麻。

此七律笔者辑自"雅昌艺术网"上的《梁佩兰·书法·镜片》图①，据该图，此诗无正式诗题，诗后书"录似耀生词宗正"七字，故笔者以之为题。此七字后署有"梁佩兰"三字。诗题中"耀生"未详何人。

4 及 5. 题《看竹图》为木文年道兄并正

千枝绿玉影湘皋，欲与幽人格并高。山径几时留鹤迹，茶声终日作松涛。

冰雪文章世所知，近来添得岭南诗。黄金铸尔犹容易，何况平原比绣丝。

此两首绝句笔者辑自"雅昌艺术网"上的《梁佩兰·题看竹图·镜片》图②，据图中所见，诗后书"题《看竹图》为木文年道兄并正"诸字，故笔者以之为题。诸字后署有"南海梁佩兰"五字。诗题中"木文年道兄"即林之枚，字木文，号松亭，自号锦石山樵。浙江嘉兴人。著有《锦石山樵诗集》，屈大均作序。

（二）佚联

新诗感旧频翻案，浊酒谋邻再过墙。

---

① 《梁佩兰·书法·镜片》，雅昌艺术网，https://auction. artron. net/paimai – art5001260362/，最后访问日期：2018 年 5 月 9 日。
② 《梁佩兰·题看竹图·镜片》，雅昌艺术网，https://auction. artron. net/paimai – art-0065710631/，最后访问日期：2018 年 5 月 9 日。

此联笔者录自刘宝光《广东历代书家研究丛书·梁佩兰》中的《梁佩兰行书'新诗浊酒'联》图①，据此图，此联原旁题"伟夫明府正之"，下署"梁佩兰"三字。"伟夫"即佟世男，又作世南，字伟夫，又字梅岑。满洲镶黄旗人。监生，康熙二十二年（1683）任恩平县知县，二十六年转琼山县知县。著有《东白堂词》《东白堂词选初集》《篆字汇》。

陈永正及刘宝光均有对此佚联之书法的评鉴，陈氏云：

> 另一副行书七言联："新诗感旧频翻案，浊酒谋邻再过墙。"则笔力奇绝，与后来以北碑入帖的晚清名家的笔法不谋而合，试取其"旧"、"频"、"案"、"浊"、"酒"、"再"等字置于沈曾植、康有为辈书迹中，恐亦难分时代先后。明清以来的粤人对联中，如此佳作，恐不多见。②

刘宝光云：

> 如果将梁佩兰这类作品看做常格，"新诗浊酒"一联就应视为变格了。陈永正先生认为此联"笔力奇绝……"③

朱万章《清初梁佩兰书法探研》则认为此联并非梁佩兰所写：

> 笔者将此联与学界公认的梁佩兰《行书七言联》"偶值放衙闲啸咏，何妨挂笏对云山"（广东省博物馆藏）及其他行书代表作相比对，并分析其笔性，怀疑恐非一人所书。……上述刘书（董按：指刘宝光《广东历代书家研究丛书·梁佩兰》）所录《行书七言联》与梁佩兰的其他作品属完全不同的两种风格，其运笔风格及提按顿挫均与其他

---

① 刘宝光：《广东历代书家研究丛书·梁佩兰》，岭南美术出版社，2012，第65页。
② 陈永正：《岭南书法史》，广东人民出版社，2009，第92页。
③ 省略号中文字即上引陈永正《岭南书法史》之评论，此处从略。刘氏引文详见《广东历代书家研究丛书·梁佩兰》，岭南美术出版社，2012，第64页。

作品相异，完全找不到二者之间"一条贯彻始终的线索"。①

陈、刘、朱三位俱从书法角度评鉴此联，前二位认为乃梁佩兰所写，按古人习惯，写他人诗联，必标明，若无标明，则当属书写者之作品，故前二位认为此联是梁佩兰所作。而朱氏则认为并非梁佩兰所写，故此联是不是梁佩兰佚联，仍不确定。

（三）佚文

1.《篆字汇》序

六书惟篆学为最古，创自苍颉。爰迄周秦，史籀李斯绍焉。其间变文而同义，因形以结体。龙伸蠖屈，鸟迹龟文，草木虫鱼，刀剑戈矛之属，毋弗极其意象所至，纬纆于造化神明之内。其见诸《岣嵝》《石鼓》《峄山》《琅琊》《之罘》诸碑碣者，其大较也。迨汉而后，程邈作楷，人趋简便，篆学遂亡。许慎、徐锴、徐铉、周伯琦、卫恒、郑樵、李阳冰、颜师古、杨桓、戴侗、吴元满之流，虽常有所撰明，然亦止具一端。至《玉篇》《海篇》《字林》《正韵》，则专主楷而不及篆。予谓言篆而止一端者，得半之学也；主楷而不及篆者，非也。今夫蓝朱成采，所以为色也，而不可忘其太素之初；甘香并和，所以为味也，而不可忘其玄酒之始。篆之为字学太素玄酒也久矣，学者其独忘之哉！

顾予尝论世不患无著书之人，而患其所著书溯流而失源，舍本而究末；又或所学薄劣，识见方隅，书不可为典。要有如人人意中疑古今当有是书，而无从搜罗，吾一旦举出，则群相与叹为得未曾有，按之往古而准推之来今，而亦准以为载籍中不可少之书也。若伟夫佟使君之为《篆字考》也，考本重篆，而冠正字于其上，使阅者知某字某篆。或一字而一篆，或一字而数篆至数十篆，诸凡钟鼎、金石录、古文、大小篆，无不备载。盖其综览之博，考核之精，释诂之详，翻切

---

① 朱万章：《清初梁佩兰书法探研》，《艺术探索》2016 年第 2 期，第 8 页。

之确，统河洛之理数，妙阴阳之配合，穷物类之蕃变，通天人之精微，真篆学之全书也。论者见使君家世勋庸，身在仕宦，度其嗜好定近纷华，而不知其于薄书之暇，留心文史，即令深山耆宿，闭门著述，不能窥其学殖，其聪明才识，诚有过人者已。

方今皇上稽古右文，博采天下奇书，贮藏东观，此书出，其足以襄盛世文明之治无疑也。昔吕不韦《吕览》自诩为悬之国门，人不能易其一字；王充《论衡》，读者秘为枕中鸿宝。若睹此书，得无对圭璧璜琥而自惭燕石也夫！

时康熙岁次辛未仲春花朝，南海年家弟梁佩兰拜撰。①

此文笔者辑自佟世男编《篆字汇》卷首，标题只题作《序》，兹据此本录如上，标题为笔者所加。笔者又从"雅昌艺术网"检索得此文之隶书镜片图，标题为《梁佩兰·隶书·镜片》②，据此图，此文并无标题。而其中一些字句亦与《篆字汇》卷首之版本略有不同。此文中，称此书作《篆字考》，或此书初名《篆字考》，后改今名。佟世男，字伟夫，上面"佚联"中已介绍过。又据此序末句"辛未仲春花朝"六字，可知此文写于康熙三十年辛未（1691）二月十五日花朝节。

2. 与某人书

蒙左顾以来，因补葺小斋，致未曾再邀教诲。怀想之积，真若陵阜矣！顷朱蓉老从端州回，敝友陈元孝亦在寓中，日内当订先生同雅集也。尊札即致叔兄转高念老，断断不浮沉耳。弟兰再顿首。

此书札笔者辑自刘宝光《广东历代书家研究丛书·梁佩兰》所录《梁佩兰信札》图③，原信札本无题，题为笔者所加。刘宝光对此札之书法评

① （清）佟世男编《篆字汇》卷首，四库全书存目丛书编纂委员会编《四库全书存目丛书·经部》第204~205册，台南：庄严文化事业有限公司，1997。

② 《梁佩兰·隶书·镜片》，雅昌艺术网，https://auction.artron.net/paimai-art000777-0579/，最后访问日期：2018年5月10日。

③ 刘宝光：《广东历代书家研究丛书·梁佩兰》，岭南美术出版社，2012，第41页。

价云：

> 梁佩兰的性格有矛盾的两个方面，反映在书法上，表现为大字的雄放与小字的娴雅。钟、王是他小字行书的又一渊源，尤其深受《阁帖》中王系书法的影响。如果说，大字创作是综合能力的瞬间爆发，那么，小字书写就完全是心性的自然释放和情感的真实流露。梁佩兰一生中的大部分时光都从事着课徒、编校、诗文创作、书信往来等与案头书政有关的事务，书写是生活的常态。所以，这种在实用中"无意于佳乃佳"的小字行书写得安闲儒雅、古淡天真，成了梁氏书法的精品。①

信中之"朱蓉老"即朱茂晭，字子蓉，秀水（今浙江嘉兴）人。朱国祚孙。县学生。擅诗文书法。著有《镜云亭集》。

综上所述，笔者发现之梁佩兰佚作共有佚诗五首，佚文两篇，佚联一副。唯其中佚联之作者尚存疑问，故实得确为佩兰佚作者共有七篇。

四　梁佩兰佚作之数量及其系年

计及上述吕永光、司徒国健、李舜臣、王富鹏、伍庆禄及陈鸿钧诸位学者所辑之佩兰佚诗二十首，五言联句三首，佚词三首，佚文二十九篇，佚联三副，诗评五条，存目诗两首，存目文两篇，连同笔者所辑佚诗五首，佚文两篇，不算作者存疑的那副佚联，至目前为止，学界共辑得可以确认是真正梁佩兰佚作者，计有佚诗二十五首，五言联句三首，佚词三首，佚文三十一篇②，佚联三副，诗评五条，存目诗两首，存目文两篇。兹将目前所见所有佚作题目及体裁分两大类列表（见表1、表2），并述其系年资料。

---

① 刘宝光：《广东历代书家研究丛书·梁佩兰》，岭南美术出版社，2012，第41页。
② 笔者友人香港中文大学中国语言及文学系程中山博士称手头上有梁佩兰佚文二篇，乃梁佩兰赠香港人之祝寿文章，笔者未获览阅，于此识之，以俟来日。

（一）佚诗、佚词及佚联

表1　梁佩兰佚诗、佚词及佚联题目及体裁

题目	体裁
1.《题罗浮水帘洞，为殷提军寿》	五古
2.《里言恭祝琅翁老祖台》	五古
3～5.《舟中值和公生日，得诗三章》	五古
6.《七夕奉寄心公，兼柬金茅吴山带、灵洲敏公》	五律
7.《早春柬法性寺远公》	五律
8.《柬兰湖心公》	五律
9.《赋为龙翁老公祖年台嵩祝》	五律
10.《赋送敏公越游清正》	五律
11.《赋寄华翁老父台并政》	五律
12.《重九后一日雨中集长椿寺》	五言联句
13.《将归岭南，诸公古藤书屋饯别联句》	五言联句
14.《己卯八月十四日，五羊城南联句，同毛端士、司红暹、陈元孝、张损持同拈十三职韵》	五言联句
15.《同陈中洲夜话》	七律
16.《心公借瓮堂题壁》	七律
17.《珠江送别张虞山》（《送张虞山之珠江》）	七律
18～19.《酬张青珥》二首	七律
20.《浴佛日海幢寺听阿字首座说戒》	七律
21.《录似耀生词宗正》	七律
22.《访道图题辞》	四言古
23.《兰石》	五绝
24.《水仙兰石》	五绝
25.《七截句》	七绝
26.《乙亥仲冬，余客凤城，寓于邹羽四广文中山官舍。屡过鹿门道兄沧浪洞，盘桓将及弥月。将归江郡，赋截句六首奉赠，书以为别》其四	七绝
27～28.《题〈看竹图〉为木文年道兄并正》（两首）	七绝
29～30.存目诗两首：《炮童谣》《风筝谣》	体裁未详
31～33.《山花子》（三首）	词
34.楹联一：钟声城郭外，人影夕阳前	对联

续表

题目	体裁
35. 楹联二：偶值放衙闲啸咏，何妨拄笏对云山	对联
36. 楹联三：攀条摘蕙草，濯翼凌丹梯	对联

　　表1中的佚诗、佚词及佚联大部分不能系年，只有其中四首可以系年。其一，五律《赋为龙翁老公祖年台嵩祝》，刘宝光《广东历代书家研究丛书·梁佩兰》云：

　　　　梁佩兰于康熙四十年（1701）书赠广州将军嵩祝的作品即为镕铸米书的典范之作……①

据刘氏书中脚注可知其考证过程：

　　　　据《清史稿·列传·嵩祝传》记载："（嵩祝）四十年（1701），迁正黄旗都统……即授广州将军……四十一年，师次连州。"由此可知，梁佩兰只能在康熙四十年见到嵩祝并赠此诗，因此，推知作书时间为康熙四十年，是梁佩兰晚年的作品。②

可知此作写于谓康熙四十年（1701）。其二，五言联句《己卯八月十四日，五羊城南联句，同毛端士、司红暹、陈元孝、张损持同拈十三职韵》，此首诗题已标明创作年月为"己卯八月十四日"，即康熙三十八年（1699）八月十四日。其三，七绝《乙亥仲冬，余客凤城，寓于邹羽四广文中山官舍。屡过鹿门道兄沧浪洞，盘桓将及弥月。将归江郡，赋截句六首奉赠，书以为别》其四，据其题中"乙亥仲冬"可知此诗作于康熙三十四年（1695）仲冬。其四，对联"偶值放衙闲啸咏，何妨拄笏对云山"，刘宝光《广东历代书家研究丛书·梁佩兰》云：

----

①　刘宝光：《广东历代书家研究丛书·梁佩兰》，岭南美术出版社，2012，第40页。
②　刘宝光：《广东历代书家研究丛书·梁佩兰》，岭南美术出版社，2012，第40页。

梁佩兰存世的书法作品中，有一副对联，是康熙二十三年（1684）端阳节前一日，书赠吴兴祚的。联曰："偶值放衙闲啸咏，何妨拄笏对云山。"上款："甲子五月端阳前一日"；下款："娄翁老父台词宗命书，南海梁佩兰"。①

可知此联作于康熙二十三年（1684）端午节前一日。

（二）佚文及诗评

梁佩兰三十一篇佚文大部分能系年，只有五篇未能系年，而存目文由于没有原文，亦不能系年，诗评亦未见系年资料。在二十六篇可系年作品中，十七篇已由吕永光系出，其中两篇笔者对之有所修订。一为《离六堂诗序》，吕氏《梁佩兰佚文辑目提要》云："此文作于康熙三十五年前后。"② 核《离六堂集》，樊泽逵序署"康熙丙子冬十月"③，"丙子"即康熙三十五年（1696）；陶煊序署"康熙己卯惊蛰后三日"④，"己卯"即康熙三十八年（1699）。则吕氏谓此文写于康熙三十五年前后是合理之推断。但更确切而言，当作于康熙三十五年至三十八年，盖梁佩兰亦可能如陶煊一样，迟至三十八年才撰序。另一篇为《岭南五朝诗选序》，吕氏《梁佩兰佚文辑目提要》云："此文作于康熙三十五年。"⑤《岭南五朝诗选》中袁景星序云："积庵欲余一言以序之，顾诸君子之叙，琳琅满纸矣，余复何赘？然不得辞。"⑥ 序末署年为"康熙岁次丙子"（1696），此当为吕氏所据，认为袁氏最后写序，故诸序亦当写于是年。然书中鲁超序却署"康

---

① 刘宝光：《广东历代书家研究丛书·梁佩兰》，岭南美术出版社，2012，第26页。
② 吕永光：《梁佩兰佚文辑目提要》，《广东史志》1989年第3期，第51页。
③ （清）樊泽逵：《〈离六堂诗集〉序》，（清）释大汕撰《离六堂集》，四库禁毁书丛刊编纂委员会编《四库禁毁书丛刊·集部》第186册，北京出版社，2000，第492页。
④ （清）陶煊：《〈离六堂诗集〉序》，（清）释大汕撰《离六堂集》，四库禁毁书丛刊编纂委员会编《四库禁毁书丛刊·集部》第186册，北京出版社，2000，第494页。
⑤ 吕永光：《梁佩兰佚文辑目提要》，《广东史志》1989年第3期，第51页。
⑥ （清）袁景星：《〈岭南五朝诗选〉序》，（清）黄登辑《岭南五朝诗选》，四库全书存目丛书编纂委员会编《四库全书存目丛书·集部》第409册，台南：庄严文化事业有限公司，1997，第86~87页。

熙庚辰"（1700）①，"庚辰"即康熙三十九年，由此知还有比袁氏更晚写序者，则诸人之序未必写于同年，故此序未必写于康熙三十五年，当写于康熙三十五年至三十九年。

其余尚有八篇，乃吕永光或者另外的辑佚者未明确指出作年或未能系年者，笔者兹将之一一系年如下。

一是《杨大山文集序》，乃梁佩兰为康熙三年（1664）进士、广东澄海人杨钟岳文集所写，为吕永光所辑，收入《梁佩兰佚文辑目提要》，但未能系年。而《汕头日报》所载《杨钟岳遗著现身深圳》一文说：

> 300 余年前，清朝潮州进士杨钟岳遗著《寚华堂文集》孤本，经澄海区学者陈孝彻先生，历年多番寻找，近日在深圳市一个旧书摊上发现，购之回汕，并由澄海区莲上镇南徽村官沟门杨氏宗亲联谊会翻印。该书作者杨钟岳（1628~1687）……在其故后康熙三十一年（1692 年），由广东南海县人、翰林院庶吉士梁佩兰选文并序，其弟杨钟岙、其子杨尔良、尔海、尔城同编辑，刻本出版杨钟岳《寚华堂文集》。作序者梁佩兰……②

由该文可知，序《寚华堂文集》者是梁佩兰，吕永光云，此集当即《杨大山文集》③，而该序文写于康熙三十一年（1692）。

二是《兰湖诗选序》，此文由李舜臣辑出，是梁佩兰为广州法性寺（今称为"光孝寺"）僧释愿光所编《兰湖诗选》所写，序中虽有署创作年月，但李氏没有明确道明，观文末"甲戌秋日郁州梁佩兰拜题于仙湖斋

---

① （清）鲁超：《〈岭南五朝诗选〉序》，（清）黄登辑《岭南五朝诗选》，四库全书存目丛书编纂委员会编《四库全书存目丛书·集部》第 409 册，台南：庄严文化事业有限公司，1997，第 94 页。

② 《杨钟岳遗著现身深圳》，《汕头日报》2010 年 3 月 21 日。

③ 吕永光：《梁佩兰佚文辑目提要》云："杨钟岳，号大山。澄海人。康熙三年进士，十八年任福建学政。梁佩兰曾为其选编《寚华堂文集》，疑即《杨大山文集》也。"参见《广东史志》1989 年第 3 期，第 50 页。

阁"① 一句可知此文写于康熙三十三年甲戌（1694）秋。

三是《枫香集序》，此序是梁佩兰为王士禛弟子——山东朱缃《枫香集》所作，为司徒国健所辑，并无系年资料。据《枫香集》诸序，李兴祖序署"乙亥（康熙三十四年，1695）仲冬"②，张贞序署"康熙甲戌（康熙三十三年，1694）秋分"③，则梁佩兰此序当写于康熙三十三年甲戌至康熙三十四年乙亥。

四是《忆雪楼诗集序》，乃梁佩兰为惠州知府王煐《忆雪楼诗集》所写。据该集诸序，陶元淳序署"康熙乙亥（康熙三十四年，1695）夏五月"④，王原序署"康熙三十六年（1697）春三月"⑤，赵执信序署"康熙丙子（康熙三十五年，1696）十一月朔日"⑥，而是集刊刻于康熙三十六年⑦，则梁佩兰此序当写于康熙三十四年乙亥至康熙三十六年丁丑。

五是《东轩诗略序》，此文是梁佩兰为陈恭尹子陈励《东轩诗略》所作，由吕永光辑得，序中署有创作年月，吕氏并未将此辑入《梁佩兰佚文辑目提要》，故没有道出其作年。此序末署："己卯至日，友伯梁佩兰序。"⑧ 己卯即康熙三十八年（1699），故此文写于是年冬至日。

六是《〈篆字汇〉序》，此文为笔者所辑得，乃梁佩兰为琼山县知县佟世男《篆字汇》一书所写。据此序末句"辛未仲春花朝"六字，可知此文

① （清）梁佩兰：《兰湖诗选序》，转引自李舜臣《梁佩兰佚文一篇》，《文献》2006 年第 2 期，第 182 页。

② （清）李兴祖：《〈枫香集〉序》，（清）朱缃撰《枫香集》，四库全书存目丛书编纂委员会编《四库全书存目丛书·集部》第 273 册，台南：庄严文化事业有限公司，1997，第 171 页。

③ （清）张贞：《〈枫香集〉序》，（清）朱缃撰《枫香集》，四库全书存目丛书编纂委员会编《四库全书存目丛书·集部》第 273 册，台南：庄严文化事业有限公司，1997，第 172 页。

④ （清）陶元淳：《〈忆雪楼诗集〉序》，（清）王煐撰《忆雪楼诗集》，四库禁毁书丛刊编纂委员会编《四库禁毁书丛刊·集部》第 150 册，北京出版社，2000，第 233 页。

⑤ （清）王原：《〈忆雪楼诗集〉序》，（清）王煐撰《忆雪楼诗集》，四库禁毁书丛刊编纂委员会编《四库禁毁书丛刊·集部》第 150 册，北京出版社，2000，第 237 页。

⑥ （清）赵执信：《〈忆雪楼诗集〉序》，（清）王煐撰《忆雪楼诗集》，四库禁毁书丛刊编纂委员会编《四库禁毁书丛刊·集部》第 150 册，北京出版社，2000，第 231 页。

⑦ （清）王煐原著，宋健整理《王南村集》，天津古籍出版社，2015，第 31 页"整理说明"。

⑧ （清）梁佩兰：《东轩诗略序》，（清）梁佩兰撰，吕永光校点补辑《六莹堂集·补佚》，中山大学出版社，1992，第 421 页。

写于康熙三十年辛未（1691）二月十五日花朝节。

七是《田公去思碑记》，此记乃梁佩兰为其同年——广东英德知县田从典被朝廷擢升而离开英德所撰。此文为吕永光所辑，记中署有创作年月，吕氏并未将此辑入《梁佩兰佚文辑目提要》，故没有做系年。末段署"时康熙岁次庚辰蒲月谷旦"①，"庚辰"即康熙三十九年（1700），"蒲月"即指农历五月，"谷旦"指吉日。此文即作于是年五月。

八是《与王瑶湘女史书》，此乃梁佩兰写给王隼女儿王瑶湘之书信，由吕永光辑得，收入《梁佩兰佚文辑目提要》，但未能系年。王瑶湘于康熙三十年辛未（1691）三月三日嫁予李孝先，屈大均有《辛未上巳燕集王蒲衣溪庐，分得春字，时会送李孝先就婚于蒲衣》②诗可证。时李孝先与王瑶湘在王隼溪庐新婚，屈氏尚有《凤箫吟·赠李孝先新婚》③，俱作于同时。梁佩兰亦有《李孝先新婚》④及《上巳日宴集西山草堂，屈翁山、陈元孝、林叔吾、吴山带、侄王顾，时李孝先就昏于王蒲衣溪庐，分得"风"字二首》⑤之诗。又，陈恭尹有近题五律《李孝先就婚西村即事赠诗勉之》二首⑥，温肃《陈独漉先生年谱》系于同年⑦。梁佩兰此信云："闻汝识漆园《南华》。……又读《礼经》。……更读《离骚》。"⑧ 提及王

① （清）梁佩兰：《田公去思碑记》，（清）梁佩兰撰，吕永光校点补辑《六莹堂集·补佚》，中山大学出版社，1992，第428页。

② （清）屈大均：《翁山诗外·辛未上巳燕集王蒲衣溪庐，分得春字，时会送李孝先就婚于蒲衣》，欧初、王贵忱主编《屈大均全集》（二），人民文学出版社，1996，第761页。

③ （清）屈大均：《翁山诗外·凤箫吟·赠李孝先新婚》，欧初、王贵忱主编《屈大均全集》（二），人民文学出版社，1996，第1484页。

④ （清）梁佩兰：《李孝先新婚》，《六莹堂二集》卷五，《六莹堂集》（康熙四十七年刻本），《清代诗文集汇编》编纂委员会编《清代诗文集汇编》第120册，上海古籍出版社，2010，第581页。

⑤ （清）梁佩兰：《上巳日宴集西山草堂，屈翁山、陈元孝、林叔吾、吴山带、侄王顾，时李孝先就昏于王蒲衣溪庐，分得"风"字二首》，《六莹堂二集》卷五，《六莹堂集》（康熙四十七年刻本），《清代诗文集汇编》编纂委员会编《清代诗文集汇编》第120册，上海古籍出版社，2010，第581~582页。

⑥ （清）陈恭尹：《李孝先就婚西村即事赠诗勉之》二首，陈荆鸿笺释，陈永正补订，李永新点校《陈恭尹诗笺校》，广东人民出版社，2016，第424页。

⑦ 温肃：《陈独漉先生年谱》，（清）陈恭尹撰，郭培忠校点《独漉堂集》，中山大学出版社，1988，第944页。

⑧ （清）梁佩兰：《与王瑶湘女史书》，（清）梁佩兰撰，吕永光校点补辑《六莹堂集·补佚》，中山大学出版社，1992，第432~433页。

瑶湘能读《庄子》(《南华》)、《仪礼》(《礼经》)、《离骚》，则当在十岁左右之龄。若以十四岁为清代女子适婚年龄推算，则可推算此文约写于康熙二十六年（1687）前后两三年。

统合笔者对诸篇之系年，伍庆禄、陈鸿钧之系年，以及吕永光对所辑佚文之系年，共有二十六篇可以系年，兹连同未能系年者按文类及创作年月先后列表2，以见所有梁佩兰佚文及诗评的系年状况。

表2　梁佩兰佚文及诗评系年状况

文题（文类）	系年	系年者
1.《大樗堂初集序》	康熙十二年（1673）前后①	吕永光
2.《杨大山文集序》	康熙三十一年（1692）	笔者
3.《中洲草堂遗集序》	康熙三十一年（1692）或稍后②	吕永光
4.《金茅山堂集序》	康熙三十二年（1693）③	吕永光
5.《兰湖诗选序》	康熙三十三年（1694）秋	笔者
6.《枫香集序》	康熙三十三年（1694）至三十四年（1695）	笔者
7.《忆雪楼诗集序》	康熙三十四年（1695）至三十六年（1697）	笔者
8.《离六堂诗序》	康熙三十五年（1696）至三十八年（1699）	吕永光原系，笔者修订
9.《岭南五朝诗选序》	康熙三十五年（1696）至三十九年（1700）	吕永光原系，笔者修订
10.《选选楼集小序》	康熙三十七年（1698）九月④	吕永光
11.《东轩诗略序》	康熙三十八年（1699）冬至日	笔者
12.《题陈献孟游罗浮诗序》	康熙三十九年（1700）⑤	吕永光
13.《五律英华序》	未见系年资料	不适用
14.《南塘渔父诗钞序》（以上诗文集序十四篇）	未见系年资料	不适用
15.《〈篆字汇〉序》	康熙三十年（1691）二月十五日花朝节	笔者
16.《南海县志序》	康熙三十年（1691）十月⑥	吕永光
17.《清忠堂抚粤奏疏序》	康熙三十一年（1692）⑦	吕永光
18.《岭海见闻序》（以上书序四篇）	康熙四十三年（1704）⑧	吕永光
19.《东皋武庙钟铭》	康熙三十年（1691）春⑨	吕永光
20.《金花庙前新筑地基碑记》	康熙三十年（1691）夏至⑩	吕永光

续表

文题（文类）	系年	系年者
21.《鼎湖山在犙禅师塔铭并序》	康熙三十年（1691）十月初一⑪	伍庆禄、陈鸿钧
22.《田公去思碑记》	康熙三十九年（1700）五月	笔者
23.《放生池序》（以上铭记五篇）	康熙四十一年（1702）⑫	吕永光
24.《与李武曾书》	康熙十二年（1673）⑬	吕永光
25.《复潘稼堂书》	康熙三十八年（1699）九月⑭	吕永光
26.《与谢霜崖书》	未见系年资料	不适用
27.《与王瑶湘女史书》	康熙二十六年（1687）前后两三年	笔者
28.《与某人书》（以上书牍五篇）	未见系年资料	不适用
29.《前锦衣卫指挥佥事私谥贞谧先生独漉陈公行状》（行状）	康熙三十九年（1700）⑮	吕永光
30.《祭成容若文》（祭文）	康熙二十四年（1685）五月或稍后⑯	吕永光
31.《书超玉轩诗集后》（书后）	未见系年资料	不适用
32~33. 存目文（二篇）：《钵山堂诗集序》《与王蒲衣书》	未见系年资料	不适用
34~38. 诗评五条	未见系年资料	不适用

注：①吕永光《梁佩兰佚文辑目提要》云："此文作于康熙十二年（董按：1673）前后。"《广东史志》1989 年第 3 期，第 50 页。

②吕永光《梁佩兰佚文辑目提要》云："是书为子升卒后佩兰为其编集，作于康熙三十一年（董按：1692）或稍后。"《广东史志》1989 年第 3 期，第 51 页。

③吕永光《梁佩兰佚文辑目提要》云："此文作于康熙三十二年（董按：1693）。"《广东史志》1989 年第 3 期，第 50 页。

④吕永光《梁佩兰年谱简编》"康熙三十七年戊寅"（1698）条云："九月，为岑征《选选楼集》作序。"（清）梁佩兰撰，吕永光校点补辑《六莹堂集》，中山大学出版社，1992，第 479 页。

⑤吕永光《梁佩兰佚文辑目提要》云："此文作于康熙三十九年（董按：1700）。"《广东史志》1989 年第 3 期，第 51 页。

⑥吕永光《梁佩兰佚文辑目提要》云："见康熙三十年《南海县志》卷首。梁文即作于是年。"《广东史志》1989 年第 3 期，第 50 页。据文末"时康熙岁次辛未孟冬谷旦"一句，可知其确作于康熙三十年（1691）。而"孟冬"即农历十月，"谷旦"指吉日，则此文写于该年十月。见（清）梁佩兰《南海县志序》，（清）梁佩兰撰，吕永光校点补辑《六莹堂集·补佚》，中山大学出版社，1992，第 411 页。

⑦吕永光《梁佩兰佚文辑目提要》云："此文作于康熙三十一年（董按：1692）。"《广东史志》1989 年第 3 期，第 50 页。

⑧吕永光《梁佩兰佚文辑目提要》云："此文作于康熙四十三年（董按：1704）。"《广东史志》1989 年第 3 期，第 52 页。

⑨吕永光《梁佩兰佚文辑目提要》云："此文作于康熙三十年。"《广东史志》1989年第3期，第52页。据文中首句"皇上龙飞之三十年春"，可知吕氏据此系年，此文即作于该年（1691）春。文见（清）梁佩兰撰，吕永光校点补辑《六莹堂集·补佚》，中山大学出版社，1992，第424页。

⑩吕永光《梁佩兰佚文辑目提要》云："此文作于康熙三十年。"《广东史志》1989年第3期，第52页。据此记末句，此文写作于该年（1691）夏至。文见（清）梁佩兰撰，吕永光校点补辑《六莹堂集·补佚》，中山大学出版社，1992，第426页。

⑪伍庆禄、陈鸿钧《广东金石图志》云："清鼎湖山在惨禅师塔铭并序。……康熙三十年（1691）。"（线装书局，2015，第294页）二氏当据序末署时之句"大清康熙三十年，岁次辛未冬十月吉旦"系年。董按：确切而言，此序写成于十月初一，盖"十月吉旦"即农历十月初一。

⑫吕永光《梁佩兰佚文辑目提要》云："此文作于康熙四十一年（董按：1702）。"《广东史志》1989年第3期，第51页。佚文见（清）梁佩兰撰，吕永光校点补辑《六莹堂集·补佚》，中山大学出版社，1992，第422~423页。

⑬吕永光《梁佩兰佚文辑目提要》云："此文作于康熙十二年（董按：1673）。"《广东史志》1989年第3期，第53页。

⑭吕永光《梁佩兰佚文辑目提要》云："此文作于康熙三十八年（董按：1699）。"《广东史志》1989年第3期，第53页。又据吕永光《梁佩兰年谱简编》，此书写于该年九月。见（清）梁佩兰撰，吕永光校点补辑《六莹堂集》，中山大学出版社，1992，第480页。

⑮吕永光《梁佩兰佚文辑目提要》云："此文作于康熙三十九年。"《广东史志》1989年第3期，第52页。

⑯吕永光《梁佩兰佚文辑目提要》云："此文作于康熙二十四年。"《广东史志》1989年第3期，第52页。又，据《梁佩兰年谱简编》，康熙二十四年五月"三十日，（纳兰性德）卒。梁佩兰等有诗文挽之"，味吕氏之意，当指佩兰于是年（1685）五月或稍后撰此文。其说可从。见（清）梁佩兰撰，吕永光校点补辑《六莹堂集》，中山大学出版社，1992，第471页。

由表2可见，在两类佚作中，佚文可系年者比佚诗、佚词及佚联多出很多，此乃作者撰文时，一般习惯署创作年月，而撰诗则除非特别日子，否则多不在诗题或诗歌正文中署创作年月之故。而从表2中还可以看到，梁佩兰之佚文，多在其于康熙二十七年戊辰（1688）中进士之后写成，这当是梁佩兰既有科名，文名亦随之得显，邀请其写序者增多之故。梁佩兰撰文时亦着意显示名位，这从梁佩兰在几篇文章中都署科名及官衔之做法可见。①

总之，佚诗、佚词及佚联类的三十六首（联）作品中，若不算两首存

---

① 如写于康熙三十年（1691）春的《东皋武庙钟铭》文末署"翰林院庶吉士、南海后学梁佩兰拜撰"，写于同年夏至的《金花庙前新筑地基碑记》文末署"赐进士出身、文林郎、翰林院庶吉士、戊辰会魁、丁酉解元、郡人梁佩兰撰"，写于康熙三十九年（1700）五月的《田公去思碑记》文末署"赐进士出身、征仕郎、翰林院庶吉士、戊辰会魁、丁酉解元、邻治年弟梁佩兰顿首拜撰"，俱是其例。以上三文见（清）梁佩兰撰，吕永光校点补辑《六莹堂集·补佚》，中山大学出版社，1992，第424~428页。

目诗，共有三十四首（联）作品，可系年者只有四首。其中两首为刘宝光所系，余下两首之系年则可从诗题见出。佚文及诗评类三十八篇作品中，若不算两篇存目文及五条诗评，共三十一篇佚文，可系年者二十六篇，十七篇由吕永光系出，笔者对其中《离六堂诗序》及《岭南五朝诗选序》的系年有所修订；一篇由伍庆禄、陈鸿钧二人系出；余下八篇由笔者系出。

五　结语

本文全盘审视目前可见的全部梁佩兰佚作，并订正讹漏，又说明了笔者新发现八篇佚作的来源和背景，且考订梁佩兰佚作之数量并做了系年，得出以下结论。

在笔者之前，学界对梁佩兰诗文做辑佚工作的有吕永光、司徒国健、李舜臣、王富鹏、伍庆禄及陈鸿钧六位。吕氏共辑得佚诗四十一首（包括五言联句三首、佚词三首），楹联三副，佚文二十五篇，存目文二篇。其中一首或为梁绍裘作品，未能确定。而据笔者考订，其中二十二首当为屈大均作品，而《荀彧论》一文当为彭轩作品。故吕氏实得佚诗十二首，五言联句三首，佚词三首，佚文二十四篇，楹联三副，存目文两篇。司徒氏辑得佩兰佚诗五首，佚文二篇，诗评五条。其中《子日亭成奉寄王子千使君》一首为陈恭尹诗。故实得佚诗四首，佚文二篇，诗评五条。李氏则辑得梁佩兰佚文《兰湖诗选序》一篇。王氏辑得梁佩兰佚诗五首，存目诗两首，佚句两句，佚文三篇。其中，佚句为梁佩兰集中诗句，并非佚句；《珠江送别张虞山》诗与司徒氏所辑同；佚文《忆雪楼诗集序》与司徒氏所辑同，《兰湖诗选序》与李舜臣所辑同。伍庆禄、陈鸿钧辑得佚文一篇。合六人所辑，实得梁佩兰佚诗二十首，五言联句三首，佚词三首，佚文二十九篇，佚联三副，诗评五条，存目诗两首，存目文两篇。

笔者新发现梁佩兰佚作有佚诗五首，佚文两篇，佚联一副。唯其中佚联之作者存疑，故实得梁佩兰佚作七篇。对此等佚作，笔者除说明辑佚来源外，亦对作品题目及正文中之人物做了若干考证，以利学者做进一步研究。

总合笔者与上述六位所辑，至目前为止，学界共辑得可以确认是梁佩兰佚作者，计有佚诗二十五首，五言联句三首，佚词三首，佚文三十一篇，佚联三副，诗评五条，存目诗两首，存目文两篇。笔者将此等佚作分成"佚诗、佚词及佚联""佚文及诗评"两大类，对诸佚作做了系年整理、补充和列表工作。在前类三十六首佚作中，若不算存目诗，共有三十四首作品，可系年者只得四首，其中两首由刘宝光系出，余下二首由笔者据诗题系出。在后类三十八篇作品中，若不算存目文及诗评，共有三十一篇佚文，可系年者二十六篇，十七篇由吕永光系出，笔者对其中两篇系年有所修订；一篇由伍庆禄、陈鸿钧系出；余下八篇为笔者所系。

在两类佚作中，佚文可系年者比佚诗等韵文类多出很多，这与作者撰文时习惯署创作年月，而作诗则较少在诗题或诗歌正文中道明创作年月有关。而据笔者所列表中可见，梁佩兰佚文多在其中进士后写成，这当为梁佩兰得科名后，文名亦显，请序者增多之故。

作者通信地址：香港新界青山公路青山湾段 80 号珠海学院中国文学系，邮编：999077，电话号码：96556785（香港区号 00852），电子邮箱：chdung@ chuhai. edu. hk

责任编辑：黎俊忻

台湾七十年来屈大均研究论著
目录（1949～2018）

何淑苹* 林宏达**

台北市立大学中国语文学系，中国台湾台北，84550

摘 要：清初"岭南三大家"之一的屈大均，以民族气节及诗文享誉于世，备受海内推重。1949年以来，相关研究蜂出，成果丰硕，惜文献散见各处，翻检不易，如能裒集编次，既予读者查找资料之便，又可据以掌握当前研究发展现况，进而拓展课题，后出转精。本篇即旨在网罗1949年以降，七十年来台湾地区所发表、出版的各种论著，并按主题分成生平、著述、思想、诗、词、笔记、其他等七类，希冀提供学界参考之助。

关键词：台湾；屈大均；研究论著；目录

屈大均，字翁山。生于明思宗崇祯三年（1630），卒于清圣祖康熙三十五年（1696），年六十七。广东番禺人。鼎革之际，剃发披缁，法号今种。尝游历四方，结交志士，积极参与抗清活动，后居乡著述，与陈恭尹（1631～1700）、梁佩兰（1630～1705）并称"岭南三大家"，享誉清初文坛。翁山学养深厚，著作宏富，尤其坚守遗民志节，为世所推重，1949年以来研究者络绎不绝，成果可观。方今网络普及，信息便捷，浏览固非难事，然搜集文献，分类编次，当有助于交流借鉴。笔者前已发表《屈大均

---

* 何淑苹（1974～），女，汉族，中国台湾台北人，台北市立大学中国语文学系博士生。

** 林宏达（1980～），男，汉族，中国台湾台南人，成功大学中国文学系博士，实践大学应用中文学系助理教授。

研究论著目录》《屈大均研究论著目录续编（2004～2011）》，今则网罗1949 年以降，在台湾地区所发表、出版之相关成果，编成《台湾七十年来屈大均研究论著目录（1949～2018）》，以便学界了解参考。本篇所收资料类型，包括专书、期刊、学位论文、会议论文，分类则按主题分成生平、著述、思想、诗、词、笔记、其他等七类，各类下依时间排序。囿于识见，缺漏恐多，尚祈专家不吝补正。

一　生平

柳作梅　屈大均之生平与著述

　　　　（上）图书馆学报（东海大学）　第 8 期　页 237～259　1966 年 5 月

　　　　（下）图书馆学报（东海大学）　第 9 期　页 395～415　1968 年 5 月

林　斌　民族诗人屈翁山及其文字狱

　　　　畅流　第 37 卷第 5 期　页 16～18　1968 年 4 月

彭国栋纂修　屈大均遗集案

　　　　清史文谳志（修订本）　页 99～101　台北　台湾商务印书馆 1970 年 3 月修订 1 版

汪宗衍　屈翁山先生年谱

　　　　页 1～238　台北　文海出版社　1971 年 9 月（《明清史料汇编》第 7 集第 9 册）

林光灝　屈大均及其文字狱

　　　　艺文志　第 101 期　页 26～29　1974 年 2 月

朱希祖　屈大均传

　　　　朱希祖先生文集　第 5 册　页 3377～3389　台北　九思出版公司 1979 年 4 月

陈特向　岭南三大家——陈恭尹屈翁山梁佩兰其人其事及其诗

　　　　广东文献　第 14 卷第 3 期　页 43～50　1984 年 9 月

宋子武　记岭南三大家

　　　　广东文献　第 16 卷第 2 期　页 87～89　1986 年 6 月

庑　翁（宋子武）　庑斋脞记·（四）屈大均诗文遭削版

　　广东文献　第 23 卷第 1 期　页 51　1993 年 1 月

李正辉、李华丰　李雯、宋琬、金堡、屈大均、宋征舆、许缵曾、徐灿、
李天馥

　　中国古代词史　页 365~368　台北　志一出版社　1995 年 12 月

钟义明　屈大均

　　中国堪舆名人小传记　页 203~204　台北　武陵出版社　1996 年
4 月

李宗桂　中国文化名人与澳门——汤显祖、吴渔山、屈大均合论

　　（1）鹅湖　第 30 卷第 10 期（总第 358 期）　页 50~55　2005 年
4 月

　　（2）鹅湖　第 30 卷第 11 期（总第 359 期）　页 32~37　2005 年
5 月

简文志　屈大均的布衣精神

　　人间福报　第 14 版（人文）　2011 年 1 月 21 日

司徒国健　岭南三大家之交游

　　广东士人与清初政治——梁佩兰交游及著述考论　页 71~85　台
北　文津出版社　2014 年 12 月

何淑苹　清初广东一代名儒屈大均

　　广东文献　第 46 卷第 3 期　页 33~43　2018 年 7 月

二　著述

柳作梅　屈大均之生平与著述

　　（上）图书馆学报（东海大学）　第 8 期　页 237~259　1966 年 5 月

　　（下）图书馆学报（东海大学）　第 9 期　页 395~415　1968 年 5 月

朱希祖　皇明四朝成仁录跋

　　明季史料题跋　页 85~87　台北　大华印书馆　1968 年 5 月

朱希祖　皇明四朝成仁录补编跋

　　明季史料题跋　页 87~88　台北　大华印书馆　1968 年 5 月

朱希祖　康熙刻本翁山文外跋

明季史料题跋　页103~106　台北　大华印书馆　1968年5月

朱希祖　康熙刻本翁山文钞跋

明季史料题跋　页107~108　台北　大华印书馆　1968年5月

朱希祖　康熙刻本翁山诗外跋

明季史料题跋　页108~110　台北　大华印书馆　1968年5月

朱希祖　乾隆刻本翁山诗略跋

明季史料题跋　页110~111　台北　大华印书馆　1968年5月

朱希祖　康熙刻本屈翁山诗集跋

明季史料题跋　页111　台北　大华印书馆　1968年5月

亮　父　屈大均《唐贤诗卷》

艺文丛辑　页109~113　台北　艺文印书馆　1976年12月

谷风出版社编辑部编　艺林丛录　第10编　页83~87　台北
谷风出版社　1986年9月

中　彦　屈大均《唐贤诗卷》质疑

艺文丛辑　页115~117　台北　艺文印书馆　1976年12月

谷风出版社编辑部编　艺林丛录　第10编　页88~90　台北
谷风出版社　1986年9月

祝秀侠　略述屈翁山及其著述

广东文献　第8卷第4期　页52~53　1978年12月

朱希祖　广州征访南明史料记

朱希祖先生文集　第5册　页3313~3375　台北　九思出版公司
1979年4月

朱希祖　屈大均著述考

朱希祖先生文集　第5册　页3391~3448　台北　九思出版公司
1979年4月

阮廷焯　钞本皇明四朝成仁录补编跋

广东文献　第16卷第2期　页78~81　1986年6月

陈惠美　东海馆藏屈大均《翁山文外》板本述略

东海大学图书馆馆讯　第50期　页35~51　2005年11月

谢莺兴　馆藏屈大均《翁山文钞》板本述略

东海大学图书馆馆讯　第 71 期　页 29~51　2007 年 8 月

谢莺兴　馆藏屈大均《翁山诗外》板本述略

东海大学图书馆馆讯　第 72 期　页 9~39　2007 年 9 月

何淑苹　《屈大均诗词编年笺校》补正

东方人文学志　第 8 卷第 3 期　页 211~224　2009 年 9 月

何淑苹　台湾图书馆藏六卷本《翁山易外》考辨

台湾易经学会主办　第六届海峡两岸周易学术研讨会　台北　孙中

山纪念馆　2009 年 11 月 28~29 日

何淑苹　台湾图书馆藏抄本《翁山易外》考辨

书目季刊　第 44 卷第 3 期　页 65~81　2010 年 12 月

何淑苹　《屈大均诗词编年校笺》补正

书目季刊　第 52 卷第 3 期　页 87~102　2018 年 12 月

三　思想

何淑苹　屈大均《翁山易外》研究

页 1~358　台北　东吴大学中国文学研究所硕士学位论文　2004 年

6 月　孙剑秋指导

页 1~303　台北　花木兰文化出版社　2009 年 9 月（《中国学术

思想研究辑刊》第 5 编第 13 册）

谢崇熙　屈大均弘扬的离骚精神

清初明遗民的"屈陶"论述　页 33~56　台北　台湾师范大学历

史学系硕士学位论文　2008 年 1 月　林丽月指导

张智昌　南方英雄的历程：屈大均（1630~1696）自我形象释读

页 1~405　新竹　台湾"清华大学"中国文学系硕士学位论文

2008 年 7 月　蔡英俊指导

刘威志　屈大均的华姜情缘与自我建构

台湾"清华大学"中文系主办　清华大学明清诗文研究：年轻学

者暨研究生发表会　新竹　台湾"清华大学"　2008 年 12 月

23 日

台湾"清华大学"中文学报　明清诗文特辑　页131～159　2009年11月

王学玲　踏勘历难与遗民声明：清初屈大均之西北边塞游

台湾"中山大学"清代学术研究中心、中国文学系，"中央研究院"文哲研究所，高雄市政府文化局，韩国中国文学理论学会，财团法人古典诗学文教基金会主办　第五届国际暨第十届全国清代学术研讨会　高雄　台湾"中山大学"　2009年6月6～7日

王学玲　苦行历险与严辨华夷——清初屈大均之秦晋"宗周"游

台湾"清华大学"中文学报　第12期　页265～307　2014年12月

四　诗

楚　公　屈大均其人与诗

畅流　第22卷第5期　页4～5　1960年10月

陈　香　闽粤两诗雄（郑所南与屈大均）

艺文志　第104期　页51～54　1974年5月

陈　香　闽粤两诗雄：郑思肖、屈大均

东方杂志　复刊第17卷第7期　页74～77　1984年1月

陈荆鸿　屈翁山其诗其人

广东文献　第4卷第2期　页21～27　1974年6月

陈特向　岭南三大家——陈恭尹屈翁山梁佩兰其人其事及其诗

广东文献　第14卷第3期　页43～50　1984年9月

严　明　屈大均与清初岭南诗歌

清代广东诗歌研究　页19～24　台北　文津出版社　1991年8月

严志雄　屈翁山《咏史》诗试解

大陆杂志　第84卷第1期　页5～13　1992年1月

赖汉屏　遗民泪尽胡尘里——说宋、明两代的遗民诗

明道文艺　第214期　页30～39　1994年1月

张静尹　屈翁山忠爱诗研究

页 1 ~ 211　高雄　高雄师范大学国文研究所硕士学位论文　张子良指导　1994 年 6 月

页 1 ~ 134　新北市　花木兰文化出版社　2011 年 3 月（《古典诗歌研究汇刊》第 9 辑第 20 册）

霍有明　清初其他诗人·岭南三大家

清代诗歌发展史　页 84 ~ 92　台北　文津出版社　1994 年 11 月

刘世南　屈大均

清诗流派史　页 21 ~ 28　台北　文津出版社　1995 年 11 月

黄雅歆　屈大均

清初山水诗研究　页 80 ~ 114　新庄　辅仁大学中国文学系博士学位论文　1998 年 10 月　吴宏一指导

黄雅歆　明遗民诗人吴嘉纪山水诗之主题探析——兼论与顾炎武、屈大均二家之异同

台北师范学院语文教育学系主办　台北师范学院语文教育学系 2000 年度教师论文发表会　台北　台北师范学院语文教育学系 2000 年 12 月 15 日

宋景爱　屈大均

明末清初遗民诗研究　页 116 ~ 146　台北　政治大学中国文学系硕士学位论文　2002 年 6 月　罗宗涛指导

严志雄　体物、记忆与遗民情境——屈大均一六五九年咏梅诗探究

中国文哲研究集刊　第 21 期　页 43 ~ 87　2002 年 9 月

严志雄　地域、主体与欲望——屈大均 1673 ~ 1676 年军中诗的身分认同

“中央研究院”文哲研究所主办　空间与欲望小型研讨会　台北“中央研究院”文哲研究所　2002 年 12 月 13 日

陈　致　《屈大均诗学研究》序

中国文哲研究通讯　第 19 卷第 2 期（总第 74 期）　页 25 ~ 33　2009 年 6 月

吴庚云　屈大均及其山水诗研究

页 1 ~ 294　新竹　中央大学中国文学系硕士学位论文　2012 年 6 月　卓清芬指导

汪德方　悼俪——屈大均笔下华姜女遗民形象的书写建构

　　　　明清易代之际女遗民形象的书写与建构　页 157～265　台北　台
　　　　湾大学中国文学研究所硕士学位论文　2015 年 1 月　曹淑娟指导

汪德方　屈大均笔下女遗民形象的书写与建构：以王华姜为例

　　　　台湾明代研究学会主办　2017 年年会（第十二届）暨新秀论文发
　　　　表会　台北　台湾师范大学历史学系　2017 年 1 月 21 日

五　词

韩穗轩　屈大均"词"简介

　　　　古今谈　第 110 期　页 14　1974 年 6 月

罗子英　《屈翁山骚屑词》读后记

　　　　广东文献　第 9 卷第 3 期　页 9～11　1979 年 9 月

关照祺　读屈翁山骚屑词

　　　　广东文献　第 12 卷第 3 期　页 50～53　1982 年 9 月

陈　美　岭南词宗屈大均

　　　　明末忠义词人研究　页 112～122　台北　东吴大学中国文学研究
　　　　所硕士学位论文　张子良指导　1986 年 4 月

陈珈琪　屈大均及其《骚屑》词研究

　　　　页 1～235　台中　东海大学中国文学系硕士学位论文　2007 年 6
　　　　月　钟慧玲指导

程美珍　屈大均及其词研究

　　　　页 1～184　台北　东吴大学中国文学系硕士学位论文　2008 年 6
　　　　月　苏淑芬指导

王学玲　清初文人之秦晋边塞词作情谊——曹溶、朱彝尊与屈大均

　　　　辅仁大学中国文学系主办　抒情与叙事的多音交响——中国文学
　　　　国际学术研讨会　2011 年 11 月 12～13 日

侯雅文　"词史重构"与"国变、家变之悲"——朱祖谋如何定位屈大
　　　　均词

　　　　淡江中文学报　第 32 期　页 183～222　2015 年 6 月

陈　冬　论屈大均词对楚骚传统的继承及风格衍变

　　　页 1 ~ 109　新北市　花木兰文化出版社　2015 年 9 月（《古典诗

　　　歌研究汇刊》第 18 辑第 13 册）

六　笔记

柳作梅　屈大均《广东新语》的历史背景

　　　书目季刊　第 2 卷第 1 期　页 61 ~ 66　1967 年 9 月

　　　广东文献　第 5 卷第 4 期　页 16 ~ 21　1976 年 3 月

柳作梅　重印广东新语前记

　　　广东新语　页 1 ~ 10　台北　台湾学生书局据清康熙卅九年木天

　　　阁刊本景印　1968 年 4 月（《新修方志丛刊》）

关照祺　一部粤人应读之宝典：屈大均《广东新语》之简介

　　　广东文献　第 14 卷第 1 期　页 30 ~ 34　1984 年 3 月

徐　绩　再谈《广东新语》

　　　谷风出版社编辑部编　艺林丛录　第 5 编　页 276 ~ 280　台北

　　　谷风出版社　1986 年 9 月

张秀蓉　论《广东新语》的经世之学

　　　东吴历史学报　第 7 期　页 53 ~ 83　2001 年 3 月

林亭君　《广东新语》与《岭南逸史》人物情节的关系

　　　《岭南逸史》研究　页 41 ~ 68　台南　成功大学中国文学系硕士

　　　学位论文　2009 年 6 月　陈益源指导

刘必琪　屈大均与《广东新语》

　　　页 1 ~ 99　台北　东吴大学历史学系硕士学位论文　2010 年 9

　　　月　徐泓指导

谢玉玲　经验与想象的共构：论《广东新语》之水族书写

　　　空间与意象的交融：海洋文学研究论述　页 49 ~ 108　台北　文

　　　史哲出版社　2010 年 12 月

卢俊方　屈大均《广东新语》中“洋”群词汇之探讨

　　　台北教育大学语文集刊　第 20 期　页 229 ~ 261　2011 年 7 月

周正庆　十七世纪民间天道观研究——基于《广东新语》的研读

　　　　冯明珠主编　盛清社会与扬州研究　页131~138　台北　远流出版事业股份有限公司　2011年11月

七　其他

林子雄　《广东文选》研究

　　　　书目季刊　第32卷第4期　页65~78　1999年3月

何淑苹　屈大均研究论著目录

　　　　书目季刊　第38卷第3期　页123~151　2004年12月

何淑苹　屈大均研究论著目录续编（2004~2011）

　　　　书目季刊　第46卷第1期　页109~131　2012年6月

　　作者通信地址：台湾高雄市内门区大学路200号实践大学应用中文学系，邮编：84550，邮箱：dadalin913@gmail.com

　　　　　　　　　　　　　　　　　　　　　　责任编辑：王富鹏

"岭南三大家"诗文评辑录·合论

罗志欢* 廖 粤**

暨南大学图书馆，暨南大学文学院，
广东广州，510632

摘 要： "岭南三大家"并称已有三百多年的历史，以"岭南三大家"为对象的研究，时有佳作面世，研究成果日渐丰富，但关于"岭南三大家"的研究资料，目前尚无专门的整理成果，《明诗纪事》、《清诗纪事》以及部分诗话作品虽有论述，然分散而未成系统，研究者查阅颇为不便。鉴于此，编辑"岭南三大家研究资料集"势在必行。是集拟分为诗文评论、著作版本、传记资料、研究论著四卷，以备研究之助。鉴于篇幅较大和书稿尚未完成，此处仅选取"诗文评论"卷中"合论"部分的内容，先行整理成文，以飨读者。

关键词： 岭南三大家；屈大均；陈恭尹；梁佩兰；文学评论

前 言

"岭南三大家"乃清初广东屈大均（番禺人）、梁佩兰（南海人）、陈恭尹（顺德人）的并称。三人居里邻近，时相过从，互为推重，在当时岭

---

* 罗志欢（1961～），男，汉族，广东新丰人，暨南大学图书馆古籍部主任，研究馆员，硕士生导师。

** 廖粤（1994～），男，汉族，广东湛江人，暨南大学文学院中国文化史籍研究所，硕士研究生。

南地区负有盛名。屈大均和陈恭尹不满清朝统治，作品多揭露清军暴行，颂扬抗清志士；梁佩兰则出仕于清，其诗多酬赠和吟咏景物之作，风格较平淡。三人诗作的风格也很不同，唯在反映岭南山川风貌、人情世态上具有浓厚的地方色彩方面，三家有共同之处。因王隼辑《岭南三大家诗选》，隐然与"江左三大家"（钱谦益、吴伟业、龚鼎孳）相抗衡。

一般认为，"岭南三大家"的并称，始于王隼所编《岭南三大家诗选》，以专称而言，这一结论毋庸置疑。我们认为，这一专称并非王隼突然的灵感，而是他从众多的文献和时人的评论中得到启发，进而加以提炼和归纳的结果。从所辑资料考察，在王隼康熙三十一年（1692）选诗之前已有三家并举的情况出现，而且对三家的序第、诗文的风格、诗品的高低等问题，均有不同的看法，甚至存在争议。这些问题和争议，有待通过对文献的考察、对史料的考证来寻求答案并加以客观评判。

"岭南三大家"并称已有三百多年的历史，以"岭南三大家"为对象的研究，时有佳作面世，研究成果日渐丰富，但关于"岭南三大家"的研究资料，目前尚无专门的整理成果，《明诗纪事》、《清诗纪事》以及部分诗话作品虽有论述，然分散而未成系统，研究者查阅颇为不便。鉴于此，我们拟编辑"岭南三大家研究资料集"，作为研究"岭南三大家"的参考资料和检索工具。内容包括四卷：一是诗文评论（合论、分论），二是著作版本；三是传记资料，四是研究论著。所辑资料各类下略以成书时间或出版时间先后为序。

鉴于篇幅较大和书稿尚未完成，此处仅选取"诗文评论"卷中"合论"部分的内容，先行整理成文，借《广州大典研究》一角予以发表，以飨读者。

合　论

朱彝尊《送少詹王先生（士禛）代祀南海兼怀梁孝廉（佩兰）屈处士（大均）陈处士（恭尹）》[①]："今年天子省方岳，诏祀四渎封五山。属

---

① 此诗作于清康熙二十三年（1684）。

车先行上日观，使者分命辞星班。先生储端乍迁秩，诞持龙节临百蛮。维南有海祝融宅，沐浴日月神所寰。吾昔逾岭谒祠下，呕哑门启金兽镮。木棉阴浓画壁冷，铜鼓雨渍苔花斑。模糊穹碑蚀岁月，夹侍秘怪殊须鬣。鲨帆欻忽飓母恶，珠宫贝阙罕得扳（布还反）。先生到日陈祝册，扶胥渡口黄木湾。双崖断若青玉玦，小海大海波漩濩。绫袍织成孔雀翠，彩旗飘飐芙蓉殷。神弦安歌合筝瑟，巫觋屡舞摇花鬘。牲肥酒香百灵悦，旋舻奋棹渡无艰。乾坤端倪尽轩豁，鳄鱼远徙除阴奸。五羊仙城六榕寺，刘王花坞恣回环。况有尉佗台畔楼，晴阑百尺眺高闲。人家两岸种红豆，芳草一丛飞白鹇。荔支洲边少黄叶，菖蒲涧曲多青菅。江蕉成林乳滴滴，山乌挟子鸣喧喧。珠娘摇橹蜑子唱，小舫亦足开襟颜。先生赋才婵群雅，得句岂独惊愚孱。古来时巡必望秩，书有帝典颂有般。蚼蛉毛笔鹦鸹砚，辌轩所采谁能删？邮签虽越一万里，计程七月当来还。河冰未合日南至，芦沟桥水流琤潺。四牡光华送行迈，车前驺唱难牵攀。最愁执手河梁人，归时稳卧柴荆关。南园旧友傥无恙，尺书报我吴会间。"（《曝书亭集》卷十二《古今诗》，《四部丛刊》影清康熙本）

朱彝尊《程职方诗集序》："南海多骚雅之士，其尤杰者处士屈大均翁山、陈恭尹元孝，其进退出处不同，而君皆与交莫逆。三君子者，其诗并传于后无疑。"（《曝书亭集》卷三十七《序》，《四部丛刊》影清康熙本）

朱彝尊《古藤书屋再饯梁孝廉》："穆如清风篇，袖以示均尹（谓屈大均、陈恭尹也）。"（《曝书亭集》卷十二《古今诗》，《四部丛刊》影清康熙本）

沈德潜《清诗别裁集》卷八："广南三家，翁山擅长五律，药亭擅长七古，几无与抗行者。元孝自逊力量不及两家，而诸体兼善，七律尤矫矫不群，诗名鼎立不虚也。向从《明诗综》入前代中，今考元孝之物在康熙中叶，仍三家并存。"（清乾隆二十五年教忠堂刻本）

沈德潜《清诗别裁集》卷九："方殿元，字蒙章，广东番禺人。康熙甲辰进士，官知郏城、江宁县。著有《九谷集》。〇九谷著《环书》，自成一子。欲究天人窍奥，余事乃作诗人也。然高华伉爽，依傍一空，品不在岭南三家下。"（清乾隆二十五年教忠堂刻本）

沈德潜《清诗别裁集》卷十六："岭南三家，翁山以五言律擅场，元

孝以七言律擅场，而七言古体独推药亭。"（清乾隆二十五年教忠堂刻本）

王士禛《闻越王台重建七层楼寄陈元孝屈翁山梁药亭》[①]："昔登粤台上，不见七层楼。空忆扶胥外，南溟天尽头。凭虚起飞观，流目极炎州。安得凌风翼，真同汗漫游。"（《带经堂集》卷五十四，清康熙五十年程哲七略书堂刻本）

王煐《岭南三大家诗选·序》[②]："岭南三先生以诗鸣当世，予耳其名者久矣。翁山之诗见于世最早，其所为《道援堂集》，予髫龀时习知之。……药亭先生……迨通籍后，见其诗于真定相国座上，捧读不能释手。……元孝诗行世最晚……长安公卿曾游岭南者，皆极口称元孝诗不置，故三先生之诗相伯仲于世而颉颃于其乡，无间也。……药亭之诗如良金美玉，韬锋敛采，温厚和平，置之清庙明堂，自是瑚琏圭璧，然宝气难掩，时复光焰夺目。翁山诗如万壑奔涛，一泻千里，放而不息，流而不竭，其中多藏蛟龙神怪，非若平湖浅水，止有鱼虾蟹鳖。故翁山诗视两先生为独多。……元孝诗如哲匠当前，众材就正，运斤成风，既无枉挠，亦无废弃，梁栋榱题，各适其用，准程规矩，不得不推为工师，时或咿嚶，若神所痛，则亦小弁之，怨孔子不删，未足病也。予尝私评三先生之诗曰：药亭之诗，才人之诗也；翁山之诗，学者之诗也；元孝之诗，诗人之诗也。"（《岭南三大家诗选》卷首，清同治七年南海陈氏重刻本）

成文昭《送李佑人之岭南》："……风怀澄淡陈恭尹，辞气淋漓屈大均。合上药亭三作手，李郎此去又添人。"（《谟觞诗集》卷一《湘西集·荆集东吴万里集》，清康熙刻增修本）

曹溶《杂忆平生诗友十四首》："五岭曾看续楚骚，名家更拾锦成毫。参差那得联征袂，绿柳城边响夜涛（粤东屈翁山外，又闻梁药亭，而梁未与相值）。"（《静惕堂诗集》卷四十四《七言绝句》，清雍正刻本）

（乾隆）《福州府志》卷六十："蓝涟，字公漪，侯官人。父籀，字兴汉，善隶书。涟博物洽闻，工诸体诗，超脱遒逸，而篆草八分，皆有父

风，兼擅绘事。居道山麓老屋三间，图书插架。客至，呼酒赋诗，竟日忘倦。自题其门曰：朱绂不贪缘骨相，沧江终老作诗人。其志尚如此。性喜游，足迹遍齐鲁卫魏吴越。在粤东羁栖尤久，与梁佩兰、屈大均、陈恭尹交善。晚岁再至，粤人咸尊礼之，为刻其集曰《采饮集》，遂卒于粤。"（清乾隆十九年刊本）

王士禛《居易录》："岭南耆旧，今唯元孝及屈翁山、梁药亭在。"（《带经堂诗话》卷十，清乾隆二十七年刻本）

王士禛《带经堂诗话》卷十："翁山之诗，尤工于山林边塞，一代才也。同时陈恭尹，字元孝；王邦畿，字说作；梁佩兰，字芝五；王鸣雷，字震生；陈子升，字乔生；皆广州人，工诗。元孝诗尤高……翁山诗，予曾为选百篇，以为唐宋以来诗僧无及者。……予尝语程职方云：君乡东粤，人才最盛，正以僻在岭海，不为中原江左习气熏染，故尚存古风耳。"（清乾隆二十七年刻本）

王士禛《带经堂诗话》卷十二："南海耆旧屈大均翁山、梁佩兰药亭、陈恭尹元孝齐名，号三君。元孝尤清迥绝俗，其诗如'离忧在湘水，古色满衡阳''帆随南岳转，雁背碧湘飞''映花溪路闭，漱水石根虚''桄榔过雨垂空地，玳瑁乘潮上古城''家山小别吟兼梦，水驿多情浪与风'之类，皆得唐人三昧，而平生游迹，不出岭南，故知之者较少于屈、梁。尤工书法，尝以端石寄余。手自篆刻云：独漉所贻，渔洋宝之。独漉，元孝别号也。"（清乾隆二十七年刻本）

杭世骏《题独漉先生遗像五首》之二："秋井苔花渍，荒庐蜃气蒸。飞潜两难问，忧患况相仍。拄策非关老，裁衣只学僧。凄凉怀古意，岂是屈梁能?"（《道古堂全集·道古堂集外诗》，清乾隆四十一年刻光绪十四年汪曾唯修本）

葛祖亮《读岭南三家诗》："岭南大雅昔多人，继起风流亦轶尘。名誉早闻时不隔，性情若会义能真（三家彼此寄送，诗多相尚以古义）。文章气欲成龙虎，出处权虞愧凤麟。万里一身同四海，千秋凭吊艳茵轮（三家各省古迹，多有题咏）。"（《花妥楼诗》卷二十，清乾隆刻本）

王昶《答许积卿书》："前示近诗，清峻排奡，上拟金风亭长，具体而微。黎君诗亦英挺，于岭南三家中，颇近独漉老人，可与仲则分道扬镳。"（《春融堂集》卷三十二《书》，清嘉庆十二年塾南书舍刻本）

黄培芳《香石诗话》卷四:"或问:岭南三家与江左三家,孰胜?或答曰:论诗各有所长,论品似以岭南为优。"(清嘉庆十五年岭海楼刻嘉庆十六年重校本)

宋翔凤《题岭南三家诗》:"学似求麟角,珍同采象犀。词连沧海气,声急杜鹃啼。好事王谁后,招魂屈竟迷。小书今渐出,宽大古难齐。"(《忆山堂诗录》卷五,清嘉庆二十三年刻道光五年增修本)

(嘉庆)《大清一统志》卷四百四十二:"梁佩兰,字药亭,南海人。顺治十四年领乡荐第一,戊辰擢会魁,改翰林庶吉士。假还,游名山,与诸文人咏歌风雅,作述宏富,世多传诵。陈恭尹,字符孝,顺德人。父邦彦死义,恭尹博学工诗,与梁佩兰为岭南诗人大家,时名士多宗师之。"(《四部丛刊续编》影旧抄本)

(道光)《广东通志》卷二百八十六:"方殿元,字蒙章,番禺人。顺治甲午举于乡,又十年成进士,历知郯城、江宁县。能以经术饬吏治,引疾去,侨寓苏州,犹于故里。置祭田百亩,且以田给兄弟之贫者,乡人称之。著《九谷集》,其诗高华伉爽,不在岭南三家下。又著《环书》,究天人窍奥,自成一子。"(清道光二年刻本)

陆继辂《杂题》之四:"岭南三家豪杰士,蛮乡特立作诗人。知否代兴黎仲简,又空规仿出清新。"(《崇百药斋三集》卷十,清道光八年刻本)

张维屏《国朝诗人征略》卷七:"方殿元,字蒙章,号九谷,广东番禺人。康熙三年进士,官江宁知县。有《九谷集》。九谷著《环书》,自成一子,欲究天人窍奥,其诗高华伉爽,依傍一空,品不在岭南三家下。"(清道光十年刻本)

王源《屈翁山诗集序》:"乙酉来南越,适钱塘沈子方舟选《岭南三大家诗》,翁山也、陈高士元孝、梁太史药亭也。"(《居业堂文集》卷十四,清道光十一年读雪山房刻本)

胡敬《书查春山岭南纪游诗后》:"昨来苦道不称意,欲更岭海探烟霞。旧游重到倘得句,愿早寄我天之涯。定知风格更遒古,足继岭南三大家。"(《崇雅堂诗钞》卷一,清道光二十六年刻本)

刘嗣绾《夜观谭康侯农部听云楼诗即题后》:"超绝横天海,听云别筑楼。诗原反骚出,名自宝苏留(向在覃溪师处,闻君名宝,苏系斋名也)。

众望高三子（谓岭南三家），仙才隘九州。把君清句读，窗竹亦低头。"
（《尚絅堂集·诗集》卷五十二《补萝集》，清道光大树园刻本）

（道光）《肇庆府志》卷十九："吴尚澄，字如登，阳春人。贡生。……工于诗，学岭南三大家而得其趣。著有《松园遗草》。"（清光绪重刻道光本）

林昌彝《射鹰楼诗话》卷五："顺德黎二樵明经简，著有《五百四峰堂诗稿》。……长乐温伊初先生，谓二樵诗如三神山草木，总与他方不同，所论甚确。余谓岭南三家，当桃梁药亭配以二樵，较叶公论。"（清咸丰元年刻本）

林昌彝《射鹰楼诗话》卷七："粤东岭南三家以后，其诗之卓然大家者，顺德黎二樵简也，钦州冯鱼山敏昌也，嘉应宋芷湾湘也，李秋田光昭也，番禺张南山维屏也，嘉应温伊初训也。二樵以幽峭胜，鱼山以雄浩胜，芷湾以豪迈胜，秋田以雄奇胜，南山以清丽胜，伊初以浑朴胜。"（清咸丰元年刻本）

林昌彝《射鹰楼诗话》卷八："世皆以屈翁山诗五言胜于七言，陈元孝诗七言胜于五言，以为定论。然《道援堂》七言律高处，视独漉堂亦无多让也。"（清咸丰元年刻本）

林昌彝《射鹰楼诗话》卷十四："岭南三家，梁药亭（佩兰）不及陈、屈二家，然观其《六莹堂诗》，亦不无佳句可采。"（清咸丰元年刻本）

林昌彝《射鹰楼诗话》卷十八："江左三家诗，以吴梅村为最，钱虞山、龚芝麓不逮也。岭南三家诗，以屈翁山、陈元孝为最，梁药亭不逮也（药亭乐府，字摹句仿，更不足取）。"（清咸丰元年刻本）

谭莹《论词绝句一百首》（摘句）："国初抗手小长芦，除是番禺屈华夫。读竟道援堂一集，彭（孙遹）邹（祗谟）说擅倚声无。（屈大均）岭外论诗笔斩新，六莹堂冠我朝人。倚声仅有山花子，不吊湘妃（见《国朝词综》）吊洛神（见《国朝词雅·六莹堂集》附存词十八阕而两阕俱不存）。（梁佩兰）千秋得失也须公，独漉诗名盖代雄。祝寿饯离兼咏物（《独漉堂集》附《诗余》一卷，类多此等题），倚声何敢过推崇？（陈恭尹）"（《乐志堂诗集》卷六，清咸丰九年吏隐园刻本）

谭莹《重建广州城南三大忠祠暨南园前后十先生抗风轩募疏》："左有抗风轩，为前明前后十先生坛坫旧址，并庙祀焉。……闽中十才子或许联

镳，岭南三大家均其嗣响。"（《乐志堂文集·续集》卷二，清咸丰十年吏隐园刻本）

林昌彝《论诗一百又五首》之四十一："奇笔天风卷海潮，生平字画亦孤标。岭南我定三家集，挑去药亭配二樵（顺德黎二樵简。王蒲衣定岭南三大家诗：屈翁山、陈元孝、梁药亭。余辑《射鹰楼诗话》，拟挑去药亭，配二樵）。浅处言情感物深，缠绵恺恻尽哀音。精神上溯天应泣，万转千回只此心（闽县龚海峰景瀚。杨蓉裳《题海峰双骖亭集》云：先生至性重伦彝，篇章感人皆涕洟）。"（《衣讔山房诗集》卷七，清同治二年广州刻本）

方浚颐《舟中无事读岭南三家诗走笔放歌用三江全韵》："对弸明月侪羿逢，翁山边塞驱征骢。纤丽不屑吟红豇，铿鎗大吕黄钟撞。参之变徵惊愚悾，陈梁鼎足心尚降。后来俯视皆蝼蚁，读罢和以巴人腔。空中云水相春拟，起看霁色明鱼矼。"（《二知轩诗钞》卷十，清同治五年刻本）

陆蓥《问花楼诗话》："国朝谈诗者，风格遒上推岭南，采藻新丽推江左。言岭南者，翁山豪宕，药亭深稳，而清苍高浑，吐弃一切，则推元孝。洪稚存《论诗绝句》：药亭独漉许相参，吟苦时同佛一龛。尚得昔贤雄直气，岭南犹似胜江南。"（清同治十一年义经堂刻本）

李元度《陈元孝先生事略》（屈大均 梁佩兰 程可则）："岭南三家，首陈先生元孝，而屈翁山、梁药亭次之。元孝，名恭尹，顺德人。父邦彦，明季以阁部殉难，事具《明史》。时先生才十余岁，比长，遂隐居不仕，自号罗浮布衣。与李元仲、魏叔子、季子、彭躬庵诸君善，皆遗民也。工诗古文，兼精书法。未冠，赋《姑苏怀古》诸诗，倾动一时，名大起。其诗清迥拔俗，得唐贤三昧，古体间入选理，一时习尚无所染。著有《独漉堂集》。王渔洋、赵秋谷二公至岭南，于广州诗人尤推重先生。其后杭董甫来主讲席，题先生遗像，倾服尤甚。洪稚存论岭南三家，有句云：尚得古贤雄直气，岭南犹似胜江南。其推挹至矣。翁山，屈姓，名大均，番禺人。著有《翁山诗集》。子明洪，字甘泉。贡生，官教谕。亦以能诗闻。梁药亭，名佩兰，字芝五，南海人。童时日记数千言，通经史百家。年二十六，领顺治十四年乡试解额，诗名已播海内。康熙二十七年成进士，选庶吉士，同榜均以前辈事之。明年，即假归。周游名山，与海内诸

名宿相酬唱。渔洋、竹垞及潘次耕皆推重之。著有《六莹堂集》。"（《国朝先正事略》卷三十八，清同治刻本）

罗惇衍《集义轩咏史诗钞》卷六十："诗才子恭尹，字符孝，号独漉子。隐居不仕，与屈大均、梁佩兰称岭南三大家。"（清光绪元年刻本）

（光绪）《广州府志》卷一百三十："方殿元，字蒙章。顺治甲午举人……康熙甲辰成进士，授江宁知县。……著有《九谷集》。长洲沈德潜称其诗高华优爽，不在岭南三家下。又著《环书》，究天人窍奥，自成一子云。"（清光绪五年刊本）

（光绪）《广州府志》卷一百六十二："陈氏东皋草堂，鼎革后，亭池荒芜。康熙初，镶黄旗参领王之蛟取为别业，聘岭南诗人梁药亭、陈独漉暨僧一灵，所谓岭南三大家者，创东皋诗社，四方投简授诗者无虚日，实足抗手南园。"（清光绪五年刊本）

沈寿榕《玉笙楼诗录·续录》卷一："岭南名最梁（佩兰）陈（恭尹）著，问道援堂（屈大均）知渐希。江左钱（谦益）吴（伟业）写哀艳，襟度夷犹龚合肥（鼎孳）。"（清光绪九年刻增修本）

朱庭珍《筱园诗话》卷二："国初，江左三家，钱、吴、龚并称于世；岭南三家，屈、梁、陈亦齐名当代。然江左以牧斋为冠，梅村次之，芝麓非二家匹。岭南以元孝为冠，翁山、药亭均不及也。钱牧斋厌前后七子优孟衣冠之习，诋为伪体，奉韩、苏为标准，当时风尚，为之一变。其识诚高于前后七子，才力、学问亦似过之。……岭南三君：药亭七古、翁山五律、元孝七律，当代夸为三绝。"（清光绪十年刻本）

（光绪）《顺天府志》卷一百《人物志十》："王煐，字南区，号盘麓，康熙间贡生。……与朱彝尊、姜宸英、赵执信诸人，樽酒流连，扬扢风雅，一时有华省仙郎之目。及出守惠州，政简刑清，揽风问俗。又与其乡名宿屈大均、梁佩兰、陈恭尹游，诗境益进。（宝坻洪志）有《忆雪楼诗》二卷。"（清光绪十二年刻十五年重印本）

陈璞《刘云樵绿荫亭诗草序》："我大箍围茭塘之地，村落多依山滨海，洲渚萦互，田野开旷，幽逸之气常回薄而不散，故诗人文士往往出其间。前明则白塘下李青霞先生，与于南园后五子之列，板桥黎忠愍公以《黄牡丹诗》称状头。国初则新汀屈华夫先生居岭南三大家首。"（《尺冈

草堂遗集》卷一，清光绪十五年刻本）

邱炜菱《五百石洞天挥麈》卷一："余尝悲荆卿之志，读番禺屈翁山（名大均，国初逸民）《道援堂诗》，有《读荆轲传作七律五章》，不觉其有合也。……与屈翁山同时见称者，顺德陈元孝恭尹、南海梁药亭佩兰，是为粤东三大家。"（清光绪二十五年邱氏粤垣刻本）

邱炜菱《五百石洞天挥麈》卷三："国初，番禺王蒲衣隼选同时乡人梁佩兰、屈大均、陈恭尹诗为《岭南三大家》，当时可为远识。然于三家题名之外，里居、氏号、仕履、行谊，皆不一考，颇于后之论世知人者有憾，近年南海陈氏翻刻此集，亦并不为补载，则诚沿袭为疏矣。"（清光绪二十五年邱氏粤垣刻本）

戴名世《吴文炜传》："吴文炜，字山带，广东南海人。为人朴茂笃行，与人交有至性。于书无所不读，而亦能诗。善画，时时行吟道中，其有所得名章隽句，即为人诵之……广东有名士曰陈恭尹、屈大均，皆持高节，不妄交游，而独时时与文炜相过从不厌。"（《南山集》卷八《传》，清光绪二十六年刻本）

姚觐光《清代禁毁书目四种》不分卷："《岭南三家诗选》，查此诗系番禺王隼所选梁佩兰、屈大均、陈恭尹三人之诗。内屈大均、陈恭尹二家均应抽出销毁外，其梁佩兰一家尚无违碍，应请毋庸销毁。"（清光绪刻咫进斋丛书本）

谭宗浚《梦砚图后赋》："溯忠愍之遗孤，著诗名于南裔。大招奇谲之遗，小雅怨伤之志。惟家学之递承，迄乾嘉而勿替。追今则郑笏无传，晏榲孰继。芳敖之后长贫，栾伯之宗渐坠（陈忠愍公之子，为独漉先生，名恭尹，工诗，世称岭南三大家）。"（《希古堂集》乙集卷一，清光绪刻本）

徐鼒《小腆纪传》卷五十五列传第四十八："岭南诗人三大家，则大均与陈恭尹、梁佩兰也。"（清光绪金陵刻本）

吴仰贤《包丈子庄以陈元孝独漉堂集见赠赋谢》："岭外清才接踵生，罗浮仙子更心倾。代兴五杰难成祖（谓南园前后五先生也，明徐泰《诗谈》称为五杰），鼎足三家此是兄（岭南三家独漉与屈翁山、梁药亭也）。遗集何人珍箧衍，布衣当日傲公卿。烦君物色羊城遍，片玉贻来倍有情。"（《小匏庵诗存》卷六，清光绪刻本）

谭献《复堂日记》："阅岭南三家诗……陈氏精浑，师法在陈思、子美，亦以时地相发，汪端以陈为大家，亦是有见。屈、陈识力远大，药亭大都身世间语，宜老而策名上第也。"（清光绪刻本）

王士禛《渔洋诗话》："南海耆旧，屈大均翁山、梁佩兰药亭、陈恭尹元孝齐名，号三君。"（《明诗纪事·辛签》卷十一，清陈氏听诗斋刻本）

卓尔堪《明遗民诗》："（恭尹）自幼有异才，与梁佩兰、屈大均称岭南三大家。"（中华书局，1961）

朱彝尊《静志居诗话》："元孝……论其诗品，虽稍逊于翁山，然翁山只工五言，又不若元孝之诸体相称也。"（《明诗纪事·辛签》卷十一，清陈氏听诗斋刻本）

葛嗣浵《无名氏行书五律》三首："按……陈子升，字乔生，南海人，忠公子壮弟。诸生，以荐举官给事中。工诗书，又善鼓琴，能吴歈九宫十三调，曲尽其妙。明亡，不仕，与岭南三大家时相唱和焉。"（《庐书画补录续录别录·爱日吟庐书画别录》卷一，民国二年葛氏刻本）

葛嗣浵《清梁同书行楷尺牍册》："先生前偕陈仲兄枉过敝庐，弟适小恙，未及迎候，歉然。名人尺牍二册，许以价易，已叨见让，乃反损惠畀我，感倍锡朋矣。内岭南三家，尤不易得，已装入大册，余册内所重见及旧藏已备者，不复添入。"（《庐书画补录续录别录·爱日吟庐书画续录》卷六，民国二年葛氏刻本）

陈衍《石遗室诗话》："岭南诗人，初未大盛，张曲江后，其著者南园前后五子，屈、陈、梁三家而已。"（民国四年广益书局石印本）

平步青《陈黄》："国朝诗家林立，施、宋、王、朱、赵、查诸公，两大而未能独步，迄今犹聚讼焉。李西沤宫赞《邸邨诗稿》卷二，有二百年来诗人无出黄仲则之右者。顷得陈元孝诗读之，因题卷末一绝云：诗家要与古为新，胎息深时气味醇。后有两当前独溯，中间参立更何人。味先生句，似国朝只此二家，无参之者，潇雪大不平之。予谓元孝同时与屈翁山、梁药亭，称岭南三大家，而后人少之，欲以黎二樵易梁。仲则同时与张船山齐名，几如宋之坡、谷，而或以船山诗天才胜而人功浅，不及两当之深诣。北江谓船山剑气七分，珠光三分，仲则珠光七分，剑气三分，然则西沤以陈、黄为两大，岂一人之私言乎！"（《霞外捃屑》卷八《眠云舸

酿说上诗话》民国六年刻香雪庵丛书本)

赵尔巽《清史稿》列传二百七十一:"王隼取恭尹诗,合屈大均、梁佩兰共刻之,为《岭南三家集》。"(民国十七年清史馆本)

谢国桢《明清之际党社运动考》:"恭尹少有文名……世以其诗与梁佩兰、屈大均并称岭南三大家。"(民国二十三年商务印书馆本)

王礼培《小招隐馆谈艺录初编》卷三:"清代之诗,作者众矣,莫盛于康熙一朝,太半明之遗逸也。诗派有二:铺叙平帖,不事富美,源出中唐,为一派;韵调秀发,意求新颖,源出晚唐,为一派。雍乾以后之作,已由平而入于庸,由帖而入于沓,每下愈况,无可拟数矣……两派风起云涌。时则有若娄东十子,黄忍庵为之冠;岭南三家,陈元孝为之冠;江左三家,钱牧斋为之冠。"(民国本)

《李侍尧德保奏据缴屈大均诗文折》(军机处档):"旋据南海、番禺二县查出逆犯屈大均族人屈稹滇等收藏该犯原著《文外》书籍,又据番禺县童生沈士成缴出屈大均《诗外》一种及书铺潘明等缴出《广东新语》并岭南三家合刻诗集版片二分连刷成书十部。臣等查潘明等俱系书贾,罔识忌讳,现与童生沈士成既经自行缴出,似应钦遵恩旨宽免治罪,而屈稹滇等为逆犯屈大均同族,胆敢将久经饬营销毁之书私自收藏,实为不法,现在按律定拟另折具奏。惟查三家合刻内梁佩兰、陈恭尹诗文语多悖逆,实属不应留存,臣等恐其别有专集为伊子孙收藏,已密委妥员前往各家详细搜查,并无存留,但合刻之诗省城坊间既有刷卖,则绅士之家保无买阅,现经通饬各属查收,谨将《诗外》二十三本,《广东新语》一部,三家合刻一部,粘签封固进呈,余存书籍版片俟各属续有缴出一并烧毁。"(《清代文字狱档》不分卷,民国本)

《屈大均诗文及雨花台衣冠冢案》:"傅泰奏屈明洪缴印投监折……查岭南向有三大家名号:一名屈大均,号翁山,一名陈恭尹,号元孝,一名梁佩兰,号药亭。俱有著作诗文,流播已久;第以粤抚任内,事务冗繁,臣办理不暇,故未觅其书集看阅。及臣近敬看《大义觉迷录》,内有曾静之徒张熙供开,亦有《屈温山集》,议论与逆书相合等语。臣思屈温山与屈翁山,字虽有别,其音相似,随即购觅,书坊竟有《屈翁山文外》、《诗外》、《文钞》及陈元孝、梁药亭诗集等书。查梁药亭诗文,词无悖谬。而翁山、元孝书，文中多有悖逆之词，隐藏抑郁不平之气。又将前朝称呼之处，俱空抬一字，惟屈翁山为最，陈元孝间亦有之。臣观览之际，不胜骇愕发指。……查屈温山、陈元孝死故至今约有三十余年，虽幸逃法网，现有惠来县学教谕屈明洪，系屈翁山之子。臣正密与布政使王士俊商酌拘审之法，适值屈明洪于十月十六日到省，前往布政司缴印，又往广州府投监。据供：伊父屈翁山向犯滔天大罪，著作悖逆之诃，止因父死时年幼无知，存留诗文及刊板在家，未曾察阅。"（《清代文字狱档》不分卷，民国本）

徐世昌《晚晴簃诗汇》卷六十一："邓廷喆，字蓼伊，东莞人。举人，官内阁中书。有《蓼园诗草》。《诗话》：蓼伊诗和平闲雅，恪守岭南三家轨范。康熙五十八年，充册封安南正使，刻集携行，以充羔雁，想见当时皇华奉使，文采风流，为承平盛事也。"（民国退耕堂刻本）

徐世昌《晚晴簃诗汇》卷一百四十五："林昌彝，字惠常，号芋溪，侯官人。道光甲辰进士。有《衣讔山房诗集》。《诗话》：芋溪研精经术，著有《三礼通释》及《小石渠阁经说》。从来治经之士兼长诗笔，代不数人，陈恭甫乃称芋溪之诗直合亭林、竹垞为一手，未免阿好。芋溪《论诗绝句》一百五首，于岭南三家欲祧药亭而配以二樵，又进蒋苕生退赵瓯北，皆具有别裁。"（民国退耕堂刻本）

杨钟羲《雪桥诗话》卷一："竹垞亦云：翁山只工五言，不若独漉诸体称也。赵秋谷谓：岭南四大家，余识其三，元孝与梁佩兰、王隼也。二子之视元孝，犹宋牧仲之并阮翁耳。"（民国吴兴刘氏求恕斋丛书本）

杨钟羲《雪桥诗话·雪桥诗话余集》卷六："陈忠烈邦彦，所居在顺德锦岩山下，自号岩野。其《雪声堂遗砚砚谱》，所谓蕉叶白而错以青华冰纹砚，下署'佩兰'二字。佩兰者，梁药亭，与公子恭尹及屈翁山称岭南三家者也。"（民国吴兴刘氏求恕斋丛书本）

邓之诚《清诗纪事初编》卷二："尝谓岭南滨海之人，狎波涛，轻生死，嗜忠义若性命。其间未尝无软美趋利之徒。若恭尹与屈大均庶乎不磨者已。恭尹少大均一岁，后四年而亡。两人幼同学，大均走浙东，走塞外，晚参孙延龄军，行径若与恭尹不相谋，而所志则一。恭尹诗所谓'中间一杯酒，各有万里行'是也。恭尹自评其诗，谓与大均及梁佩兰为能发撷性灵，自开面目。又谓大均江河之水，佩兰瀑布之水，己则幽涧之水。

盖寓其不肯平也。实则屈、陈皆擅近体。屈以五言胜,陈工于七字,未易轩轾。梁则蒲伏明珠、徐乾学之门,人品诗格,胥有间矣。其文长于论议,短于记叙,盖未致力于史。"〔邓之诚:《清诗纪事初编》(上),上海古籍出版社,1965,第302页〕

吴梅《吴梅全集》:"岭南三家诗,首推陈元孝,而屈翁山、梁药亭次之。"〔吴梅:《吴梅全集·理论卷》(下),河北教育出版社,2002,第1487页〕

屈凤竹《屈翁山遗闻》:"岭南三家,当时聚于省城,言诗者宗之,久已称为三家。王氏《诗选》,一本诸当时公意。"(董上德:《屈大均》,广东人民出版社,2008,第92页)

江逢辰《湖上杂诗十首》之三:"湖上金吾叶氏园,锦衣曾对月开樽。而今无复知园处,零落龙塘旧子孙。(自注:黄塘旧有叶犹龙锦衣园,即陈独漉(恭尹)、屈华夫(大均)诧酒悲歌弹明庄烈帝御琴处也。)"(陈训廷主编《惠州诗词选编》,广东人民出版社,2016,第174页)

作者通信地址:罗志欢,广州市黄埔大道西601号暨南大学图书馆古籍部,邮编:510623,邮箱:474894131@qq.com;廖粤,广州市黄埔大道西601号暨南大学文学院中国文化史籍研究所,邮编:510623,邮箱:1275736048@qq.com

责任编辑:蒋方

"岭南三大家"研究论著索引
（1936～2018）

廖 粤* 罗志欢**

暨南大学文学院，暨南大学图书馆，
广东广州，510632

摘 要： "岭南三大家"研究论著索引以清初广东屈大均、陈恭尹、梁佩兰三人为索引对象，收录学术界关于"岭南三大家"研究的相关论文和著作。索引分为合论、分论，分论下又分屈大均、陈恭尹、梁佩兰三类。"合论"收录"岭南三大家"中两人或三人合并论述的研究成果。"分论"以屈大均、陈恭尹、梁佩兰为主体，分别收录有关三大家的研究成果。本索引旨在较全面地总结和检阅"岭南三大家"的研究成果，为研究者提供参考资料和文献线索。

关键词： 岭南三大家；屈大均；陈恭尹；梁佩兰；目录索引

前 言

自"岭南三大家"这一合称出现以来，学术界对"岭南三大家"的研究成果日益增多，但目前学术界对"岭南三大家"的研究资料尚无系统的整

---

* 廖粤（1994～），男，汉族，广东湛江人，暨南大学文学院中国文化史籍研究所，硕士研究生。

** 罗志欢（1961～），男，汉族，广东新丰人，暨南大学图书馆古籍部主任，研究馆员，硕士生导师。

理成果，虽然出现了《清初岭南三大家》《岭南三大家研究》等论文集，但总体而言，研究资料尚处于分散状态，未形成系统，在一定程度上给学者查阅和搜集"岭南三大家"的资料造成困难。为此，特编制《"岭南三大家"研究论著索引（1936～2018）》，以期有助于学者较全面地考察这个研究领域的历史和现状，为研究者查阅和检索资料提供一个较为完善的资料目录体系。

经初步统计和分析，有关三家研究的论文和专著算不上丰富，但条目字数竟多达万言。从数量上看，三家合论的有 20 篇，分论的有 290 余篇。其中论屈大均有 230 余篇，论陈恭尹有 40 余篇，论梁佩兰有 20 余篇。这组数字反映出人们对三家研究的关注度不同，同时反映出三家的成就和影响的差异性。从内容上看，主要有生平传记、诗词风格评价、三家诗歌比较研究等方面。从地域上看，广东学者王富鹏教授著述丰富，是为数不多的专注于三家研究的学者之一。从时间上看，学界对"岭南三大家"的关注主要集中于 20 世纪 80 年代以后，但武圻、朱倓等学者的相关研究和关注则比较早，他们在 20 世纪三四十年代就有研究成果发表。

本索引为"岭南三大家研究资料集"中的一部分，所收资料均为大陆、港澳台地区及海外地区公开发表或出版之论著。本索引的"合论"部分收录"岭南三大家"中两人或三人合并论述的研究成果。"分论"部分以屈大均、陈恭尹、梁佩兰为主体，分别收录有关三大家的研究成果。其中"分论"部分以屈大均、陈恭尹、梁佩兰分类。同一类以论文和专著发表或出版时间先后为序，同一年的资料，以先论文后著作的顺序排列。凡同一篇论著因出版者、出版时间、出版地或刊物不同，仍予收录，以备多条文献线索。因时间仓促，本索引尚有错讹遗漏之处，有待补充和完善。由于图书中的相关章节和收入文集中的论文数量过于庞大，拟另文整理，本文暂不收录，兹将报刊论文和部分专著目录先行整理成文，借《广州大典研究》一角予以发表，以飨读者。

一 合论

1976 年

1. 汪宗衍. 明清之际广东书画家. 香港中文大学中国文化研究所学

报：第 8 卷第 2 期，1976：458 - 467.

1980 年

2. 刘斯奋，周锡䪖选注．岭南三家诗选．广州：广东人民出版社，1980.

1983 年

3. 刘峻．试论"岭南三大家"诗．岭南文史，1983（2）：81 - 90.

1987 年

4. 黄海章．明末广东抗清诗人评传：第 1 版．广州：广东人民出版社，1987.

1989 年

5. 宁祥．陈恭尹：与屈大均、梁佩兰齐名的诗人．佛山大学佛山师专学报：社会科学版，1989（3）：41 - 47.

1997 年

6. 邝文．略论"岭南三大家"的雄直诗风．广州师院学报：社会科学版，1997（5）：120 - 124.

2000 年

7. 王隼．岭南三家诗选：二十四卷．北京：北京出版社，2000.

2006 年

8. 端木桥．清初岭南三大家．广州：广东人民出版社，2006.

2007 年

9. 何天杰．岭南三家与清初诗坛格局之新变．学术研究，2007（4）：150 - 154.

2008 年

10. 范松义．论清初"岭南三家"词——兼论"岭南词派"．韶关学院学报，2008（1）：37 - 40.

11. 王富鹏．岭南三大家合称之始及序第．广州大学学报：社会科学版，2008（2）：16 - 22.

12. 王富鹏．岭南三大家研究．北京：人民文学出版社，2008.

2009 年

13. 璩龙林．以同情理解之笔传岭南三家风神——评王富鹏著《岭南三大家研究》. 韶关学院学报，2009（7）：170－172.

2010 年

14. 王煜. 王富鹏《岭南三大家研究》评议. 佛山科学技术学院学报：社会科学版，2010（5）：55－59.

15. 董就雄. 叶燮与岭南三家诗论比较研究. 北京：中华书局，2010.

2012 年

16. 张承天. 岭南三大家诗歌研究. 金华：浙江师范大学，2012.

2013 年

17. 李艳. 论清初"岭南三大家"词中的地域特色. 青年文学家，2013（10）：12.

2016 年

18. 王富鹏. 沈用济选刻《岭南三大家诗选》考述. 文献，2016（5）：61－67.

2017 年

19. 蒋艳萍. 空间建构与地方认同——清初岭南三大家罗浮山书写研究. 暨南学报：哲学社会科学版，2017（12）：65－72＋127－128.

2018 年

20. 李婵娟.《岭南三大家诗选》的编纂旨趣与诗学价值. 岭南文史，2018（3）：21－27.

二　分论

（一）屈大均

1936 年

1. 武圻. 岭南诗人屈翁山. 南风，1936（5－6）：12－21.

1939 年

2. 黄庆云. 民族诗人屈翁山之生平. 大风（香港），1939（58）：1763－1765.

1940 年

3. 黄庆云．屈翁山之诗．大风（香港），1940（61）：1871－1874.

1941 年

4. 朱偰．民族诗人屈大均（续完）．广西教育研究，1941（2）：49－54.

1942 年

5. 朱希祖．屈大均（翁山）著述考．文史杂志，1942（7－8）：15－30.

1948 年

6. 叶恭绰．屈翁山《四朝成仁录》编校经过．永安月刊，1948（104）：13.

1957 年

7. 汪籽庵．十三行与屈大均广州竹枝词．历史研究，1957（6）：22.

1959 年

8. 黄海章．明末爱国诗人屈大均．中山大学学报：社会科学，1959（3）：31－38.

1967 年

9. 柳作梅．屈大均《广东新语》的历史背景．书目季刊：第 2 卷第 1 期，1967：61－66.

1970 年

10. 曹思健．屈大均澳门诗考释．珠海学报：第 3 卷，1970：149－161.

11. 汪宗衍．屈翁山先生年谱．日本：东方学报抽印本，1970.

1974 年

12. 李象元．屈大均《广东新语》鱼类考释．珠海学报，1974（7）：111－182.

13. 林光灏．屈大均及其文字狱．艺文志：第 101 期，1974：26－29.

14. 陈香．闽粤两诗雄（郑所南与屈大均）．艺文志：第 104 期，1974：51－54.

15. 韩穗轩．屈大均词简介．古今谈：第 110 期，1974：14.

1976 年

16. 柳作梅．屈大均《广东新语》的历史背景．广东文献：第 5 卷第 4 期，1976：16－21.

1978 年

17. 祝秀侠. 略述屈翁山及其著述. 广东文献：第 8 卷第 4 期，1978：52 - 53.

1979 年

18. 黄轶球. 试论屈翁山及其创作. 暨南学报：哲学社会科学版，1979（00）：83 - 96.

19. 蒋星煜. 孔尚任《桃花扇》与刘雨峰、佟蔗村、屈翁山诸人之关系——读《又来馆诗集》、《兼隐斋诗集》、《沓渚诗》. 齐鲁学刊，1979（4）：54 - 58 + 66.

20. 罗子英.《屈翁山骚屑词》读后记. 广东文献：第 9 卷第 3 期，1979：9 - 11.

1980 年

21. 涂宗涛. 屈翁山生日考. 学术研究，1980（2）：64 - 65.

1981 年

22. 林亚杰. 诗人屈大均与《广东新语》. 黄金时代，1981（11）：19 - 20.

1982 年

23. 关照祺. 读屈翁山骚屑词. 广东文献：第 12 卷第 3 期，1982：50 - 53.

1983 年

24. 棠生. 屈大均与顾炎武. 岭南文史，1983（1）：50.

25. 朱梦星，朱育友. 屈大均《广东新语》中的山水. 旅伴，1983（14）：18 - 19.

1984 年

26. 李育中. 诗人和志士屈大均. 广州研究，1984（2）：70 - 73.

27. 刘孝严. 屈大均《早发大同作》诗中的"白河"和"三关". 东北师大学报，1984（2）：115 - 116.

28. 李涵. 屈大均与乡邦文化. 岭南文史，1984（2）：140 - 142.

29. 赵永纪. 屈大均诗学渊源辨. 阜阳师范学院学报：社会科学版，1984（3）：114 - 121.

30. 若贻. 屈翁山歌烈女. 春秋，第 653 期，1984：8.

31. 关照祺. 一部粤人应读之宝典：屈大均《广东新语》之简介. 广

东文献：第 14 卷第 1 期，1984：30 - 34.

32. 陈香．闽粤两诗雄：郑思肖、屈大均．东方杂志：第 17 卷第 7 期，1984：74 - 77.

1985 年

33. 来新夏．屈大均与《广东新语》．学术研究，1985（1）：89 - 91.

34. 赵永纪．屈大均的诗论和诗．淮北煤师院学报：社会科学版，1985（1）：121.

35. 倪列怀．屈大均的爱国诗篇与《雨花台衣冠冢案》．岭南文史，1985（2）：68 - 78.

36. 欧初，王贵忱．编校《屈大均全集》述略．古籍整理出版情况简报，1985（136）：11 - 13.

1986 年

37. 梁志成．论屈大均．汉中师院学报：哲学社会科学版，1986（2）：80 - 90.

38. 黄文宽．屈翁山的哲学思想初探．岭南文史，1986（2）：2 - 5.

39. 林云．广东举行纪念屈大均逝世二百九十周年学术讨论会．广东社会科学，1986（3）：72.

40. 周锡鞡．剑胆诗肠国士魂——以天下为己任的"诗侠"屈翁山．广东社会科学，1986（3）：88 - 92.

41. 司徒彤，何振邦，屈九．爱国家爱民族爱人民——屈大均思想初探．广东社会科学，1986（3）：93 - 96.

42. 林伦伦．屈大均笔下的赛龙夺锦．广州研究，1986（4）：51.

43. 王英志．屈大均咏物诗"善于比兴"说与《白菊》——中国古代诗说与诗例举隅之一．广州师院学报：社会科学版，1986（4）：24.

44. 叶仲雅．纪念屈翁山逝世二百九十周年．穗郊侨讯，1986（4）：39.

45. 肖文苑．论屈翁山诗的岭南风情．吉林大学社会科学学报，1986（6）：89 - 93.

46. 欧初．《屈大均全集》序．广州研究，1986（8）：49 - 52.

47. 朱则杰．一首充满民歌风味的情诗——读屈大均《雷阳曲》．语文月刊，1986（10）：9 - 10.

1987 年

48. 吴建新．从屈翁山农事诗看明清之际广东农业生产情况．岭南文史，1987（1）：59－68.

49. 林梓宗．屈大均和《皇明四朝成仁录》．图书馆园地，1987（1）：42.

50. 杨宝霖．屈翁山诗文中的"梁子"考．广东史志，1987（4）：57－62.

1988 年

51. 朱则杰．论清初浪漫主义诗人屈大均．汕头大学学报，1988（4）：38－44.

52. 涂宗涛．屈大均字翁山别解．天津社会科学，1988（6）：85－88.

1989 年

53. 严志雄．屈翁山咏史诗之探索：屈氏咏史诗之春秋大义与用世思想．香港：香港中文大学，1989.

1990 年

54. 严志雄．屈翁山《翁山诗外》版本考略．台湾图书馆馆刊：第 23 卷第 2 期，1990：197－212.

1992 年

55. 李华．屈大均和他的《广东新语》．清史研究，1992（1）：28－38.

56. 侯月祥．清代屈大均文字狱案始末．广东史志，1992（1）：73－75.

57. 严志雄．屈翁山《咏史》诗试解．大陆杂志：第 84 卷第 1 期，1992：5－13.

1994 年

58. 司徒尚纪．中国地理学史上被湮没了的屈大均其人其书．热带地理，1994（1）：90－96.

59. 寒冬虹．悲凉慷慨情景交融——读屈大均《念奴娇·秣陵吊古》．文史知识，1994（1）：36－38.

60. 寒冬虹．屈大均与《广东新语》．文献，1994（3）：246－253.

61. 毛远明．言寄山林情牵忧患——读屈大均《摄山秋夕作》诗．语文月刊，1994（7）：17－18.

1995 年

62. 覃召文. 寻根的心迹——论屈大均. 文学遗产，1995（6）：88 - 94.

63. 张静尹. 屈翁山社会诗初探. 大仁学报：第 13 期，1995：115 - 130.

64. 〔日〕清水茂. 屈大均の词. 日本：中国文学报，1995（50）：108 - 117.

65. 曾汉棠. 屈大均之生平与思想. 香港：香港大学出版社，1995.

1996 年

66. 林举英. 屈大均杂体诗初探. 深圳大学学报：人文社会科学版，1996（2）：30 - 36.

67. 欧初，王贵忱.《屈大均全集》前言. 广州师院学报：社会科学版，1996（2）：4 - 13.

68. 覃召文. 寻根的心迹（论屈大均）. 中国古代、近代文学研究，1996（3）：242 - 320.

69. 杨皑. 肇庆星湖玉屏山上的屈大均手书石刻. 岭南文史，1996（3）：35.

70. 杨皑. 屈大均在广州生活和工作的遗址. 岭南文史，1996（3）：43.

71. 杨皑. 研究岭南文化的英杰——纪念屈大均逝世 300 周年. 广东史志，1996（3）：63 - 70.

72. 冼剑民，关汉华. 试论屈大均对岭南文化的杰出贡献. 暨南学报：哲学社会科学，1996（4）：94 - 103.

73. 赵福坛. 略论屈大均及其诗的源流风格. 广州师院学报：社会科学版，1996（4）：16 - 20.

74. 廖辅叔. 刘三姐与屈大均. 中央音乐学院学报，1996（4）：46 - 47.

75. 王英志. 论屈大均的山水诗. 文学遗产，1996（6）：78 - 86.

76. 邝文. 胸怀开阔诗风沉雄——读岭南诗人屈大均两首诗. 语文月刊，1996（11）：9 - 10.

77. 袁钟仁. "未出梅关人已香"——记爱国诗人、学者屈大均. 文史知识，1996（11）：78 - 83.

78. 纪念屈大均逝世 300 周年作品选登. 番禺侨讯，1996（26）：39.

79. 番禺炎黄文化研究会筹备组编. 纪念屈大均文选. 番禺炎黄文化

研究会筹备组，1996.

80. 屈大均的思想在岭南文化中的地位．国际学术研讨会论文提要汇编．广东炎黄文化研究会，1996.

81. 欧初，王贵忱主编．屈大均全集．北京：人民文学出版社，1996.

1997 年

82. 同文．屈大均国际学术研讨会综述．学术研究，1997（1）：77.

83. 同文．屈大均国际学术研讨会综述．广东社会科学，1997（1）：147－148.

84. 毛庆耆．屈大均文艺思想的内容．岭南文史，1997（1）：30－34.

85. 赵福坛．《屈大均全集》整理出版及《翁山诗外》校点小记．广州师院学报：社会科学版，1997（1）：25－28.

86. 彭世奖．论屈大均在广东农业文化史上的贡献．中国科技史料，1997（1）：29－37.

87. 关汉华，冼剑民．屈大均及其史学．暨南学报：哲学社会科学，1997（2）：65－73.

88. 曾昭璇，曾宪珊．中国清初杰出地理学者屈大均——论《广东新语》对自然地理学的贡献．中国历史地理论丛，1997（3）：117－148.

89. 王英志．论屈大均的山水诗．中国古代、近代文学研究，1997（3）：207－223.

90. 欧安年．对屈大均咏澳门诸诗之探讨．羊城今古，1997（3）：46－49.

91. 应向东．寻根，向"中原"深处：从屈大均看岭南文化的源流．语文辅导，1997（3）：10－19.

92. 汪松涛．屈大均与广东地方文献．岭南文史，1997（4）：4－8.

93. 李默．读屈大均《广东新语》．广东社会科学，1997（5）：83－89.

94. 赖达观．屈大均与佛山文化．佛山大学学报，1997（5）：82－86.

95. 何天杰．屈大均的儒学情结．学术研究，1997（8）：72－76.

96. 邝文．写江山奇美寄亡国感慨：品读屈大均《罗浮放歌》诗．语文月刊，1997（11）：8－9.

97. 邱树森．屈大均论广东南宋遗民．文化杂志：第32期，1997：78－84.

98. 汤开建．屈大均与澳门．文化杂志：第32期，1997：67－77.

99. 毛庆耆. 屈大均《三外》风骨述评. 文化杂志. 32 期. 1997：85 - 92.

100. 岭峤春秋——岭南文化论集（四）. 屈大均思想在岭南文化中的地位国际学术研讨会. 广州：广东人民出版社，1997.

1998 年

101. 钟贤培. 民族的爱国的情结：读屈大均诗札记. 语文月刊，1998（1）：12 - 14.

102. 曾汉棠.《明季南都殉难记·屈大均先生传》辨正. 文献，1998（2）：257 - 261.

103. 陈表义. 元代岭南文化为何衰敝？——读屈大均《广东新语》. 广西大学学报：哲学社会科学版，1998（3）：64 - 66.

104. 杨子怡. 屈大均诗歌的文化精神与美学品格. 汕头大学学报，1998（4）：33 - 41 + 51.

105. 杨皑. 屈大均笔下称"最"的几则记事——读《广东新语》札记. 广东史志，1998（4）：38 - 40.

106. 胡雪莲. 屈大均《广东新语》中的经世致用思想. 中山大学研究生学刊：社会科学版，1998（4）：57 - 62.

1999 年

107. 罗志欢. 屈大均整理广东古代文献的业绩和成就. 文献，1999（4）：106 - 117.

108. 冯六顺. 汤显祖、屈大均、闻一多走笔写澳门. 炎黄纵横，1999（5）：34 - 36.

2000 年

109. 钟叔河. 屈大均志博物. 出版广角，2000（6）：62.

110.〔日〕清水茂. 屈大均词的押韵. 日本：中文学刊：第 2 期，2000：165 - 171.

111. 屈大均著，陈永正主编. 屈大均诗词编年笺校. 广州：中山大学出版社，2000.

112. 朱希祖. 屈大均传. 香港，2000.

2001 年

113. 李君明. 岭南大家——屈大均. 蒙自师范高等专科学校学报，

2001（3）：61 - 60.

114. 李建华. 多面人生——屈大均气节浅析. 广州大学学报：综合版，2001（12）：54 - 58.

2002 年

115. 李建华. 多面人生——屈大均人格内涵. 岭南文史，2002（1）：25 - 30.

116. 卜庆安. 论屈大均"逃禅". 海南师范学院学报：人文社会科学版，2002（2）：130 - 133.

117. 杨皑. 从屈大均的诗文看他与两广总督吴兴祚的关系. 广东史志，2002（4）：35 - 38.

118. 严志雄. 体物、记忆与遗民情境——屈大均一六五九年咏梅诗探究. 中国文哲研究集刊：第 21 期，2002：43 - 87.

2003 年

119. 潘承玉. 屈大均之友石濂：一位值得关注的清初岭南诗僧. 绍兴文理学院学报：哲学社会科学版，2003（1）：56 - 62.

120. 卜庆安. 屈大均诗歌意象研究. 济南：山东师范大学，2003.

121. 孙立. 屈大均的逃禅与明遗民的思想困境. 中山大学学报：社会科学版，2003（5）：27 - 33 + 122 - 123.

2004 年

122. 章玳. 论屈大均的金陵诗. 江苏广播电视大学学报，2004（2）：32 - 35.

123. 赵立人. 明代至清初的十三行与十字门海上贸易——以屈大均 1662 年澳门之行为中心. 海交史研究，2004（2）：77 - 82.

124. 魏传强. "不才多祖离骚辞"——由意象的运用看屈大均诗受屈原的影响. 山东行政学院山东省经济管理干部学院学报，2004（3）：145 - 147.

125. 袁美丽. 僧服儒心，以儒为本——记王朝鼎革与学术转型中的屈大均. 徐州教育学院学报，2004（4）：62 - 66.

126. 叶春平. 物去人非倍感伤痛：浅评屈大均的《秣陵》. 语文月刊，2004（9）：12 - 13.

127. 章玳. 屈大均人格及其诗歌创作. 南京：南京师范大学，2004.

128. 何淑苹. 民国以来屈大均研究论著目录. 书目季刊：第 38 卷第 3 期，2004：123－151.

129. 董就雄. 屈大均诗学研究. 香港：香港浸会大学，2004.

2005 年

130. 杨皑. 关于《广东新语》中两篇非屈大均写的文章. 华南师范大学学报：社会科学版，2005（2）：96－99＋111－159.

131. 章玭，杨丽. 论屈大均的咏物诗. 玉林师范学院学报，2005（4）：63－67.

132. 蒋祖缘. 屈大均《广东新语》中爱国爱民的政治观与农业经济观. 广东史志·视窗，2005（4）：56－61.

133. 章玭. 论屈大均的妇女诗. 沙洋师范高等专科学校学报，2005（6）：51－54.

134. 李宗桂. 中国文化名人与澳门（1）（2）——汤显祖、吴渔山、屈大均合论. 鹅湖：第 30 卷第 10－11 期，2005：50－55/32－37.

135. 陈惠美. 东海馆藏屈大均《翁山文外》板本述略. 东海大学图书馆馆讯：第 50 期，2005：35－51.

136. 赵立人. 屈大均与澳门. 文化杂志：第 54 期，2005：103－110.

137. 董就雄. 李白对屈大均诗论及诗风的影响. 中国李白研究会、新疆师范大学、伊犁师范学院. 中国李白研究（2005 年集）——中国李白研究会第十一次学术研讨会论文集. 中国李白研究会、新疆师范大学、伊犁师范学院，2005：19.

2006 年

138. 董就雄. 杜甫对屈大均诗论的影响. 杜甫研究学刊，2006（2）：10－26.

139. 何天杰. 清初爱国诗人和学者：屈大均. 广州：广东人民出版社，2006.

140. 邬庆时. 屈大均年谱. 广州：广东人民出版社，2006.

2007 年

141. 刘平波. 国内近 20 年来屈大均研究综述. 株洲师范高等专科学校学报，2007（1）：115－118.

142. 王富鹏．论屈大均的散文创作．韩山师范学院学报，2007（1）：10－15.

143. 章玳．屈大均诗歌的审美特征及文化观照．江苏工业学院学报：社会科学版，2007（1）：78－81.

144. 卜庆安．屈大均诗歌意象类型探析．江西师范大学学报：哲学社会科学版，2007（2）：68－72.

145. 关汉华．读屈大均《广东新语·贪吏》篇札记．广东社会科学，2007（2）：158－159.

146. 谢莺兴．馆藏屈大均《翁山文钞》板本述略．东海大学图书馆馆讯，第71－72期，2007：29－51/19－39.

147. 岳林海．论屈大均遗民心态之变对其词作的影响．重庆：西南大学，2007.

148. 贺艳芸．不朽的歌吟——屈大均诗歌研究．苏州：苏州大学，2007.

2008 年

149. 谢权治．屈大均咏荔枝．番禺侨讯，2008（2）：50.

150. 卜庆安．屈大均诗歌意象之审美．求索，2008（3）：188－190.

151. 张慧燕．屈大均边塞诗诗风浅论．现代语文：学术综合版，2008（5）：34－36.

152. 卜庆安．屈大均诗歌意象之生命意识探析．名作欣赏，2008（10）：30－32.

153. 董就雄．论屈大均对明代主要诗论之继承与修正．新亚学报：第26卷，2008：259－309.

154. 董上德．屈大均．广州：广东人民出版社，2008.

2009 年

155. 王富鹏．屈大均佚著《罗浮书》的发现与辨析．文献，2009（1）：186－189.

156. 肖文评．"客家"称谓之始与永安社会——以屈大均《永安县次志》为中心．客家研究辑刊，2009（1）：64.

157. 陈冬．屈大均词的屈骚之风．辽东学院学报：社会科学版，2009

（4）：85－90.

158. 刘雪河. 屈大均研究中的两个问题. 河南科技大学学报：社会科学版，2009（4）：16－19.

159. 杨权. 论屈大均与佛门的关系. 深圳大学学报：人文社会科学版，2009（4）：117－122.

160. 佟博. 从《曝书亭集》中屈大均作品的删改看其遭禁原委. 古典文学知识，2009（6）：85－90.

161. 张立新. 屈大均《广东新语》与所记粤地民族史料. 沧桑，2009（6）：249－250.

162. 卜庆安. 从意象看屈大均诗歌之爱国情结. 山东文学，2009（S2）：41－43.

163. 卜庆安. 屈大均诗歌意象及其风格探析. 山东文学，2009（S4）：46－48.

164. 何淑苹. 《屈大均诗词编年笺校》补正. 东方人文学志：第 8 卷第 3 期，2009：211－224.

165. 陈致. 《屈大均诗学研究》序. 中国文哲研究通讯：第 19 卷第 2 期，2009：25－33.

166. 董就雄. 屈大均诗论与清初几家主要诗论之比较. 东方文化：第 42 卷第 1－2 期，2009：169－201.

167. 何淑苹. 台湾图书馆藏抄本《翁山易外》考辨. 书目季刊：第 44 卷第 3 期，2010：65－81.

168. 刘威志. 屈大均的华姜情缘与自我建构. 台湾"清华大学"中文学报：明清诗文特辑，2009：131－159.

169. 董就雄. 屈大均诗学研究. 北京：学苑出版社，2009.

170. 何淑苹. 屈大均《翁山易外》研究. 台北：花木兰文化出版社，2009.

2010 年

171. 宋健. 论道盛弟子对《三子会宗论》的再阐释——以方以智、钱澄之、屈大均为中心. 南京师大学报：社会科学版，2010（1）：115－119＋154.

172. 王德军. 屈大均"逃禅"与明清之际岭南政治生态的变动. 湖北

师范学院学报：哲学社会科学版，2010（2）：81－84.

173. 吴超．屈大均、潘耒与石濂交往关系考论．东方论坛，2010（3）：100－105.

174. 张星．屈大均《广东新语》中医药内容探析．中医文献杂志，2010（3）：4－8.

175. 卜庆安．屈大均研究．扬州：扬州大学，2010.

176. 陈冬．论屈大均词对楚骚传统的继承及风格衍变．重庆：西南大学，2010.

177. 李志国．屈大均岭南风物诗漫议．大家，2010（22）：8－9.

178. 黄节．屈翁山先生年谱：一卷．广州：广东人民出版社，2010.

2011 年

179. 陆勇强．屈大均集外诗文考述．暨南学报：哲学社会科学版，2011（2）：102－106＋189.

180. 王美怡．旧墨记之五屈大均．开放时代，2011（5）：1＋161.

181. 杨权．屈大均之名本为法名．中山大学学报：社会科学版，2011（5）：64－70.

182. 肖文评．"客家"称谓之始与永安社会——以清初屈大均《永安县次志》为中心．嘉应学院学报，2011（7）：15－21.

183. 王艳．屈大均《皇明四朝成仁录》校读举异．南京：南京师范大学，2011.

184. 塔娜．屈大均文学思想及其传播过程——清代文学传播个案研究．天津：南开大学，2011.

185. 徐晓鸿．屈大均诗歌与西洋事物（一）（二）．天风，2011（8－9）：28－31/29－31.

186. 卢俊方．屈大均《广东新语》中"洋"群词汇之探讨．台北教育大学语文学刊：第 20 期，2011：229－261.

187. 张静尹著，龚鹏程主编．古典诗歌研究汇刊第 9 辑第 20 册屈翁山忠爱诗研究．台北：花木兰文化出版社，2011.

2012 年

188. 卜庆安．屈大均散文内涵探析．常州大学学报：社会科学版，

2012（2）：75 – 79.

189. 卜庆安. 屈大均散文艺术特征论析. 淮北师范大学学报：哲学社会科学版，2012（3）：40 – 44.

190. 杨皑. 屈大均所描述的棉木枪与龙门健儿考. 广东史志，2012（3）：67 – 68.

191. 万攀. 说屈大均的"善变". 湘南学院学报，2012（3）：48 – 52.

192. 何淑苹. 屈大均研究论著目录续编（2004～2011）. 书目季刊：第 46 卷第 1 期，2012：109 – 131.

2013 年

193. 董菊. 遗民生涯原是梦——佛教对屈大均词的影响. 陕西教育学院学报，2013（1）：30 – 33.

194. 杨毅鸿. 学人之诗——浅谈屈大均诗歌的学问因素. 珠江论丛，2013（2）：20 – 24.

195. 刘利侠. 屈翁山梅菊诗探幽. 名作欣赏，2013（2）：115 – 119.

196. 王瑾. "半生游侠误，一代逸民真"——论屈大均的边塞诗. 濮阳职业技术学院学报，2013（5）：96 – 99.

197. 刘正刚. 屈大均的女性观：基于其家庭生活考察. 广东社会科学，2013（6）：116 – 126.

198. 董菊. 浅析屈大均词的沉郁之风. 重庆科技学院学报：社会科学版，2013（7）：129 – 130 + 138.

199. 张晓娟. 屈大均大同诗作主旨小议. 长江大学学报：社会科学版，2013（12）：13 – 14.

200. 江露方. 屈大均散文研究. 上海：复旦大学，2013.

201. 骆伟. 屈大均的澳门情结. 澳门文献信息学刊：第 9 期，2013：171 – 177.

202. 董就雄. 屈大均为文"以理主气"说析论. 中国文化研究所学报：第 56 期，2013：213 – 242.

2014 年

203. 曾玲玲. 清初屈大均笔下的来粤西洋商船. 海交史研究，2014（2）：75 – 88.

204. 杨艳唤. 屈大均的遗民思想与诗歌创作. 湘潭：湘潭大学，2014.

205. 王瑾. 屈大均边塞诗研究. 兰州：西北师范大学，2014.

206. 宗靖华. 岭南诗人屈大均研究. 广州：广东外语外贸大学，2014.

207. 王学玲. 苦行历险与严辨华夷——清初屈大均之秦晋"宗周"游. 台湾"清华大学"中文学报：第 12 期，2014：265 - 307.

208. 叶春平. 略论屈大均与岭南文化. 广东省民俗文化研究会. 2014 年 08 月民俗非遗研讨会论文集. 广东省民俗文化研究会，2014：9.

2015 年

209. 朱万章. 屈大均传世书迹探微. 粤海风，2015（2）：106 - 114 + 2.

210. 吴航. 屈大均《皇明四朝成仁录》的学术价值. 廊坊师范学院学报：社会科学版，2015（2）：52 - 54.

211. 陈晨. 论屈大均诗作中的地理空间书写. 太原大学学报，2015（3）：64 - 68.

212. 林子雄. 屈大均《广东文集》考述. 岭南文史，2015（3）：29 - 32.

213. 张炫. 论清初遗民诗人屈大均的《杜鹃花》. 名作欣赏，2015（6）：105 - 106.

214. 侯雅文. "词史重构"与"国变、家变之悲"：朱祖谋如何定位屈大均词. 淡江中文学报：第 32 期，2015：183 - 222.

215. 张祥光. 永历帝在安龙——读屈大均《安龙逸史》. 中国明史学会、贵州省文史研究馆、安龙县历史文化研究会. 南明史学术研讨会论文集，2015：5.

216. 塔娜. 清代文学传播个案研究屈大均诗文集的传播与禁毁. 天津：南开大学出版社，2015.

217. 陈冬，陈清云，林佳怡. 论屈大均词对楚骚传统的继承及风格衍变. 古典诗歌研究丛刊：第 18 辑第 13 册. 台北：花木兰文化出版社，2015.

2016 年

218. 陈凯玲. 广东省域清诗总集的开山之作——屈大均《广东文选》成书背景论略. 古籍研究，2016（1）：302 - 309.

219. 吴航. 屈大均《皇明四朝成仁录》编纂考. 廊坊师范学院学报：社会科学版，2016（2）：56 - 61.

220. 宋涛．傅山与屈大均交游考论．文物世界，2016（3）：51－53＋61.

221. 杨凤銮．浅析屈大均的环境思想——以《广东新语》为考察中心．北方文学，2016（4）：177－178.

222. 左鹏军．屈大均《广东新语》的诗性精神与文化寄托．华南师范大学学报：社会科学版，2016（5）：157－162＋192.

223. 王富鹏．论袁崇焕非《皇明四朝成仁录》传主之因——从屈大均与王鸣交游说起．韶关学院学报，2016（5）：6－8.

2017 年

224. 万静．屈大均与莞香文化．五邑大学学报：社会科学版，2017（1）：32－35＋93－94.

225. 张慧燕．屈大均边塞诗隐逸情怀浅论．现代语文：学术综合版，2017（3）：15－16.

226. 曾富城．屈大均《石子冈》．广东第二课堂：下半月中学生阅读，2017（5）：52.

227. 屈大均．广州文艺，2017（8）：2－4.

228. 屈大均著，陈永正等校笺．屈大均诗词编年校笺．上海：上海古籍出版社，2017.

2018 年

229. 陈瑾．论屈大均的咏梅诗．佳木斯大学社会科学学报，2018（1）：96－98＋102.

230. 万静．屈大均海上丝绸之路诗歌及其文化精神．五邑大学学报：社会科学版，2018（2）：22－26＋93.

231. 唐碧红．论屈大均的头发衣冠情结及其心境．五邑大学学报：社会科学版，2018（2）：16－21＋93.

232. 邱瑰华．即事命新题　乱世写悲歌——屈大均琴操诗论析．淮北师范大学学报：哲学社会科学版，2018（6）：66－69.

233. 欧斯怡．品诗词，望岭南——鉴赏屈大均之岭南风物类诗词．黄金时代：学生族，2018（8）：36－39.

（二）陈恭尹

1965 年

1. 陈荆鸿．岭南三大家之陈恭尹．学风：第 6 期，1965：17 – 19.

1966 年

2. 刘程远．爱国诗人陈恭尹及其诗选．建设：第 15 卷第 4 期，1966：44 – 45 + 27.

1973 年

3. 陈荆鸿．岭南三大家：诗人志士陈元孝．广东文献：第 3 卷第 3 期，1973：20 – 28.

1974 年

4. 陈荆鸿．岭南三大家中之陈恭尹．中国诗季刊：第 5 卷第 4 期，1974：35 – 57.

1984 年

5. 袁洪铭．陈恭尹咏崖门诗．岭南文史，1984（1）：154.

1985 年

6. 赵永纪．陈恭尹诗歌述评．广州研究，1985（3）：71 – 73.

1988 年

7. 郭培忠．抗清诗人陈恭尹．广东史志，1988（4）：20 – 22.

1989 年

8. 郭培忠．陈恭尹生平及其《独漉堂集》．中山大学学报：哲学社会科学版，1989（2）：107 – 113.

1992 年

9. 巢立仁．陈独漉七律诗风初探．香港：香港中文大学研究院中国语言及文学学部，1992.

1994 年

10. 姚瑞英．数次湮没的陈恭尹墓．穗郊侨讯，1994（1）：43.

1997 年

11. 吕长生．陈恭尹行草书赠别潘耒七言律诗轴．文物，1997（9）：87 – 90.

1999 年

12. 陆勇强. 陈恭尹佚文《观海集序》. 文献，1999（1）：143.

13. 陆勇强. 陈恭尹佚文一则. 文教资料，1999（1）：116 - 125.

2002 年

14. 韩伯泉. 名门后代多彦士——解读陈恭尹寓居新塘及其诗作. 羊城今古，2002（2）：60 - 61.

2003 年

15. 史洪权. 陈恭尹佚文掇拾. 文献，2003（4）：147 - 150.

2004 年

16. 周锡馥. 陈恭尹及岭南诗风研究. 香港：香港大学出版社，2004.

2005 年

17. 周锡馥. 化古开新，独抒性灵——陈恭尹的文学创新理论. 东方文化，第 40 卷第 1 - 2 期，2005：78 - 94.

2006 年

18. 杜巧月. 陈恭尹诗歌研究. 广州：暨南大学，2006.

2008 年

19. 靳继君，张繁文. 陈恭尹隶书及其与郑簠隶书之比较研究. 中国书法，2008（7）：103 - 106.

20. 端木桥. 陈恭尹. 广州：广东人民出版社，2008.

2009 年

21. 陈荆鸿. 陈荆鸿跋《清陈恭尹十放诗卷》. 书法赏评，2009（3）：4.

22. 王富鹏. 论明遗民对清政权的接受和认可——以陈恭尹交游的转变过程为例. 西北师大学报：社会科学版，2009（4）：47 - 51.

23. 杜巧月. 陈恭尹诗歌意象之内蕴. 青年文学家，2009（6）：52 - 53.

24. 陈裕荣. 诗人陈恭尹. 广州：花城出版社，2009.

2010 年

25. 黎燕. 论陈恭尹诗中的"雨"意象. 韶关学院学报，2010（2）：7 - 10.

26. 张明. 略论诗人陈恭尹的遗民心迹. 顺德职业技术学院学报，2010（4）：80 - 86.

27. 杨燕韶．明末遗民陈恭尹之旅游寄怀诗．致理学报：第 30 期，2010：45－64.

2011 年

28. 湛汝松．诗人陈恭尹与增城．文史纵横，2011（3）：123－129.

29. 李永贤．陈恭尹"性情论"诗学思想简论．河南师范大学学报：哲学社会科学版，2011（6）：203－206.

30. 刘爱莉．岭南遗民诗人陈恭尹诗歌研究．济南：山东师范大学，2011.

2013 年

31. 聂广桥．论岭南遗民诗人陈恭尹的诗风．山东社会科学，2013（S2）：25－26.

2015 年

32. 朱万章．陈恭尹：岭南隶书第一人．粤海风，2015（5）：109－112.

33. 王宣标．陈恭尹佚文五篇．兰台世界，2015（26）：53－54.

2016 年

34. 张艺议．独漉水中泥——清初广东遗民陈恭尹的生活与书法．美术学报，2016（3）：18－26.

35. 朱万章．陈恭尹：岭南隶书第一人．中国艺术时空，2016（5）：123－128.

36. 王惠梅．枯尽文人血 名成属典坟——论清初遗民陈恭尹的咏物诗．现代语文：学术综合版，2016（7）：13－16.

37. 叶紫玉．陈恭尹诗歌用韵研究．重庆：西南大学，2016.

38. （清）陈恭尹著，陈荆鸿笺释，陈永正补订，李永新点校．陈恭尹诗笺校．广州：广东人民出版社，2016.

2017 年

39. 张维红．陈恭尹的书迹及流传考析．美术学报，2017（5）：32－37.

40. 陈恭尹作品．广州文艺，2017（9）：2－4.

41. 张维红．陈恭尹：第 1 版．广州：岭南美术出版社，2017.

2018 年

42. 梁译尹．岭南遗民陈恭尹山水诗研究．广州：广东外语外贸大学，2018.

（三）梁佩兰

1. 大陆地区

1941 年

1. 宝筏．关于梁佩兰及其诗：答简又文"答复宝筏评广东文物展览会"（中）．宇宙风，1941（117-118）：331-333.

1963 年

2. 梁柯．岭南诗人梁佩兰的新资料．羊城晚报，1963（20）：3.

1988 年

3. 宁祥．梁佩兰及其诗．佛山大学佛山师专学报：社会科学版，1988（3）：22-27.

1989 年

4. 吕永光．梁佩兰生卒年考．文学遗产，1989（6）：109.

1990 年

5. 吕永光．梁佩兰佚诗辑录．羊城今古，1990（1）：32-32.

1993 年

6. 清初名诗人梁佩兰．广东画报，1993（11）：19-20.

2006 年

7. 李舜臣．梁佩兰佚文一篇．文献，2006（2）：182.

8. 唐勇刚．六莹堂典藏名画记．东方艺术，2006（13）：122-127.

2007 年

9. 王富鹏．论梁佩兰的"独醒"与其仕清之选择．韶关学院学报，2007（8）：1-4.

10. 余安元．清初岭南诗人梁佩兰研究．广州：暨南大学，2007.

2008 年

11. 余安元．论梁佩兰诗歌的岭南文化特色——兼谈梁诗风格之成因．岭南文史，2008（2）：36-39.

2010 年

12. 刘宝光．清初岭南名家梁佩兰及其书法．中国书法，2010（9）.

2012 年

13. 李永贤．从梁佩兰诗论看清初诗风的变化．河南社会科学，2012（5）：70－73.

14. 王富鹏，马将伟．梁佩兰诗文拾遗．韶关学院学报，2012（5）：25－27.

15. 刘宝光编．广东历代书家研究丛书·梁佩兰．广州：岭南美术出版社，2012.

2014 年

16. 林嘉妮．梁佩兰诗中的岭南哭嫁民俗．青年文学家，2014（33）：194.

17. 司徒国健．广东士人与清初政治——梁佩兰交游及著述考论．台北：文津出版社有限公司，2014.

2015 年

18. 张晓晶．梁佩兰古体诗用韵考．中学生导报：教学研究，2015，（4）．

19. 朱万章．梁佩兰书法探研．粤海风，2015（6）：109－114＋2.

20. 梁帅．梁佩兰诗歌特色论．湘潭：湘潭大学，2015.

2016 年

21. 朱万章．清初梁佩兰书法探研．艺术探索，2016（2）：6－9.

22. 林彩霞．岭南文化探索的新思路——从梁佩兰笔下的岭南动物考看岭南的深层文化内涵．时代报告，2016（8）．

作者通信地址：罗志欢，广州市黄埔大道西 601 号暨南大学图书馆古籍部，邮编：510623，邮箱：474894131@ qq. com；廖粤，广州市黄埔大道西 601 号暨南大学文学院中国文化史籍研究所，邮编：510623，邮箱：1275736048@qq. com

责任编辑：蒋方

广州考古所藏屈大均、陈恭尹、梁佩兰撰东皋武庙钟鼎铭文拓本纪略

陈鸿钧[*]

广州博物馆，广东广州，510040

摘　要：清康熙三十年（1691），广州八旗驻防参领王之蛟倡领捐资重修广州东门外东皋武帝庙，铸钟鼎各一，邀粤中名士屈大均、陈恭尹、梁佩兰撰题款识，镌刻其上，以扬声名。今庙及钟鼎俱毁，幸有拓本存焉，据此可鉴屈、陈、梁三人之手迹以及文史事宜。

关键词：武帝庙；钟鼎；屈大均；陈恭尹；梁佩兰

广州文物考古研究所藏有清初广东名士屈大均、陈恭尹、梁佩兰题书东皋武帝庙之钟鼎铭文拓片若干纸，清晰完整（见文末图1至图4）。东皋武帝庙在旧时广州东门外（今东皋大道一带），祀奉关圣帝君，地志多有记载。今庙宇久已荡然，钟鼎亦不存，唯此旧拓则弥显珍贵。

梁佩兰所撰钟铭文曰：

> 皇上龙飞之三十年春，太原王之蛟与诸同人游射于广州东皋。时见帝庙倾圮，询之土人，云："曾敬请修葺，卜之具不允所清。似神之欲有待也。"蛟□素仰□□□□□□□□神之生平行谊，重以斯言，益起重修之念，遂往卜之，神若曰可，会诸当事皆有同心，各

---

* 陈鸿钧（1969～），男，回族，陕西省汉中市人，广州博物馆研究员。

捐金，大兴工作，不数月而庙宇落成。既嘉□□□灵爽，并欲以纪当事好义之意，爰勒碑以垂永久。复铭于钟曰：

精金翕靛光气□，赤爁红焰分青□。南方祝融驱丙丁，洪炉巨扇□□□。

□□□□□□□，□□□□□□□。□□□□□□□，□□□□□□□。

帝宫齐肃天宇清，一击一吼蒲牢声。□南元气腾空冥，摧慑早魃朝百灵。

维帝在昔征不庭，战行处所轰雷霆。威扬天转招摇星，奸雄魄丧不敢听。

赘关貉子心胆倾，北南吴魏悉削平。力扶汉鼎㞞屃擎，旍常日月同勒铭。

何况殿阙升苾馨，银珰铁凤交洪鸣。喷薄忠烈通精诚，六鳌地轴横三城。

迷民无耳无目睛，剑轮汤镬彳亍行。忽闻帝座洋洋盈，入微出壮音铿鍧。

惊回范蠡一旦醒，旷然天地还清明。

翰林院庶吉士南海后学梁佩兰撰

屈大均所撰鼎铭文曰：

不依不树，八音其谐。鼓于神宫，百灵以怀。

维帝之德，舒疾无乖。铿以立武，号横终古。

鲸鱼之发，君侯赫怒。贼子乱臣，震惊九宇。

番禺后学屈大均拜撰

康熙三十年岁次辛未长至吉旦，信官通议大夫、镶黄旗参领、世袭拜塔喇布勒哈番、太原弟子王之蛟偕男王林劝捐敬铸

督工许宦奎 梁士奇

禅山万兴炉徐振铸造

陈恭尹所撰鼎铭文曰：

> 太阳之英，乌金是矿。铸为斯炉，重于九鼎。
> 在汉之季，火德已微。我公神武，更扬其辉。
> 威震华夏，赤符重兴。君臣大义，炳如日星。
> 昔鼎三分，得其一足。今公之鼎，遍于九牧。
> 五岭之南，三城之东。瓣香常存，万古精忠。
>
> 罗浮后学陈恭尹敬题

> 康熙三十年岁次辛未长至吉旦，信官资政大夫、镶黄旗参领、世袭拜塔勒布喇哈番、太原王之蛟偕男王豇同闽省文武信官捐造，为广州府东皋关圣帝君殿前，永远供奉。
>
> 梁士奇兼造

此事之原委甚明，即康熙三十年（1691），广州八旗驻防参领王之蛟倡领捐资重修广州东门外东皋武帝庙，铸钟鼎各一，邀粤中名士屈大均、陈恭尹、梁佩兰撰题款识，镌刻其上，以扬声名。

该钟鼎不知毁于何时，（民国）《番禺县续志》尚载其"存"，并言"庙中大殿置一鼎，三足，无耳，如博山炉式，一面题王之蛟偕男王豇敬铸，一面则陈元孝（笔者按：陈恭尹）铭文，书法仿华山碑，苍朴古秀。钟式甚古，丰隆如覆瓮，沿跗皆作垂花纹，重可五百斤。一面，梁药亭（笔者按：即梁佩兰）正书，仿钟太傅；一面，屈翁山（笔者按：即屈大均）作大篆。行款高下不一，而雄伟无匹。"① 可见清末民初时尚存。1954 年汪宗衍在序其所编《屈大均年谱》时，则言钟鼎"今已毁矣"②。

---

① 番禺市地方志编纂委员会办公室主持整理（民国）《番禺县续志》卷 36《金石志四·东皋武庙钟铭》，广东人民出版社，2000。
② 汪宗衍：《屈大均年谱》，欧初、王贵忱主编《屈大均全集》（八），人民文学出版社，1996。

清代旗人樊封《南海百咏续编》最早载辑此事曰：

> 　　在东皋之阳探花桥西，村氓告赛祠也，兵燹之后鞠为茂草。康熙时驻防镶黄旗参领王之蛟建。复于左右筑诗社，与番禺屈大均、陈恭尹，顺德梁佩兰为社友。庙工竣日，铸一钟一鼎，三子为诗铭之，斑驳离奇，瑰列庭除，往来才士，扪挲如鉴焉。

> 　　　　乌柏凝霜破庙红，兽镮瑟瑟击花骢。
> 　　　　阴廊神鬼时呵护，一代诗王聚鼎钟。[①]

康熙三十一年（1692）王隼所编《岭南三大家诗选》行世，即称屈、陈、梁为"岭南三大家"。可知屈、陈、梁久已文名满天下，海内官宦士人多好结游之，结社酬唱，索题文字，此即一例也。

王之蛟，阮元《广东通志》无传，唯《职官表》载"参领王之蛟，康熙二十三年到任"，此铭在三十年，则履任已久。

参领，属清代八旗中层编制单位甲喇之长官。满语称甲喇额真、甲喇章京、札兰额真。顺治十七年（1660）定汉名为参领。满洲、蒙古、汉军八旗均置，位在都统、副都统之下，佐领之上，秩正三品，掌颁都统之令达于佐领，并审定佐领经办之事。

又《大清会典》称：汉军参领三品，国初旗员封赠武臣三品，通议大夫。乾隆时始改为武义都尉。此铭结衔与《大清会典》合。嘉庆以后，则唯京师旗军置参领，外省驻防只设佐领。

又《大清会典事例》卷一百四十二：康熙九年题准，前锋护军统领副都统阵亡，赠世袭拜他喇布勒哈番，视四品。后改满文作汉文，为骑都尉。此铭亦与《大清会典》合。

据梁佩兰《六莹堂集》，该钟铭作《东皋关壮缪庙新铸大钟歌》，是年梁六十三岁。

据屈大均《屈大均全集》，该钟铭作《关壮缪侯庙钟铭》，是年屈六十二岁。

---

① （清）樊封：《南海百咏续编》卷3《神庙·东皋武庙》，广东人民出版社，2010。

据陈恭尹《独漉堂集》，该鼎铭作《东皋武庙鼎铭》，是年陈六十一岁。

王之蛟素与粤中屈、陈、梁氏友善，又好风雅事，曾发起组建东皋诗社，聘请屈、陈、梁等人。《广州府志》载："陈氏东皋草堂，鼎革后，亭池荒芜。康熙初，镶黄旗参领王之蛟取为别业，聘岭南诗人梁药亭、陈独漉暨僧一灵，所谓'岭南三大家'者，创东皋诗社，四方投简授诗者无虚日，实足抗手南园。"①

汪宗衍《屈大均年谱》云："翁山与陈恭尹作铭，不署年份，盖不欲署新朝年号。"② 笔者今观此拓本，确乎汪氏之言可信。

铭文署"禅山万兴炉"制，是知该钟鼎均系广东佛山铸造。明清时期，佛山冶铁业享誉海内，灶户商号众多，诸如"隆盛炉""万名炉""万聚炉"等为佛山冶铁基本生产单位，崇祯年间，广州府推官颜俊彦曾说："审得佛山炉户，计数万家。"③ 则此"万兴炉"者亦其一也。

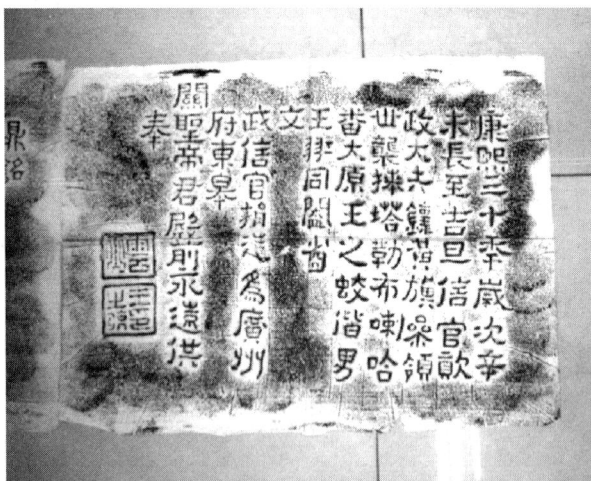

图1　参领王之蛟题鼎款（广州文物考古研究所藏）

① （清）戴肇辰等修，（清）史澄、李光廷纂《广州府志》卷162《杂录三》，光绪五年刊本。
② 汪宗衍：《屈大均年谱》，欧初、王贵忱主编《屈大均全集》（八），人民文学出版社，1996。
③ 转引自罗一星《明清佛山经济发展与社会变迁》第3章"明代冶铁业的发展模式"，广东人民出版社，1994。

图 2　屈大均题钟款铭（篆书）王之蛟题钟款（楷书）
（广州文物考古研究所藏，编号：金石 0014）

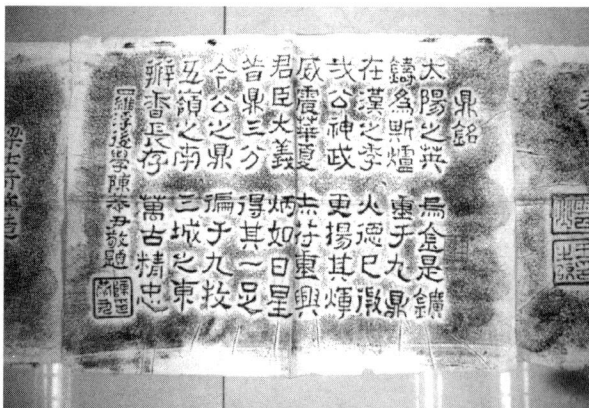

图 3　陈恭尹题鼎款铭（广州文物考古研究所藏，编号：0015）

图 4　梁佩兰题钟款铭（广州文物考古研究所藏，编号：0016）

作者通信地址：广东省广州市越秀区越秀公园内广州博物馆，邮编，510040，邮箱：chj_fuzi@126.com。

责任编辑：赵新良

冒广生撰《屈翁山杂剧》考述[*]

王富鹏[**]

广州大典研究中心，广东广州，510623

摘　要：民国油印本《屈翁山杂剧》一册包括杂剧四种：一为《屈翁山杂剧》，二为《云鬟娘杂剧》，三为《廿五弦杂剧》，四为《郑妥娘杂剧》。书后附散曲三套。封面及书内均未题撰者。经考证，《屈翁山杂剧》四种为冒广生所著。作者将其赠予黄公渚，赠书后由郑振铎收藏，最后入藏中国国家图书馆。这册杂剧为《冒鹤亭先生著作目录》所遗漏。

关键词：《屈翁山杂剧》；《疚斋杂剧》；黄公渚；冒广生

屈大均著述丰富，多达三十四种[①]，但从未闻知曾创作戏曲。笔者偶然发现广东省立中山图书馆藏有《屈翁山杂剧》一册，却未题撰者。惊异之余，仔细查阅相关资料，发现从未有研究者提及此书，有关的目录学著作，也未曾著录。是屈大均的作品，抑或是他人以屈大均为剧中角色进行的创作？带着这个疑问，笔者进行了相关的查阅。收藏于中国国家图书馆的《屈翁山杂剧》，图书馆题签于著者一项赫然题作"屈大均撰"。真是如此吗？

广东省立中山图书馆藏《屈翁山杂剧》：一册，线装，书高28.7厘米，宽18.5厘米，蓝色封面，扉页无字，无页码，民国油印本，蓝色字

---

[*]　基金项目：本文为2015年度国家社科基金重大项目"岭南诗歌文献与诗派研究"（项目号15ZDB076）之阶段性成果。

[**]　王富鹏（1968～）男，汉族，河南柘城人，广州大典研究中心教授，中山大学博士。

①　王富鹏：《岭南三大家研究》，人民文学出版社，2008，第653页。

迹，白纸本，页十行，行字数不等。封面及书内均未题撰者。正文首页
（见图 1）钤"广州市市立中山图书馆藏书"红色印章和"广州市中山
书"深蓝色印章。内容为杂剧四种和附录三则。杂剧分别是《屈翁山杂
剧》《云斣娘杂剧》《廿五弦杂剧》《郑妥娘杂剧》四种；附录散曲三套分
别是［北双调］《夜行船 题姚粟若东海扬尘图》、［北南吕］《一枝花　听
谭乔上夜话道义遗事》、［北越调］《斗鹌鹑 同协之萝冈洞探梅兼过其王夫
人殡宫》，亦未题撰者。作品正文能否提供作者的信息呢？

第一种《屈翁山杂剧》演屈大均、王华姜死后事。开场老生扮屈大均，
旦扮王华姜魂魄上，老生唱"北粉蝶儿"，旦唱"南好事近"各一曲，述二
人恩爱却一朝弃世。二人手挽手来到南海神庙，径入庙内随喜，参拜南海
神。南海神请大均夫妻落座。大均感叹几时不到，神庙满目荒凉。南海神唱
道："不提防星移物换，运蹇时乖，自从那王士禛来祭告呵，有司荒俎豆，
古庙冷莓苔。"南海神问大均的沙亭坟墓为谁重修。大均曰："此人现住西
关，姓陈名樨，便是。大均生前好友陈元孝的坟墓也都亏他一手修葺。大王
何不唤他前来，做个计较，或者因缘凑合，庙貌重新，免使四方君子来游，
笑我广东人太不景气。"于是南海神召梦神引度陈樨魂魄来见。陈樨见到南
海神，惊疑未定，大均劝他不要狐疑，先参拜南海神。拜后，南海神向他介
绍了在座的大均和华姜，随后设宴款待。陈樨问南海神有何指示。大均明告
请陈樨设法修葺神庙。梦神引陈樨下。南海神又引大均夫妇登上朝汉台西望
华山。大均与华姜合唱"海变田，田变海，无情有恨，青山无改。黑茫茫，
人间可哀，一刹那，换了兴衰。则问那秦皇汉武，于今那在，都付与西风黄
叶落苍苔"。随后东方作白，南海神、大均与华姜同下，全剧结束。

由剧情可知，此剧绝非屈大均所作。因为屈大均本人不可能述及他死
后之事。此剧必作于陈樨重修屈大均坟墓之后。不过本剧并未透露撰者为
谁。其他三种杂剧是否透露了撰者的信息呢？

第二种《云斣娘杂剧》演明末诗人邝露与云斣娘事。开场［生巾服
上］："客里光阴阅九春，西山鸾鹤自为邻……内地弄兵皆赤子，隔河专阃
半清人。龙蛇歌罢归无处，谁念飘零折角巾。"然后，邝露自述因连黄县
令而遭拘禁，得梁侍郎森琅营救，弃家远走，土司云斣娘留掌书记。邝
露，广东南海人，明末诗人，南明永历中（约 1653）由中书舍人奉使还广

州，因迕县令，弃家走粤西，深入瑶民"岑、蓝、胡、侯、盘"五姓土司境内，受瑶民"女将"云弹娘赏识，任其记室（执掌文书之类）。第三种《廿五弦杂剧》演阎尔梅与蒨娘事。开场［生上］唱［生查子］，自述"卑人，阎尔梅，别字古古，沛县人氏，往年浪迹淮安，得与蒨娘相识，偎红倚翠，不觉两载……"。阎尔梅（1603～1679），江南沛县（今属江苏）人，字用卿，号古古，又号白耷山人，明崇祯三年（1630）举人。为复社巨子。甲申、乙酉间，为史可法划策，史不能用。乃散财结客，奔走国事。入清后剃发，号蹜东和尚。有《白耷山人集》，后人辑有《阎古古全集》。生平事迹见《清史稿》卷 505。第四种《郑妥娘杂剧》演郑妥娘事。开场［老旦上］唱［绕池游］，然后自云："老身郑如英，小字妥娘，排行十二，是金陵旧院一个班首，谁想秋月春花，年年虚度，江头燕子，旧垒都非……"细读全文，也没发现撰者的信息。

此册杂剧第一种《屈大均杂剧》述及陈樾重修屈大均坟墓。《番禺县志》之《民国时期县知县、县长更迭表》记载，陈樾，南海人，1929 年 6 月 17 日至 1931 年 8 月 28 日任广东省番禺县县长。[①] 另据资料记载，陈樾在任番禺县县长期间确曾对屈大均的坟墓进行修葺。屈大均原墓不封不树，位于番禺新造镇思贤村宝珠岗上。屈大均墓位于墓域右中。现在我们能够看到的屈大均墓为半圆球形，系 1929 年由番禺县县长陈樾主持修缮。墓碑是青石，上有刻字"明屈翁山先生墓 民国十八年己巳仲冬番禺县长陈樾题"。墓域内还有其父、母、子、媳墓。墓域内有"思贤亭"，沙亭村尾有"八泉亭"，皆为 1929 年所建。"八泉亭"为四方形，宽 3.6 米，高 4.3 米，斜顶，用水泥构制。亭中立一碑，高 1.52 米，宽 1.03 米，上刻屈翁山线描画像，像下刻有当年县长陈樾撰书的《八泉亭记》。《八泉亭记》云："岁己巳，余宰番禺，于役扶胥江，遂至沙亭访屈翁山先生故宅，因及其墓。父老云：'先生之墓，不封不树，芜没于荒烟蔓草间二百三十年矣。'……"

剧中大均回答南海神道："此人现住西关，姓陈名樾，便是。大均生前好友陈元孝的坟墓也都亏他一手修葺。大王何不唤他前来，做个计较。"由这一句话可知，《屈大均杂剧》的作者应该曾与陈樾生活在同一个时期。

---

① 番禺市地方志办公室编，罗敬祥主编《番禺县志》，广东人民出版社，1995，第 585 页。

那么作者到底是何人呢？

中国国家图书馆藏本能否提供有关作者更多的信息呢？经仔细比对，二者版式完全相同，显然为同时同版印制，只是中国国家图书馆藏本多出夹页一张。夹页的内容与剧本无关，是对顾绍钧作为律师如何忠于职守、竭诚其事的介绍和颂美，共十五行，约 379 字。另外，于扉页之上，多出一行手写小字"公渚仁兄指正　疚斋"（见图 2）。据此可知，"疚斋"有可能就是这四种杂剧及附录的作者；公渚，即受赠之人。

公渚，即黄公渚，生于 1900 年，卒于 1964 年，字孝纾，号躬庵，一作匑厂，别号霜腴，福建闽侯人，书画家、教授。自幼受家庭熏陶，擅古典文学。著有《楚词选》、《欧阳修文集选注》、《欧阳修诗词选译》、《黄山谷诗选注》、《陈后山诗选注》、《匑厂文稿》（一作《躬庵文稿》）、《金石文选》和诗词集《崂山集》等。"疚斋"为冒广生号。冒广生（1873～1959），字鹤亭，号鸥隐，亦号疚斋，蒙古族，江苏如皋人，生于广州，故取名"广生"。清光绪二十年（1894）甲午科举人。因与其先祖冒襄（辟疆）诞辰日相同，时人趣称"冒襄复生"。冒鹤亭是近代著名学者、诗人、图书校勘专家。冒鹤亭在清光绪二十六年（1900）任清朝刑部郎中，两年后兼北京五城学堂史地教习，后转为农工商部郎中（掌印郎中）。抗战胜利后任中山大学教授、南京国史馆纂修，晚年专力编订唐、宋、元、明、清诗文集，在任海关关督的五年中，他和温州当地乡绅及文化界人士一起努力，广泛搜求乡邦文献，辑成《温州诗人祠堂丛刻》14 种梓版刊行。著有《小三吾亭文甲集》（不分卷）、《诗集》四卷、《疚斋杂剧》八种、《疚斋散曲》、《冒巢民先生年谱》等。冒广生与黄公渚有书信往来。上海博物馆图书馆编《冒广生友朋书札》收有黄公渚写给冒鹤亭的一封信。① 该书后的"作者索引、小传"所记黄公渚的情况与前述信息有所不同：黄孝纾（1898～1964，一作 1900～1964），字颖士、公渚，号匑厂，福建闽县（今闽侯）人。幼习庭训，少治经学，喜考据，精训诂，亦善画……②

经查，《屈翁山杂剧》附录三套散曲，收录在《冒鹤亭词曲论文集》

---

① 上海博物馆图书馆编《冒广生友朋书札》，上海书画出版社，2009。
② 上海博物馆图书馆编《冒广生友朋书札》，上海书画出版社，2009，第 373～374 页。

附录《小三吾亭曲选》中。《小三吾亭曲选》前三首即这三套散曲。① 据此，基本可以确认《屈翁山杂剧》四种的作者应当是冒广生。冒广生爱好戏曲，文献记载，他曾以明末女性为题材作杂剧八种。《屈翁山杂剧》等四种短剧有可能就是《疚斋杂剧》中的四种。《冒鹤亭词曲论文集》之《疚斋杂剧人物考》一文是对《疚斋杂剧》中女性主角的考证。此文考及吴蕊仙、叶小鸾、马湘兰、卞玉京，却未言及此册杂剧中的王华姜、云䭲娘、蒨娘、郑妥娘。② 这又是为何呢？冒怀苏编著《冒鹤亭先生年谱》附录《冒鹤亭先生著作目录》，著录有广州登云阁刊本《疚斋杂剧》，却未言及《屈翁山杂剧》。③《疚斋杂剧》是刊刻本，而《屈翁山杂剧》等四种为民国油印本，二者显然为不同之物。《屈翁山杂剧》四种如果真的如以上推测为冒广生的作品，又为何失于著录呢？难道以上的推测错了吗？

沿着有关线索继续查寻，在广东省立中山图书馆又找到了《疚斋杂剧》一册。

《疚斋杂剧》：刻本，线装，高 28.3 厘米，宽 21 厘米，蓝色封面，扉页有"石遗"④ 题"疚斋杂剧"字样。此书分前后两部分。前半部，自前至后为四幅插图、吴梅《调寄鹧鸪天奉题》词、正文和附录四则。页码自为起讫，版心刻"疚斋杂剧"字样和页码。四幅插图分别为《别离庙蕊仙入道》《午梦堂叶女归魂》《马湘兰生寿百谷⑤》《卞玉京死忆梅村》。正文首页题"疚斋杂剧"，下署"小三吾亭外集"。第一页 a 面有副末开场曲两支；b 面有四折杂剧名目：第一折《别离庙蕊仙入道》、第二折《午梦堂叶女归魂》、第三折《马湘兰生寿百谷》、第四折《卞玉京死忆梅村》。四则附录分别略考剧中人物吴蕊仙、叶小鸾、马湘兰、卞玉京之事迹。后半部，是四首题词和正文。页码亦自为起讫，刻本，版心刻"疚斋杂剧"字样、页码和剧名（分别为"南海神""云䭲娘""廿五弦""郑妥娘"）。四

① 冒广生著，昌怀苏整理《冒鹤亭词曲论文集》，上海古籍出版社，1992，第 922~924 页。
② 冒广生著，昌怀苏整理《冒鹤亭词曲论文集》，上海古籍出版社，1992，第 90~98 页。
③ 冒怀苏编著《冒鹤亭先生年谱》，学林出版社，1998。
④ 石遗，近代诗人陈衍。陈衍（1856~1937），字叔伊，号石遗。福建侯官（今福州市）人。清光绪八年（1882）举人。提倡维新变法，光绪二十四年，为《戊戌变法榷议》十条，曾入台湾巡抚刘铭传幕。
⑤ 原文为"穀"，根据文意当为"穀"，简化为"谷"。

首题词分别为吴梅《读疚斋杂剧即赋南词代序》、张学华《郑妥娘杂剧题词》、汪兆镛《又》和卢前《奉题疚斋杂剧》。正文共包括杂剧四种（不称"折"，与前半部称"折"不同）：《疚斋南海神杂剧》《疚斋云䍩娘杂剧》《疚斋廿五弦杂剧》《疚斋郑妥娘杂剧》。每种杂剧分别题名，题下分别署"小三吾亭外集"。前后两部分版式迥异。《疚斋杂剧》此版本，庄一拂编著《古典戏曲存目汇考》（上海古籍出版社，1982）有著录。

经比对，油印本四种杂剧与《疚斋杂剧》刻本后半部的四种杂剧内容基本相同，而题名有所变化。其中第一种题名变化较大，由《屈翁山杂剧》改为《疚斋南海神杂剧》。由此可见，刻本应当是对油印本的加工修改。至此，《屈翁山杂剧》四种的作者为冒广生已经完全清楚。中国国家图书馆藏本题作"屈大均撰"显然失于随意。《屈翁山杂剧》演屈大均、王华姜二人手挽手来到南海神庙，参拜南海神，并邀请番禺县县长陈樾修葺南海神庙之事。题名改为《疚斋南海神杂剧》，虽不见得更好，但也未尝不可。

由中国国家图书馆藏本提供的有关信息，还可以大体知道此书递藏的过程。中国国家图书馆藏本首页，在"屈翁山杂剧"这一题目之下，钤有两个印章：一为"北京图书馆藏"，一为"长乐郑振铎西谛藏书"（见图 3）。另外，正文末页，还钤有"北京图书馆藏"的印章；正文之后另有一空页，钤有印章"长乐郑氏藏书之印"（见图 4）。据此可知，这册杂剧曾为郑振铎收藏。郑振铎（1898~1958），字西谛，有幽芳阁主、纫秋馆主、纫秋等号，生于浙江温州，原籍福建长乐，是近代著名作家、学者，书斋名"玄览堂"。由以上所述可知此册杂剧的收藏过程：作者冒广生写成之后，赠予黄公渚，后为郑振铎先生收藏，最后入藏中国国家图书馆。不过，国家图书馆古籍馆编《西谛藏书善本图录：附西谛书目》（中华书局，2008）对此书却没有记录，《郑振铎年谱》也未言及此册杂剧的收藏。董康、北婴《曲海总目提要（附补编）》（人民文学出版社，2014）亦未见著录。

也许因为这册杂剧修改后被收入《疚斋杂剧》当中，所以没有受到人们的关注。《近人传奇杂剧初编》第六册在对据国图藏书影印的《疚斋杂剧》进行介绍时，就没有提及《疚斋杂剧》的前身——《屈翁山杂剧》四种。①

---

① 　常法宽、常大鹏编《近人传奇杂剧初编》第六册，国家图书馆出版社，2016，第 164~165 页。

　　四种短剧构成一个杂剧组合，始自徐渭的《四声猿》。自此之后，这种以四种短剧合成一组的体制为许多剧作家所效仿。与徐渭大体同时的汪道昆写有《大雅堂四种》，明代末年的叶宪祖写有《四艳记》，清代洪昇写有《四婵娟》、桂馥写有《后四声猿》、张韬写有《续四声猿》。《疚斋杂剧》可以说既是这种体例的延续，也对这一体例有所创新。谓之延续，因为遵从惯例，每四折短剧合编，前后两半其版式故做区分；谓之创新，因为八个短剧作为一个整体，统谓之曰《疚斋杂剧》，显然突破了传统的四折一本的惯例。

　　民国油印本《屈翁山杂剧》四种，虽然与刻本《疚斋杂剧》第五至八折的内容基本相同，但还是有其独特的价值的。它不但补充了图书递藏中的一个环节，还记载了冒广生的交游情况和《疚斋杂剧》的成书过程。因此，《屈翁山杂剧》四种的发现，对研究《疚斋杂剧》的成书有一定的帮助。据此还可以看出冒广生最初遵循了四折一本的传统，并无意突破惯例，且《疚斋杂剧》前后两部分有可能创作于不同的时期，并曾分别面世，最后才合并刊行。由这八种短剧也可以看出，所谓冒广生"曾创作《疚斋八种》'皆以明末女性为题材，人各一折'"①，虽不太准确，却是有一定根据的。因为王华姜不是故事主角，故无论命名为"屈翁山杂剧"，还是"南海神杂剧"，都与其他几种命名方式不同。从中也可以看出作者写作的严谨态度。

　　民国油印本《屈翁山杂剧》四种为《冒鹤亭先生著作目录》所遗漏，是否因为修改后成为《疚斋杂剧》的一部分，而为冒怀苏所忽视呢？这一猜测未必合乎实际。《西谛藏书善本图录：附西谛书目》的编者就完全不必考虑它是否融进了《疚斋杂剧》，只要是郑振铎先生的藏书就应该收录进去。《西谛书目》既没有载录《屈翁山杂剧》四种，也没有载录《疚斋杂剧》，所以因《屈翁山杂剧》四种没有《疚斋杂剧》重要而被忽略，这一猜测也不可靠。由《屈翁山杂剧》四种曾单独面世，是否可以进一步推测《疚斋杂剧》前四折也曾单独面世呢？冒氏把这四折置于前半部，且作文只对前四位女主角的行迹进行考证，说明前四折可能更受冒氏重视，且成书时间较早。如果曾单独面世，它又会在哪里呢？其原貌又如何呢？这

---

① 庄一拂编著《古典戏曲存目汇考》，上海古籍出版社，1982，第 1734 页。

些都有待进一步考证。

图 1

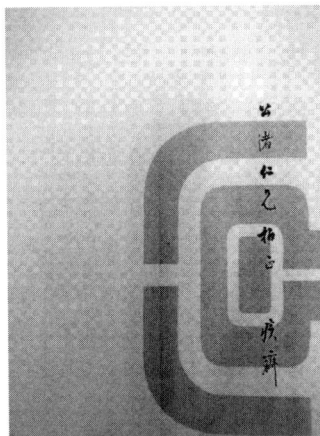

图 2

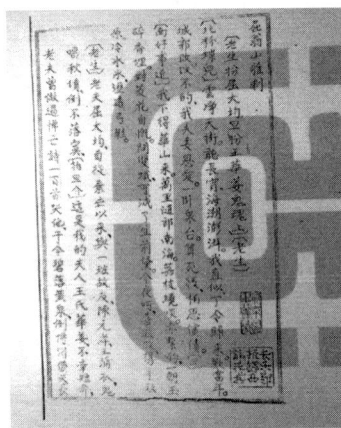

图 3

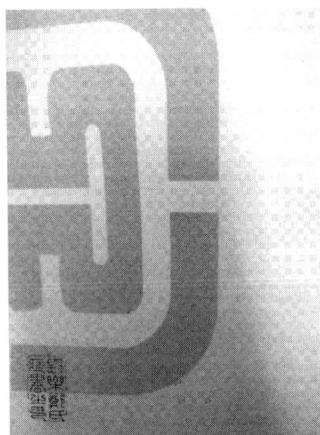

图 4

作者通信地址：广东省广州市珠江新城珠江东路 4 号，邮编：510623

邮箱：*sgwangfp@126.com*

责任编辑：赵晓涛

影响及事迹研究

王煐与屈大均交游考述

宋　健[*]

宝坻邮电局，天津宝坻，301800

摘　要： 康熙二十八年，天津宝坻诗人王煐以刑部郎中出任惠州知府，岭南八年，与屈大均、陈恭尹、梁佩兰、龚章、吴文炜、廖燕等一大批优秀诗人结下了深厚情谊。王煐与屈大均的交往，更称得上是"生死之交"。王煐不但在生活上对屈大均多有接济和关照，在屈大均病重期间，王煐还多次亲治药方，延医煎药，直至屈离别人世。这种完全建立在"诗"、"真"和"思想"上的情谊，堪称千古佳话，是应该载入岭南文学史的感人篇章。

关键词： 王煐；屈大均；《王南村集》；交游

与屈大均的交往，是王煐一生交游中最为感人的篇章，堪称千古文坛佳话。

王煐（1651～1726），字子千，一字紫诠，号盘麓、南区、南村。宝坻人。清初著名诗人，被誉为近三百年诗文之奇才，是天津文化史上的重量级人物。明崇祯九年（1636），满洲兵攻陷宝坻城，王煐祖父王溥协助知县赵国鼎守城，除王煐之父王鼎吕侥幸逃生，王氏一门二十余人，阖家殉难。① 康熙十八年（1679），王煐以贡生授光禄寺丞，因受到康熙皇帝赏

---

*　宋健（1963～），男，汉族，中国邮政公司天津市宝坻区分公司职员，中国红楼梦学会会员，政协天津市宝坻区委员会常委。著有《王南村年谱》《王南村交游考》《刘元研究》等。

①　（清）姜宸英：《翼明王君墓表》，（清）洪肇楙纂修《宝坻县志》，卷十七《艺文·撰述》，乾隆十年刻本。

识而晋升刑部郎。康熙二十八年（1689），出任广东惠州知府。在岭南，王煐与屈大均、梁佩兰、陈恭尹、王隼、廖燕、龚章、吴文炜等诗文名家结下了深厚情谊。还与韶州知府陈廷策合作，出资刊刻了张九龄《曲江集》和余靖《武溪集》，为岭南文化传承做出了巨大贡献，被称为“惠阳贤太守”。①

屈大均（1630～1696），字翁山、介子，号莱圃。广东番禺人。明末清初著名学者、诗人，“岭南三大家”之一，有“广东徐霞客”之称。屈大均儿时随入赘邵家的父亲居住在南海县西场（即今之广州荔湾区西场），初名邵龙，号非池，又名邵隆，字骚余。十余岁时随父亲归原籍番禺，恢复屈姓，更名大均。早年受业于陈邦彦（陈恭尹之父）门下，补南海县生员。顺治三年（1646）清军攻陷广州，顺治四年（1647）陈邦彦、陈子壮、张家玉等起兵抵抗，屈大均率军与战，失败。陈邦彦被腰斩于广州，屈大均冒险收拾骨骸。顺治五年（1648）李成栋以广州反正，南明永历帝返肇庆。顺治六年（1649），屈大均受父命赴肇庆行在，上《中兴六大典书》，以大学士王化澄荐，将服官中秘，闻父病急归。顺治七年（1650）清兵再陷广州，为躲避追捕，屈大均在番禺员岗村金瓯山（又名雷峰山）海云寺（今已废）削发为僧，法名今种，字一灵，室名死庵，以示誓死不臣服清朝之意。顺治十年（1653）以后，屈大均开始云游四海，奔走吴越、荆楚、齐鲁、幽燕、秦晋等地，留意山川险阻，以图恢复。至南京谒明孝陵，上北京，登景山寻崇祯死所哭拜，又东出榆关，凭吊袁崇焕督师故垒，写下《出塞》及《塞上曲》等。返回关内后，游走于齐、鲁、吴、越之间，在会稽与魏阱、祁班孙等秘密联络郑成功，后张煌言与郑成功合兵率军沿长江而上，攻克芜湖、徽州、宁国府，攻下三十余州县。顺治十六年（1659）十月事败，郑成功还至厦门，张煌言败走浙东天台。顺治十七年（1660）秋，屈大均访南京，与朱彝尊同游山阴，参加祁氏兄弟的抗清活动。康熙元年（1662）魏阱等被杀于杭州，祁班孙遣戍宁古塔，屈大均避居桐庐。康熙十二年（1673），平西王吴三桂在昆明起兵，屈大均赴广西，向吴三桂上书谈论兵事，被委任广西按察司副司，监督孙延龄军。

---

① 宋健：《王南村年谱》，天津古籍出版社，2017。

不久知吴只想划江称王，遂托病辞去。康熙十八年己未（1679），屈大均携妻子避地至南京。康熙十九年庚申（1680），尚之信被赐死。在广东参议督粮道耿文明和广东提学道陈肇昌的斡旋下，屈大均于这一年秋回乡，不复出，潜心著述，用力于乡邦文献的收集编纂。康熙三十五年（1696）病逝，年六十七。与陈恭尹、梁佩兰合称"岭南三大家"，诗有李白、屈原遗风。屈大均的著作被清廷列为禁书，多毁于雍正、乾隆两朝。雍正八年（1730），屈大均之子屈明洪自首，广东巡抚傅泰追查屈大均著作，发现"多有悖逆之词"，于是上报刑部，刑部拟掘屈大均墓戮尸枭首，雍正帝开谕免除戮尸。著作有《翁山诗外》《翁山文外》《翁山易外》《广东新语》等三十余种。① 王煐守惠期间，与屈大均交往至密，康熙三十五年（1696），王煐本已调任川南副使，因被参劾，在广州滞留一年，时屈大均病重，王煐为大均亲煎汤药，直至屈大均离世。雍正、乾隆年间，大兴文字狱，屈大均著作均被禁毁，王煐《忆雪楼诗集》因有屈大均作序（王煐亦为《岭南三大家诗选》作序），亦被收入禁毁书目，致使王煐诗作被埋没近三百年之久。

王煐早年即读过屈大均的诗。王煐《岭南三大家诗选序》云："岭南三先生以诗鸣当世，予耳其名者久矣，翁山之诗，见于世最早，其所为《道援堂集》，予龆龀时习知之，然得之传闻者多，实未得竟其集也。"② 康熙二十八年（1689），王煐出任惠州知府，先拜访结识了陈恭尹，因陈恭尹之介，遂与屈大均订交。因陈恭尹之介，王煐还结识了吴文炜、王世桢、季煌等著名文士，一起登临赏胜，雅集唱和，不分"晦明风雨"，不论年龄长幼，不计职位高低，相处宛如亲人。王煐在《赠别陈处士处士名恭尹字元孝别号独漉子顺德人》中说：

> 忆自己巳登君堂，惊看七尺形昂藏。双眸烂烂若岩电，朱颜绿发鬓微苍。……桑梓二三老名士，才华齿德无低昂。（自注：谓药亭翁山山带诸君也。）因君获交并知契，晦明风雨时相将。登临胜赏极奇

---

① 王富鹏：《岭南三大家研究》，人民文学出版社，2008，第 653 页。
② （清）王隼编《岭南三大家诗选》卷首，康熙三十二年刻本。

险，诗歌赠答偕宫商。[1]

　　王煐与屈大均订交之年，王煐三十九岁，屈大均六十岁，忘年之交，一见如故。屈大均诗文成就早已名满天下，是文坛前辈。由于国恨家仇，他对清朝持坚定的不合作的态度，却与王煐一见如故，成为挚友，这里面颇有值得探讨的原因。我想，原因主要有两点：一是王煐与屈大均一样，有相似的"家难"史，有浓重的"遗民情结"，因而对屈大均有深刻的理解和同情；二是王煐才华横溢，为人端正，有一腔爱国爱民的情怀，其人格魅力，让屈大均钦服。屈大均不以年长而自矜，王煐亦不因官高而自傲，是以二人相交如水乳，相亲如家人。

　　康熙二十九年（1690）岁末，屈大均游顺德、三水、增城诸邑，至惠州，即客居王煐斋中。屈大均有《将上惠阳舟中望罗浮即事呈王太守》诗十四首：

　　　　招手终年倚郡楼，丰湖一到解离愁。山如浮碇连双岳，江似鹅城合一流。（其七）

　　　　使君诗作万松涛，喷薄罗浮雨势高。九十九条成瀑布，随风欲剪一并刀。（其十二）

　　　　飞云顶路使君开，子日亭临见日台。东岱日观那有此，曜灵先为曜真来。（其十四）[2]

之后，同游罗浮。这次同游，用东坡原韵多次唱和，可见二人感情之融洽。如屈大均《惠州王太守入罗浮寻梅花村不得用子瞻松风亭下梅花诗原韵有作予为和之》云：

---

[1]　（清）王煐著，宋健整理《王南村集》，天津古籍出版社，2015，第 151 页。
[2]　陈永正主编《屈大均诗词编年笺校》，中山大学出版社，2000，第 911 页。

水帘洞口梅花村，梅花不见余冰魂。美人已随明月没，依稀缟衣来黄昏。翠羽啾嘈怨幽谷，白云黯淡愁荒园。使君苦寻千万树，一冬冲雪忘寒温。急须更植遍岩壑，依之吐纳扶桑暾。尽教玉女插云髻，复为老人遮松门。千秋梅花作汤沐，四百君当闻此言。一罗一浮再开辟，花时招我倾清尊。①

屈大均《次和惠州王子千太守初入罗浮宿冲虚观用东坡同子过游罗浮韵并以为寿》云：

朱明曜真仙人京，太守入山天乐鸣。洞天日月一沐浴，碧鸡红翠生光明。天教太守主双岳，神君元是长庚生。药市酒田暮治事，琪花瑶草朝省耕。仁爱使民尽眉寿，岂徒一身聃与彭？……金马且复隐星宿，玉蟾岂必辞公卿。冲虚玉简多秘祝，先为苍生求太平。②

其《高山流水》词，也是为王煐祝寿的：

一麾出守向南禺。似坡仙、处处西湖。玉局是前身，炎方散吏斯须。长庚客，白玉仙儒。神交汝。相见罗浮四百，秘授阴符。待蓬莱罢相，把臂在虚无。　欢娱。褰帷且名郡，当盛暑，泛苣浮菰。玉轸按南薰，一曲早慰来苏。沐清凉、长在冰壶。时飞啸，声共惊泉九十，喷薄杉梧。恁风流岂美，庄老与天徒。（自注：长庚谓白玉蟾真人。使君善啸。罗浮有瀑泉九十九。）③

这年冬，屈大均又作长诗《奉题惠州王子千太守罗浮记游诗后为赠》：

惠阳贤太守，公暇事罗浮。再作袁宏疏，重开邓岱游。干旄先白

---

① 陈永正主编《屈大均诗词编年笺校》，中山大学出版社，2000，第914页。
② 欧初、王贵忱主编《屈大均全集》（一），人民文学出版社，1996，第200页。
③ 陈永正主编《屈大均诗词编年笺校》，中山大学出版社，2000，第1290页。

鹿，人吏后青牛。主客参双岳，仙灵至十洲。……愿垂棠荫大，遥庇桂丛幽。梁化吾真美，天私此一州。①

本年末，王煐于罗浮山飞云顶筑子日亭，亭成，陈恭尹、梁佩兰长歌叹美之。屈大均亦作《王太守作见日亭成诗以美之》：

> 泰山鸡鸣始见日，罗浮夜半踆乌出。南溟自是阳明谷，十日所浴光洋溢。三足欲栖上下枝，天鸡惊起黑如漆。珊瑚之树即扶桑，曜灵家在鲛人室。……重造飞亭今有谁，惠阳太守才天挺。郁仪日日朝朱明，君为东道有余情。导引重轮勤凤夜，寅宾两珥竭神明。昧爽苍凉好晞发，日华吐纳变金骨。羲和为尔再中天，不使白驹过倏忽。云衣霓裳日往来，文章更与炎精发。②

本年，王煐为《陈生秋林独酌图》题诗，图后有屈大均、梁佩兰、陈恭尹、大汕等人题跋。图及题诗真迹今藏广东省博物馆。除夕守岁，王煐作《岁除杂感》诗。③ 屈大均作《奉和惠州王太守除夕杂感次韵》二首。康熙二十九年是王煐到岭南的第二年。从这一年的交往看，二人关系已经非常密切。

此后，二人唱和不断。从二人相识，直至屈大均逝世，见诸屈大均诗文集的与王煐有关的诗、词、文，超过一百首（篇）（详见本文附录"王煐与屈大均交游一览"）。

康熙三十年辛未（1691）夏，屈大均作《奉题惠阳王郡侯暑中忆雪楼》诗四首，其一云：

> 岭海行春罢，楼开尽物华。欲将天北雪，来润日南花。二岳窗间直，双江槛外斜。自来仙太守，山水满官衙。（自注：公宝坻人。）④

---

① 陈永正主编《屈大均诗词编年笺校》，中山大学出版社，2000，第 915 页。
② 陈永正主编《屈大均诗词编年笺校》，中山大学出版社，2000，第 914 页。
③ （清）王煐著，宋健整理《王南村集》，天津古籍出版社，2015，第 49 页。
④ 陈永正主编《屈大均诗词编年笺校》，中山大学出版社，2000，第 939 页。

屈大均还参与了由王煐主持的很多文化活动。康熙三十年辛未（1691）
闰七月二十九日，韶州知府陈廷策、惠州知府王煐招同屈大均、陈恭尹、梁
佩兰、廖煐集于广州行署，议为张九龄、余靖刻印文集事。陈恭尹《独漉
堂诗集》卷十一有《闰月晦日韶州陈毅庵使君招同惠州王子千使君梁药亭
太史廖南炜屈翁山诸公集广州行署闻将为先正张文献余襄公重梓文集喜而
有赋》二首记其事，其一云：

> 不将丝竹乱清真，雅会天南盛主宾。五马风流双郡守，二毛樽散
> 数诗人。杯名避暑逢秋闰，地接歌棠是德邻。浮岳曹溪俱有约，杖头
> 从此托闲身。①

本年，由王煐主持重修的惠州府学告竣，王煐作《重修府学宫碑》记
其事。② 屈大均作《惠州府儒学先师庙碑代》，其文略云：

> 康熙二十七（按：当为二十八）年，宝坻王侯煐来守是邦，甫
> 下车，只谒庙廷，即易其榜曰先师庙。举先师昔日俨然而王，其衮
> 衣裳九章，其冕十二旒，其圭镇，巍巍南面之像，则树屏幨而藏之。
> 于是自开元以来，千余年之非礼，斫木抟土如浮图道士法，而尚存
> 于吾惠者，一朝以正之。又举两庑先贤，或称名，或称字，于辟雍
> 阙里有异同者，与改祀于乡，而罢祀仍在列者，举皆正之。一以嘉
> 靖九年所定，万历二十八年所颁行者为准。于是，典礼以明，观瞻
> 以肃，庙庭中一无遗憾矣。惠之人欢欣鼓舞，相与称曰，明明我侯，
> 克知大礼，诚可谓能事先师者哉！③

八月，在广州，王煐作《仲秋寓羊城袁司马东轩分韵纪事座客梁药亭
庶常廖南炜屈翁山陈元孝季南屏四处士丹霞太守陈元敷灵山令迟屏万

① （清）陈恭尹著，陈荆鸿笺《独漉诗笺》，广东人民出版社，2009，第822页。
② （清）刘泩年纂修《惠州府志》卷二四《艺文志》，清光绪七年刻本。
③ 欧初、王贵忱主编《屈大均全集》（四），人民文学出版社，1996，第324页。

也》诗。①

八月初八日夜，王煐招同梁佩兰、屈大均、陈恭尹、廖燀、陈廷策、迟维城集于广州行署咏月。②

仲秋，王煐作《鱼缸歌》诗。③屈大均作《鱼缸》诗和之。④王煐作《荔支酒》诗。屈大均作《荔枝酒王太守席上作》和之。⑤

冬，王煐宴屈大均等，有闭瓮菜、苹果干，分赋咏之。屈大均有《闭瓮菜惠阳太守席上分赋》诗一首、《频果干》诗二首。⑥

屈大均与王煐家人的关系也非常融洽，本年七夕后二日，王煐子王立安回宝坻。屈大均赋诗送之。⑦

康熙三十一年壬申（1692）正月十七日，大汕邀惠州知府王煐、韶州知府陈廷策及屈大均等集长寿精舍分赋。王煐作《上元后二日集长寿精舍分赋得一东》。⑧屈大均作《上元后二夕惠州韶州两使君暨诸公同集长寿精蓝分得一先韵》二首。⑨

九月，王隼撰次屈大均、梁佩兰、陈恭尹诗为《岭南三大家诗选》二十四卷，人各八卷。王煐为作序刊行。王煐《岭南三大家诗选序》云：

> 岭南三先生以诗鸣当世，予耳其名者久矣。翁山之诗，见于世最早，其所为《道援堂集》，予髫龀时习知之，然得之传闻者多，实未得竟其集也。……故三先生之诗相伯仲于世，而颉颃于其乡无间也。予以己巳秋受事惠阳，尝以间抵会城。而三先生居址皆在番、禺两山间，每一过从，即事吟咏。而三先生之诗，始得出而遍读之。……翁

① （清）王煐著，宋健整理《王南村集》，天津古籍出版社，2015，第58页。
② 吕永光：《梁佩兰年谱简编》，（清）梁佩兰撰，吕永光校点补辑《六莹堂集》，中山大学出版社，1992，第475页。
③ （清）王煐著，宋健整理《王南村集》，天津古籍出版社，2015，第59页。
④ 陈永正主编《屈大均诗词编年笺校》，中山大学出版社，2000，第917页。
⑤ （清）王煐著，宋健整理《王南村集》，天津古籍出版社，2015，第61页；陈永正主编《屈大均诗词编年笺校》，中山大学出版社，2000，第997页。
⑥ 陈永正主编《屈大均诗词编年笺校》，中山大学出版社，2000，第1237页。
⑦ 陈永正主编《屈大均诗词编年笺校》，中山大学出版社，2000，第930页。
⑧ （清）王煐著，宋健整理《王南村集》，天津古籍出版社，2015，第70页。
⑨ 陈永正主编《屈大均诗词编年笺校》，中山大学出版社，2000，第960页。

山诗视两先生为独多，今《诗外》固已等身，而著作无时少辍，传之后世，当无与敌矣。……予尝私评三先生之诗曰："药亭之诗，才人之诗也；翁山之诗，学者之诗也；元孝之诗，诗人之诗也。予乃得于一日而并交其人，尽读其诗，此予之厚幸矣。"使予守惠而前此十年，则三先生之聚散不可知，而予有得一失一之憾；即后此十年，而三先生之聚散亦不可知，其憾亦犹夫前也。予于三先生何适逢其会耶！岁在壬申季秋，适蒲衣王子有《岭南三大家》之选，既成，问序于予，予以平时所素服膺于三先生者，序其始末而书之以为序。……盘麓王煐。①

本年，王煐助屈大均筑惠浣堂成，屈大均赋诗谢之。屈大均《惠浣堂成赋谢惠州王使君惠浣者，以使君守惠州兼惠草堂资，如浣花故事也》云：

俸钱分得玉壶冰，堂构城南力未胜。筑有伯夷为太守，居非仲子在於陵。燕衔莺粟香泥结，萱树兰房黛色凝。五柳三槐春未已，使君膏泽到云仍。（其一）

东樵未得遂幽居，南郭依然作敝庐。仲举肯先看孺子，文翁知最爱相如。频将金错资开径，待化丹砂润著书。裴冕林塘应更卜，主人情甚浣花渔。（其二）②

所谓"浣花故事"，是指杜甫流落四川，得剑南节度使严武之助，于浣花溪畔筑草堂一事。可知王煐对屈大均的生活多有关照。

康熙三十二年癸酉（1693）六月十六日，王煐邀屈大均等泛游西湖。屈大均有《西湖月》词二首。③

康熙三十三年甲戌（1694），王煐造访翁山遇陈恭尹和吴门薛孝穆。王煐为薛熙《秦楚之际游记》作序，有云："去月予自惠至广州时，积雨

---

① （清）王煐著，宋健整理《王南村集》，天津古籍出版社2015，第418页。
② 陈永正主编《屈大均诗词编年笺校》，中山大学出版社，2000，第998页。
③ 陈永正主编《屈大均诗词编年笺校》，中山大学出版社，2000，第1294页。

稍霁，过屈翁山所居，而陈君元孝偕一客在座，曰吴门薛君孝穆也。"此序作于康熙三十三年闰五月。

除夕，王煐作咏橄榄诗四首。① 屈大均作《除夕咏感挐和王使君》八首。②

康熙三十四年乙亥（1695）年初，王煐接调任川南之命，作《正月七日阅除目量移川南志感》诗，屈大均有《赋为王紫诠使君寿兼送迁任川南》长诗，诗云：

> 使君一作罗浮君，亭开子日当飞云。要与岱宗日观敌，三更已见金乌蹙。南溟咫尺即旸谷，吐纳不外扶桑暾。……半遮水帘视公事，欲归官阁还逡巡。治行第一股肱郡，邻邦疾苦兼咨询。荐章谓良二千石，荣迁忽向泸江滨。鹅城父老日奔走，乞留绯鱼丰湖湣。……昔为刺史今岳牧，神仙自来多外臣。日月薄蚀要补救，云雷屯难需经纶。四海饥溺未由己，百蛮恫瘝先在身。……与予金石交已定，六年相对忘依鹑。但怜华采似鸲鹊，未嫌疏野同麋麈。此行巴渝不偕去，参差儿女牵婚姻。籖弄明珠我亦得，婆娑海水公无嗔。终然相寻逾白帝，川南取道过金潾。勉赓白盐赤甲赋，只愁笑破花翁唇。杜陵放翁汝勍敌，将来鼎跱成三分。才华绝世不入蜀，争得奇险篇篇新。雄浑巍兀尽神变，要令鬼哭吾吟呻。……锦江桃色染笺纸，遗我作草龙蜿蜒。书君怪丽句千万，散为天花飞九垠。只恐管城不能给，紫毫抽尽东郭魏。③

从"与予金石交已定，六年相对忘依鹑""此行巴渝不偕去，参差儿女牵婚姻"诸句看，二人不但订交如"金石"，似还有儿女婚姻之约。

正月，王煐招屈大均等合江楼宴集，屈大均作《合江楼宴集次苏长公

① （清）王煐著，宋健整理《王南村集》，天津古籍出版社，2015，第 107 页。
② 陈永正主编《屈大均诗词编年笺校》，中山大学出版社，2000，第 1015 页。按：笔者综合多处资料，认为屈大均和王煐咏橄榄诗应作于康熙三十三年除夕，陈《笺》系于康熙三十二年，疑不确。
③ 陈永正主编《屈大均诗词编年笺校》，中山大学出版社，2000，第 1026 页。

韵王使君出宝坻家酿饮客》诗云：

> 洋洋乎水何美哉，合似罗浮不复开。天下朋友之胶漆，安得尽似双江来。登临风日正清美，长啸休惊鸥鹭起。使君醇醪自宝坻，倾作金波逐江水。一杯明月一杯新，明月笑我非仙人。仙人未有不饮者，更须沉湎罗浮春。①

不久屈大均又作《王观察招食嘉鱼率赋兼以为别》三首，其二云："南有谁知汝，来从大小湘。金盘频作鲙，玉箸尽含香。饮燕嗟难再，离忧正未央。何当临丙穴，更与使君尝。（自注：公将之任蜀中。）"②

三月，王煐遭广东巡抚高承爵弹劾，原因是归善县知县佟铭离任后不能及时交割"任内钱粮案件"，王煐有对下属"督催不力"之责③，致使滞留广州达两年有余。

五月五日，在广州，王煐与梁佩兰、屈大均、陈恭尹等岭南诗人泛游珠江，分韵赋诗。王煐有《午日梁药亭先辈招同屈翁山陈元孝廖南炜吴山带王蒲衣蓝采饮诸子泛舟珠江观竞渡即席分赋得一先》二首。④

秋，王煐将在岭南所作诗编成《忆雪楼诗集》，屈大均为之序。屈大均《忆雪楼诗集序》云：

> 忆雪楼在惠阳署中，南区王郡侯之所营也。侯家宝坻，去京师百余里，其官炎方，而有怀朔雪，盖谓亲在其间也。侯下车之明年，岁为庚

---

① 陈永正主编《屈大均诗词编年笺校》，中山大学出版社，2000，第1028页。
② 陈永正主编《屈大均诗词编年笺校》，中山大学出版社，2000，第1030页。
③ "中央研究院"历史语言研究所藏《内阁大库档案》载康熙三十四年三月二十日广东巡抚高承爵《题报归善县知县佟铭捐升同知任内钱粮案件限满册结未据缴核交代迟延之佟铭并接署县事平州知州于廷弼等相应指参》："巡抚广东等处地方提督军务兼理粮饷都察院右副都御史加叁级臣高承爵谨题：为遵缴实收事。该臣看得归善县知县佟铭捐升同知，臣准部咨随该布政司将佟铭任内钱粮案件督令交盘清楚，造具册结详报。今据布政使张建绩详称：屡檄行催未据该府县将册结缴核。查此案扣至康熙叁拾肆年贰月贰拾伍日，两月限满，所有交代迟延之归善县捐升知县佟铭、接署县事连平州知州于廷弼、督催不力之惠州府知府王煐，咎均难宽，相应题参，听候部议。谨会题请旨。"
④ （清）王煐著，宋健整理《王南村集》，天津古籍出版社，2015，第115页。

午，而罗浮大雪，照耀楼中，四百三十二峰，失其苍翠。侯与宾客攀跻，以为斯雪也，可从北而南，而吾亲年高，不能一至于是，而岵屺之思，不能已已。其诗有曰："岁晚罗浮路，梅花雪里看。宁知南越暖，却似朔方寒。"盖谓此也。侯在惠六年，政事之余，不废吟咏，每凭阑而望，丰鳄二湖，当楼之西南；槎丽二江，当楼之东北；而罗浮、象岭，烟雨合离，瀑布喷薄以交流，铁桥飘渺而横亘；仙灵鸾鹤，时可招手来过。侯顾而乐之。出入起居，流连景物，触事兴怀，凡得诗五百余篇，主以少陵而辅之以苏、陆，以为斯楼有力焉。因名之曰《忆雪楼集》，而尽以示予。予尝论诗，每患北人伤于质，南人伤于文，然与其伤于文丽而淫浮，无宁伤于质朴而刚厉。侯，北人也，悲歌慷慨是其天性，而乃行其气以沉雄，出其辞以敦厚，期于合道，有以醇深，其中惊采绝艳，率归典则，绝非缘情而绮靡者。今北人之诗，自巘而辅，未有或先之者也。予平生所与交好，于西北中，在齐则王阮亭，在鲁则颜修来，在秦则孙豹人、李天生、王幼华，在燕则侯一人而已。是皆质而能文，文而能雅，一正一变，纵横自如，而多有合于古之体制者也。侯今者以副使分巡川南，将携兹集，从三峡而出三巴，予惧天下人不能得而传诵，因请梓之，以公同好。不日者行至永宁，又将于峨眉见雪矣。罗浮之雪不尝有，而峨眉则终岁皓然也。亲益以远，雪益以多，乍见雪而思亲，时时见雪，又将何以为怀乎！吾知侯至孝，精诚所格，必即入为上卿，咫尺子舍，将如太尉张酺，每岁节，公卿皆诣其亲，奉觞上寿，为举朝之所庆美，日可期矣。番禺屈大均撰。①

此序详细叙述了他与王煐的友谊，以及《忆雪楼诗集》之得名，同时也指出了王煐诗作的特点。读此序，可想见其诗，亦可想见二人之友谊，故全录于此。

　　本年，王煐作《观瀑图》，陈恭尹、梁佩兰分别题诗，屈大均作《观瀑图赞为王子诠太守作》。②屈大均又作《送王观察之官蜀中》二十四首。③

---

① （清）王煐著，宋健整理《王南村集》，天津古籍出版社，2015，第424页。
② （清）屈大均：《翁山文钞》卷十，《丛书集成初编》第125册，上海书店，1995，第553页。
③ 陈永正主编《屈大均诗词编年笺校》，中山大学出版社，2000，第1028页。

康熙三十五年丙子（1696）正月二十九日，王煐同袁景星、梁佩兰、史申义、于天池、王原、屈大均、陈恭尹、王隼等宴集广州寓斋，分题赋诗，即以志别。王煐《正月晦日同袁密山通政梁药亭史蕉饮二吉士史万夫明经于右承州牧家令诒明府招同布衣岑金纪廖南炜屈翁山陈元孝王蒲衣蓝采饮孝廉吴山带林赤见秀才梁王顾陈献孟曾秩长童子黄汉人谦集寓斋分赋即以志别》云：

> 人生似萍梗，聚散诚偶然。萍梗生江湖，好风为之缘。矧为有情类，结交岂等闲。古人不同时，追慕犹拳拳。兰亭与金谷，感慨深前贤。至今读其文，能令心流连。尔我虽同时，居处各一天。偶当萍水聚，宁忍不为欢。况复素心侣，臭味如芝兰。宫商应鸣弦，信义金石坚。倾盖岂云新，白首仍相怜。先哲重友生，伦叙称克全。晚近慕荣利，初好终弃捐。此理本不殊，习尚趋轻儇。今兹值佳辰，苹藻陈离筵。（自注：时余将之川南。）共此一樽酒，殷勤奉君前。论交誓古处，毋为流俗迁。少长罔或异，忘形并忘年。①

这首诗颇为感人。萍水相逢而又南北异辙之人，其友谊却坚如金石。

初春，屈大均病，稍愈，有《病起作》诗四首。其三云："处顺吾何事，余生且复留。药劳贤太守，方得古丹丘。未死终无用，非仁岂有求。自今除痛苦，更得几春秋。"诗末自注云："惠州王使君、韶州陈使君为治方药，病得以瘳。"② 由此可看出二人交情之深厚及王煐之人品。

其后，屈大均再次辗转病床，作《病中奉柬王南区使君兼送之任川南》六首：

> 一卧百余日，相关惟使君。药钱能苦致，餐物每甘分。羽恐蝉将蜕，声愁鹤不闻。明朝挂帆去，谁复念孤云。（其一）

---

① （清）王煐著，宋健整理《王南村集》，天津古籍出版社，2015，第140页。
② 陈永正主编《屈大均诗词编年笺校》，中山大学出版社，2000，第1053页。

此别最凄然，当予衰疾年。泪同春雨水，流满大江烟。赋望将归日，魂招未死前。休令巴峡里，添得一啼鹃。（其五）①

屈大均自觉不久于人世，诗中流露的感情真切动人。这年春，屈大均再作《病中再送紫翁王使君之任川南》六首：

蓬庐久病绝车轮，君为沉绵日益亲。垂老幸逢生死友，临危忍作别离人。之官况值黔巫远，遣使何由药饵新。知有啼猿代呜咽，一声先寄峡门春。（其一）

乐好人伦识鉴清，分来仁孝有深情。穷愁似我能无死，疾痛呼君即所生。治药兼劳陈仲举，传经总爱郑康成。腐儒衰晚惭无补，感激知交泪欲倾。（其二）

诗中注云："公与韶州陈太守亲治方药，病得以瘳。"王煐和陈廷策两位知府多次为一介布衣亲治方药，这样的事情必将成为美谈。此诗其六透露出屈大均对二人也有依依不舍之情，"使君更是无骄吝，安得重依衮绣前"。②王煐依屈大均原韵作《次韵酬屈翁山处士扇头》六首：

何年征辟到蒲轮，常著莱衣娱老亲。作些有词皆泣鬼，题诗无语不惊人。世情愧我黄金尽，古谊怜君白发新。却为风波久留滞，木棉红绽两经春。（其一）

蒌莪纯孝采薇清，大节从来本至情。宁必多方求不死，肯将所学负平生。许张义共千秋著，文陆仁能一辙成。赖有遗编传往事，幽光潜德后人倾。（其二）

王煐对屈大均的生活多有照顾，但有时也感力不从心，因此感叹"世情愧我黄金尽，古谊怜君白发新"。未能让屈大均的著作及时付诸梨枣更是王

---

① 陈永正主编《屈大均诗词编年笺校》，中山大学出版社，2000，第 1054~1055 页。
② 陈永正主编《屈大均诗词编年笺校》，中山大学出版社，2000，第 1056~1057 页。

煐耿耿于怀之事。此诗其二自注云："翁山著《成仁录》，未付梨枣。"①

本年五月十六日，屈大均卒，享年六十七岁。王煐痛失挚友，赋诗哀悼。诗序记述了当日生离死别的情景："丙子仲夏，余将入蜀，屈处士翁山病剧，贻诗六首道诀别之意，情词凄切，不忍多读。数日后，遂已长逝，卜葬有期，因次其韵挽之。"

> 大雅惊凋丧，伤心又到君。日星天并著，泾渭世谁分。仪范今长隐，声华昔共闻。从兹挥泪别，行处断空云。（其一）

> 蚕丛多磴道，盘折比羊肠。计日浮湘汉，乘风度贡章。生存情尚苦，死别恨弥长。次第呼孤幼，殷勤酹酒浆。（其六）②

苍天似乎有意成就王煐与屈大均这段生离死别的佳话，临危前让他无端滞留岭南，故此诗其四有云："无端经岁驻，却似为君留。"

屈大均雄豪自喜，年轻时随师抗清，虽屡挫而志不改。事不可为则以遗民定位自身。弥留之际，作《临危诗》云：

> 丙子岁之朝，占寿于古哲。乃得邵尧夫，其年六十七。我今适同之，命也数以毕。所恨成仁书，未曾终撰述。呜呼忠义公，精神同泯汹。后来作传者，列我遗民一。生死累友人，川南自周恤。独漉题铭旌，志节表而出。华跌存后人，始终定无失。林屋营发冢，俾近冲虚侧。③

诗中告诫"后来作传者，列我遗民一"。生死之际所托两人：一为自幼即志同道合、患难与共的陈恭尹，为之撰写"铭旌"以表一生大节；一为出处异途、年齿悬殊的王煐，"生死累友人，川南自周恤"。由此可以看出二人友谊之非同寻常。

屈大均说与王煐的相识，是"垂老幸逢生死友，临危忍作别离人"；

---

① （清）王煐著，宋健整理《王南村集》，天津古籍出版社，2015，第142页。

② （清）王煐著，宋健整理《王南村集》，天津古籍出版社，2015，第148页。

③ 陈永正主编《屈大均诗词编年笺校》，中山大学出版社，2000，第1058～1059页。

王煐说与屈大均的交往是"宦情知我拙，交道感君真"。屈大均把王煐视作一个出色的诗人，一个亲如家人的挚友，而王煐"使君""观察"的官场身份，从来没有成为两人平等相交的障碍。这种生死之谊，超脱凡俗，在岭南诗歌史上，乃至在中国文学史上都是令人感动的千古佳话。

附录：王煐与屈大均交游一览

年 份	王煐事迹及诗文记录	屈大均事迹及诗文记录
康熙二十八年己巳 （1689）	四月二十六日，王煐至惠州任知府，有《己巳四月廿六日至惠州视事用东坡初到惠州韵》记其事	
	甫下车，即倡修府学	
	秋，王煐有《赋得捣药兔长生》诗一首	屈大均有《赋得捣药兔长生》和之。按：此诗当为康熙二十九年作
康熙二十九年庚午 （1690）	秋，代泛亭筑成，王煐有《代泛亭》诗	
	腊月，王煐游罗浮山，赋诗多首，编成《罗浮纪游诗》一卷	屈大均作《次和惠州王子千太守初入罗浮宿冲虚观用东坡同子过游罗浮韵并以为寿》又作《高山流水》词，寿王煐 屈大均作《惠州王太守入罗浮寻梅花村不得用子瞻松风亭下梅花诗原韵有作予为和之》 按：此诗、词或为稍后补作
	年末，子日亭落成，王煐有《子日亭记》记其事。梁佩兰、陈恭尹、大汕均有长歌赞美之	屈大均作《王太守作见日亭成诗以美之》
	十二月，重建表忠祠，知府王煐有记。按：见《惠州府志》，王煐所撰《记》未见	
		本年冬，屈大均游顺德、三水、增城诸邑，至惠州，客居王煐斋中。屈大均作《将上惠阳舟中望罗浮即事呈王太守》诗十四首
		冬，屈大均作《奉题惠州王子千太守罗浮记游诗后为赠》
	除夕守岁，作《岁除杂感》诗	屈大均有《奉和惠州王太守除夕杂感次韵》二首
	本年，王煐为《陈生秋林独酌图》题诗	图后有屈大均、梁佩兰、陈恭尹、大汕等人题跋
	本年冬，忆雪楼筑成。陈恭尹作《忆雪楼记》	

年　份	王煐事迹及诗文记录	屈大均事迹及诗文记录
		夏，屈大均作《奉题惠阳王郡侯暑中忆雪楼》诗四首
		七夕后二日王煐子立安回宝坻。屈大均赋《七夕后二日送王君还渠阳惠州作》诗送之
	闰七月二十九日，韶州知府陈廷策、惠州知府王煐招同屈大均、陈恭尹、梁佩兰、廖煐集于广州行署，议为张九龄、余靖刻印文集事	
	仲秋，在广州，作《仲秋寓羊城袁司马东轩分韵纪事座客梁药亭庶常廖南炜屈翁山陈元孝季南屏四处士丹霞太守陈元敷灵山令迟屏万也》诗	
康熙三十年辛未（1691）	八月初八日夜，王煐招同梁佩兰、屈大均、陈恭尹、廖煐、陈廷策、迟维城集于广州行署咏月。王煐有《八月八夕咏月》。陈恭尹有《八月八夜王子千招同陈韶州毅斋迟灵山屏万梁药亭廖南炜屈翁山集广州行署咏月》	
	仲秋，作《鱼缸歌》诗 王煐作《荔支酒》诗。陈恭尹作《荔枝酒惠州王子千使君席上咏》和之	屈大均作《鱼缸》诗和之 屈大均作《荔枝酒王太守席上作》和之
	冬，王煐宴屈大均等，王煐作《闭瓮菜》诗。陈恭尹作《闭瓮菜王惠州紫诠使君席上同咏》和之 又作《风干苹果》诗。陈恭尹有《风干苹果惠州王子千使君席上作》诗二首	屈大均作《闭瓮菜 惠阳太守席上分赋》和之 屈大均有《频果干》诗二首和之
	冬，徐星汉客广州，入赘绍兴何氏，新婚未久，即随王煐之惠州之行。王煐有《赋得燕尔新婚三十韵》。陈恭尹、大汕等亦赋诗道贺	屈大均作《赠徐君新婚次王使君元韵》
		本年，屈大均作《子夜歌》十四首。自注"赠宁波李君纳姬和惠阳王太守"
	本年，重修惠州府学告竣，作《重修府学宫碑》记其事	屈大均作《惠州府儒学先师庙碑代》

续表

年 份	王煐事迹及诗文记录	屈大均事迹及诗文记录
康熙三十一年壬申（1692）	正月十七日，大汕邀惠州知府王煐、韶州知府陈廷策及屈大均等集长寿精舍分赋。王瑛作《上元后二日集长寿精舍分赋得一东》	屈大均有《上元后二夕惠州韶州两使君暨诸公同集长寿精蓝分得一先韵》二首
	初春，梁佩兰招王煐等集六莹堂，出六莹琴相示，陈恭尹有《梁药亭招集六莹堂观六莹堂古琴同诸公作歌》	屈大均作《初春六莹堂雅集主人梁庶常出六莹琴相示歌以纪之》
	九月，王隼撰次屈大均、梁佩兰、陈恭尹诗为《岭南三大家诗选》二十四卷，人各八卷。王煐为作序刊行	
	本年，助屈大均筑惠浣堂成，屈大均赋诗谢之	屈大均作《惠浣堂成赋谢惠州王使君惠浣者，以使君守惠州兼惠草堂资，如浣花故事也》
康熙三十二年癸酉（1693）	六月十六日，王煐邀屈大均等泛游西湖	屈大均有《西湖月》词二首
	六月，季唯功扶柩归钱塘，王煐赋诗送之	屈大均作《送季子扶两尊人灵柩归葬钱唐》
	秋，病愈，偕通判俞九成等泛舟南湖。有诗	屈大均作《买陂塘》词。自注"奉陪王太守、俞别驾、佟大令雨中泛西湖作"
康熙三十三年甲戌（1694）	闰五月，为薛熙《秦楚之际游记》作序。有云："去月予自惠至广州时，积雨稍霁，过屈翁山所居，而陈君元孝偕一客在座，曰吴门薛君孝穆也。"	
	除夕，王煐作咏橄榄诗四首	屈大均作《除夕咏感擘和王使君》八首
康熙三十四年乙亥（1695）	年初，接调任川南之命。有《正月七日阅除目量移川南志感》诗	屈大均《赋为王紫诠使君寿兼送迁任川南》
	正月，王煐长子王立安还宝坻，屈大均、陈恭尹有诗送之	屈大均《送王立安还宝坻》
	王煐招屈大均等合江楼宴集	屈大均作《合江楼宴集次苏长公韵王使君出宝坻家酿饮客》 不久，屈大均作《王观察招食嘉鱼率赋兼以为别》三首
	五月五日，在广州，与梁佩兰、屈大均、陈恭尹等岭南诗人泛游珠江，分韵赋诗，有《午日梁药亭先辈招同屈翁山陈元孝廖南炜吴山带王蒲衣蓝采饮诸子泛舟珠江观竞渡即席分赋得一先》二首	
	在广州，作《佟声远索题寓园之华不亭》诗	屈大均作诗赠佟声远：《题华不亭为佟声远作》、《送佟声远往杭州》五首
	作《和屈处士翁山黄花四韵即以致祝》诗	

年　份	王煐事迹及诗文记录	屈大均事迹及诗文记录
	秋，《忆雪楼诗集》编成，题写跋语	屈大均为《忆雪楼诗集》作序
		本年，屈大均作《送王观察之官蜀中》二十四首
	本年，王煐作《观瀑图》，陈恭尹、梁佩兰分别题诗	屈大均作《观瀑图赞为王子诠太守作》
康熙三十五年丙子（1696）	正月二十九日，同袁景星、梁佩兰、史申义、于天池、王原、屈大均、陈恭尹、王隼等晏集寓斋，分题赋诗，即以志别 王煐作《正月晦日同袁密山通政梁药亭史蕉饮二吉士史万夫明经于右承州牧家令诒明府招同布衣岑金纪廖南炜屈翁山陈元孝王蒲衣蓝采饮孝廉吴山带林赤见秀才梁王顾陈献孟曾秩长童子黄汉人谶集寓斋分赋即以志别》	
		初春，屈大均有《病起作》诗四首。自注"丙子初春，时年六十有七"
		屈大均作《病中奉柬王南区使君兼送之任川南》六首 屈大均作《病中再送紫翁王使君之任川南》六首
	作《次韵酬屈翁山处士扇头》六首	
		屈大均作《临危诗》嘱托后事
		五月十六日，屈大均卒，享年六十七岁
	王煐痛失挚友，赋诗悼之。序："丙子仲夏，余将入蜀，屈处士翁山病剧，贻诗六首道诀别之意，情词凄切，不忍多读。数日后，遂已长逝，卜葬有期，因次其韵挽之。"	

作者通信地址：天津市宝坻区建设路 114 号中国邮政公司天津市宝坻区分公司，邮政编码：301800，邮箱：shunchisong@126.com

责任编辑：王富鹏

梁佩兰陈恭尹两先生墓重修纪事

梁基永*

中山大学中国古文献研究所，广东广州，510275

摘　要："岭南三大家"墓除屈大均墓保存较为完整外，位于广州市区的梁佩兰、陈恭尹墓命运各异。笔者见证了梁、陈两先生墓地的毁损与重修，姑撰小文，以存文献。

关键词：梁佩兰墓；陈恭尹墓；文物；重修

"岭南三大家"在他们生活的年代已为文坛所公认。所以三先生身故后，其坟墓也为广东士绅所敬仰，一直保存不替。随着年久日深、世事变迁，除归葬番禺的屈大均先生墓保存较为完整外，其余两家墓地有不同遭遇，笔者谨按所知见，缕述如下。

一　梁佩兰墓

梁佩兰墓在广州市白云山柯子岭山脚，兹先引原核查之"梁佩兰墓"条目：

> 梁佩兰墓位于广州市白云区白云山柯子岭，始建于清康熙五十年（1711）。坐北向南。属灰砂山手墓，由护岭、环垅、拜台组成，月池已湮没。现存面阔约6.9米，进深约8.77米，占地面积约60.5平方

---

* 梁基永（1973～），号礼堂，广东广州人，中山大学中国古文献研究所客座研究员，青年书画家、收藏家，文学博士。

米。护岭正中嵌一端石墓碑。拜台正中有坟头，坟头前嵌一新的青石墓碑。左右挂榜各有一端石碑，均为墓表。1983 年 8 月，该墓被公布为广州市文物保护单位。墓前有保护标志碑和白云山风景名胜区管理局树立的说明碑。梁佩兰曾主持粤中诗坛，与屈大均、陈恭尹并称"岭南三大家"。该墓葬为白云山诸墓中年代较早的清代山手墓，比较少见，对研究岭南地区清代墓葬形制、丧葬习俗以及墓主人身份和生平有较高的历史价值。

而 1990 年版《广州市文物志》有关条目则有下面一句话：

> 坟头用版筑的灰砂墙绕成半圆筒状，正中最高处为 1.2 米，当中有碑龛，石碑早被挖去，根据留下的痕迹可知，原碑高 98、宽 45 厘米。墓志石二块，分嵌于两边平肩的灰砂壁中（挂榜），碑石黑色，风化严重，志文多已剥落。[①]

1996 年，笔者根据《广州市文物志》在柯子岭山脚寻找此墓。当时白云山尚未封山收费，今柯子岭路在当时还是铺沥青的乡级公路，两旁都是蔚然森秀的松树。有一条小路盘曲进入山中，当时正是清明时候，扫墓人颇多，路口还有一家打造石碑和修墓的小竹棚。笔者问当地修坟人，都没听过梁先生墓，后来按照书上指引，在山坡上找到了。

墓地长满各种杂树，拜桌前最粗的已经有大腿粗细，将地台撑破。墓碑没有了，墓志漫漶不可读。笔者当时即请村民（粤俗呼为"山狗"，以锄草除树为生计）清理了一上午，花费 60 元将墓地杂树清理干净。

1998 年，即笔者初步清理两年后，白云山附近沙河镇有一部分热心文博的人士组成沙河文博会，主事者为郭纪勇老师。为了在 1999 年纪念梁先生诞辰三百七十周年，他主动邀请笔者参加会议，并建议出资修复梁先生墓。

笔者遂向沙河文博会的成员黄添发咨询，得到他的帮助，由笔者出

---

① 《广州市文物志》编委会编著《广州市文物志》，岭南美术出版社，1990，第 142 页。

资，1998 年秋天组织重修梁先生墓。

当时白云山的管理很松懈，重修作业不用经过烦琐手续。笔者先在肇庆找到有广东特色的连州青石，手书墓碑刻石，中间一行大字为"梁药亭先生暨配何孺人墓"，左右两边为重修时间和书者名字。这就是今日各种记载与 1990 年版"碑石已不存"记载有区别的由来。

此次重修，除将挖去碑石补回外，还将地台加固，并将护岭破损处补回。翌年沙河文博会召开梁先生纪念会时，还组织过参观。碑石后来被好事者凿断，白云山管理局事后用水泥重新封固好。笔者曾建议将被凿断的碑文重加修缮，白云山管理局答复曰此处系文保单位，碑石属于文物，不可说修就修云云。

值得一提的是，梁先生墓的几方碑文，除有关梁先生生平外，还关系到岭南文坛和文人逸事。

首先是康熙年间的原碑，至今镶嵌在墓护岭上方，字尚清晰，碑文如下：

　　正中刻："皇清赐进出身征仕郎翰林院庶吉士显考药亭梁公府君敕封孺人显妣梁门何氏太夫人之墓"
　　立石时间："康熙五十年岁次辛卯（1711）十二月十九癸酉之吉"

　　公讳佩兰，字芝五，号药亭，别号紫翁。以考茔在郁水上，晚更号郁洲。南海县人，世居城西之梁巷，先祖濂泉公长子也。由顺治丁酉科解元，迨康熙戊辰科会试中第十名。赐进士出身，选翰林院庶吉士，会覃恩敕授征仕郎。生于明崇祯己巳年十二月十二日戌时，终于清康熙乙酉年三月二十九日巳时，寿七十有七。元配妣何氏太夫人，同邑芙蓉乡文学古愚公季女。以夫贵封孺人，先公七年殁，生于明崇祯癸酉年九月十九日未时，终于清康熙戊寅年四月二十四日辰时，寿六十有六。今合葬于会城大北门外柯子岭，坐壬向丙兼己亥之原。

墓前挂榜处的两方大石碑，《广州市文物志》记载是吴荣光写的碑文，此碑文为仇江先生编《岭南历代文选》时所收录。兹不赘引，然而众口相传此志为吴氏手书，则大误。

吴荣光（1773～1843），号荷屋，南海人，曾官湖南巡抚，著名金石家、书法家。长期以来，有关重修梁先生墓志为吴氏手书的说法，各家深信不疑。麦华三《岭南书法丛谭》谓曾藏有碑文拓本，"笔力卓卓，游刃有余，盖其胸有成竹，目无全牛，寝馈碑帖，取精用宏，故能从容于规矩之中，游心于造化之表也"①。周利锋《抗衡中原——吴荣光的书法创作》一文甚至将此墓志列为荷屋楷书第一。②

笔者藏有一份梁先生墓三方碑石的清末拓本，挂榜处左边的碑石即吴荣光撰写的重修志左侧两行落款（见图1）：

道光六年丙戌冬十二月重修，南海吴荣光拜撰，同治三年甲子冬十二月重修，里人张□□敬书丹

此碑石为黑色，容易呈片状脱落，故今日左侧一行已完全漫漶，然而清末拓本还可看到。此碑由吴撰文，但非吴手书，书丹者为张某某（"某某"中下一字似为"平"字，待考）。

梁先生墓前挂榜处的两方大石碑，此前笔者曾与友人拓过一纸，无奈右边的碑石漫漶过甚完全不可释读，众多记录亦不详细。幸而后来笔者购得清末拓片（见图2），今将右边的碑石全文释读如下（字迹漫漶处以"□"标示）：

重修梁药亭先生墓记

呜呼！是为岭南诗家梁药亭先生之墓，墓伐矣，嗣斩矣，可哀矣！番禺周子翰卿倡修，同人多其义，以为绝之续而毁之全也。顺德黎如玮为之记曰：唯唯，否否。天之笃先生也异，未尝绝其祀也，周子乌乎续之？人之仰先生也永，不能毁其藏也，周子乌乎全之？夫不既绝既毁矣乎？曰：其或绝或毁者天，其不绝不毁者人。天人之故，

---

① 广东文物展览会编《广东文物》卷八，上海书店，1990，第724页。
② 周利锋：《抗衡中原——吴荣光的书法创作》，《收藏·拍卖》2011年第7期。

盖于先生之诗而信。先生为南海芙蓉村人，少领乡解，老入翰林，诗
兴屈陈方驾，世称岭南三大家者也，康熙五十年葬斯岭，碑著诸子孙
曾凡十四人，今无一焉。粟主寄河南野庙，番禺芗浦梁公以同姓之谊
闵焉，奚安诸青云书院。兆域初圮，南海荷屋吴公修焉，文载公集，
碑久仆，墓□□□，可哀也。已而吾信之于诗，何也？诗之为道，如
汤穆□□，日□流转于宇宙间，无所终极。心声心画，皆若人，精神
意气之所寄，以寿诸永永而不朽，故名亦附之以传。先生传集具在，
无容赘一词。顾其道一日不废，其名一日不磨，其精神意气亦一日不
□。□之乩仙大鬼，所在多有，矧名家巨手乎？语曰：神不歆非类，
民不□非族，无论南园北□诸老前后相推求□，夫风骚名彦皆我
□□。生则声气相感，死则精爽相依，魂气无不之，岂待血属之奠杯
酒麦饭，□饥饱□墟墓间哉。什百愚子孙绕膝以嬉，必不若一二名流
辈论心之快、生死同情也。彼若敕鬼馁而求食，冥漠君□而无闻，是
□庸者□，安能例此？况先生达漆园旨趣，髑髅之乐，南面不易，斯
□□人何戚焉。虽然，天于先生，钟其才，纵其学，永以耆寿，隆以
盛名，诚优□□，□是区区者靳而不畀以昌大□□，又恝然坐视其陵
夷澌灭而莫之或恤，抑何不仁。人于先生，读其诗，钦其品，慨然如
见其为人，则欷歔凭吊于其墓，缅怀国家全盛时不获扬搉其才，以
□□□，盖未尝不悲其遇，重以樵苏不爨，封树屡墟，岂非人事之穷
哉。呜呼！伯道无儿，天之所以为大；□□身后，人之所以为荣。知
其然而信之于诗，乃知其不绝不毁者，盖在彼而不在此。更千百年
后，必有数数继起如周子者，然则周子之义诚足尚□。醵金题名，例
剜于石。[①]

　　同治三年岁在甲子冬十月

　　顺德后学黎如玮敬记

　　□□黎原超敬书丹

[①]　按：笔者在本文责编赵晓涛的指示下，新近获见《广州大典·集部》收录黎如玮撰《半
　　村草堂文钞一卷》（清抄本）。该钞本中赫然有此墓记，其文本较笔者所得拓片为全，且
　　存在异文。详见《广州大典》第464册，广州出版社，2015，第318页。

重修撰文者黎如玮，字方流，广东顺德人。事母至孝。道光二十三年（1843）举人，讲学于广州城南狮子林僧舍，其读书处曰自在庵。有洁癖，一室扫除不假臧获。精医学，乡人赖之。工诗，著《养蚕辞》。画宗沈周，有画作传世。此碑文笔颇佳，虽有缺字未能释读，然与吴荣光之重修志足可并传。

图1　吴荣光撰，张氏书《重修诗人梁药亭先生故墓碑记》

图2　黎如玮撰，黎原超书（同治）《重修梁药亭先生墓记》

据此可知，梁佩兰后代曾有十余人，但到晚清时已全部不可追寻，也无人祭扫坟墓。道光年间，吴荣光曾主持重修一次，并撰志一篇，但此碑至同治初年已被破坏。同治三年（1864），广州士绅重修过一回。两次重修都在农历十二月，皆因梁先生的诞辰在十二月。

该碑文还提到一件事，因为后代无人祭拜，梁佩兰的木主曾安放于"河南野庙"，即今海珠区的一座小庙里面。后来为番禺梁芗浦安置到青云书院（即今惠福路口的"千乘侯祠"），这里是广东梁氏合族祠堂，相当于陈姓的陈氏书院（陈家祠）。梁芗浦应该是番禺黄埔村梁氏家族的一员。

二　陈恭尹墓

陈先生长眠处，在龙洞祥云岭下，即今天河区柯木塱"长寿村"水厂附近，地势不高，与村后民居相距不到二十米。兹引《广州市文物志》描述以见旧貌：

> 陈恭尹夫妇墓位于广州市东北郊龙洞柯木岭之高堂石（本名歌堂石）杨屋村后、祥云岭南麓。1931 年重修陈墓时在村口竖有花岗石的路标石碑，上刻"陈独漉先生墓由此路进"10 个大字，墓前东侧仅距数步即为该村民居。
>
> 墓坐北向南。墓面用灰沙构筑，分坟头、山手和前台三部分。由坟头而下分为四级，坟头用灰沙版筑呈半圆筒状，中间嵌一连州青石大碑，中刻"陈独漉先生暨配湛郭恭人合墓"，楷书，左右两山手间各嵌一黑石碑，右碑中刻"南敬陈公府君墓"（独漉第三子名适），左碑中刻"十三世祖妣吴太孺人之墓"（陈适之妻）。
>
> 墓前有三方护墓大碑，竖立在前台脚下相距仅 2 米左右。左边的碑高 95、宽 49 厘米，中刻保护该墓的"番禺县政府公告"全文，为"中华民国二十年三月十五日县长陈樾"所立。右边的 2 块，一为"重修陈独漉先生墓碑"，高 95，宽 52.5 厘米，下署款"辛未春三月番禺汪兆镛撰"。另一为"重修陈独漉先生之墓记"，下款由"民国辛未夏五月董修者清查坟山公所邓善麟"等共 10 人署刻立石。据汪兆

镛这篇写于民国 20 年即 1931 年的重修墓碑记得知：陈独漉与其原配
湛氏、继室郭氏合葬，坟头下两边山手（挂榜）附葬的有：右边是继
室郭氏所生第 3 子适，左边为适妻吴氏。上述的 3 碑同为灰黑色碑石，
保存完好，碑文颇长，这里从略。①

由书上记载可知，陈先生墓一直保存完好，经历了抗战、"文革"等，仍
得保无恙。1931 年由当时广州士绅发起重修，主事者除汪兆镛（1861 ~
1939）较为人所知外，还有顺德龙山人邓善麟（其父邓华熙曾官安徽巡
抚，是广州府著名士绅）。

祥云岭的风水在当地传说中是非常好的，距离陈先生墓大约两百米处，
有两座并排的坟墓，今已完全被人遗忘。其中，右边的一座安葬于 1937 年，
墓主人是赖际熙（1865 ~ 1937）。赖际熙为增城人，清末光绪癸卯科进士，
后入选翰林，是清代增城唯一一位翰林，后曾担任香港大学中文学院第一任
院长。左边的是其祖父的墓，安葬于道光癸卯年（1843）。

2006 年 4 月，笔者带领佛山市南海区一位文物爱好者，先访赖太史
墓。抵近后眼前景象颇令笔者惊讶，原来保存极为完好的两座墓已被挖
开，破碎的棺木片犹在坑中，其中灰砂墓墓碑被挖破，赖太史墓地内墓碑
和镇墓的一对石狮子（上有"赖太史第"字样）均不知所踪，后土的
"奉天诰命"碑被挖坏成两段。笔者即致电住在香港的赖太史幼子——香
港中文大学退休教授赖恬昌先生，赖先生黯然回答说，他去年接到通知，
广州要清理山坟，增城的乡里闻讯后赶到，将两副棺木匆匆取出，将墓碑
和石狮子一起搬移至增城乡下的宗祠旁安置。

笔者这才想起当年确实有清理山坟运动，放下手机，与友人唏嘘一
番，遂又沿山路访陈先生墓。

然而到了熟悉的陈先生墓址，眼前的景象使我倒吸一口凉气。朋友惊
叹道：这哪里有墓啊？

只见竹林之下，墓前的两方大碑（即《广州市文物志》上介绍的护墓
碑）依然屹立，广州市文化局所立的"广州市文物保护单位"碑仍然无

---

① 《广州市文物志》编委会编著《广州市文物志》，岭南美术出版社，1990，141 页。

恙，然而陈先生的墓与碑已片石无存（见图3）。

图3　被夷为平地的陈恭尹墓照片

我们在惊讶之余，随即用手机拨通广州市文物考古研究所孔柱新先生的电话，告知陈先生墓彻底被毁。孔闻讯后大惊，建议笔者先报警处理。于是笔者又用手机拨通110报警。由于墓地是被摧毁而非被盗挖，基本排除盗墓可能，笔者即按照孔先生的建议，往所属凤凰街道办事处了解情况。

凤凰街道办事处有专人负责清理山坟，笔者问："你知道辖区有属于广州市保文物的古墓吗？"答曰："知道，但是具体在哪里，我也不清楚。"

当天下午警方与广州市文化部门工作人员相继赶到，当晚及翌日《羊城晚报》《南方都市报》等媒体相继报道此消息。其中以《广州日报》的报道最为详细，兹略引如下：

1983年就公布的广州市重点文物保护单位，清代"岭南三大家"之一的陈恭尹墓，竟然无缘无故地被拆毁了！有关负责人表示，已经公布的文物保护单位遭受这样的损毁，在广州还是第一例。目前广州市文物行政部门和公安等部门已经介入调查。

昨日记者在知情人的指引下，来到了位于天河区龙眼洞祥云岭的陈恭尹墓旧址，发现除了原墓边缘的一小部分石边和被掀起的若干石块之外，整座墓已经荡然无存，墓址成为一个直径约5米，南浅北深的大坑，底部覆盖着厚厚的枯黄落叶，显然被毁时间已经不短。

记者发现，就在墓址南侧10米左右的范围内排列着4块石碑：民国二十年（1931）关于保护该墓的《番禺县政府布告（总字第二八一号）》，两块《重修陈独漉先生墓碑》和《重修陈独漉先生墓记》碑，一块"广州市重点文物保护单位"的石碑。"文保石碑"上写明，陈恭尹墓被公布为保护单位的时间是1983年8月13日。

广州市文物考古研究所的考古人员说，此前他们并没有对该墓进行过发掘，因此墓中到底有什么随葬物品、形制如何，目前已经无法弄清楚了。

据最先向有关部门反映陈恭尹墓被毁的知情者说，他是这个月21日发现这一情况的。广州市文化局、天河区文化局的工作人员当天下午便赶到现场调查，昨日上午，又有警察到场勘察。

由于昨日是周六，记者没有联系上街道方面的负责人。但这位知情者表示，他于周五向古墓所属的凤凰街街道办事处民政科咨询此事。民政科一位王姓科长表示，去年重阳节前后，他们曾经在辖区内进行过一次清理山坟的行动，但是到底清理掉了些什么人的墓，王科长并没有给出明确的答复。

据了解，天河区文化局的工作人员去年夏天检查时，这座墓依然完好。据此推断，毁墓时间应当在去年下半年。初步调查中有关方面也暂时排除了盗墓的可能，并认为该墓在清坟时被毁的可能性比较大。①

笔者再次考察当地墓附近情况，发现在"广州市重点文物保护单位"碑的下方，有一座小墓，墓主姓"练"，却未被"清理"，由于陈先生墓距离保护碑大约有8米之遥，而此练姓墓却在保护碑正下方，极有可能是负责施工的工作人员误将"练"认作"陈"，于是将陈墓摧毁（据天河区政府网站后来发帖，确认此为当时"误挖"所致）。

此案发生后，引起广州市文化部门重视，天河区亦立即将陈恭尹墓重

---

① 《"岭南三大家"陈恭尹墓被毁（图）》，《广州日报》2006年4月23日，第A4版。

新修复。一年后，笔者重访墓地，见到原来只剩下黄泥的深坑已重新砌起垄环和山手，正中央原来的连州青石墓碑为番禺吴道镕所题。[①] 此墓碑是1931 年重修时所立，惜已碎为两段，今乃重新粘回原处。

墓地原有的两方挂榜碑石，分别是陈恭尹的儿子陈适和儿媳的墓碑，只找回右侧陈适的碑石，而其儿媳墓碑已经不知所踪。

梁、陈两先生墓的重修故事略述如上，读者也许会唏嘘不已，作为当事人和见证者，笔者的感触更加深沉。然而重读吴荣光和黎如玮的碑文，笔者慢慢释然——三先生所不朽者原在其文字，不在一堆荒土。千百年后倘有读此文者，其感慨又当何如哉?!

作者通信地址：广东省广州市越秀区东湖西路十四号地下 D 座，邮政编码：510100，邮箱：744213050@qq.com

责任编辑：赵晓涛

---

① 按：吴道镕（1852~1936）是李文田的学生，光绪朝的翰林，广东著名学者、诗人。

综合研究

岭南三大家与桐城派

程大立[*]

广州工程技术职业学院图书馆，广东广州，510900

摘　要： 以屈大均为代表的岭南三大家与以方以智、钱澄之为先驱的桐城派在思想同宗、文学同师、身份同构的基础上积极交游和互勉，实现思想和学术的互进。清初，岭南与江南之间跨时空的交流，形成了一道独特的风景，丰富了岭南文化的内涵，拓展了桐城派的学术视野。

关键词： 交游；岭南三大家；桐城派；学术；文化

岭南之广东与江南[①]之安徽、江苏相距千里。清初，交通尚不发达，舟船缓慢，人马劳顿，迁徙不便。然岭南三大家与桐城派[②]确有交集。第一，岭南三大家核心人物屈大均与桐城方以智、钱澄之同为明末高僧觉浪道盛弟子，在承传和发展高僧衣钵上，有共同思想基础。第二，岭南三大家屈大均、陈恭尹、梁佩兰与桐城方以智、钱澄之以及戴名世等桐城派早期作家，都是明末遗民，反清复明的心理情结又自然地相通相惜。第三，屈大均与桐城钱澄之、汪琬、薛熙以及戴名世、方苞、刘大櫆、姚鼐等桐城派作家，都以明代归有光散文为宗，为文、评文、论文皆以归有光为准则。思想渊源和学术基础的共同性，让岭南三大家与桐城派

---

[*] 程大立（1966～），男，安徽桐城人，广州工程技术职业学院图书馆研究馆员，文学硕士。

[①] 清代安徽、江苏同属江南省，故称。

[②] 本文所述的桐城派作家，依据为刘声木《桐城文学渊源考撰述考》（黄山书社，2012）。刘著将归有光作为桐城派文学之源，其门下包括本文所述魏禧、汪琬、薛熙等作家。

有了交流的基础。岭南三大家的人际交游与文章互评，促进了精神互励，深化了文学共进。

一　思想同宗与学术同师

（一）宗觉浪而各有新识

屈大均与桐城方以智、钱澄之都是明代遗民僧觉浪道盛的弟子。觉浪道盛，俗姓张，号浪杖人，明代高僧。其《三子会宗论》包括"怨与怒""天与人""生与死"三个主题，主张以孟子为标准，消弭庄子和屈原之间的差异与隔阂，最终实现三子会宗。

方、钱、屈三位高徒分别对觉浪的思想和观点进行了再阐释。方以智运用家传易学的"公因反因说"，对觉盛的"怨怒致中和"进行解析，认为庄子所善之"怒"与屈原所善之"怨"，最终复于中和。钱澄之对《庄子》内七篇进行诂解，认为"庄处其潜而屈当其亢"，借"因时而变"来阐述庄、屈之道皆本于《易》的道理，从诗学角度出发得出"屈子善于怨而庄子善于群"的结论，在此背景下实现庄屈会宗。屈大均认为屈原之《天问》亦如庄子之"狂放"，相比于庄子"天放"，屈原之放在人间，故称"人放"，二者都是不得已而发，故可合一。屈大均"庄子天放，屈原人放"的观点融会了觉浪"天与人""生与死"两种观点。①

觉浪是一位以忠孝闻名的明代遗民高僧，《三子会宗论》以孟子会宗庄子和屈子，正是从"乱世之音""孤臣孽子""舍生取义"等不同角度寓托遗民心迹，而"三子会宗"的理想与现实矛盾，又表现了觉浪对包括儒学在内的华夏文明未来命运的忧惧，以及明遗民在异族统治下保全传统文化孤脉的心迹。入清后，明遗民高士纷纷投入佛门。方以智、屈大均亲自参加过抗清斗争，失败后都曾削发为僧；钱澄之曾在明永历、弘光朝廷任职，后归里隐居，拒出清仕。三人投身觉浪门下且分别阐释《三子会宗

---

① 宋健：《论道盛弟子对〈三子会宗论〉的再阐释——以方以智、钱澄之、屈大均为中心》，《南京师大学报》（社会科学版）2010 年第 1 期，第 115~119 页。

论》，表现了对"三子会宗"观点立论角度、演进方向上的不同思考，而获得学理最新发展，暗含独特的遗民心迹：为做遗民而非死节的行为寻求合理性寄托。①

屈大均是明清之际学者、著名诗人和散文家，曾参与其师陈邦彦组织的抗清斗争。失败后为躲避清廷迫害，出家海云寺，法号今种，云游四方，广结奇士，暗图抗清大业，但无所成，后蓄发还俗，终生不仕清廷。陈恭尹之父陈邦彦是著名抗清志士，为清廷捕获并处死。陈恭尹亦曾参与为父复仇的反清活动，后归里读书与屈大均结交。梁佩兰私淑陈邦彦，后入清职，康熙间告假归里，与屈大均、陈恭尹交。同事一师，心灵相通，让屈、陈、梁走到一起，诗词酬唱，形成清初岭南三大家。而作为岭南三大家之首的屈大均，其于觉浪道盛继承的"庄屈"思想，也自然会影响到陈、梁二位诗友。"神州萧条寰宇里，英雄失路归何门。"②陈恭尹非常理解屈翁山的处境，积极鼓励其远走吴越。梁佩兰也敬佩陈恭尹以"足不一踏神州，不遍识中原人物"为耻，赞同他"遨游闽越，循及勾吴……盼天堑于长江，听溪流于春谷"③。以屈、陈为代表的广东力量，为寻觅反清复明同志，"惟遗民与遗民为友"④。

桐城派是清代最为显赫的古文流派，方以智、钱澄之对桐城派的影响亦十分显著。李波《明代桐城理学文化述论》认为方孔炤、方以智父子形成了桐城理学高潮。⑤ 张英云："海内宗密之（以智）先生，盖五十余年。博闻大雅，高风亮节，为近代文人之冠。"⑥ 姚莹认为，桐城诗学系"钱澄之振于晚季（晚明）……海峰出而大振，惜抱起而继之，然后诗道大

---

① 宋健：《论道盛弟子对〈三子会宗论〉的再阐释——以方以智、钱澄之、屈大均为中心》，《南京师大学报》（社会科学版）2010年第1期，第115～119页。

② （清）陈恭尹：《独漉堂诗集》卷三，道光五年陈量平刻本。

③ （清）梁佩兰：《独漉陈公行状》，（清）陈恭尹撰，郭培忠校点《独漉堂集》，中山大学出版社，1988，第897页。

④ （清）屈大均撰，徐信符编《翁山佚文辑》卷二，民国二十九年（1940）南州书楼辑本。

⑤ 李波：《明代桐城理学文化述论》，《安徽文献研究集刊》2011年第1期，第317页。

⑥ 转引自（清）方昌翰《桐城方氏七代遗书》，清光绪十四年（1888）桐城方氏刊本。张英（1637～1708），字敦复，又字梦敦，号乐圃，又号倦圃翁，安徽桐城人。清朝大臣，张廷玉之父。康熙六年（1667）进士，选庶吉士，累官至文华殿大学士兼礼部尚书。

昌"①。张舜徽认为："桐城经学文章之绪，开自钱澄之。方苞与名世继起，有志昌大。"②钱仲联认为："论桐城派古文，后海先河，澄之为昆仑之源，当无疑义。"③因此，方以智、钱澄之是"桐城派的渊源""'桐城派'之先导""桐城派的前驱""桐城派的鼻祖"。④ 有人甚至认为，明末清初方以智、钱澄之等推崇《左传》《国语》，以司马迁文章为嫡传，开桐城派先河，成为桐城学者的主要倾向。⑤

　　基于方以智、钱澄之在桐城派的诞生过程中发挥了重要作用，他们继承并创新觉浪道盛"庄屈"会宗思想，也必然会对桐城派产生重要影响。方、钱和屈同宗觉浪而形成的思想会通，分别成为岭南三大家、桐城派的重要思想渊源。

（二）师有光而各有所承

　　桐城派"先导"人物与岭南三大家中的屈大均不仅有共同的精神追求，也有相同的文学宗师。"自明之季，学者知由韩、柳、欧、苏沿洄以溯秦汉者，归有光之力也。"⑥归有光，字熙甫，号震川，明代散文家。"弱冠尽通五经三史诸书，以文字之说发明《史记》指趣，乃有途辙可寻，其评点《史记》，例意尤为卓绝千古，其为文原本经术，汪洋疏纵，阏深峻洁，间有驳宕变化，好太史公书，得其神理。"⑦

　　归有光散文在明末清初影响极大，是桐城派梳理文统、上溯唐宋八家之

---

① （清）姚莹：《桐旧集序》，《中复堂遗稿》卷一，《续修四库全书》第 1513 册，上海古籍出版社，2002。姚莹（1785~1853），字石甫，号明叔，安徽桐城人。晚清史学家、文学家。嘉庆十三年（1808）进士。此后曾游幕广东，在福建、江苏任过地方官。后历任台湾兵备道、湖南按察使等职。

② 张舜徽：《清人文集别录》卷四，中华书局，1980。

③ 钱仲联：《钱澄之全集序》，（清）钱澄之撰，吴怀祺校点《田间易学》，黄山书社，1998，第 4 页。

④ 分别参见欧明俊《古代散文史论》，三联书店，2013，第 64 页；吴孟复《桐城文派述论》，安徽教育出版社，2007，第 17 页；文渊主编《一本书读通文学典故》，安徽人民出版社，2012，第 139 页；李则纲《安徽历史述要》，转引自周明秀《论桐城派诗论的主要内容及其形成过程》，《文艺理论研究》2002 年第 4 期，第 63~70 页。

⑤ 张瑞杰：《试论钱澄之对桐城派的影响》，《长治学院学报》2010 年第 1 期，第 29~31 页。

⑥ （清）纪昀、陆锡熊等：《文渊阁四库全书·震川集提要》，台湾商务印书馆，1983，第 1289 页。

⑦ 刘声木撰，徐天祥点校《桐城文学渊源撰述考》，黄山书社，1989，第 65 页。

间的重要桥梁。"自有明中叶，昆山归太仆以《史记》之文法，抉宋儒之义理，空绝依傍，独抒怀抱，情真语挚，感人至深。我朝桐城方侍郎继之，研究程朱学术，至为渊粹。每出一语，尤质朴肯至，使人生孝悌之心。文章之义法因亦大明于世，实为一代巨擘，与归文同为六经之裔，一时衣被天下，蔓衍百余年益盛。"①郭绍虞认为桐城派"实即从学习归熙甫得来"②。

归有光对后人特别是桐城文人最大的启发，是他对文、道之间关系的理解。③归有光追求"其言适与道称"。桐城派理论集大成者姚鼐继承之："夫文者，艺也。道与艺合，天与人一，则为文之至。""夫古人之文，岂第文焉而已。……达其辞则道以明，昧于文则志以晦。"④归有光之文"情辞并得"，可称"近古之文"；桐城派先驱方苞认为"情辞动人"是作文的关窍。⑤归有光反对"溢于文"；方苞有"文未有繁而能工者""一字不可增减，文之极则也"⑥之说，刘大櫆有"文贵简""文贵远"之论，姚鼐有"迂回荡漾，余味曲包"⑦之风。桐城派提倡"雅洁"之风，实是受到归有光的影响。"正是从归有光情韵不匮之作中，方苞以及桐城后学们体悟到了上继唐宋、秦汉先贤的古文传统的途径轨辙。"⑧

岭南三大家与桐城派在文学理论上有相同的主张。屈大均对散文的审视有独特看法："文必洁而后浮气敛、昏气除，情理以之而生，道学以之而明，视夫佛老虚无之旨，诸子俶诡之词，六朝繁缛之体，犹之尘埃，不足以污其字句。故其文之驰骤迭宕，呜咽悲慨，倏忽变化，一皆从洁而生，以之追子长，凌八家，继归王，胥是之故。"⑨屈大均用一个"洁"字，

---

① 刘声木撰，徐天祥点校《桐城文学渊源撰述考》，黄山书社，1989，第65页。
② 郭绍虞：《中国文学批评史》，上海古籍出版社，1979，第659页。
③ 何天杰：《经世之学的蜕变与桐城文派的崛起》，《华南师范大学学报》（社会科学版）2001年第1期，第58~65页。
④ （清）姚鼐著，刘季高标校《惜抱轩诗文集》，上海古籍出版社，2008，第39页。
⑤ （清）方苞著，刘季高校点《方苞集》，上海古籍出版社，1983，第117页。
⑥ （清）方苞著，刘季高校点《方苞集》，上海古籍出版社，1983，第181页。
⑦ 钱基博：《中国文学史》，上海古籍出版社，2011，第786页。
⑧ 何天杰：《经世之学的蜕变与桐城文派的崛起》，《华南师范大学学报》（社会科学版）2001年第1期，第58~65页。
⑨ （清）屈大均：《高大令文集序》，欧初、王贵忱主编《屈大均全集》（三），人民文学出版社，1996，第286页。

把学行与文章联系了起来，提出为人先于作文，认为只有思想纯正，文章才能写得漂亮。这既是对司马迁、唐宋八大家，尤其是归有光"情理"观的继承，也与方苞"雅洁说"并无二致。屈大均倡导"文必洁"后，将"情""理"摆在"道""学"之前，强调文章起伏多变皆"从洁而生"，与归有光"情辞并得""情辞动人"更为契合。在《高大令文集序》中屈大均还对"史迁—唐宋八大家—明唐宋派"这一文统做了简单说明，已隐约透露出对归有光的推许。在屈大均眼里，归有光是古文正宗传人。

屈大均尊崇"儒者之文"，贬抑"文人之文"，他在《无闷堂文集序》中提出"文以理为主"，认为只有"理直"才能"气壮"。同样，钱澄之在《问山堂文集序》中也有类似论述，他认为理是气的根源，有真理而后有真气，然后才有真词。舍弃理而养气，是虚气；舍弃理而写词，是浮词。屈、钱二人主张散文应以说理为主似乎不是巧合，不仅源于同宗同师的思想渊源和忧国忧民的遗民情怀，还与岭南、桐城均以归有光为师，接受"得其神理"观点形成"实学"精神有关。

二 同侪交游与后学好评

明末清初，粤人往江苏者较多。江浙是文化重地，广东人很愿意"便道客游吴浙"。岭南三大家都曾经过和停留吴、越，特别是陈、屈二位，居吴越的时间分别达三年、四年之久。岭南三大家均是明朝遗民，除了心仪吴越山水和老友，还因为金陵曾是明朝陪都，尚有明孝陵可供凭吊。隐居不仕、怀念故主，当是主要情怀。

（一）与桐城派先贤交游

顺治十四年（1657）秋，屈大均北上寻找被流放到关外的师叔函可①。途经南京时，拜访了遗民诗人钱澄之。钱与屈虽为同门，但未曾有缘相

---

① 函可（1612～1660），字祖心，号剩人、罪秃，俗姓韩，名宗騋，博罗浮碇冈人。早年寓居南京、北京两都，与天下名流巨儒切磋论交，崇祯九年（1636），与师兄函昰同隐于罗浮山华首台。崇祯十三年（1640）上庐山祝发受戒，遁入空门，易名函可，任罗浮山华首台都寺。

见。相同的遗民情结，与函可深厚的渊源关系，让两人一见如故，有诗唱和。

送一灵出关寻剩公

钱澄之

剩公吾不识，高蹈旧京传。

忽醒罗浮梦，来参铁岭禅。

艰难师友谊，去住弟兄贤。

阿字几刻到，多君携手还。①

屈大均来访，有打听函可师叔线索的目的。② 虽然钱澄之并不认识函可，也不知晓函可的行踪，但对剩公（函可）心怀敬意。钱诗还表达了同门师友的问候、祝愿和手足兄弟的关怀、情谊。

1. 与魏禧

魏禧，字冰叔、叔子，一生并未到过岭南，但对岭南三大家十分神往。其《岭南适笔叙》云："吾乡与岭南接壤，予尝以谓不足游，故吾伯、季皆客之，予独未往。然闻其地多物产奇异，近与顺德陈元孝诸子为神交，则欲往而未暇。"③ 魏禧有诗句"我生四十不粤游，此中五子神交久"④，记述了他对岭南诸友的情谊。魏禧与陈恭尹一直保持通信，陈恭尹寄给易堂九子的古文辞，魏禧曾为之点定论列。陈恭尹谓魏禧"爱诲备致"⑤。康熙十八年（1679）秋，屈大均自南京返粤，途经江西，曾有意一

---

① （清）钱澄之撰，诸伟奇校点《田间诗集》卷四，黄山书社，1998，第78页。

② "从屈大均造访顾、钱二家的情形看，他都向顾、钱二人道出自己出关的缘由，估计也希望从他们的口中得悉函可和尚的一些信息和线索。"参见董上德《屈大均》，广东人民出版社，2008，第30页。

③ （清）魏禧：《魏叔子文集》，《四库禁毁书丛刊·集部》第5册，北京出版社，1999，第525页。

④ （清）魏禧：《寄寿岭南何母七十》，转引自马将伟《易堂九子研究》，社会科学文献出版社，2013，第180页。"五子"指"北田五子"陈恭尹、陶窳、梁无技、何衡、何绛。

⑤ （清）陈恭尹：《独漉堂文集》，《续修四库全书·集部》第1413册，上海古籍出版社，2001，第263页。

往翠微峰与易堂诸子[①]相讲习，然终未果，时作《赠魏处士冰叔》一诗，咏翠微自然人文景观，借传说中汉代的张丽华“佳人重意气，仙举非得已”以赞易堂诸人志节之高洁。

赠魏处士冰叔

屈大均

岩岩宁都山，穹石蔽天起。中有金精峰，翠微与相似。汉初有逸民，张芒一女子。玉貌生奇光，纨扇照如水。垂涕悲民生，欲嫁无良士。不义衡山王，乃为重瞳使。弑帝郴江中，悖逆非人理。兵威劫丽英，披发卧泥滓。氤氲石鼓旁，奇女气青紫。有鸾自舞歌，慷慨不可止。嫁夫得鄱君，婵娟所深鄙。可惜汉高皇，大度容仇耻。方徙长沙封，不共淮南死。佳人重意气，仙举非得已。安期策苟行，岂爱菖蒲美。君居临翠微，丽英乃乡里。平生不字贞，茕茕无娣姒。薇芜作面脂，菡萏为文履。云步何虚徐，谁能持玉趾。玉帛一朝来，容颜遂自毁。岂伊是籧篨，臭恶还苿苢。隆准尚不臣，所希在黄绮。邻女窈窕姿，将老犹珠珥。枯杨忽生华，以为士夫喜。秉节乃不终，媒妁持为市。蔡琰苟忘夫，王昭将妻子。橘柚已逾淮，芳馨宁有尔。[②]

又有《宁都魏叔子季子隐金精山诗以寄之》一诗，大概亦作于此时，诗中同样表达了对易堂诸子的钦羡之情，并有互勉之意。[③]

宁都魏叔子季子隐金精山诗以寄之

屈大均

螺川南上更登舻，滩尽高台见郁孤。

---

① “易堂九子”指明末清初以魏禧为首的九个文学家。魏禧父魏兆凤，于明亡后削发隐居于宁都县城西2.5公里远的翠微峰，名其居室曰“易堂”。魏禧与兄魏际瑞、弟魏礼以及彭士望、林时益、李腾蛟、邱维屏、彭任、曾灿讲学于此，提倡古文实学，世称“易堂九子”。

② 参见陈永正主编《屈大均诗词编年笺校》，中山大学出版社，2000，第527页。

③ 马将伟、王俊义：《易堂九子与岭南遗民交游考述》，《岭南文史》2008年第4期，第19~21页。

秋气惊来江上早，雪花吹到岭头无。

天留一剑知何意，人在三门尚有徒。

不嫁长沙仙女好，金精高卧亦良图。①

2. 与汪琬

汪琬（1624～1691），字苕文，号钝庵，晚号尧峰。长洲（今江苏苏州）人，清初官吏、学者、散文家。"为文规模韩、欧，尤私淑归有光，其文骨清思洁词温，醇雅可诵，惟叙事伤于过繁。"②汪琬与屈大均并无过多交往，顺治十八年（1661）屈大均自吴返粤时，汪琬有诗文相赠。

送屈生还南海

汪　琬

罗浮神仙堀，名胜天下闻。

岧峣东西樵，异花霭氤氲。

花间蛱蝶大于扇，疑是麻姑五色裙。

君家旧住罗浮麓，偶负巾箱出岩谷。

一枝藤杖宛如龙，徒步频歌远游曲。

远游兴尽忽言还，莳药眠云掩旧关。

惭予未绝三彭累，矫首罗浮那可攀。③

《送屈生还南海》诗表达了汪琬对岭南奇异风光的羡慕，对屈大均藤杖远游的敬佩，对自己为平庸生活所累、不能洒脱走天涯的遗憾之情。

送屈介子序（节选）

汪　琬

人与物，相盛衰者也。岭南地僻而饶乐，自前代多象犀珠玑、翡

---

① 陈永正主编《屈大均诗词编年笺校》，中山大学出版社，2000 年，第 527 页。

② 刘声木撰，徐天祥点校《桐城文学渊源撰述考》，黄山书社，1989，第 71 页。

③ （清）汪琬著，李圣华笺校《汪琬全集笺校》，人民文学出版社，2010，第 543 页。

翠玳瑁之物。而柳子厚独谓其阳德之炳耀者罕钟于人，故士大夫每以荒徼诎之。

　　今国家南平五岭逾十年矣，天子方益严航海之禁，番舶贸易之货不以时至，而粤土亦日益贫困，边海迁徙之氓，以饥寒踣死道路者累千万户，至于平海、杨梅、青婴、珠池之中，亦竟不复产珠。……顾天地炳耀之德，郁而不舒，其势必有时而发。今且钟为雄放瑰绝非常之士，同时知名者，指不可胜屈，虽中州亦推让焉。夫然后知人物盛衰之数若循环然，未有既久而不变迁者也。凡予见闻所不及者，固不暇论，诸如程子周量、邝子湛若、梁子芝五，悉予见闻所及，盖皆所谓非常之士也。而最后复得介子，其为人雄放自喜，尝远走吴越、燕赵、秦晋之乡，结纳其豪杰，辄乘间作为诗歌相倡和，其词深沉跌宕，有风人之旨。予始喟然太息，以为阳德之钟诸人者，抑何阔于古而发于今，如是其盛耶！虽欲诎为荒徼之区，不可得矣。①

《送屈介子序》一文从人物盛衰之理，论述了岭南"雄放瑰绝非常之士"的天赐之缘，极力推崇屈大均"雄放自喜"的极品个性和"阳德"显赫以彰荒徼的光辉形象。

3. 与薛熙

薛熙，字孝穆，号半园，吴县人，中年居常熟，布衣。弱冠即弃举子业，从明遗民孙永祚、陈瑚、汪琬游，专习古文。"为文私淑归有光。……其文顺理成章。"② 其散文集自名为《依归》。屈大均北上江苏时已闻薛熙之名。

康熙三十三年（1694）闰五月，薛熙有岭南之游，屈大均与来粤登门造访的新文友薛熙"论文有合"，一见如故。薛熙拿出新作《秦楚之际游记》请屈大均评识。在《秦楚之际游记序》中，屈大均称"孝穆来广州，予一见如旧识，相得欢甚"，言薛熙是"天下之有心人，感时悲愤，每于言外见之"。又因为评孝穆文与汪琬有同识，深以"晚岁得交于孝穆"为

---

①　（清）叶燮注，蒋寅笺注《原诗笺注》，上海古籍出版社，2014，第 479~480 页。
②　刘声木撰，徐天祥点校《桐城文学渊源撰述考》，黄山书社，1989，第 71 页。

"幸","见其师友之渊源"而喜。① 屈大均分别撰写了《书薛孝穆先友传后》《薛孺人丁氏墓志铭》等文。② 前者以"虞山正音"之传，赞扬了君子"德识"之文，点明了薛熙《先友传》"尚友"的主题。后者以丁孺人"自食其力""忍饥无悔"的贤良品德，赞扬孺人之"妇德"，表现"夫子能文，孺人又贤"的主题。薛熙也为屈大均《翁山文钞》作序，记在广州见屈翁山"论文有合"，高度评价屈大均手自删定文集的严谨态度，称其为"今之欧阳子"，并对集中之文逐一写评语。

薛熙于屈大均处结识陈恭尹、梁佩兰等岭南诸贤；应大汕（石濂）和尚之约，与屈大均、陈恭尹、梁佩兰、陶元淳、王煐③等雅集于城西精舍淀心亭，相与唱和，倜傥风流。"薛君出其秦楚游记一编相示，予与诸君倚栏讽诵，得风行水上之乐，竟忘日之将夕也。薛君论文，讲求法度，考索音声，持衡颇峻，其自为文，祖龙门而祢震川，《依归》之集，行世已久，而兹编则其一鳞片羽毛而已。"④十月八日，薛熙将离广州去乳源，王煐召集诸人及太仓诗人王摅⑤等为其送行。"楚客已同餐菊惯，向寓屈氏骚圣楼"⑥记述了薛、屈之间的交往之深和欢娱之情。其间，陈恭尹有诗赠薛熙。

题薛孝穆小影

陈恭尹

薛生今世之狂简，人定不为天所限。

半生好作访古游，千载独具论文眼。

西游彭蠡溯湘沅，北过二陵寻灞浐。

① （清）屈大均：《翁山文钞》卷一，清康熙刻本，《清代禁毁书丛刊·集部》第120册，台北：伟文图书出版社，1997。
② （清）屈大均：《翁山文钞》卷五、卷八，清康熙刻本，《清代禁毁书丛刊·集部》第120册，台北：伟文图书出版社，1997。
③ 陶元淳（1646~1698），字子师，江苏常熟人。清康熙二十七年（1688）中进士，三十年（1691）任昌化县（今海南省昌江黎族自治县）知县。王煐（1651~1726），字子千，号南村。康熙年间以贡生授光禄寺丞，晋升刑部郎，后出任惠州知府、浙江温处副使。
④ （清）王煐著，宋健整理《王南村集》，天津古籍出版社，2015，第413页。
⑤ 王摅（1635~1699），字虹友，号汲园，太仓州城人。
⑥ （清）王摅：《芦中集》，上海古籍出版社，1981，第142页。

逢碑下马辄自抄，得钱随手皆镂版。

结交欲尽一世豪，其家不及中人产。

年来更和击缶歌，赋中屡有伤心撰。

看君意兴殊落落，复上石楼穷嵾嵯。

与予相见五羊城，花边往往同飞盏。

问君之生烈皇末，日月无光天道反。

七日即为国破时，赋命其间宁不蹇。

阴阳剥复理有然，大器从来成在晚。

终期落日戈可挥，莫谓颓风力难挽。

谁人画此蕉与鹤，中有一翁坐来稳。

把将如意缺唾壶，直着山衣傲华衮。

蕉心万束不易开，鹤寿千龄孰能损。

君不见中孚九二鸣在阴，子和之声闻最远。①

《题薛孝穆小影》写薛熙访古游览以及国破家贫、人生蹇塞的遭遇，记其与薛熙羊城相识以及未来可期的友情，表达了怀才不遇而不失志向的高洁情操。

送薛孝穆之乳源

陈恭尹

罗浮游兴尚逡巡，又向云门寄旅身。

归计渐于吴下近，山光多与楚南邻。

箫韶合睹来仪鸟，钟乳偏宜服食人。

地僻古贤希到此，赖君文采发扬新。②

---

① （清）陈恭尹著，陈荆鸿笺释，陈永正补订，李永新点校《陈恭尹诗笺校》（下），广东人民出版社，2016，第 724 页。

② （清）陈恭尹著，陈荆鸿笺释，陈永正补订，李永新点校《陈恭尹诗笺校》（下），广东人民出版社，2016，第 963 页。

另有送别诗《送薛孝穆之乳源》，盛赞薛熙文采之华，寄托传播吴楚文化、弘扬岭南文化的期待。

（二）获桐城派后学好评

清康熙四十四年（1705）发生在岭南的画僧石濂案，让离世已十年的屈大均再度引起人们高度关注。石濂（1633～1705），字厂翁，法号大汕，俗姓徐，幼居江苏吴县，明亡后出家。中年到广州，自言为觉浪道盛法嗣，得屈大均相助，与陈恭尹、梁佩兰等交往，结识广东政教人物，入主长寿寺。后与屈大均在政治思想和生活观点上发生分歧且交恶。康熙三十八年（1699）前翰林院检讨、日讲起居注官潘耒作《救狂砭语》，揭露石濂有违国体、宗教，道德品质败坏等行为，引起官府关注和介入，后石濂入狱且死于狱中。

此案中致石濂于死地的重要证据，是潘耒采信了屈大均与石濂“交恶”事实和屈大均诗文、书信。关于屈、石交恶，学界一直有争议，有学者甚至怀疑潘耒所采信的内容的真实性。① 桐城派作家姚范坚定支持潘耒说法，在其著作《援鹑堂笔记》中指出，屈氏早年助石濂甚多，感情颇深，且曾为其代笔作诗；只因石濂行为不检、善画素女图、侵吞飞来寺僧田七千余亩等，致二人分道扬镳。② 姚范在其笔记中采信潘耒说法，表示对屈大均的信任和肯定。除姚范外，桐城派作家姚莹、姚柬之分别对岭南三大家有诗评，且一致推举屈大均诗为三家之首。姚莹的诗评是：“南园秋草没荒坡，接轨梁陈亦足奇。最是屈家吟不得，分明哀怨楚湘累。”③ 姚柬之云：“论国初诸老诗，以道援堂为冠。”④

---

① 潘承玉认为，石濂案是潘耒视野狭窄无法理解较为进步的观念，和故意献媚最高统治集团，从而挟私中伤的结果，所采用屈大均诗文、书信是否出自屈手值得怀疑。参见潘承玉《屈大均之友石濂：一位值得关注的清初岭南诗僧》，《绍兴文理学院学院》（哲学社会科学版）2003 年第 1 期，第 56～62 页。

② 参见（清）姚范著，（清）方东树编校《援鹑堂笔记》卷四十六《杂识》，道光十五年淮南监制官署刻。

③ 黄季耕《姚莹论诗绝句六十首注》，黄山书社，1986，第 84 页。

④ （清）黄培芳《粤岳草堂诗话》卷二：“道援堂五律，超迈绝伦，起调尤卓……皆真气磅礴。姚伯山明府柬之论国初诸老诗，以道援堂为冠，良有以也。”参见陈永正主编《屈大均诗词编年笺校》，中山大学出版社，2000，第 1363 页。

非常巧合的是，姚范和姚莹、姚柬之同为桐城望族麻溪姚氏之后，后二人分别是姚范的曾孙、曾侄孙。三人对屈大均的肯定和推崇源于对桐城派文学思想的继承。作为桐城派学人，姚范祖孙继承了归有光、方以智、钱澄之、方苞等前贤"诗要发于性情之正，有助于人伦教化"的文学思想。① "明中叶以降，皇极不张，封疆多故，累朝休养富庶之效日耗蹙"，归有光"有隐于衷，于国家治乱之几、人才消息之故，以及赋役、水利、海防诸大政，熟复于中而形于言，多凿凿切利病，而其言或不敢以尽，即尽矣而不伤于激，盖风人旨存焉，至其俯仰身世，反观默省，时复超然远览，歉然而不自足，故其音悲渺而深长"。② 方以智首开桐城派论诗"重视内容，重视诗人个人修养的传统"③。方苞"服习程朱，其得于道者备；韩、欧因文见道，其入于文者精"④。作为姚门学子，姚范祖孙有严格的麻溪姚氏家学传承。姚范"以勤于古圣贤之经传，诸子百史，志在贯穿，不主家法，唯以旁稽互证，求一心之是"⑤。姚范承方苞文学思想，对其侄儿姚鼐影响最大。姚鼐称"善为诗"者，须具"忠义之气、高亮之节、道德之养、经济天下之才"。⑥ 正因为有如此文学继承，师事姚鼐的姚莹、姚柬之二人才一致推荐有不屈的民族气节和忧国忧民的士人情怀的屈大均诗作为三家之冠。

三　精神互励与文章互进

（一）精神互励

清顺治九年（1652），屈大均"为飘然远游之举"⑦，开始了他长达三

---

① 周明秀：《论桐城派诗论的主要内容及其形成过程》，《文艺理论研究》2002 年第 4 期，第 63 ~ 70 页。
② 刘声木撰，徐天祥点校《桐城文学渊源撰述考》，黄山书社，1989，第 65 页。
③ 周明秀：《论桐城派诗论的主要内容及其形成过程》，《文艺理论研究》2002 年第 4 期，第 63 ~ 70 页。
④ （清）方苞著，刘季高校点《方苞集》，上海古籍出版社，1983，第 181 页。
⑤ 刘声木撰，徐天祥点校《桐城文学渊源撰述考》，黄山书社，1989，第 138 页。
⑥ 周明秀：《论桐城派诗论的主要内容及其形成过程》，《文艺理论研究》2002 年第 4 期，第 63 ~ 70 页。
⑦ （清）屈大均撰，徐信符编《翁山佚文辑》卷二，民国二十九年（1940）南州书楼辑本。

十余年的远游生涯。北上与南下之间，他与钱澄之、汪琬交识；而魏礼兄弟、薛熙的南访，又让岭南三大家与魏禧、薛熙等有了心灵相通、精神互励的机会。

岭南三大家与桐城派心灵相通主要体现在双方对对方理想志趣的理解和尊重上。钱澄之对屈翁山"来参铁岭禅"异常欣喜，以剩公（函可）"高躅旧京传"的声誉，表达了对屈大均出关寻剩公的支持。① 汪琬称赞屈大均"雄放自喜"，"远走吴越、燕赵、秦晋之乡，结纳其豪杰"。② 与屈大均、陈恭尹出而寻"道"不同的是，桐城派则是隐而守"道"，无论是对钱澄之结庐先人墓，还是对魏禧隐居精金山，屈大均都同样表示了支持和敬仰，赞颂他们"不嫁长沙仙女好，金精高卧亦良图"③ 的高洁情怀和操守。

岭南三大家与桐城派精神互励主要体现在双方对双方操守追求的关怀和激励。钱澄之对屈翁山与剩公的"艰难师友谊"感同身受，预祝他"多君携手还"。④ 汪琬则以"君家旧住罗浮麓，偶负巾箱出岩谷。一枝藤杖宛如龙，徒步频歌远游曲"等诗句，描述屈大均负巾执杖、徒步歌游的潇洒；以"惭予未绝三彭累，矫首罗浮那可攀"等诗句表达自惭与仰视，以此激励屈翁坚定行程。⑤ 同样，岭南三大家对桐城派作家也给予热情勉励和帮助。"平生不字贞，茕茕无娣姒。薇芜作面脂，菡萏为文履。云步何虚徐，谁能持玉趾。玉帛一朝来，容颜遂自毁。"⑥ 屈大均以汉代张芒女喻桐城派作家的高洁和不屈。屈大均、陈恭尹等对薛熙的思想立场和道德情操给予了充分肯定和鼓励。屈大均称赞薛孝穆为"天下之有心人"，读出其文章中"感时悲愤"之意，号召"以孝穆《先友传》所称者为之尚友"。⑦ 陈恭尹则欣赏其诗歌中"年来更和击缶歌，赋中屡有伤心撰"的真

① 董上德：《屈大均》，广东人民出版社，2008，第30页。
② （清）叶燮注，蒋寅笺注《原诗笺注》，上海古籍出版社，2014，第480页。
③ 陈永正主编《屈大均诗词编年笺校》，中山大学出版社，2000年，第527页。
④ 参见（清）钱澄之撰，诸伟奇校点《田间诗集》卷四，黄山书社，1998，第78页。
⑤ （清）汪琬著，李圣华笺校《汪琬全集笺校》，人民文学出版社，2010，第543页。
⑥ 陈永正主编《屈大均诗词编年笺校》，中山大学出版社，2000年，第527页。
⑦ （清）屈大均：《翁山文钞》卷一，清康熙刻本，《清代禁毁书丛刊·集部》第120册，台北：伟文图书出版社，1997。

实声音，勉励他"中孚九二鸣在阴，子和之声闻最远"，满怀豪情地期待
"阴阳剥复理有然，大器从来成在晚"。①

（二）文学互进

岭南三大家和桐城派都将自己的精神理想写进诗文之中，唱和酬答之
间发出同频共振的心音，表达志同道合的情怀，以此相互激励共进。

"汪琬是把学问文章视为精神乃至生命的寄托的。这种狷介自好、不
慕声利、固执地坚持信念的人生态度，实开桐城文人风气之先。"②屈大
均与汪琬的政治态度有所不同，直接参与南明永历朝抗清战争，经历恩
师陈邦彦兵败被杀的血雨腥风，屈大均"复仇"思想更加浓烈。但屈、
汪两人之间的文学理想有相通之处，即以儒家事功的道德思想为基础，
主张"文以理为主"。汪琬认为"理盛则言之短长与声之高下者皆宜"③。
屈大均认为"文人之文多虚，儒者之文多实"④，"虽悲歌慷慨，而不免
迂执"⑤。因此，汪琬肯定屈大均词"深沉跌宕，有风人之旨"，愿与其
"作为诗歌相倡和"⑥。屈大均则以唐宋八大家和归有光文为宗，在文风上
与清初三大家之侯方域、魏禧有异，更加接近汪琬。有学者考证，屈大
均《皇明四朝成仁录》多则故事取材于汪琬作品。⑦ 文学创作上的互鉴
和互用，丰富和拓展了文学题材的思想内涵和社会价值。文学理想的相
近性、文学实践的互励性，让江南桐城派与岭南三大家心灵相通，当汪

---

① （清）陈恭尹著，陈荆鸿笺释，陈永正补订，李永新点校《陈恭尹诗笺校》（下），广东
　人民出版社，2016，第 724 页。
② 何天杰：《经世之学的蜕变与桐城文派的崛起》，《华南师范大学学报》（社会科学版）
　2001 年第 1 期，第 58～65 页。
③ （清）汪琬：《蓬步诗集序》，转引自何天杰《经世之学的蜕变与桐城文派的崛起》，
　《华南师范大学学报》（社会科学版）2001 年第 1 期，第 58～65 页。
④ （清）屈大均：《无闷堂文集序》，转引自何天杰《清初爱国诗人学者：屈大均》，广东
　人民出版社，2006，第 149 页。
⑤ 郭预衡：《中国散文史》，上海古籍出版社，2004，第 32 页。
⑥ （清）叶燮注，蒋寅笺注《原诗笺注》，上海古籍出版社，2014，第 480 页。
⑦ 《皇明四朝成仁录》卷二《济南死事传》记宋学朱事，取材于汪琬《诰赠文华殿大学
　士吴璟吏部尚书宋公墓志铭》；卷十《无锡死节传》记华允诚事，据汪琬《华凤超先生
　传》而成。参见（清）汪琬《尧峰文钞别录》卷2、《钝翁续稿》卷19，（清）汪琬
　著，李圣华笺校《汪琬全集笺校》，人民文学出版社，2010，第 2067～2070、1500～
　1502 页。

琬、屈大均读常熟薛熙文时，均以归有光之文比之，屈翁且叹"今天下知学震川者，良有其人，汪钝翁尤其杰出者也"①。所谓文学同侪心灵相通，世间英雄所见略同。

薛熙与岭南三大家的文学交流更为深入。陈恭尹评价他"千载独具论文眼"②，屈大均称薛孝穆之文"以子长发其端，以震川会其成"，誉"其佳者不让震川，往往凌而上之"，且评价孝穆之文有胜其师汪琬之处："波澜之涧，才力之劲，而言之短长与声之高下，能一一不失其节者。"③ 正是屈翁山高度而且准确的评价，让薛熙有了充分的文学自信和自觉，当屈大均将其文章交薛熙阅评时，薛熙欣然为《翁山文钞》作序，并依次点评各篇文章，薛熙认为，屈翁为文"能知其所以然，皆本乎六经子史而立言，而又精思出之，沉构得之"，且评价说："翁山之文固可以使天下之为善者劝，而为恶者惧矣夫。"④

屈大均、陈恭尹等以寻找反清复明志士仁人为目的北上云游，在吴越之地与明末遗民钱澄之、魏禧、汪琬、薛熙等惺惺相惜、一见如故。然而，清朝政局已安然稳固，人民生活已居之泰然。清政府推行的儒家思想理念和治政方略，也逐步得到人民大众的认同，不少曾志于隐居的明末知识分子，开始参举业，应荐科，参与清朝的政治和社会管理。虽然有钱澄之、潘江、方孔炤、方以智、姚范等明末遗民坚守，但戴名世、方苞、姚鼐、梅宗亮、姚莹等桐城派作家仍选择出仕，将自己的理想和学识运用于治国为民的"经世"之业。岭南三大家与桐城派的交游，以诗词酬唱以抒心曲、人格情操相互砥砺以及诗文评品以进学术为主要目的。在这一过程中，岭南文化与吴越文化、中原文化、徽文化充分交流，儒家道德伦理和经世思想在岭南三大家和桐城派之中充分交融，"以理为主"的学术思想

① （清）屈大均：《翁山文钞》卷一，清康熙刻本，《清代禁毁书丛刊·集部》第120册，台北：伟文图书出版社，1997。

② （清）陈恭尹著，陈荆鸿笺释，陈永正补订，李永新点校《陈恭尹诗笺校》（下），广东人民出版社，2016，第724页。

③ （清）薛熙：《秦楚之际游记》，清康熙三十三年刻本，四库禁毁书丛刊编纂委员会编《四库禁毁书丛刊·史部》第72册，北京出版社，1997，第559页。

④ （清）屈大均：《翁山文钞》，清康熙刻本，《清代禁毁书丛刊·集部》第120册，台北：伟文图书出版社，1997。

充分实践，促进了岭南与江南的文化与学术交流，拓展了桐城派的学术视野。

作者通信地址：广东省广州市从化区从化大道南 79 号广州工程技术职业学院，邮政编码：510900，邮箱：cdl081112@126.com

责任编辑：黎俊忻

岭南三大家年表简编

李君明*

东莞展览馆，广东东莞，523888

摘　要：明末清初政治与军事形势风云变幻。甲申国变，天崩地裂，庚寅之劫，羊城几空。以岭南三大家为代表的广东文人或奋起抗清，或蛰处山林，或被逼出仕，或遁入空门。明末清初空前的内忧外患，自然会使其心灵激荡，从而发之于诗文歌赋。本时期广东文坛既有皓月当空，又有群星灿烂，成为岭南文学的高峰。本年表将前人研究成果整理汇集，加上自己研究所得，力图全面展现岭南三大家所处的明末清初广东文坛繁荣鼎盛之总体状况，使读者对岭南三大家的成就有宏观而具体的把握和了解，以便海内外学人进行更深入的研究。

关键词：屈大均；陈恭尹；梁佩兰；年表

例　言

第一，本年表体例，以年月日为经，以事件为纬，每年之下内容大致分三节。首先，列全国重大史实，无则略。其次，列岭南三大家活动，按年月日顺序列出其所作作为。若仅考出季，依春夏秋冬，列于每季月首；仅可系年者，列于末。最后，列本年有关文人生卒。

---

* 李君明（1963～），男，汉族，陕西黄陵人。东莞展览馆历史学副教授、文物博物副研究馆员。

第二，本年表起自明崇祯二年（一六二九），讫于康熙四十四年（一七〇五）。同时出现数个年号，依《辞海》所附年表顺序排列。

第三，本年表年月日均依照中国夏历，一般不换算为公历。唯生卒年出公历。

第四，本年表中年月日均用汉字。

第五，本年表各条所列人物首次出现时列全称姓名，其余仅称其名。

岭南三大家年表简编正文

●明思宗崇祯二年　清太宗天聪三年　己巳　一六二九年

十月，后金兵入大安口，十一月下遵化，直薄京师，京师戒严，袁崇焕率兵赴援。明崇祯帝中反间计，十二月，下崇焕于狱。

十二月十二日，梁佩兰生。

●明思宗崇祯三年　清太宗天聪四年　庚午　一六三〇年

八月十六日未刻，明崇祯帝御平台，召辅臣等下杀袁崇焕之谕。磔崇焕于北京西市，天下冤之。

九月初五日，屈大均生于南海县西场。

●明思宗崇祯四年　清太宗天聪五年　辛未　一六三一年

九月二十五日，陈邦彦长子陈恭尹生于顺德锦岩。

●明思宗崇祯十二年　清太宗崇德四年　己卯　一六三九年

本年屈大均十岁，发鬒而长，自能作好髻。

●明思宗崇祯十三年　清太宗崇德五年　庚辰　一六四〇年

本年陈邦彦至广州，访湛粹于湛若水故第，为长子陈恭尹约为婚姻。

●明思宗崇祯十四年　清太宗崇德六年　辛巳　一六四一年

本年陈子壮在广州。先是子壮弟陈子升与顺德陈邦彦友善，邦彦尚为诸生，以文行负重名，年近四十，无所遇。一日子升介见子壮，子壮与语，惊异之，与订为兄弟，馆之于邸内硕肤堂，使海陈上延、陈上图二子。其后邦彦长子陈恭尹，亦来伴读。课诵之余，子壮与纵谈天下事，邦彦指陈形势，条举策画确然，悉中当时利害，子壮益重之。

●明思宗崇祯十五年　清太宗崇德七年　壬午　一六四二年

本年陈邦彦长子陈恭尹随其父伴读于陈子壮之硕肤堂。恭尹母于本年卒。

●明思宗崇祯十六年　清太宗崇德八年　癸未　一六四三年

本年屈大均能文。

●明思宗崇祯十七年　清世祖顺治元年　甲申　一六四四年

三月，李自成陷北京。十九日昧爽，明思宗自缢万岁山（今景山）海棠树下，唯太监王承恩从死，明亡。

三月十九日，京师陷，后屈大均赋《王夫人殉节诗》（有序）五古，又赋《闻人述鹿马山感赋》（有序）五律。大均师陈邦彦闻国变，忧愤，坐卧不宁，每叹曰："不报国，非夫也。"乃辍讲业，罢生徒，闭户草《中兴政要》一万七千余言共三十二策。

本年张献忠陷贵阳，张耀不屈死，后屈大均赋《布政张公挽歌》（有序）诗。

本年屈大均十五岁，资性异于人，释函昰见而奇之，使其于次年从陈邦彦学于粤秀山，试辄冠军。大均又与同里诸子立西园诗社。

陈恭尹于本年补诸生。

本年，王隼生。

●清世祖顺治二年　明安宗（福王）弘光元年　明绍宗（唐王）隆武元年　乙酉　一六四五年

扬州陷，钱烈女殉难，后屈大均赋《钱烈女哀词》（有序）五律三首。

五月，广德知州赵景和不应马士英，城破被杀。后屈大均赋《知州赵公殉难诗》（有序）五古。

秋，陈邦彦应隆武乙酉乡试，拜官数日而榜发，中第七名举人，遂以推官冠服就鹿鸣宴，一时荣之。

本年梁佩兰与吴文炜同家塾，唱和日数十篇。

本年释函昰命屈大均受业陈邦彦门下，读书于粤秀山，治《周易》《毛诗》，并授以捭阖、阴谋、剑术、舆地之学。邦彦子陈恭尹与大均订交，兄事之，同学有薛始亨、程可则、庞嘉鳌。

本年屈大均与仲兄屈士煌、族兄屈跃天，皆年十六，同补邑诸生。

●清世祖顺治三年　明绍宗隆武二年　明唐王绍武元年　明韩王定武

元年　丙戌　一六四六年

十月初四日，赣州陷，苏观生旋师入粤，陈邦彦请留一军守南安，不听。至广州，闻桂王监国肇庆，观生遣邦彦奉笺劝进。

二十九日，隆武帝弟唐王与大学士何吾驺自闽浮海至广州，关捷先、梁朝钟首倡兄终弟及议，苏观生以受隆武帝厚恩，遂与何吾驺、顾元镜、王应华、曾道唯等以十一月初二日拥立唐王，改年号为绍武元年，就都司署为行宫，即日封观生建明伯，掌兵部事，进吾驺等秩，擢捷先吏部尚书，旋与元镜、应华、道唯并拜东阁大学士，分掌诸部。

十一月初五日，陈邦彦至桂王行在梧州。

初九日夜，桂王遣使十余人，迎陈邦彦入舟中，语以广州事。邦彦请急还肇庆正大位，以系人心。王大悦，擢邦彦兵科给事中，赍敕还谕苏观生。

邦彦回至广州，闻使臣彭耀、陈嘉谟为苏观生所杀，止郊不入，遣副使授观生敕。

十八日，陈邦彦以书抵苏观生，晓以利害，责以大义。观生犹豫累日，欲议和。

同日，桂王即帝位于肇庆，是为明昭宗，以明年为永历元年。颁诏至广州，绍武帝杀其使。广、肇构衅，遂发兵相攻。桂王即位，遥以郭之奇为詹事府正詹事，李世熊有《丙戌与郭正夫老师书》。

十二月十五日，清总兵佟养甲、副将李成栋率部破广州，绍武帝被害，苏观生被执，不屈死。何吾驺、顾元镜、王应华、曾道唯、伍瑞隆、关捷先等出降。

广州陷后，屈大均父携家自广州返番禺沙亭，大均奉父命不仕。

穗初陷，大均赋《哀麦氏诸烈》（有序）五律二首、《张节妇》（有序）五律二首、《戴家二姬》（有序）五绝、《湛烈女哀词》（有序）七绝四首、《梁烈妇》（有序）七绝二首、《黄烈女》（有序）七绝二首。

本年，黎静卿生。

●清世祖顺治四年　明昭宗永历元年　明韩王定武二年　丁亥　一六四七年

正月朔，明永历帝在梧州。十六日清李成栋陷肇庆，帝奔桂林。二月，帝走桂林（明称西京）。三月，走武冈，复走靖州、柳州、象州。十二月，返桂林。

九月十九日，清远城陷，释性显殉难，陈邦彦赋《清远城陷题朱氏池亭》诗三首。

清兵破清远，陈邦彦率数十人巷战，肩受三刃，未死，被执至广州。狱中绝进食，误闻张家玉牺牲，诗以吊之。

二十八日，陈邦彦被杀殉国，刑前赋《临命歌》诗，又赋《狱中自述》七言律绝笔诗。

陈邦彦长子陈恭尹闻变，易服逃至南海之弼唐，依邦彦弟子庞嘉鳌，后邦彦友湛粹遣舟迎至新塘。何绛赋《挽陈大夫》七律诗吊陈邦彦。

本年四关姓女子因战乱而亡，后屈大均赋《四关烈妇诗》（有序）七绝诗七首咏之，又有《二妃操》（有序）诗二首。

本年陈邦彦起兵高明山中，一时义师四起，屈大均同怀忠愤，有捐躯报国之志，遂从邦彦独当一队，从兄屈士燨、屈士煌亦破产从军。邦彦被执，不屈死，大均舆尸拾发齿而囊之。继而张家玉、陈子壮相继被执，不屈死。大均追随三公，尽历艰险，益坚志不仕。

●清世祖顺治五年　明昭宗永历二年　明韩王定武三年　戊子　一六四八年

二月，明永历帝走南宁。三月（明闰三月），清提督李成栋以广州反正归明，复明衣冠正朔。八月，永历帝返都肇庆。

秋夜，屈大均怀其先业师陈邦彦，赋《秋夜恭怀先业师赠兵部尚书岩野陈先生并寄恭尹　戊子》七古长诗。

八月十五日，陈邦彦子陈恭尹诣肇庆行在，上《请恤疏》，为父邦彦请恤，二十一日奉旨。科抄后即归里发丧。永历帝赠邦彦太仆寺卿，录恭尹读书国学。

冬，有龙出端江中，后屈大均赋《登阅江楼有感》诗。

本年屈大均束发，赋《龙门健儿行》《送方瞳子　戊子》七古诗。

●清世祖顺治六年　明昭宗永历三年　明韩王定武四年　己丑　一六四九年

正月朔，明永历帝在肇庆。本年清平南王尚可喜等领其部众入粤。

春，屈大均奉命赴肇庆行在，上《中兴六大典书》，以大学士王化澄荐，将服官中秘，闻父寝疾归。二十冠，名堂为七人之堂，取字翁山。

三月，监察御史饶元璜上《请加恩疏》，以为陈邦彦之功与陈子壮、张家玉同，而封赠逊之，请为邦彦加恤典。

六月，吏部尚书晏清复上疏，请加恤典。永历帝下旨加赠陈邦彦兵部尚书，荫子陈恭尹世袭锦衣卫指挥佥事。

七月，陈恭尹又上《请诰命疏》，请给祖加赠诰敕，旨准。永历帝授恭尹世袭锦衣卫指挥佥事，居肇庆。冬，假归，与邓洁林等八人倡"义正会"于顺德龙山乡。

初七日，屈大均赋《七夕家舍人兄奉命归娶赋赠　己丑旧作》诗。

八月，陈恭尹又上《请加祭葬疏》，请更前太仆寺卿之祭葬之制，按二品职官之制祭葬陈邦彦。旨准。

本年陈恭尹书父陈邦彦行状，述父历官死事始末，请咨内阁拟谥，并咨史馆编录。

本年陈恭尹、何绛《兵科给事中赠资政大夫兵部尚书先府君岩野陈公行状》前注"门人何绛录"，后注"不孝子恭尹泣血述""门人罗大宾填讳"，本年恭尹年十九岁，当是恭尹述，而二门人共成之。

本年屈大均以永历钱一枚，击以黄囊，怀之肘肱，示不忘君父。取孔子所称隐者，录为一编，名曰《论语高士传》。其堂曰七人之堂，有记。又作《接舆传》《先考澹足公处士四松阡表》。大均又赋《游会稽山怀古并酬陶生见赠　己丑》七古诗。

●清世祖顺治七年　明昭宗永历四年　明韩王定武五年　庚寅　一六五〇年

正月，永历帝走梧州。初六日，清兵陷韶州。二月，清兵围广州。十一月初二日，广州城再陷于清平南王尚可喜、靖南王耿继茂，屠城，死者七十万人，史称"庚寅之劫"。

二月，释函昰赋《庚寅二月雷峰即事》诗。

陈恭尹、岑征避乱于西樵。恭尹赋《西樵旅怀》七律诗五首。

冬，屈大均礼释函昰于番禺员岗村雷峰山海云寺出家为僧，法名今种，字一灵，名所居曰死庵。

梁佩兰见清军暴虐，愤而作《养马行》七言歌行诗。复于战乱中携家辗转逃难，作《自芙蓉移居三山复入平洲感赋》诗。

屈士燝、屈士煌遁西樵不出。

十二月初一日，邝露不食，幅巾白袍，抱所宝古琴，从容赋诗。露出城至归德门，敌数骑以白刃拟之，露笑曰："此何物，可相戏耶？"骑亦失笑。徐还所居海雪堂，环列二古琴及宝剑、古器图籍、释怀素真迹于左右，衣冠啸歌，以待骑入，遂殉焉。屈大均闻此事而赋《绿绮琴歌》（有序）七古长诗。

本年，张家珍归耕，赋《梦马诗》，屈大均和《梦马歌》（有序）。

本年，屈大均赋《赵门二节妇》（有序）五律诗五首、《周烈妇》（有序）五律、《李烈妇》（有序）诗、《天濠街妇》（有序）诗，又有《双刃操》（有序）骚体诗，作《死庵铭》。

本年广州再陷，明广州四卫指挥使羽凤麒死难，后陈恭尹赋《羽都督殉节诗 讳凤麒，字冲漠，明广州四卫指挥，死庚寅之难》。

●清世祖顺治八年　明昭宗永历五年　明韩王定武六年　辛卯　一六五一年

正月，永历帝走广南（今越南）。清兵取肇庆，尽得广东要地。正月朔，永历帝驻跸南宁。

春，陈恭尹筑几楼于西樵之寒瀑洞。

秋，清廷于广东首次举行乡试，督学驰檄远近，严令士子皆赴考，不至者以叛逆罪处之，梁佩兰、方颛恺（释成鹫）等不赴。

陈恭尹之闽。

本年释今种（屈大均）学禅，既而又学玄。林梦锡有《曾诃衍、屈一灵再访》诗。

●清世祖顺治九年　明昭宗永历六年　明韩王定武七年　壬辰　一六五二年

正月，孙可望遣兵迎驾。二月，明永历帝至贵州安隆所，改名安龙府（今贵州安龙）。五月至七月，西宁王李定国连取靖州、宝庆、全州、桂林，明势复稍振。十一月，永历帝密敕定国入卫，时可望有僭窃意。

春，陈恭尹自闽之江西，登匡庐，赋《寄蔡艮若》诗、《发闽中向匡庐寄蔡艮若》五律寄蔡薿。

秋，陈恭尹泛彭蠡而下，止于杭州西湖，有《西湖》七律、《西湖杂兴四首》五律，识释大汕。

本年释今种（屈大均）为飘然远游之举，以城市不可幅巾出入，于是自首至足，无一不僧。

●清世祖顺治十年　明昭宗永历七年　明韩王定武八年　癸巳　一六五三年

粤大饥。正月朔，明永历帝幸贵州安龙府。

清明日，屈大均赋《清明展先府君墓》四首。

秋，陈恭尹自杭州赴苏州，游览虎丘，赋《虎丘题壁》七律。

七月，释函昰自雷峰入匡庐。释今种（屈大均）亦入匡庐，屈士煌有《送一灵禅师之匡庐》诗，程可则亦有《送灵上人之庐山》诗。

冬，麦氏被掠投江死，后屈大均赋《三涌操》（有序）诗。

本年明西宁王李定国军至新会，屈大均赋《李六烈妇》（有序）诗二首、《许二烈女》（有序）五律二首、《菜人哀》七古。

本年陈恭尹自杭州至苏州，因历江宁（今南京）、宁国，道阳羡，还杭州。冬，南归。恭尹赋《过金陵不泊》诗。

●清世祖顺治十一年　明昭宗永历八年　明韩王定武九年　甲午　一六五四年

春，陈恭尹归自吴越，仍止西樵。

四月，陈恭尹僦居新塘，就婚于湛氏。

十二月初六日，李定国之师攻新会，十四日败，郭之奇有《致败》（有序）五律诗二首，又赋《闻闽师数百艘至澳门喜其来而悲其晚》五律。屈大均赋《四孝烈》（有序）七言古诗，又有《吊莫节妇》（有序）五律二首。

●清世祖顺治十二年　明昭宗永历九年　明韩王定武十年　乙未　一六五五年

正月朔，永历帝驻跸安龙府。二月，李定国自高州退入南宁。清颁布实施禁海令、迁海令。

本年陈恭尹与蔡薿访何绛于顺德羊额乡，遂结庐读书焉。

本年释今种（屈大均）返粤，住罗浮，程可则有《送一灵上人归罗浮》诗。

●清世祖顺治十三年　明昭宗永历十年　明韩王定武十一年　丙申一六五六年

李定国败孙可望于田州，进扈安龙。三月，李定国奉明永历帝由安南卫西奔云南。帝进定国为晋王，刘文秀为蜀王，改昆明为滇都。

春，陈恭尹寓梁梿家之寒塘，卧病两月。

秋，陈恭尹与蔡薿、何绛游阳春。

释道独撰《华严宝镜》成，释今种（屈大均）为之作跋。

本年释今种（屈大均）赋《赵陈二烈女》诗，为明永历帝填《鹊踏枝》词。

本年释道独住广州海幢寺，选释今种（屈大均）为侍者。

本年蔡薿卒，年三十。

●清世祖顺治十四年　明昭宗永历十一年　明韩王定武十二年　丁酉　一六五七年

正月朔，明永历帝驻跸滇都。

正月，陈恭尹葬父陈邦彦及母彭氏于增城九龙山。秋，恭尹与何绛游澳门。

秋，释今种（屈大均）北上，访释函可于塞外，张穆画马并诗送行，释今种（屈大均）有诗奉酬，陈子升、岑征亦有诗送之。

梁佩兰中解元，与程可则过访陈子升，子升有《程周量梁芝五二子同过二子会试、乡试各第一》诗。

八月，屈士燝充云南同考官。弟屈士煌死难。

屈士燝使士煌为诸公赍表（《白园墓表》）先行。既至阙廷，士煌引宋陈亮故事，上书陈三大计、六要务，且极言孙可望之恶，留中不下。伯兄继至，上书言利害更切，授礼部仪制司主事。而士煌得职兵部司务，试职方司主事。

本年朱彝尊至粤，有《东官客舍屈五过谭罗浮之胜时因道阻不得游怅然有怀作诗三首》，时释今种（屈大均）住东莞篁村之介庵，彝尊与之交最契，归则持其诗遍传吴中，名大起。

●清世祖顺治十五年 明昭宗永历十二年 明韩王定武十三年 戊戌 一六五八年

春，陈恭尹既襄葬事，赋《留别诸同人》七律，与何绛出厓门，赋《厓门谒三忠祠》七律，渡铜鼓洋，访诸遗臣于海外。八月，同适湖南，逾大庾岭，取道宜春，至昭潭度岁。

释今种（屈大均）入金陵，顾梦游有《送一灵师之辽阳兼柬剩和尚》五律诗，钱澄之有《送一灵出关寻剩公》五律二首，范凤翼有《送一灵师之辽阳兼柬剩公》诗送其入辽访释函可。

释今种（屈大均）至北京，求崇祯帝死社稷所在，宿故中官吴家，问宫中遗事。旋以事走济南，示李氏家藏翔凤御琴观之。留济逾月，值杨正经至，握手若平生好。识王士禛，士禛极赏其诗，选为百篇，谓为唐宋以来诗僧无及者。

四月，屈士燝掌仪制司印。

五月，清兵分三路入黔，会师于贵阳，贵州平。

释今种（屈大均）在蓟门。

六月，魏礼入粤，客梁佩兰家。

秋，梁佩兰偕湛凤光、魏礼北上，途中有《雨中望峡》《经英德山水水清石激瞻眺弥日》诗，礼有《进峡》《出峡》《经英德山水》五古诗。至赣州，礼与佩兰、凤光别，佩兰有《赠魏和公诗》，礼有《赣州别湛用晦梁芝五之京师》五律诗。

八月，陈恭尹复逾大庾岭，取道宜春，度岁于昭潭，而滇黔路绝。

冬，释今种（屈大均）渡三岔河，东出榆关，周览辽名胜，北抵粟末，过挹娄、朵颜诸处，吊袁崇焕废垒，未寻到释函可而返。流连于齐鲁、吴越之间，识汤来贺。冬，客广陵。

十二月，云南陷，永历帝至永昌，屈士燝、屈士煌急行至楚雄，追不及，流落山寺中。

本年屈士燝转员外郎，以孙可望平，屈士燝、屈士煌晋阶一级，覃恩有差。

本年陆菜入粤，梁佩兰有《南海神庙书事答陆义山并次原韵》。

●清世祖顺治十六年 明昭宗永历十三年 明韩王定武十四年 己

亥　一六五九年

正月初三日，清兵入滇都（今云南昆明）。闰二月，永历帝走腾越州（今云南腾冲）。越二月入缅甸。五月止于者梗。初四日，缅王遣使迎帝。初八日，缅王羁帝于孟坑城内。七月，明延平王郑成功攻瓜州，九月攻崇明，进围南京，旋退入海。

春，陈恭尹与何绛自湘溯汉。

释今种（屈大均）遇钟渊映于洞庭湖西，爱其诗丽则，与之为友。

正月，释今种（屈大均）作《东莞张文烈公行状》。

三月十九日，释今种（屈大均）在金陵，与林古度、王潢、方文、杨大郁、洪仲、汤燕生诸遗民，集潢之南陔草堂，为崇祯帝设萍藻之荐。

秋，陈恭尹与何绛憩芜湖，历皖北，抵汴梁。

梁佩兰会试落第，南归，作《舟发阛水至饶阳道中作》八首、《自饶阳过鄱湖口号》。

冬，释今种（屈大均）至会稽，谒禹庙，王衋延馆其家，供资料，使其撰成《皇明四朝成仁录》。

陈恭尹于郑州遇人御象十三，应其十二岁时梦，由此知明永历朝已近沦亡，复明之梦成梦幻泡影矣。十一月，恭尹与何绛南还，至汉口度岁。

本年永历帝奔缅甸，屈士燆、屈士煌东归。

本年释今种受菩萨戒于释道盛，得法号"大均"，应为其后"屈大均"之名之由来（汪宗衍《屈大均年谱》）。

本年释今种（屈大均）游邓尉，王猷定有《赠翁山上人》五律七首、《送翁山玄墓探梅》七绝二首。游邓尉识杜浚，浚有《复屈翁山书》。先是魏耕以蜡丸裹书致郑成功，谓海道甚易，乘南风三日可直抵京口。耕遂随张煌言抵芜湖，下附近州县。金陵且议降，旋以师骄懈为敌所乘。时释今种（屈大均）在南京，与耕挚，尝与其谋焉。释今种（屈大均）持释道盛书访钱谦益，谦益为书告毛晋曰："罗浮一灵上座，真方袍平叔，其诗深为于皇所叹，果非时流所及也。"并为作《罗浮种上人诗集序》。于皇姓杜名浚，湖北黄冈人，明遗民。释今种（屈大均）住金陵灵谷寺，谒孝陵。时至诸寺据上座说佛法，朱彝尊有《寄屈五金陵》诗，周筼、徐善、朱彝鉴并有同作。彝尊又有《过筏公西溪精舍怀罗浮屈五》，与朱一是、屠爆、屠焯、李镜、周篔、缪永谋、郑玥、沈进、李斯年、李良年、李符联句。王士禛有《寄庐山灵道人越中》七律诗，并与程可则往还，赋《戏为周量题画短歌》七古、《与周量过访苕文夜雨共宿》、《答别御史大夫龚公兼呈苕文公勇禹疏秋厓周量圣秋石潭紫来黄湄诸君》七律、《留别周量》五律。旋至山阴，祁理孙、祁班孙留居寓山园。

●清世祖顺治十七年　明昭宗永历十四年　明韩王定武十五年　庚子　一六六〇年

正月朔，明永历帝驻缅甸之者梗。帝在缅甸孟坑城外。

春，陈恭尹与何绛初自汉口溯衡、郴，下韩泷，三月抵家，仍寓新塘。自此后二年，何绛、何衡、梁槤、陶璜、陈恭尹五人掩关于新塘，人称北田五子，绛自此不复出游。

元旦，陈恭尹赋《庚子元旦毛子霞招同何不偕登黄鹤楼》诗。

三月十九日，释今种（屈大均）与明遗民仍集南陔草堂祭明崇祯帝。

夏，陈恭尹有《夏夜同梁药亭朱竹庵》。

仲夏，魏礼、曾灿自江西入粤。礼居梁佩兰家。

秋，梁佩兰、陈恭尹、何绛、魏礼、陶璜游宿灵洲山寺，各吟诗纪其事，并寄语王邦畿、王鸣雷。邦畿有诗酬答。

初秋，张穆、岑梵则、王邦畿、陈子升、梁槤、何绛、梁观、陈恭尹、梁佩兰集高俨广州西园客舍，穆有《西濠夜月》七绝二首、《西郊同岑梵则王说作陈乔生梁药亭陈元孝集高望公客斋赋》七律诗纪之。

九月十一日，张穆、张雏隐、何绛、陈恭尹、陶璜、高俨、林梧集于梁佩兰西园草堂。秋夜，佩兰与陈子升、王邦畿、梁槤唱和。

晦日，释今种（屈大均）与朱彝尊同寓杭州酒楼。

冬，释今种（屈大均）谒禹陵，馆于王曧家。曧以所藏袁崇焕疏稿及余大成、程本直讼冤诸疏稿授大均，采入袁崇焕传中。

本年释今种（屈大均）初客秀水，与朱彝尊、杜浚、俞汝言游放鹤洲，彝尊有《同杜浚俞汝言屈大均三处士放鹤洲探梅分韵》。游天台、雁荡、沃州诸山，王士禛有《寄一灵道人》七绝诗。复至秀水，彝尊有《屈五来自白下期作山阴之游》诗，周篔有《送屈五之山阴兼讯祁六》《屈五约游山阴作》。彝尊先至，有《同王二猷定登种山怀古招屈大均》。复抵山阴，祁理孙、祁班孙相留居于山园读书。祁氏富藏书，足不下楼者五月。彝尊有《寓山访屈五》。时魏耕亦客祁氏。李斯年有《怀一公客山阴》《寄朱竹垞兼与一公雪窦》诗。

本年释今种（屈大均）识黄生于扬州，典裘沽酒，高咏唱和，旁若无人，生有《赠一灵上人》《雪夜怀一公》诗。游历扬州，追思南明往事，黯然填《扬州慢》词。

●清世祖顺治十八年　明昭宗永历十五年　明韩王定武十六年　辛丑　一六六一年

正月朔，明永历帝在缅甸之者梗。郑成功奉明永历正朔驱除荷兰人于台湾。十二月初一日，原明山海关总兵官、后降清被清封平西王之吴三桂率清兵至缅甸；初三日，缅人执永历帝送于清军阵前。正月朔，顺治皇帝崩，玄烨继位，是为清圣祖，以明年为康熙元年。

春，释今种（屈大均）客会稽，渡江至杭，旋避地桐庐，自娘子岭历汉皇墩，跣行至严子陵祠，游东西钓台。至秀水，访徐嘉炎于南州草堂，时正撰《道援堂诗集》。

正月，魏礼在粤，有《纪王电辉义死诗》五古，王电辉，即王兴。礼宿何绛、陈恭尹、梁梿、陶璜寓楼，有《宿何不偕陈元孝梁器圃陶苦子寓楼》五律诗。

二月，释今种（屈大均）与朱彝尊、祁班孙会葬朱士稚于大禹陵旁。

三月初二日，释今种（屈大均）与董匡诸同志名流三十余人修禊兰亭。

初四日，魏礼将入琼，与陈恭尹别，有《将别陈元孝既作诗不能自已又赋时季春四日》五古诗

夏，魏礼自粤入琼，陈恭尹有《珠崖歌送魏和公》诗，薛始亨有《送魏和公之琼南前一日别谈蘧怀》诗。

秋，释今种（屈大均）将南归番禺，韩疆从平湖至秀水操琴为别，朱彝尊有《寒夜集灯公房听韩七山人疆弹琴兼送屈五还罗浮》诗，曹溶有《送一公还罗浮》诗，汪琬有《送屈生还罗浮》，毛奇龄有《法驾导引·送一苓和尚还罗浮》词。

十月，陈恭尹始游罗浮。

十二月初十日，陈恭尹偕梁桩、麦时及僧九人观日于罗浮山飞云顶。

本年屈士燝、屈士煌归抵番禺。归后士煌有《归自滇中呈故园同社》诗，王邦畿有《赠屈贡士仪部泰士职方》诗。

●清圣祖康熙元年　明昭宗永历十六年　明韩王定武十七年　壬寅
一六六二年

正月十三日，吴三桂以明永历帝还滇都。四月十五日，以弓弦缢杀帝于云南昆明郊外。明帝虽崩，台湾郑氏仍奉永历正朔。二月，副都统科尔坤、兵部侍郎介山至粤推行迁界令，沿海之钦州、合浦、石城、遂溪、海康、徐闻、吴川、茂名、电白、阳江等二十四州县居民均内迁五十里。

二月，梁佩兰以生计困乏，典当珍藏之六莹古琴。魏礼自海南归广州。徐乾学入粤。佩兰与魏礼、湛用嚚再过访留宿程可则蔵山草堂分赋，礼有《宿蔵山草堂留别程周量》五古诗四首。佩兰招同魏礼、徐乾学、王鸣雷、高俨、湛凤光、程可则、何绛、梁桩、陈恭尹、陶璜集六莹堂分赋。

三月，程可则扶父枢南归，秋末至粤，梁佩兰、王鸣雷、陶璜、朱竹庵往吊。

八月十五日中秋节，屈大均、张穆、岑梵则、陈子升、王邦畿、高俨、庞嘉鳌、梁佩兰、梁观、屈士煌、陈恭尹诸同人宴集广州西郊草堂，大均述甲申三月崇祯皇帝弹翔凤琴，七弦无故忽断，及杨正经赐琴事，唏嘘感叹，一座罢酒。子升赋《崇祯皇帝御琴歌》（有序）诗。

冬夜，岑梵则、王邦畿、王鸣雷集梁佩兰寓斋烧烛论诗。

本年释今种（屈大均）交魏礼，时礼自海南归广州。

本年释今种（屈大均）游澳门普济禅院。

本年释今种（释大均）南归，至桐江南岸富春山之麓，拜谢翱墓。南归省母，还归沙亭，还俗复归儒，复故姓屈氏，仍名大均，字翁山，人称罗浮道人。亲友投赠之作有陈子升《屈道人歌》、王邦畿《寄翁山子》、陈恭尹《屈翁山见过》二首、薛始亨《翁山见过》、谢楸《濠上偶晤屈翁山》。

本年陈恭尹寓顺德羊额乡，至戊申，凡七年。

●清圣祖康熙二年　明韩王定武十八年　癸卯　一六六三年

夏，梁佩兰同程可则、丘象升、王鸣雷等往珠江南岸之海幢寺访释今无、释澹归。佩兰同可则游海珠寺。

初夏，梁佩兰与程可则、陈恭尹郊行。

四月，梁佩兰招同程可则、张宸、丘象升、汪汉翀、王邦畿游五羊观。

初四夜，梁佩兰与陈恭尹、王邦畿、程可则、王鸣雷定游海幢寺。

秋，陈恭尹、徐乾学、魏礼、王鸣雷、高俨、湛凤光、何绛、梁梿、陶璜集梁佩兰六莹堂，分韵。佩兰赴北京，王邦畿有《送梁芝五北上》诗，绛有《送梁佩兰北上》诗。

七月初七日，梁佩兰赎回所典当已十七个月之六莹古琴，喜而赋诗。王邦畿有《和梁芝五琴六莹典人十七月几不归癸卯牛女夕得金赎还喜赋之作》诗贺之，陈子升寄诗相询。是日，同程可则、王鸣雷、朱竹庵、高俨、湛凤光、何绛、梁梿、陶璜等唱和。

九月初九日，梁佩兰同王邦畿、陈恭尹赋咏六莹堂前所开一朵梅花。

冬，魏礼归宁都，有《别王说作》五律，陈恭尹、王邦畿亦有诗赠别。礼另有《留别北田诸子》五古长诗一首。

本年屈大均奉母入泷州避难，寓从弟之姻林氏馆。

●清圣祖康熙三年　甲辰　一六六四年

春，梁佩兰应会试，落第。将游吴越，方殿元赋诗送别。陈恭尹有《春夜同王说作王东村程周量宿六莹堂怀主人梁药亭》诗。

七月，梁佩兰至江西饶州，乘船入鄱阳湖，赋《舟发闾水至饶阳道中作》八首。

本年沙亭屈氏族人重修南海神祠，屈大均有《南海神祠碑》，辑《岭南诗选》前后集。

本年梁佩兰结交顾贞观。

●清圣祖康熙四年　乙巳　一六六五年

秋，清廷有汰僧之议。

春，屈大均北上赴金陵，梁佩兰、陈子升、陈恭尹为其饯行，各赋《罗浮蝴蝶歌》赠之。大均经湖南零陵，填《潇湘神》三首词。至金陵，赋《赠金陵李子》（有序）五律诗三首。

清明日，陈恭尹赋《乙巳清明日拟杜七歌》七律诗七首。

秋，屈大均在南京，田登有《乙巳秋同屈翁山登周处台》。

九月，梁佩兰、陈恭尹同游释澹归僧寮，遇彭孙遹。

屈大均旋至嘉兴，识林之枚，晤钟渊映。游吴门，逢杜恒灿。

十一月，屈大均与孙默握别于钱塘，遂携杜恒灿入陕西，赋《吴门逢京兆杜子赋赠》二首、《同杜子入秦初发滁阳作》诗。

廿七日，屈大均从南京渡江，沿途赋诗如下：《中都》二首、《凤阳》二首、《具茨》、《碳石道中》、《阌乡道中呈杜子》、《登潼关怀远楼》。

岁暮，屈大均抵陕西三原县，出城南寓城西庆善寺。大均又赋《登庆善寺阁　三原城西》诗。

本年程可则在京有诗寄梁佩兰等同社诗友。

●清圣祖康熙五年　丙午　一六六六年

正月，屈大均在三原庆善寺。入城，谒唐李卫公（靖）祠。复游北城，拜王端毅祠。

初一日，陈恭尹赋《丙午岁旦漫题》诗。

人日（初七），屈大均赋《三原人日作》诗。

十五日元夕，屈大均观灯城南。晤贵州死节张耀诸子，得其死事本末，载入《皇明四朝成仁录》卷三。

二月，屈大均至泾阳，观会于汉桃洞，又观会于北城。至温氏馆，遇王弘撰，闻其注李于鳞《华山记》。弘撰邀作华山之游。是夕连床相与谈太华（西岳华山）、罗浮之胜至夜分。明日，同出北郭，饮于宋兰之馆，过鲁桥，拜泾阳死节王征祠，识其子永春，同游杏湾观杏。大均有《泾阳访王大春》诗。

三月初六日，屈大均偕王弘撰从故道复往华阴。初八日至弘撰家普里独鹤亭，弘撰命其子宜辅导大均上太华，弘撰送至醉溪而别。自峪口至华顶，凡三日。居于西峰范述古之复庵，凡八日。作《登华山记》。十九日于巨灵掌上痛哭明崇祯帝，风雪满天，大风拔木。大均赋《上千尺峡百尺峡至温神洞宿》、《西峰访范复庵不值留赠》、《西峰下窥水帘洞作》、《华顶放歌同王伯佐》、《王允塞招饮竹林精舍醉赋》、《长春石室》（有序）、《古丈夫洞草堂歌》（并序）、《西岳祠》、《桃林坪》、《车箱潭》、《云台峰》、《历千尺峡百尺峡诸嶮至岳顶》二首、《青牛台访彭荆山》、《大雪西峰作》、《太华作》二首、《华山作》七律、《雪晴岳顶眺望》七律。大均又赋《华岳百韵》诗。

四月朔，屈大均下山，仍寓王弘撰之砥斋，观郭宗昌《华山庙碑》拓本。时与王弘嘉、王宜辅、羽人彭荆山游宴芙蓉阁、黄神洞、大上方之下漱园、北古口之山荪亭诸处。弘嘉以大均爱华山古丈夫洞，为书"古丈夫洞草堂"相赠，弘撰赠以序，宜辅为诗以赠。

五月初二日，屈大均偕王弘撰、王宜辅父子入西安，与宜辅往观碑林，与李因笃、李楷、杜恒灿、弘撰父子等置酒高会。时有十五国客，大均与颜光敏以诗盛称于诸公，一座瞩目。先是传大均《登华》长律至西安，因笃见而惊服，即再拜订交，谓今日始得一劲敌。大均又识沈荃，荃见其《华岳百韵》诗，叹为旷世奇男子。大均赋《西安别沈太史》（有序）五言排律。

屈大均乃与李因笃寻未央宫故址，过吊忠泉、荐福寺、慈恩寺（大雁塔）、杜子美祠诸处，赋《杜曲谒杜子美先生祠》诗。

同至富平县韩家村李因笃家，登堂拜母，欢喜如归。与济宁刘大来、田而钰、田子庸上秦王翦墓饮酒，因笃与诸田皆赋诗见赠，大均为赠因笃，进以宋张载之学。

六月，屈大均偕李因笃自富平同至代州，客副将陈上年尚友斋，识顾炎武，炎武有《屈山人大均自关中至》七律、《出雁门关屈赵二生相送至此有赋》。大均赋《送顾宁人》诗。大均又赋《丙午夏日将同李天生之雁门道过蒲城饮米侍御园亭即事有赋》七古诗、《初至雁门赠陈祺公使君》二首、《陪陈使君游雁门山水》二首、《送田丈自代返秦将登华岳》二首。

秋，屈大均至秦武安君白起、唐晋王李克用祠瞻拜，于其墓前昼射猎，夜读书，有出塞诗数十章，自谓颇得高、岑气格。

八月初六日，屈大均同陈某游五台山。

九月初九日，屈大均有《九日》诗，又赋《九日集陈大夫署中》五律。

冬，梁佩兰赴北京，途中访顾贞观于昌州客舍。

岁暮，屈大均访傅山于太原。又赋《岁暮送李天生出雁门》诗。

先是，榆林王壮猷世为边将，乙酉（顺治二年，弘光元年，一六四五年）建义旗抗清，战败不降死，一女落侯家。及长，欲得才士为配，于是自固原启行凡三千里至代与屈大均成婚。大均以昔古丈夫与毛女玉姜当秦亡，同栖华岳，因字王女曰华姜，自号华夫，华姜好驰马习射，琴棋诗画无不善，伉俪甚笃。大均有《述婚》五律诗四首。

屈大均于陕西关中询蒲城华阴宗人得西屈族祖姑韩安人《遗诗》，手录以归，并序之。晤毛会建。又晤张杉于临汾。

屈大均送李因笃、顾炎武往塞外垦耕，至雁门而别，为十日之饮。

本年梁佩兰、陈恭尹、陈子升于里居间相唱酬。

●清圣祖康熙六年　丁未　一六六七年

春，屈大均偕富平田子、清宛二陈子游白仁岩。

梁佩兰应会试，落第。在京交王士禛、汪琬、刘体仁、李天馥、钱芳标。佩兰与程可则同游西山（今北京香山），士禛有《送周量同梁芝五游西山》七古诗送之，后士禛又赋《同沈绛堂程周量题项参政倦鸟亭图是戴务旃画》五律诗三首。

人日，屈大均在雁门，梁佩兰有《寄怀屈翁山客雁门》二首。大均亦有《初春代州作》诗。

夏，朱彝尊过雁门，屈大均送至灵武。

秋，梁佩兰南归，程可则有《雨中怀梁药亭》诗送之。舟至北江，遇方殿元北上。抵里，何巩道有《问梁药亭下第》诗。

陈上年所任雁门兵备道裁缺，屈大均有《送别祺公先生》五首。李因笃携家返秦，大均有《送李天生归陕西序》、《送天生》诗三首、《再送天生携家自代返秦》诗三首。

八月朔，屈大均自代州东门经易州、涿州入北京。途经阴山，填《满江红·阴山道中》。视钟渊映病，渊映已先两月卒，铭其墓返。

九月，屈大均自京返代，决意南归。程可则有《送屈翁山归里》六首，大均亦有《将从雁代返岭南留别程周量》五律诗八首。

●清圣祖康熙七年　戊申　一六六八年

本年山东巡抚周有德升两广总督，渐宽迁海令，默许展界复乡。

正月初四日，方尔止恭谒孝陵，赋感怀诗，后屈大均赋《奉题方尔止戊申年正月初四日恭谒孝陵感怀诗后》诗。

人日，屈大均在雁门，梁佩兰有《寄怀屈翁山客雁门》二首。

三月，顾炎武以莱州黄培诗狱牵连，下济南府狱。李因笃走燕中急告诸友，屈大均亦至。因笃有《夏日芝麓先生招同伯紫翁山诸君夜饮西院别后追忆前游奉寄五十韵》《夏日过纪高士伯紫斋中留饮同翁山三十韵》。

屈大均、何绛于程可则寓斋识李良年，欢宴累月。

屈大均返代州，欲从代州返回岭南。

夏，陈恭尹夫人湛氏卒。屈大均赋《陈恭人挽诗 恭人湛氏，前金吾陈恭尹之配》五古诗五首。

秋，屈大均女阿雁生，字曰代飞。甫四十七日，王华姜襁褓以出雁门，历云中、上谷，逾军都关，至京，欲少淹留，以候春暖，华姜不可，于是买舟从天津南下。至济宁，复舍舟而陆。雪深泥滑，二骡驾大车，匍匐不前，大均数下骑推车。

八月初二日，屈大均携家北行，至昌平州，谒长陵以下诸陵，遂入京。旋买舟直沽，至济宁，乃舍舟而陆，逼岁除，渡江至秦淮。

本年王炜撰《屈翁山纪行序》，方文有《题屈翁山诗集》二首。

本年陈恭尹移家西归，赋《移家西归留别湛克正克茂外弟兼柬同人二首》七律诗。

本年王邦畿卒，梁佩兰作《挽王说作》五首、魏礼作《悼王说作》七律。

●清圣祖康熙八年　己酉　一六六九年

清廷允许部分复界。奉天贡士刘秉权任广东巡抚。

春，李符于南京遇屈大均偕妻王华姜南归，符有《杏花村遇屈翁山携妻子将还东粤》诗二首。

正月初七，屈大均在金陵秦淮，寓万竹园。复至嘉兴，访徐嘉炎，下榻嘉炎斋中，嘉炎有《屈翁山自太原携内子王华姜归粤省母》。晤朱彝尊，言归自雁门，将筑室南海之滨，题曰九歌草堂，先以名其诗集，彝尊为作《九歌草堂诗集序》，陈维崧有《念奴娇·读屈翁山诗有作》，方文有《初春送屈翁山返番禺》《再送翁山》《同屈翁山饮周郇雨斋留宿》，又有《钱香灵屈翁山邹讦士宁山同古白上人见过小饮因至晏家桥看罂粟得七绝句》，汪洪度有《访屈翁山不值》。

二月，王隼由雄州入晋安，陈恭尹有《寄送蒲衣自丹霞之福州》诗。

秋，王隼归庐山，寄诗梁佩兰、陈恭尹，佩兰有诗答之。隼作《己酉仲春繇雄州入晋安秋归庐岳纪途中经历寄梁药亭先辈陈元孝金吾一百韵》五古诗。

八月，屈大均抵番禺故里，奉母还居沙亭，陈子升有《屈翁山归自雁门有赠》，陈恭尹有《屈翁山归自雁门相见有诗》。侧室梁氏文姑来归。

本年梁佩兰交释大汕，屈大均南归。释大汕以大均、佩兰为护法，入住广州新城西横街之清平南王尚可喜家庙大佛寺（狮子林），说法五年。

本年麦郊与屈大均相见又别，作《别屈翁山次原韵时翁山方赴雁门挈家还里》诗。

●清圣祖康熙九年　庚戌　一六七○年

此前，尹源进邀屈大均移家东莞，馆于其家。

小除后三日（正月初二），王鸣雷闻屈大均移家东莞赋《闻屈翁山小除后三日移家东湖》诗。

人日，屈大均寓沙亭湫隘庐。

十一日赴焉，扫除未毕。后释大汕赋《赠屈翁山》五古、《寄屈翁山》五律二首。

二十七日，屈大均妻王华姜以小产中风一夕卒，年二十五，十一月葬于番禺涌口石坑山先茔之兆。陈子升有《为屈翁山悼妻华姜王氏》，陈恭尹有《王华姜哀辞》，从兄屈士煌有《王孺人传》，从弟屈士熺有《悼氏王夫人》，王鸣雷有《挽王华姜诗》，黄生有《挽屈翁山内子王华姜十绝句》，吴盛藻有《为屈华夫挽王华姜》十一首，何准道赋《挽屈妻王华姜》七古长诗。大均亦赋《哭内子王华姜》五古十三首、《汪虞部以咂嘛酒惠奠华姜赋谢　咂嘛酒即芦酒》七古、《哭华姜一百首》七言绝句。

华姜卒，大均以其媵陈氏为侧室。

●清圣祖康熙十年　辛亥　一六七一年

二月，屈大均居东莞，编所为悼亡诗及海内四十余人哀王华姜古今体诗及序、传、疏、墓志铭为《悼俪集》，刻成，焚告华姜。黄生有《题悼俪集》诗。故人吴盛藻为雷州守，大均思求升斗以养亲。

董俞自桂入粤归华亭，梁佩兰、陈恭尹有诗送其归里。

四月，屈大均赴雷州，吴盛藻有《喜翁山至雷阳》诗，大均有《别稚女》诗。

五月，王华姜所生稚女阿雁以食积疳患瘠殇，年四岁。

七月，屈大均自雷州归，抚王华姜所生稚女阿雁棺而哭。遣人持华姜所遗衣笄往华阴，嘱友王宜辅为石函瘗于华山明星、玉女之峰，乞王弘撰书碣曰"有明处士屈华夫先生之配王华姜孺人衣笄冢"。大均赋《哭稚女雁》七绝诗十九首。

八月，屈大均、陈恭尹、梁佩兰、林梧、凌天杓、高维桢泛舟东莞东湖，宴于尹源进兰陔别塾。

十五日夜，屈大均赋《辛亥中秋夕作》诗。

九月，屈大均从弟屈士熺暴卒，越十四日讣至，大均惊恸欲绝，不及归而哭诸庙。亦有《哭从弟孚士》五律诗五首。

十二月二十三日小除，屈大均迎继室黎绿眉。

本年在东莞梁佩兰与郭青霞、卢萧游。

本年陈子升之青原，访释大智（方以智）、熊鱼山，子升赋《之青原访药地禅师留别诸子》诗。陈恭尹有《送家中洲之青原访药地禅师》《寄青原药地禅师》，屈大均亦有《送陈中洲》二首送之。

本年李绳远初来粤，陈恭尹为其《秀揽亭诗》作序。

● 清圣祖康熙十一年　壬子　一六七二年

春，屈大均在东莞，寓万家洲（租）（今万江）。大均赋《壬子春日弄雏轩作》五律诗八首。

秋，陈恭尹溺于扶胥口，幸得脱，手稿尽没。

闰七月，屈大均从端州、新兴、阳春、电白、阳江、化州、遂溪游高、雷、廉、钦诸州。邓汉仪辑《天下名家诗观》，采大均诗十九首。

冬，梁佩兰赴北京，屈大均作《送梁药亭北上》诗。

梁佩兰应聘往阳春县修志，何绛作《送梁药亭春州修志》。

十二月，徐釚《本事诗》刻成，选录屈大均诗二首、梁佩兰诗一首。

● 清圣祖康熙十二年　癸丑　一六七三年

清廷议撤三藩兵卫。七月，吴三桂、尚可喜、耿精忠先后假意疏请撤藩，皆许之。十一月，三桂杀云南巡抚朱国治，遂以所部反清，以蓄发复明朝衣冠号召天下。

春，梁佩兰会试落第，寻离京，作《出京口号寄程周量》四首，顾大申有《金台行送梁药亭孝廉归南海》《题画送梁药亭下第归粤》诗。佩兰将离京南归，有诗及书札赠李良年，并为其书扇面、素绫。时良年将入秦，佩兰与订花田荔枝之约。

四月，程可则出任桂林知府，李良年致书问候梁佩兰、屈大均。佩兰、陈恭尹均有诗送可则赴任。

冬，屈大均自粤北入湘从吴三桂军，过乳源，访周诩于梅花山，经清远、英州而至乐昌，赋诗如下：《过清远诸滩》、《冬日英州山中》、《浈阳舟中》、《度腊岭》、《任嚣城》、《度骑田作》、《乳源出水岩采雪花赠高士周孝廉诩》、《梅花澶水》、《过泷》四首、《乐昌水涨》。

本年梁佩兰途经宁都，过访彭士望，魏礼有书致之。佩兰在北京寓慈仁寺，交顾大申、闵亥生。

本年程可则出知桂林府，会檄撤藩部，归京师。百务纷挐，可则以敏干称。寻卒于任。陈恭尹赋《程周量出守桂林作此寄之》七古长诗。

●清圣祖康熙十三年　甲寅　一六七四年

吴三桂改国号为周，自云贵率兵三十万至湖广，迭下常德、澧州、岳州、长沙、襄阳诸处。

春，屈大均从军于楚，与吴三桂言兵事，旋建义始安，以广西按察司副司，监督安远大将军孙延龄军于桂林，赋《从军曲》。有《甲寅军中集》。继室黎氏产一女，携家口躲藏于东莞，后走佛山。

正月，屈大均至衡阳，从军于湖广，转徙于武陵、长沙、岳阳、桂阳等地。

秋，查容访梁佩兰六莹堂，归海宁，佩兰、张穆、屈大均、陈恭尹以诗送之。

释大汕礼祖少林，经登封县，寻石淙山，作《石淙》五古诗。途中可能遇陶璜、屈大均，赋《他乡送客　与陶苦子屈翁山诸君分赋》五律。

本年陈恭尹初刻《独漉堂赋》一卷，诗六卷。

本年王士禛《感旧集》刻成，录屈大均诗四十六首、梁佩兰诗十首、陈恭尹诗十八首。集中小传大均仍用僧名今种，字骚余。

本年屈大均从军湖广，释大汕赋《秋水词寄怀屈翁山客楚》骚体诗怀之。

●清圣祖康熙十四年　乙卯　一六七五年

吴三桂分兵攻高州、广州，下廉州。

正月，屈大均伯兄屈士燝卒，年四十九，后大均为撰《伯兄白园先生墓表》。

本年彭士望入粤，与陈恭尹订交。

本年屈大均监军桂林，督安远大将军孙延龄军，有《乙卯军中集》。大均纳侧室刘武姞。

●清圣祖康熙十五年　丙辰　一六七六年

正月，吴三桂兵逼肇庆。尚之信阴通三桂，劫其父可喜于二月二十一日以广东反清，旋密疏愿立功赎罪。十月，可喜卒于粤。福建耿精忠复降于清。

春，顺德六贞女沉江，后陈恭尹赋《过六贞女墓》诗。

正月，屈大均在桂林。

二月，陈恭尹自新塘携家西还，寓羊额乡。

屈大均谢桂林监军，经湖南临武入粤。大均知吴三桂无意立明后，有僭窃之意，谢事归，至佛山。

三月十三日，释大汕招同诸公雅集长寿禅林，陈恭尹赋《修禊后十日石濂禅师招同诸公雅集长寿禅林即事赋》诗，梁佩兰赋《石翁入住长寿禅院赋赠》五律二首。

四月，屈大均返沙亭，黎氏所生女殁。

六月初四日，屈大均侧室黎氏卒于佛山，年三十一岁。十三日葬于番禺涌口石坑山先茔之原。大均隐罗浮山，购古今异书，仿赵明诚、李清照翻书斗茶事，丹黄粉黛，掩映一堂。性爱客，交道日广，天下鸿儒莫不闻风毕集，往来诗章赠答不可胜纪。当时有文选楼，大均居此，日事著述，随撰随刻，日不暇给。子明德生，侧室陈氏出。

本年，去年入粤之南昌彭士望与陈恭尹订交，恭尹出父文集《雪声集》嘱为叙，士望乃为作叙，载于集首。

●清圣祖康熙十六年　丁巳　一六七七年

夏，广东尚之信复降清。广西孙延龄被刺而亡。

八月，屈大均至番禺西坑村，访得华孝女墓铭之。

本年屈大均访黎延祖、黎彭祖于番禺板桥乡荫园，瞻拜黎遂球画像，有记："所撰《皇明四朝成仁录》，载公事颇详。"《翁山诗略》付刻。

●清圣祖康熙十七年　戊午　一六七八年

七月，吴三桂称帝于衡州，改元昭武。八月病卒，孙世璠继立。清廷诏开博学鸿儒科，中外官各举所知征诣阙下。

春，陈恭尹移居龙江。

二月，屈大均子屈明洪生，梁氏文姞出。女屈明洙生，刘氏武姞出。从弟屈大灼卒。

秋，陈恭尹因曾为尚之信延揽而下狱，至明年春始解。恭尹于狱中赋《狱中杂记》五律二十六首，又赋《狱中送郭清霞兼寄李相如》五古诗、《狱中值林叔吾生日赠之》五古诗。

屈大均亦避地。清开博学鸿儒科，大均不应。邓汉仪辑《天下名家诗观》二集，采大均诗八首。大均撰《广东新语》二十八卷成。

冬，释大汕自苏州一带返粤，被迎住长寿庵（释大汕称之为"长寿禅院""长寿院"）任主持，自称五岳行脚嗣法沙门大汕，由平南王府拨归白云山田产及清远峡山飞来寺及该寺田产田租七千余石供养，屈大均有力焉。大均、梁佩兰赋诗相贺。

●清圣祖康熙十八年　己未　一六七九年

清廷试博学鸿词，彭孙遹、陈维崧、徐嘉炎、陆荣、汪楫、朱彝尊、汪琬取一等，潘耒、黄与坚、严绳孙取二等。山西太原阳曲傅山（青主）被强抬至北京，望见大清门（原明大明门）泪涔涔下，誓死不应试，后归乡业医为生。

春，陈恭尹狱事解，凡在狱二百余日。

秋，屈大均于南京再逢李符，符作词《丰乐楼》送其北行。

梁佩兰不赴己未科会试，同屈修、刘裔炫游阳春崆峒岩，作《铜石岩访刘仙遗迹用壁间韵》《登阳春城楼》诸诗。

八月，屈大均一家至汉阳，陈氏西姨患毒热病死，年三十四，葬大别山北梅子山。

九月，屈大均赋《哀殇》诗。

初五日，屈大均生日在九江舟中。行至旧京金陵，四岁子明德以食积疳，死于扬子江舟中，葬于上新河之上。大均痛甚，抚琴为操，以写其哀，名曰《黄鹄》。

屈大均客游陪京，当暑，解衣裾，杜濬见大均怀之三十一年"永历通宝"钱，取少陵"留得一钱者"句赋诗赠大均，大均为长篇以答，亦名之曰《一钱行》。

冬，屈大均游扬州，汪士铉有《己未冬日登平山堂作同屈翁山曾青藜余生生闵檀林》《屈翁山招话空翠阁》《曾青藜屈翁山集梅旅限韵》，又有《红桥同屈翁山闵宾连余生生野步》。

十月二十八日，陈恭尹赋《登大士岩纪事》诗。

本年屈大均访王撼于太仓。大均与郭青霞各从东莞携家渡岭至汉阳，陈恭尹有诗送之。大均妻女与青霞妻及其女不字日夕相见，不字时鼓琴，相与吟诗诵《庄子》、南宋词。黄楼当前，晴川横渡，江山秀色，隐映眉黛。过江西时，欲入翠微山与易堂诸子讲习，不果。大均有《广陵篇赠别吴鹿园》七古诗。吴苑有《酬屈翁山广陵篇见赠之作》，另有《次韵答赠屈翁山即送之金陵》诗。吴嘉纪有《送屈翁山之白门》二首。

本年陈恭尹有《朱廉斋以张穆之画册索题为作磨痒马歌赠其象郡之行》诗。

● 清圣祖康熙十九年　庚申　一六八〇年

八月，清廷赐尚之信死，尚氏平南王府两代治粤凡三十年，至此终结。郑经退守台湾。

正月十六日，王撼兄弟招同屈大均等诸子集养善斋，分赋。

二月，屈大均至松江，张带三招同颜光敏宴集赋诗，旋返金陵。盛符升有《春夜同颜修来屈翁山诸君集紫盖山房分赋》。

初四日，屈大均赋《松江春日张带三老丈招同修来先生谦集分得九佳灯下同赋明日既返棹金陵书此并以为别求正时庚申二月四日》诗。

孟夏，魏世效客金陵，以先辈礼见屈大均，为撰《屈翁山先生五十序》。

十九日，释大汕过梁药亭六莹堂，观斗蟋蟀，喜其物小义大，感而赋《斗蟋蟀赋》。

六月，汪士铉邀屈大均为黄山之游，行至芜湖，以暑热返。次女屈明泾生于南京，刘氏武姑出。

秋，屈大均度岭返粤。方殿元有《晚登江楼感怀兼寄梁药亭陈元孝陶苦子》，梁佩兰过访殿元，殿元等集六莹堂唱和。

闰中秋，屈大均舟次赣州，赋《赣州吊丙戌忠节诸公》诗。

九月初五日，屈大均于韶州舟中过生日，赋《五十生日在九江舟中五十又一生日在韶州舟中有赋》诗。

十二月，屈大均返沙亭，在新汀开九歌草堂以居，释成鹫有《屈翁山归自金陵予将赴泷水赋赠》，黄河澄有《屈翁山归自金陵喜而赋赠》。

十五日，屈大均赋《立春日作　庚申十二月望》五律诗三首。

本年屈大均在秣陵，日于虎踞、鸡鸣、锦衣仓诸处嬉游，识蓝涟。大均借《易疏》于黄虞稽千顷堂，撰《翁山易外》七十一卷。

本年梁佩兰、陈恭尹、何绛、陶璜、方殿元、吴文炜、黄河澄等重修兰湖白莲诗社。

●清圣祖康熙二十年　辛酉　一六八一年

郑经卒，子郑克塽立，继领所众于台湾，仍奉明永历正朔不改。清兵入云南昆明，周吴世璠败，自焚死，云南平。十二月，吴兴祚任两广总督。

人日（初七），梁佩兰、屈大均得白鹦鹉，陈恭尹等夜集梁佩兰城西草堂作诗，连月不寐。大均赋《和药亭人日得白鹦鹉之作》诗。

五月，屈大均子屈明道以痢疾殇，年九岁。大均援琴为《后黄鹄操》（有序）骚体诗，又赋《哭亡儿明道　辛酉》五律诗十三首。

六月十八日，屈大均赋《六月十八日作》诗。

秋，邵远平任广东乡试主考官，与梁佩兰互有赠答。

七月，屈大均为张穆题《角鹰图》，又有《题铁桥翁黄山画册》七绝十五首。

十月，王隼作《六莹堂集序》。陈恭尹、梁无技、欧阳隽、刘汉水过宿梁佩兰之六莹堂分赋。时始刻《六莹堂初集》古乐府。是书刻成。朱茂珣、屈大均、陈恭尹、王隼作序。

冬底，梁佩兰北行赴京。

本年屈大均馆于五羊耿参藩署中。发渐斑白而稀，鬓且日小。子屈明洪四岁，夜见太白大于群星，以为细月，大均闻之失笑，为作《细月歌》。张杉游粤，寄大均所为诗，请毛奇龄为之序。大均频梦其先父，赋《频梦先严有作》诗。

本年梁佩兰、陈恭尹皆有诗送广东提学道陈肇昌任满还都。

本年张杉游粤，屈大均、陈恭尹、梁佩兰皆有诗赠行。

● 清圣祖康熙二十一年　壬戌　一六八二年

清廷杀耿精忠，三藩平。命原明郑氏降将施琅武力攻打仍奉明永历正朔之台湾。

正月初六日，屈大均子屈明泳生，刘氏武姑出。黄太夫人年七十九，大均赋《堂上行》。友人孔君将往乐昌署县，大均书"武溪亭"匾赠之，使悬之泷口，并嘱其疏凿六泷以利舟楫。孔邀大均同行。

顾炎武卒，大均为诗哭之。又赋《哭顾亭林处士》五律诗。

初七日，屈大均赋《壬戌人日作》诗。

二月，梁佩兰抵北京，寻会试落第，在京作《赠于子先学使》，送于觉世赴任广东提学道。

王又旦招同梁佩兰、郭襄图、梅庚、周在浚、方中德宴集唱和。

春末，宋荦约梁佩兰、蒋景祁、钱柏龄、宋至同往丰台看芍药。佩兰、景祁先至，不遇柏龄、至。后各依荦韵作诗酬答。

北京结诗社，公推梁佩兰、朱彝尊、方中德主坛坫，声名大震。

清明日，屈大均赋其代表作《壬戌清明作》诗。

四月，梁佩兰作《珠湖草堂歌送吴万子归秦邮》赠吴世杰。

汪楫奉使琉球王国，梁佩兰、王士禛、严绳孙、沈涵、汪懋麟等皆有诗送之。

盛夏，王士禛招同梁佩兰、蒋景祁、冯廷櫆等宴集唱和。

八月，梁佩兰作《送龚含五太史归里》三首送龚章归粤。在北京永光寺寓斋同朱载震、宋至分韵。九月，梁佩兰作《送宋山言归商丘》赠宋至。在京有诗送徐乾学、徐嘉炎。

梁佩兰将离京，诗别丘象升。王士禛有五古诗送行。佩兰经鲁入吴。

除夕，梁佩兰在江宁巡抚余国柱府中同魏坤、吴屺瞻守岁分赋。

● 清圣祖康熙二十二年　癸亥　一六八三年

七月，郑克塽以全台湾降清，绵延一线之明朝永历正朔于其三十七年全绝。清开海禁。

春，梁佩兰客吴门，访高简，有诗送高兆还闽。

四月，梁佩兰会查慎行于吴门。诗别郭襄图、魏坤，还粤。途经赣州程可则旧游题诗处，和其韵。释大汕有《梁药亭孝廉北归赋慰》诗。

初十日，潘梅元招同梁佩兰、陈恭尹、王世桢、汪煜、查嗣瑮、徐令、林梧、王完赵集其视苍楼，送春。佩兰有诗送煜、嗣瑮返浙江。

恭尹亦有《赠汪寓昭》七古送煜、《送查德尹》七古送嗣瑮。

陈恭尹亦有《次答闻一老僧年九十余，善琴能画》诗送老僧释闻一。

长至前五日，屈大均第三子屈明治生，梁氏文姞出。屈大均赋《癸亥长至前五日举第三子有作》诗。

闰六月初七，屈大均读书卧蓼轩。

秋，屈大均筑三闾书院于广州城南，为诗求张穆绘三闾大夫屈原像奉祀。大均闻台湾降清，有《感事》七律四首。

九月初五日，屈大均五十四岁，赋《五十四岁自寿歌》。

十一月，屈大均至端州，为两广总督吴兴祚祝碬，当面泣辞其疏荐，以全心系明室之晚节。

初五日，梁佩兰招同吴绮、陈恭尹、曹燕怀、吴源起、柯崇朴集其六莹堂分赋。

十九日，吴绮、吴源起、曹燕怀、陈恭尹、蔡鸿达、缪其器、柯崇朴分韵赋诗于肇庆七星岩上。次日，屈大均、梁佩兰、吴寿谦继之属和，并以其事题名于七星岩玉屏峰石壁。

韩作栋宴请梁佩兰、吴绮诸人于肇庆，佩兰即席赋诗赠作栋、绮。

除夕日，释函昰赋《癸亥除夕》诗。

● 清圣祖康熙二十三年　甲子　一六八四年

二月早春，宴集三闾书院，屈大均即事赋《早春谯集三闾书院即事甲子》诗。三闾书院在沙亭石坑涌之东，大均建之，与二三同道称《诗》

说《易》于其中，尝以其诗赋乐府，梓之为《三闾书院倡和集》。岁时有事，俾子弟弦而歌之，以乐神听。大均赋《甲子初春赋得今岁花前五十五白乐天》五律诗四首。

十五花朝日，吴绮集海内词人于广州西禅寺，结粤台诗社。屈大均《翁山诗外》卷八亦有《花朝社集西禅寺》。

五月初四日，梁佩兰为吴兴祚书"偶值放衙闲啸咏，何妨挂笏对云山"楹联，至今犹存在广东省博物馆。

秋，王又旦入粤主乡试，屈大均、陈恭尹、梁佩兰为其《乌丝红袖图》题诗。

八、九月间，纳兰性德寄书邀梁佩兰赴京共选北宋、南宋诸家词，并寄《点绛唇·寄南海梁药亭》词一首。

九月初五日，屈大均五十五岁，赋《五十五岁生日有作》诗。

重阳后四日，蒋伊招同屈大均、潘梅元、陈恭尹登城北诸峰望全粤形胜。还，饮酒赋诗于越王台，时有复建镇海楼之议，恭尹有《甲子重阳后四日蒋莘田大参招同潘亚目屈翁山登城北诸峰望全粤形胜还饮酒粤王台上时有建复镇海楼之意即事赋呈》七古长诗。

王又旦来粤典乡试，试事甫竣，与蒋伊、屈大均上罗浮，造其绝巘，至二山分合之处，求所谓铁桥、大小石楼者一一观之。至西宁，访知县张溶，游燕子岩、大峒、龙井诸胜，大均有《舟入罗旁之水将访西宁张明府有作》五律诗四首、《龙井　龙井在西宁治东三里半山之中，大仅尺许，深五寸，渗出沙底，不盈不竭，味甘以冽，真坎之水也。张令作亭以覆之，属予为诗》五律诗二首。

屈大均等至端州，为粤督吴兴祚祝寿，载嘉鱼归春山草堂，朱彝尊有《送少詹王先生士禛代祀南海兼怀梁孝廉佩兰屈处士大均陈处士恭尹》，大均有《后嘉鱼诗　甲子》五律诗十二首、《自端州载嘉鱼归春山草堂》五律诗二首，陈恭尹亦有《嘉鱼二首》诗。

十一月，王士禛奉使至粤祭南海，朱彝尊嘱其代致意屈大均、梁佩兰、陈恭尹。

梁佩兰赴京。在京与朱彝尊等为侯开国《凤阿山房图》题诗。

十二月十三日，为屈大均母黄太夫人八十一大寿，宾朋毕集，比以太夫人年高，恋晨昏定省，不复远出。大均母大寿，陈恭尹为作《屈母黄太夫人八十有一序》。

除夕日，大均赋《甲子岁除作》诗。

本年陈恭尹始卜小禺山舍。

本年吴震方游粤，吴之振有《送家青坛游粤东兼寄梁药亭孝廉》，梁佩兰作《次韵答吴孟举》。

本年徐釚来广州，屈大均、陈恭尹、梁佩兰为其题诗。

● 清圣祖康熙二十四年 乙丑 一六八五年

春，梁佩兰会试下第，以《送沈客子还平湖》赠沈季友，为顾贞观《竹炉新咏》题诗。

叶燮入粤访梁佩兰，时佩兰北上应试不即归，秋梢，燮怅然返吴江，陶璜、释大汕送以诗。

王士禛奉使至粤，与屈大均、陈恭尹、黄与坚、高层云、王隼、梁无技、张远、程燕思、释月涛、释南柄等同游广州诸名胜，有《与元孝翁山蒲衣方回王顾诸子集光孝寺》《同庭表稷园元孝蒲衣翁山游海幢寺遂至海珠寺》《别峕孩元孝翁山蒲衣方回》诗，陈恭尹有《同王阮亭宫詹黄忍庵太史高稷园廷评张超然屈翁山两处士五羊访古作》四首：《菩提树》《五仙观》《海珠石》《菖蒲涧》。

正月初一日，屈大均赋《乙丑元日作　是日立春，有微雨》诗。

初七日，高层云、张远访屈大均，大均赋《人日承高廷评张处士见过有作》诗，又赋《哭蔡二西》八首、《奉酬高廷评谡苑》七首、《奉酬张超然处士》六首。

暮春，释大汕同王士禛、黄与坚、高层云暨陈恭尹、张远诸公过集长寿寺怀古楼，有次夕对月赋诗之约，阴雨不果，怅然作《乙丑暮春阮亭王宫詹忍庵黄太史谡园高大理暨陈元孝张超然诸公过集怀古楼有次夕对月赋诗之约阴雨不果怅然有作》五律诗。士禛为长寿寺题"红楼映海三更月，石濑通江两度潮"，又赋《咏长寿寺英石赠石公》五律。

三月初四日，劳书升宪副约同黄与坚、高层云、陈恭尹游白云山麓蒲涧寺。

四月，王士禛奉使至粤祭南海事竣北还，陈恭尹有《扶胥歌送王阮亭宫詹祭告南海事竣还都兼呈徐健庵彭羡门王黄湄朱竹垞诸公》诗，屈大均有《喜王阮亭宫詹至粤即送其行》五律诗十首。

初九日，粤督吴兴祚招屈大均与王士禛、黄与坚饮于端州石室岩。时兴祚、士禛欲疏荐，大均婉谢，程化龙有《王阮亭先生招同屈翁山叔燕思游阅江楼》，大均有《吴制府招同诸公游七星岩有作》诗。

五月二十三日，梁佩兰同姜宸英、顾贞观、吴雯宴集于纳兰性德斋中，同咏庭中夜合花。次日，性德卧病，三十日卒。佩兰等有诗文挽之。

梁佩兰在京期间，时同姜宸英、高层云、谭瑄、汪楫、孙致弥、王原、汤右曾、龚翔麟、查嗣瑮等集于朱彝尊古藤书屋分赋。

九月，梁佩兰欲南归。

初十日，姜宸英、朱彝尊、陆嘉淑、魏坤、张云章、朱载震、陈曾蔚、汤右曾、查慎行、俞兆曾于北京长椿寺宴集饯别梁佩兰，席上联句。

季秋之望，陈恭尹往端州，作《菊赋》。

朱彝尊招同汤右曾、查慎行夜集古藤书屋再饯梁佩兰，联句。

户部尚书余国柱招同陆元辅、陆嘉淑、魏坤饯送梁佩兰，席上作诗酬答，佩兰离京，赋《留别余大司农陆翼王冰修魏禹平诸同学次司农送行韵》，朱彝尊、姜宸英、尹源进、查慎行、陈大章皆有诗送之。

梁佩兰至扬州，与吴绮、卓尔堪赋诗送故明太常吕潜归蜀葬母。应宋实颖之倡，为曹寅题《楝亭图》。至苏州，诗别王武，为蔡方炳母作祝寿诗。

秋末，梁佩兰抵广州，与尹源进、王鸣雷、卫淇游蒲涧濂泉寺分赋。冬夜，佩兰同尹源进、陈恭尹、王鸣雷、林梧、陶璜宴于西郊差山堂，分韵赋诗。

蒋伊擢任河南督学，屈大均、陈恭尹有诗赠行。

十一月，屈大均自端州归沙亭。女悦生，丘氏辟寒出。冬至惠州。

冬至，屈大均赠张远《至日同超然作》诗。

十二月初五日，屈大均父澹足公忌日，大均赋《先君澹足公忌日作十二月五日》诗。

初六日，屈大均从兄屈士煌卒，年五十六岁。大均于明年初赋《哭从兄泰士》五律诗八首。大均又赋《送泰士兄葬》诗。

十三日，屈大均母八旬有二生辰，大均赋《乙丑腊月十三日恭遇慈大人八十二岁生日喜赋》五律诗八首。

除夕，屈大均赋《乙丑岁除作》诗。

●清圣祖康熙二十五年　丙寅　一六八六年

春，屈大均赋《独酌　时丙寅春五十七岁》诗。

正月初一日，屈大均赋《丙寅元日作》五律诗五首。

十七日，屈大均女悦殇。大均赋《哭殇女悦》五律诗五首。

二月十六日，屈大均叔父澹翁（屈骀）病起，大均及诸从兄弟小集澹翁园林分赋。

三月，何绛赋《丙寅春三月叶端五招饮后山寿燕亭》诗。

初四日，牡丹盛开，镇粤将军王永誉招屈大均同张梯、梁佩兰、张远、陈阿平、陈恭尹雅集倚剑堂，分韵赋诗。大均赋《王将军府中牡丹盛开有赋》五律诗二首、《丙寅春日承王大将军招同诸公雅集分得萧字　时牡丹盛开》七律。

闰四月，屈大均侧室梁文姞卒，年三十四岁，时大均客郡城，闻病归沙亭，文姞先一日卒。六月葬于涌口之石坑山。大均赋《哭侍姜梁氏文姞》五律十首、《悼梁氏文姞》五律四首。

闰四月，粤督吴兴祚以茭塘黄女官沙（番禺茭塘司）田三十七亩惠屈大均，大均自耕之。

伏日，梁佩兰同陈恭尹、王世桢、张梯、朱研、周文康、林梧、董克灌、王完赵集于潘梅元视苍楼分韵赋诗，陈恭尹《独漉堂诗集》卷四有《伏日同王础尘张桐君朱子成周文康梁药亭林叔吾董克灌王紫巘集潘亚目视苍楼分赋因寄董无休》诗。

秋，屈大均为汪沇作《嘉莲诗》二章，刻入《翁山诗外》。为汪沇、野逸、岩夫、不庵、谷口、宾连、汪士钛、中江、吴绮、雨平诸君所赏，以之刻笺，流传白下，谓在诸君百余篇《嘉莲》之上，以玉杯祝之。沇则以黎美周"牡丹状头"相比，郑超宗（元勋）赍以金罍二器，称大均为"嘉莲榜眼"，大均为赋《玉杯篇》二章，以与《嘉莲》诗相表里。大均赋《嘉莲诗为汪右湘作》诗，又赋《玉杯篇》（有序）七律二首。

屈大均应定安（今属海南）知县张文豹、教谕梁廷佐之聘，纂修《定安县志》八卷。编刻《翁山诗外》十五卷。刻《翁山文外》十六卷，张远、甘京等有《题辞》，魏世效有《序》。刘茂溶、陈肇昌助大均纂修《广东文集》三百余卷，后以卷帙浩繁，拔其优者为《广东文选》四十卷。

秋杪，陈恭尹为释大汕题《卖卜图》。

冬，陈恭尹移家定居小禺山舍。

本年张远离粤，陈恭尹赋《送张超然　闽人，时寓吴门》诗。恭尹之《独漉堂集》中有《江村集》，收录一六七六年至本年十年之诗作。

本年蒋景祁《瑶华集》刻成，于岭南词人独选梁佩兰《山花子》词三首。

本年何衡、尹源进卒。

●清圣祖康熙二十六年　丁卯　一六八七年

春，严绳孙来粤，与梁佩兰、屈大均、陈恭尹、吴文炜等交游唱酬，佩兰以名花丫兰赠之。

王宜辅来游番禺，乘船三十五里至沙亭谒屈大均并拜屈母。

正月初一日，屈大均赋《丁卯元日作奉和澹园六叔用来韵》诗。

初七日，屈大均赋《人日双桧堂社集与诸从分得高字》诗。大均追哭何衡，赋《人日追哭孟王　是日孟王生辰》诗。

十二日，屈大均又赋《正月十二日集黄氏斋听罗丈弹雏神操作》诗（《翁山诗外》卷十）、《丁卯初春作》五律四首。

花朝前二日（二月十三日），屈大均赋《花朝前二日小集澹翁园林观落红有作限塘字》诗。

六月，广州知府刘茂溶聘屈大均修《广州府志》。

秋，严绳孙携绿端砚还归无锡，梁佩兰、屈大均、陈恭尹皆有诗送之。大均赋《绿端砚为严藕渔宫允作》五律诗五首，又赋《送严藕渔宫允还梁溪》五律八首、《奉和严藕渔宫允蒙恩予假南还述怀之作次元韵》七律四首。陈恭尹赋《为严藕渔宫允题绿端砚五首》诗。

薛起蛟与纂《顺德县志》稿成，将付梓，送梁佩兰阅之，甚称许。

屈大均赋《庞祖如以张乔美人画兰见赠诗以答之》（有序）五律诗六首。

七月，屈大均至永安为知县张进篆修《永安县次志》十七卷，寓于紫金书院。诸士夫日夕过从，以诗古文辞闻大均。甫半月归，诸士夫不忍相别，为作亭于紫金山，以待大均明年来，名之曰“翁山之亭”。

秋分后三日，屈大均家具泥船三，船各十人，以九人执钩镰，一人司爨，自石坑涌大均家出，历一沙、二沙至七沙，至于茭塘黄女官沙之田。凡四日获始毕，纳诸场，以二牛躏之。计一亩播种十升，谷成得三石，使与佃人耕，则每亩仅得一石有半。大均为赋《刈稻　丁卯秋日》七律诗六首。

八月二十日，梁佩兰与陈恭尹、李某往沙亭，观屈大均获稻，以诗唱和。

九月，屈大均得汪士鋐书及嘉莲墨。复书招游罗浮，并索赠墨七笏及黄山诗七帙，使四儿三女各得其一。以《翁山诗外》一部千余纸、《翁山文外》一部三百余纸奉寄。此外有《广东新语》七百余纸、《广东文选》一千五百余纸，皆刻成，因无资，未能刷印。《翁山易外》千纸，谋梓未有端绪。老母黄太夫人本年八十四岁，请多集贤士大夫诗文图画，携来为称寿之具。

十七日，屈大均得第四子明渲，刘氏武姞出。

冬，梁佩兰北上赴京，释大汕、陈恭尹赋诗、填词送之。

十月，屈大均纂《广东文选》成，广州知府刘茂溶助刻并序之，时居于广州城南木牌头珠江义学楼上，时人称之为文选楼。

十一月，屈大均以自买沙头地一区于本乡思贤里社之东，献十一至十四世祖，俾诸父兄卜曰为祠，先议祠名曰寿昌。大均釐居沙梨园，未有宁宇。

十二月十三日，屈大均赋《丁卯腊月十三日恭逢家慈大人八十有四寿日喜赋五章》诗。

本年阎若璩著《尚书古文疏证》第四卷成，用太史公藏之名山例，录四本，一寄屈大均藏于罗浮。

本年潘耒首次来粤。

●清圣祖康熙二十七年　戊辰　一六八八年

春，张云翮观察岭南，下车即到沙亭访屈大均于三间书院，并与徐渭六、何东滨、程虞三、程相音、周南美同行。

梁佩兰抵京，招同陈大章、陆嘉淑、郭襄图、魏坤饮荔枝酒。

正月初一日，屈大均赋《戊辰元日作》诗。

初十日，陈恭尹舟泊肇庆，江南无锡王世桢适自开建至，其子完赵招同李苍水，过集高云客所寓华严精舍，纵饮达夜，恭尹即事赋《戊辰正月十日舟泊端州王础尘自开建适至令子紫蠏招同李苍水过集高云客所寓华严精舍纵饮达夜即事成歌》诗。

二月，查慎行以其岳父陆嘉淑抱疾，扶侍南归，梁佩兰以紫玉端砚赠行。

花朝（十五日），屈大均侧室陆氏墨西、石氏香东来归。大均后赋《布水村　姬人陆氏墨西所生地，在高要境》五律诗三首。

十九日，梁佩兰应会试。榜发，得魁本房，中会试第十名。当日，在客寓与方正玉等谈论祢衡、岑牟与王维《郁轮袍》之事，闻捷音，色不为动，曰："老而成名，归得肆力于《丘》《索》足矣。"

三月二十六日，梁佩兰应殿试。二十八日读卷。二十九日传胪，中二甲第三十七名，赐进士出身，有《登第后作》诗。拜见徐乾学，有《上徐健庵夫子》十二首。

春末，查慎行寄诗贺梁佩兰登科，释大汕亦有诗贺佩兰。

夏，陈恭尹识连双河，并与何绛分别有诗寄怀梁佩兰。

蒋景祁招同方纮长、方正玉、戚缓耳、陈镜庵、叶藩、黄庭、陈弓冶、陈枋，与梁佩兰宴集于寓斋分赋。

五月十一日，选授梁佩兰等三十四人为翰林院庶吉士，翰林馆中公推佩兰为馆长。

秋，梁佩兰决意南归，约陈大章同游汉上。

七月，潘耒离粤，赋《酬别陈元孝》二首、《赠屈翁山》二首。陈恭尹赋《赠别潘稼堂检讨》七律诗二首，屈大均赋《送潘次耕太史》七律诗四首回赠。

九月初五日，屈大均赋《五十九岁生日作》诗。

冬，陈恭尹与连双河同寓端州，选程可则诗文编为《海日堂集》十卷，三水知县程翔捐俸助梓。

梁佩兰诗送黄与坚予假还吴，陈恭尹赋《赠别黄忍庵太史》五律诗送之。

深冬，梁佩兰以诗赠沈廷文、史申义。

十一月，屈大均与姬人石香东、儿屈明洪至端州，客凌氏家。

十二月二十三日小除夕，大均赋《小除夕谦集张紫阁观察署中同用杜少陵秋兴第五首韵》诗。

小除后二夕，大均赋《小除后二夕与姬人香者儿明洪饮寓楼上有赋》诗。

本年大均刻《翁山易外》成，张云翩为作序。何磻游番禺，来见大均。大均与富平程相音历穗石洞、诃林，出西郊，访黄登南轩。

本年屈大均访王佳宾铁炉古巷园亭，又游香山郑文学草堂。

●清圣祖康熙二十八年　己巳　一六八九年

两广总督吴兴祚因鼓铸不实，降官使用，石琳继任。

春，梁佩兰在京与王煐订交，以诗送陈大章假归。

正月初一日，屈大均赋《己巳元日作》诗。大均自端州回。

仲春，陈恭尹、王世桢、季煌、陶璜、黄河澂、释大汕登镇海楼，约为长律纪其胜。

三月三十日，梁佩兰与查慎行、吴卜雄于朱彝尊槐树斜街新寓会饮作诗。

夏，周丙曾至粤，欲诣屈大均，有言"先生盛暑着牛衣袄，狂怪不可近"，居二载，不与通半刺。

初夏，梁佩兰请假南归，访史申义、史万夫兄弟。查慎行有《次韵送梁药亭庶常请假归南海》诗，汤右曾有《送梁药亭归南海》诗送之。至扬州，交孔尚任。佩兰又与宗元鼎、张韵、陈翼、金受宣、戴衣闻同游扬州李氏园林。

四月，女阿端殇，屈大均自广州归沙亭。欲移居雁翅城中与王佳宾结邻，而廿五日佳宾遽卒，大均闻讣，冒暑自沙亭三十余里奔至，抚棺而哭，为著行状。大均近刻《四书补注兼考》，方经始两论。新刻《骚屑》。

二十六日，王煐至惠州任事，后时往广州与屈大均、陈恭尹、梁佩兰过从吟咏。

五月初二日，吴绮与同人集克敏堂，送梁佩兰归南海、孔尚任还京师、张南村入九华山修志，席上分赋。

初三日，吴绮于林蕙堂集同人与梁佩兰、孔尚任、张南村饯别。尚任致书佩兰为别。

梁佩兰至江宁府，客于余国柱新斋，赋诗赠之。

秋，屈大均再至端州，七夕归。

七月，梁佩兰至杭州，七夕往观钱塘江。当月乘舟由富春江经富阳至桐庐，吊严子陵钓台，复由兰溪入赣，经十八滩入粤，沿途均有诗纪之。

陈子升、屈大均有诗词贺梁佩兰南归。

桂月（八月）上浣（初十），三水知县、程可则之侄程翔为可则之《海日堂集》作序。前次曹溶、龚鼎孳、王庭、钱朝鼎、施闰章、王士禛、汪琬、朱彝尊、陈恭尹所为序，均不列年月。

九月初五日，屈大均六十生日撰《江山风月福人歌自寿》，长子屈明洪有《家君八泉翁寿日恭赋》二首，王世桢作《少莱子歌为屈翁山寿》，陈恭尹作《续王础尘少莱子歌为屈翁山寿》，王炜作《卧龙松歌寄屈翁山先生》，汪士铉有《少莱子歌为屈翁山太夫人九十寿》，汪沅作《寄寿屈翁山先生即次来诗原韵》《采菊行寄屈翁山先生》。士铉、沅、吴绮嘱山僧师古画黄山册子，沅以银卮，汪洪度、吴绮、洪雨平和洪待臣兄弟均以诗为大均寿，屈大均赋《汪子栗亭右湘吴子绮园属山僧师古画黄山册子寄予为六十寿诗以酬之》四首、《汪右湘以银卮为寿诗以酬之》二首、《奉答汪于鼎赠予六十岁之作》三首、《答吴绮园长歌为予六十寿之作》（以上七律）。

初九日，陈恭尹赋《己巳九日镇海楼作》诗。

十二月十三日，屈大均赋《己巳腊月十三日家慈大人八十有六生日恭赋》诗。

晦，屈大均赋《己巳腊尽作》。

除夕，屈大均又赋《己巳岁除作》七律三首，陈恭尹亦有《次和王惠州子千己巳岁除杂感韵四首》七律诗。

本年屈大均赋《张余庵先生年六十有九七十有七八十八十有四时皆生一子今己巳八十有五矣诗以寿之》诗。

本年梁佩兰由广州城西移居仙湖。

本年邓汉仪辑《天下名家诗观》三集，卷二采屈大均诗二十首。

●清圣祖康熙二十九年　庚午　一六九○年

春，高孝本入粤访梁佩兰。

正月初一日，屈大均赋《庚午元日作》七律诗六首。

初二日夜，吴文炜、陈元基、周大樽、曾秩长宿梁佩兰湖屿舍宅话旧，分韵赋诗。

五月，前粤督吴兴祚招同诸公陪京卿张云翮宴集城西长寿禅院释大汕离六堂，赋诗以行，游顺德、三水、增城诸邑，屈大均赋《庚午仲夏承大司马吴公招同诸公奉陪京卿张公谦集城西禅院次张公元韵四首并以送行》五律诗（《翁山诗外》卷九），陈恭尹赋《大司马留村吴公招同茹琼山子苍张惠来时公刘将军季翼新安王我占山阴娄子恩同里屈翁山奉陪京卿紫阁张公集石公离六堂即席次张公韵送之入都》五律诗四首（陈恭尹《独漉堂诗集》卷十）、《送吴制军至三水因纪昔游作百韵赠别》长诗。

九月初五日，屈大均六十一岁生日，赋《庚午季秋六十有一岁生日作》诗。

初九日重阳，陈恭尹赋《庚午九日歌和础兄》诗。

冬，屈大均至惠州，客于知府王煐斋中。

屈大均、陈恭尹、梁佩兰皆有诗送吴兴祚还都，大均赋《前制府吴公以生日往罗浮山赋此寄寿》诗。

初冬，屈大均赋《庚午初冬同诸子出广州北郊饮于尚氏墓堂感怀往事有作》五言长诗。

十二月十三日，屈大均母八十有七生日第五子阿需生，陆氏墨西出。大均喜赋《庚午腊月丙寅举第五子阿需值慈大人八十有七生日喜赋》七律诗四首，陈恭尹亦和《屈翁山六十一举第五子阿需值其母八十七寿赋诗索和次韵四首》七律诗四首。

十五日，释大汕招同诸公会长寿寺，陈恭尹赋《腊月望日石濂大师招同张桐君吴子祥鲍子韶季伟公黄位北李方水黄葵村黄摄之同用庚字》诗。

二十九日，吴文炜、陈元基、周大樽、曾秩长、释敏言宿梁佩兰湖屿舍宅话旧，分赋。

除夕，屈大均赋《内子季刘以岁除生日承王君础尘赋诗见贶率次元韵奉答》诗。

本年屈大均、陈恭尹、梁佩兰等修复浮丘诗社。大均赋《罗浮对雪歌庚午》诗。

本年王煐筑子日亭于罗浮山落成,屈大均、陈恭尹、梁佩兰皆有诗纪之。

本年梁佩兰参选卷二十一之陈维崧《迦陵词全集》刻成。

本年新城王士禛有《答陈元孝寄怀之作》。

●清圣祖康熙三十年　辛未　一六九一年

春,驻防参领王之蛟发起重修广州东门外东皋关壮缪侯庙(即俗称之"关帝庙"),勒碑以纪其事,又铸钟鼎,请屈大均、梁佩兰、陈恭尹各撰铭文。复于庙旁修别业,结东皋诗社,请大均、恭尹、佩兰主之。

正月初一日,屈大均赋《辛未元日作》七律诗六首。

初六日,大均赋《辛未元正六日立春值次儿泰十岁生日作》诗。

次日,屈大均赋《人日》诗。

二月花朝日,梁佩兰招同陈恭尹、王隼、陈阿平、林祝万、姚非熊、梁无技等集于六莹堂,送姚东胶归枞阳,即席分赋。屈大均赋《花朝谦集汤氏园亭作》诗。

花朝后五日(二十日),梁佩兰同陈恭尹、屈修、吴文炜、李方水访释大汕于其长寿寺离六堂,恭尹赋《花朝后五日同梁药亭屈本庵吴山带李方水集石公离六堂即事书怀》诗二首。

三月初三日,王隼之女瑶湘与李仁新婚,屈大均、陈恭尹、梁佩兰、林梧、吴文炜、梁无技往隼潥庐宴集,即席分赋以贺。黎延祖为作《辛未花朝赠李孝先新婚》诗,陈恭尹赋《李孝先就婚西村即事赠诗勉之》诗二首。

夏,梁佩兰、屈大均、陈恭尹、林梧等集于六莹堂,以诗送王世桢归无锡。

方正玉来粤。时屈大均、陈恭尹、梁佩兰等粤中诸子及宦游于粤者,往复作诗会,推佩兰秉笔论次。

四月十七日,广州河南金花庙前新筑地基告成。五月二十五日,梁佩兰仿欧阳询体撰碑记并书丹。

五月,屈大均赋《仲夏燕集黄氏柳桥精舍同用弧字》诗。

立秋后一日，屈大均赋《立秋后一日崔氏楼雨望》诗，又赋《寿南雄太守母夫人》七律。

七月初七日，屈大均赋《七夕咏牛女》七律诗。

闰七月初七日，屈大均又赋《闰七夕再咏牛女》七律诗五首，陈恭尹亦有《闰七夕次和王惠州子千二首》七律诗。

二十九日，韶州知府陈廷策、惠州知府王煐招同屈大均、陈恭尹、梁佩兰、廖燡集于广州行署，议为张九龄、余靖刻印文集。

八月初八日夜，王煐招同梁佩兰、屈大均、陈恭尹、廖燡、陈廷策、迟维城集于广州行署咏月，大均赋《八月初八夕咏月》诗，恭尹赋《八月八夜王子千招同陈韶州毅斋迟灵山屏万梁药亭廖南炜屈翁山集广州行署咏月》诗。

九月初五日，屈大均生辰，赋《六十二岁生日作》诗。

二十五日，陈恭尹六十一岁生日，屈大均赋诗为寿。

初九日重阳，屈大均赋《九日承王骠骑邀集东皋有赋》诗。

十二月二十九日夜，梁佩兰与屈修泛舟珠江。

除夕，梁佩兰代人负债，索者以他事语之，可抵其债且得余资度岁，佩兰以其事不直而拒之。陈恭尹赋《次和王础尘辛未岁除八首》七律诗。

本年屈大均遇羽翔于广州濠畔之市，列其父羽凤麒于《皇明四朝成仁录·后广州死难诸臣传》中。

本年定安县诸生为教谕梁廷佐母冯氏建生祠，以报其置田育士之德，落成，至者千有余人，嘱屈大均题其额曰"食德"。

本年梁佩兰为《南海县志》作序。

本年新城王士禛赋《闻越王台重建七层楼（按：应为五层楼，即粤秀山镇海楼）寄陈元孝屈翁山梁药亭》五律。

●清圣祖康熙三十一年　壬申　一六九二年

正月，梁佩兰招同王煐、陈廷策、屈大均、陈恭尹、黄河澄等雅集六莹堂，出六莹琴相示，屈大均、陈恭尹、黄河澄有诗纪之。

初一日，日食，屈大均赋《壬申元日作》七律诗六首。

十五日上元节，月食。

十七日，释大汕邀屈大均、梁佩兰、龚翔麟、王煐、陈廷策、方正玉、朱汉源、陈子升、季煌、陈恭尹、廖熽、黄河澂、黄河图、王世桢、沈上镱集长寿寺离六堂，分韵赋诗。大均赋《上元后二夕惠州韶州两使君暨诸公同集长寿精蓝分得一先韵》诗。

屈大均又赋《自中宿上韶阳道中有作》十首、《至韶阳呈陈使君》二首、《惠浣堂成赋谢惠州王使君　惠浣者，以使君守惠州兼惠草堂资，如浣花故事也》二首、《题白鹤峰苏文忠公祠赠用公》三首。

清明日，陈恭尹赋《壬申清明即事次杜韵同王础尘》诗二首。

六月，梁佩兰以诗送龚翔麟任满还朝，为广东巡抚朱宏祚《清忠堂奏疏·文告·告示》作序。

八月，屈大均赋《后割肉诗为汪孝妇作》（有序）五古长诗。

九月，王隼选编屈大均与梁佩兰、陈恭尹诗为《岭南三大家诗选》二十四卷，人各八卷，王煐为作序刊行。

初五日，屈大均生日客韶关，赋《生日示姬人》诗，又赋《生日客韶阳作》七绝七首。

冬，梁佩兰以诗送方正玉归桐城。

除夕，梁佩兰同王煐、屈大均、陈恭尹、吴文炜、季煌宴集，同咏橄榄。

屈大均与释大汕往还酬唱，见于记载，止于本年。

本年陈维崧编《今诗箧衍集》成，选录屈大均诗廿六首、陈恭尹诗四首、梁佩兰诗三首。

本年梁佩兰为杨钟岳编《搴华堂文集》并为序。

●清圣祖康熙三十二年　癸酉　一六九三年

春，梁佩兰、陈恭尹为吴文炜辑录订刻《金茅山堂集》，佩兰作《金茅山堂集序》，王煐为刻之。毛际可在粤。

正月初一日，屈大均赋《癸酉元日作》诗。

初七人日，大均赋《癸酉人日作》诗，陈恭尹赋《癸酉人日偕王础尘王新侯王立安过石公精舍惠州王使君紫诠挈其诸孙已先在同登怀古楼即事作》五言诗。

二月，朱彝尊携其子朱昆田、友沈名荪奉使至粤。

初八日，朱彝尊与屈大均、梁佩兰、陈恭尹同游五羊观（五仙观）、五层楼（镇海楼）、诃林（光孝寺），在光孝寺观唐释贯休所画罗汉。彝尊有《同屈五大均过五羊观》《岭海将归梁吉士佩兰载酒邀同屈大均陈恭尹吴韦王隼陈元基梁无技季煌燕集五层楼席上分得会字》，陈恭尹有《同朱竹垞梁药亭屈翁山集诃林南公房观唐贯休画罗汉歌》）。

十一日，朱彝尊等别去，梁佩兰设宴五层楼，邀同屈大均、陈恭尹、吴文炜、王隼、梁无技、陈元基、季煌为其饯行，佩兰复以罗浮山蝴蝶茧二枚赠行，有《送竹垞》诗，大均赋《送朱竹垞》诗。

四月，梁佩兰、陈恭尹、吴文炜、季煌赴惠州访知府王煐，游代泛亭以赏西湖。

初八日，屈大均母黄太夫人卒，年九十岁。

五月，王世桢卒，屈大均衰经哭之。十二月丧归江南，复往送之。陈恭尹有《哭王础尘》七绝诗十首。

六月二十五日，屈大均母祔葬于宝珠峰澹足公墓侧，大均与两弟庐于墓侧。

屈大均六子屈明潚生，陆氏墨西出。

秋，梁佩兰、陈恭尹于五层楼送黄与坚归太仓、毛际可归严州、季煌归杭州，释大汕亦有诗送季煌。

十一月，吴文炜、杨锡震中举人后赴京会试，梁佩兰、陈恭尹有诗赠行。

除夕，陈恭尹赋《除夕咏橄榄同王紫诠使君梁药亭屈翁山吴山带季伟公作》五律诗四首。

●清圣祖康熙三十三年　甲戌　一六九四年

春，徐璈有《波罗浴日亭怀吴虎泉兼柬梁郁洲先辈》诗。高士奇有诗寄梁佩兰。

春夏之际，薛熙入粤，寓居屈氏骚圣楼，刻所撰《秦楚之际游记》二卷，屈大均、陈恭尹、王煐为其作序，大均评识之。

闰五月，屈大均、梁佩兰、陈恭尹、王煐、陶元淳、薛熙同游释大汕主持之长寿禅寺。

八月，王摅来广州，与屈大均、梁佩兰、陈恭尹等游。大均招同王摅、薛熙饮于古丈夫草堂。十二月归，佩兰赠以青花端砚，并与恭尹赋诗赠行。黎延祖赋《送王虹友还姑苏　并序》诗。

屈大均编《翁山文钞》，嘱薛熙加以评次。大均于忠养堂左窗下序东吴王誉昌所为《崇祯宫词》。

十月，陈恭尹葬王世桢衣冠于罗浮山，以书招屈大均往会，大均铭之。蓝涟来粤，大均序其《岭南游稿》。

屈大均长子屈明洪补博罗县学生员。

初八日夜，王煐招诸同人集寓斋，送薛熙赴乳源。陈恭尹病足，不能送，有《夜坐又次诸公韵送孝穆》《送薛孝穆之乳源》诗。

●清圣祖康熙三十四年　乙亥　一六九五年

春，王煐迁任川南观察。

元日（正月初一日），陈恭尹赋诗送释大汕赴安南说法，梁佩兰亦有七言古风诗送行。释大汕先以优伶一队，号祥雪班，送安南顺化"阮主时代"之显宗阮福周（明王，一六九二～一七二五）。释大汕此次前往安南南部顺化、会安传法，时安南黎氏王朝实已分裂为北部之郑氏与南部之阮氏。

二月，屈大均长子明洪十八岁，大均赋《长儿明洪十八岁生日口占示之》诗。

夏，刘世重赴京谒选，往六莹堂别梁佩兰。

屈大均手定《翁山文钞》十卷付梓，题"男明洪、明泳编，常熟薛熙评"，汤晋、薛起蛟并有评识，陈恭尹、薛熙为作序。

四月初七日，屈大均侧室刘氏武姑卒，年四十一岁。大均赋《悼昭平夫人季刘》七律诗四首。

五月端午日，梁佩兰招屈大均、陈恭尹、王煐、廖焯、吴文炜、王隼、蓝涟泛舟珠江观竞渡。

十七日，屈大均葬侧室刘氏于石坑山王氏华姜墓之右。大均将远游不归，不能多携画像，合王氏华姜、黎氏绿眉、梁氏文姑、刘氏武姑四人为一而画之，作《四一画象》，置之巾箱，出入展视，殁则以之殉。

九月初四日，屈大均姬人陆氏墨西生日，大均赋《姬人墨西氏生日赋以赠之》七律诗四首。

初五日，屈大均生日在病中，赋《乙亥生日病中作》七律诗六首。大均于父母冢旁自作生圹，遗命儿屈明洪等：以幅巾、深衣、大带、方舄殓之，棺周以松香溶液而椁之，三日即葬，而书其碣曰"明之遗民"，墓前有亭则书曰"孝子仁人求吾友，罗威唐颂是吾师"。

二十五日，陈恭尹生日，赋《乙亥生日归锦岩先祠许伯玉乔梓载酒相饷同潘子登梁巨川卢俊斯集饮即事》诗。

十一月，梁佩兰访顺德教谕邹景福，盘桓近一月。

除夜，陈恭尹与袁景星、陈廷策、史申义、蓝涟等集王煐寓斋守岁并观剧，恭尹因夜禁先归。

本年屈大均为王煐作《田盘纪游序》《忆雪楼诗集序》，又作长歌以赠行。

●清圣祖康熙三十五年 丙子 一六九六年

春，史申义、史万夫兄弟归扬州，梁佩兰、陈恭尹、王煐有诗赠行。

正月初一日元旦，释成鹫赋《丹霞元旦》诗。

惠州王煐使君、韶州陈廷策使君亲治汤药，屈大均病得以瘳。

天津佟声远爱屈大均第四子屈明渲特甚，求养为己子，大均病中赋七律六章，敬以托之。

大均病中柬陈恭尹诗，恭尹次和之。

初七日，大均赋《人日榆林王夫人生辰追悼之》二首。

晦日（二十九日），王煐招同屈大均、袁景星、史申义、王原、梁佩兰、蓝漪、史万夫、于廷弼、廖燸、岑征、吴韦、王隼、梁无技、林贻熊、陈阿平、曾秩长、黄汉人集广州城南官斋中，分韵赋诗。

夏，李录予奉使祭南海，事毕还都，梁佩兰、陈恭尹各有诗赠行。

五月，王煐招同梁佩兰、袁景星、廖燸、屈大均、陈恭尹、黄汉人等宴集于城西别业。

袁景星归广西平乐，梁佩兰、屈大均、陈恭尹、王煐皆有诗赠别。

十六日，屈大均卒。

仲夏（五月）望后二日，王煐招同梁佩兰、李录予、袁景星、蓝涟游灵洲宝陀寺，留宿于释敏言僧舍，分韵赋诗。陈恭尹因事未赴。

八月，梁佩兰、陈恭尹送王原离任归京。

樊泽达、刘曾主广东乡试。

九月二十五日，陈恭尹生日赋《丙子生日归锦岩先祠次去年韵》七律。

十一月初一日，赵执信来广州，为王煐《忆雪楼诗集》撰序。梁佩兰与陈恭尹、樊泽达、刘曾、王煐、赵执信、王隼等雨中泛舟小港桥。

佟声远招同梁佩兰、陈恭尹、王煐、樊泽达、赵执信等集于粟园看早梅，分赋。

王煐招同樊泽达、刘曾暨梁佩兰、陈恭尹、王隼等白社诸子集长寿寺，分韵赋诗。

黄登于广州东郊去县治三十里之黄村辟探梅诗社，花时约名流饮酒赋诗其下，延梁佩兰衡之，梁无技、释成鹫皆预焉。登选编《岭南五朝诗选》，录梁佩兰诗百一十四首。梁佩兰、陈恭尹、王士禛、袁景星、鲁超、佟声远、刘茂溶、秦桂、欧阳隽、李长华为作序。

本年王煐《忆雪楼诗集》刊行，屈大均、梁佩兰、陈恭尹、朱彝尊、赵执信、毛际可、王原、陶元淳、江□为序。

陈世和生。

● 清圣祖康熙三十六年　丁丑　一六九七年

春，梁佩兰、陈恭尹有诗送樊泽达、刘曾还朝。

正月，梁佩兰作《元日》《人日》诗（《六莹堂二集》卷七），陈恭尹次韵和之。

二月，赵执信归山东，梁佩兰、陈恭尹与其以诗赠答。

早春，周在浚来广州，与梁佩兰、陈恭尹唱和答赠。

三月十八日及闰三月十八日，梁佩兰年六十九岁时其姜碧桃、绯桃各生一子，取名梁宫、梁肃。黄登来贺，互赠以诗。

春末，王煐离粤赴任川南观察，陈恭尹、周大樽赋诗多首送之，梁佩兰赠紫霄卿云之砚，黄宽赋诗送煐。

秋，梁佩兰同年、高州知府郑梁以父丧回籍，佩兰赠以诗，梁有《寒村南行杂录》五十九首，卷首题"番禺屈大均翁山　戴曾　宝坻王煐紫诠删定　南海梁佩兰药亭　戴晟"。

本年陈恭尹赋《送李竹君广文之官香山》诗。

● 清圣祖康熙三十七年　戊寅　一六九八年

正月初一日，陈恭尹赋《丙子生日归锦岩先祠次去年韵》诗。梁佩兰新居落成，同日其子娶妇，陈恭尹有诗贺之。

早春，周在浚来广州，往仙湖访梁佩兰重叙旧谊，互有赠答，在浚寻离粤。

四月二十四日，梁佩兰原配何氏卒，享年六十六岁。

秋，徐釚再来广州。重阳日，梁佩兰、陈恭尹、王隼、姚人骘雅集光孝寺风幡堂分赋，釚以他故未至，为其拈"燕"字韵，明日始成。

时徐逢吉亦在粤，与梁佩兰、陈恭尹唱酬。

七月，陈恭尹赋《中元前后约过徐虹亭寓斋夜话连阻暴雨比晴则无月矣夜坐赋柬》诗。

九月，梁佩兰、陈恭尹为岑征《选选楼集》作序。

初九日，陈恭尹赋《九日小集风幡堂同姚敦仁梁药亭王蒲衣迟徐虹亭不至分得灯字》诗。

十月，徐釚归松陵，梁佩兰、陈恭尹有诗赠之。

冬至日，梁佩兰、陈恭尹、岑征、吴韠、周大樽集六莹堂分赋。

小除后，梁佩兰、陈恭尹、王隼、廖焞、王圣隆、秦钦文及诸家子弟集东林寺啸公方丈处，重修诗社，分赋。恭尹《独漉堂诗集》卷六有《小除后同廖南炜梁药亭王蒲衣王也夔秦钦文暨诸家子弟集东林啸公方丈处重修社事分得能字》诗。

●清圣祖康熙三十八年　己卯　一六九九年

春，陶煊来广州，以其大父汝鼎文集赠陈恭尹，并请其作传。

立春日，陈恭尹赋《立春日送黄蒲园谒选都门》诗、《立春日送徐艺初御史归吴门》七律诗。

清明日，陈恭尹赋《清明日同霍禹洲家大斌舟入高峡泊阅江楼下即事作》七律。

夏，潘耒再入粤。

六月，刘世重招同梁佩兰、陈恭尹、吴漾、陈宪泛舟半塘，赋诗，用八庚。

夏末，杨锡震招同梁佩兰、陈恭尹、毛端士、杨良于诃林（光孝寺）风幡堂，席上饮酒赋诗。

七月，潘耒与梁佩兰、陈恭尹等交游唱酬。

初秋日，梁佩兰招陈恭尹、沈彪、陈治、潘耒、张尚瑗、毛端士、吴漋、林凤冈、杨锡震、徐逢吉、罗浮山、司旭、陈阿平、释达津、释愿光宴集于六莹堂，分赋。

闰七月初二日，释大汕招同陈恭尹、毛端士、张尚瑗、吴漋、杨锡震、司旭、黄兰偶等雅集长寿寺离六堂，分赋。

初八日，梁佩兰同沈彪、潘耒、张尚瑗、陈都、毛端士、吴漋、杨锡震、姚东明、司旭、陈阿平、释达津、释愿光雅集于法性寺蕾卜楼，分赋。陈恭尹未及赴，补和。

八月十四日，梁佩兰同陈恭尹、毛端士、司旭、张尚瑗集于广州城南联句。

九月初四日，陈恭尹赋《重阳前五日高中含司马招同刘卓崖主考屈四会凤山张广宁鹤洲杨阳春止庵钱茂名蔗山张翁源泰亭高东莞菉园田英德克五雅集云半阁时闻事初竣》七律诗。

十二日，潘耒因索贿仅得三等而与释大汕交恶，举报其通洋，刻《救狂砭语》攻之，又致书梁佩兰攻讦释大汕，佩兰复书婉谢。

中旬，梁佩兰与陈恭尹游肇庆，归而佩兰患腹疮，卧床四十日，几度告危。

田从典调迁还朝，梁佩兰有《送田克五明府荣擢还朝》诗送之。

岑征卒。

● 清圣祖康熙三十九年　庚辰　一七〇〇年

正月初三日，陈恭尹赋《正月三日过潘子登所寓江楼龚渭臣载酒与潘木公诸君雅集赋潮平两岸阔分得涯字》七律诗、《次韵答龚渭臣》七律诗。

初八日，陈恭尹赋《正月六日将归锦岩泊舟潘子登寓楼下新月甚佳因留宿三日两登斯楼亦一快也》七律诗（陈恭尹《独漉堂诗集》卷八）。

四月初十日，广东提学道左峴奉命往修永定河，陈恭尹赋绝笔诗《送左襄南督学试竣还都奉命命视河》（七言古诗）、梁佩兰赋《送左我庵学使时往修永定河》诗送之。

十二日，陈恭尹病卒，享年七十，葬于番禺鹿步司祥云岭，梁佩兰应其子陈赣请，为作行状。释成鹫作《会祭陈独漉文》。

六月二十八日，王士禛得御书赐"带经堂"匾额，遂取杜甫"细雨荷锄立，江猿吟翠屏"句，嘱禹之鼎绘荷锄图小照。其后，复请梁佩兰作歌纪其事。

初冬，梁佩兰发舟东江赴钱以垲游罗浮山之约。

十一月，梁佩兰游罗浮，陈阿平导游，盘桓吟咏约十日，其后为阿平游罗浮诗作序。

十三日冬至，梁佩兰同郑汝恺、陈阿平登东莞钵盂山。

王隼卒。

● 清圣祖康熙四十年 辛巳 一七〇一年

春，孙琇有《屈翁山赠黄山闵宾连莲花峰篇游黄山偶忆之倚松一吟如见其人也》五古。

十一月十二日，周大樽等约梁佩兰游灵洲。

卓尔堪《遗民诗》初刻本十二卷约刻于本年，卷七采屈大均诗百二十七首。后广为十六卷本，屈诗仍载卷七。

● 清圣祖康熙四十一年 壬午 一七〇二年

十一月，周大樽编《法性禅院倡和诗》刻成，辑录梁佩兰主衡之兰湖白莲诗社数年来所唱和之诗。清廷诏敕久在外之庶吉士赴翰林馆供职。

十二月，梁佩兰离粤赴京，释成鹫有《送梁太史还史馆》七律诗。

● 清圣祖康熙四十二年 癸未 一七〇三年

本年翁嵩年为广东提学道。

春，梁佩兰抵京，史申义有《喜梁药亭来京》诗。

何绛等来访释成鹫于大通烟雨禅寺，释成鹫赋《春日双桂天公偕何孟门过访归后唱和见寄用韵赋答》，又赋《和何孟门韵》五律二首。

元日，梁佩兰至吴城。

三月十八日，康熙帝五十大寿，群臣献祝颂诗文，梁佩兰有《恭颂万寿诗》十二首。

四月，例值翰林馆散馆考试。

二十日，庶吉士梁佩兰等三十人，以不习满文被革庶吉士，有谕归进士班用。佩兰不肯就选县令，亦不请留内阁中书。

梁佩兰在京重晤王煐。博尔都时邀佩兰至其白燕栖唱和。佩兰与岳端结交。

五月，梁佩兰与王士禛游。

立秋前二日（六月二十四日），梁佩兰复同张尚瑗、狄亿集于王士禛信古堂分赋。

八月，梁佩兰诗名倾动京师，识与不识者皆争欲求见。其诗未脱稿，辄已传诵远方。达官贵人置酒争歌，延其至别业，使他客不得见，以矜夸独得名士。

九月朔日，梁佩兰同沈用济自潞河乘舟南还，史申义有《送药亭回粤东》诗，金铤送至都门。

九月初九日重阳，梁佩兰抵天津。复由南运河入山东，经德州、临清、东昌、济宁、峄县台儿庄至江苏扬州，沿途均有诗纪之。

梁佩兰留扬州，访知府左必蕃，交费锡璜、释原济，与卓尔堪、张印宣等宴集于平山堂。

十二月，梁佩兰离扬州南归，由运河下长江，游北顾山；沿长江经仪征而上，游南京；复入安徽，历牛渚、芜湖、泥汊港、枞阳，东流而入江西，过马当山、小孤山、彭泽县，至九江。沿途吊古抒怀，游赏吟咏，时已近岁除。

●清圣祖康熙四十三年　甲申　一七○四年

春，梁佩兰游庐山，复过鄱阳湖，顺赣江南下，度岭还粤。

方正玉来访，梁佩兰与谈家事，告以家境拮据，家食六七十人，年仅入谷百十斛，恐其诗文不能付梓，正玉好言慰之。

黄梦麟游粤，梁佩兰有诗赠之。

广州知府朱国宁邀梁佩兰、黄梦麟、翁嵩年、张苍岩、顾永年、方正玉、钱以垲、马怡斋、陈阿平集其官署右西圃，诸子各次韵题其《仙山云海图》。

梁佩兰交樊庶。

九月十一日，翁嵩年五十八寿辰，梁佩兰有诗贺之。

钱以垲调任山西隰州知州，佩兰为其《岭海见闻》作序。

●清圣祖康熙四十四年　乙酉　一七○五年

三月二十九日，梁佩兰病卒。方正玉、梁无技、陈阿平、罗植三、释成骘等皆有挽佩兰之作。

沈用济在粤选编《岭南三大家诗》，适王源来粤，为作《屈翁山诗集》序。

八月，方正玉与梁佩兰之子梁僧述、梁沂辑录佩兰康熙二十年后之诗，编次为《六莹堂二集》八卷，廖焞校阅，翁嵩年订正。

十二月，翁嵩年与白章、姚炳坤、李夔龙、齐溥等分俸付刻，合《六莹堂初集》以行，嵩年、方正玉为作序。

作者通信地址：广东省东莞市南城中心广场鸿福路 97 号东莞展览馆展品部，邮编：523888，邮箱：lijunming1963@163.com

责任编辑：于百川

学术动态

"岭南三大家与岭南文化"
学术研讨会会议综述

王富鹏*

广州大典研究中心，广东广州，510623

摘　要： 20 世纪 80 年代以来，学界对岭南三大家的研究渐趋全面和深入，取得了丰富的研究成果。同时，这一研究发展到现在，似乎也逐渐走到一个难以继续深入，或者说短时间内难以产生重大突破的时期。因此，急需对相关的研究进行一次盘点，并思考如何拓展未来的研究。2018 年 12 月 1 日至 2 日在广州召开的"岭南三大家与岭南文化"学术研讨会，正好因应了这一需要。这也是第一次以"岭南三大家"为主题的学术研讨会。由提交的论文来看，这一领域的研究者已经表现出开始寻找新的学术生长点的倾向；由参会人员的构成来看，大批具有硕士、博士学位的中青年学者已经参与到这个研究群体当中，其研究前景非常可喜。

关键词： 岭南三大家；岭南文化；屈大均；陈恭尹；梁佩兰

"岭南三大家与岭南文化"学术研讨会于 2018 年 12 月 1 日至 2 日在广东工业大学大学城校区召开。这次研讨会作为第六届"广州学术季"系列学术活动之一，由广州市社会科学界联合会和广东工业大学联合主办，广州市人文社科重点研究基地"广州传统村落保护与利用研究基地"、广东工业大学通识教育中心和文化素质教育中心、广州大典研究中心、番禺区委宣传部承办。

---

* 王富鹏（1968 ~ ）男，汉族，河南柘城人，广州大典研究中心教授，中山大学博士。

本次会议以"岭南三大家与岭南文化"为主题，主要围绕岭南三大家、岭南三大家与岭南文学、《广州大典》与岭南文化等议题展开研讨。来自北京、天津、广东、广西、贵州 5 个省、区、市的 20 多所高校、研究机构的专家、学者共计 120 多人参会。会议共收到大陆学者的参会论文 36 篇和 PPT 演示文稿 3 篇，共 39 篇。除此之外，会前还收到港台学者的参会论文 3 篇。

这次研讨会原计划邀请海峡两岸暨香港学者就这一议题进行研讨，并在会前收到了港台多位学者的参会计划。由于不可抗拒的原因，港台学者未能与会。虽然未能与会，但他们的参会论文在一定程度上透露了港台学者主要关注的问题以及研究问题的特点。其参会论文分别是香港中文大学程中山教授的《梁佩兰佚文两篇辑考：兼谈邓文蔚在清初香港地区文坛之角色》、香港珠海学院中国文学系董就雄教授的《岭南三大家诗论对叶燮〈原诗〉影响再探》、台北市立大学中国语文学系何淑苹博士与实践大学应用中文学系林宏达教授合撰的《台湾七十年来屈大均研究论著目录（1949~2018）》。

12 月 1 日下午与会专家参观了屈氏宗祠、屈大均墓园和屈大均故里思贤村，并在现场与地方文化研究者和屈氏族人进行了交流和研讨。12 月 2 日上午举行了简短的开幕式。开幕式前，广东工业大学的师生自编自演，在琵琶、古筝、笛子、古琴等的伴奏下，或吟、或诵、或唱，对屈大均的诗词进行了全新的演绎。开幕式由广州市委宣传部副部长，市社科联党组书记、主席曾伟玉主持。广东工业大学校长陈新教授首先致欢迎辞。时任广州市人大常委会主任、《广州大典》主编陈建华出席开幕式并讲话，他高度肯定了岭南三大家在岭南文学史和中国文学史上的地位，指出应着眼文化广州，进一步丰富和拓展岭南文学与岭南文化研究领域的广度与深度。之后进入学术研讨环节，下午是分组研讨、总结和闭幕式。

这次研讨会学者关注的问题主要集中在两个方面：一是岭南三大家研究，以屈大均为主要研究对象的论文有 10 篇，以陈恭尹和梁佩兰为研究对象的有 2 篇，有关岭南三大家整体研究的文章有 9 篇（其中论文 6 篇、PPT 演示文稿 3 篇），合计 21 篇；二是岭南文学与岭南文化研究，其中有关岭南文学的论文有 13 篇，专论岭南文化某些现象的文章有 5 篇，总计

18篇。

一　岭南三大家研究

这21篇文章大致可分为这样几类：思想研究、作品研究、文献整理与研究、影响及事迹研究、综合研究等。

（一）思想研究

长期以来，岭南三大家的思想受到较多关注，尤其是其遗民思想及与佛门因缘更是如此。杨权教授的《"僧其貌"而不"僧其心"——论屈大均的失路逃禅与归儒辟佛》就是对其佛门因缘的探讨。屈大均之所以逃禅而没有死节，是想通过"全身"来"传道"。这位裂裳遗民"僧服儒心"，落发后毫无离俗之念，对现实政治依旧高度关切，不遗余力为"复明"奔忙。起初在番禺海云寺拜岭南遗民的精神领袖天然函昰为师，后转投金陵天界系，礼江南名僧觉浪道盛。为解决"僧服儒心"的矛盾，在"复明"无望之时，他顶住舆论的压力，以"事亲"与"复姓"为由还俗归儒，且以儒家为本位，大力辟佛。左鹏军教授的《屈大均的广东情结与遗民情怀》认为屈大均一生表现出浓重的广东情结。在改朝换代的明清之际，这种广东情结不但没有消减，反而发展得更加集中、更加充分，直至成为他文化信仰的重要表现形式。屈大均广东情结的内在文化渊源不仅在于对岭南的全面了解和深切体察，而且在于对以中原文化为代表的中华主流文化的一往情深。这种情愫也随着世变之亟、政治的地覆天翻而愈加深切，并通过具有思想价值的学术著作充分表现出来。屈大均彰显广东文化、维护汉族正统、传承儒家命脉的精神追求，表现了深挚而浓重的遗民思想的核心内涵。这种具有重要时代价值和标志性意义的思想，正是他个人乃至整个广东在明清易代之际与广阔的中原地区声息相通、获得思想共鸣的精神契合点。有关遗民思想的研究，李杰博士的《屈大均的"遗民时间"》一文研究视角比较独特。文章认为遗民时间有主观、客观之分。因为故国之思和对新朝的抗拒，遗民往往会在心理上和文字中不自觉地对时间进行主观处理。文章通过分析屈大均现存的几百首词作，发现其前期作品通过不同形式，对个人时间进行反复解构和重组，通过身份的塑造、认可和强化等抗拒清朝，追忆前朝，增加主观时间的比例，将书写的时间向过去回溯。而随着社会渐趋稳定，个人又遭遇多重人生变故，他最终被迫回到现实生活，在客观时间中重新安排后期人生。吴石坚先生的《从遗民意识到国家认同——陈恭尹与清初岭南文化》认为陈恭尹的诗和散文，表现出强烈的忠于明朝的遗民意识，但不少作品又表现出对清朝的认同。这次会议中，除了左鹏军教授论及屈大均强烈的广东情结之外，包国滔博士也有比较深入的论述。其《由乡及国——从〈广东新语〉看屈大均的乡国情怀》认为屈大均通过《广东新语》传达了这样的思想：强调国家的正统性、完整性与地方发展的协调统一；对乡邦文化与作为主流的中原文化源流关系的追寻；以乡邦为窗口关注整个国家和社会的发展动向，以乡邦为个案寻求治国方略。他的这些思想从根本上说，体现了屈大均在无法通过治统实现道统的情势下，对其所追求的道统所进行的文化意义上的建构。这种思想展现了其由乡及国的天下胸怀和时代视野，具有特殊的时代意义。这一点，虽不能说超乎顾炎武、黄宗羲、王夫之等经世思想大师之上，但也可谓并不逊色。屈大均的海防思想，是之前的研究未曾关注的方面。万静女士的《论屈大均海防思想及其对清初海防地理学的贡献》第一次就这一问题进行比较详细的分析。文章认为其海防思想一方面吸收了明代思想家的观点，另一方面也融入了自己在实地考察的基础上得出的新的思考，体现出明显的由明入清的过渡性特征。屈大均对广东沿海的地形非常熟悉，对外夷科技的发展和国际形势的变化也有比较深入的了解。与同时代的人相比，其海防思想更具有敏锐性和前瞻性，从一定意义上可以说屈大均为清末“师夷长技以制夷”思想的先声。

（二）作品研究

岭南三大家的作品研究历来都是学者们比较重视的方面。作品研究是最基础的也是最根本的。比较而言，这次学术研讨会，屈大均的《广东新语》最受学者们关注。除了前面提到的万静和包国滔博士的两篇文章之外，还有以下三篇文章专论《广东新语》中的某方面问题。孙恩乐教授的《屈大均〈广东新语〉与岭南服饰》认为《广东新语》记述了岭南地区尤其是广州地区的服饰和纺织品的渊源及流变，在中国服饰史特别是岭南服饰史上具有重要的学术价值。有关羽衣、大帽深衣、倭衣倭帽、玉台巾、木屐等服装配饰的描写，既可见广东地区的服饰依托于本土物产的特点，又呈现出浓郁的岭南风土人情与历史信息。张星教授的《〈广东新语〉中的医学史料及医学思想》认为《广东新语》中的医学史料广博而丰富。文章从基础理论、脉象脉法、疾病证治、治疗方法、方剂名、病名、药名、医著、医家及养生保健等几个方面分析、发掘、整理并归纳了《广东新语》中的医药学史料。文章不但分析了其医药学史料的价值，还总结出屈大均明辨病因、调摄重于服药的医学思想。黄鸣教授的《〈广东新语〉与明清之季广东的自然及人文地理》以《广东新语》的分类为经，以书中地域为纬，利用现代历史地理学与文化地理学的相关理论与技术，研究明清之际广东自然与文化地理的相关特点与价值。文章认为，《广东新语》中有关山水的笔记有一百多篇，富于文学色彩，涉及的地方很多，几乎覆盖了广东全省，今人可以根据其诗文整理出一条屈大均游线，以开发其当代的文化旅游价值。

（三） 文献整理与研究

三大家的作品在清乾隆时期曾遭禁毁。嘉道之后文禁渐弛，嘉庆初王昶《明词综》卷十录屈大均词七首。道光五年乙酉（1825）陈恭尹《独漉堂集》得以重刊。道光时期坊间重刊屈大均的《道援堂集》和《广东新语》。20世纪，三家的主要作品陆续被发掘整理出来。2015年，岭南地区最大型地方文献丛书《广州大典》正式出版，三大家存世著述几乎全被收录于内。收录的著作有：屈大均的《翁山易外》《四书补注兼考》《女官传》《皇明四朝成仁录》《皇明四朝增补成仁录余编》《明季南都殉难记》《广东新语》《先圣庙林记》《粤游见闻》《翁山诗外》《道援堂诗集》《翁山诗略》《翁山文外》《翁山文钞》《广东文集》《广东文选》16种，陈恭尹的《独漉堂集》《独漉堂稿》《番禺黎氏存诗汇选》3种，梁佩兰的《六莹堂集》《药亭诗》2种，其中不乏珍本、善本，包括一度被误以为未出版的《广东文集》。广州大典研究中心常务副主任、高级记者刘平清的报告《〈广州大典〉收录的岭南三大家文献综述》对以上文献进行了介绍。

罗志欢教授有志作"岭南三大家研究资料集"，内容包括诗文评辑录（合论、分论、互论），三家著作目录，传记资料索引和研究论著索引四大类，此真嘉惠学林之上举。笔者十年前曾有此愿，但限于时地，时举时歇，未能成型。期待罗教授早日完成这部大作。罗教授与弟子廖粤近来合作完成的《"岭南三大家"诗文评辑录·合论》和《"岭南三大家"研究论著索引（1936～2018）》两文，即这部资料集的部分成果。前文为"诗文评辑录"中的一部分，所录的是对岭南三大家中两人或三人的合并论述。后文是这部资料集的第四大类"研究论著索引"，由"分论"与"合论"两部分组成。该文每一部分又以年系之，时间为 1936 年至 2018 年。陈鸿钧教授的《广州考古所藏屈大均、陈恭尹、梁佩兰撰东皋武庙钟鼎铭文拓本纪略》对广州文物考古研究所收藏的屈大均、陈恭尹、梁佩兰题写的东皋武庙钟鼎铭文拓片进行了详细的介绍。东皋武庙在旧时广州东门外，祀奉关圣帝君，地志多有记载。今庙宇久废，钟鼎不知去向。唯此庙钟鼎铭文旧拓片若干纸，清晰完整，弥足珍贵。

（四）影响及事迹研究

岭南三大家的影响研究和事迹挖掘，以清末民初所取得的成绩最为显著。这次会议中的有关研究呈现出一些新的特点。陈永正教授的报告《岭南三大家对岭南文化与文学的影响》从总体上论述了三大家对岭南文化和岭南文学的影响，肯定了其诗文的思想性、艺术性和现实主义特征。他们的作品描述了明清之际的战乱和普通百姓生活的疾苦，歌颂了明朝末年的抗清斗士，揭露了清军南下的种种暴行。宋健先生的《王煐与屈大均交游考述》详细考述了王煐与屈大均交游之始末及其感人的事迹。康熙二十八年（1689）王煐出任惠州知府，岭南八年，与屈大均、陈恭尹等岭南诗人结下了深厚情谊。其与屈大均的交往更称得上是"生死之交"，是可传颂久远的文坛佳话。屈大均的遗民身份和王煐"使君""观察"的官场身份，没有成为两人交往的障碍。王煐不但在生活上对屈大均多有接济和关照，在屈大均病重期间，他还多次亲治方药，延医煎药，直至屈大均离别人世。廖建荣教授的《屈大均故居调研报告》介绍了屈大均故里和墓地的保护历史、现状和未来规划。该文总结了对广州大学城十所高校学生的调查问卷，认为屈大均及其故里在当今大学生群体中知名度并不高。这种现状与屈大均的历史地位极不相符。梁基永博士的《梁佩兰陈恭尹两先生墓重修纪事》记述了自己参与梁佩兰和陈恭尹两位先贤墓重修的经过。梁佩兰墓位于广州市白云山柯子岭，始建于清康熙五十年（1711）。该墓葬为白云山诸墓中年代较早的清代山手墓，比较少见，对研究岭南地区清代墓葬形制、丧葬习俗有较大的价值。因年久失修，破败不堪，作者于1998年秋出资重修。《广州文物志》记载陈恭尹夫妇墓位于广州市东北郊龙洞柯木岭之高堂石（本名歌堂石）杨屋村后、祥云岭南麓。为陈恭尹与其原配湛氏、继室郭氏合葬墓。据笔者所知，1931年番禺县县长陈樾曾主持重修。其墓历经战乱、"文革"一直保存完好，却在2006年一次清理山坟的运动中被误挖。目击者从坑底所堆积的枯叶等迹象判断，陈墓已被毁多时。是年4月，作者意外发现陈墓已成一个深坑，墓碑不知去向，随即报警。之后广州市天河区立即将陈恭尹墓重新修复。

（五）综合研究

这次会议还收到数篇关于岭南三大家综合研究的文章。李君明教授的《岭南三大家年表简编》不但汇集整理了前人的研究成果，也融入了很多自己的研究所得。该年表以岭南三大家为主，力图全面展现明末清初广东文坛繁荣鼎盛的总体状况，使读者对岭南三大家的成就有一个宏观而具体的把握和了解。程大立教授的《岭南三大家与桐城派》认为以屈大均为代表的岭南三大家与桐城派的先驱方以智、钱澄之同为明代高僧觉浪道盛的高徒，身份相近。道盛主张以孟子为标准，消弭庄子与屈原之间的差异与隔阂，以实现"三子会宗"。屈、方、钱分别对觉浪的思想和观点进行了再阐释，在思想上为同宗。桐城派散文虽远溯唐宋八大家，"实即从学习归熙甫得来"[①]，屈大均非常推崇归有光的散文，用一个"洁"字把学行与文章联系了起来，这是对司马迁、唐宋八大家尤其是归有光"情理观"的继承，与方苞"雅洁说"并无二致。屈大均与方以智、钱澄之相互交游和共勉，实现了思想和学术的互进。清初岭南与江南之间跨时空的交流，丰

---

① 郭绍虞：《中国文学批评史》，上海古籍出版社，1979，第659页。

富了岭南文化的内涵，拓展了岭南学术的视野。李婵娟教授的《论〈岭南三大家诗选〉的编纂旨趣与诗学价值》认为尽管王隼《岭南三大家诗选》的编选在一定程度上受到顾有孝选学观的影响，但也充分体现了王隼树立雅正诗歌范式、宣扬岭南诗学的编纂旨趣，体现了遗民文人借选诗以传承道统、以文化救国的诗学理想。虽然在编选过程中曾受人质疑，但此选的出现，对岭南诗坛和清代诗坛都有不同寻常的意义。该选的成书体现了清初诗歌选本高潮的出现和通达的宗唐观、地域观念与乡邦意识的觉醒及时代本位与选者本位合一的诗学标准。笔者的报告《岭南三大家研究前景臆想》基于此前学界岭南三大家研究的成果和现状，对如何进一步全面推进未来的研究提出了自己粗浅的思考。

此前研究主要集中在文献的搜集、整理、笺校，三家的生平行迹和思想，三家的诗歌创作三个方面。未被和较少被关注的地方还有很多，如陈恭尹的文，屈大均的文、词、史、经学、方志、地方文献整理等。屈大均的词非正宗本色，在明清词史上独具特色，在岭南更是前无古人，后鲜来者。"气之清浊有体"①，其词风与其性格、气质有一定的关联。学者们虽进行了比较深入的研究，但还有进一步开掘的空间。屈大均的文存量较大，有《翁山文外》《翁山文钞》《翁山佚文》等，目前还没有人对其文进行深入的研究。把其文放到古文谱系当中与当时及不同时代人的文章进行比较研究，应当会有一些新的发现。其中还有大量被正史遮蔽的信息，可与《皇明四朝成仁录》结合进行研究，以文补史，以文证史。《皇明四朝成仁录》是明清鼎革之际杀身成仁者的专史，可以补《明史》之不足，也可以与明末清初其他相关的史著进行比较研究。其叙事比较独特，文体也有特色。因此既可以从历史学的角度，也可以从叙事学和文体学等文学的角度进行研究。经学方面，屈大均著有《翁山易外》《四书补注兼考》《易月象》《诗义》《论语高士传》，后面三种今已失传。尽管台湾学者何淑苹博士已有《屈大均〈翁山易外〉研究》专著出版，但其经学著作还有进一步研究的空间。屈大均有关广东的编著有很多。这些著作既可以单独

---

① 曹丕：《典论·论文》，见郭绍虞主编《中国历代文论选》第 1 册，上海古籍出版社，1979，第 158 页。

进行研究，也可以作为一个整体进行研究。《广东新语》是有关广东的百科全书，不少学者不断从中发现问题。《广东文选》（今存）、《广东文集》（存十六卷）、《广东丛书》（未成）、《岭南诗选》（未成）、《永安县次志》（今存）、《罗浮书》（已佚，有辑佚）等，尽管有些未成或失传，但如果把这类编著作为一个整体进行考察，也可以发现有关屈大均和岭南文化的许多值得研究的问题。有关三家的思想研究，尽管已有不少成果，但还可以进一步深入探究。三家对岭南诗学传统、岭南文化传统的建构还有可以研究的空间，还可以从变乱时期的中华文化传承这一角度研究三家的思想。把屈大均之于儒道释的态度、对儒学的理解放在变乱时代的大背景下进行研究更能深入把握屈大均的思想，以及其思想的哲学基础。尽管此前对三家诗歌的研究相对比较深入，但还是有深入挖掘的空间。如三家的边塞诗、山水诗、行旅诗、妇女诗、唱和诗等，每一类别都可以单独进行深入探讨（已有学者开始对三家的边塞诗、山水诗分别进行专门的研究）。特别是屈大均的这几类诗，如果把其诗与词、诗与文结合起来进行研究，将会有更多的发现。三家的地域书写有较大的研究空间，尤其是三家的岭南书写。在探讨三家的岭南书写之时，可以与他们对岭南文化传统、诗歌传统的建构结合起来进行研究，可以与南下文人的岭南书写进行比较研究。三家到过很多地方，如三家笔下的江南、三家笔下的金陵、屈大均笔下的西北和东北等都有可以研究的空间。从地域这一角度研究屈大均，最好把岭南与中原、荆楚结合起来，把屈氏宗族与中华文化的源流结合起来，与变乱时代的文化传承结合起来。

二　岭南文学及岭南文化研究

18 篇关于岭南文学及岭南文化研究的论文，大致可分为这样几个方面：地域文学与地域诗派研究、作家作品研究、总集与选集研究、岭南文化研究。

（一）地域文学与地域诗派研究

曾大兴教授的《岭南文学地理》在中国文学地理的宏观视野下，系统考察了岭南的文学地理，包括岭南独特的自然和人文地理环境，以及由此环境所催生的文学家、文学家族、文学景观与文学作品。文章认为，岭南自然环境的特点是高温多雨、气候湿热、季相不明显；岭南人文环境的特点是传统与现代交融，守旧与创新并存。在这种自然和人文环境中产生的岭南文学，既有雄直的风格，也有清淡的风格。陈恩维教授的《空间、记忆与地域诗派——以广州南园与岭南诗派为中心》认为文学空间经由空间和诗人的互文而形成。南园原是南汉王朝的一处王家园林，经由元明之际"南园前五先生"的结社活动、实体性描绘和回忆性书写，从原生态的园林空间转化为审美型的文学空间。有明一代，"南园前五先生"、"南园后五先生"和"南园十二子"不断修复南园旧社，使南园逐渐发展成岭南文人建构群体认同和地域认同的"记忆之场"。清代以来，岭南后学持续呵护着有关南园的记忆，自觉建立自身行为与南园诗人的关联性，使南园真正成为一种不断叠合的文化记忆。明清以来的岭南社会，还将南园纳入一个更为广阔的地方文化语境中，在社会应用中建构了岭南诗派，并使之得到持续传承。南园和岭南诗派的历时性互动表明，文学空间和文学记忆的融合与社会应用，能够有效推动地域诗派的形成和发展。吴劲雄博士的《南园后五先生之建构与岭南诗派传承》认为"南园后五先生"是明中叶岭南的著名诗派，成员有顺德梁有誉、欧大任，从化黎民表，番禺李时行，南海吴旦五人。他们都是理学名家香山黄佐的弟子，诗风正大典丽，殊有风人之致。梁有誉为明代"后七子"之一，欧大任被王世贞归入"广五子"，黎民表被归入"续五子"，皆名擅一时。他们虽然合称为"南园后五先生"，但是学界至今不能确定他们是否真的曾在南园结社，令人深感困惑。在他们的诗文集中也没有发现结社南园的作品。研究发现"南园后五先生"实际上只是清代学者对明中叶岭南诗派的一种理解和建构。清代学者的这一建构对岭南诗派从明初到明末清初的传承有重大的意义。张琼教授的《清代岭南诗社探究》梳理了清初、清中叶、晚清不同时期岭南诗社的具体构成和岭南诗社的活动模式。诗社活动是文人砥砺交流、共同提升的载体，促进了岭南诗坛的繁荣，也促进了岭南诗派的形成。清初与晚清岭南出现了大量的诗社，而清中叶诗社相对较少，呈现出明显的"U"形结构。岭南人非常重视传统，这种习惯也体现在诗社的创立上。岭南文人在成立诗社时，往往首先想到的不是另立门户，而是复开历史上曾经辉煌过的诗社。岭南诗社构成的阶段性及活动模式，与岭外诗社并无二致，这也说明岭南虽僻处一隅，但随着与中原诗坛交流的频繁，岭南已日渐与中原同步。

（二）作家作品研究

蒋寅教授的《黄培芳诗学述评》认为香山诗人黄培芳的诗学有两个源头：一本自蒙师田上珍，一本自翁方纲。黄培芳为"粤东三子"之一，也是清代嘉、道之际的一位重要诗论家。其门人孔继勋断言"吾粤之有诗话，自吾师《香石诗话》始"①。他的诗学不仅传承了翁方纲诗学的要义，同时也具有一定的地域色彩，无论从清代诗学史的角度，还是从广东地域文学的角度看都有值得重视的特殊意义。马玉琴博士的《李昴英的人格与文格》一文联系李昴英的人品和文学主张，对其散文创作的总体风格进行了深入的探讨。李昴英是南宋时期岭南留存散文最多的文学家之一，其文章具有全国影响力，并对岭南散文的发展产生了深远影响。然而目前学界关注较多的却是其诗词而非散文。李昴英的性格是多层次的，刚直无党、胆略过人而又宽厚有容。其文风奇峭与清丽兼有，呈现出质实简劲、议论高迈而又险怪百出的特点。马将伟教授的《陈献章"不立文字""独好为诗"之诗学义涵》认为陈献章不但是一代名儒，也是引领诗坛风气的著名诗人，在明初台阁体诗风转变过程中具有十分重要的意义。其诗受其理学思想的影响，独标"自得"，深契于鸢飞鱼跃之机。作为理学家"不立文字"，不事著述，与往哲以文传道、因文求道之取向迥然相异。"独好为诗"，故"其诗往往漏泄道机"②。陈献章在诗中多次明言自己的志趣，"莫笑狂夫无著述，等闲拈弄尽吾诗"③。在陈献章这里，同为言语之事的"著述"与"诗"虽分为二途，实际上却又是二者最为深刻的融通。以诗

---

① （清）孔继勋：《粤岳草堂诗话序》，陈建华主编《广州大典》第518册，广州出版社，2015，第561页。

② （清）屈大均：《广东新语》卷十二《白沙诗》，中华书局，1985，第347页。

③ （明）陈献章：《雨中偶述效康节》其三，孙通海点校《陈献章集》卷五，中华书局，1987，第461页。

为教，故诗主于理，言发道存，语古义丰。徐世中教授的《论谭宗浚早逝之成因》对近代岭南学者、骈文家和诗人谭宗浚早逝之因进行了深入的探究。光绪十四年（1888）二月，谭宗浚因疾辞官，于该年三月二十八日卒于广西隆安道中，终年四十三岁。谭宗浚的早逝，有多方面的原因：一为理想失落之苦闷，二为旅途往返之艰辛，三为云南理政之劳累，四为亲友离世之伤痛，五为饮酒过度之危害。汤克勤教授的《"成也萧何，败也萧何"——论梁启超小说创作受康有为的影响》认为梁启超的小说创作深受其师康有为的影响。其影响有积极的一面，也有消极的一面。梁启超小说观念发生重大变化以及投身于小说创作皆是其影响所致。梁氏的《新中国未来记》中途辍笔，亦缘于康氏之影响。梁启超受乃师影响之巨，在小说创作史上，鲜有可比。杨青华博士的《晚清民国岭南诗人张其淦诗歌探论》对张其淦的诗作进行了多角度的分析。张其淦是晚清民国时期岭南地区的重要诗人，一生创作了数千首诗歌，体裁、题材广泛，并有诗论著作传世。他秉承"缘世而作"的创作理念，关注现实，以史鉴今。其诗学理念深受岭南诗歌传统的影响，论诗标举唐音。张氏诗歌注重家国情怀的抒发，对当时的重大历史事件都有相关的书写，具有重要的诗史价值。入民国后，作者以清遗民自居，创作了大量的歌咏前代遗民的诗歌，表现出浓厚的遗民情结，诗风雄直，在当时遗民群体中引起较大反响。

（三）总集与选集研究

李福标教授的《〈粤东文海〉论略》认为《粤东文海》是温汝能于清嘉庆年间以屈大均《广东文选》为基础重新编订而成的，是广东历史上第一部专收文的通代地方文献总集。广东自唐张九龄以来，诗歌较为发达，而文的创作鲜少成家。此书在全省范围内对古今"文"进行搜罗抉剔，不仅保存了珍稀的文献，其深意更在振起广东文风，表彰先贤义烈。因此，温氏所编的这部总集不仅是"文海"，更可称"义海"。左岩教授的《〈粤东词钞〉选型与选心探源》认为《粤东词钞》的主要功能是存史、传人、传词，对确立广东词学的地位起到了至关重要的作用，同时也蕴含个人的趣味与偏好。选家在建构广东词史谱系的过程中有效协调了主流词学与地域特色的关系。杜新艳教授《古文选本〈珠海拾遗〉及其文化建构的两种途径》对华南师范大学文学院资料室所藏《珠海拾遗》一册进行了介绍和评述。该书由袁功甫纂辑，东莞意园丛书线装油印本，为袁功甫自刻自印。该书未正式出版，知者甚少，是新中国较为稀见的早期文言选本，有益于文献保存，传承风雅。所选不乏叶恭绰、钱基博、钱基厚、张元济、谢无量、陈叔通、王树枏、唐文治、吴道镕、李济深、张伯桢、齐白石、关赓麟、刘乃勋等名家作手之文。岭南地域文化、近世时代变迁、文学流风余韵，亦可借此窥见一斑。

（四）岭南文化研究

何婵娟教授的《宋代岭南建设类碑文化探析》认为建设类碑是岭南众多古代碑刻中的一个重要类型。在宋代文化兴盛、记体文勃兴的背景之下，岭南建设类碑刻亦取得了不错的艺术成就。这些碑刻承载了岭南历史事件，凸显了岭南地域文化形象，反映了宋代散文的特质，具有深厚的文化内涵。赵忠敏博士的《宋代谪官流放岭南路线论析》认为岭南地区在宋代依然是处罚罪臣的重要贬谪地。在当时人们的眼中，此地不仅路途遥远，而且在经济、文化、环境方面都与中原迥异。宋代漕运的发达虽然给谪官的贬途带来一定的便利，但并不能完全解除他们迁徙的重负。尽管宋代进入岭南的路途已经大为增多，但谪官仍需经过无数的险山恶水或荒凉之地。他们遭遇风险的概率依然很高，甚至有可能付出生命的代价。吴舜华教授的《一个历史名村的文化记忆与思考》以广府地区的一个历史文化名村苏二村为个案，剖析了其中留存的文化信息，以及对目前文化保护现状的忧虑。苏二村历史悠久，有独特的文化底蕴：美丽奇特的古民居，诠释着广府粤海居宅生命伦理的神韵；古朴的乡风民俗，诠释着"三教合一"的信仰世界；传扬圣贤与古迹的故事，累积下厚重的文化记忆。但是，目前苏二村古民居的修缮与保护存在很大问题，文物被盗、被腐蚀等情况比较严重，信仰文化多了迷信的色彩，古代圣贤留下的文化底子在没落。因此，她呼吁历史文化名村的保护，功夫不要仅停留在面子上。彭祖鸿教授的《南江文化的历史变迁研究》认为南江文化因其厚重的历史积淀和独特的文化特质而足以与东、西、北三江并立为广东珠江水系的四大流域文化。作为广东珠江水系四江之一的南江，虽流域面积不大，却历史悠久，是已知的广东最早的人类活动区域。在厚重历史积淀基础上形成的南江文化在整个珠江文化中有重要的地位。蒙启宙先生的《近代金融广告中的岭南文化——以近代广州报刊为例的研究》聚焦近代广州报刊上的金融广告，通过对大量原始资料的发掘与梳理，撷拾其中的岭南文化要素，揭示了岭南文化的多样性。

三　结语

本次学术研讨会，包括第一天下午的文化考察、现场交流和第二天的学术讨论，历时一天半，参会者实现了展示、交流与研讨的目的，会议达到了预期的目标。这次会议提交的文章，虽然不能完全呈现当下有关岭南三大家研究的全貌，但已经涉及这一领域的多个方面，从中可以看出当前这一领域的研究所出现的一些新情况。

2000 年之前学者们关注的主要是三家的基本文献、生平和思想；2000年之后对三家的研究基本上已经全面展开，不过研究者最感兴趣的还是三家的生平、思想和诗词，特别是诗歌研究比较深入。无须做全面统计，仅从直接以岭南三大家为研究对象的博士、硕士学位论文的选题即可见一斑（见附录，仅部分内容涉及岭南三大家的硕士、博士学位论文选题不计）。总共 33 篇，其中 17 篇都属于诗歌研究（虽然其中也有关于生平行迹的记述）。两篇综合研究，其实也主要以诗歌为研究对象，如果两者相加，实际上诗歌研究多达 19 篇，已经超过半数。由这两个数字即可以看出，这一时期研究者重点关注的对象是三家的诗歌，不仅对其进行了分类探讨，而且从意象、用韵和审美意味等方面进行了比较深入的研究。从这次会议所收到的论文看，作品研究全部集中在《广东新语》，有五篇之多，却没有一篇文章专论三家诗歌。这是偶然现象，还是因为三家诗歌被长期聚焦之后，已经逐渐走到一个难以继续深入，或短时间内难以产生重大突破的时期？这一领域的研究者似乎已经开始在寻找新的学术生长点。三家的主要成就是诗歌，无论此前，还是以后，诗歌都会是研究者最为关注的对象。不过，受研究方法、研究视角所限，某一时期，某方面的研究出现暂时的迟滞，学者们寻找新的生长点则是自然现象。

文献整理也出现了新的现象。20 世纪 80 年代之后，三家的全集被整理出来，且都有了点校本。1988 年、1992 年中山大学出版社先后出版了郭培忠先生点校的《独漉堂集》和吕永光先生点校的《六莹堂集》，1996 年人民文学出版社出版了欧初、王贵忱等先生校点的《屈大均全集》。2000年中山大学出版社又出版了由陈永正、吕永光、苏展鸿、郭培忠等先生合作完成的《屈大均诗词编年笺校》，2009 年广东人民出版社出版了陈荆鸿先生（1903~1993）生前完成的《独漉诗笺》。除此之外，这一时期学者们还陆续发现一些未收入三家全集的佚诗佚文。至此，有关三家的基本文献已经比较完备。这次会议上，罗志欢教授与其弟子廖粤提交的两篇文章和会前收到的台湾学者何淑苹博士、林宏达教授合撰的《台湾七十年来屈大均研究论著目录（1949~2018）》显示了文献整理的新动向。这也是文献整理与研究进行到一定阶段必然会出现的现象。尽管康熙年间《六莹堂集》二集刊刻时，他人对梁佩兰乃至对三家的评论，就已经以附录的形式出版，但其后一直无人对此进行系统的整理。罗志欢教授的"岭南三大家研究资料集"又将是这一领域文献整理方面划时代的成果。

除了 20 多篇直接以岭南三大家为研究对象的文章之外，会议还收到18 篇关于岭南文学及文化的论文。这些论文虽然没有直接以三家为研究对象，但论述的问题也与三家有间接的联系。这些研究可视为有关三家的外围研究。周边清晰了，也有助于核心对象的研究。岭南三大家毕竟出现在岭南文学和文化的传统之中，毕竟是承载着岭南文学千年的传统才走上岭南文学巅峰的。事实上，研究岭南文学和文化更有助于对三家的深入研究。

这次会议成功地把这一领域的研究者们邀请到了一起面对面地进行交流研讨。这次会议不但是近期相关研究成果的一次集体展示，而且会对岭南三大家的研究起到一定的推动作用。参加这次研讨会的学者，上自 70 多岁的老教授，下至 20 多岁的年轻的硕士、博士研究生，老、中、青各个年龄阶段的都有，而以中青年为主，这样的研究群体，其年龄层次的分布比较合理。更为可喜的是大批具有博士、硕士学位的中青年学者已经参与到这个群体中来，这不仅壮大了岭南三大家和岭南文化的研究力量，而且说明相关的研究将后继有人。

附录

1. 诗歌研究（十七篇，其中台湾二篇、香港二篇）

（1）巢立仁《陈独漉七律诗风初探》（香港，1992 年香港中文大学研究院中国语言文学学部硕士学位论文）；

（2）张静尹《屈翁山忠爱诗研究》（台湾，1994 年高雄师范大学国文研究所硕士学位论文）；

（3）卜庆安《屈大均诗歌意象研究》（2003 年山东师范大学硕士学位论文）；

（4）董就雄《屈大均诗学研究》（香港，2004 年浸会大学中国语言文学系硕士学位论文）；

（5）章玳《屈大均人格及其诗歌创作》（2004 年南京师范大学硕士学位论文）；

（6）杜巧月《陈恭尹诗歌研究》（2006 年暨南大学硕士学位论文）；

（7）余安元《清初岭南诗人梁佩兰研究》（2007 年暨南大学硕士学位论文）；

（8）贺艳芸《不朽的歌吟——屈大均诗歌研究》（2007 年苏州大学硕士学位论文）；

（9）刘爱莉《岭南遗民诗人陈恭尹诗歌研究》（2011 年山东师范大学硕士学位论文）；

（10）吴庚云《屈大均及其山水诗研究》（台湾，2012 年中央大学中国文学系硕士学位论文）；

（11）张承天《岭南三大家诗歌研究》（2012 年浙江师范大学硕士学位论文）；

（12）王瑾《屈大均边塞诗研究》（2014 年西北师范大学硕士学位论文）；

（13）杨艳唤《屈大均的遗民思想与诗歌创作》（2014 年湘潭大学硕士学位论文）；

（14）宗靖华《岭南诗人屈大均研究》（2014 年广东外语外贸大学硕士学位论文）。

（15）梁帅《梁佩兰诗歌特色论》（2015 年湘潭大学硕士学位论文）；

（16）叶紫玉《陈恭尹诗歌用韵研究》（2016年西南大学硕士学位论文）；

（17）梁译尹《岭南遗民陈恭尹山水诗研究》（2018年广东外语外贸大学硕士学位论文）。

2. 综合研究（二篇，以诗歌研究为主）

（1）王富鹏《岭南三大家研究》（2007年中山大学博士学位论文）；

（2）卜庆安《屈大均研究》（2010年扬州大学博士学位论文）。

3. 词研究（四篇，其中台湾二篇）

（1）岳林海《论屈大均遗民心态之变对其词作的影响》（2007年西南大学硕士学位论文）；

（2）陈珈琪《屈大均及其〈骚屑〉词研究》（台湾，2007年东海大学中国文学系硕士学位论文）；

（3）程美珍《屈大均及其词研究》（台湾，2008年东吴大学中国文学系硕士学位论文）；

（4）陈冬《论屈大均词对楚骚传统的继承及风格衍变》（2010年西南大学硕士学位论文）。

4. 散文研究（一篇）

（1）江露方《屈大均散文研究》（2013年复旦大学硕士学位论文）。

5. 行迹与思想（四篇，其中台湾一篇，香港一篇2000年之前的）

（1）曾汉棠《屈大均之生平与思想》（香港，1995年香港大学哲学系硕士学位论文）；

（2）史洪权《岭南三大家年谱》（2000年中山大学古代文学硕士学位论文）；

（3）张智昌《南方英雄的历程：屈大均（1630～1696）自我形象释读》（台湾，2008年台湾"清华大学"中国文学系硕士学位论文）；

（4）朱军明《屈大均经世致用思想研究》（2011年广州大学硕士学位论文）。

6. 历史研究（二篇）

（1）王艳《屈大均〈皇明四朝成仁录〉校读举异》（2011年南京师范大学硕士学位论文）；

（2）张存榜《〈明末忠烈纪实〉与〈皇明四朝成仁录〉之比较研究》

（2018 年安徽大学硕士学位论文）。

7. 笔记（二篇，其中台湾一篇）

（1）刘必琪《屈大均与〈广东新语〉》（台湾，2010 年东吴大学历史学系硕士学位论文）；

（2）姜冬《〈广东新语〉词语研究》（2014 年暨南大学硕士学位论文）。

8. 经学（台湾一篇）

（1）何淑苹《〈翁山易外〉研究》（台湾，2004 年东吴大学中国文学系硕士学位论文）。①

作者通信地址：广东省广州市珠江新城珠江东路 4 号，邮编：510623

邮箱：sgwangfp@ 126. com

责任编辑：张玉华

---

① 有关港台地区的学位论文参阅了何淑苹《屈大均研究论著目录》，《书目季刊》2004 年第
3 期；何淑苹《屈大均研究论著目录续编（2004 ~ 2011）》，《书目季刊》2012 年第 1 期。

广州大典研究

总第 4 辑

卷首语

　　本辑共收录文章 19 篇，根据其内容分为"中外交流""曲类专题""近代研究""史料发掘""以图证史""社会风俗"六个栏目。

　　"中外交流"收录两篇论文。《在偶像崇拜和无神论之间——殷铎泽及闵明我在广州论佛教》，以翔实的中外文献讨论清初在广州的欧洲传教士殷铎泽及闵明我在理解和翻译佛教经典上的多元性，认为这影响了他们在传教过程中对佛教的态度与策略，加深了西方对佛教的认知，他们的书信中也反映了广州当时限制佛教的政策。《中越"广利王"比较研究》则使用较多越南文献，讨论了流传于广东与越南的广利王信仰，本来同与"水神"相关，但后来在国家权力的消长之中，中国广利王南海神成为"平夷"的保护神，越南广利王则成为民族英雄的象征。

　　"曲类专题"是本辑新增栏目，收录 4 篇文章，配合即将出版的《广州大典·曲类专辑》，加强这一方面的研究。《清代广州外销通草水彩画所见"代月"考》对通草水彩画所见"代月"二字进行考证，认为这是 19 世纪中晚期广州"唱盲妹"引路人的代称，展示了当时广州瞽姬唱曲的风俗。《南音〈客途秋恨〉版本考》，以音频资料与文字材料分析互证，梳理广东著名南音《客途秋恨》的传唱和定型过程，表明广府说唱一类的口头文艺会因应演出者、受众及演出场所的变化而变化，除了文本上体现的唱词结构变化外，音乐上的改变与唱家即兴表演都可能影响南音最终呈现的形态。《新马汉文报刊所载粤讴初探》一文，统计了马来半岛汉文报纸在 1919 年前所载的粤讴，说明新加坡、马来西亚粤讴继承了广东粤讴关注时政与社会、以描绘男女情感为主要题材、善用比兴和口语写作的艺术特点，也容纳了许多南洋本地的素材，是广府文化在海外传播并在地化的典型例子。《传统粤剧戏服工艺特征分析》从服装工艺的角度，说明了粤剧戏服以明代样式为主,以广绣为装饰手法,包容中西方艺术,借鉴其他传统剧种,在商业化的背景下不断大胆创新的特点。

"近代研究"主要收录近代史相关论文,包括 3 篇文章。《康有为〈孟子微〉初探》通过分析《孟子微》一书的主要思想,显示康有为"托古改制",联结孔孟之道与西方思想服务于变法的政治意图。《O Macaísta Imparcial(〈澳门土生公正报〉)中译名与办报理念考证》从新闻史的角度探讨 O Macaísta Imparcial 的译名及办报情况,分析了过去相关研究出现错误的原因,从侧面反映了在华葡文报刊在中国近代报业中作为源头与带动者的重要地位。《广东辛亥保路运动史述》以扎实的史料梳理粤汉铁路广东段的保路运动经过,讨论政府官员、本地商人、华侨等不同角色的立场,而路权最终在社会各界特别是商人的努力下得以保留,揭示了近代广东铁路发展的曲折经历。

"史料发掘"是本刊一向的主打栏目,本辑收录 4 篇文章。《中国研究之西文古籍述略——以中山大学图书馆馆藏为例》以中山大学图书馆藏西文古籍为研究对象,分析其来源、内容及特征,其中包含不少与广州有关的图书,版本稀有,极为珍贵。《早期对外粤语教材〈法粤语言对照读本〉述略》考察了出版于越南堤岸的法粤语言教材,显示了在近代殖民环境下粤语是如何被教授,又如何反映海外广府华侨的社会生活的。《为学为师与治人治世——论学者黄节的几封"家书"》以保存于李韶清所著黄节年谱中的家书为研究对象,深入探讨黄节于乱世中的忧愤与救国情怀。《北城侯鲁班先师殿宇公所现存碑刻的初步研究》发掘了鲁班先师殿宇公所两通碑刻文献,展现了广州红木家具制作行业组织的基本运作,以及该行业在清中期兴盛而在鸦片战争后衰落的过程。

"以图证史"收录 3 篇文章,均有以图像为研究对象或图像与文字互证的特点。《邓尔雅先生仿南越国"万岁"瓦当陶文闲章跋》一文考证岭南近代著名书画家邓尔雅一枚闲章取材自南越国瓦当图文之事,从侧面揭示了因南越国考古兴起,岭南本地特有的艺术形态在现代再生的过程。《广州图经编纂情况考述》讨论了图经在中国形成和编纂的历史,罗列了宋明以还关于广州的图经并予以著录,说明了图经包含丰富的历史信息,为方志等地方文献广泛引用。《吴纯臣与桂林府学释奠图考》以南宋岭南名宦吴纯臣生平切入，考证他在桂林府学刻释奠图，为传播儒家文化和礼仪所做出的努力。

"社会风俗"收录3篇文章，均与岭南地区社会变迁、风俗物产相关。《浅析近代广州城市新型话语空间：从平民到精英之演讲风习》谈到传教士宣传宗教、知识分子改良社会、地方政要宣讲时事等推动了广州演讲之风的形成，社会上下都参与到新的公共话语空间之中，促进了社会近代化。《论晚清广东女诗人女性意识的觉醒》展示晚清广东女性写作群像，从她们对历史上女性命运的慨叹、对女性写作群体的自我认同、对男女平等的追求，展现她们女性意识的觉醒。《中药橘红药名释义》探讨广东名产南药橘红得名与其颜色、质地、产地、炮制方式、地方方言等因素的关系，反映岭南地区特别是明清以还中医药文化的发展与地方人文的交织。

本辑的主要特点是资料来源广泛，音频、服装、图片、碑刻，皆可为研究对象；文献材料也不独限于境内单一语种，而是拓展到越南、新加坡、马来西亚乃至欧洲地区多国多语种文献。除了文史方面研究外，本辑也收录了语言、宗教、服装、音乐等跨学科的成果。我们希望从事岭南文化研究的学者，既能揭示具体而微的问题，也具备放眼世界的胸怀；既在世界历史中观照广州乃至岭南地区的特殊地位，也在全球视野下看到广东文化的传播和影响。同时我们鼓励不同学科背景的研究者，以各自的专业眼光和研究特长，耕耘这个大有可为的领域。

本辑选稿改稿、栏目设置，几经周折，作者与编者付出大量心血，最后才呈现出这样的作品。在此感谢为本刊惠赐稿件、提出意见、关注并传播的各位同行学人，也感谢此前一至三辑编辑分享宝贵经验。本刊尚在草创阶段，难免有许多不足，还望学界同人继续支持与爱护，共同打造集刊这一宝贵的平台。

黎俊忻

目　录

C O N T E N T S

中外交流

在偶像崇拜和无神论之间
　　——殷铎泽及闵明我在广州论佛教 …………………〔法〕梅谦立 / 325
中越"广利王"比较研究 ……………………………………… 严　艳 / 351

曲类专题

清代广州外销通草水彩画所见"代月"考 ………………… 程存洁 / 363
南音《客途秋恨》版本考 …………………………………… 关瑾华 / 371
新马汉文报刊所载粤讴初探 ………………… 李　奎　吴美玲 / 386
传统粤剧戏服工艺特征分析 ………………… 陈金怡　柯慧明 / 401

近代研究

康有为《孟子微》初探 ……………………………………… 李哲夫 / 417
O Macaísta Imparcial（《澳门土生公正报》）中译名
　　与办报理念考证 ………………………………… 王　海　喻　茜 / 434
广东辛亥保路运动史述 ……………………………………… 胡文中 / 448

史料发掘

中国研究之西文古籍述略
　　——以中山大学图书馆馆藏为例 …………………… 谢小燕 / 461

早期对外粤语教材《法粤语言对照读本》述略 … 禤健聪 谢晓文 / 492

为学为师与治人治世

    ——论学者黄节的几封"家书" ……………………… 王晓东 / 504

北城侯鲁班先师殿宇公所现存碑刻的初步研究 ………………… 黄 勇 / 514

以图证史

邓尔雅先生仿南越国"万岁"瓦当陶文闲章跋 ………………… 辛 蔚 / 533

广州图经编纂情况考述 …………………………………… 丁 玲 / 542

吴纯臣与桂林府学释奠图考 ……………………………… 马玉琴 / 554

社会风俗

浅析近代广州城市新型话语空间：从平民到精英之演讲

    风习 ……………………………………………… 邢照华 / 569

论晚清广东女诗人女性意识的觉醒 …………… 邓 丹 陈素贞 / 583

中药橘红药名释义 ……………………………………… 孔祥华 / 596

征稿启事 ………………………………………………………… 605

撰稿格式 ………………………………………………………… 607

目 录

Chinese and Foreign Exchanges

Between Idolatry and Atheism: Intorcetta and Navarrete Discussing

Buddhism in Canton ·················· 〔France〕 *Thierry Meynard* / 325

A Comparative Study of "King Guangli" Between China and

Vietnam ···································· *Yan Yan* / 351

Guangdong Traditional Opera and Folk Songs

A Research on "Dai Yue" Seen in Watercolor Paintings on Pith

Exported from Guangzhou in Qing Dynasty ·············· *Cheng Cunjie* / 363

A Study on Editions of Nanyin *Ke Tu Qiu Hen* ············ *Guan Jinhua* / 371

A Preliminary Study on the Yue Ou Contained in the Chinese

Newspapers of Singapore and Malaysia ··········· *Li Kui*, *Wu Meiling* / 386

An Analysis of the Technical Characteristics of Traditional Cantonese

Opera Costumes ························· *Chen Jinyi*, *Ke Huiming* / 401

Modern Chinese Studies

An Analysis of Kang Youwei's *Meng Zi Wei* ·················· *Li Zhefu* / 417

A Research on the Chinese Title and Press Principle *of O Macaísta Imparcial*

·· *Wang Hai*, *Yu Qian* / 434

A Historical Review of the Railway Project Crisis of Guangdong
.... *Hu Wenzhong* / 448

Exploration of New Historical Data

An Analysis and Study of Ancient Western Books on Chinese Studies

—Taking the Collection of Sun Yat-sen University Library as

an Example .... *Xie Xiaoyan* / 461

A Brief Account of Early Time Textbooks on Teaching Cantonese

As a Second Language *French-Cantonese Bilingual Textbook*

.... *Xuan Jiancong , Xie Xiaowen* / 492

The Way to Study and to Educate and the Concept of Educating People

and Governing the World—On Several "Home Letters" of

Scholar Huang Jie .... *Wang Xiaodong* / 504

Preliminary Study of the Tablet Inscription in Lu Ban Carpenters

Guild Hall .... *Huang Yong* / 514

The Uses of Images as Historical Date

A Study on Deng Erya's Imitating the Seal of "Long Live" Eaves

Tile in the Southern Yue State of the Han Dynasty .... *Xin Wei* / 533

A Study of the Compilation of Guangzhou Tujing .... *Ding Ling* / 542

A Textual Research on Wu Chunchen and the Shidian Picture Carved

in Guilin Academy of Classical Learning .... *Ma Yuqin* / 554

Social Custom

A Brief Analysis of the New Discourse Space in Modern Urban Guangzhou:

The Speech Customs From Commoners to Elites ...... *Xing Zhaohua* / 569

On the Awakening of Female Consciousness of Guangdong Woman

Poets in Late Qing Dynasty .... *Deng Dan , Chen Suzhen* / 583

Contents

Texture Research on Paraphrasing Chinese Herb Names of Southemherb

　　Rhizoma Alpiniae Offininarum ·························· *Kong Xianghua* / **596**

Contributions Wanted ······································· / **605**

Contribution Format ··· / **607**

中外交流

在偶像崇拜和无神论之间

——殷铎泽及闵明我在广州论佛教[*]

〔法〕梅谦立[**]

中山大学广州与中外文化交流研究中心，广东广州，510275

摘　要：在 17 世纪末，二十余位传教士在广州住了五年多，把儒家经典翻译成了西文，使儒家思想进入了西方学术界的视野。相对而言，学者忽略了传教士们在广州对佛教的讨论，他们对中国佛教的讨论和引介，使西方人对佛教有了更深入的理解。本文对比一位西班牙传教士和一位意大利传教士对佛教的不同理解与态度，说明传教士对佛教理解的多元化，反映出中国文化本身与中国佛教的多元化。另外，这些传教士的报告显示，广东总督除限制天主教的活动外，还试图限制佛教僧侣的规模。

关键词：佛教；天主教；国际汉学；广州

欧洲人第一次来到亚洲便接触到形式多样的佛教，并逐渐明白有某种共同的思想和宗教传统把他们在斯里兰卡、泰国、日本和中国所发现的不同佛教分支联系在一起。1666～1670 年，有二十几位传教士在广州被软禁，他们有足够的时间对中国文化进行研究。在前辈传教士对佛教研究的基础上，他们形成了新的表述。其中有两篇详细介绍佛教的文章：一篇由

---

　*　感谢魏鼎对这篇文章的润文及王琦的补充。本研究获得中山大学 2019 年"三大"建设重要成果培育项目"广州与早期汉学：康熙历狱后被拘押传教士对中国文化的研究"的资助。

　**　梅谦立（1963～ 　），男，法国人，中山大学哲学系教授、博士生导师，研究方向为明清中西文化交流史。

意大利耶稣会士殷铎泽（Prospero Intorcetta，1625 – 1696）所著，后来被收入《中国哲学家孔子》（1687），另一篇由多明我会士闵明我（Domingo Navarrete，1610 – 1689）所著，后来被收入他的著作《中国的历史、政治、道德与宗教》（*Tratados Historicos，Politicos，Ethicos，y Religiosos de la monarchia de China*，1676）。笔者试图分析这两篇文章，并由此证明传教士对佛教有很明确的排斥立场，然而由于他们对佛教本身有不同理解，他们对佛教的策略也展现出明显的差别。

一 中国佛教与天主教相遇的历史背景①

16 世纪，传教士开始进驻亚洲。他们中的许多人前往亚洲不同地区，搜集了包括佛教在内的大量宗教方面的资料。他们互通信息，并向同伴询问，从而确认和完善信息。传教士的报告通常被送往欧洲，呈给他们的上级。此后，这些报告或单独出版，或被纳入篇幅更大的著作。这些文件用欧洲语言写成，主要为拉丁语和葡萄牙语。

（一）首次相遇：从日本到中国

在最早送达欧洲的关于佛教的报告中，就有西班牙耶稣会士圣方济各·沙勿略（Francisco Javier，1506 – 1552）的信件，沙勿略于 1547 年在马六甲遇到日本人弥次郎，并从后者那里取得相关信息。在逗留日本的两年多（1549 ~ 1551）期间，他曾通过与僧人的交流进一步了解佛教。当时，他的信件在欧洲耶稣会学院的系统内非常有影响力，并被广为复制、流传和阅读。② 而其他在日本的传教士，如西班牙的托雷斯（Cosme de Torres，1510 – 1570）、葡萄牙的弗洛伊斯（Luís Fróis，1532 – 1597）和葡萄牙的加戈（Baltasar Gago，1515 – 1583），也在试图更进一步地了解佛教。16 世纪末，当耶稣会传教士接触中国佛教时，他们的认识几乎已被五

---

① 本小节内容已经发表，参见〔法〕梅谦立《耶稣会传教士对中国佛教的早期研究》，《汉语佛学评论》（第二辑），上海古籍出版社，2011，第 195 ~ 198 页。

② 参见 Henri de Lubac，*La rencontre du Bouddhisme et de l'Occident*，Paris：Cerf，pp. 53 – 60。

十年来在日本的经历所定格。和在日本一样，在中国的耶稣会士对佛教很感兴趣，因为后者为其表达他们的天主教思想提供了一个中介（包括中国佛教的一些词语和概念）。亦如传教士在日本的境遇，他们在中国被视为某种佛教僧侣。在华传教士身上的佛教特征，甚至还远超他们在日本的时候，要知道，他们在广东的十多年（1583~1595）里，一直以光头僧服的形象示人。

然而，随着传教士们对佛法的认识逐步加深，他们意识到佛教的很多教义与天主教并不相容。更重要的是，佛教越来越显示出其作为天主教对手的一面，如六道轮回和因果报应等信念。因为传教士们非常注重维护信仰的正统性和警惕"魔鬼的伎俩"，所以他们开始远离佛教而接近儒学。与佛教不同，儒学更看重现世的道德生活，并未与天主教的超自然真理产生直接冲突。因此，罗明坚（Michele Ruggieri，1543 – 1607）和利玛窦（Matteo Ricci，1552 – 1610）逐步放弃借用佛教以达到传教目的的策略后，开始借用儒学作为主要的资源。在《天主实义》（1603）中，利玛窦以亚里士多德哲学的视角反对佛教教义。[1] 比如，他用形而上学的理由批评无我观念，因为前者主张每个人都应该从神那里追溯自身的存在源头。在《耶稣会与天主教进入中国史》（又称《中国札记》）一书中，利玛窦第一次向西方读者介绍了中国佛教。[2]

（二）关于中国佛教的最初介绍

在利玛窦之后，其他一些在华耶稣会士也对佛教进行了引介。葡萄牙人曾德昭（Alvaro de Semedo，1585 – 1658）在他的《大中国志》（*Relaçao da propaçao da fé no regno da China*，马德里，1642）中，也曾简短介绍佛教。此后，意大利人卫匡国（Martino Martini，1614 – 1661）在阿姆斯特丹

---

[1] 〔意〕利玛窦：《天主实义今注》，〔法〕梅谦立注，谭杰校勘，商务印书馆，2014。

[2] 利玛窦的原始意大利语版本直到 20 世纪才由德礼贤（Pasquale D'Elia）发表。最近的意大利语版为 *Ricci, Della entrata della Compagnia di Gesùe Christianità nella China*，Quodlibet，2000。中文版为〔意〕利玛窦《耶稣会与天主教进入中国史》，文铮译，商务印书馆，2014。金尼阁将其由意大利文翻译成了拉丁文：*Expeditio christiana apud Sinas*，Mangius，1615。随后，许多其他版本从拉丁语版翻译过来。

发表了他的《中国新地图集》（*Novus Atlas Sinensis*，1655），其中包含一篇对佛教的简短介绍。他还在他的《中国上古史》（*Sinicae Historiae Decas Prima*，慕尼黑，1658；阿姆斯特丹，1659）中数次提及佛教。

在 *Curious Land*：*Jesuit Accommodation and the Origins of Sinology*（《奇异的国度：耶稣会适应策略及汉学的起源》）一书中，美国汉学家孟德卫描述和评论了 17 世纪的耶稣会士对中国文化的阐释，包括他们对佛教的介绍。① 然而，他却错过了几个重要文件：包括葡萄牙耶稣会士徐日升（Tomás Pereira，1645－1708）②给 Queyroz 的一封信、殷铎泽在《中国哲学家孔子》中对佛教的介绍③。另外，闵明我关于佛教的介绍也没有得到足够的重视。最近瑞士学者艾普（Urs App）分析了殷铎泽、闵明我关于佛教的介绍，不过没有很系统地比较二者的异同。然而，殷铎泽、闵明我对佛教的描述，可能是 17 世纪所有西方人中最为详尽的。④ 正如我们将会

---

① David Mungello，*Curious Land*：*Jesuit Accommodation and the Origins of Sinology*，Honolulu：University of Hawaii Press，1989，pp. 68－353.

② Tomás Pereira，"Tratao do Budismo Sinico，" *Tomas Pereira Obras*，Lisboa：Cientro Cientifico e Cultural de Macao，vol. 2，2011，pp. 41－61. Fernaoõ de Queyroz（1617－1687）把徐日升的文章收入《锡兰的世俗与精神征服》（*Conquista Temporal e Espiritual de Ceilao*）。Queyroz 的葡萄牙语手稿完成于 1687 年，但直到 1930 年才发表，由 S. G. Perera 翻译成英语：*The Temporal & Spiritual Conquest of Ceylon*，Colombo：Colombo Government Press，1930。1671 年，Queyroz 决定写一本关于锡兰历史的书，但由于他身在果阿，而且葡萄牙人又在 17 世纪 50 年代被荷兰人驱逐出锡兰，因而他并没有太多关于佛教的资料。为了他写书的计划，他邀请徐日升提供了一些关于释迦牟尼佛生平的资料，而 Queyroz 把这些内容写入《锡兰的世俗与精神征服》的第 17、18、19 章。马国瑞最近提出，关于佛陀的生活的三个章节可能来自康熙年间由纪荫所编写的《宗统编年》。参见 Rui Magone（马国瑞），"The Fo and the Xekia：Tomás Pereira's Critical Description of Chinese Buddhism，" *in The Light and Shadow of an Emperor*：*Tomás Pereira*，*SJ（1645－1708）*，*the Kangxi Emperor and the Jesuit Mission in China*，edited by Artur K. Wardega and António Vasconcelos de Saldanha，Cambridge：Cambridge Scholars Publishing，2012，pp. 252－274。

③ 也可以参考美国哥伦比亚大学宗教学教授佛雷（Bernard Faure）在《禅宗在西方的形象》以及《禅的洞见与溢见：禅传统的知识论批判》里的介绍。*Chan Insights and Oversights*：*An Epistemological Critique of the Chan*，Princeton：Princeton University Press，1993，p. 31。不过，他主要依靠二手材料。

④ 殷铎泽在意大利西西里岛出生，1642 年加入耶稣会，1659 年到达中国，先在江西学习中文。他延续利玛窦的适应政策，以儒家表述天主教思想，把《中庸》翻译成拉丁文，编辑《中国哲学家孔子》（1687）。闵明我在西班牙出生，入多明我会，先到了马尼拉，1657 年到福建后马上投入传教事业。他在广州才开始系统地学习中国文化，不过，他反对利玛窦的适应政策，特别是认为祭祀祭孔与天主教有矛盾。

看到的，这两份介绍虽在很大程度上基于先前的述说，却包含大量信息。

二 殷铎泽、闵明我关于佛教的介绍

传教士在广州主要讨论了传教政策，试图规范不同地区及修会之间的实践活动。从 1667 年 12 月 18 日至 1668 年 1 月 26 日，他们开了所谓"广州会议"，用投票的方式决定中国天主教会的 42 条规则。他们的讨论也涉及他们对中国文化、社会、宗教的不同理解及观念。为了让传教政策建立在正确的理解上，他们也学习了中国的经典、历史、风俗等。

（一）写作与出版情况

《中国哲学家孔子》主要包含《大学》《中庸》《论语》的拉丁译文。书的前言（Proemialis declaratio）分两个部分。前面部分是 1666 ~ 1668 年殷铎泽在广州写的，简要介绍了中国的儒释道，其中有《简要介绍佛教及其追随者》一文。[①] 后面部分由弗拉芒人柏应理（Philippe Couplet，1623 – 1693）及其他两位耶稣会士写成，主要是对利玛窦的传教政策进行辩护。1668 年 7 月 1 日，被选为耶稣会代表的殷铎泽离开广州，返回欧洲，将部分稿子带走，却并未出版。过了十几年，当柏应理回到欧洲之后，殷铎泽在巴黎进行了最后的编辑工作，《中国哲学家孔子》在 1687 年终于面世。

殷铎泽对佛教的介绍包括 2600 个拉丁词。在内容方面很有条理，主要分三个部分：释迦牟尼生平（拉丁本 27 ~ 30；英译本 117 ~ 121）、佛教的"双重教义"即净土宗和禅宗（拉丁本 31 ~ 33；英译本 122 ~ 124）以及宋明理学对佛教的接纳（拉丁本 33 ~ 34；英译本 126 ~ 127）。

幸运的是，法国国家图书馆收藏有《中国哲学家孔子》的手稿（Latin 6277 vol 1 – 2；关于佛教的对应部分：XIVr – XVIIIv）。瑞士学者艾普发现，柏应理在手稿中删掉了殷铎泽原来的一个段落，在此段落中殷铎泽表

---

① "Paragraphus quartus: Brevis notitia sectae Foe Kiao dictae, ejusque Sectatorum," *Confucius Sinarum Philosophus*, Paris, 1687, pp. 27 – 35; English edition translated by Thierry Meynard, Rome: IHSI, pp. 117 – 127.

示，他有关佛教的信息并非由中国书籍中取得，而是"从一位我认为他了解日本事务远胜过中国事务的作者"处得来的。① 他还表示，日本佛教源于中国，只是在名字上有一些差异而已。确实，殷铎泽主要研究儒家，对佛教没有深入的研究，所以他借用在日本传教的耶稣会士的文章是可以理解的。不过，为了保持《中国哲学家孔子》的权威，柏应理不愿意暴露他们对佛教的理解是通过日本间接得到的，因此，他把殷铎泽的说明删掉了。

艾普推测殷铎泽参考了葡萄牙耶稣会士陆若汉（João Rodrigues，1561 - 1633）的手稿。陆若汉原来在日本传教，1614 年德川家康命令遣返耶稣会士，共有 88 位耶稣会士出境，被放逐至澳门。陆若汉长期客居澳门，并留下一些手稿。几十年后，在传教士们被软禁于广州期间，澳门耶稣会档案馆的部分资料也被转移到广州，方便传教士们使用，其中也许有陆若汉关于佛教的手稿。殷铎泽在介绍佛教时，可能参考了这个手稿。不过，第三部分（宋明理学对佛教的接纳）应该是他独立撰写而成的。

笔者所分析的第二个文献作者为西班牙多明我会士闵明我。闵明我在广州被软禁期间，与殷铎泽及其他耶稣会士在对中国礼仪（祭天、祭孔、祭祖）的态度上产生了严重的分歧。1668 年殷铎泽返回欧洲，随后闵明我也决定于次年 12 月 9 日离开广州，往梵蒂冈汇报这一情况。在广州期间，闵明我阅读了大量中国书籍，并做了很多笔记，这使得他返回欧洲后，能够很快地在 1676 年出版《中国的历史、政治、道德与宗教》一书。② 书中的第二论题目为"论中国政府"（Del Gobierno Chinico），不仅仅谈及政府，亦涉及宗教。

与殷铎泽的介绍相比，闵明我的介绍十分繁杂。书中第 9 章 "论中国宗派、庙宇及其他"（De las sectas，Templos y otras cosas de China）介绍了

---

① Ex Authore alio quam suspicor Japonicorum rerum quam Sinicarum peritiorem extitisse；Ms. Latin 6277，Vol. 1，paragraphus 33，folio XIVv. 参见 Urs App，*The Cult of Emptiness*：*The Western Discovery of Buddhist Thought and the Invention of Oriental Philosophy*，Kyoto：University Media，2012，p. 140。

② 闵明我也准备出版关于中国礼仪的《争论》（*Controversias*）。但这本书只印刷了一部分，而且不准发行。

儒家及道家。而从第 9 章后半部分一直到第 12 章，关于佛教的介绍共占据
三章半的篇幅，是殷铎泽文章篇幅的两倍多，共有 8000 个西班牙词。

在此简略地介绍其中内容。第 9 章后半部分介绍了佛教在亚洲的传播
范围、林兆恩的三一教、佛教在中国的普遍性以及观音信仰①；第 10 章
"继续进行的研究"（Prosigue la mesma materia）则谈及佛教徒的生活习惯，
如守斋及贞洁。在这一章半的篇幅中，闵明我主要是凭借自己在中国的观
察论述的。

第 11 章 "完成解释佛教"（Acabarse de explicar la secta de el Foe）介
绍了释迦牟尼佛的生平、双重教义、净土宗为外教（方便教或权教）、禅
宗为内教（实教）、外教的规则及特征（三十二相、八印、五戒、六成就、
轮回）以及内教第一原则（85～87）。内容与殷铎泽介绍的前两部分相似
（拉丁本 27～33；英译本 117～124），其共同来源应该是陆若汉。② 不过，
跟殷铎泽相比，闵明我在第 11 章的末尾对六道轮回提出了更详细的解释，
分别从内教与外教两方面进行谈论。从内教方面看，六道轮回指示心灵活
动，如果停止思考某些东西，它们就会消失。而且闵明我将其联系到西方
逻辑学（Logicos）关于 "理性存在者"（ente de razon）的观念：思考时，
它存在；不思考时，它不存在（88）。按照这样的思路可知西方逻辑学指
向中世纪的唯名论。当然，作为多明我会士的闵明我追随阿奎那的思想，
不会赞同唯名论。

第 12 章 "要结束这种巴比伦式的幻想"（Dase fin a esta babilonia chim-
erica）继续谈及佛教的六道，不过在内容上跟第 11 章有一些重复和不一致
之处。第 12 章来源于闵明我在广州所看到的佛教著作。他先谈及六道——
地狱、饿鬼、畜生、阿修罗、人、天，并颠倒了阿修罗道与人道的顺序。
接着介绍了佛教的四个等级（quatro grados）：声闻（Xing Vuen）、缘觉
（Vuen Kio）、菩萨（Pusa）、佛（Foe）。此外，闵明我还翻译了两段貌似
禅宗诗偈的文字，一个作者被称作 Pi Xi，另一个被称作 Xi Ki。这两个名

---

① Domingo Navarrete, *Tratados Historicos, Politicos, Ethicos, y Religiosos de la monarchia de Chi-*
na, Madrid: En La Imprenta Real Por Juan Garcia Infancon, 1676, pp. 82 - 83.

② 在这个部分，闵明我也引用了门多萨《中华大帝国史》及路西纳《圣方济各沙勿略传》
中的话，不过，很可能是他从陆若汉的文献中得到的。

字有待考证。

关于广州佛教的情况，闵明我也提供了一些有价值的信息。众所周知，清初广州有不少香火鼎盛的佛寺，如光孝寺及六榕寺。在耶稣会院（西门外第六甫）不远处，亦坐落有华林寺。虽然传教士不喜欢佛寺，但为了更深入地了解佛教，他们不得不去实地观察，闵明我就在广州的佛寺里看到了拥有 24 个手臂的观音菩萨。^① 另外，他们还了解到地方政府不时出台针对佛教的严厉政策：在康熙历狱中天主教遭到迫害期间（指 1665 年春天），广东总督府（Governor supremo de Canton）上奏皇帝，提出限制和尚人数——一市（ciudad de primer orden）40 位，一县（ciudad de secundo orden）30 位，一乡（villa）20 位。然而 1666 年闵明我到广州时，发现寺庙中的和尚们平安无事。^② 按照闵明我所提供的数字，这样的政策非常苛刻，因为在广州这样的城市当时应该有好几百个僧侣；很显然奏折没有被批准或者没有被执行。1667 年 4 月 2 日，闵明我还听说一起案件：十一位和尚被广州小王（平南王尚可喜，1604 ~ 1676）判处死刑，并被活活烧死，据说其中除了性丑闻之外，也牵扯到凶案（85）。这样的信息让我们了解到，佛教和天主教一样，在广州受到一定程度的限制。

（二）殷铎泽与闵明我的不同动机

应该说，所有传教士都排斥佛教，不过在程度上有分别。1615 ~ 1616 年南京教案发生后，耶稣会士认为，造成教案的原因之一在于佛教对天主教进行了反击，所以此后他们应避免直接攻击佛教。这种谨慎态度表现于"广州会议"文件的第十一条：

> 神父要特别小心，不要让传道员（若有须要他们的协助）在教授

---

① Domingo Navarrete, *Tratados Historicos, Politicos, Ethicos, y Religiosos de la monarchia de China*, Madrid: En La Imprenta Real Por Juan Garcia Infancon, 1676, p. 82: "Pintala con muchas manos; una esta en Canton con 24 significan las muchas mercedes que haze y su gran liberalidad. La devocion del pueblo a este monstruo es muy grande."

② Domingo Navarrete, *Tratados Historicos, Politicos, Ethicos, y Religiosos de la monarchia de China*, Madrid: En La Imprenta Real Por Juan Garcia Infancon, 1676, p. 85. 1665 年 4 月，汤若望被判死刑。康熙四年（1665），卢兴祖担任广东总督。同年，该官职改为广东广西总督。

要理的时候因为过度的热忱而得罪本地人，攻击他们的偶像，或因不审慎而在言语上伤害他们。正如圣热罗尼莫所言，传道员应首先解释教会的教义，这样比攻击其他的事物更有效。①

不过，没有经过南京教案且稍晚进入中国的多明我会士及方济各会士都不赞同这样的政策。相反，闵明我认为必须对佛教加大批判力度。因此，他撰写关于佛教的长篇幅文章，不仅是出于学术考虑，更是为了彻底地排斥佛教："过去传教士写了不少，然而必须写得更多。我从来不同意这些观念，即不必浪费时间解释'天主教与佛教之间的'差异。"②

可是，闵明我对佛教并非持完全否定的态度。相反，他承认：佛寺很辉煌，非常干净，且整齐（somptuosos，limpios，aseados），僧侣不断地祷告（estan rezando continuamente de dia y noche），与传教士相比，他们更勤奋、谦虚、礼貌（mayor devocion，modestia y compostura），在苦修方面，他们做得更彻底（82）。可以看出，在某些方面，闵明我非常佩服佛教徒的宗教热情。不过，这主要是因为佛教在表面上与天主教非常类似，所以更需要加以注意。他激烈地反对在佛教与天主教之间建立某种思想上或历史上的关系。他写作的对象正是那些将要来华的传教士，提醒他们不要像耶稣会士那样受骗，受到儒释道的误导，特别是佛教："这是为了他们有根据地去反对佛教，容易逃出他们的迷宫，因为在日本、中国及其他国家，我们最大的敌人就是佛教。"（85）

三　殷铎泽及闵明我的共识

前面我们谈及传教士对佛教都持排斥态度。下面我们试图先阐明他们在广州期间得到了怎样的共识，然后探讨他们之间的分歧。

---

① 叶家祺：《广州会议（1667～1668）四十二条条文的意义》，《道风：基督教文化评论》第 37 期，（香港）道风书社，2012，第 290 页。

② Domingo Navarrete, *Tratados Historicos, Politicos, Ethicos, y Religiosos de la monarchia de China*, Madrid：En La Imprenta Real Por Juan Garcia Infancon, 1676, p. 89："no poco han escrito los missionaries, pero es necessario mas. Nunca me agrado el parecer de algunos que dizen, no convener gastar el tiempo en impugnar disparares."

（一）佛教徒的分布范围

1549 年，沙勿略到达日本；1579 年，罗明坚到达中国；1607 年，巴尔塔扎尔·德·塞凯拉（Baltasar Sequeira, ？ - 1609）到达暹罗；1624 年，安东尼奥·德尔·安德拉德（António de Andrade, 1580 - 1634）到达西藏。17 世纪初，传教士开始对佛教的分布范围有比较清晰的了解。

殷铎泽介绍了佛教从印度传播到亚洲后的一个有趣的情况，释迦牟尼佛的弟子在亚洲不同国家拥有不同名字，却属于同一个宗教："中国人称他们为僧（Sem）或和尚（Ho Xam），鞑靼人称他们为喇嘛僧（Lamasem），暹罗人称他们为 Talapoins，日本人（或更正确地说欧洲人）称他们为 bonzii。"[1]

闵明我则有更为详细的介绍，他这样描述佛教分布的庞大范围：进入老挝（Laos）、琉球诸岛（Lequios）、西藏（Tibet）、俄罗斯塔塔尔及中国塔塔尔地区（las dos Tartarias）、暹罗（Siam）、柬埔寨（Cambodia）、交趾支那（Cochinchina）、越南北部地区（Tonkin）、菲律宾（archipelago San Lazaro）直到日本（Japon）（82）。闵明我自己住在菲律宾，因此他注意到菲律宾有佛教的存在。他谈到中国佛教时说，有些中国佛寺有五百、八百乃至于一千个和尚（82）。关于西藏，闵明我谈到他们的"教皇"（Papa，即达赖喇嘛）扮演着很重要的角色，很受尊重。

16 世纪，欧洲人开始向东方探寻，发现伊斯兰教覆盖了从中东到印度尼西亚的庞大范围。同时，他们也发现佛教在整个东亚已经扎根。这样的巨大成果强烈刺激传教士下决心将人们引向对耶稣的信仰。

（二）释迦牟尼佛生于约公元前 1000 年的说法

利玛窦在《天主实义》中认为释迦牟尼从毕达哥拉斯的门徒们那里学习到轮回学说。[2] 即便利玛窦有误，他把毕达哥拉斯和释迦牟尼看作同时

---

[1] Intorcetta, "Proemialis declaratio," *Confucius Sinarum Philosophus*, Paris, 1687, p. 29; English translation, p. 119.

[2] 〔意〕利玛窦：《天主实义今注》，〔法〕梅谦立注，谭杰校勘，商务印书馆，2014，第 146 页。

代的人，即公元前五六世纪的人，也应该是比较正确的。利玛窦建立了这种历史联系，等于把佛教看作有价值的哲学思想。然而，后来传教士把佛教和毕达哥拉斯的关系颠倒了。在《中国君主制年表》中，柏应理表示，释迦牟尼生于中华帝国第 28 个甲子的第 41 年，即公元前 1036 年。[①] 同样，在《中国哲学家孔子》的"前言"部分，殷铎泽提到释迦牟尼跟所罗门王是同一时代人，具体时间为中华帝国 1909 年，即公元前 1026 年，与前面年份只有 10 年差距。[②] 闵明我也指出："一些欧洲人计算称，所罗门王 29 年，释迦牟尼佛诞生了。"（86）为什么在利玛窦所说的公元前五六世纪和殷铎泽及闵明我所说的公元前 1000 年的估算之间有这样大的差别？

其实，从唐朝开始，中国人根据一些伪经如《周书异记》的记载，相信周昭王时期（公元前 1000 年左右），有些异象暗示了释迦牟尼佛在印度的诞生。陆若汉可能接受了中国历史著作的看法，进而认为释迦牟尼佛先于毕达哥拉斯诞生，便否定了利玛窦关于轮回学说东传的假说。相反，陆若汉认为，是毕达哥拉斯受到了佛教轮回说的影响。[③] 当然这样的观念也是不正确的——即便古希腊的轮回说有可能来源于印度，也不可能来源于佛教，而可能来源于婆罗门教。

和陆若汉一样，殷铎泽也认为，轮回说从印度传到欧洲继而影响了毕达哥拉斯学派。[④] 然而，与殷铎泽不同，闵明我自己并未提及这种历史上的联系，因为他一直否定佛教与西方文化之间存在某些历史联系。他自己发明一种比较法去评判佛教。后面我们会进一步分析闵明我的比较法。

关于释迦牟尼佛的生平，闵明我提供了很多细节：他父亲是天竺国

[①] Couplet, *Tabula chronologica Monarchiae Sinicae ante Christum juxta Cyclos annorum 60*, Paris：Horthemels, 1686, p. 10.

[②] Intorcetta, "Proemialis declaratio," *Confucius Sinarum Philosophus*, Paris, 1687, p. 29；English translation, p. 119. 殷铎泽使用了卫匡国在《中国上古史》（*Sinicae historiae decas prima*, 1658）中的计算结果，即公元前 1026 年。后来，柏应理在《中国君主制年表》中改为 1036 年，不过，他忘了修改殷铎泽提及的年份。《中国哲学家孔子》的"前言"则把释迦牟尼佛的诞生放在 1308 年，参见梅谦立英译本，第 179 页。

[③] Urs App, *The Cult of Emptiness：The Western Discovery of Buddhist Thought and the Invention of Oriental Philosophy*, Kyoto：University Media, 2012, p. 103.

[④] Intorcetta, "Proemialis declaratio," *Confucius Sinarum Philosophus*, Paris, 1687, p. 30；English translation, p. 121.

(Tien Cho Kue) 的净饭王（Cing Fan Vuang）；母亲为摩耶（Mo Ie），据说，白色大象进入她的口中，使释迦牟尼从母亲的左侧生出。他一出生便可以走路，并说："天上天下唯我独尊。" 17 岁，他和三个妻子结婚，生了一个儿子，名为 Lo Heu Lo（罗睺罗）。他 19 岁出家（85）。闵明我所提供的细节与殷铎泽在《中国哲学家孔子》（拉丁本 28；英译本 118）中的描述一模一样，只是他们使用的中文拼音有差别。由此可推知，闵明我及殷铎泽在广州看到了同样的材料，即陆若汉的文献，并以此介绍释迦牟尼的生平。

（三）达摩不是圣多默

早先，西班牙奥斯定会士门多萨（Juan Gonzalez de Mendoza，1545－1618）的《中华大帝国史》（*Historia del Gran Reyno de la China*，1585）及葡萄牙耶稣会士路西纳（João de Lucena，1549－1600）的《圣方济各沙勿略传》（*Historia da Vida do Padre Francisco Javier*，1600）都把菩提达摩等同于圣多默（Thomas）。同样，利玛窦也把"达摩"跟耶稣门徒圣多默联系起来："在他们的经典中多处提到达摩（Tolome）的名字，似乎是想借助圣徒之名来使人信服他们的教义。"① 直到 17 世纪末，当西方人对中国有更多认识的时候，葡萄牙耶稣会士安文思（Gabriel de Magalhães，1609－1677）在其《中国新志》中仍坚持这种错误观点。②

殷铎泽及闵明我都提到菩提达摩是释迦牟尼佛的弟子（殷铎泽较正确地认为是第 28 代弟子，闵明我则错误地认为是第 128 代弟子），以及他九年面壁的典故。殷铎泽及闵明我都否认菩提达摩即圣多默的可能性。按照殷铎泽的说法，中国禅宗始于公元 290 年。③ 闵明我也有类似说法：菩提达摩在公元 300 年来到中国。而且他还直接批评了菩提达摩即圣多默的说法。④

---

① 〔意〕利玛窦：《耶稣会与天主教进入中国史》，文铮译，商务印书馆，2014，第 72 页。
② 参见 Gabriel de *Magalhães*，*Nouvelle Relation de la Chine*，Paris，1688，pp. 347－348。
③ Intorcetta，"Proemialis declaratio," *Confucius Sinarum Philosophus*，Paris，1687，p. 32；English translation，p. 125.
④ 除了历史根据之外，闵明我也提供了一个信仰方面的根据：如果圣多默真的来华，他应该会成功建立教会。参见 Domingo Navarrete，*Tratados Historicos，Politicos，Ethicos，y Religiosos de la monarchia de China*，Madrid：En La Imprenta Real Por Juan Garcia Infancon，1676，p. 86。

可以看出，在广州的传教士们在这一点上达成了共识（那时安文思并不在广州，而在北京），即放弃了菩提达摩就是圣多默的这种陈旧观念，认为菩提达摩与圣多默无关。闵明我指出，有权威的文人（letrados graves）从书面上向他证实了这一点。[1] 而且，"广州会议"也提供了一个修正过去错误观念的良机。当然，闵明我否定菩提达摩即圣多默的观点，不仅仅是一个历史考证问题，这也符合他的基本立场，即中国与天主教之间在历史上不存在任何联系。

四　殷铎泽与闵明我的分歧

（一）佛教的双重教义：是偶像崇拜，还是无神论？

在日本传教的耶稣会士很早就以"双重教义"解释佛教，比如加戈在《日本各派错误综述》（*Sumario dos erros em que os gentios de Japão vivem*，1556）中描述了日本佛教的两面性：偶像崇拜（净土宗）和无神论（禅宗）。从佛教的"二谛学说"，传教士猜测：和尚表面上推崇宗教朝拜（俗谛），而事实上，他们什么都不信，沦入无神论（真谛）。三十年后，范礼安（Alessandro Valignano）在《日本要理本》（*Catechismus japonensis*，1586）中对此有更大的发挥。[2] 利玛窦及在华的其他传教士都学习了《日本要理本》，一定知道这个学说，然而他们并没有将其运用于中国。1614 年，陆若汉在日本被遣返，到达澳门及中国内地，将"双重教义"讲给意大利耶稣会士龙华民，并说服后者，使得龙华民在 1623 年的报告中大量使用"双重教义"去理解中国各教派，包括佛教、儒教和道教。龙华民认为，这些教派都遵循如下方法：为精英建立一套秘密教义的同时，再为大众建

---

[1]　另外，闵明我认为，菩提达摩的主要大殿在武当山（86）。五代的道教经典《洞天福地岳渎名山记·七十二福地》明确将武当山排在第九位。不过唐代佛教确实重视武当山，《宋高僧传·唐均州武当慧忠传》记载："常以思大师有言：'若欲得道，衡岳武当。'因奏武当山请置太一延昌寺。"由此可知，唐代禅宗不仅认为武当山是可以助人得道的圣地，而且积极在武当山上筹建寺庙。此条感谢王琦的指点。

[2]　Alessandro Valignano, *Catechismus japonensis*, Lisbon, 1586.

立一套外部教义。[①]

　　不过，在嘉定会议（1626）上，龙华民的报告被否定并摧毁。但是，即便陆若汉及龙华民的观念受到压制，仍然有一些耶稣会士通过他们的"双重教义"说去解释佛教。比如，卫匡国在他的《中国新地图集》一书的"序言"中简略地提及轮回转世的"外部"与"内部"教义。[②] 当然，卫匡国拒绝使用"双重教义"去解释古儒，拒绝将古儒理解为具有迷信和无神论两个面向。

　　在殷铎泽编辑出版的郭纳爵（Inácio Da Costa，1599－1666）著《中国智慧》（Sapientia Sinica，建昌，1662）中，仅是将佛教归于迷信和偶像崇拜，并未谈及无神论。可是，在广州，殷铎泽却系统地使用"双重教义"去解释佛教的两面性：佛教是迷信，又是无神论。这种观念可能直接来源于陆若汉的文献，而不是龙华民的报告，因为后者直到1668年夏天在广州才再次出现。我们注意到，对殷铎泽而言，批判佛教的重点不再是偶像崇拜而是无神论。

　　　　到了79岁的时候，释迦便感觉身体愈加虚弱，知道疾病和死亡不远了。然而临终时，他带来更大的破坏，喷出无神论的毒药，说"四十余年未显真实"，而是满足于图像、比喻和寓言，用晦涩而充满比喻的教诲隐藏了赤裸的真理。但是，当他濒临死亡时，他要表达他心中的秘密思想：显然，除了"空"（vacuum）和"虚"（inane）这万物的第一原则之外，就没有任何其他东西可以追寻了，也没有什么我们可以寄予希望的。这个不祥的骗子最后说的话无疑是无神论的主要根源。它们隐藏在谎言与迷信的黑暗之中，犹如埋藏于地下，让无知群众浑然无觉。[③]

---

① 龙华民（Longobardi，1565－1655），字精华，明朝末年来中国的天主教传教士；他去世很久之后，这篇有争议的论文在1701年发表于巴黎，题目为《论中国宗教的几个问题》。葡萄牙文手稿：Reposta breve sobre as controversias do Xamty, Tienxin, Limhoen, APF SC Indie Orientiali Cina, vol. 1, fol. 145－168；拉丁文手稿：Responssio brevis super controversias, fol. 170－198。

② 参见 Martino Martini, *Novus Atlas Sinensis*, Trento, 1981, p. 115。

③ Intorcetta, "Proemialis declaratio," *Confucius Sinarum Philosophus*, Paris, 1687, p. 29.

在手稿中，释迦牟尼的话被翻译成中文拼音"sú xě yū niên úi hièn chin xě"，意思应该是"四十余年未显真实"，源自《法华三部经》中的《无量义经》。这句话表明佛陀的教义是有层次的，他隐藏他的核心思想，直到临终前，才展示给几个能够理解他的弟子。殷铎泽认为他最后的话完全否认了他自己的教诲，说明他在品行上表里不一，他的思想在智性上是虚无主义，在宗教上则是无神论。

关于释迦牟尼的最后言辞，闵明我有类似的说法。只是在他那里，释迦牟尼的秘密思想即"空""虚"，被翻译成"元质"（materia prima）、"混沌"（chaos）。① 如此，与殷铎泽独辟蹊径，用西方的虚无主义和无神论去理解佛教的"空""虚"概念有所不同，闵明我以经院哲学的视角去理解"空""虚"概念，把佛教理解为泛神论。②

在这里，我们应该注意到 17 世纪欧洲的无神论并不像 19 世纪那样否定任何神性。在 17 世纪，说一个人是无神论者，多半是说他是一个泛神论者。对殷铎泽而言，佛教的核心是无神论，也就意味着佛教是一个谎言。

现在，让我们进一步看看"内部教义"及其最隐秘的伎俩和陷阱吧。在已经摧毁了"外部教义"的隐喻结构之后，让我们更仔细地观察"隐秘真理"华而不实的结构。确实，他们自己贬损这个结构，说它完全是空无——这是最愚昧的事情，甚至就是愚昧本身。首先，未受教育的大众不能理解这个道理。这实际上是恶人们采取的一个基本防备措施：由于对鞑靼人和一些关于地狱故事的恐惧，那些单纯而轻信的大众将变得顺从。只有贵族、士大夫，还有拥有特殊能力的和尚和僧侣们，能明白真理（拉丁本 31；英译本 123）。

---

① Domingo Navarrete, *Tratados Historicos, Politicos, Ethicos, y Religiosos de la monarchia de China*, Madrid: En La Imprenta Real Por Juan Garcia Infancon, 1676, p. 86.

② 这方面，闵明我似乎认同陆若汉的思想。参见 rs App, *The Cult of Emptiness: The Western Discovery of Buddhist Thought and the Invention of Oriental Philosophy*, Kyoto: University Media, 2012, p. 137。

一方面，佛教向老百姓宣传善恶报应、天堂地狱等（"外部教义"）；另一方面，僧侣自己什么都不信，他们对佛教不寄予任何希望（"内部教义"）。显然，对殷铎泽来说，无神论比迷信的危害更大，因为无神论摧毁了宗教的意义，把任何宗教（包括天主教在内）都当作政治工具。

　　基于以上分析，可以看出闵明我与殷铎泽对佛教有不同的评价。闵明我很显然把注意力放在偶像崇拜方面，而殷铎泽则将佛教当作无神论。其实，殷铎泽的方法很有策略性，因为在广州面对闵明我及利安当把古儒当作一种无神论的控告，他必须做出回应，必须向闵明我及利安当表现出他对无神论毫不妥协。因此，他把无神论的罪名都加到佛教及受佛教影响颇深的宋明理学头上。殷铎泽写文章时，正准备返回欧洲，这意味着，他所面对的读者不仅仅是闵明我及利安当，还有那些认为耶稣会士可能会向无神论妥协的欧洲读者。他要向他们表明，耶稣会士打击无神论毫不留情。

　　在更深的层面上，殷铎泽认为，佛教的无神论破坏了古儒的一神教，使宋明理学丧失了原来的正统思想及道德原则，继而沦为一种政治工具——殷铎泽表现出了一种 17 世纪式的担忧。对殷铎泽而言，佛教之所以能这样被利用，就在于佛教本身的"双重教义"。因为佛教抛弃了普遍教义的立场而在内部发挥无神论，所以它避免不了被士大夫们玩弄的命运。要知道，在 18 世纪的欧洲，许多"开明君主"（despotes éclairés）完全可以效法中国：像中国的皇帝利用佛教一样，欧洲的统治者也可以利用天主教。例如，在阅读了耶稣会士对佛教的描述后，伏尔泰总结说："群众不应该得到一个合理的宗教。"① 伏尔泰认为，由于老百姓需要这样一种宗教，统治者就让他们拥有它，以便更好地控制他们。

（二）中国有没有三位一体及圣母玛利亚？

　　闵明我提及"126 年前，出现了一个主张三教（儒、释、道）合一的

---

① Voltaire, *Essais sur les Mœurs et l'Esprit des Nations*, *Œuvres Complètes de Voltaire*, Vol. XII, Paris, 1817, p. 260.

教派", 这是林兆恩（1517~1598）刚开始探讨的"三一教"。① 闵明我对三一教很了解, 因为有段时间他就住在浙江金华。闵明我曾提及:"九年之前, 在北京的一位天主教徒写了一个小册子, 把我们的圣律法与三一教混为一谈。"② 我们不清楚这位天主教徒是谁, 不过, 我们知道有些中国天主教徒试图证明天主教与佛教有诸多相似之处, 从而说明天主教的优越性。闵明我也曾提及, 徐光启在一本书里, 把中国的三一教与天主教联系起来。对此, 闵明我表示反对。③

其实, 利玛窦很早就指出:"他们（佛教徒）对天主似乎也有相当清楚的认识, 因为佛教也讲三位一体, 即三个神合为一个个体。"④ 这里, 利玛窦应该是指佛教的三宝, 即佛、法、僧。为什么利玛窦有这样的观念? 因为他相信古代文明保存了天主的最初启示。殷铎泽有与利玛窦相似的观点, 详见本章第四部分讨论。这样的观念在文艺复兴时期十分流行, 被称作古代神学（prisca theologia）。这种神学立场预示了一种光明的前景, 即有可能将不同文明联结起来。然而在具体操作层面, 这种方法却很难避免一些无根据的猜测。

闵明我则反对在天主教与佛教之间建立这种历史联系。他认为没有必

---

① Domingo Navarrete, *Tratados Historicos, Politicos, Ethicos, y Religiosos de la monarchia de China*, Madrid: En La Imprenta Real Por Juan Garcia Infancon, 1676, p. 89: "una secta de los tres Legisladores dichos, uniendolas todas en la una." 1558 年, 林兆恩建立了三教堂, 不过, 如果 1676 年闵明我最终定稿, 那么, 126 年之前则是 1550 年, 这时林兆恩刚开始探讨三教, 还没有正式创立三一教。

② Domingo Navarrete, *Tratados Historicos, Politicos, Ethicos, y Religiosos de la monarchia de China*, Madrid: En La Imprenta Real Por Juan Garcia Infancon, 1676, p. 82: "univoca nuestra Santa Ley con las tres dichas."

③ 参见 Domingo Navarrete, *Tratados Historicos, Politicos, Ethicos, y Religiosos de la monarchia de China*, Madrid: En La Imprenta Real Por Juan Garcia Infancon, 1676, p. 82。在《辟妄》中我们没找到这样的说法。很可能, 闵明我指的是杨廷筠《天释明辨》中的说辞。参见 Nicolas Standaert, *Yang Tingyun, Confucian and Christian in Late Ming China*, Leiden: Brill, 1988, p. 204。

④ 〔意〕利玛窦:《耶稣会与天主教进入中国史》, 文铮译, 商务印书馆, 2014, 第 72 页; Ricci, *Della entrata della Compagnia di Gesù e Christianità nella China*, Quodlibet, 2000, pp. 99 - 100。禅宗喜欢说"一体三身自性佛", 指每个人的色身之中, 都同具足一体的佛陀法身、报身、化身,《坛经》:"于自色身, 归依清净法身佛; 于自色身, 归依圆满报身佛; 于自色身, 归依千百亿化身佛。"利玛窦说"三个神合为一个个体", 很难理解"法"和"僧"会被认为是"两个神", 也许利玛窦听过禅宗的一体三身说。感谢王琦的指点。

要在中国找到"三位一体"的痕迹。同样,闵明我对观音菩萨的来源并不清楚,甚至将其与妈祖相混淆。[①] 他反对徐光启的观点,即认为对圣母玛利亚的信仰来到中国,变成了对观音菩萨的偶像崇拜。[②] 闵明我反对这种联系,甚至认为观音菩萨本身只是一个虚构的神。他还把圣水当作第三个例子去讨论。按照一些传教士与中国教徒的观点,天主教徒与佛教徒都使用圣水,二者之间存在历史上的联系:本来天主教使用圣水,后来佛教效法之。闵明我否定了它们之间的联系。

(三) 汉明帝有无受到天主启示?

在《中国君主制年表》中,柏应理指出中华帝国第 47 个甲子的第二年,即公元 65 年,佛教进入中国。[③]《中国哲学家孔子》也持同样的观点。[④] 这亦符合利玛窦在《耶稣会与天主教进入中国史》中的说法。[⑤]

与此不同,闵明我指出:"中华帝国 2899 年,大洪水 3109 年之后,耶稣出生 60 年之后,佛教进入中国。"[⑥] 也许,闵明我参考了何大化的《六个时间段的中华帝国》(*Monarchia da China dividida por seis idades*) 这份手稿,其中标注佛教进入中国的时间为洪水 3109 年之后,中华帝国建立

① Domingo Navarrete, *Tratados Historicos, Politicos, Ethicos, y Religiosos de la monarchia de China*, Madrid: En La Imprenta Real Por Juan Garcia Infancon, 1676, p. 82: "Unos dizen fue hija de un Rey de la India. Otros que fue doncella China, que hizo vida en los montes que estan junto a la ciudad de Macao."

② 杨廷筠《天释明辨》认为,天主教徒先开始了敬拜圣母玛利亚,然后佛教徒以观音菩萨效法。参见 Nicolas Standaert, *Yang Tingyun, Confucian and Christian in Late Ming China*, Leiden: Brill, 1988, pp. 123 – 124。

③ Couplet, *Tabula chronologica Monarchiae Sinicae post Christum juxta Cyclos annorum 60*, Paris: Horthemels, 1686, p. 39.

④ Intorcetta, "Proemialis declaratio," *Confucius Sinarum Philosophus*, Paris, 1687, p. 27; English translation, p. 117.

⑤ Ricci, *Della entrata della Compagnia di Gesù e Christianità nella China*, Quodlibet, 2000, p. 98. 龙华民也有公元 65 年的说法,参见 Longobardi, *Traité sur quelques points de de la religion des chinois*, Paris, 1701, p. 20; APF SC Indie Orientali Cina, Latin, ms. folio 174 v。

⑥ Domingo Navarrete, *Tratados Historicos, Politicos, Ethicos, y Religiosos de la monarchia de China*, Madrid: En La Imprenta Real Por Juan Garcia Infancon, 1676, p. 85: "Por los anos 2899 de el Imperio Chinico, y a los 3109 despues del diluvio universal, y despues del Nacimiento de nuestro Senor, entrò en China."

2959 年之后，即公元 59 年；这个很接近闵明我的公元 60 年的说法。①

关于佛教传入中国的情况，殷铎泽根据中国佛教的历史著作，将其与汉明帝的梦关联起来。

> 公元 65 年，第五个皇朝的第十七位皇帝汉明帝受到孔子文字的感召，而且他梦见了从西方来的神圣英雄的降临。因为他本人无法亲自前往，于是便委派蔡愔和秦景作为使节向日落方向而行，去寻找那位圣人以及他的神圣学说。他们在一个离红海不远的岛上着陆，不敢再走得更远。后来他们带回一个生活在孔子之前五百年、在印度被称为佛陀的男子的偶像，连同他的可恶学说。②

利玛窦在《天主实义》中记录了同样的故事。③ 汉明帝遣使求法一事最早见于《牟子理惑论》，后来被载入《后汉书》，汤用彤对此事已有翔实考证。④ 其实，汉明帝的梦、他所派遣的使节以及他对佛教的承认，这一切都缺乏历史根据。而且，佛教在更早以前就被引入中国，并非通过官方而是通过商队。

然而，利玛窦和殷铎泽很难考证汉明帝梦金人以及遣使求法的故事，他们对汉明帝的梦并未表示任何怀疑，而是当成一个事实，并利用这则故事说明佛教进入中国是一个错误：本来汉明帝所求应为基督真理。他们试

---

① Gouvea, *Monarchia da China dividida por seis idades*, ms. folio 72。何大化把这份手稿带到了广州，后来几个传教士都提及过它。虽然何大化与闵明我所标注的佛教进入中国时间很接近，然而他们两位所标注的大洪水时间及中华帝国的时间却有些不同。

② Intorcetta, "Confucii Vita," *Confucius Sinarum Philosophus*, Paris, 1687, p. 120. 殷铎泽给出了一些在利玛窦的著作中没有的细节，例如两位受到派遣的使节的名字——蔡愔和秦景。需要说明，郭纳爵所写的《中国智慧》也包括很简短的《中国智慧之父孔子的传记》（"Vita Confucii, Principis Sapientiae Sinicae"），其中提及了汉明帝做梦和派特使的事情。

③ 〔意〕利玛窦：《天主实义今注》，〔法〕梅谦立注，谭杰校，商务印书馆，2014，第 219 页："考之中国之史，当时汉明帝尝闻其事，遣使西往求经，使者半途误值身毒之国，取其佛经传流中华。迄今贵邦为所诳诱，不得闻其正道，大为学术之祸，岂不惨哉？"也参见 Ricci, *Della entrata della Compagnia di Gesù e Christianità nella China*, Quodlibet, 2000, p. 99；Ricci & Trigault, Histoire de L'expédition chrétienne en Chine, Lyon: Horace Cardon, 1616, p. 166。

④ 《汤用彤全集》第一卷《汉魏两晋南北朝佛教史》，河北人民出版社，2000，第 16 页。

图证明，孔子和其他中国人都在等待一位圣人的到来，汉明帝的梦已经宣告耶稣的诞生，就如《马太福音》中上帝指示东方贤士。[①] 因此，利玛窦认为公元 1 世纪福音东传与佛教进入中国这两件事在历史上有关联。

> 佛教传入这些国家的时代也正是福音开始传播的时代，而宗徒圣巴尔多禄（S. Bartolomeo）当时是在北印度布道，可能在印度境内，也可能在其相邻的国家，而宗徒圣多默（S. Tomasso）则是在南印度布道。因此我们可以想见，当时中国人听说了福音的美名，并为此派人到西方求道，而派去的人或是由于错误，或是受了所到之地人的蒙骗，误将佛经当成福音带回了中国。[②]

同样，殷铎泽也把佛教进入中国与福音东传并列，虽然他并未像利玛窦那样强烈地支持二者在历史上的联系：

> 如果他们（汉明帝的两个特使）带回的不是这个祸根（释迦牟尼的教导），而是当时圣多默宗徒在印度所宣传的基督救恩的教导，那么他们就会更加幸运，而且能永久地造福自己的祖国了。[③]

在这里，殷铎泽似乎表现出比较谨慎的态度。不过，我们也需要注意，闵明我完全没有提及汉明帝梦见佛陀的故事，也没有将佛教进入中国与福音东传联系起来。这不是偶然的。他很明显地对此表示怀疑，并保持了缄默。这样的策略也符合他的基本立场，即把天主教与中国本土宗教严格地区分开，不主张前者对后者在历史上有任何影响，以便他能够更彻底地反对中国本土宗教。

---

① 《马太福音》第 2 章第 1~12 节。

② 〔意〕利玛窦：《耶稣会与天主教进入中国史》，文铮译，商务印书馆，2014，第 72 页。

③ Intorcetta, "Confucii Vita," *Confucius Sinarum Philosophus*, Paris, 1687, p. 120: "felices, aeternumque de patria sua bene merituri, si pro hac peste, salutarem Christi doctrinam, quam per eadem tempora Thomas Apostolus apud Indos propagabat, reportassent."

（四）闵明我的经典比较法

闵明我否定天主教与佛教之间存在历史联系，是受到了德国耶稣会士基歇尔（Athanasius Kircher，1602－1680）《中国图说》（*China Illustrata*，阿姆斯特丹，1667）的影响。1672 年闵明我返回欧洲后，看到了《中国图说》，并在《中国的历史、政治、道德与宗教》中几次提及基歇尔（比如 83）。在《中国图说》中，基歇尔否认天主教与佛教之间有联系，像闵明我一样从三个方面加以说明：三位一体、圣母玛利亚和圣水。基歇尔批评了利玛窦关于中国人似乎已认识到三位一体的观点，也批评了卫匡国看到观音送子这样的雕像时，认为这是来源于圣母玛利亚。基歇尔拒绝这种联系，比如他从根本上否认观音菩萨是从中东传来的偶像。

基歇尔认为："叙利亚、埃及和希腊不仅仅是基督宗教的温床，而且是各种迷信的发源地，并在基督降生之前就已经在全世界传播开了。"[1] 基歇尔提出这一观点在很大程度上是受到《圣经》的影响，认为各个文明可回溯至同一个发源地，最初是巴比伦，后来这个文明圈的范围进一步扩大到中东、埃及、希腊三个地区，最后扩展到世界各地。由于基督教和伊斯兰教的兴起，古代宗教在欧洲和中东几近消亡，但通过传教士的报告，基歇尔发现印度、中亚、中国的宗教信仰中保存了类似于中东、埃及、希腊的古代宗教因素。从神学的角度，基歇尔认为最初的宗教是朝拜唯一的天主，此后不久，撒旦抵抗天主，在巴比伦散播一种病毒使人们崇拜偶像。后来这种病毒传播到希腊、埃及和叙利亚，最后遍及世界各地。[2] 因为在人类原始时期，偶像崇拜已经遍及全世界，所以基歇尔否认历史上有任何好的宗教因素传到亚洲，认为那里到处都是魔鬼的领地。

---

[1] 〔德〕阿塔纳修斯·基歇尔：《中国图说》，张西平等译，大象出版社，2010 年，第 102 页。英译："Syria, Egypt and Greece were the seedbed not only of the Christian religion, but also of every superstition, which some time before Christ were propagated though all the world." Kircher, *China Illustrata*, translated by Van Tuyl, Bloomington: Indiana University Research Institute for Inner Asian Studies, 1987, p. 43。

[2] 参见〔法〕梅谦立《欧洲传教士文献里的中国》，复旦大学古籍整理研究所、章培恒先生学术基金编《域外文献里的中国》，上海文艺出版社，2014，第 173～197 页。

基歇尔的极端主义论调影响了闵明我的佛教观，使后者将天主教与佛教严格地区分开，不允许在天主教与佛教之间建立任何联系。因此，闵明我激烈批评利玛窦、卫匡国、殷铎泽等耶稣会士以及中国天主教徒徐光启、杨廷筠等试图在佛教与天主教之间寻找某种历史联系的做法。

为了谈论天主教与佛教之间的关系，闵明我使用了另一个方法——经典比较法，这个方法经常被运用于天主教著作中，即通过比较异端邪说与《圣经》、教父及阿奎那神学，说明前者是错谬的，后者是正确的。我们来看看闵明我关于佛教几个特点的评述。

佛教使用圣水，这个并不奇怪，因为其他非犹太教民族也同样使用。在这方面，闵明我提到《圣经》注释家拉碧德（Cornelius a Lapide, 1567 - 1637）对《民数记》11：19 的评注。根据闵明我的方法，佛教的任何道理，乃至小小细节，都可以在天主教传统中找到对应部分。比如，每个佛寺都有一只鸡早上鸣叫以提醒和尚们做早课，闵明我将其联系到拉碧德对《申命记》6：7 的评注（83）。既然《圣经》上已经说过，还有必要去学习佛教吗？对闵明我而言，佛教的话或是错的，或是多余的。

关于佛教不杀生的戒律，闵明我指出，圣保禄、圣奥古斯丁、阿奎那都允许杀动物以供人类食用，不过，他也引用《箴言篇》12：10 "义人珍惜禽兽的生命，恶人的心肠残忍刻薄"（84），这意味着，不需要从佛教那里学习对禽兽的仁慈，因为《圣经》已经表达得很清楚。闵明我经常攻击佛教徒的宗教生活。比如，关于和尚的贫穷，他认为这并非事实，为此他还引用《向住在沙漠的弟兄的讲道 21 号》（"Ad fratres beati in eremo commorantes sermo 21"）中的段落，该书作者批评人们在外面假装贫穷，在家里却很奢侈。①

我们注意到，闵明我的比较法将佛教与天主教的传统并列起来，却并不赞同二者之间存在某种历史联系。他在思想方面对两者进行比较，是为了显示天主教的优越性。闵明我认为，佛教的道理是晦涩、错误、

---

① Domingo Navarrete, *Tratados Historicos*, *Politicos*, *Ethicos*, *y Religiosos de la monarchia de China*, Madrid: En La Imprenta Real Por Juan Garcia Infancon, 1676, p. 85. 闵明我认为这些讲道是圣奥古斯丁写的，不过，现在学术界认为是伪造的。

虚假和多余的，《圣经》、教父及阿奎那神学都清清楚楚地展示了全面的真理。

那么，闵明我如何向中国人传教？他说："我经常跟中国人引用拉克坦奇乌斯在《神学原理》第七卷第二章中的话：'哲学家的所有错误来源于他们并没有理解包含整个智慧的宇宙缘由，因为他们试图自己理解而不依靠导师。'……因此，所有哲学学派必然远离真理，因为它们都是为人所建立，不具有任何稳定的基础，也完全不依靠《圣经》的预言。"[1] 闵明我并不怀疑《圣经》的说服力："任何已经脱离了激情的人（depassionado）都会同意这个观念。"

很显然，闵明我追随极端奥古斯丁主义。他相信亚当犯罪之后，人们的理性已完全败坏。只有以色列民族保持与天主的联系，而其他民族都处于黑暗之中。闵明我是多明我会士，但与阿奎那不同，他不相信人类有足够的理性去认识天主。在这方面，利玛窦、卫匡国、殷铎泽可被视为阿奎那的信徒。在殷铎泽的著作——特别是他的《中庸》拉丁文译本中，他指出中国历史与西方历史有共同的来源，而且这个来源是好的。在《中国哲学家孔子》第十章，他指出中国人如同古埃及人一样，能够凭自然理性推理到三位一体。不过在那个时代，奥古斯丁主义的影响力跨越了不同修会，于是耶稣会里也出现了像陆若汉、龙华民和基歇尔这样的悲观主义者。

（五）关于守斋的争论

由于传教士对佛教有不同的理解，他们的具体策略也产生了差异。在第10章中，闵明我介绍了佛教徒的生活，提到守斋在佛教中十分普遍，包括无数的士大夫、劳动者和水手都吃斋。他还提到母亲在生产后要守斋三

---

[1] Domingo Navarrete, *Tratados Historicos, Politicos, Ethicos, y Religiosos de la monarchia de China*, Madrid: En La Imprenta Real Por Juan Garcia Infancon, 1676, p.90: "Lactantius, *Divinae Institutiones*, liber 7, caput 2: 'Causa eorum omnium philosophis fuit, quod rationem mundi, quae totam sapientiam continet, non comprehenderunt, ea vero sensu proprio, non potest comprehendi, quod illi sine doctore per seipsos facere voluerunt.' …Quare necesse est omnes philosophiae sectas alienas esse a veritate; quia homines erant, qui eas constituerunt, nec ullum fundamentum aut firmitatem possunt habere, quae nullis divinarum vocum fulciuntur oraculis."

年（应该是指报答母恩之斋）。① 闵明我还说，很多母亲不是守斋三年，而是一辈子。

佛教与天主教都十分重视守斋这种重要的修道方式，然而二者在方法和目标上有很大不同。传教士们在广州期间讨论了一个具体问题：一位皈依的天主教徒能否继续吃素，并且同时遵守天主教的守斋规定？在"广州会议"上，他们分裂为两派：一派以殷铎泽为代表，允许基督徒在某种前提下继续保持中国佛教徒式的守斋；另一派以聂仲迁（Adrien Grelon/Greslon，1618 - 1696）为代表，完全反对基督徒以中国佛教式的方式守斋。闵明我与聂仲迁联合起来反对殷铎泽的立场。

1668 年 11 月 14 日，闵明我从广州给耶稣会总会长欧利华（Giovanni Paolo Oliva，任期为 1664 ~ 1681）写信，报告在中国天主教徒中有一些"菜公"（ciaicuni），他们在农历初一、十五日不吃肉，因为怕在彼岸受到惩罚，并对此提出激烈批评。② 在《中国的历史、政治、道德与宗教》中，闵明我也提到传教士们在广州围绕守斋问题发生了"巨大的争论"（grandissima controversia）。在《争论》（Controversias）中，他比较详细地陈述了争论的内容③，并且愤怒地指责成际理（Pacheco）"愿意让那些守斋的佛教徒受洗，并且让他们保持守斋"④。与聂仲迁一样，闵明我把守斋当成民间佛教的一种宗教仪式，认为其主要是为了供奉释迦牟尼，故而与天主教有明显的冲突。闵明我只在两种情况下允许未破斋的人受洗：临终时，或

---

① 可以找到两个报答母恩之斋的例子，其一见《仿寓意草》，其中有人为了请笔仙而持报母斋（"故弟吃报母斋至百日者，实炼笔录也"），其二见《古雪哲禅师语录》，说有居士向禅师忏悔自己未守报母斋之事（"其旋叶居士忏报母斋"），其后禅师援引圣贤孝亲的例子说明孝道的重要性（"是故成汤之网，仲尼之钓。子坚终身蔬食，德及鱼羊；隋侯亲获夜光，恩沾蛇虺。一钵和罗饭圣僧，现在母升净域九旬；切利天说法，至今语播人间。所以道大孝释迦尊，历劫报亲恩"）。感谢王琦的指点。

② Antonio Caballero to Giovanni Paolo Oliva, S. J. （1600 - 1681）, Canton, 14 November 1668；Sinica Franciscana, Vol. 9. 2, Rome：Collegium S. Bonaventurae, 1936, p. 1020.

③ 关于争论的内容，参见〔法〕梅谦立《佛教受斋能否融入天主教？——以 1668 年"广州会议"与聂仲迁的报告为例》，《佛光大学学报》第四卷第二期，2018，第 476 ~ 500 页。

④ Domingo Navarrete, Tratados Historicos, Politicos, Ethicos, y Religiosos de la monarchia de China, Madrid：En La Imprenta Real Por Juan Garcia Infancon, 1676, p. 344："No ha querido uniformarse con los suyos y con nosotros en el punto de bautizar a los ayunadores supersticiosos, y añadio, que podia uno deitos tales yà bautizado continuar los mesmos ayunos, por motivo no le castigasse el demonio por aver dexado aquellos ayunos con que le venerava."

者没有肉类可以吃时。因为在这两种情况下，无法要求守斋者吃肉、破斋。在其他情况下，必须先破斋后受洗。①

相反，殷铎泽认为吃素是某种非宗教性的修行，与天主教并不矛盾。人们曾经通过守斋去侍奉释迦牟尼佛，在他们皈依基督后，还可以以同样的方式去侍奉基督。我们从中可以看出殷铎泽宽容的态度，有一种将佛教守斋基督化的倾向。

结 论

总之，闵明我和殷铎泽分别提供了关于 17 世纪中国佛教的系统介绍及分析。他们的文章有相当一部分可能来自同一个源头，即他们在广州可能都参考了陆若汉的文献。所以，他们都认为佛教在大约公元前 1000 年创始于印度。不过，他们对佛教毕竟有不同的理解。对殷铎泽而言，偶像崇拜并未完全毁灭最初的启示，佛教还残留一些真理的痕迹，如三位一体、圣母玛利亚和圣水。他最担心的并不是民间的偶像崇拜，而是精英分子的无神论，后者严重败坏了古儒的一神论。因此，他认为应主要攻击佛教的无神论，以重建人们对天主教的信心。与此不同，闵明我则认为，除了《圣经》所谈到的那些族长和先知外，其他民族都受到了魔鬼的欺骗，真理的痕迹都已荡然无存。他主要把佛教当成一种偶像崇拜，反对任何妥协，否认佛教与天主教存在任何历史联系，进而彻底地否定佛教，展示天主教的真理。

闵明我及殷铎泽在广州所写的报告发挥了深远的影响。1696 年，法国思想家贝尔（*Pierre Bayle*，1647－1706）在《历史批判辞典》中大量地引用殷铎泽的论述，把佛教介绍为无神论，并且跟斯宾诺莎的思想联结起来。1704 年，闵明我的《中国的历史、政治、道德与宗教》从西班牙文被翻译成英文。从此，欧洲知识分子主要把佛教理解为无神论，欧洲的基督

---

① Domingo Navarrete, *Tratados Historicos*, *Politicos*, *Ethicos*, *y Religiosos de la monarchia de China*, Madrid: En La Imprenta Real Por Juan Garcia Infancon, 1676, p. 200: "Los demas se uniformaron con lo que yo propuse; instamos en quo no todos los casos se podian prevenir, con que no conviena cerrar del todo la puerta: señale dos..."

徒则把佛教理解为偶像崇拜。

从传教士的报告中，我们也可以略窥当时广州佛教的处境。虽然当时传教士被软禁，不过闵明我也提及广东总督试图限制僧伽人数，这很可能是由于清初政府机关面临严重的治安问题。殷铎泽似乎比较忽略佛教及民间宗教所带来的社会问题。闵明我则赞同广东总督限制佛教的政策，不过，他意识到，历狱在北京发生时，广东总督就提及这个政策，也就是说，广东总督试图限制他认为挑战政府的宗教组织。不过如同闵明我证明的，总督对佛教的压制政策最终没有成功，也许是因为佛教的势力尚在。

作者通信地址：广州市海珠区新港西路 135 号中山大学哲学系锡昌堂710，邮编：510275，手机：13725116351，邮箱：meiqianl@ mail. edu. sysu. cn

责任编辑：黎俊忻

中越"广利王"比较研究[*]

严 艳[**]

佛山科学技术学院人文与教育学院,

广东佛山,528000

摘 要: 广利王在中越两国都是重要的民间神祇。广利王在中国封号为南海神,在广东沿海一带有广泛的信众。广利王在越南封号为龙肚正气神,与大罗城(今河内)建城传说相关,又与马援崇拜、越南士人"去中国化"意识相交织,成为越南独具意味的民间信仰形式。中越广利王虽同取"广增利润"之意,同受所在国统治者褒封,两者的传说故事、神司职责却存在差异。在这同异之间,中越"广利王"封号体现出两国文化上的同源及民族、地域上的异流。

关键词: 广利王;南海神;民间信仰;越南

中越两国民间信仰都有悠久的历史,"广利王"在两国也有千年的历史。南海神广利王在中国海神信仰中占据重要地位,其信众主要分布在广东沿海一带。现位于广州黄埔区的南海神庙在隋朝开皇十四年(594)就已建立。隋唐以降,南海神就成为国家祭祀典礼的一部分,历代帝王都极为重视。越南龙肚正气神广利王信仰崇拜主要集中于昇龙(今河内)一带,据传在李朝李太祖(974~1028)时期就较为盛行。越南《北神地舆志录》载宣光省福安县同安社有"广利大王祠",太平省太瑞县有"广利

---

* 本文为佛山科学技术学院高层次人才科研启动项目 Gg07161 之阶段性成果。

** 严艳,女(汉族),安徽人,佛山科学技术学院人文教育学院特聘青年研究员,文学博士,研究方向为域外汉文献整理与研究。

神祠"等。① "广利王"信仰分布地中国广东地区、越南地缘相近，两地自中国郡县时期就人员流动频繁。近年来有关南海神广利王的研究成果丰硕②，然鲜有学者关注到其与域外的互动。本文旨在通过文献爬梳，系统探讨中越"广利王"信仰之间的关联与差异。

一　"广利王"封号来源

"广利王"在中越两国都流传较广，封号分别为中国南海神与越南龙肚正气神。这一封号并非在神祇信仰初期出现的，而是随着二神在各自民族中传播越来越广泛，最后受统治阶级的重视加封的王号。

南海神号祝融，韩愈碑文云："考于传记，而南海神次最贵，在北东西三神、河伯之上，号祝融。"祝融本火神，周文王八卦中称火之本在水，方位属南，故祝融也成为南方司水之神。清代屈大均所记时人拜南海神时亦称南海神为"祝融"，"舟往来者，必祗谒祝融，酹酒波罗之树，乃敢扬帆鼓柁以涉不测"③，"凡渡海自番禺者，率祀祝融"④。南海神受封"广利王"一事可见于《旧唐书·礼仪志四》："（天宝）十载正月，四海并封王。遣……太子中允李随祭东海广德王，义王府长史张九章祭南海广利王，太子中允柳奕祭西海广润王，太子洗马李齐荣祭北海广泽王。"唐玄宗封南海神为"广利王"，对于这一称号，也有学者指出"广利"指广召海上丝绸之路中的贸易利润⑤。清代崔弼所辑《波罗外纪》中载南海神庙"与海中番夷四方之商贾杂居焉"。其后的统治者也在此基础上再进行加封，如宋仁宗康定二年（1041）加封"洪圣"，及敕为"南海广利灵孚

---

① 〔越〕《北神地舆志录》，越南汉喃院图书馆藏，索书号 A. 1565/2，第 10b 页。
② 高乔子：《南海神庙：广州海上丝绸之路的重要载体》，《广州航海学院学报》2013 年第 3 期；闫晓青：《南海神庙——中国古代海上丝绸之路的重要遗迹》，《南方文物》2005 年第 3 期；等等。
③ （清）屈大均：《广东新语》，《广州大典》第三十四辑 "史部地理类" 第九册，广州出版社，2008，第 338 页。
④ （清）屈大均：《广东新语》，《广州大典》第三十四辑 "史部地理类" 第九册，广州出版社，2008，第 115 页。
⑤ 王元林：《国家祭祀与海上丝路遗迹——广州南海神庙研究》，中华书局，2006，第 64~75 页。

王”等。

越南龙肚正气神加封“广利王”事迹在越南传奇志怪故事《岭南摭怪》《粤甸幽灵录》中都有记载。《岭南摭怪》诸本所载龙肚正气神加封的事迹有一定的流变过程。① 在《岭南摭怪》成书较早的本子中，并未收录任何有关龙肚正气神的记载，但随着后世的不断编纂，书中渐渐加入该故事。如16世纪中叶段永福选编的本子中，就记龙肚王被李太祖封为“昇龙（今河内）城隍大王”，被陈朝封为“顺裕孚应大王”，并云“今呼为白马神”。但该文并未提及龙肚神受封为广利王之事。但至《岭南摭怪列传》（丙本）《龙肚王气传》则记载：“有时大风振荡，庸舍皆倾，上见神祠独完如故，乃加封广利大王。迎春祈福之礼，悉会祭于此。”② 可见这一时期龙肚正气神已受封“广利大王”。在《粤甸幽灵》版本的变化中也出现龙肚正气神封号向“广利王”强化的过程。李济川生卒年不详，但他为《粤甸幽灵集录》所作序中落款时间为陈朝开祐元年（1329），其中收有《广利大王》，称“王本龙度王气之君”，高骈筑大罗城时以铜铁为符压之，神碎之如土，高骈无计可施。后士人立祠奉祀，尊为“龙度福神”。“李太宗时，各国商人都会，合众辟东门市、杂居神祠左右前后。一夜，大风起，飞沙走石，寰祠诸家皆到（倒）。惟神祠依然如故。太宗异之，问神事迹，识者以事奏。帝喜曰：‘神之灵。’命官致祭，敕封‘广利大王’，以祠为都城祈福之所。迨陈时，都城三次遭火，而祠依然无恙，远近传为最灵祠。”③ “迨李

---

① 越南书籍现存多为18~19世纪的抄本，常出现杂抄、混抄，错讹较多。《岭南摭怪》收录岭南地区的民间故事，现存十数本，藏于越南河内汉喃院与国家图书馆、法国巴黎国家图书馆。《越南汉文小说集成》中收录其中四种，其中甲本成书较早，为武琼（1452~1516）选编，称其中所录人名都是“李、陈之鸿生硕儒”。乙本为16世纪中叶段永福选编，加抄了一些类似故事为《续类》。段氏在跋文中称：“愚昨录《公余》借本抄诵，及于圣贤之英，岳渎之粹，微贞女之骁雄，乾圣娘之灵应，及事之关世教者，必稽之以赵公《史记》，参之《越甸幽录》增搜补遗，去繁就简，得传之本，并类入后集以便本家要览也。”《粤甸幽灵》为14世纪李济川据《三国志》《交州记》《交趾记》等书中资料编辑成书，该书留存版本较多，相对较早的本子为法国汉学家马伯乐所藏题名为《粤甸幽灵录》及裴辉春抄录、附洪顺五年（1513）黎似之序文题名为《粤甸幽灵》的本子。
② 〔越〕陈世法等：《岭南摭怪列传》（丙本），孙逊等主编《越南汉文小说集成》（第1册），上海古籍出版社，2010，第204页。
③ 〔越〕李济川撰《粤甸幽灵集录》，孙逊等主编《越南汉文小说集成》（第2册），上海古籍出版社，2010，第27页。

太宗时，复都于斯，诸国来都，辐辏杂还。至商卖合众，辟开东市，阖门广置贸易场，迫处于神祠。"其后亦进行加封："重兴元年，敕封'圣佑'二字。四年，加'威济'二字。兴隆二十一年，加'孚感'二字。"① 综合二书可知，龙肚正气神为越南本土神，最初的封号并没有广利王，随后龙肚正气神被李太宗（李佛玛，1028～1054）敕封为"广利大王"。李太宗因诸国贸易，亦期通过龙肚神达到广增利润之目的。这一龙肚神加封为"广利大王"的传说故事在 14～15 世纪就流传较广，随后被后世文人编录入书籍。

从中越两国的封号可见，"广利"二字实为封建统治者取文字的象征寓意，期待在二神的辅佐之下能得到丰厚的经济回报。中国广利王封号比越南约早三百年，自唐至宋，南海神广利王在南方作为海神受统治者加封，享有很高的地位。越南"广利王"这一称谓是否直接受中国南海神的影响因囿于文献不得而知。但中越两国一衣带水，文化渊源很深。自秦在交趾建立象郡至宋，越南经历了一千多年的郡县时期，在这一时期一直是"车同轨，书同文"。唐朝时期的安南地区更是汉文学发达，还有一些当地文人通过参加科举入中原为官的现象。中越交流也十分频繁，广州至越南水陆是重要的贸易交流渠道。虽然丁部领平定十二使君之乱于 968 年独立，正式脱离中国自治，但汉字依然是各代政权的官方文字，越南在文化源头与思想认同上基本还与中国如出一辙。越南文人所录故事多据中越前期书籍改编，其中一些发生在岭南地区的传说事迹会同时出现在中、越两国境内，如唐传奇《崔炜》中记载的"越井"故事，与《岭南摭怪》所记《越井传》情节、人物并无二致，《粤甸幽灵》一书有内容引自《南海记》一书②。而中国广利王祝融与越南广利王龙肚神信仰同属古岭南地区，由此可推知，越南龙肚神"广利王"封号在越南独立自治后出现，且影响不断增强，可能在不同程度上受中国南海神"广利王"的影响。

---

① 〔越〕李济川等：《粤甸幽灵》，孙逊等主编《越南汉文小说集成》（第 2 册），上海古籍出版社，2010，第 183～184 页。

② 〔越〕李济川等：《粤甸幽灵》，孙逊等主编《越南汉文小说集成》（第 2 册），上海古籍出版社，2010，第 185 页。

二 "广利王"传说的内蕴

中越"广利王"在民间信众广泛，两国都有关于自己国家广利王的传说故事。中国有关南海神广利王的传说中除了对故事传奇性的描述外，还侧重于对南海奇珍异宝的描述。越南关于龙肚神广利王的传说，则津津乐道于龙肚神"战胜"唐朝安南都护府高骈的事迹。

广利王作为中国南海神，其传说也与海洋相关。裴铏《传奇》里《张无颇》篇记载了广利王女儿与凡人张无颇之间的传奇故事，书中附有广利王女儿所题《寄张无颇》诗。该诗收录于《全唐诗》卷864-27："羞解明珰寻汉渚，但凭春梦访天涯。红楼日暮莺飞去，愁杀深宫落砌花。燕语春泥堕锦筵，情愁无意整花钿。寒闺敧枕不成梦，香炷金炉自袅烟。"作者题为"广利王女"。其所记南海神广利王的形象是："见一丈夫。衣王者之衣，戴远游冠，二紫衣侍女，扶立而临砌。"广利王所居之处也极为豪华："忽睹城宇极峻，守卫甚严。宦者引无颇入十数重门，至殿庭。多列美女，服饰甚鲜，卓然侍立。""无颇又经数重户，至一小殿。廊宇皆缀明玑翠珰，楹楣焕耀，若布金钿，异香氤郁，满其庭户。"广利王形象和所居宫殿与人间王者类似。但其中所提广利王送给张无颇二人的礼物独具岭南特征，"王出骇鸡犀、翡翠碗、丽玉明瑰而赠无颇"，"才货其犀，已巨万矣"。唐刘恂《岭表录异》卷中："岭表所产犀牛，大约似牛，而猪头，脚似象蹄，有三甲。首有二角，一在额上为兕犀，一在鼻上较小为胡帽犀；鼻上者，皆窘束而花点少，多有奇文。……又有骇鸡犀（原注：群鸡见之惊散）、辟尘犀（原注：为妇人簪梳堕不著也）、簪辟水犀（原注：云此犀行于□水，翕之开置角于雾之中，不湿矣）、光明犀（原注：处于暗室，则有光明），此数犀但闻其说，不可得而见也。"

越南临海，民间信仰中对水神尤其信奉，"百神之中，惟水神最为灵异"[①]。其水神多为蛇形象或与蛇相关，如谅山奇穷神是"南海水精灵蛇之

---

① 〔越〕李济川等：《越甸幽灵集全编》，孙逊等主编《越南汉文小说集成》（第2册），上海古籍出版社，2010，第111页。

伟气"，冯渊龙神为"冯渊伟气水族之蛇精"。龙肚神广利王的形象也与蛇相关，或驾赤虬或驾黄虬等。越南有关龙肚神最广为人知的传说是其破高骈事迹。在这些传说中，龙肚神出现时都会"风雨大作""风雨振撼"，且多乘虬出现，可知其为水神的形象。在高骈筑大罗城（后为昇龙城，即今河内）时遇龙肚王气，便以铁符压制，却被龙肚神震碎铁符，高骈无计可施便回中国。如《岭南摭怪列传》（乙本）中《龙肚正气神传》中载高骈增筑罗城，一日游观城东门外时，"倏然云雨大作，见五色云，从地涌出，光芒夺目。彩衣异人，粉饬奇伟，驾黄赤虬，手执金简，随烟盘旋，郁葱之气，升降上下，良久始消"①。《岭南摭怪列传》（丙本）则曰："或请立法坛，设形像，以千斤铁为符以压，骈从之。计既具，至夜天地晦冥，风雨振撼，裂碎铁符，化成微尘。"② 高骈的结局却在各本中有微妙的变化，在年代较早的版本中高骈仅是"北归"，但至《马麟逸史录》中却"被诛"："骈大惊叹曰：'此处神甚灵异，不可久留。吾当北还，不然将有凶祸。'未几，僖宗有诏召还，骈果被诛，以高郓鲁代之。"③ 在"海口灵祠录"传说中透露出龙肚神广利王是掌管水府的最高统领，如《海口灵祠古录》中载陈朝时，睿宗携妃阮碧珠镇南陲之乱，却遇南溟蛟都督鼓波兴浪，欲求皇帝妃嫔为伴。睿宗无奈，最后阮碧珠舍生取义，跳水息波。直至黎圣宗洪德年间，黎圣宗复镇边路过，在广利王前参蛟都督一本，蛟都督被逐他地。越南才女段式点将这一传说又铺叙为小说《海口灵祠录》，进一步勾勒出广利王秉公执法的形象。

由此可见，两国有关"广利王"的传说都与"水神"相关，却又仅以此作为一个点缀，并未渲染与神职司水相关的故事。中国唐传奇中"广利王"表现出南海神与"财富"相关的意象，越南的传说高骈事迹中却淡化了水神的职责，而与"去中国化"密切相关。

---

① 〔越〕陈世法等：《岭南摭怪列传》（乙本），孙逊等主编《越南汉文小说集成》（第 1 册），上海古籍出版社，2010，第 110 页。

② 〔越〕陈世法等：《岭南摭怪列传》（丙本），孙逊等主编《越南汉文小说集成》（第 1 册），上海古籍出版社，2010，第 204 页。

③ 〔越〕佚名：《马麟逸史录》，孙逊等主编《越南汉文小说集成》（第 1 册），上海古籍出版社，2010，第 284 页。

三 "广利王"信仰中的政治寓意

中国广东、越南均临海，两地之间的海上交通历史悠久。中越两国的海上交通相传始于周朝时期，《岭南摭怪列传》中《白雉传》载周成王时，雄王命其臣越裳氏献白雉于周。越裳氏返回时忘记归路，周成王命"赐之骈车五乘，皆为向南之制，越裳载之，由扶南、林邑济海，期年而至其国"①。自汉时马援征交趾后，水道一直是中越之间的交通要道："水道伏波以来皆行之，广西道宋行之，云南道元及我朝始开。"② 郡县时期，越南上贡方物主要自海路，宋朝《开宝南海神庙碑》载："自古交阯七郡贡献上国，皆自海，沿于江，达于淮，通于洛，至于南海（河）。故砥砺砮丹，羽毛齿革，底贡无虚岁矣。"③ 中越海上交通中，广州扮演着重要角色。在唐朝时期，中国广东、越南两地交通就成为中国与国外交通中最为重要的线路之一，《新唐书》中记载七条"入四夷之路与关戍走集最要者"，其中就有"安南通天竺道""广州通海夷道"。正由于中越海上交流发达，两地临海地区的水神信仰尤其是海神信仰才得以繁盛。

自隋朝统治者在广州建立南海神庙，至宋代南海神信仰在民间已经非常普及，如刘克庄《即事》诗中记载："香火万家市，烟花二月时。居人空巷出，去赛海神祠。"而历代帝王都委派官员到庙内祭祀更能提高南海神的"正统地位"。唐朝贞观年间（627～649），朝廷定下每年祭祀五岳、四渎、四海的制度。韩愈所写的《南海神广利王庙碑》便记录了唐朝元和十五年（820）广州刺史孔戣修葺南海神庙及祭祀南海神事迹。中国封建统治者不仅祈求神灵庇佑，而且常立碑记录政权更迭、平定内外乱之事，如宋太祖建立统一政权后即派人前往南海神庙祭祀，并修庙刻碑以记其事。

---

① 〔越〕陈世法等：《岭南摭怪列传》（甲本），孙逊等主编《越南汉文小说集成》（第1册），上海古籍出版社，2010，第33页。

② （明）郑若曾：《安南图说》，《边疆边务资料初编·西南边务》（第九册），中央编译出版社，2010，第122页。

③ （清）崔弼辑《波罗外纪》，《广州大典》第三十四辑"史部地理类"第二十一册，广州出版社，2008，第47页。

清代陆耀遹曾言："潘美等兵薄广州，己丑克之，俘刘铱，广南平。六月癸酉，遣使祀南海修庙立碑，即其时也。"① 其中"服外蛮"也是重要的内容。如北宋开宝碑中提及修庙及祭神的目的在于"限六蛮于外服，通七郡以来王"②。

越南龙肚神神祠原址是"伏波庙"，原祭祀中国平南大将军马援。《新订较评越甸幽灵集》中的《白马神庙传》载："（马）援还后，百姓追思功德，立庙奉之。其后世代沿革，兵火相寻，庙宇残毁，惟存故址。迨唐懿宗时，（高）骈恃唐兵势……为龙肚神所挫辱。时人德神之灵，报应如响，皆钦仰慕。即于伏波故址构祠祀之。"③ 马援信仰在岭南地区较为流行，广西南部与越南北部一带仍存留众多伏波庙。从中可知，越南广利大王庙的原址是伏波庙，庙里所祭祀神出现了由伏波至龙肚神的"神祠易主"现象。在中国原神庙被外来神占据之事也常有发生，如康熙四年（1665），惠来县南海神广利王庙出现被外来民间神三山国王入驻占据现象。④

越南广利王庙出现神祠易主有更深层次的历史政治原因。在龙肚神与伏波信仰的争位中，体现出越南建立独立政权后，在民间信仰上出现明显的"去中国化"现象。越南自脱离中国后，历代统治者一直在强调"南帝山河南帝居"，在政治上试图与中国平起平坐，但与中国无论在政治上还是军事力量上又相差很大，因而在民族心理上存在敌对思想，如"北寇"一词常出现在越南文人典籍中。龙肚神广利王信仰也与之相关，如《岭南摭怪列传》（乙本）中有记，陈朝三度火灾，未尝延及，太师陈光启题诗曰："昔闻赫濯大王灵，今日方知鬼胆惊。火马三烧还不及，风雷一阵亦难倾。指挥殚压诸邪众，呼吸消除百万兵。愿仗神威摧北寇，顿令寰宇晏然清。"⑤

---

① （清）陆耀遹：《金石续编》，光绪癸巳年刊本。

② （清）崔弼辑《波罗外纪》，《广州大典》第三十四辑"史部地理类"第二十一册，广州出版社，2008，第 48 页。

③ 〔越〕李济川等：《新订较评越甸幽灵集》，孙逊等主编《越南汉文小说集成》（第 2 册），上海古籍出版社，2010，第 296 页。

④ 张茹霞：《鹊巢鸠占：康熙初年惠来县广利王庙主神袭夺现象初探》，《惠州学院学报》2018 年第 2 期。

⑤ 〔越〕陈世法等：《岭南摭怪列传》（乙本），孙逊等主编《越南汉文小说集成》（第 1 册），上海古籍出版社，2010，第 111 页。

（《越甸幽灵集全编》中该诗为："昔闻人道大王灵，今日方知鬼魅惊。火驳三驱烧不尽，风尘一阵扇难倾。指挥魍魉三千众，弹压妖魔百万兵。愿仗余威清北寇，顿令宇庙乐升平。"）陈光启（1241～1294），陈太宗第三子。有文名，著有《乐道集》，已佚。现存汉文诗有《从驾还京师》等。丙本中该诗出自杜善《史记》并《报极传》，并录："近代有对联云：'扑断祝融三度火，捣残都护万斤金。'"在《越甸幽灵集全编》中《广利圣佑威济孚应大王》称该联为"近代富市阮校讨为庸人撰对联"[①]。此处龙肚神扑灭祝融之火与克高骈传说相并称独有意味。虽然此联中"祝融"文意指火神，但在越南特定的民族语境"愿仗余威清北寇"中，与中国统治者在南海神庙祭祀中所希望借助神力来"服六蛮"相对应，此一"祝融"之指与克高骈一样有"抗北"之意指。正如成书于成泰（1889～1907）之后的《马麟逸史录》作者所指"新史家以怪神为不经见之事，悉皆抹去，遂令人群，然趋傀儡之俗场，而忘却祖国圣神真面目，可深叹也"[②]，龙肚神广利王传说及其信仰的流传正是切合越南民族独立运动的结果。

无论是中国南海神广利王还是越南龙肚神广利王，它们在统治者的敕封之下都带有一定的政治目的。在中国语境下，南海神在"夷汉纷争"中成为"平夷"的保护神。在越南民族意识高涨中，龙肚神又成为越南的民族英雄神。

四　结语

中越两国文化联系源远流长，中越"广利王"封号不仅体现出汉文化语境中统治者希望借神祇的力量来广增财富，更多的还有政治上的目的，同时又微妙折射出两国随着各自海洋势力的增长出现的矛盾。中国封建统治者对南海神广利王祭祀加封的其中一个目的是"限六蛮""通七郡"，不仅要在海上贸易上广增利，还希望加强政治上的统治。越南龙肚正气神加

---

① 〔越〕李济川等：《越甸幽灵集全编》，孙逊等主编《越南汉文小说集成》（第2册），上海古籍出版社，2010，第99页。
② 〔越〕佚名：《马麟佚史录》，孙逊等主编《越南汉文小说集成》（第1册），上海古籍出版社，2010，第231页。

封"广利王"不仅包括统治者想增利的意愿，更在于朝廷试图借助对龙肚正气神广利王的加封"去中国化"，以增强民族的自信心与凝聚力，历代文人对这一传说的不断改编也透露出本民族的自豪感。

作者通信地址：佛山市禅城区佛山科学技术学院人文与教育学院，邮编 528000，邮箱：yanyanwendy@126. com

责任编辑：陈子

曲类专题

清代广州外销通草水彩画所见"代月"考[*]

程存洁[**]

孙中山大元帅府纪念馆，广东省广州市，510220

摘 要：文章收集到三幅可见"代月"二字的通草水彩画，并对其进行了论证，认为画面中所见手提"代月"二字灯笼的女性当指"开眼的陪人"，或"侍从老妇"，或"笼灯前导"之老妪，"代月"应是广州"唱盲妹"引路人的一个代名词。这几幅通草水彩画再现了19世纪中晚期广州"唱盲妹"中三四流演员或次等演员在鸦片烟馆里夜间演唱谋生的片段，是反映广州社会生活史极为珍贵的图像资料。

关键词：清代；广州；通草水彩画；代月

一 缘起

广州孙中山大元帅府纪念馆珍藏一册广州外销通草水彩画，图1为封面，内含12幅，是反映劝戒鸦片烟内容的组画，2016年由王恒先生捐赠。在该册通草水彩画的底页，粘贴有一张中英文商标小纸片（见图2）。商标显示，这是一册由粤省怀远驿永泰兴薙画铺生产的通草水彩画。据考证，永泰兴薙画铺是一家位于广州怀远驿街的知名通草画店，盛行于19世

---

* 本文为2018年度国家社会科学基金重大项目"广州十三行中外档案文献整理与研究"（18ZDA195）研究成果之一。

** 程存洁（1966 ~ ），男（汉族），江西德兴人，孙中山大元帅府纪念馆研究馆员，馆长，博士。

70 年代以后。① 由此可知，这册通草水彩画的创作时间当在 19 世纪 70 年代以后。在这册通草水彩画中，最令笔者感兴趣的是那幅手提写有"代月"二字灯笼的通草水彩画（见图 3）。

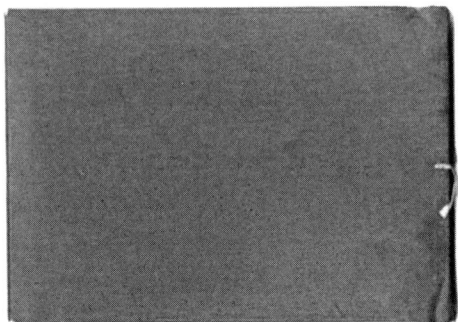

图 1　封面（横 17.3 厘米　纵 11.8 厘米）

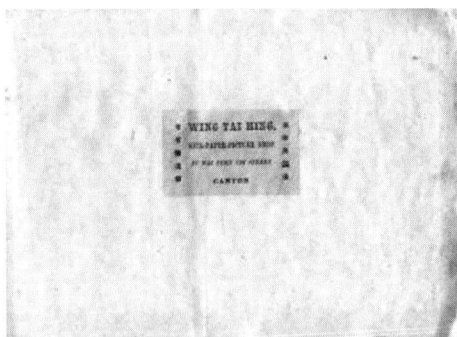

图 2　商标

图 3　画作（横 13.7 厘米　纵 7.5 厘米）

① 参阅拙著《十九世纪中国外销通草水彩画研究》，上海古籍出版社，2008，第 52 页。

二 "代月"图像与"唱盲妹"

根据画面内容，我们可初步判断，这幅通草水彩画所反映的应是广州某个鸦片烟馆里的某一幕情景。画面显示，左边有两名衣冠楚楚的男子，一位斜倚在鸦片烟榻上摆弄鸦片烟具，准备吸食鸦片，另一位斜坐在鸦片烟榻上，静候侍女端来茶水；右边有两名女子正步入鸦片烟馆内，走在前头的是一名盲女，她左手拿着快板，右手由烟馆内的一名男侍牵引，紧随其后的是一位肩背五弦乐器、左手提着写有"代月"二字灯笼的女子。此情此景，到底是反映了广州鸦片烟馆里的哪一幕情景？"代月"二字又有什么含义？

无独有偶，我们在大英图书馆馆藏24幅通草"劝戒'洋烟'画"中，亦看到有一幅与孙中山大元帅府纪念馆藏上述通草水彩画画面内容基本相同的画作（见图4）。画作显示，"手持响板的盲女艺人，正应召被烟馆中的伙计牵到顾客烟榻前。后面跟着的一老年妇女，背着琵琶，左手提着灯笼，上面有'代月'两字"①。

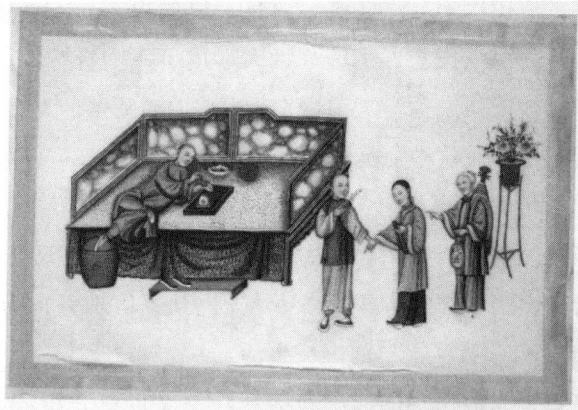

图4 画作（横35.1厘米 纵23.2厘米）

同时，我们又在广州十三行博物馆藏品中找到一幅画中有写"代月"二字灯笼的通草水彩画作（见图5），属善恶系列组画中的一幅。根据该幅

---

① 王次澄编著《大英图书馆特藏中国清代外销画精华》第三卷，广东人民出版社，2011，第234~235页。

画作遗留下来的英文说明，可知该幅通草水彩画也是由广州怀远驿街永泰兴莆画店创作的。英文说明介绍，该幅通草水彩画描绘了一位淫妇投胎后的报应，她成为一名卖唱盲女，正前去为一名鸦片吸食者卖唱。① 从画面中可见这位卖唱盲女的生活十分艰苦。我们从乐器由她自己背，以及左手持木棍等，可推知她应是独自一人走街串巷的。这幅通草水彩画的画面内容与前两幅通草水彩画的画面内容相比，除个别摆设有不同外，其余基本相同。

图 5　画作（横 19 厘米　纵 10.5 厘米）

我们知道，清代以来，珠江流域的盲人或弱视者为求生，从小就被迫或自愿学习一两门说唱技艺谋生。这批人形成了一个特殊群体，其中，唱曲的失明女子，被广州人称为"瞽姬""瞽娘""师娘""唱盲妹"，她们是清代以来广州社会底层中命运最苦的一个群体。

清代陈坤《岭南杂事诗钞》卷七"盲妹"条记载："琵琶夜抱上街来，檀板声声把漏催。岂是阿侬无眼力，不知青眼向谁开。（盲目妇女，夜抱琵琶，沿街卖唱，谓之盲妹。）……（说到青眼谁开，泪随声下。）"② 生动形象地描述了"唱盲妹"的凄凉生活。

徐启文《粤语瞽腔南音的起源和盛衰》一文也有介绍："那时，一些瞽姬学堂，就有不少血泪悲歌。……一些年纪较小，只卖唱不卖身的盲妹，称为'琵琶仔'。年纪稍长，就身不由己。更令人发指的是，有些瞽姬

① 参见拙文《西风东绘——记王恒、冯杰侂俪捐献的 539 幅通草水彩画》，广州市荔湾区艺术档案馆、十三行博物馆编《王恒冯杰侂俪捐赠通草画》，广东人民出版社，2015，第12~13 页。

② （清）陈坤著，吴永章笺证《岭南杂事诗钞笺证》，广东人民出版社，2014，第 537 页。

是惨遭毒手致盲的，妓院鸨母或年老的盲妇在街边拾回弃婴养大教其唱曲，为了更彻底地控制养女，鸨母用银针挑瞎女孩双眼，逼其卖唱又卖身。"①

民国时期，广州有许多街巷聚集了大量"盲妹"，"西关陈基、带河路猪仔墟、佛山高基街，被称为'盲妹巷'"②。又据广州失明老艺人温丽容回忆："民国初年，广州仍有专收养盲女教育演唱为业的。收养我的是失明艺人雪姬，当时我才满7岁。她开绮兰堂，在西关陈基18号。此外，我知道西关十八甫附近曹基还有桂兰堂，带河路附近的猪仔墟也有，城里观莲街有绿杨居、丽水坊、南朝街、南关，以至对河河南、各处都有，堂名及主人姓名，我不大知道。绮兰堂算是出名的堂口。"③ 因此，民国时期，广州上述街巷都有不少的"唱盲妹"。

晚清民国初期，广州的娱乐生活比较单一和贫乏，听"唱盲妹"唱曲则成为市民喜爱的一个项目。此种风气亦有影响在学学生。为严肃学风，广州市市政厅曾"严禁学旅学生公寓雇唱女伶瞽姬"。如1928年9月13日的《广州民国日报》刊登了《公安局严禁学旅雇唱女伶瞽姬》一文，文中报道："广州市公安局昨令各区署云，现奉广州市市政厅第二八零号训令开，查本年九月一日第一六二次市政会议，教育局提议，严禁学旅学生公寓雇唱女伶瞽姬及打麻雀牌等赌博一案，业经议决通过，交公安局执行在案。"1927年4月17日，顾颉刚抵达广州，开始受聘于中山大学。在中山大学任教期间，他曾有两次听盲妹盲佬唱曲。《顾颉刚日记》卷二"1927年4月30日"条记载："饭后到元胎处，听盲妹雪卿歌五曲。……入夜，惠爱路一带站立盲妹甚多，皆带墨晶眼镜，依一女佣而立。今日元胎唤一盲妹名雪卿者来，年十七，唱五曲：（一）梳妆台（小调）（二）小青吊影（清曲）（三）夜吊秋喜（粤讴）（四）夜吊白芙蓉（清曲）（五）客途秋恨（南音）。三，四，五，皆粤中最流行之曲也。"④"1928年11月17日"条记载："与元胎同到康乐，问路到新村，宿伍家，夜听盲佬唱南音

① 徐启文：《粤语瞽腔南音的起源和盛衰》，《文史纵横》2017年第2期。
② 徐启文：《粤语瞽腔南音的起源和盛衰》，《文史纵横》2017年第2期。
③ 温丽容（口述）：《广州"师娘"》，广东省政协文化和文史资料委员会编《广东文史资料精编》下编第4卷《民国时期文化篇》，中国文史出版社，2008，第342页。
④ 顾颉刚：《顾颉刚日记》卷二，《顾颉刚全集》，中华书局，2011，第42页。

（弹筝）。"① 可知"唱盲妹"以唱小调、清曲、粤讴、南音等为主。

广州失明艺人温丽容回忆："广东人普遍爱好曲艺，给失明人开辟一个颇为广阔的活动场所，也自然地形成一支失明人的曲艺队伍。"② 她还回忆，失明女艺人一般在三类场所演唱：茶楼、烟馆、赌馆；民间节日庆祝；私人邀请。"当时，广州的鸦片烟馆、番摊馆、麻雀馆、什赌馆，到处皆是，有些人日夜都在那里厮混过日，有些人即以此为业。这里也经常找失明女艺人到馆演唱，但较有名声的角色不肯到这些场所，他们只请三四流的角色。这些场所的人，不是听曲艺，他们主要是向失明人身上打主意，布置奸淫。"③ "平常日子，一般人家亦常邀请失明艺人演唱，有的在家里，有的在室外，路边广场，也麇集不少的听众，有一人自弹自唱的，亦有二三人对唱，一唱便三四个钟头。有名的演员不走街，要到堂特约，次等的演员，由一个开眼的陪人带路，提着小油灯，带着乐器，随行随奏，人们可以随时请她们演唱。"④ 由此我们得知，走街串巷和进入烟馆等场所的"唱盲妹"应属次等的或三四流的演员，由一个开眼的陪人带路。

陈卓莹在《试谈广东曲艺源流》一文里也说："20年代初期，沿门卖唱的盲女一般都以提琴、月琴为多，也有用二弦的，但甚少。因二弦难拉好之故。……依靠上街卖唱的一般是自弹月琴或拉胡琴，由一侍从老妇'拖'着走。"⑤

承广州图书馆朱俊芳女士指教，《香港华字日报》1924年2月11日第10版"杂闻汇志"刊登了一则广州新闻，报道了一广州盲妹的遭遇：

> 昨六号晚十二时许，西堤荣阳街口之广发客栈内，忽尔枪声卜

① 顾颉刚：《顾颉刚日记》卷二，《顾颉刚全集》，中华书局，2011，第223页。
② 温丽容（口述）：《广州"师娘"》，广东省政协文化和文史资料委员会编《广东文史资料精编》下编第4卷《民国时期文化篇》，中国文史出版社，2008，第345页。
③ 温丽容（口述）：《广州"师娘"》，广东省政协文化和文史资料委员会编《广东文史资料精编》下编第4卷《民国时期文化篇》，中国文史出版社，2008，第345页。
④ 温丽容（口述）：《广州"师娘"》，广东省政协文化和文史资料委员会编《广东文史资料精编》下编第4卷《民国时期文化篇》，中国文史出版社，2008，第346页。
⑤ 陈卓莹：《试谈广东曲艺源流》，广东省政协文化和文史资料委员会编《广东文史资料精编》下编第4卷《民国时期文化篇》，中国文史出版社，2008，第418页。

卜，击毙男子李念一名，年五十一岁，番禺人。查是晚该街适有盲妹
经过，有军士数人上前施以调戏，带盲妹之老妇，力□强徒数杖，即
逃入该客栈躲避。该军士等脑（恼）羞成怒，衔尾而追。警察恐其发
生事端，上前排解。该军士不服，即拔枪欲向警察轰击。警察立即逃
出，打电报区告警。强徒相将下楼，临行时即拔枪向该栈轰两声，斯
时李念站立楼上，为子弹洞穿胸部，已奄奄一息，乃由店伴异去市立
医院救治云。旋六队警察已到，当即捕获一人，供称钟会，驻陈塘滇
军第二师，但其襟章则系姓张云。

这则新闻显示，当时广州盲妹有一老妇带路。这种"由一个开眼的陪人带
路"或"由一侍从老妇'拖'着走"的情况，亦早见于清代。清代陈徽
言《南越游记》卷二"盲妹"条记载：

> 广州瞽者甚夥。每季首，大宪委员于大佛寺分给口粮，是日扶老
> 携幼伥伥然来者，阗塞两庑。其在六乡者，亦委员分道散给焉。瞽者
> 无所事事，多以星卜为业。妇女青年者谓之盲妹，教以琵琶、拍板、
> 盲词、杂曲；及成，盛其衣饰，夜间一老妪笼灯前导，周行里巷，有
> 呼入使歌者，辄至夜分始去。其歌之善者，富豪家争相招至，常获厚
> 偿，甚或使荐枕席，贫无赖者遂借以为生涯焉。[①]

按，大佛寺位于今广州老城区惠福东路和西湖路之间。该条史料记载，广
州瞽者甚多，"多以星卜为业"，其中"妇女青年者"谓之"盲妹"，"教
以琵琶、拍板、盲词、杂曲"。夜间，她们亦是由"一老妪笼灯前导，周
行里巷，有呼入使歌者，辄至夜分始去"。

这位"笼灯前导"之老妪，在《改良岭南即事》"唱盲妹"条里，则
径直写成了"代月"：

> 随街逶迤打三更，载到盲妹把铺关。琵琶未曾叮动咽，房门已自

---

① （清）陈徽言撰，谭赤子校点《南越游记》，广东高等教育出版社，1990，第175页。

咽动轰。听声床抑嘅嘅逆，论价铜钱静静争。鸡咳一声天未亮，宁埋代月急时行。①

这首七言诗是用粤语方言书写的，真实地描绘了广州"唱盲妹"夜间走街串巷谋生的苦难生活。诗中写道，"代月"是"唱盲妹"的带路人，负责牵引和陪同"唱盲妹"，充当"唱盲妹"经纪人的角色，负责与雇主讨价还价。

三　结语

综上所述，我们可推知，上述通草水彩画中所见手提"代月"二字灯笼的女性当是指此"开眼的陪人"，或"侍从老妇"，或"笼灯前导"之老姬。"代月"应是广州"唱盲妹"带路人的一个代名词。"代月"两字，"当代表'花容代月'的意思"②。这几幅通草水彩画反映的正是 19 世纪中晚期广州"唱盲妹"中三四流演员或次等演员在鸦片烟馆里夜间演唱谋生的一个个小片段。

作者通信地址：广州市海珠区纺织路东沙街 18 号孙中山大元帅府纪念馆，邮编：510220，邮箱：chengcunjie@163.com

责任编辑：陈子

---

① 见《改良岭南即事》（寄闲小隐撰，广州守经堂，民国）。据郭成爽、汪涛、何镇武编，戴克敦、沈颐、陆费逵阅，上海中华书局 1913 年 3 月初版《改良岭南即事》"唱盲妹"条校对，广州守经堂本的"逖"写成"逛"，"已自"写成"自己"，"听声床抑"写成"厅堂床板"，"宁"写成"拧"。另据寄云山人续增，爱吾庐校阅，广州益群书局 1931 年 7 月六版重订续增《改良岭南即事丛刊》"唱盲妹"条校对，广州守经堂本的"逖"写成"逛"，"咽动轰"写成"响叮当"。香港陈湘记书局《改良岭南即事》本将"逖"写成"逛"，"叮动咽"写成"叮动困"，"听声床抑嘅嘅逆"写成"听声床板嘅嘅兀"，"宁"写成"拧"。岭南时事社《改良岭南即事》本将广州守经堂本的"叮动咽"写成"叮动困"，"听声床抑嘅嘅逆"写成"听声床板嘅嘅兀"，"宁"写成"拧"。

② 王次澄编著《大英图书馆特藏中国清代外销画精华》第三卷，广东人民出版社，2011，第 235 页。

南音《客途秋恨》版本考[*]

关瑾华^{**}

中山大学，广东广州，510275

摘　要： 本文介绍知见的南音《客途秋恨》文本及录音版本 24 种，从中归纳其唱词系统与唱腔系统，并分析传唱的过程中发生变化的原因，进而指出，演唱者、演唱场合、演唱目的等多种因素共同作用于每一次南音表演，使一首南音版本纷呈，却又循规律定型、传播。

关键词：《客途秋恨》；南音；版本

一　南音《客途秋恨》及其研究

广东南音大约形成于清代乾嘉年间，是在木鱼、龙舟等广府地区本地说唱的基础上，吸收江浙弹词及潮曲的特色，逐渐融合变化而成的一种说唱曲种，用纯正的广州方言创作及演唱，主要流行于珠江三角洲和港澳地区。①

广东南音是一种诗赞系说唱，在其孕育及发展期间，文人阶层积极参与润色加工，使得其文学性、音乐性都得到极大程度的提升。唱词以七字

---

　*　本文是"白雪遗音——澳门戏曲曲艺口述历史"之阶段性成果，获澳门特别行政区文化局 2019 年度文化项目资助。

　**　关瑾华（1980~　），女（汉族），广东阳江人，中山大学历史人类学研究中心粤剧粤曲文化工作室研究人员，博士。

　①　梁培炽：《南音与粤讴之研究》，美国旧金山州立大学民族学院亚美研究学系，1988，第 31~33 页。

韵文为基本句式，平仄声韵要求严格，结构完整。在音乐方面，在基本旋律之上衍化出了慢板、流水板、尖板等板式，并有起板及过序，伴奏乐器也增加了扬琴、古筝等丝弦类柔性乐器。这些都标志着粤调说唱进入了成熟阶段。①

《客途秋恨》是广州南音的代表作。唱词叙述一位志向未酬的落拓书生，在一个秋天的满月之夜，独坐舟中，思忆昔日与一位才貌双全、善解人意的妓女近两个月的交往，两人情投意合，惺惺相惜，却因战火动荡而被迫分离，无缘再见，只能挂念，禁不住忧虑。

最早演唱《客途秋恨》出名的是瞽师钟德，他约生于清咸丰十年（1860），1929 年在广州病逝，以唱扬舟腔南音享誉省港。20 世纪 20 年代，编剧家黄少拔根据南音曲词，为名伶白驹荣量身编创了粤剧《客途秋恨》，白氏在剧中演唱南音《客途秋恨》，深受欢迎，南音《客途秋恨》也成为白氏的首本名曲。此外，民国期间，新马师曾、朱顶鹤、谭伯叶都曾演唱过南音《客途秋恨》，并灌录唱片。1949 年以后，内地之演唱南音《客途秋恨》，皆以白驹荣为宗；而在港澳地区，除粤剧伶人外，尚有地水南音的唱家，如杜焕（1910~1979）、唐健垣（1946~ ）、区均祥（1945~ ）等。

《客途秋恨》一曲，满篇愁绪，幽婉悲怆，一直深受文人雅士的喜爱，亦有不少学者对其进行研究。其中，研究最深入、成果最突出的是考证其作者及本事。

《客途秋恨》的唱词中有"小生缪姓莲仙字，为忆多情妓女麦氏秋娟"句，有人据此认为此曲是缪艮回忆其与珠江艇妓女麦秋娟的交往而自撰的。缪艮（1766~ ?），字兼山，因为仰慕李白，故又号莲仙子。著有《文章游戏》四编。缪莲仙举途不顺，为了谋生只好奔走于燕、吴、闽、粤多地。详细的考察，见石峻《〈客途秋恨〉与缪莲仙》（《艺林丛编》三编）②。但不少学者对缪艮为《客途秋恨》之作者的说法有所怀疑，其他被

---

① 《中国曲艺志·广东卷》，中国 ISBN 中心，2008，第 5~7、50~51 页。

② 转引自〔日〕波多野太郎《〈［醉经堂排印本］客途秋恨〉校注》，《中国语文资料汇刊》第五篇第一卷，（东京）不二出版社，1995，第 341~360 页。

疑为作者的有张维屏（号南山，1780～1859）、宋湘（号芷湾，1756～1826）等，见简又文《广东之民间文学》（《广东文献》1971 年第 3 期）。目前学界较多采用的是叶廷瑞说。叶廷瑞（1786～1830），字瑞伯，广东南海人，南音《除却了阿九》的作者叶廷瑛之兄。考证文章以波多野太郎《〈［醉经堂排印本］客途秋恨〉校注》为代表。①

波多野氏的《〈［醉经堂排印本］客途秋恨〉校注》一文，也是《客途秋恨》版本研究最深入者。波多野氏以其自藏的醉经堂机器板《客途秋恨龙舟歌》为底本，参校其他近 10 种版本，逐句点校出注，在注解粤语字及拈出诗词史事用典上尤为用力。

对南音《客途秋恨》的唱腔进行分析，也是研究的一个侧重面，如陈志清在《南音粤讴的词律曲韵》中分析了白驹荣的唱腔②，李洁嫦在《香港地水南音初探》中分析了杜焕的唱腔③。从这些分析中可以看到，针对《客途秋恨》这同一个南音曲目，具体某个演唱者出于自身演唱条件以及表演场合的考量，唱腔的斟酌演绎均有所不同。

广东南音是一种口头说唱艺术，一首南音曲目的版本，不仅限于刊载曲词的书面文本，更应关注演唱录音数据，这样才能更全面更完整地展现其发展演变面貌。南音《客途秋恨》时至今日仍有大量的表演，甚至被嵌入岭南地方题材的影视作品中。本文选取《客途秋恨》这一个案，搜集整理这首曲目的各种书面及音像版本，试图梳理这一南音代表性曲目的演变过程及其背后的缘由，并以此观照广东南音这一曲种的发展轨迹及其对粤剧本地化所起的作用。

---

① 波多野氏在文中列出"这曲断非缪氏所作的"论据，包括曲词之内证与缪艮经历之外证，殊为可信；进而举出"全篇是出于……叶瑞伯的手笔"的各种证据，最有力的莫过于叶氏后代（叶茗孙、叶观盛、叶惠波、叶观梾）的记述及叶茗孙友人——民国报人劳纬孟在《为瞽师钟德编印〈今梦曲〉记》一文中的著录。不过，叶观梾提及的叶廷瑞手抄本《客途秋恨》已在抗战时遗失，至今未见其他标示为叶氏作的文本，叶氏同时代的文献中亦未发现相关论说，仅依据叶氏后人的说辞，即认定叶氏为南音《客途秋恨》的作者，笔者认为其说服力尚显不足。

② 陈志清：《南音粤讴的词律曲韵》，（香港）香港文学报社出版公司，1999。

③ 李洁嫦：《香港地水南音初探》，（香港）进一步多媒体有限公司，2000。

二　《客途秋恨》版本考述

笔者所知见的广东南音《客途秋恨》的书面及音像版本，胪列如下。

（一）书面文本

（1）梁基永先生私藏以文堂板刻本《客途秋恨》（下文简称"梁氏藏本《客途秋恨》"）。1 册，3 页，半页 8 行 3 句。封面题"［杨洲调］客途秋恨""新出龙舟歌""省城状元坊内太平新街以文堂板"。不分卷。唱词自"孤舟岑寂晚凉天"始，至"惹起我的青衫红泪越觉消魂"终。①

（2）《真好唱》收入的《客途秋恨》。② 不分段。唱词自"孤舟岑寂晚凉天"始，至"惹起我的青衫红泪越觉消魂"终。

（3）丘鹤俦《琴学新编》收录的《（南音）客途秋恨》。③ 带工尺谱。唱词自"凉风有信"始，至"惹起我的青衫红泪越觉消魂"终。分上、下节。上节没有板式提示，下节详细表示"第×板"，并在"细问曲中何故

---

① 蒙梁基永先生赠阅，特此致谢。
② 笔者所见《真好唱》有两种。①刻本《真好唱二集》，半页 14 行 34 字。傅斯年图书馆藏（A Yc2-025），《俗文学丛刊》第 160 册影印。收录时兴曲词 42 首，《客途秋恨》是其中第 32 首。②石印本《真好唱》，半页 18 行 36 字。中山大学图书馆藏《俗曲》（20753）第 2 册。共 4 集，存第一、二、三集，共收时兴曲词 108 首，《客途秋恨》在第三集。此二种《真好唱》刊行时间不详，第①种中有《吊李莲英》，李莲英死于 1911 年，这样的时事曲子，必定写在史事发生后不久，才能引发读者和听众的共鸣，由此看来，此《真好唱二集》应在此后编成。无论是登载在革命派的《中国报》上的曲词，还是登载在立宪派的《岭海报》上的，我们都能在此《真好唱二集》中看到，说明此书并无明显的政治立场，旨在收录时兴曲词。从两种的全部曲目来看，此书是边收集边刊行的。这两种《真好唱》中所收入的《客途秋恨》曲词完全相同。
③ 笔者所见《琴学新编》为民国十年（1921）十月版，波多野太郎旧藏，波多野太郎《华南民间音乐文学研究——附载粤讴》（见波多野太郎编《中国语文资料汇刊》第五篇第一卷，不二出版社，1995，第 335~445 页）附录影印。《琴学新编》是我国最早的扬琴教材，介绍传授广东音乐（包括粤剧、乐曲伴奏）中扬琴指法及音谱。编者丘鹤俦（1880~1942），广东台山人，扬琴演奏家、作曲家。据邝晴所见，中央音乐学院藏有 1920 年由香港亚洲石印局代印香港祥昌洋货铺发行的《琴学新编》，书中有一篇序言写于 1919 年 8 月，由此说明《琴学新编》至迟在 1919 年 8 月已编成。（邝晴：《我国第一部扬琴教材〈琴学新编〉的历史价值》，《中央音乐学院学报》2003 年第 4 期，第 92~104 页）

事"句下标"转梅花,又名苦喉",在"愧我有心无力几咁闲文"句下标"转扬州板面",在"空抱恨"句下标"转慢板"。

(4)波多野太郎旧藏醉经堂机器板《客途秋恨龙舟歌》(下文简称"波多野氏藏本")。1册,2页,半页10行4句。不分卷。唱词自"凉风有信"始,至"惹起我的青衫红泪越觉消魂"终。封面题"醉经堂""广州市第七甫门牌二十二号"。波多野太郎《〈[醉经堂排印本]客途秋恨〉校注》影印。①

(5)傅斯年图书馆藏以文堂刻本《客途秋恨》(L8-044-16),1册,3页,半页8行3句。《俗文学丛刊》影印,第418册第311~318页。封面题"以文堂""总局广州市太平新街分局第七甫",卷端题"状元坊内太平新街以文堂板",卷末识"此书流传日久,翻板诸多错误,兹本堂仿原本更正且木板刷印以供诸君雅览 以文堂板"。不分卷。唱词自"凉风有信"始,至"惹起我的青衫红泪越觉消魂"终。

(6)傅斯年图书馆藏五桂堂刻本《客途秋恨》(L1-015),1册,3页,半页8行3句。封面题"[重订]客途秋恨""广州市第七甫五桂堂分局香港",卷端题"第七甫五桂板",卷末识"此书□□日久,故翻板诸多错误,兹本堂仿原本□□□用机板刷印以供诸君雅览 五桂堂板"。不分卷。唱词自"凉风有信"始,至"惹起我的青衫红泪越觉消魂"终。波多野太郎《〈[醉经堂排印本]客途秋恨〉校注》附录影印。②

(7)上海图书馆旧藏德文堂本《客途秋恨》。石峻《〈客途秋恨〉初校》所依据的底本。转引自波多野太郎《〈[醉经堂排印本]客途秋恨〉校注》。

(8)《广东大戏考》收录的谭伯叶唱本《客途秋恨》。自"凉风有信"始,至"惹起我的青衫红泪越觉消魂"终。分上、下卷。转引自波多野太

---

① 《客途秋恨》是一首南音,殊无异议,梁氏藏本《客途秋恨》的封面上题"新出龙舟歌",在波多野氏藏本的卷端题"客途秋恨龙舟歌",是因为南音的曲词也能以龙舟唱之,到了清末民初,南音、龙舟、木鱼的分别已趋模糊,名称亦多混淆,书坊刊行时多未细加分别。这个现象前人已多有阐释,本文不再赘述。

② 以上两种傅斯年图书馆所藏《客途秋恨》,曲词及卷末识语基本一样,说明它们的曲词乃至版刻是同一个来源。

郎《〈［醉经堂排印本］客途秋恨〉校注》。

（9）《粤曲之霸》收入的白驹荣唱本。唱词自"凉风有信"始，至"惹起我的青衫红泪 越觉消魂"终。濠江联合出版社出版。转引自波多野太郎《〈［醉经堂排印本］客途秋恨〉校注》。

（10）《中国戏曲音乐集成·广东卷》收入的白驹荣唱《客途秋恨》词谱。① 廖盟书根据 1923 年高亭公司出品的唱片记谱。简谱。唱词自"凉风有信"始，至"莫非相逢呢一位月下魂"终。"凉风有信"前标"［南音］"，"闻击柝"前标"［乙反南音］"，"闻听此言你多叹息"前标"［流水南音］"。

（11）《南音粤讴的词律曲韵》收入的白驹荣唱《客途秋恨》词谱。陈志清根据 1996 年香港天声唱片公司出品的录音带记谱。叮板谱。不分卷。唱词自"凉风有信"始，至"莫非相逢呢一位月下魂"终。"凉风有信"句前标"南音短序"，"正系旧约难如潮有信"句前标"慢速流水板"，"闻击柝"句前标"乙反"，"风尘不少怜香客"句前标"慢速流水板"，"但系唔该享尽奢华福咯"句前标"转正线催快"。

（12）VCD《白驹荣·男烧衣》② 收入的《客途秋恨》所附曲词。不分卷。唱词自"凉风有信"始，至"莫非相逢呢一位月下魂"终。"凉风有信"句前标"南音"，"闻击柝"句前标"转乙反线"，"携着二妃藏井底"句前标"抛舟腔"。

（13）《中国曲艺音乐集成·广东卷》收入的白驹荣唱《客途秋恨》词谱③。黄锦洲根据 1961 年中国唱片公司广州分公司录制的唱片记谱。简谱。分上下卷。唱词自"凉风有信"始，至"莫非相逢呢一位系月下魂"终。"凉风有信"前标"［南音］"，"干戈撩乱扰乱江村"前标"［中板稍快］"，"闻击柝"前标"［乙反南音］"，"就把锦绣江山毁路尘"前标

---

① 《中国戏曲音乐集成·广东卷》上卷，中国 ISBN 中心，1996，第 230~235 页。
② 此 VCD 为佛山市顺德区孔雀廊影音电器有限公司出品，为引进香港天声唱片公司版权所制作，共收入白氏独唱之《男烧衣》《客途秋恨》，以及他与新马师曾合唱的《王大儒》、廖侠怀与白杨合唱的《花王之女》4 首。即此曲词所记者，与陈志清在《南音粤讴的词律曲韵》所记录者，为同一唱段。
③ 《中国曲艺音乐集成·广东卷》，中国 ISBN 中心，2007，第 448~455 页。

"〔（正线）（中板）稍快〕"。

（14）VCD《粤剧名小生白驹荣唱腔艺术精选·客途秋恨》（中国唱片广州公司出品，1961 年录音①）所附曲词。不分卷。唱词自"凉风有信"始，至"莫非相逢呢一位月下魂"终。"凉风有信"句前标"南音"，"闻击柝"句前标"乙反南音"，"携着二妃藏井底"句前标"抛舟腔"，"把锦绣江山委路尘"句前标"转正线"。

（15）《香港地水南音初探》收入的杜焕唱《客途秋恨》词谱。李洁嫦根据荣鸿曾于 1975 年在香港上环水坑口富隆茶楼为杜焕制作的录音（现场录音现藏于香港大学及香港中文大学）记谱。简谱。唱词自"凉风有信"始，至"任得你天边明月向过别人圆——圆"终。

（16）VCD《诉衷情——香港文化瑰宝·杜焕瞽师地水南音精选》收入的《客途秋恨》所附曲词。唱词自"凉风有信"始，至"惹起我的青衫红泪　越觉消魂"终。②

（17）《地水南音唱本》③收入的区均祥唱《客途秋恨》唱词，区均祥述。分上下卷。唱词自"凉风有信"始，至"莫非相逢呢一位月姐霞云"终。"凉风有信"句前标"正线"，"闻击柝"句前标"乙反"。

（二）录音

（1）杜焕唱段。①VCD《诉衷情——香港文化瑰宝·杜焕瞽师地水南音精选》收入的杜焕唱段，唱词自"凉风有信"始，至"惹起我的青衫红泪　越觉消魂"终。1975 年香港上环水坑口富隆茶楼录音。②土豆网检索所得的唐健垣主持的香港电台节目播放杜焕唱段录音。自"凉风有信"

---

① 与《中国曲艺音乐集成·广东卷》所收录黄锦洲记谱的是同一个录音。

② 笔者按：VCD《诉衷情——香港文化瑰宝·杜焕瞽师地水南音精选》收录的《男烧衣》《女烧衣》《客途秋恨》《叹五更》《霸王别姬》五首南音，就是荣鸿曾于 1975 年在香港上环水坑口富隆茶楼为杜焕制作的部分现场录音，2007 年由香港中文大学音乐系中国音乐数据馆发行。曲词整理者是吴瑞卿、荣鸿曾、李洁嫦。前述《香港地水南音初探》收入的杜焕唱《客途秋恨》词谱所根据的，也是这套 VCD 中收录的现场录音。

③ 笔者所见此册《地水南音唱本》，为澳门区均祥粤剧曲艺社于 2013 年制作的地水南音解说曲词集，共收《客途秋恨》《男烧衣》《双星恨》《祭金娇》4 首南音，每首均提供二维码可扫描收听区均祥的解说及演唱。

始，网页播放至"暂将怀抱思前事"止，未完。① 据唐健垣先生介绍，这些录音，是他在 1974 年之后数年间跟随杜焕研习地水南音期间采集到的。③香港电台第 5 台 2008 年 7 月 17 日下午"戏曲天地"节目播放的杜焕唱段，15：33：58 ~ 15：58：36。自"凉风有信"始，至"任得你天边呀哩明月向别人圆"终。②

（2）白驹荣录音。①1951 年捷利唱片有限公司的 78 转唱片（编号 CM1016 - 7）。自"凉风有信"始，至"莫非相逢呢一位月下魂"终。香港天声唱片公司翻录，佛山市顺德区孔雀廊影音电器有限公司引进，发行 VCD《白驹荣·男烧衣》。②白驹荣 1961 年录音。自"凉风有信"始，至"莫非相逢呢一位月下魂"终。中国唱片广州公司出品 VCD《粤剧名小生白驹荣唱腔艺术精选·客途秋恨》。

（3）区均祥录音。雨果唱片公司 1995 年灌录的（HRP7125 - 2）《南音精选》唱片收入区均祥唱段。自"凉风有信"始，至"莫非相逢呢一位月下魂"终。

（4）香港电台第 5 台 2008 年 9 月 11 日下午"戏曲天地"节目播放的新马师曾唱段，14：10：02 ~ 14：47：50。唱词自"凉风有信"始，至"惹起我的青衫红泪觉消魂"终。③

三　南音《客途秋恨》的版本系统

（一）唱词系统

上述 17 种文本、7 种录音，共 24 种版本，从唱词始终句来看，有 3 个系统，分别是：①"孤舟岑寂晚凉天"始，"惹起我的青衫红泪越觉消魂"终；②"凉风有信"始，"惹起我的青衫红泪越觉消魂"终；③"凉

---

① 杜焕演唱《客途秋恨》，土豆网，http://www.tudou.com/programs/view/Bzyn1GML - CM/，最后访问日期：2008 月 12 月 3 日。
② 杜焕演唱《客途秋恨》，香港电台，mms：//202.177.192.111/rthk/radio5/20080717/200807 1715.asf，最后访问日期：2008 月 12 月 3 日。
③ 新马师曾演唱《客途秋恨》，香港电台，mms：//202.177.192.111/rthk/radio5/20080911/ 2008091114.asf，最后访问日期：2008 月 12 月 3 日。

风有信"始，"莫非相逢呢一位月下魂"终。

其中，第①种即是前人论述中提及的"旧本"（"古本"）《客途秋恨》。第②种与之相比，第一处差异是在开头处多了"凉风有信……今日天隔一方难见面"一段。关于这段的来历，有两种说法。一是如石峻所言，是"后来出版商人所加上去的"，因为"此曲流传系统，据所知大致分为两类，一类是木鱼书铺所出的单行本，此种书铺出品，以妇女为主要阅读对象，为了投合她们的口味习惯，多于开首加上一番人物身份及事由的说明，现在歌者所唱的，都是根据这一类。另一类，是选集所收的，没有'小生缪姓××'等语，是从'孤舟岑寂晚凉天'开始的，像本人所得之旧抄本《南音选集》及《粤海春秋》中所录此曲"。① 二是认为20世纪20年代黄少拔根据曲词铺陈成粤剧时，将男女主角附会为缪莲仙与麦秋娟，因此在曲词上也增加点明人物事由的一段。

从上述版本来看，木鱼书铺刊行的也有从"孤舟岑寂晚凉天"开始的，梁氏藏本《客途秋恨》就是例子。《琴学新编》所收入者，已是以"凉风有信"开头，由此可推断，在黄少拔编粤剧《客途秋恨》之前，南音《客途秋恨》已盛行以"凉风有信"开头的版本，黄氏恰恰是受这段唱词的启发，才将剧中男女主角附会于词中所说之"缪莲仙"与"麦秋娟"，并将钱江、陈开、两广总督徐广等历史人物也拉入此剧。

从不同版本间的异文，我们能清晰地看到"凉风有信……今日天隔一方难见面"一段进入南音《客途秋恨》并定型为我们今日所熟悉的句序、唱词的过程。首先，"凉风有信"之后接的是"晚景无边"还是"秋月无边"？波多野太郎认为"作秋月非是"，并指出当时广州长堤傍晚灯红酒绿，画舫往来，歌鼓四起，实是景色无尽引人沉醉。波多野氏的分析诚然不错，但他忽略了下文"（是以）孤舟岑寂晚景凉天"一句。同是见景抒怀，相隔不到10句，重复使用"晚景"2字，太显词陋，因此，才会换用作"秋月"。其次，"小生缪姓莲仙字"句之下，在波多野氏藏本中，罕见地多出"家住江南省内小唐村，只因父命求科士"2句，而据石峻记载，

---

① 石峻：《〈客途秋恨〉初校》，《艺林丛编》四编。此文未得见，引文转引自波多野太郎《〈［醉经堂排印本］客途秋恨〉校注》，下同。

上海图书馆旧藏德文堂本《客途秋恨》更特别，"是从孤舟岑寂晚凉天开始的，稍后才插入小生缪姓一段，无麦氏秋娟句，所增入对缪艮身世的叙述，亦符合其本人真实情况，如云因为功名蹇滞图生计，作幕依人暂顾目前"①。德文堂的情况，证明了从"孤舟岑寂晚凉天"起首的版本早于从"凉风有信"起首者。而关于缪艮身世的词句种种最终都未保留，则是因为这些词句与篇中其他唱词相比，遣词"劣拙"，笔调差异较大。

从"凉风有信"起首的第②种唱词系统，在接续上"（是以）孤舟岑寂晚（景）凉天"句之后，又增添了一句"夕阳对舞双飞燕"，这是为了符合南音对唱词结构的要求。南音的唱词结构，目前所见曲目里都相对严格且完整，这个固定的结构，直接对南音唱腔在用声运腔落音等方面产生系统化的影响，也是南音发展成熟的表现。南音以七字句为基本句式，每句分三顿，即二二三格式。上下句分明，上句尾字用仄声，下句尾字用平声，每一组上下句组成一联，上平字结尾的为前联，唱腔落音"尺（2）"；下平字结尾的为后联，结音"合（5）"。每个段落在结构上按起式、正文和煞尾安排。陈卓莹在《粤曲写唱常识》中记载的南音唱词结构及平仄要求如下：

　　　　起式
　　　　第一句　　顿（仄）、句（上平）
　　　　第二句　　顿（平）、顿（仄）、句（下平）
　　　　正文
　　　　第一句　　顿（仄）、顿（平）、上句（仄）
　　　　第二句　　顿（平）、顿（仄）、下句（上平）
　　　　第三句　　顿（仄）、顿（平）、上句（仄）
　　　　第四句　　顿（平）、顿（仄）、下句（下平）
　　　　煞尾
　　　　第一句　　顿（仄）、顿（平）、上句（仄）
　　　　第二句　　顿（平）、顿（仄）、下句（上平）

----

① 参见石峻《〈客途秋恨〉初校》。

第三句　　顿（仄）、顿（平）、上句（仄）、短句（仄）

第四句　　顿（平）、顿（仄）、下句（下平）①

从"孤舟岑寂晚凉天"起首的版本的唱词，"孤舟岑寂（仄）晚凉天（上平），斜倚（仄）在蓬窗（平）思悄然（下平）"是起式。而"凉风有信"起首者的唱词，"凉风有信，秋月无边，亏我思娇情绪度日如年"是起式，"小生缪姓莲仙字，为忆多情妓女麦氏秋娟。声色共性情人赞羡，更兼才貌两双全"是正文的第一小段；"今日天隔一方难见面"是第二小段的第一句，"孤舟岑寂晚凉天"是第二句，"斜倚蓬窗我思悄然"是仄、平、下平格式，只能做第四句，因此必须在前增添一句作为第三句，这个小段才算完整。

目前所见的两种以文堂板《客途秋恨》，唱词差异很大，说明木鱼书铺刊行的也是其时流行的唱词面貌，事过境迁，同一曲目，唱词若已发生变化，木鱼书铺再刊行时便会编录新样的唱词，不复存旧。这从另一个角度说明，民间书坊刊行南音等时兴说唱曲目时，唱词版本的来源很可能就是当时演唱的现场记录。这也正是各种书坊刊本在诸多衬字上多有差异，亦存在同音讹字现象的原因。在不同时候、不同演唱场合，歌者在处理嵌入的衬字时显得十分灵活，因为这些衬字一般不影响基本旋律，并能起到串联情节、调节现场气氛的作用。

根据波多野太郎《〈［醉经堂排印本］客途秋恨〉校注》所据的对校资料可知，濠江联合出版社出版的《粤曲之霸》收入的白驹荣唱本是自"凉风有信"始，至"惹起我的青衫红泪越觉消魂"终的唱本。白驹荣在1919年前后曾随周丰年班到澳门演出，其间特别延聘澳门瞽师到其下榻处共研地水南音技艺，这一经历也成为他思索打磨粤剧平喉真声唱法的重要养分。

白驹荣更多流传于世的《客途秋恨》版本是第③种唱词系统。早在1923年高亭公司出品的唱片录音就是如此，应为黄少拔编粤剧《客途秋恨》时有意删减之，是为适应粤剧演出而做出的改变。新马师曾唱第②种

---

① 陈卓莹编著《粤曲写唱常识》，南方通俗出版社，1952，第87页。

唱词的版本，需时 37 分钟；杜焕仅唱其上卷，已耗时近 25 分钟，唱完全本，估计需要近 1 小时。作为说唱的南音，在街头，在茶楼，在三五知己的聚会上，缓歌慢吟，今日未完，他日可再续，所以长篇如斯亦无妨。但粤剧在舞台演出，断不能独唱一曲就花去半个时辰光景，任此曲有再大的魅力也不可为之。与第②种唱词系统进行逐句对照，可发现在 1923 年高亭公司出品的唱片录音中，"屈指如今又来年"句之后，删去"好事多磨从古道……纵有雁札鱼书总杳然"段；"知你怜才情重更不嫌贫"句之后，删去"惭非玉树蒹葭倚……惹起我青衫红泪越觉消魂"段，补"想到此情欲把嫦娥问，无奈呀枫林见得月色昏。远望楼台人影近，人影近，莫非相逢呢一位月下魂"作为煞尾结束全曲。1996 年香港天声唱片公司出品的录音唱词，与 1923 年高亭公司出品者基本一样。删去的两段，都是感怀自己壮志未酬、欲照顾佳人却有心无力之语。但中国唱片广州公司出品的 1961 年录音中，则又有较大变动："为忆多情妓女麦氏秋娟"的"妓女"改作"歌女"；在"况且在客途抱恨你话对乜谁言"句后，删去"记得青楼邂逅个晚中秋夜……屈指如今又隔了一年"段，直接接续"近日听得羽书驰谍报"。这样的改动，很可能是受到当时内地政治社会舆论环境的影响。1958 年起，白驹荣担任广东粤剧院艺术总指导，兼任广东粤剧学校校长，是有一定社会影响的公众人物。《客途秋恨》是他的首本名曲，在当时的环境下，要继续唱这首曲子，必然要将其中"妓女""青楼邂逅"等不雅字句删改。不过，"风尘不少怜香客，罗绮还多惜玉人。试问烟花谁不贪豪富，做乜你偏把多情向住小生"段有"风尘""烟花"等字眼，却未被删，说明当时对文艺作品的政治审查尚没有那么严苛。

区均祥演唱的版本，也是第③种唱词系统，接近于白驹荣 1923 年高亭唱片版本，这也从另一个侧面说明白驹荣所唱《客途秋恨》已然成为南音研习的典范。1944 年生于澳门的区均祥天生弱视，自幼随瞽师刘就学习乐器，50 年代末已开始在澳门本地及香港多个曲艺社团担任伴奏或在音乐活动上演奏，也曾加入非凡响、大龙凤、锦添花、仙凤鸣等粤剧团担任乐师。

从唱词来看，《客途秋恨》有不分卷和分上、下卷的不同版本。笔者认为，起初的本子是不分卷的，到了它被粤曲唱家拿来唱、被用在粤剧里唱时，"闻击柝"以下使用了更显悲苦的"乙反"唱法，遂渐有以此句为界分上、下卷的做法。

（二）唱腔系统

从唱腔风格来看，上述 24 种版本也有 3 个系统，分别是扬州腔南音、地水南音、舞台南音。

梁氏藏本《客途秋恨》的封面题名上冠有"杨洲调"三字。此"杨洲调"为"扬州调"之讹。

约编成于 1911 年的《真好唱二集》收入的《客途秋恨》，与梁氏藏本《客途秋恨》的唱词基本一样，这说明这种唱词在 1910 年前后十分盛行。而这个时段正好也是瞽师钟德以唱扬州腔南音名动广州，赢得"盲公状元"美誉之时。钟德亦是用扬州腔唱南音《客途秋恨》的。因此，以文堂在刊行这一种曲词时，便在封面借用"扬州"之名吸引买者的注意。

收录文人为钟德撰写的红楼梦题材南音曲词的《今梦曲》中，钟德的唱腔都写作"扬州腔"。钟德之"扬州腔"，"一曲之中，往往千回百转，余音作三日绕梁，由其抑也，以柔漫而取神，其扬也，以清亮而致远，其跌宕多姿也，如浪里抛舟"①。这是模仿珠江歌妓行腔高、发声尖柔的唱法，文人雅士常流连于珠江画舫，钟情于歌妓的唱法，男瞽师为了得到他们的青睐，也迎合文人雅士之喜好模仿之。相信这也是现今在粤剧、粤曲中常见的曲牌〔扬州南音〕的渊源。但是，在香港学人的论述中，钟德的唱腔均写作"扬舟腔"，并认为"扬州"是"扬舟"的同音讹写。他们认为，钟德的唱腔中旋律常常出现由上而下或由下而上的滑音，如"浪里抛舟"，用"舟摇摇而轻扬"之意，故名"扬舟"。不过钟德的唱腔在钟德殁后已成绝响，即使在今日香港曲坛，唐健垣等先生也只不过是能在曲中加插几句"抛舟腔"而已。香港学人认为，"抛舟腔"是"扬舟腔"的一种分支，现成为〔乙反南音〕中的一种特定唱法。在白驹荣唱《客途秋恨》的两种 VCD 附录唱词中，"携着二妃藏井底"句前都标"抛舟腔"。而在大陆论述粤剧、粤曲、南音等的唱腔艺术的论著中已难觅"抛舟腔"的踪影。在 20 世纪 90 年代廖盟书根据 1923 年高亭公司出品的唱片所记的

---

① 穉援（邓紫援）：《今梦曲序》，劳梦庐编《增刻今梦曲》，聚珍书楼，1919。

简谱中，未见"抛舟腔"标示，而是"闻听此言你多叹息"前标"〔流水南音〕"。这反映出在唱腔标示上内地的乐师已然形成与香港同行有所差别的系统。

但是，珠江歌妓中也有江淮南来之佳人，就是说存在一种可能，钟德所模仿者之中有扬州歌者，钟受到其影响而形成"扬州腔"，如果此说成立，则"扬州"确指江南扬州。但目前未有更充分的证据，遂二说并存待考。

杜焕演唱《客途秋恨》，是地水南音的唱法。杜焕，20世纪20年代初习南音，内战时由广州到香港卖唱。1955～1970年在香港电台演播南音，1975年荣鸿曾教授安排杜焕在上环的富隆茶楼说唱，留下了16个曲目的录音。"地水"原为卜卦用语①，以往失明人多以占卜为生，"地水南音"即指瞽师所唱的南音，唱法伴奏乐器简单、旋律简单往复、腔调低缓。但唱法也不是一成不变的，我们去听杜焕先生的两个录音版本，就会发现很多不同。土豆网提供的唐健垣主持的香港电台节目录音杜焕唱段，只有杜焕弹筝、左手拍板独唱，加插的衬字很多，特别是"姐呀"等呼告性字眼，句中重复、顿挫之处也很多，甚至有杜焕清嗓的几下咳声，据唐健垣先生介绍，这种就是在茶楼"讲故事"式的唱法，大约是7字唱8拍。而在香港电台第5台2008年7月17日下午"戏曲天地"节目播放的杜焕唱段，唱词显得中规中矩，而句中过序增多，旋律幽缓曼妙。杜焕不同唱段的比较见表1。

表1　杜焕不同唱段的比较

土豆网提供的唐健垣主持的香港电台节目录音杜焕唱段	香港电台第5台2008年7月17日下午"戏曲天地"节目播放的杜焕唱段
亏我——亏我思、思娇呀情呢绪——好比度、度日如年——	亏我思娇口既情绪，好比度日如年
姐呀仲、姐仲牵、牵衣呀致嘱、致嘱果段衷情呢话耶	姐仲牵、牵衣——致嘱、果段衷情话呢

白驹荣的唱法，虽着力模仿地水南音的低沉行腔，却已有明显的舞台南音的痕迹。作为说唱的南音，旋律简单，快慢随歌者自由掌握；被吸收

---

① 《周易·师卦·象传》："地中有水，师。君子以容民畜众。"

进粤曲、粤剧成为其中一种曲牌后，才衍变出"流水板""乙反（梅花腔，苦喉）"等诸多分支。再者，歌者不再自弹乐器，伴奏乐器逐渐增加，如白驹荣1961年的录音，是广东音乐曲艺团乐队为其伴奏的。

澳门的区均祥自1980年起关注学习南音演唱，参考师父刘就以及杜焕、王德森等瞽师的演绎方式，专研他们的口音及运腔，所以在区氏的《客途秋恨》演唱录音里，能很明显地体会到反复回环的旋律下传达出来的沧桑感。同时，灌录唱片时，针对过序音乐的处理，区氏则借鉴了白驹荣等在舞台上演唱的《客途秋恨》的配器安排，又产生了不同于街头茶楼低吟缓唱的表演意味。

四　结论

通过以上所做的《客途秋恨》版本系统分析，我们可以看到，广东南音作为一种口头文艺，会因应表演情境发生变化，这些变化，体现了不同的场合、不同的目的受众会对歌者具体选择怎样的表演方式产生影响。其中比较重要的变化节点，一是从唱词结构的规范性出发，对曲词做出了增删修订，自"凉风有信"起始的唱词文本逐渐定型；二是从曲调风格变换出发，分为上下卷，相应增加了过序音乐；三是进入粤剧表演之后，演唱时长变短。

换一个角度说，记录了唱词或曲谱的书面文本，也只是反映了某一次表演当中的具体面貌，口头文艺要求使用"定本"或"权威版本"，是抹杀其即兴表演这一天然属性的做法。我们在做这些口头文艺的"版本"分析时，必须对此有清晰的认识，这样才能更好地挖掘其各种版本差异的真实缘由。

作者通信地址：广东省广州市越秀区东湖路39号越秀区文化艺术中心2楼，邮编：510100，邮箱：4615802@qq.com

责任编辑：黎俊忻

新马汉文报刊所载粤讴初探[*]

李 奎 吴美玲[**]

山西师范大学文学院，中国山西，041000

摘 要：粤讴，属于粤调说唱文学中的一种。现在国内对其研究多关注国内的作品，对粤讴在海外的研究少之又少。在整理新马汉文报刊文学目录时，共计整理出约1294首粤讴。这个数量相当可观，是一个值得开发的新学术研究资源。文章介绍了新马报刊刊载粤讴的原因、所刊粤讴的内容以及这些粤讴的艺术特征。

关键词：粤讴；新加坡；马来西亚；招子庸；传播

粤讴是粤调说唱文学中的一种，与木鱼歌、龙舟歌、南音等，均在珠三角等以广府方言为主的地区流行传唱。清代中叶，在木鱼歌、龙舟歌等发展成熟的基础上，岭南文人融合北方民间说唱文学和南词，创制了粤讴。

粤讴当以招子庸《粤讴》为代表，其自序称："越讴笃挚履道，士愿乐欲闻，请以此一卷书，普度世间一切沉迷欲海者。"[①] 招子庸的创作得到了郑振铎先生的赞扬："其最早的大胆的从事于把民歌输入文坛的工作者，

---

* 基金项目：2015年度《广州大典》与广州历史文化研究项目"新马汉文报刊所载广府说唱文学文献整理与研究（1815～1919）"；2017年第61批中国博士后科学基金"新马汉文报刊载广府说唱文学文献整理与研究"。本文研究所用资料时间段上限是1887年，下限是1919年。文题在文中简称为"新马粤讴"。

** 李奎（1984～ ），男（汉族），山西大同人，山西师范大学艺术学博士后科研流动站博士后，硕士研究生导师；吴美玲（1994～ ），女（汉族），山西临汾人，山西师范大学硕士研究生，研究方向为中国古代小说戏曲及域外汉文学。

① （清）招子庸：《粤讴》，道光八年写刻本。

在嘉庆间只有戴德全，在道光间仅有招子庸而已。"① 《粤讴》的内容除了卷首《解心事》外，其余大多描写青楼女子生活，与"花""情"分不开，题材相对单一。后来"燕喜堂"运用其形式，一改其谈情说爱的情调，替换了新鲜血液，结合当时的革命斗争形式，反映当时的社会生活。

这种产生于中国的民间文学形态，不仅在广东发展并成熟，也随着近代粤籍华侨出洋谋生的脚步流传到了南洋。在当时英属马来半岛（今新加坡及马来西亚西部），不少中文报刊中刊载了粤讴，而且流播之广，俨然成一时潮流。

关于粤讴的研究目前还比较少。笔者在中国知网上以"粤讴"为篇名检索，共有 21 篇文章；以"粤讴"为关键词检索，共有 32 篇文章；以"粤讴"为主题检索，共有 43 篇文章（限于汉语文章）。2017 年 1 月，中山大学出版社出版了陈寂、陈方先生的整理本《粤讴》，该书附录"诸家论粤讴"亦收 35 篇前人论粤讴的文章。与其他文学体裁相较，粤讴研究在国内成果尚不多。国内现在出版的专著中可见一些对粤讴的简介，并没有做专门探究，比如《岭南俗文学简史》《岭南文化知识书系·粤曲》②。经笔者多方查检，专门研究粤讴的有旅美华人学者梁培炽著《南音与粤讴之研究》③；研究粤讴音乐的有日本学者波多野太郎著《华南民间音乐文学研究》④，还有陈志清著《南音粤讴的词律曲韵》⑤、陈卓莹著《粤曲写唱研究》⑥。根据检索中国知网得出的数据和所列专著可知现在学界对粤讴研究之不足，对海外粤讴更是几乎无人关注。其中一个重要原因就是文献原始资料缺失。新加坡李庆年先生整理出版了《马来西亚粤讴大全》，该书对刊载于新马汉文报刊中的粤讴做了初步的整理，出版后新马学界目前还没

---

① 郑振铎：《中国俗文学史》，商务印书馆，2005，第 682 页。
② 叶春生：《岭南俗文学简史》，广东高等教育出版社，1996；黎田、谢伟国：《岭南文化知识书系·粤曲》，广东人民出版社，2008。
③ 梁培炽：《南音与粤讴之研究》，广东人民出版社，2012。该书第二篇"粤讴之研究"对粤讴做了专门研究。
④ 〔日〕波多野太郎：《华南民间音乐文学研究》，横滨市立大学，1977。
⑤ 陈志清：《南音粤讴的词律曲韵》，（香港）香港文学报社出版公司，1999。
⑥ 陈卓莹：《粤曲写唱研究》，花城出版社，2007。该书第五章"歌谣体系"第二节专门研究了粤讴。

见到进行系统研究的成果。

研究刊载在新马报刊中的粤讴，不仅扩展了中国文学在域外传播的研究范围，而且对于粤讴研究来说也是开辟了一种新的资料来源。新马汉文报刊提供了大量的原始文献资料，这在过去尚未有研究者关注到。

笔者通过检索资料和亲赴新加坡实地考察，查新马汉文报刊截至 1919年共 20 余种，由于受到战火或者其他因素影响，存在损毁或失佚，现时可收集到的共计 18 种。经仔细整理，笔者发现 18 种报刊中有 13 种刊载有粤讴。具体数量大略如表 1 所示。

表1 刊载有粤讴的 13 种报刊一览

单位：篇

报名	时间 *	数量	栏名	作者
叻报	1887.8 ~ 1919.12	233	粤讴	渔、子明、际昇、发、古
槟城新报	1895.8 ~ 1919.12	19	游戏文章、歌谣、粤讴	涯
天南新报	1900.12 ~ 1905.4	23	词人妙翰	
中兴日报	1907.8 ~ 1910.2	22	粤讴	沧桑旧主、虎军等
总汇新报	1908.6 ~ 1919.12	370	粤讴	鲁一、月娥女士等
星洲晨报	1909.8 ~ 1910.11	22	鼓吹声、粤讴	惠观
四州日报	1910.10 ~ 1910.12	6	粤讴	
南侨日报	1911.10 ~ 1914.3	345	粤讴	支离、百錬、曾经、厉、顽石、大痴、致
侨声日报	1912.7 ~ 1913.2	39	粤讴	果、际昇等
振南日报	1913.1 ~ 1919.12	178	粤讴	曾经、典、晓风、大痴、大声等
国民日报	1914.5 ~ 1919.8	39	粤讴	慧光、亚梦、持公、亚古、仁甫
益群报	1919.3 ~ 1919.12	63	妙莲台	梁仁甫、隐信
新国民日报	1919.10 ~ 1919.12	1	新粤讴	

* 本文论述的时间段下限在 1919 年，是因为 1919 年是马来西亚华文文学发展变迁的关键点，按照方修先生的观点，1919 年前属于马来西亚华文文学的旧文学时期，此后属于新文学时期。故此表格中报刊停刊时间晚于 1919 年的，所截取时间就是 1919 年。笔者查阅报刊发现，20 年代以后，粤讴已逐步不见于新马报刊。

从表1可知，刊载粤讴较多的刊物分别是《总汇新报》(370)、《南侨日报》(345)、《叻报》(233)、《振南日报》(178)。

笔者仔细统计表1中的粤讴数量，按照年份划分，历年数量见表2。

表2　1904～1919年粤讴刊载情况

单位：篇

年份	数量	备注
1904	19	现时可见新马汉文报刊中第一篇粤讴产生的时间
1905	20	
1906	0	
1907	115	
1908	121	
1909	110	
1910	50	
1911	40	
1912	85	
1913	379	异军突起的一年，背后原因值得探究
1914	100	
1915	30	
1916	97	
1917	69	
1918	27	
1919	98	

根据表2大致可归纳出新马粤讴的发展规律，其以中国辛亥革命为分水岭，在此之前数量基本呈增长态势，辛亥革命之后数量在波动中减少。但是在1913年粤讴刊载数量突然猛增，尤以《振南日报》和《南侨日报》为多。同年中国发生了二次革命，二者是否有某种联系还需考证。

下面以上述材料为基础，对新马汉文报刊所刊载的粤讴做初步研究，以飨学界。

一　新马汉文报刊刊载粤讴原因

根据表 1 数据可知，1919 年前新马汉文报刊粤讴大约有 1360 篇，尚未包括因报刊缺失未曾得见的部分。粤讴数量如此之多，可见其在新马地区广受欢迎。

为什么粤讴当时会如此流行？邱菽园在《振南日报》"汇闻·艺文谈"刊载《招子庸粤讴》，其中曾有交代："近来志士远追金元，旁效欧美，有取夫讴歌变俗之义。无论日报旬报，皆有歌谣一门，而粤讴尤多，则以粤人多任报中记者之故耳。"① 邱菽园之言有一定道理。《天南新报》《叻报》《中兴日报》《南侨日报》等的创办者或主笔是粤籍，或曾经在广东、香港生活。如《叻报》主笔叶季允祖籍是安徽，后流寓到广州番禺。叶氏在去新加坡之前，在香港《中外新报》做主笔，叶氏的生活工作环境，应使他经常接触到粤讴。《南侨日报》创办者之一黄吉宸，祖籍是广东台山，而台山地处珠三角，紧邻港澳，也是粤讴风行地区。而林文庆创办的《星报》就没有刊载过粤讴，因林文庆祖籍是福建省海澄县；林衡南创办的《日新报》也没有刊载过粤讴，林衡南祖籍也是福建省。

粤讴流行还可能与报刊面向的受众有关。为了迎合受众喜好，增加报纸的销量，发行者必定在其中增加一些受众喜欢的栏目。据不完全统计，从 1880 年到 1930 年，到达新马的中国人约达 830 万人。在新加坡华人始终占据第一的位置，在马来西亚华人仅次于马来族人口。在新马的华侨人口构成中，粤人占有相当的比重，在很多材料中可以体现：

> 先游中国街，大小店铺、庙宇、会馆、戏馆、酒楼、娼寮咸备，闻有八九万人，闽人十七，粤人十三。②

> 庙宇、会馆、酒楼、戏台，无不具备。闻其地华人约十万人，闽

---

① 《招子庸粤讴》，《振南日报》1914 年 6 月 22 日，第 9 页。
② 李圭：《环游地球新录》，岳麓书社，1985，第 349 页。

人居其七，粤人居其三。①

> 有地名牛车水者，在大坡中。酒楼、戏院、妓寮毕集，人最稠密，藏垢纳污，莫此为甚。牛车水一带妓馆栉比。闻注籍于护卫司之妓女，共有三千数百人……皆广州府人……戏园有男班、女班，大坡共四五处，小坡一二处，皆演粤剧，间有演闽剧、潮剧者，惟彼乡人往观之。②

马来半岛大量粤籍华侨的存在，以及他们居处稠密的酒楼、妓院等娱乐场所构成的氛围，很可能形成粤讴传唱与创作的土壤。粤讴短小精悍、通俗易懂的特点也有利于其广泛刊载。于是粤讴见诸报端，蔚为大观，其不仅是能在声色娱乐场所传唱的乐曲，而且成为能被阅读与传播的文本，也可以借此想象其背后创作的文人群体以及更为广阔的受众。

针砭时弊是当时新马粤讴创作的原因之一。大量的华人赚到钱后，多数花费在狎妓、吸食鸦片烟和赌博上，成为当时严峻的社会问题，这些情况在报刊所载的粤讴中就有反映，许多作品是对吸食鸦片和赌博者的劝诫，如《天南新报》1905 年 2 月 13 日刊有《戒赌（粤讴）》，2 月 14 日有《除去鸦片》；《南侨日报》1912 年 5 月 24 日有《劝戒鸦片》；《叻报》1906 年 12 月 28 日有《神本要敬》，1907 年 2 月 4 日有《谏赌》，3 月 1 日有《烟一个字》，3 月 26 日有《烟数已尽》等。这些作品写出了新马华侨的心声，容易引起情感上的共鸣。

向广大华侨宣传中国革命，也是新马粤讴创作的动因。新马汉文报刊也受到中国政治的影响。新马自从清末就成为中国政治争斗的第二战场，康有为、梁启超、孙中山等政治性领军人物都在新马有重要影响，清末政府中的守旧派和维新派都在此地留下了印迹。特别是辛亥革命，保皇派和革命派更是在新马拉拢华侨，传播自己的思想，以粤讴作为工具宣传思想，或是作为两派政治人物对骂的战场。比如在《总汇新报》1908 年 7 月

---

① 曾纪泽：《使西日记》，湖南人民出版社，1981，第 40 页。
② 李平书：《李平书七十自叙》，上海古籍出版社，1989，第 26～27 页。

11 日《随得你笑（谐）》中，针对保皇派大肆批评革命派，革命派回以"未读过廿四史全书"，"故此执滞不通，总系泼妇骂人"；在 8 月 18 日的《唔系怕死》中，针对保皇派认为救国"大万三千"，"正算系保皇"，革命派回应"有人出命，你出口亦无妨"；《星洲晨报》1909 年 9 月 17 日的《吊某保皇党（仿）》，对保皇党极尽讽刺和痛恨，并且声明："紧记，知道我地恩和义，讲到作伥两个字，一定把你碎剐凌迟！"粤讴很可能成为本地华侨了解政治的重要途径。

二　新马粤讴内容初探

现时可以搜索到的最早的一首见诸报端的粤讴为 1904 年《天南新报》上刊载的《唔好咁做》，没有署作者姓名，全文如下：

> 劝你唔好咁做，免至入了牢笼。你睇近日做官人仔有边一个建立奇功？虽则你懿旨奉承肩任算重，当朝声势算你极地全红。你日夜系咁般勤来去运动，我睇你执迷唔醒哈有过无功。况且今日民党咁多人又咁拥。广西平乱断有与别省咁易相同，佢接济又近安南容乜易运送，械精粮岂有怕你督抚王公？你筹饷至到系开捐重有何计可弄？浩繁兵费任你打算到借款都穷。你护阵虽系有咁多无一个系有用，就系老冯唔死亦都老到龙钟。劝你换过个个心肝唔好咁懵，要识吓民权自治正是近世英雄。今日你作个同种操戈全系有用，至使祖坟被挖呀！我问你怎样有面目见先翁？就系他日纵使你有功，今日粮饷亦无处可弄！唉，难以食俸！想落唔中用，我做你就弃官！唔做咯去做个廿世纪嘅豪雄！①

从以上内容可知第一首粤讴关注的是中国时局政治。它劝诫清廷官员要审时度势，认清时局，"唔好咁做，免至入了牢笼"，不要再沉迷于皇权："想落唔中用，我做你就弃官！唔做咯去做个廿世纪嘅豪雄！"文中所说的"广西平乱"，当是指晚清清廷剿灭太平天国。"岂有怕你督抚王公"，所言

---

① 《唔好咁做》，《天南新报》1904 年 1 月 5 日，第 3 页。

不虚，咸丰帝启用林则徐去镇压太平军，林则徐病死在路上，紧接着是两江总督李星沅，后又有镇远镇总兵周凤歧、刘继祖加入剿匪，然而行动以清军副将伊克坦布、千总田继寿等 300 余人被斩杀结束。

《天南新报》1 月 8 日又刊载了《唔好守旧》，同样没有署作者姓名，内容与第一首类似，批评清政府因循守旧，认为应"从新政处着手"，"乾坤新造咁就雄视全球"①，否则就会亡国。1 月 9 日，《天南新报》又刊载了《反解心》，内容是劝解华人追求进步，"物竞原精神还要冒险，切莫信渠谬说放失我地个人自由权"，这是第一首署名的作品，作者为"笑罕"。

同类的作品以关心中国时政与民族兴衰为内容，是新马报刊的粤讴作品早期一个重要的创作方向。比如《中兴日报》1907 年 8 月 24 日刊载题为《懵到咁样》的作品，署名为"玄理"，8 月 26 日刊载题为《奴隶山倒了》的作品，署名为"浮寄"，9 月 23 日刊载题为《奴隶性》的作品，署名为"鼎一郎"；《振南日报》1913 年 6 月 17 日刊载题为《自由雌骂新官》的作品，无作者署名；《总汇新报》1918 年 7 月 8 日刊载题为《烟花地》的作品，署名为"秋娟"，8 月 28 日刊载题为《谁做大》的作品，无作者署名。

这类关于中国时政的粤讴绝大部分是赞扬革命，贬斥清政府的作品，表达了一种积极向上的革命观，上文提到的例子就是如此。不过也有例外的作品，其虽然也关注中国时政，但表达的是对落后势力的同情，对革命者的不满。如《振南日报》就发出了不和谐之音。1916 年 6 月 6 日，袁世凯去世。邱菽园在《振南日报》中多次刊发对袁世凯的批判文章，与袁世凯划清界限，报中所刊载的粤讴却是哀悼袁世凯之死，极力赞扬反动落后组织筹安会，对蔡锷等人的讨袁行动心怀怨恨：

吊袁世凯

听见你话死，我实见思疑，你为乜因由得咁快吗低（亚语死也）？你系为民国死心我唔怪得你，你死因洪宪，叫我怎不悲伤？你平日个种野心亦唔该咁放恣，做乜改元三两个月就把地位推辞，往日呢种劝进文章丢了落水。纵有金钱借尽，带不得到阴司。可惜皇帝嘅瘾头，

---

① 《唔好守旧》，《天南新报》1904 年 1 月 8 日，第 3 页。

真误你一世！筹安会设，有日开眉，你名叫做世凯两字，只望世界共和凭住亚凯你。做乜实行帝政就把专制嚟施。今日无力北军唔共你争的唞气，亲离众畔，敢就改向护国军嚟。此后伦敦有路你亦何须记。或者你一缕游魂唅向个处飞！泉路茫茫你要打醒主意，黄泉无三海问你向乜谁栖？天坛社稷真唔配你祭。红黄蓝白黑，空想换转个枝五色旗。未见有个忠臣共你替死。端阳才过你就一命归西，罢咯不过当你系死个平民，点重称得总统两字！要你公权剥夺，恃也羽翼扶持！枉你哀恳个位美人筹备军费，你妄想大把金钱拉乱去挥。若系你未伏天诛，重怕唅学拿翁被困在荒岛地。好彩你一场造化早入垅哩！重怕你九泉相遇个位陈其美，缠住你，分明真道理，讲到讨袁两个字，共你死过都唔迟！①

心心点忿（筹安会派）

心心点忿，解散我地网罗，怨一句天时，又怨一句蔡锷我哥！想我地筹安会，系议得咁计长，偏偏无好结果，就把一场心血喇，尽付江河。想我地洪宪正话颁行，点知道又被你义师打破。外债金钱，佢又借尽许多。唉，哥呀！你想吓今上点样待哥？哥呀，你就回想吓潘，你从头想过喇，至好动起干戈！唉，天呀，亏我地咁苦心，做乜你偏唔把我地来帮助？真正折堕，至使今人含悲死咯，受此折磨！②

新马粤讴除了上面提到的与政治紧密关联的部分外，还有许多描写男女情爱的作品，作品中或是对爱情的忠贞和长久的期盼，或是对薄情人的批判，例如：

娇呀你唔好咁薄悻

娇呀！你唔好咁薄悻，咁你就改转心肠，我想后思前，实见惨伤。往日当你系知心，重估你无乜别向。点知到我今时倒运啫，你就要从良。唉！想吓你自己嘅颜容，唔算得好样。况且杨花水性，点做

---

① 《吊袁世凯》，《振南日报》1916 年 6 月 26 日，第 11 页。
② 《心心点忿（筹安会派）》，《振南日报》1916 年 7 月 1 日，第 11 页。

得上炉香。不过睇见佢而家发达，你就心头想：记得从前折堕咯，你猜得佢几咁凄凉，未必咁就带你埋街。你唔使咁阵仗，就系唔嫌老蔗，都话你品性乖张。罢咯，你只管恨人，我亦唔使怨唱，触□添愁怅，亏我自身难保，任得你点样收场。①

妓女青楼生活，也是粤讴创作的重要题材。作品中对她们青春易逝、身世飘零抒发了同情。例如《销魂柳》，该作品以河边柳比喻妓女的生活：

销魂柳

销魂柳，种在河边，飞絮随风实在可怜。细腰袅娜怪得人称美。最是媚眼撩人惹恨水。□风妙舞却有千奇变。三起三眠委实自然，情丝万缕化作条条线。春来陌上嫩笼烟，点估一到三冬，你形貌大变。莫不是九秋零露大逊从前。此后再有穿林援识个对双飞燕，再有两个黄鹂唱晓天。正系霸桥一别何日正得重相见。一枝聊折两下无言。恨不得临歧把酒在个处长亭饯。丝长终莫□游鞭。唉！情不免，到底谁能遣？但愿仗佢慈悲法力，保护你个朵火坑莲！②

上述所提到的内容在广东粤讴中也有。不过新马粤讴还被用作广告宣传，这是较为独特之处，例如：

益群报（梁仁甫）

益群报，出世在雪兰莪，人人睇过，都系笑呵呵！因为佢庄谐两部，俱系劝人归正果！董狐直笔，有半句系差讹，宗旨系咁光明。言论又无两可，堂堂正正。把个的民贼嚛锄！排列笔枪，来同佢战过。黄龙痛饮，正算得系收科。重有小说谐谈来帮助，编成曲本，唱吓个双自由歌，特电新闻，快捷不过。唔怪得人人祝颂喇，都话佢系降世弥陀，奉劝侨胞。唔好将佢嚛错过，提携抚养，正得高大巍峨。唉！

---

① 《娇呀你唔好咁薄悻》，《南侨日报》1911 年 11 月 1 日，第 4 页。
② 《销魂柳》，《总汇新报》1909 年 12 月 10 日，第 6 版。

真正有错，须要想过，三千毛瑟，胜过十万横磨。①

除了上面提到的《益群报》所载的广告之外，还有《槟城新报》所载
《游戏文章：新闻纸（粤讴）》②，《国民日报》所载《粤讴：国民报》③，
《南侨日报》所载《粤讴：电风扇》④ 等，多为报刊自身的推销手段。

新马粤讴另一重要特点是纳入了一些南洋特有的事物，比如《架厘饭》：

> 架厘饭，捞起在盘间，愁人睇见不觉顿开颜。今日廿世纪风潮如
> 此浩漫，岂敢话食餐洋菜咁就解却了心烦。但系我别有一神感情生在
> 眼，等我与君谈吓愿你地莫当为闲！都只为天演竞争真正系可叹，白
> 忧黄祸久已在人寰。或者世界将来如此饭，我地黄人势大不久就会把
> 佢个的白种淘删。唔信你睇吓热气蒸腾堆满白菜，结成团体积如山，
> 一落架厘饭将佢搅反，欲想变翻原色就十二分难。故此我睹物思人增
> 浩叹。唉！心想烂，前程何可限，但愿我地同胞齐发奋呀，怕乜佢白
> 种咁摧残！⑤

"架厘饭"明显是南洋特有风物，实为"咖喱饭"的时称。此词戈公
振先生遗著《从东北到庶联》中曾经提到，戈公振一行人游览到锡兰时，
曾经品尝"架厘饭"。⑥"架厘饭"在文中并没有发生什么实际作用，而是
以其作为一个引子，表达作者鼓励黄种人团结起来，共同对付白种人的思
想。除了这首粤讴之外，还有《星洲雨》《车仔佬》《牛车水》等，都是
用南洋风物来表达作者的内心感受。比如《星洲雨》，是作者对新加坡酷
暑久未下雨忽得甘霖的感慨，作品中以拟人之笔写雨水的难处；《车仔
佬》，是作者对其所见车仔佬奴颜婢膝的批判。

---

① 《益群报（梁仁甫）》，《益群报》1919 年 3 月 24 日，第 7 版。
② 《游戏文章：新闻纸（粤讴）》，《槟城新报》1905 年 4 月 22 日，第 3 页。
③ 《粤讴：国民报》，《国民日报》1919 年 4 月 21 日。
④ 《粤讴：电风扇》，《南侨日报》1912 年 10 月 31 日，第 14 页。
⑤ 《架厘饭》（前题"词人妙翰"），《天南新报》1904 年 1 月 20 日，第 3 页。
⑥ 戈公振：《从东北到庶联》，生活书店，1935，第 9 页。

三　新马粤讴特征简析

新马粤讴能够被报刊刊载，在马来半岛广泛传播，其中有一个重要的原因是"即不懂粤语者读之，也为之神移"①。这也就说明通俗易懂是粤讴一个很重要的特征，它虽然生于广东，以粤语为创作用语，但是粤语方言之外的人阅读也没有太大的障碍，并且能深得其中滋味。

新马粤讴雅言和俗语兼而有之，句式用韵自由不受约束，读来朗朗上口，对于不同文化水平的阅读者都有一定的吸引力。广东粤讴的语言既有北方说唱文学的通俗，也有南词语言的典雅，新马粤讴继承了广东粤讴的语言特色。比如：（1）《谐客系边个》的"你话系鳖系龟?"②；（2）《无乜好驳》的"一枝琵琶抱恨……写出恨海难填"③；（3）《还有得驳》的"你捐得毛诗一部，佢会捐部唐诗……肯放话厚面皮"④；（4）《舟解缆》的"眼泪如珠一串半，天涯万里离人远。……知道别时容易，难相见。……春风无力，眼白白吹讨情丝断"⑤。（1）例中"鳖""龟"的使用，使语言顿显通俗，全然没有雅意。（3）例中的"厚面皮"是俗化语言，批评人不知羞耻。然（2）例、（4）例中用语明显是诗性语言，有一种高雅气息在其中："春风无力，眼白白吹讨情丝断"读来让人浮想联翩；"知道别时容易，难相见"是化用南唐后主李煜《浪淘沙》中的"别时容易见时难"。这充分说明了新马粤讴语言俗雅兼有的特点。语言的通俗和典雅在新马粤讴中比比皆是，在此谨举数例。

另外，新马粤讴的文题也是雅俗兼有，如《今系假柳》⑥《打乜主意》《写不尽》《谁请开赌》《闻得你有外遇》⑦，足见其通俗；《东风紧》《花

① 郑振铎：《中国俗文学史》，商务印书馆，2005，第684页。
② 《谐客系边个》，《总汇新报》1908年7月4日，第3版。
③ 《无乜好驳》，《总汇新报》1908年7月6日，第3版。
④ 《还有得驳》，《总汇新报》1908年7月6日，第3版。
⑤ 《舟解缆》，《中兴日报》1907年9月1日，副刊"非非"中。
⑥ 《今系假柳》，《中兴日报》1907年9月3日，副刊"非非"中。
⑦ 《打乜主意》《写不尽》《谁请开赌》《闻得你有外遇》，《振南日报》1914年1月3日、1月5日、1月6日、5月23日，第11版。

遇雨》《无情雨》《长堤柳》①，就带有诗情画意，明显雅化，类似于诗题和词牌。这也说明粤讴从诗词艺术中吸收继承了一些"营养成分"。

比喻和拟人也是粤讴常用的艺术手法，人比物，物拟人，物人合为一体。新马粤讴作品中，妓女常常把自己比作柳，把自己的情感寄托在柳树上，把柳树当作自己去写，上文提到的《销魂柳》，"三起三眠委实自然，情丝万缕化作条条线"，说明了妓女生活的劳累；妓女自身也有丰富的感情，"情不免，到底谁能遣？"；妓女的感情归宿在哪里？不知道，没人给答案；妓女期待着自己能有个好的结果，"但愿仗佢慈悲法力，保护你个朵火坑莲！"。《长堤柳》通篇将长堤柳比作人（官僚），对官僚的重财轻义进行了控诉。② 另一篇《长堤柳》将柳树比作妓女，"有意撩人"，"媚到十分"，作者看清了妓女的轻薄无情，在文末言"任得你随风摆弄，亦枉费你个副精神"。③《孤飞雁》中妓女将自己比成孤飞离群的雁，"因为奴共你一样病症"，期待雁能捎信给薄幸人。④《狮嘲》，更是生动形象地运用了比喻和拟人手法：

> 狮呀劝你唔好咁吽，我重想共你商量，日影西斜乜你重困在睡乡。你睇叫便个的风云或者阴雨就降。虽则系茫茫大陆怕你恶把身藏，况且北便个只老熊真□胆量，时时想占你嘅旧日家乡。又有一只大鹰离远盼望，佢想飞嚟中土占一笪平阳，更重有虎豹满山难以限量，各怀歹意都想着把你嚟伤。点估你闲吓眼就有鼻鼾声响亮，亏我在傍亲眼见系咁替你惊惶，但愿你梦醒翻身我重还有指望。知你有天生神力怕乜剑戟刀枪，睁大眼展吓威风个的禽兽哈退让。唉！须要细想，好懒贪眠就系冤尊账，你想去保全生命就要梦醒黄粱！⑤

---

① 《东风紧》《花遇雨》《无情雨》《长堤柳》，《南侨日报》1913 年 3 月 19 日、3 月 20 日、4 月 1 日、6 月 26 日。
② 《长堤柳》，《总汇新报》1916 年 4 月 20 日，第 10 版。
③ 《长堤柳》，《南侨日报》1913 年 6 月 26 日，第 14 版。
④ 《孤飞雁》，《总汇新报》1916 年 10 月 17 日，第 12 版。
⑤ 《狮嘲》，《吼报》1910 年 2 月 17 日，"吼报副张"中。

这首作品中"狮"暗指中国,"熊""鹰""虎""豹"指企图侵略中国的列强,作者在文中与"狮"对话又有一种拟人化的意味。这首作品通过这种对话,表达作者对中国前途命运的担心,提醒国人及时看清形势,奋发自强。

新马粤讴借助事物起兴,将常物入讴,以寄托作者内心感受。描写人物心理婉转曲折,细致入微。作品中的"我"总是能抓住习见的植物或者动物,通过想象表达自己的思想感情,如《秋风起》中,秋风引起"我"的思乡之情。看见船已经"扬帆","我"的怀乡思人之感更加厉害,致使"我""心旌摇曳,搔首踟蹰",而最终这种"无限归家思"只能"罢咯"。① 作品表现了"我"的心理活动变化,细致入微。如《清明柳》中以清明柳树作为情感波澜的起源,新颖别致。作品不但写出了"我"对"君"的思念,"君呀你果否回家我问你?""唉!心不定,君呀快把归期定",思念之情达到高潮时还发出了内心的呐喊。由此可见"我"内心的波动。② 又如《唔怪你薄行》,题目意思是"不怪你薄行",而文中所言皆是怪你薄行,可见"我"心理的矛盾。开端言不怪你的薄行,而是怪你的情多。下文续言"妹"对你感情之深,无法自拔,"妹"对你的情多却无可奈何。③ 通篇将"妹"这个形象的复杂心理活灵活现地描写出来,刻画得生动细致。《花你命薄》,对花命薄大发感慨,先写花"游蜂浪蝶,日日飞来",后来笔锋一转,又转到"有个唐皇在""封姨十八",足见作者想象天马行空,不受拘束。《花怜蝶》作者选择花和蝶作为叙述对象,花怜蝶,蝶怜花,二者看似追求自由,实际上并不是追求自由而是别有他图,作者对"花""蝶"的批判之情跃然纸上。《跟尾狗》作者以跟尾狗起兴,对社会上的帮闲人进行了凌厉的讽刺。

新马粤讴句子没有固定字数,既不像诗又不像词,其长短依据所要表达的内容而定,因此句子长短与南音、木鱼和龙舟也不相同。新马粤讴起首一句,以四字句居多,还有三言和五言,第一、二句韵脚平声阴阳相

---

① 《秋风起》,《振南日报》1913 年 9 月 20 日。
② 《清明柳》,《总汇新报》1917 年 5 月 7 日,第 12 页。
③ 《唔怪你薄行》,《南侨日报》1913 年 6 月 11 日,第 14 页。

间，篇终韵脚无规律，自由安排。中间部分为正文，用韵自由，可以单句押韵、双句押韵，也可连句押韵。这种自由的体裁使粤讴表现手法灵活，适于表现不同的题材，也有利于广泛创作与传唱。

新马粤讴在文题上与流行于广东地区的粤讴也有相似之处，例如招子庸《粤讴》中《孤飞雁》《销魂柳》《容乜易》对应《总汇新报》中《孤飞雁》《销魂柳》、《槟城新报》中《容乜易》，招子庸《粤讴》中《情一个字》对应《叻报》中《情一个字》、《振南日报》中《情一个字》，在此基础上，新马粤讴在题目上还进行了创新，比如《烟一个字》《钱一个字》等，这种文题可以归为"×一个字"型。从中可以看出新马粤讴在艺术形式上传承了广府粤讴的特点。

四　余论

新马汉文报刊所载的粤讴与流行于广东地区的粤讴有相同之处，也有相异之处。相同之处是都描写男女之间的爱情，讥讽权贵，关心时局，针砭时弊；相异之处在于新马粤讴反映华侨社会的各种现象，描绘南洋本地的风俗物产。新马粤讴更具有新的广告功能，主要是宣传新出版的报纸。艺术上，新马粤讴传承了广府粤讴的特点，善用比兴，雅俗兼备，婉转曲折，句式自由而又朗朗上口。

本文仅仅是对新马粤讴做了一个粗线条的概括，期待能引起学界对于粤讴（及南音、木鱼、龙舟）研究的重视。其在新马流播的时间不长，但是产生于一个风云际会的年代，对新马新文学的产生也起了推动作用（主要是创作语言使用白话）。新马汉文报刊所载的粤讴是前人留给我们的宝贵遗产，值得我们深入研究和分析。

作者通信地址：山西省临汾市尧都区贡院街 1 号山西师范大学文学院，邮编：041000，邮箱：likui 198403@ sina. cn

责任编辑：黎俊忻

传统粤剧戏服工艺特征分析[*]

陈金怡　柯慧明[**]

华南农业大学艺术学院，广东广州，510642；

广东技术师范大学美术学院，广东广州，510665

摘　要：粤剧戏服是粤剧艺术的重要组成部分，随着粤剧的发展而繁荣兴盛。传统粤剧戏服以明清样式为基础，以广绣为刺绣工艺，具有浓厚的岭南文化特色。近代以降粤剧戏服吸收了更多外来戏种和西方的元素，在造型、材料及工艺等方面都具有独特的艺术表现力。从传统粤剧戏服的制作工艺结合历史发展角度阐述传统粤剧戏服的艺术特点，具有一定的创新价值。目前粤剧戏服的发展面临诸多困境，应进行改革和创新，使之符合时代需要，促进粤剧发展和振兴。

关键词：粤剧戏服；广绣；工艺特征

粤剧，又称为广东大戏，赖伯疆、黄镜明《粤剧史》考证："粤剧，有'南国红豆'的美誉，是广东省最大的地方戏曲剧种，具有三百多年的历史，流行于广东、广西两省区和香港、澳门，以及美洲、东南亚的许多国家。"[①] 作为我国富有岭南文化特色的地方剧种，粤剧生成历史可追溯至

---

[*]　基金项目：《广州大典》与广州历史文化研究专项课题"广州粤剧戏服制作工艺及创新开发研究"（批准号：2017GZY14）。

[**]　陈金怡（1979～　），女（汉族），江西永新人，华南农业大学艺术学院副教授，艺术学博士；柯慧明（1984～　），女（汉族），广东雷州人，广东技术师范大学美术学院讲师，艺术学硕士。

[①]　赖伯疆、黄镜明：《粤剧史》，中国戏剧出版社，1988，第1页。按："南国红豆"为1956年周恩来总理对粤剧的赞誉。

明代成化年间，彼时外来戏班的传入促使广州本地人士也参与演出。清初，外来戏曲声腔、"土优"、本地班的"广腔"相融合，促进粤剧体系形成、发展和壮大，最终成为享誉海内外的广府文化符号之一。粤剧于 2006 年成功入选第一批国家级非物质文化遗产名录，又于 2009 年被列入联合国教科文组织"人类非物质文化遗产代表作名录"，可见其文化价值及影响。粤剧戏服是粤剧表演艺术的重要组成部分，繁荣兴盛于明清时期，其制作技艺于 2009 年被列入广州市级非遗名录。传统粤剧戏服以明清样式为基础，同时吸收唐宋样式之精华，以"广绣"为工艺基础，也借鉴昆剧、京剧等剧种的剧服形式，创造性地融汇胶片、铜托、小镜等特色装饰材料，风格华美浓艳，装饰表现突出。历经百年演变，粤剧戏服逐步发展成为植根岭南文化的独特艺术表现形式，具有可观性、程式化、通用性的特点。

一 粤剧戏服发展概况

传统的粤剧服饰具有中国历史传统服饰制度化的特点，其色彩、图案均能显示舞台角色的身份地位及性格特征。粤剧戏服种类繁多，总体上分为蟒、靠、褶、开氅、官衣、帔、箭衣等七大类，其中蟒、官衣属于官服类，褶、开氅、帔属于常服类，靠和箭衣属于戎服类。为了便于取用、存放、运输，节省开支，剧组通常会分类存放在不同衣箱中。

目前学界对传统粤剧戏服的发展历史、艺术特征、舞台表现等方面的论著比较多，但从工艺制作的角度等研究的不多。传统粤剧戏服从工艺制作来看经历了几个重要的发展过程。清初，广东上演戏剧以武打戏为主，戏服多为简便的明代生活装样式。清末民初，本地班兴起，在颇具规模的粤剧改良活动影响下，粤剧舞台出现了一大批以移风易俗、激励爱国为目的的改良新戏，为契合舞台效果，西方古装、时装、清装和民初装等相应出现，呈现为当时中西方文化交融下的服饰组合样式，也体现了粤剧戏服的写实性与丰富性。民国初年，粤剧戏服设计借鉴京剧戏服元素，完善了粤剧戏服演员程式化表演的内容，丰富了粤剧舞台的艺术表现形式。民国中期至抗日战争时期，国民经济破败，娱乐事业萧条，粤剧演出不景气，许多名伶纷纷迁至香港、澳门甚至东南亚及美洲地区谋生，省港班的戏剧服饰在粤剧舞台上占据越来越重要的地位。20世纪三四十年代，粤剧戏服开始吸收西方流行文化元素，其商业化倾向日趋明显。20世纪50年代以后，粤剧戏服一律改为刺绣戏服，且根据舞台需要不断进行改革创新。

二 粤剧戏服工艺特征分析

对广东省各粤剧博物馆馆藏资料及史籍图片资料的调研分析表明，粤剧名伶们留下的传统戏服无论从造型还是工艺上来看皆独具特色，如粤剧戏服独有的反宫装款式造型、粤剧戏服之广绣钉金垫浮绣及珠片绣等工艺装饰，以及一些特定历史时期出现的装饰工艺，都是国内其他传统戏曲服饰所不具有的。传统粤剧戏服制作工艺复杂且投入成本高，大多为手工制作，共分为设计、打版、缝纫、刺绣等工序。其制作工艺及材料的运用皆具有鲜明的岭南特色，比如广绣金银线、填充垫物、绒线以及中西文化融合下的胶片、电灯泡等材料的使用等。

（一）广绣与明代服装样式结合之工艺特征

早期的传统粤剧以武打戏为主，服饰没有太多的繁杂装饰，戏服基本模仿明代衣冠式样，加以广绣钉金垫浮绣、金银线绣等工艺装饰。"粤剧服装的样式，一般是明代体制。"① 粤剧戏服一般以明代样式为主，但演特定历史时代剧目时则会根据时代选择相应服装样式，如演东周剧目时则穿大汉装，演清代剧目时则穿清装，除此之外，均以明代样式为主。图1为清代粤剧戏曲人物通草画，反映了清代广州粤剧戏曲人物着装情况。官吏着明代广绣补服及蟒袍，头戴乌纱帽，补服刺绣图案构图饱满，云彩和行龙图案层次分明，行龙纹样生动威猛，下摆均有"水波浪"纹样，立体感强，色彩艳丽，体现了广绣之奢靡特色。跟随侍卫穿明代民服，分别以袍

---

① 赖伯疆、黄镜明：《粤剧史》，中国戏剧出版社，1988，第261页。

服、裙、短衣等为基本样式。《广东戏剧史略》对粤剧服饰样式的描述为："而清时戏剧服装全采明制（伶人网巾亦明制），无有用汉唐衣冠或满清服装者，其用意盖隐含保存明服以复明祚，兼以兴起看戏者思怀明室之观感。""承昆曲汉剧之遗规，服装概为明制，初期与秦皖京班无二致。"① 可见，清代时粤剧服饰承袭汉剧中的明代服饰样式，也有表演者通过明代样式表达其政治倾向的意图。

图 1　粤剧戏曲人物戏服样式（19 世纪通草画）

资料来源：广州市荔湾区艺术档案馆、十三行博物馆编《王恒冯杰伉俪捐赠通草画》，广东人民出版社，2015，第 402 页。

粤剧戏服与广绣关系密切，历史上二者颇有渊源。"广绣"在《粤剧大辞典》中的定义为："以广州为中心代表的，具有浓郁地方色彩的刺绣工艺。""广绣"一词最早源于何时未从得知，但广绣制作工艺早在唐代就产生了，现藏于英国伦敦博物馆的唐代永贞元年南海刺绣奇女"媚娘"所绣的长约盈丈的"观音像"可资考证。古籍文献中对广绣工艺记载较为详细的首推《广东新语》，里面对广绣的材料工艺特点进行了记载："又有以孔雀毛绩为线缕，以绣谱子及云肩袖口，金翠夺目，亦可爱。其毛多买于番舶。"② 广绣工艺虽源于唐代，但初期受广州周边地区黎族、苗族等刺绣工艺特点影响尚未形成独立鲜明的风格。宋元时

---

① 麦啸霞：《广东戏剧史略》，广东省广州市戏曲改革委员会，1940，第 21 页。
② （清）屈大均：《广东新语》卷十五，中华书局，1985，第 427 页。

期广绣得到发展，明代更受当时流行的顾绣①工艺影响，融合岭南文化及西方流行文化元素而自成风格，且扬名海外。其绣品成为海上丝绸之路贸易出口的重要手工艺品。清代，广绣技艺高超，市场繁荣，民间艺人开始将广绣工艺运用于戏服的制作中，出现了集中在状元坊、新胜街一带的戏服刺绣作坊，"清康熙年间，广州状元坊的刺绣工人就以精美的广绣作戏服"②。清代中叶，由于粤剧的繁荣，状元坊制作的广绣粤剧戏服享誉国内外。虽然清末民初粤剧戏服普遍流行顾绣装饰，但后来广绣之戏服装饰仍然是主流。

《广东戏剧史略》称："后以粤尚顾绣，大率金线为贵，于是金碧辉煌，胜于京沪所制。"③ 至清末民初粤剧戏服采用流行的顾绣工艺，顾绣是画绣，它的影响非常广泛。广绣"以画入绣"的工艺深受顾绣影响。广绣粤剧戏服的制作工艺表现出排针平整、针步紧密、配色协调柔和、立体垫绣图案层次分明等特点。赖伯疆、黄镜明的《粤剧史》对粤剧戏服广绣工艺进行了详细的描述："'广绣'的绣法是一种'缕绣'，绣时先用粉墨在衣料上打'谱'（花样），然后用细毛笔描绘出来，接着用金线或银线压住，再用彩线把金线和银线钉上，这些彩线比丝线还小，其颜色与衣料颜色相同。钉彩线时要钉得密细、牢靠，力求图案紧贴在衣料上面，显得平滑光润。"④

从各粤剧博物馆及收藏家的藏品调研中可知，以"广绣"工艺制作的戏服仍是传统粤剧服饰的主流。如坐落在佛山的广东粤剧博物馆收藏的一件由美国民智剧社捐赠的 20 世纪二三十年代制作的锋毛金银线广绣蟒⑤，所谓锋毛，《广州粤剧戏服》称："20 世纪 30 年代粤剧戏班开始将一些 3—5cm 长的白兔毛粘连在扣仔、风衣、雪褛、蟒等戏服的大肩、背心的边

---

① 顾绣为汉族传统刺绣工艺之一，起源于明代嘉靖年间，因起源于明代松江地区的顾名世家而得名。

② 赖伯疆、黄镜明：《粤剧史》，中国戏剧出版社，1988，第 261 页。

③ 麦啸霞：《广东戏剧史略》，广东省广州市戏曲改革委员会，1940，第 48 页。

④ 赖伯疆、黄镜明：《粤剧史》，中国戏剧出版社，1988，第 261 页。

⑤ 蟒是一种圆领、大襟、宽袖、腋下衣边有摆且绣有团龙、散龙、大龙图案的戏服样式，为饰演帝王、丞相、元帅或文武官员的演员所穿用。（资料由广东粤剧博物馆提供）

沿部位作为装饰。"① 此戏服工艺精巧细致，通身采用岭南特色的广绣盘金针法，金银线搭配绣制，且大龙身体的不同部位运用了难度较高的钉金垫浮绣的二针龙鳞及迭鳞立体针法，将大龙立体的形象刻画得栩栩如生，轮廓处辅以锋毛装饰及绒线绣制勾勒出生动勇猛的龙造型（见图 2），且强化了粤剧表演的舞台立体效果，将广绣的技艺发挥得淋漓尽致。此外，从广东省各粤剧博物馆及香港相关博物馆常见的粤剧戏服大靠上绣制的金线凸绣龙也可窥见广绣工艺之精湛，金线凸绣的特点是以棉花垫底，用同色的绸隆起封好，而后在上面施以金线装饰。此件戏服称为"靠"，通常为武将专用，仿造古代盔甲造型，龙的金线凸绣工艺使戏服造型视觉立体、辉煌夺目（见图 3），这是其他剧类戏服所无可比拟的。粤剧戏服的制作已有几百年的历史，融合"广绣"之艺术特色，工艺精湛，增添了粤剧舞台的视觉效果。

图 2　20 世纪二三十年代的锋毛金银线广绣蟒

资料来源：广东粤剧博物馆，由美国民智剧社捐赠。

---

① 孙卫明：《广州粤剧戏服》，广东人民出版社，2015，第 55 页。

图3 粤剧武将戏服上的金线凸绣龙造型

资料来源：广东粤剧博物馆。

（二）借鉴其他剧种戏服之工艺特征

粤剧戏服也吸纳了外省剧种戏服的特点，并在此基础上不断推陈出新。《中国戏曲志·广东卷》提到，乾隆二十二年（1757），广州一口通商，商业繁荣，各省各地及外国商人云集广州，戏曲演出为满足商客娱乐需求更加兴旺。"有外省戏班百来个，出现了争妍斗丽的景象。"[①] "舞台角色穿着的服装，除沿用传统的顾绣服饰外，还采用唐装便服、西装以至京剧古装。"[②]明代早期的粤剧戏服大致上与其他地方戏服饰一样，到清代后，随着粤剧的发展，戏服自成一格，且当时粤剧多演武戏，广绣企领长袍、中袖，十分接近生活装束。后来，随着广州的商业繁荣和观剧条件的

---

① 中国戏曲志编辑委员会、《中国戏曲志·广东卷》编辑委员会编《中国戏曲志·广东卷》，中国 ISBN 中心，1993，第9页。

② 中国戏曲志编辑委员会、《中国戏曲志·广东卷》编辑委员会编《中国戏曲志·广东卷》，中国 ISBN 中心，1993，第17页。

改变，粤剧从农村逐渐进入城市，从以武戏为主转向以文戏为主，由行当扮演角色的群体性合作表演转为突出知名演员、"伶星"的表演，侧重唱功，表演更加细腻纤巧，生活化的明式戏服已不能满足文戏表演的需求，一些戏班和演员纷纷北上京津沪等地投师求教或献艺交流，服饰上也开始借鉴更具表演程式的其他剧类戏服元素，如京剧的水袖及板带设计。

粤剧戏服水袖大概于20世纪20年代由京剧传入，在明代样式基础上延长衣袖，造型夸张，舞台上反袖、惊袖、福袖等动作表现了人物的礼仪及喜怒哀乐等感情，有助于突出表演者的动作表现及增强舞台的视觉效果。水袖样式戏服在各粤剧博物馆展品中较为常见，且早期的水袖样式为袖端处缀以约30厘米左右的白绸，而后也有变为与戏服颜色配套的延长水袖的。粤剧艺术博物馆收藏有一件"宝玉装"（见图4），袖端处就缀以白绸水袖，它是20世纪50年代由上海越剧《红楼梦》中宝玉装扮引入粤剧戏服中的，整体造型十分简洁，圆领长背心，广绣之银线回形图案刺绣为该戏服的视觉亮点，回形纹样寓意吉利永长、富贵不断，广泛运用于粤铜鼓的图案装饰。银线刺绣大量运用在领口、下摆以及腰部、肩部等，上身和下摆回形纹样粗细形成鲜明对比，这些工艺特征都增添了粤剧舞台的视觉效果。此款宝玉装后来在粤剧舞台上不只限于饰演宝玉角色所穿，也常用于其他戏中的少年公子等角色。

板带即束系戏服的腰带，因其平面展示图呈现"丁"字状，又称为"丁字带"，色彩、花纹、面料大都与演员戏服配套，长约640厘米，宽约15厘米，两边饰有长穗，带上饰有广绣吉祥图案，如团花纹、回形纹等。现博物馆馆藏的大都为真丝材质所制，常用于京装、猎装等戏服。香港文化博物馆编《粤剧服饰》一书对板带进行了描述："丁字带又称'板带'，乃沿袭自京剧。传统的式样，是一条长的缎带结搭于腰前。"[①] 粤剧表演中为了便于演员进行腿功表演和技巧展示，将前端有穗的一端挂搭于腰间，板带由系腰的实用功能逐渐变为美化戏服的装饰物，如图5所示。可见，粤剧戏服在借鉴和引进其他剧类戏服样式的同时，擅长根据舞台人物角色的特点利用广绣之工艺方法保留自身的传统特色，并在此基础上推陈出新。

---

① 香港文化博物馆编《粤剧服饰》，香港区域市政局，1988，第10页。

图 4　20 世纪 50 年代的广绣宝玉装

资料来源：粤剧艺术博物馆。

图 5　两端饰有穗的挂搭式丁字带

资料来源：香港文化博物馆编《粤剧服饰》，香港区域市政局，1988，第 10 页。

（三）商业化艺术倾向之工艺特征

清代以后广东各地方剧种为争夺观众，在内容和形式上都变得越来越新奇，粤剧戏服在材料运用、制作工艺、舞台设计等方面均标新立异。特别是在发达的对外贸易优势基础上，粤剧戏服吸收和借鉴先进的西方文化元素，出现了明显的商业化艺术特征。《中国戏曲志·广东卷》（六）《演出场所　演出习俗　文物古迹》称："由于近代科学技术渗入，戏院普遍采用电灯、简单动景及机关布景。"① 《中华全国风俗志》这样介绍粤剧："近年以来，亦颇注重布景，然戏馆之建筑，既不适法，布景亦不能完备。唯伶人所用服装，则争奇炫异，推陈出新，绚丽异常。"② 香港文化博物馆编写的《粤剧服饰》一书称："到了清代以后，由于受西方戏剧、话剧、电影、音乐、服装种种影响，才与其他戏种风格大为不同。"③ "服饰装扮大都讲究鲜妍，日趋华靡。广东各地方剧种从内容到形式皆日益新奇，纷呈异彩，剧种、班社之间彼此竞争。"④ 受清中叶广州一口通商及晚清民初近代化进程影响，西方文化在广州得以渗透和流行，广州盛行的粤剧活动在受西方电影、话剧冲击的同时，在材料、工艺、形式上不断吸收和借鉴西方流行文化元素，使其明显区别于其他地方戏种服饰风格。《广东戏剧史略》对传统粤剧服装进行了描述："自欧美胶片输入，光耀如镜，照眼生花。梨园名角，竞相采用，奇装异服，侈言摩登，斗丽争妍，渐流诡杂。"⑤ "粤剧的服饰布景日新月异。'大老倌'都自置'私伙'戏服，各自标新立异，服饰虽华丽但欠谐调，及至镶缀玻璃片、胶片，更令人眼眩目迷。"⑥ 可见，清末开始，在西方文化的巨大冲击及商业竞争的驱使下，

---

① 中国戏曲志编辑委员会：《中国戏曲志·广东卷》（六）《演出场所　演出习俗　文物古迹》，1987，第 8 页。
② 胡朴安：《中华全国风俗志》，气象出版社，2013，第 330 页。
③ 香港文化博物馆编《粤剧服饰》，香港区域市政局，1988，第 10 页。
④ 中国戏曲志编辑委员会、《中国戏曲志·广东卷》编辑委员会编《中国戏曲志·广东卷》，中国 ISBN 中心，1993，第 15 页。
⑤ 麦啸霞：《广东戏剧史略》，广东省广州市戏曲改革委员会，1940，第 48 页。
⑥ 中国戏曲志编辑委员会、《中国戏曲志·广东卷》编辑委员会编《中国戏曲志·广东卷》，中国 ISBN 中心，1993，第 19 页。

粤剧戏服争奇斗艳，在制作工艺上费尽心思，采用各种吸人眼球的材料装饰。在西方电影日益发达及话剧日益发展的形势下，名伶们不惜重金自费制作精工花巧戏服来吸引观众，且聘专家为之设计制作，吸收西方和历史之精华元素进行服饰改革，可谓"集中外历代服装布景于一堂，竟成中西合璧今古奇观"①。

受商业竞争、西方文化及科学技术等因素影响，粤剧舞台上出现了一批设计新奇古怪的戏服样式，如以独特结构工艺制作的"反宫装"、使用科学技术的"电灯衫"及运用新材料制作的"胶片珠筒服装"等。粤剧艺术博物馆馆藏的一件"反宫装"，是粤剧大班演传统例戏《天妃送子》中程式性舞蹈时穿的戏服，内外两层颜色不同，在某些部位设计成活动性的部件，表演时还可迅速将戏服的袖和衫身进行翻转，显示出反面衣身，通过服装的造型变化使表演舞台效果华丽多变，以此招徕观众（见图6）。如图7为广东粤剧博物馆馆藏的电灯衫，是粤剧名伶黄金爱穿过的宫装，白缎银线刺绣，水袖上衣，肩前及前裙片制有夹里，内装有多排凹凸不平的电灯泡，头饰上也镶嵌许多电灯泡，当女主角用装有金属片的鞋底踩踏舞台上预置的金属板时，全身上下的电灯泡就会发亮，在黑暗的舞台上这一

图6　表演时可翻转的"反宫装"

资料来源：粤剧艺术博物馆。

---

① 麦啸霞：《广东戏剧史略》，广东省广州市戏曲改革委员会，1940，第47页。

通身透明的戏服将使舞台的绚彩效果倍增。此外,上述两家博物馆还收藏有大量的 20 世纪四五十年代的饰有胶片(密片)、珠筒、铜托小镜的戏服。胶片为中间有孔的圆形闪光塑料片,珠筒为小管状玻璃管,铜托小镜为局部装饰的护心镜,这些小物件被染上各种颜色,用线有规律地串起后缝缀在戏服所需装饰的图案上。有些戏服分散或重点钉有闪光珠片或珠筒,有些戏服则通体饰满珠片或珠筒(见图 8)。这些装饰在舞台灯光照射下五光十色,炫人眼目,从而达到吸引观众的目的。

图 7　裙处暗藏电灯泡装饰的电灯衫

资料来源:广东粤剧博物馆。

　　这些粤剧戏服较之前沾上了更多的商业气息,制作工艺较之前的戏服更为复杂,突破了丝线、绒线、金银线绣制的传统框架,材料上更为丰富多彩,中西古今兼容,新奇百出,也算是适应了当时的潮流。然而,由于布满电线、电灯泡,缝缀多重胶片或珠筒,这些戏服就变得格外笨重,影响了演员表演技巧的发挥和粤剧艺术效果的呈现,最终为历史潮流所淘汰。由此可见,戏服的改良和创新必须遵从粤剧艺术原则和表演形式,两者必须是和谐统一的，否则它不仅无助于粤剧的提升发展，而且会使自身陷入华而不实的窘境。

图 8　绣有珠片的粤剧戏服

资料来源：粤剧艺术博物馆。

余　论

粤剧戏服是粤剧艺术的重要组成部分，随粤剧的发展而繁荣兴盛，其服饰材料和制作工艺在不同历史时期表现出明显的时代特征，充分反映了当时生活情态下的民众审美情趣和精神寄托。总体上，传统粤剧戏服以明代服装为基础样式，同时选择性地吸纳唐宋服装及满服样式，与其他剧种戏服相互影响，采用钉金垫浮绣、金银线绣等广绣工艺，显示出岭南文化特征；在服饰材料方面，除了传统面料之外，还受西方的影响，创新应用胶片、玻璃镜片等反光材料，增强了光影效应和视觉效果，体现了与时俱进的生命力。

当前，文娱产业高度多元化发展，影视作品、电子娱乐产品等对粤剧产生了巨大冲击，粤剧受众明显缩减，演员队伍人才匮乏，面临严峻的挑战。所幸，得益于政府主导的文化战略和民间粤剧热心人士的支持，粤剧尚处于一个相对稳定的生存态势。通过建立多个粤剧主题博物馆，如广东粤剧博物馆、粤剧艺术博物馆等，系统收集、典藏和陈列传统粤剧戏服，推行公演，为大众提供观光、教育、鉴赏等服务，对粤剧艺术的推广普及具有重要意义。然而，现存粤剧传统戏服藏品有限，精品尤缺，表现出陈列形式简单、史料浅薄、研究不足等诸多博物学问题。作为优秀南粤文化载体，粤剧及其戏服依然拥有良好的发展空间，建议结合现代文创理念与文创产业，通过行业交流、学校教育、亲子游学等多种渠道进行培育和传承，促进公众对粤剧艺术的认知和理解。

走访发现，粤剧传统剧目所需的许多戏服趋于老化，而且制作戏服及从事广绣的艺人越来越少，已不能满足批量绣制需要，加之人工成本高涨，粤剧剧团倾向于去上海、浙江等地订制顾绣戏服。在自身发展停滞和外制戏服竞争的双重压力下，粤剧戏服的制作技艺迫切需要保护、传承和改革创新。粤剧戏服的改革创新不仅需要对传统粤剧戏服制作工艺中遗留的精华进行传承，而且需要利用现代新型制作技艺及科技手段不断推陈出新，紧密融合手工技艺和机器织造，努力提高工效降低成本。此外，粤剧戏服还应根据不同人物性格和身份特点进行个性化、时代化的设计与制作，尽量采用专戏专服的做法，或开发多功能的戏服样式以满足不同剧目不同人物着装的需求。粤剧戏服的设计制作与粤剧的发展息息相关，粤剧戏服唯有不断创新，才能使粤剧重新焕发生机。

作者通信地址：陈金怡，广东省广州市天河区茶山路 251 号 6A608，邮编 510640，邮箱：136509086@ qq. com；柯慧明，广州市海珠区晓港湾惠侨苑 E4 栋 1208 室，邮编 51000，邮箱：180994387@ qq. com

责任编辑：黎俊忻

近代研究

康有为《孟子微》初探

李哲夫[*]

广州市人民政府参事室，广东广州，510600

摘　要：康有为撰《孟子微》的最终目的就是通过对《孟子》的阐释，进一步确立孔子"圣之时者"的地位，从而认定改制维新乃是孔学最为根本的微言大义，以为其变法维新事业提供权威依据。在此基础上，康氏进一步把孔子、孟子的学说和西方的资本主义制度联系在一起，认为孔孟之道实开西方政治之先声，西方政治不过是孔孟学说在中国之外的实现而已，因此，走西方之路也就是在行孔孟之道。循此逻辑，康氏又进一步认为，孟子的"性善"论和"仁政"观相当于西方哲学中主张人人平等、人人自立的"人性论"和西方政治学中的民主论和人权论，前者是孔孟学说的核心观点，后者则是西方哲学和西方政治中的核心理念，因而抓住了"性善"论和"仁政"观，也就等于抓住了西方哲学和西方政治的根本。

关键词："圣之时者"；康有为；孟子；民主政治

《孟子微》是康有为在 20 世纪初撰写的一部继续为变法维新寻求思想武器的重要著作，以作为《新学伪经考》《孔子改制考》的深化、延展和补充。微者，微言大义也，康有为于《孟子》这一传统的儒家经典中，开发出前人尚未读出的微言大义，试图证明改良派所从事的维新事业于先圣有据，从而号召更多的有识之士，特别是期望统治阶级营垒中的重量级人

---

* 李哲夫（1952～　），男（汉族），辽宁沈阳人，广州市人民政府参事，历任广州市文化局党委书记、中共广州市委宣传部常务副部长、广州市政协教科文卫体委主任等职。

物幡然醒悟，逆转这一已然失败的运动。退一步说，即使这一事业再无翻盘的可能，康有为也要使自己的思想书于竹帛，传于后世，不至湮没无存。

一　发挥孔孟的微言大义，为变法维新提供精神和政治支撑

康有为要拉大旗作虎皮，这个大旗就是孔子。在康氏的眼中，孔子既是素王（因无政治权力），是儒家教派的"教主"，亦是新王，是用《春秋》来重新裁判历史，改铸政治，影响后世的划时代王者，认为"《春秋》为改制新王"①，而"作《春秋》"则理所当然就是"天子之事"②。

那么，应如何评价孔子和孔子的学说，才能使之更好地为自己的思想观点和政治主张服务呢？对此，康有为曾援引宰我、子赣（贡）、子思、庄子和颜回对孔子的赞美之词："宰我则称贤于尧舜；子赣（贡）则称百王莫违；子思则称发育万物，峻极于天；庄子则称配神明，醇天地，育万物，六通四辟，小大精粗，其运无乎不在；颜子则称仰弥高，钻弥坚，瞻之在前，忽焉在后。"③ 他还进一步认为："五子皆善言德行者，然虽极力铺写，终不若颜子之形容矣。次则庄子，次则子思，次则子赣（贡），次则宰我。"④ 颜子之形容好就好在讲出了孔子学问高深精微、出神入化、"圣而不可测"⑤ 的特征，这当然是极高的赞誉。

但事实上，无论是在《论语注》还是在《孟子微》中，康有为引用最多的还是庄子的评价："六通四辟，小大精粗，其运无乎不在。"这是把孔子的学说推崇到无往而不灵、放之四海而皆准的高度，显然更有利于康有为以之作为变法维新的思想遵循。查《庄子·天下》，其原文为："古之人

---

① 康有为著，楼宇烈整理《孟子微》，中华书局，1987，第 164 页。以下凡引用《孟子微》均来自此版本，仅标注书名及页码。

② 《孟子微》，第 164 页。

③ 康有为：《论语注》，中华书局，1987，第 130 页。以下凡引用《论语注》均来自此版本，仅标注书名及页码。

④ 《论语注》，第 130 页。

⑤ 《论语注》，第 130 页。

其备乎！配神明，醇天地，育万物，和天下，泽及百姓，明于本数，系于末度，六通四辟，小大精粗，其运无乎不在。其明而在数度者，旧法世传之史，尚多有之。其在于《诗》《书》《礼》《乐》者，邹鲁之士搢绅先生，多能明之。"①《庄子·天下》的原意乃是指出，古人的思想学术本来是一以统之、包容万有的，只是后来"天下大乱"，才使得学术也出现分裂，于是一些学者宗师按照自己的利益和偏好各取其一而加以演绎和发挥，从而形成了各是己是、多家争鸣的局面。

而这一古之完备之学，《庄子·天下》指的是《诗》《书》《礼》《乐》《春秋》《易》的六艺之学，但并未明确冠之以孔子之学。康有为认为这毫无疑义指的就是孔子，因为《春秋》乃孔子所作，《易》也是孔子晚年所为，孔门传六艺之学已是史家之定论。在解说《孟子》中"孔子登东山而小鲁，登泰山而小天下"② 一节时，康有为再一次引用《庄子·天下》中的这段话，并进一步加以引申发挥，认为孔子学说是一完备的整体，而其他诸子之学术，则不过如同人的耳目口鼻一样，只是各得孔学之一体而已，其气象格局是完全不能与孔子相提并论的。孔子之学道大难知，"然望海者，不见其涯涘，而波涛汹濔之大，即其翻澜气象，亦迥异于江河；望日月者，难测其势力，而光明照耀之至，即容隙所入，亦迥异乎萤烛"③。孔子之学如大海，如日月，无所不备，光焰无际，继承孔子之衣钵，就是获得了取之不尽、用之不竭的思想宝藏，就是站在了政治和道义的制高点上；而孔子之道，也完全可以为今所用，作为变法维新的一面思想旗帜。

康有为曾师从朱次琦，而朱讲学，比较善于辨析学术源流，这对康影响很大。在《孟子微》中，为了使孔子的形象神圣化，解析出为改良维新所适用的孔学之微言大义，康有为亦用辨析人物及学术源流的方法，来推崇孔子和孔子的所谓"大同升平"之学。要使孔学切实成为改良维新的理论旗帜，就必须增强孔子的权威性和孔学的普适性。因此，康有为在《孟

---

① 陈鼓应：《庄子今注今译》，中华书局，1983，第 855 页。
② 杨伯峻：《孟子译注》，中华书局，1960，第 311 页。以下凡引用《孟子》一书均来自此版本，仅标注书名及页码。
③ 《孟子微》，第 135～136 页。

子微》中通过阐扬和发挥孟子的有关论述，力求神圣化孔子的形象，并使孔子的思想更加切合己用。

孟子认为，"圣人，百世之师也"①，他们的榜样作用，对社会的影响是至深至广、至大至远的。他最为推崇的是这四个人物：伯夷、伊尹、柳下惠、孔子。伯夷是"圣之清者也"②，其"目不视恶色，耳不听恶声。非其君，不事；非其民，不使。治则进，乱则退。横政之所出，横民之所止，不忍居也"③，是一个严格坚持自己的操守，不肯迁就政治环境和牺牲自己原则的人。因此，"闻伯夷之风者，顽夫廉，懦夫有立志"④，对净化和澄清社会风气是大有作用的，但未免有"水至清则无鱼"之弊，因其所发挥作用的条件和范围过于严苛，从而很难在社会上得到推广和运用。康有为更为欣赏的是那种高不远人、清不绝物的社会贤达。伊尹则是另一种类型，他"治亦进，乱亦进"⑤，不论世道如何，都要承担起觉民救世这一"先知先觉者"的历史责任，是一个积极进取，追求建功立业的"圣之任者"⑥。对此，朱次琦非常推崇，他说过"伯夷之清易，伊尹之任难"⑦ 的话，认为入世干事要难于自我约束、自我清廉，对此，康有为也是赞同的。而柳下惠又不同，他的处世哲学是"尔为尔，我为我，虽袒裼裸裎于我侧，尔焉能浼我哉?"⑧，是一个既出淤泥而不染，又能与环境和平相处的"圣之和者"⑨。以上三者虽然都非常了不起，但相对于孔子，又不免相形逊色，孔子"可以速而速，可以久而久，可以处而处，可以仕而仕"⑩，是集大成式的人物。"集大成也者，金声而玉振之也"⑪孔子自始至终都能做到有条有理，是既有智之巧，又有力之强的完美型人物，是最为可贵

---

① 《孟子译注》，第 329 页。
② 《孟子译注》，第 233 页。
③ 《孟子译注》，第 232 页。
④ 《孟子译注》，第 232 页。
⑤ 《孟子译注》，第 232 页。
⑥ 《孟子译注》，第 233 页。
⑦ 《孟子微》，第 158 页。
⑧ 《孟子译注》，第 232 页。
⑨ 《孟子译注》，第 233 页。
⑩ 《孟子译注》，第 232～233 页。
⑪ 《孟子译注》，第 233 页。

的“圣之时者”①。

康有为继承孟子的这一论述，又进一步将之源流化。他发挥说：“鲁两生、魏少英、管宁、刘因、蔡子英之流，伯夷之正派，而李膺、范滂、高攀龙、顾宪成之流，亦近之者。……陈寔、陶潜、周濂溪，柳下惠之派也。……王猛、李泌、张居正，伊尹学派也。”② 那么，孔子呢？“若孔子，则大化舒卷，与天同之，千百化身，无所不可。裘葛皆具，视冬夏而衣之；冰炭还备，因寒暑而用之。时无常，量无止，道无大小精粗，六通四辟，无所不在，故谓之集大成。不名一德，不限一器，无所不备，肫肫其仁，渊渊其渊，溥博渊泉而时出之，此所以为圣之不可测，而为神也。”③他认为孔子是无所不能、无所不备的真正的圣人，是在任何条件下、任何环境中都可以有所作为的因时制宜、与时而进的完美政治人物，而孔学则是光焰如日月、不竭若江河的万有宝库，只要人们根据具体的环境和条件选择适宜的教诲就能无往而不胜。他把孔子和孔学近乎神化了。

在《论语注》和《孟子微》中，康有为还提出，《孟子》的思想才是孔子学说微言大义的真正继承者和阐扬者，其思想价值和重要性甚至超过了由曾子及其后学所记载和整理的《论语》。他比喻说，这就如释门中有大乘佛教和小乘佛教一样，《孟子》是孔门中的大乘之学，《论语》则是孔门中的小乘之学；《孟子》体现的是儒学之本，《论语》则基本上体现的是儒学之末。不但如此，他对孟子和孟学的推重，简直到了登峰造极的地步。他不知引用何人之言，很可能就是他自己所言：“举中国之百亿万群书，莫如《孟子》矣。传孔子《春秋》之奥说，明太平大同之微言，发平等同民之公理，著隶天独立之伟义，以拯普天生民于卑下钳制之中，莫如孟子矣！探冥冥之本原于天生之性，许其为善而超擢之；著灵明之魂于万物皆备之身，信其诚有而自乐之；秩天爵于人人自有而贵显之，以普救生人神明于昏浊污蔽之中，莫如孟子矣！”④ 认为《孟子》是阐扬孔子学说的群书之首，孟子则是发掘《春秋》之改制大义，行大同平等之大道，拯救

---

① 《孟子译注》，第233页。

② 《孟子微》，第158页。

③ 《孟子微》，第158页。

④ 《孟子微》，第5页。

民众摆脱酷政桎梏的至伟之人，是发现民众天性，使人人得以为善、人人得以聪敏、人人得以完美的大圣人。因此，他不惜下大功夫，把《孟子》七章拆散加以重新编排，这是他在注儒家著作时所仅见的。

康有为对孔子后学的师从渊源也做了认真考索。孔子弟子三千，贤人七十二，但真正受孔子青睐而经常追随左右的不过数人而已。颜回自是排名第一的高足，但惜其早夭，并未能在传播孔子之学上发挥太大的作用。

在康有为看来，孔子之后，儒学分有众多派系，其中最大的有两支，有子、曾子分别为这两支的"巨子宗师"①，因此才能在《论语》中被称为子，而其余孔门弟子，包括颜回、子赣（贡）等地位更高的在内，都一概以其字称呼。在这两派中，又以曾子这一派人数最多，传播最为广远，这是由于曾子一生致力于办学授业，整理老师的教诲箴言，加之又十分高寿，因而弟子众多，绵延不绝，对后世影响最大。但曾子所传，乃孔子的据乱世之学，"以省躬寡过为主"②，规模和格局就显得较为狭隘，后来宋儒所传承和发挥的就是曾学，它无助于经国济民，这是儒学的不幸。而有子则传升平世之学，"其传在子游、子张、子夏，而子游得大同，传之子思、孟子"③，因而《中庸》《孟子》"其义闳深"④，规模、格局都与曾子一脉不可同日而语。康有为为学自是博大精深，有时考据甚严，可谓滴水不漏，但有时又率意为之，显得不够严谨。譬如，他认为子赣（贡）是太平之学的一个传人，其根据只是子赣（贡）有言"我不欲人之加诸我，吾亦欲无加诸人"⑤，他认为这是主张"人己皆平"⑥"人人直隶于天，人人自立自由"⑦，而这种观念只能在太平之世实行。同时由于《庄子》有"在宥"一说，这与子赣（贡）的主张相合，他又认为子赣（贡）之学，传之田子方，再传庄子。

---

① 《孟子微》，第 168 页。
② 《孟子微》，第 168 页。
③ 《孟子微》，第 168 页。
④ 《孟子微》，第 168 页。
⑤ 《孟子微》，第 168 页。
⑥ 《孟子微》，第 168 页。
⑦ 《孟子微》，第 61 页。

其实，倒是杨朱"拔一毛而利天下，不为也"①，不愿意悉天下而奉一身，即人人不损一毫，人人不利天下，似与子贡的观点更为相近。诸子百家相互辩难而又相互吸收，这是思想和学术发展中的题中应有之义，在某些方面出现观点相同或相通，但并不属于同一学派，甚至有可能属于格格不入的敌对学派，都不奇怪。因此，以言"在宥天下"②的理念和子赣（贡）的某些观念相通或相似，就认为庄子之学的根脉乃在孔子，是得子赣（贡）之再传，未免过于武断。在笔者看来，一部《庄子》，无论是思想主张、学术观念，还是表达方式、语言风格，都与儒家之学判然有别，显然别是一家。

总之，康有为认为，孔子之后，儒家一分为多，最有代表性的则是这样三条源流：一是子赣（贡）传太平世之学，其后庄子等继之，"其轨道甚远"③；二是有子传升平世之学，其传在子游、子张、子夏，子游又传于子思、孟子；三是曾子传据乱世之学，其后门户益大，特别是宋儒将之发挥到无以复加的地步，以至成为后来儒学的主流。但据乱世之学并非儒学之本，必须予以拨乱反正，重新恢复儒学中更为根本的升平世之学和太平世之学。康有为显然是以当代儒学的正宗继承者自居，他之所以断然不认同有宋以来的主流儒学，就是要以一己之力复兴孔孟之学的精髓和"微言大义"。

二 主张政治上崇西，文化上宗中

康有为虽选定孔子作为变法维新的思想旗帜，其实质却是要走西方资本主义道路。康有为出身于官宦之家，本身又受过系统的儒家传统教育，中国文化在他的思想意识中可谓根深蒂固，不可动摇；同时，他又生活于最先接触西方的前沿之地，且本人极善于接受新思想新事物（虽然在许多问题上又有十分固执的一面），因而西方的各种政治学术、行为方式、先进器物对其影响甚深。这形成了康有为所特有的一身而二任现象，即政治

---

① 《孟子译注》，第313页。
② 《孟子微》，第158页。
③ 《孟子微》，第168页。

上崇西，文化上尊中，二者并行不悖，共同成为他至死不渝的毕生追求。应当指出，这与在他同时或稍早时所出现的"中体西用"说是不同的，"中体西用"说是要在维护清帝国基本制度和基本体制的前提下，引进一些西方的事物以增强国力。"中体西用"说虽然并不完全否定借鉴西方的某些体制和机制，但那主要指的是在某些行业和部门有步骤地加以引进和借鉴，譬如，在军队编制和训练体制、学校建设、工矿企业和铁路管理上等。而康有为则是要在整个政治体制上取法西方，主张进行较大幅度和较大范围的改革，但与此同时又要延续中华文化的根脉，坚持中华文化的价值取向和价值追求。

在《孟子微》《论语注》等一系列著作中，康氏主张效法西方资本主义的政治制度，以通过明治维新富强的日本为师，以彼得大帝取法欧西以至崛起的俄国为榜样，以行三权分立之制的美国为最终追求目标的政治观点，可谓十分明确，毫不含糊。他虽然认为这些思想和主张在孔孟的著作中早有论述，西方种种所行不过是与孔孟的主张相应相合而已，但认为中国必须走西方的资本主义之路，必须据此而改良，舍此则别无他途，这样的观点也是非常鲜明的。笔者认为，这才是康有为变法维新的实质，是其最为根本的政治立场和政治观点。从这一意义上来说，康有为从孔子改制和孔子学说中去寻求变法维新的依据，不过是为了打鬼而借助钟馗，为了走西方之路而用孔孟之道来为之开路、掩饰、包装而已。这里走西方之路是本质，是目的，变法维新是手段，是途径，而倡导"公羊学"，推崇孔子为改制的鼻祖，不过是拉大旗作虎皮，包着自己去吓唬别人罢了。

在《孟子微》中，有多处把孔孟的话直接与西方的政治制度联系在一起。譬如，《孟子·梁惠王下》有这样一段话："左右皆曰贤，未可也；国人皆曰贤，然后察之；见贤焉，然后用之。左右皆曰不可，勿听；诸大夫皆曰不可，勿听；国人皆曰不可，然后察之；见不可焉，然后去之。左右皆曰可杀，勿听；诸大夫皆曰可杀，勿听；国人皆曰可杀，然后察之；见可杀焉，然后杀之。故曰，国人杀之也。如此，然后可以为民父母。"① 这是建议国王在用人、黜人和惩罚人时在更大的范围内征询民意，不要被自

---

① 《孟子译注》，第 41 页。

己身边几个人的意见所左右，因为只相信身边人的意见很可能会因为偏听偏信而做出错误判断。这里的"国人"，是指国都里的百姓，以区别于那些居于郊鄙的"野人"。国之大事要问政于民，要尊重民意，这当然比完全无视民众的意见要好得多。但这种民意征询，根本谈不上制度化、法制化，康有为把它说成"此孟子特明升平授民权、开议院之制，盖今之立宪体，君民共主法也"①，实在是过于牵强。这说明康氏为了推行西方的资本主义制度，不惜把资产阶级的政治主张望风捉影地嫁接到老祖宗的理念中去。

当然，深入思之，《春秋》及《春秋》三传中确曾多次记有国人参与政治并对政局产生重大影响的事件，但这是否能够说明城市人群自古以来就有关心政治、介入政治的要求，有追求民主政治的意愿？古希腊的城邦政治是这样，春秋战国时期一些诸侯国发生的国人干政事件似也体现了这一特征。考其原因，这应该是居于城市中的人群主要由商人、百工和士人组成，不但同业之间联系紧密，即使不同行业之间，也会有种种交易和交往行为发生，城市又是居住密集、信息荟萃的地方，再加上相对来说，这些居民文化和文明程度比乡野居民也要高一些，因而在一定条件下滋生出介入政治、要求"民主"的诉求，是理有固然的事情。但是随着时代的发展，西方的城邦制度演变成了近代资本主义民主政治制度，而在我国，这一星星之火则尚未燃起，就被强大的专制主义无情地扼杀了。因此，三代以后，中国并未出现任何形式的立宪政体和民主政体。

同样，在阐释有人问孟子，舜为天子，如果其父杀人，该怎么处理，孟子回答说"执之而已矣"② 这段对话时，康有为认为，这是在明确司法独立，不避权贵的原则。"各国律皆有议贵之条，此据乱世法也。若平世法，则犯罪皆同。美国总统有罪，亦可告法司而拘之，义同于此，近升平法矣。"③ "此章专明司法独立之权，而行政不得乱法，托舜发之。"④ 孟子确实有法不阿贵的思想，但很难从中看出他有司法独立的主张，战国时

---

① 《孟子微》，第20页。
② 《孟子译注》，第317页。
③ 《孟子微》，第105页。
④ 《孟子微》，第105页。

代，各诸侯国实行的都是王权政治，无一例外，不管是行政、军事还是司法，其权力都只能集中于诸侯王，而且即使上溯到夏商周，也没有司法独立的传统。更何况，在具体操作层面，地方行政长官既行使行政权，同时也行使司法权，如斯体制，怎么可能有司法独立的空间呢？在完全没有任何实践背景的情形下，即使智慧如孟子，也很难凭空发明出一种史上从未出现过的政治制度。康有为这样发挥，显然十分勉强，但康氏欣赏资本主义的三权分立制度，意欲在中国加以引进，却也是清清楚楚的。

　　在先秦的政治家和思想家中，孟子可能是最为强调为政要以民为本的。在《孟子·尽心下》中，他说："民为贵，社稷次之，君为轻。是故得乎丘民而为天子，得乎天子为诸侯，得乎诸侯为大夫。"对此，康有为进一步加以解说和发挥道："此孟子立民主之制，太平法也。盖国之为国，聚民而成之，天生民而利乐之。民聚则谋公共安全之事，故一切礼乐政法皆以为民也。……所谓君者，代众民任此公共保全安乐之事。为众民之所公举，即为众民之所公用。民者如店肆之东人，君者乃聘雇之司理人耳。民为主而君为客，民为主而君为仆，故民贵而君贱易明也。众民所归，乃举为民主，如美、法之总统。然总统得任群官，群官得任庶僚，所谓'得乎丘民为天子，得乎天子为诸侯，得乎诸侯为大夫'也。今法、美、瑞士及南美各国皆行之，近于大同之世，天下为公，选贤与能也。孟子已早发明之。"①

　　孟子无疑是中国古代一位了不起的民本主义政治家，在两千多年前就能够提出民贵君轻的政治理念，认为统治者的政治基础在民，在于民众是否拥戴，只有得民心者才能得天下，从这一意义上说老百姓比君主更为重要，更有分量。这也就是后来魏征所言"君，舟也；人，水也。水能载舟，亦能覆舟"之意。但将之与资本主义的民主选举制度相比，应该说还有相当大的距离。前者诉诸统治者的自我认知和道德自觉，后者建基于一整套的制度和机制。但我们从康有为把中国太平世的政治与西方资本主义的民主政治等同起来，不难看出康氏的政治理想就是追求以美国为代表的资本主义民主制度。有学者认为康有为并没有什么近代资本主义的理念，他的政治理念完全出自对"公羊三世说"的演绎，这恐怕并不符合康有为思想的实际。在《论语

━━━━━━━━━━━━

① 《孟子微》，第 20~21 页。

注》和《孟子微》中，康有为还在多处表达他对美国、瑞士等国政治制度的高度赞赏和向往，认为那是最接近大同之世的社会类型。

对《孟子》中关于独乐乐不如与众同乐的议论，康有为也认为孟子与西方思想家有互通之处。与众同乐是《孟子》中议论得十分精彩的一段文字，对此，康有为认为西方的许多做法都深合其意。"以国者，民之公也，即囿者，亦当与民共之。今各国都邑皆有公囿，聚天下鸟兽草木，识其种别，恣民游观，以纾民气，同民乐，甚得孟子之义。"① 又说："今泰西茶会动至数千人，赛会燃灯至数百万人，其余一切会，皆千数百人，皆得众乐之义。"② 齐宣王与孟子在雪宫有一段对话，孟子旁征博引，极尽雄辩之能事，称赞那种能够实行"一游一豫"，体恤民力的统治者，而痛斥那种"流连荒亡"③，淫乐无度的统治者。康有为把这段议论概括为"同民忧乐，休助民力之义"④。他也拿西方国家来加以比照："今欧美各国，每日必以下午休息，夜间行乐，七日则有休息日，商旅不行，庆典大节，则有休日，有所行幸。复多为欢会，以聚乐休息之。至士商农工……足以便国民者，国家皆有补助金，以资其成功。……故其新学大工大农大商，皆藉国力而易成，此皆得休助之之义。"⑤ 可以说，为了实现维新改良，走西方的强国之路，康有为不惜处处用孔孟之说去诠释西方的政治经济，其用心不能不谓良苦。在他看来，东海西海，殊途同归，人类终归都要行大同之政，走大同之路。康氏认为，孟子所承继的孔子的大同、民主思想，实在要比西方早得多，而西方的民主制度不过是把孔子、有子、子思、孟子思想付诸实践而已。虽然不能说西方的政治人物是受了中国古代思想家的影响，但他们的所施所行都无外乎孔孟大同之道的基本主张。于是康有为在推行变法维新，主张走西方资本主义道路的时候，理直气壮地用这是在行孔子之大道来为自己辩护。

与此同时，康有为对中国文化是真诚热爱的，认为外国的文化与中国

---

① 《孟子微》，第 99 页。
② 《孟子微》，第 100 页。
③ 《孟子译注》，第 33 页。
④ 《孟子微》，第 102 页。
⑤ 《孟子微》，第 102 页。

远不能相比，中国文化源远流长，精微至极，甚至承载中国文化的重要媒介——文字都要远远高明于西方。在康有为看来，西方的政治制度固然先进，但仔细考之，孔孟大道早就蕴含这些理念和内容，效法西方，归根结底还是在行孔子、孟子之道；《春秋》的"三统""三世"说，大一统的天下观，《礼记》的"天下为公"说，以及儒家的一整套伦理规范，历代先贤和文人所创造的文化、文学和艺术，是无可比拟的。戊戌变法失败后，康有为在国外避难期间，仍然孜孜矻矻地沉浸于对一些儒家经典的研究，《论语注》《孟子微》等著作都撰写于此时，与其说这是在政治上谋求东山再起，不如说这是他在异域不可须臾离开的精神支撑和精神寄托。

三　提出"仁政""为民"既是孔孟大道之要，也是西方学术和政治之要

康有为推重《孟子》，尤其赞赏孟子的民本思想。在《孟子微》中，他数次对这一思想加以发挥，认为"孟子言政，无往而非为民"[①]"孟子开口无非仁政，用心无非在民"[②]"孟子一生心术全在于民"[③]。在康有为看来，无可争议，"为民"就是孟子政治思想的核心，这一思想当然来自孔子，是对孔子仁学、仁政之说的继承和发展。在《孟子微·自序二》中，康有为以其特有的鼓动性语言写道："孟子哉，其道一于仁而已！孟子深造自得于孔子仁之至理，于是开阖操纵，浅深远近，抑扬进退，时有大声霹雳，以震动大地，苏援生人者，终于仁而已矣。"[④] 孟子之道，其出发点为仁，其落脚点亦是仁。孟子之言多矣，但无论其所涉及的事物是大是小，是远是近，其所阐释的道理是详尽还是简约，是浅易还是高深，都可以归于仁，都是仁的思想在不同领域或不同场合的延伸和呈现。归根结底，这一思想仍来自孔子，是孟子对孔子思想"深造自得"的结果。在康有为看来，孔子之后的儒学，得其真髓并能发扬光大者，先秦的孟子是一

① 《孟子微》，第 92 页。
② 《孟子微》，第 93 页。
③ 《孟子微》，第 94 页。
④ 《孟子微》，第 5 页。

个，西汉的董仲舒是又一个，而宋儒虽然把孔孟的地位抬得很高，却未能得其大者，不是经国济世，不是孜孜"为民"，而是汲汲于个人修为、人情伦理和礼仪形貌这些琐屑小道，因而于外敌虎视和进犯下的宋代国力没有多少实质性的帮助，这是宋儒之失。

康有为认为，孔子之学的实质乃是为政之学，离开为政去谈孔学，是遗其精而取其粗，舍其本而逐其末，甚至是南其辕而北其辙。而孔子的为政之道，一言以蔽之，曰：仁政而已。对此孟子可谓深得其要，他援引孔子的话说："道二，仁与不仁而已矣。"① 仁者为民爱民，其最高典范是尧舜；不仁者"暴其民甚，则身弑国亡；不甚，则身危国削，名之曰'幽''厉'……"②。尧舜应当为万世所法，幽、厉则应当为后世所鉴戒，"诗云'殷鉴不远，在夏后之世'"③，说的就是这一鉴戒。对此，康有为进一步加以发挥。他认为，仁与不仁，"二道实一道之正负也，此乃该括天下之大道，一切治教之得失、进退、是非皆以此决之。此一言乃孔子论道之总要，提纲揭领，大声疾呼，判黑白之途，别善恶之界，分上下之达，辨是非之门；鉴于今古祸福之由，验乎兴衰存亡之理……"④。

总之，"一切政教万化，皆括于是矣"⑤。仁政就是要以仁爱之心对待治下的百姓，以不忍人之心行不忍人之政。最重要的就是予民以恒产，使老百姓基本的谋生手段能够得到保障。因此，孟子主张："仁政，必自经界始。经界不正，井地不钧，谷禄不平，是故暴君污吏必慢其经界。"⑥ 也就是说，必须让老百姓最重要的生产资料——土地，能够得到最基本的保证，而不被强权者所侵吞和霸占。只有这样，才能使广大民众"乐岁终身饱，凶年免于死亡"⑦，"仰足以事父母，俯足以畜妻子"⑧，有能够生存和繁衍下去的最起码的条件。且不论"正经界"的具体措施是否符合实际，

---

① 《孟子译注》，第 165 页。
② 《孟子译注》，第 165 页。
③ 《孟子译注》，第 165 页。
④ 《孟子微》，第 12 页。
⑤ 《孟子微》，第 12 页。
⑥ 《孟子译注》，第 118 页。
⑦ 《孟子译注》，第 17 页。
⑧ 《孟子译注》，第 17 页。

在当时的环境下是否具有可操作性，能提出在农业社会必须让老百姓分得一块土地，并不被侵占，从而有"恒产"可依，有进行生产和再生产的必要条件，就是一个巨大的进步，这也是一个好政权的基本施政之道。孟子还提出，仁政要"不嗜杀人"①，不行苛政，要"救民于水火之中"②。

在孟子所处的战国时代，天下兵连祸结，人民辗转沟壑，生命完全没有保障。各诸侯国之间，动辄"争地以战，杀人盈野；争城以战，杀人盈城"③，战争对人民的危害最大，在这样的背景下，"不嗜杀人者"的政权当然会得到人民的拥戴，天下之民当然会引而望之，"民归之，由水之就下，沛然谁能御之"④，因而"仁者无敌"。更进一步说，行仁政就应该主动救民于水火之中。在暴政之下，民众不堪压迫，经常处于如水益深、如火益热的苦难境地，而这时期盼仁政则犹如大旱之望云霓，因此，行仁政就要履行解民于倒悬的使命和责任，像汤诛夏桀、武王伐纣那样，向暴政兴问罪之师，而这一定会得到老百姓的欢迎。

孟子还进一步认为，行仁政实际上就是行"保民"之政，行"为民"之政，其要不外乎治国以地、立国以农、分田制禄、省刑薄税、不违农时等数端，而说到底，就是要把为民养生送死的事办好。办好了就得民心，反之则失民心，这是千古不易的道理。孟子说："得天下有道：得其民，斯得天下矣；得其民有道：得其心，斯得民矣；得其心有道：所欲与之聚之，所恶勿施，尔也。"⑤ 对此，康有为发挥道，仁政不必泥古，仁政也不限于一端，不管世事如何变化，凡"聚民所欲，去民之所恶"⑥ 的就是仁政。行仁政则得民而必兴，不行仁政则失民而必亡。孟子认为，仁政的最高境界是与民共享，与民同乐。在康有为看来，"孟子一通仁说，推波助澜，逢源左右，触处融碎"⑦，最终"不过至于民乐而已"⑧。孔孟之道，

---

① 《孟子译注》，第 12 页。
② 《孟子译注》，第 148 页。
③ 《孟子译注》，第 175 页。
④ 《孟子译注》，第 13 页。
⑤ 《孟子译注》，第 171 页。
⑥ 《孟子微》，第 73 页。
⑦ 《孟子微》，第 100 页。
⑧ 《孟子微》，第 100 页。

不在禁欲，而在与民同享同乐。这既与暴君民贼凌虐天下，以养一己之体，但纵一人之欲有根本不同，也与佛教之绝欲、墨子之尚俭迥然有别，墨家主张生不歌，死无服，自苦无已，"宋贤自朱子染于释氏无欲之说，专以克己，禁一切歌乐之事，其道太觳，近于墨氏，使民情不欢，民气不昌"①，都不是孔孟之道。而与民同乐，"乐民之乐者，民亦乐其乐；忧民之忧者，民亦忧其忧"②，乐以天下，忧以天下，才是"治教之至"③。总而言之，康有为认为，一部《孟子》，其核心理念就在于"为民"，就在于推行"仁政"。应当说，他确实切中了《孟子》之肯綮。在两千多年前，孟子就有如是进步的哲学观念和政治主张，这无疑是中华文明的骄傲。康有为继承这一点，把它作为一切施政之本，无疑是对历史经验的正确总结，具有毋庸置疑的进步性。当然，孟子也好，康有为也好，他们的人民观还与唯物史观相距颇远，他们不懂得人民群众是历史的主体和创造历史的动力，没有看到人民群众的历史主动性，把有仁心、行仁政的所谓好的统治者看成人民的救世主，从而把人民的体面生活完全寄托在这些统治者身上，这是他们难以避免的阶级局限性和历史局限性。

对于孟子的仁政思想，康有为更下功夫的是把它与西方的资本主义社会制度整合起来，把西方的资本主义政治说成中国古已有之的东西，并且认定西方的政治理念和为政之道，也是坚持以民为本的，在这点上，西方实际上与孔子、孟子的仁政学说一脉相承，不谋而合。孟子言必称尧舜，康氏解释称，尧舜处太平世而行大同之治，实行的是天下为公的民主政治，这是仁政的理想境界。按照康有为的政治逻辑，据乱世只能实施君主制度，升平世则应实施君民共主制度，只有太平世才有条件实行民主制度。君主政治而行仁政的典范是周文王，民主政治而行仁政的典范是尧舜，孟子的理想则是民主政治，因而他才言必称尧舜。其实，康有为对美国的资本主义制度最为推崇，认为它是当时世界上最为接近大同之治的社会制度，为此，他不惜把舜与华盛顿相类比，认为"今之华盛顿者，亦舜

① 《孟子微》，第101页。
② 《孟子译注》，第33页。
③ 《孟子微》，第100页。

之传也"①，这既是对华盛顿的极高评价，同时也表明他心目中的美国制度本质上就是尧舜所实行的民主政治，二者都是在太平之世才可能有的以民众为中心的社会制度，这也是康有为心目中仁政的最高境界。

康有为对西方的政治学说是有较深理解的，他清楚地意识到，西方的人性论哲学，特别是天赋人权、人人平等，是近代国家学说和契约政治的学理基础。因此，在《孟子微》中，他试图把孟子的性善论与西方的人性论等同起来，把性善论作为行仁政的基础，从而作为效法西方政治的基础。在《孟子微》的《总论第一》中，康有为指出："孟子一生学术，皆在'道性善'、'称尧舜'二语，为《孟子》总括，即为七篇总提。"② 他进一步认为，"道性善"是"称尧舜"的前提，"称尧舜"则是"道性善"的必然结果，并指出这是孟子一生学术的纲领和核心。在康有为看来，天地之间，以人为最贵，人性之善，并非禀于父母，而是源于天，"天赋定理，人人得之，人人皆可平等自立，故可以全世界皆善……"③，这分明是耶稣基督之下人人平等的翻版。孟子"道性善"，无非是说人性之善乃先天如此，并没有人人平等、人人自立之义；"人皆可以为尧舜"④，同样是认为人性本善，如果扩而充之，皆可以达到尧舜那种道德修养和道德境界，也并不包含个体平等的意思。康氏有意把性善论向人人平等、自立上引申，就是要把孔孟之说与资产阶级的政治学说联系起来，从而为改良维新提供理论依据。

在孟子那里，性善乃在于人皆有不忍人之心，康有为的注释却把它融入具有与时俱进特点的西方式表述："不忍人之心，仁也，电也，以太也，人人皆有之，故谓人性皆善。……故知一切仁政皆从不忍之心生，为万化之海，为一切根，为一切源。一核而成参天之树，一滴而成大海之水。人道之仁爱，人道之文明，人道之进化，至于太平大同，皆从此出。"⑤ 康有为认为，孟子之学全在扩充，孟子的全部仁政学说，概从不忍人之心中生

---

① 《孟子微》，第 59 页。
② 《孟子微》，第 7 页。
③ 《孟子微》，第 7 页。
④ 《孟子译注》，第 276 页。
⑤ 《孟子微》，第 9 页。

发推衍而得。其逻辑则是，其始在亲亲，这是乱世的行为准则，因为乱世"乡邻有斗亦闭户，惟被发而救同室，故知乱世但亲亲"①；而平世则"视人溺犹己溺，人饥犹己饥，人人平等，爱人若己"②，自然要把仁民作为行为准则；再进一步，则认为众生都由天所生，所有生物都是人类的大同胞，既是同胞，则理当一视同爱，这就是爱物。仁的范围不断扩大，由身边的亲人扩展到所有人类，再由人类扩展到生物界。这后一境界，似开启了今天生命意识的先河。在康有为看来，"亲亲，仁民，爱物"，儒家之仁就是这样不断发展、不断进化、不断扩大范围，从而把仁政的观念和政治不断推向极致的。

要而言之，康有为撰《孟子微》的最终目的就是通过对《孟子》的阐释，进一步确立孔子"圣之时者"的地位，从而认定改制维新乃是孔学最为根本的微言大义，以为其变法维新事业提供权威依据。在此基础上，康有为又进一步把孔子、孟子的学说和西方的资本主义制度联系在一起，认为西方的政治制度的基本方面与孔孟学说是相通相合的，孔孟之道实开西方政治之先声，西方政治不过是孔孟学说在中国之外的实现而已，因此，走西方之路也就是在行孔孟之道。循此逻辑，康有为更进一步认为，孟子的"性善"论和"仁政"观相当于西方哲学中主张人人平等、人人自立的"人性论"和西方政治学中的民主论和人权论，前者是孔孟学说的核心观点，后者则是西方哲学和西方政治中的核心理念，因而抓住了"性善"论和"仁政"观，也就等于抓住了西方哲学和西方政治的根本。在《孟子微》中，康有为就是这样层层递进地为变法维新寻找理论依据和现实效法的样板的。

作者通信地址：广东省广州市天河区珠江东路 4 号广州大典研究中心，邮编：510623，邮箱：lizhefu1208@163.com

责任编辑：王富鹏

---

① 《孟子微》，第 11 页。
② 《孟子微》，第 11 页。

O Macaísta Imparcial（《澳门土生公正报》）中译名与办报理念考证[*]

王　海　喻　茜^{**}

广东外语外贸大学，广东广州，510420

摘　要：由于现当代中国学者对在华葡文报刊的相关研究不足且研究方法和路径有待修正，其新闻学著述关于在华葡文报刊活动的论述出现若干错误信息，*O Macaísta Imparcial* 中译名《帝国澳门人报》甚至成为以讹传讹的典型代表。通过对 *O Macaísta Imparcial* 相关错误信息的个案分析，我们可以透视在华葡文报刊流传中出现错误信息的原因，这有助于正确认识在华葡文报刊活动的史实。

关键词：在华葡文报刊；*O Macaísta Imparcial* 中译名；办报理念

19 世纪以来，澳门土生葡萄牙人在西学东渐的历史进程中，以其双重性思维和文化的比较优势，在澳门、香港和上海创办种类繁多的外文报刊，在欧洲大陆、葡萄牙、印度果阿、中国澳门、中国内地这条信息链中，发挥着信息源的作用①，对近代中国报业和社会发展具有重大意义。

现当代新闻学著述有关 19 世纪 20～40 年代在华（澳门）葡文报刊活

---

* 基金项目：国家社科基金一般项目"《京报》外译的跨文化传播研究"（批准号：15BXW005）、广东外语外贸大学新闻与传播学院重点项目"岭南文化外译对广州城市形象塑造的影响——以《中国丛报》文本为例"。

** 王海（1967～　），男（汉族），河南延津人，广东外语外贸大学教授，翻译学研究中心研究员，翻译学博士生导师，研究方向为翻译与汉学、中外新闻史。喻茜（1989～　），女（汉族），湖南郴州人，广东外语外贸大学新闻与传播学院教师，翻译学博士研究生，研究方向为翻译与汉学、国际传播。

① 李长森：《近代澳门外报史稿》，广东人民出版社，2010，第 61 页。

动的零散论述中，出现了诸多模糊的信息和误读性认识，如 *O Macaísta Imparcial* 中文译名与办刊理念的记述就产生误译与错误，成为在华葡文报刊活动认知误读的典型代表。戈公振在《中国报学史》中说："*O Macaísta Imperial*（译意［帝国澳门人］），发刊于一八三六年六月九日。一八三八年为政府所封禁。"① 方汉奇在《中国新闻事业通史》中说："有重要影响的则为《帝国澳门人报》（*O Macaísta Imparcial*）……1836 年末，在主要竞争对手《澳门钞报》（*Chronica de Macao*，又译作《澳门杂论》）停刊以后，它的社会影响更加增大，至 1838 年 7 月 24 日，终因触犯当道被澳葡当局封禁。②" 叶再生《中国近代现代出版通史》对在华葡文报刊的记述只是重复戈公振的说法，关于 *O Macaísta Imparcial* 的记述如下："《帝国澳门人》（*O Macaísta Imparcial*），1836 年 6 月 9 日创办于澳门，1838 年被澳门政府查封而停刊。"③ 而 *O Macaísta Imparcial* 中译名《帝国澳门人》还是错误的。

由于戈公振及其《中国报学史》的权威性，现当代新闻学者基本沿袭其著述关于 *O Macaísta Imparcial* 等在华葡文报刊的既有论述，没有结合当时在华葡文报刊活动史实和相关文献进行深入和系统的研究，以至于对该报的论述出现错误信息，甚至对在华葡文报刊活动及其影响产生错误的认知。本文研究 *O Macaísta Imparcial* 及其误读的个案，旨在厘清 *O Macaísta Imparcial* 的中译名、办刊理念及在华葡文报刊活动出现错误信息的原因，以期有助于人们正确认识在华葡文报刊活动的史实。

一 *O Macaísta Imparcial* 中译名勘误

1836 年 6 月 9 日，葡文半周刊 *O Macaísta Imparcial* 在澳门创刊，每周一、周四出版，由澳门土生人费利斯·费利西亚诺·克鲁兹（Félix Feliciano da Cruz）创办并担任主笔。作为《澳门钞报》（*Chronica de Macao*）的

---

① 戈公振：《中国报学史》，商务印书馆，1927，第 84 页。
② 方汉奇主编《中国新闻事业通史》（第一卷），中国人民大学出版社，1992，第 193 页。
③ 叶再生：《中国近代现代出版通史》（第一卷），华文出版社，2002，第 198 页。

竞争对手，*O Macaísta Imparcial* 定位于服务公众（Pela Ley e pela Grey）①，1838 年 7 月 4 日，该报遭葡萄牙澳门当局封禁而停刊，由《真爱国者》（*O Verdadiero Patriota*）取而代之。

O Macaísta Imparcial 的正确中译名为《澳门土生公正报》。"O"为葡语中阳性名词前面使用的定冠词，"macaísta"，同"macaense"，作为形容词，意思是"澳门（Macau）的"，亦可作阳性名词，意指"澳门人""澳门土生葡萄牙人"②，葡文"imparcial"作为形容词，意思是"公正的""不偏不倚的""不偏袒的"③。因此，*O Macaísta Imparcial* 中译名《帝国澳门人报》为误译，而根据李长森的考证，*O Macaísta Imparcial* 应该译为《澳门土生公正报》④。

现当代绝大多数新闻学著述都称 *O Macaísta Imparcial* 为《帝国澳门人报》，这是明显的以讹传讹。由于戈公振先生不识葡文，他在翻译 *O Macaísta Imparcial* 报名时请人帮助，而译者将葡文报名 *O Macaísta Imparcial* 中的形容词"imparcial"误认为英文名词"imperial"（含有"帝国"之意），进而将报名误译为《帝国澳门人报》。在西语专有名词译成中文时，需根据该专有名词的组成而选择音译与意译相结合或意译或音译，必须将组成专有名词之实词的内涵译出来，而单纯的音译或意译会铸成误译，"西方专名之语根每具意义。吾国人对之，其义浅者或译其意：如译 Northcliffe 为'北岩'是也。其义晦者则多译其音。此例最多，不必列举。然因义音互异之故，遂致译西名者难免谬误"⑤。现当代新闻学著述基本沿袭了戈公振《中国报学史》中 *O Macaísta Imparcial* 的误译中文名称《帝国澳门人》。

关于 *O Macaísta Imparcial* 中译名出现的第二种错误是将"macaísta"音译为"麦卡埃斯塔"而漏掉"imparcial"。1985 年第 2 期《岭南文史》刊

①　"European Periodicals Beyond the Ganges," *The Chinese Repository*, 1836（5）: 153.
②　陈用仪主编《葡汉词典》，商务印书馆，2005，第 676 页。
③　陈用仪主编《葡汉词典》，商务印书馆，2005，第 591 页。
④　李长森：《近代澳门外报史稿》，广东人民出版社，2010，第 65 ~ 88 页。
⑤　何炳松、程瀛章：《外国专名汉译问题之商榷》，《东方杂志》第 23 卷第 23 号，1926 年 12 月 10 日，第 71 页。

载《〈中国丛报〉中文提要》（之二），其中《中国丛报》第 5 卷第 4 期
（1836 年 8 月）篇一中葡文报刊 *O Macaísta Imparcial* 中译名为音译《麦卡
埃斯塔报》。[①] 显然，这是译者根据该葡文报刊名称中"macaísta"（澳门土
生人）词语的英语发音进行音译，并把葡语形容词"imparcial"（不偏不
倚∕公正）忽略掉的误译。

广西师范大学出版社 2008 年 6 月版《〈中国丛报〉篇名目录及分类索
引》在编纂当期《中国丛报》中的《恒河外印度地区的欧洲杂志》（"Eu-
ropean Periodicals beyond the Ganges"）时套用《岭南文史》中刊载的
《〈中国丛报〉中文提要》（之二）的报刊名称中译法，"恒河以东地区出
版的西文杂志：《威尔士亲王岛报》（*Prince of Wales' Island Gazette*）、《马六
甲观察》（*Malacca Observer*）、《集锦》（*Periodical Miscellany*）、《新加坡编
年史》（*Singapore Chronicle*）、《新加坡自由报》（*Singapore Free Press*）、
《澳门钞报》（*Chronica de Macao*）、《麦卡埃斯塔报》（*Macaísta Imparcial*）、
《广州纪事报》（*Canton Register*）、《广州周报》（*Canton Press*）……"[②]，
依然将 *Macaísta Imparcial* 中的"macaísta"按照英文发音音译为《麦卡埃
斯塔报》，而忽略"imparcial"的存在。

其实，这是近代国人翻译外国专名常见的错误之一。西方各语种的
字母虽属同源，然历时衍变，已大相径庭，日耳曼语系的英语与德语、
拉丁语系的法语与意大利语，其多数发音已经迥然不同，若干发音虽相似
而存在微妙差异，"故翻译西方专名之音，每以其所习之语音为主。实则
以英音读德、法语，或以法音读英、德语，都无是处"[③]。按照葡语发音，
"macaísta"应该音译为类似"马盖斯达"的中译名，显然《麦卡埃斯塔
报》译名中"麦卡埃斯塔"是按照英文读音音译而来的。

中西文及其语音有差异，汉字构造及其发音繁杂不足以应付移译西音

---

① 李烽、黄比新、闫静萍、蔡理才：《〈中国丛报〉中文提要》（之二），《岭南文史》1985
　　年第 2 期，第 101 页。

② 张西平主编，顾钧、杨慧玲整理《〈中国丛报〉篇名目录及分类索引》，广西师范大学出
　　版社，2008，第 232 页。

③ 何炳松、程瀛章：《外国专名汉译问题之商榷》，《东方杂志》第 23 卷第 23 号，1926 年
　　12 月 10 日，第 72 页。

之用，加之中国语言的历时变迁和方言的多样性，诸多因素导致译者在西文专有名词汉译时，将其发音混同起来，将同一专名译成五花八门的中译名，如 William John Napier（Baron，1786 - 1834）被译成"律劳卑""拿皮耳""律劳毕"等，Bin Laden 被译成"本拉登""宾拉登""本·拉登""本·拉丹""拉登""拉丹"等。

二　《澳门土生公正报》办刊理念探究

现当代绝大多数新闻学著述没有提及在华葡文报刊中占有重要地位的《澳门土生公正报》的办报理念，个别提到该报的，对其定位的论述也是模糊的。白瑞华（Roswell Sessoms Britton）在《中国报纸（1800～1912）》［The Chinese Periodical Press（1800 - 1912）］中说："《澳门编年报》在 1838 年半周刊《澳门土生公正报》创刊之后停刊，而《澳门土生公正报》在出版两年后也遭遇葡萄牙政府的镇压，由《真爱国者》取而代之。"[1] 除了《澳门土生公正报》出版时间等模糊信息的论述之外，白瑞华对《澳门土生公正报》的定位的认识也是模糊的。汪英宾在《中国本土报刊的兴起》（The Rise of the Native Press in China）中也有相似的论述："接下来，1836 年 6 月 9 日半周刊《澳门土生公正报》创刊，1838 年遭遇葡萄牙政府镇压停刊。《真爱国者》于 1838 年创刊，取而代之。"[2]

从《澳门土生公正报》独立的办报理念、明确的内容定位、所倡导的社会责任论和依法管制新闻业等层面来看，该报已经是具备现代大众化报纸属性的综合性报纸，而非大多数著述所描述的政党性报刊。而《澳门土生公正报》被误译为《帝国澳门人》或者《帝国澳门人报》，与译者和后人不了解该报刊的办报背景、定位、宗旨等直接相关。

（一）独立的办报理念

《中国丛报》称："《澳门土生公正报》曾经刊登有关宗教话题的论

---

① Roswell Sessoms Britton, *The Chinese Periodical Press*（1800 - 1912）, Kelly & Walsh, Limited, 1933, p. 26.

② Ying Pin Wang, *The Rise of the Native Press in China*, Columbia University, 1924, p. 19.

述，有些读者可能希望我们对此加以谴责。我们选择不予评论，而我们的沉默并不代表对其赞同。我们认为，通过'点亮'自己而不是成为辩论家就能够更好地定位报纸内容，因为其他报刊宣称其'灯台和油料'是确实可靠的。在不久的将来，我们将从中受益。"《澳门土生公正报》发刊词明确指出："该报不与任何党派发生关系，只尊重法律。"① 在中外报刊史上，任何标榜独立办报的报纸名称与创刊号上都不会出现"帝国"之类的字眼，把 *O Macaísta Imparcial* 译为《帝国澳门人》或者《帝国澳门人报》不符合该报独立办报的宗旨。

（二）明确的报纸定位

《澳门土生公正报》发刊词明确定位报纸自身的内容："我们承诺的公正性将捍卫政治和民主新闻的真实，如实报道进出（澳门）的客人和船只情况，而且我们将准时于每周一和周四出版……所有公众不感兴趣的事情、所有可能引发争执（就像匿名通讯员通常所为）的报道都不会出现在我们的报纸上。我们的报纸致力于服务公众（Pela Ley e pela Grey）。"② 显然，将 *O Macaísta Imparcial* 误译为《帝国澳门人》或者《帝国澳门人报》，与其报纸定位大相径庭，属于常识性翻译错误。

（三）倡导报刊社会责任论和依法管制新闻业

《澳门土生公正报》在发刊词中宣称："尽管报刊不属于使作者成名或者彪炳史册的著作之列，但是报刊的本质类似点亮的火炬，旨在教育公众，引导舆论，使政府行为处于公众监视之下；因此，引用原始的谚语'金属熔成子弹不如铸成活字流传得久远'（metal when melted into bullets is not so mortal as when founded into types）；不加约束的新闻自由成为棘手的问题，政府应该颁布相关法律来限制新闻自由的滥用；当报刊活动有法可依而且限定在法律所规定的范围时，报刊毫无疑问就可以报道人类社会、

---

① "European Periodicals Beyond the Ganges," *The Chinese Repository*，1836（5）：152 – 153.

② "European Periodicals Beyond the Ganges," *The Chinese Repository*，1836（5）：153.

政治、经济和单张大报报道范围的其他事务。"①

《澳门土生公正报》作为现代大众报纸的代表,具备独立的办报理念、明确的办报定位并倡导报刊担负起社会责任和依法管理报业,显然是西方报业思想在澳门的渗透和传播,其两年有余的办报实践势必对早期澳门报业和广州、香港等地报业产生影响。现当代绝大多数新闻学著述没有结合相关文献资料来系统研究在华葡文报刊活动,只是沿袭前人有关《澳门土生公正报》等在华葡文报刊的论述,以至于对《澳门土生公正报》的办报理念认识模糊,甚至出现错误信息。

三 《澳门土生公正报》中译名与
办刊理念误读成因

现当代多数新闻学学者将在华葡文报刊定性为"自成一体"的在华外报,关于在华葡文报刊对中国本土新型报刊兴起和社会发挥的作用论述不清,这反映了我们对在华葡文报刊活动乃至在华外报活动的认识偏差。程曼丽在《〈蜜蜂华报〉研究》中说,在考察在华外报时,"我们的研究者更多注意的是其中的中文报刊、英文报刊、法文报刊以至日文报刊,而对《蜜蜂华报》和它之后出现的葡文报刊却绝少提及"②。方汉奇认为:"……葡文报刊因基本上在葡萄牙统治下的澳门出版,与鸦片战争前后形势的变化关系不大,故暂不计入。"③ 赵敏恒在《外人在华新闻事业》(*The Foreign Press in China*)中未涉及在华葡文报刊的传播状况。

现当代新闻学著述记述的《澳门土生公正报》出版信息出现错误绝非个案。汪英宾猜测《中国蜜蜂报》(*A Abelha da China*,也译为《蜜蜂华报》)④ 属于"恒河外方传教计划"中的报刊⑤,"随着贸易和传教活动的东进,英语和葡萄牙语出版物也出现了。1805~1827 年,在马来西亚槟榔

---

① "European Periodicals Beyond the Ganges," *The Chinese Repository*, 1836 (5): 153.

② 程曼丽:《〈蜜蜂华报〉研究》,(澳门)澳门基金会,1998,第 3 页。

③ 方汉奇主编《中国新闻传播史》,中国人民大学出版社,2002,第 219 页。

④ 李长森:《近代澳门外报史稿》,广东人民出版社,2010,第 36 页。

⑤ Ying Pin Wang, *The Rise of the Native Press in China*, Columbia University, 1924, p. 19.

屿，一种非宗教类世俗刊物《威尔士王子岛报》创刊，这是恒河口岸东第一份具有报纸特征的出版物"①。19世纪20年代至鸦片战争时期是在华葡文报刊的第一个传播时期，也是在华基督新教传教士在华南及其周边创办首批中英文报刊的时期。而葡萄牙当局敌视基督教，不允许英美传教士在澳门办报；葡萄牙本国党派所控制的在华葡文报刊敌视基督教及其在华报刊，更觊觎英国人在华贸易的优势，"英人善经商，葡人忌之，常阴掣其肘。英以鸦片启衅，葡报颇袒中而抑英，盖恐中国并外人为一谈，则将有害于彼之商业也"②。白瑞华在《中国报纸（1800~1912）》中以独立段落专门论述澳门的葡文报刊，并没有将《中国蜜蜂报》或在华葡文报刊与马礼逊于1813年倡导的"恒河外方传教计划"联系在一起。白瑞华的论述佐证了汪英宾的说法只是猜测且是错误的。

现当代学者对于《中国蜜蜂报》《澳门钞报》《澳门月报》之间关系有不同的认识。白瑞华认为，于1822年创刊的《中国蜜蜂报》两年后被澳门重现的保守派改名为《澳门钞报》；1826年，澳门葡萄牙保守派被镇压，《澳门钞报》即停刊，所谓的合法当局再次掌控澳门。③汪英宾持有同样的看法，《中国蜜蜂报》于1822年9月12日创刊，1824年更名为《澳门钞报》；1826年，《澳门钞报》停刊。④《澳门百科全书》记载，昔日澳门的葡萄牙立宪派在1822年取得澳门政权，创办《中国蜜蜂报》，以社论、读者来信形式攻击辖区的葡萄牙保守派，直至1823年9月23日，葡萄牙保守派夺回政权，宣布《中国蜜蜂报》内容恶毒；1824年1月3日，葡萄牙保守派创办《澳门钞报》（《澳门报》），取代《中国蜜蜂报》；后来，因财政问题，《澳门钞报》至1826年12月16日停刊，共出版50期。显然，《澳门钞报》是《中国蜜蜂报》的续刊，它并非一种完全独立的报纸。

① Roswell Sessoms Britton, *The Chinese Periodical Press (1800－1912)*, Kelly & Walsh, Limited, 1933, p. 26.
② 戈公振：《中国报学史》，商务印书馆，1927，第84页。
③ Roswell Sessoms Britton, *The Chinese Periodical Press (1800－1912)*, Kelly & Walsh, Limited, 1933, p. 26.
④ Ying Pin Wang, *The Rise of the Native Press in China*, Columbia University, 1924, p. 19.

1839 年创刊的《澳门钞报》则是另外一种报纸。现当代新闻学著述关于这份《澳门钞报》的创办日期存在分歧。汪英宾认为，《澳门政府公报》于 1839 年 1 月 9 日出版，在出版和发行首期后，报纸名称改为《澳门钞报》。① 根据《澳门百科全书》得知，1839 年 1 月 17 日，一份同名周报创刊，社长兼总编辑为彼亚度（Manuel Maria Dias Pegado）。《澳门钞报》同样以争论为主，后于 1839 年 8 月停刊，共出版 32 期。② 基于此，该报不同于 1824 ~ 1826 年出版的《澳门钞报》，它是另外一家报纸。

在华葡文报纸《澳门钞报》与译报《澳门月报》分属两类报纸。戈公振猜测，《澳门月报》就是《澳门钞报》的译报，"《海国图志》所载之'夷情备采'，大率译自上述各报，所谓《澳门月报》似即 Chronica de Macao 之译报也"③。白瑞华否认戈公振的说法："魏源继承林则徐的翻译事业，把这些翻译文本收录在《海国图志》中。这些海外的百科全书式的文本囊括了摘自英语报刊的海量信息，但没有澳门的葡语报纸的编译文本。"④ 魏源编著的《海国图志》从《广州纪事报》（The Canton Register）、《广州周报》（The Canton Press）中摘译很多关于澳门社会状况的文章，《海国图志》第 70 卷有一篇文章摘自"澳门新闻录"关于参与 1840 年南极探险的两艘法国舰艇的内容，第 94 卷有"澳门杂录"中关于外国货币及其汇率的摘引，第 81 ~ 83 卷包括从"夷情备采"中翻译过来的整篇文章和信息，第 81 ~ 82 卷摘自《中国丛报》的文本命名为《澳门月报》。

有关在华葡文报刊活动研究著述中出现类似《澳门土生公正报》中译名与办报理念误读等错误信息，其成因大致有以下几个方面。

（一）沿袭"权威著述"之定论

现当代新闻史学者关于早期在华外报的研究往往沿袭戈公振《中国报学史》等"奠基之作"或"权威著述"的定论，将在华外报划分为在华

---

① Ying Pin Wang, *The Rise of the Native Press in China*, Columbia University, 1924, p. 19.
② 吴志良、杨允中:《澳门百科全书》，（澳门）澳门基金会，1999，第 258 页。
③ 戈公振:《中国报学史》，商务印书馆，1927，第 84 页。
④ Roswell Sessoms Britton, *The Chinese Periodical Press*（*1800 - 1912*），Kelly & Walsh, Limited, 1933, p. 32.

传教士报刊和在华商业报刊，没有置于历史背景下进行深入研究和内容分析，难免得出模糊、草率的结语，甚至是有悖于史实的结论。

由于各种历史因素，关于 19 世纪在华传教士和外国商人、旅行者或官员等创办的中外文报刊的记录难免出现误差。1867 年，上海美华书馆出版的伦敦布道会传教士伟烈亚力（Alexander Wylie）编著的《基督教在华传教士纪念录》（*Memorials of Protestant Missionaries to the Chinese*）中有关在华传教士创办的中文报刊记录，美国北长老会传教士范约翰（John Marshall Willoughby Farnham）在 1890 年 5 月上海召开的在华基督教传教士第五次大会上提交的《报刊与中文报刊目录》（*Essay on Periodical Literature, and List of Periodicals in the Chinese Language*）中记录的中文报刊，都是以在华传教士报刊的线索来记叙在华外报的。范约翰只记录了 76 种中文报刊，大量的宗教报刊和世俗报刊没有被列入其中。

白瑞华曾在《中国报纸（1800 ~ 1912）》中说，1838 年之后的十五年内，外国传教士再没有出版过中文报刊①，而 19 世纪在华商业性外报、在华传教士创办的宗教报刊和世俗报刊及其与中国本土新型报刊的关系错综复杂，单凭个别著述的论述而得出的结论自然是片面的。《蜜妥士贸易报》（*Meadows' Commercial Reporter*）就是在华英国外交官兼译员蜜妥士（John A. T. Meadows）于 1847 年 2 月 6 日在广州明街新巷 3 号创办的现代化、商业性中文周报。这家商业周报一直被当代新闻学界所忽略，从目前有关中国近代报刊的文献记录来看，《蜜妥士贸易报》可谓鸦片战争后中国最早的商业性中文周报。②

19 世纪上半叶在华外报（中外文报刊）究竟有多少，这是个难以下定论的问题。《中国丛报》在有关澳门报刊的论述中称，"我们无从确定之前在澳门究竟出版了多少报刊"③。不过，《中国丛报》明确地记录了有关《澳门土生公正报》的出版信息，学界却没有留意。从某种意义上说，这

---

① Roswell Sessoms Britton, *The Chinese Periodical Press* (*1800 – 1912*), Kelly & Walsh, Limited, 1933, p. 34.

② 谷长岭、叶凤美：《发现最早的现代中文周报——〈蜜妥士贸易报〉》，《国际新闻界》2010 年第 8 期。

③ "European Periodicals Beyond the Ganges," *The Chinese Repository*, 1836 (5): 154.

与现当代新闻学研究者盲从"奠基之作"或"权威著述"而没有科学地加以考证有直接关系。

（二）对在华葡文报刊活动缺乏系统研究

近现代中国报刊史论著有关在华外报的论述都按照所谓官报—外报—本土报纸—现代报纸的宏观和直线型分期法，把包括在华葡文报刊在内的在华外报活动作为中国报刊发展轨迹中的一个分支或者"插曲"来处理，没有及时而准确地记录在华葡文报刊和其他中外文外报的情况，导致当代有关在华葡文报刊和其他外报的论述沿袭了某些错误的信息和论述。

19 世纪以来，所有外国人在华创办的报刊中，葡萄牙文报刊创办最早，在华传教士和英、美等国商人创办的中英文报刊形成势头之前，以澳门为出版基地的在华葡文报刊曾经引领在华外报的潮流。"外人之在我国办报也……语其时间，以葡文为较早；数量以日文为较多；势力以英文为较优。外人在我国殖民政策之努力，可于此推而知也。"[1] 其实，作为 16 世纪掌握海上霸权的世界强国，葡萄牙是第一个理解媒介对于殖民统治之重要性的国家，它早在 1557 年和 1588 年分别在果阿和澳门创办了世界上第一批海外印刷厂。"感谢印刷机的发明！正是印刷机的发明和应用引发了科技领域的革命，而科技革命对人类进步的意义等同于新大陆发现引起的政治意义……正是通过印刷机媒介，实用的知识传播到紧邻和遥远国家；知识的光芒穿越国界，变得更强、更炫目，其光线照亮了科学和艺术领域。"[2]

鸦片战争前，澳门作为外国人在华的唯一"合法"居留地，成为在华外报的出版基地和"避难所"[3]，外国人在广州创办的早期中外文报刊往往由于清政府的禁令而迁至澳门出版。澳门多元的文化环境和媒体环境、报刊语种等是对在华葡文报刊进行精确调查和深入研究时必须考虑的因素。

文德泉神父以澳门报业发展特点为依据，把 19 世纪澳门报业分为

---

① 戈公振：《中国报学史》，商务印书馆，1927，第 83 页。

② Daya Kishan Thussu, *International Communication*: *Continuity and Change*, Arnold, Oxford University Press Inc., 2000, p. 13.

③ 赵永新：《论胡文化"汉化"与传教士"儒化"》，《澳门日报》2003 年 12 月 28 日。

1822 年《中国蜜蜂报》创刊到 1845 年《澳门土生代言者报》停刊阶段与 1863 年《大洋国》周报创刊到 19 世纪末阶段。① 1821 年 3 月 31 日葡萄牙颁布的法令宣布正式取消在葡萄牙存在几个世纪的宗教裁判权，而 1822 年葡萄牙宪法正式规定了新闻出版自由。② 当时，英国尚未占领香港，澳门就成为在华外报的出版中心，出现了葡、英两种外报并存的局面。"截至 1839 年，外国人在中国境内出版的外文报刊有 17 种左右，出版时间有的长达十几年或二十年之久，但出版地点则局限于澳门与广州两地。"③ "澳门的葡文报纸超越了广州的英文报纸。"④ 其间，约 13 种在华葡文报刊全部在澳门出版，准确的出版数据尚待查证，"此前（1836 年 8 月），在澳门出版了多少报刊我们无法确定"⑤。

这个阶段的在华葡文报刊，由于澳门当局的专制统治和葡萄牙内部党争激烈，再加上经济上的困难，大多出版时间很短。它们所报道的内容基本上是葡萄牙本国和澳门问题，对中国内地事务的报道很少，因而对中国社会的影响不大。鸦片战争爆发后，这些葡文报刊一般都持中立态度，但也有少数持亲华立场。⑥

大多数现当代新闻史著述关于在华葡文报刊活动的论述是零散的，而且只论述 19 世纪 20～40 年代在华葡文报刊的情况，而且将该时期澳门葡文报刊作为在华葡文报刊活动的高峰来看待，忽略了其他时期的在华葡文报刊，甚至没有提及在中国本土新型报刊兴起过程中发挥作用的在华葡文报刊传播活动，缺乏在华葡文报刊活动的宏观描述和个案分析，甚至将在华葡文报刊活动与在华外报活动割裂开来。因此，关于《澳门土生公正报》等在华葡文报刊的信息和评价难免出现模糊性和错误性认知。

① P. Manuel Teixeira, *Impresa Periódica Portuguesa no Extremo Oriente*, Instituto Cultural de Macau, 1965, pp. 35 – 36.
② 李长森：《近代澳门外报史稿》，广东人民出版社，2010，第 36 页。
③ 方汉奇主编《中国新闻传播史》，中国人民大学出版社，2002，第 49 页。
④ Roswell Sessoms Britton, *The Chinese Periodical Press (1800 – 1912)*, Kelly & Walsh, Limited, 1933, p. 26.
⑤ "European Periodicals Beyond the Ganges," *The Chinese Repository*, 1836 (5): 154.
⑥ 方汉奇主编《中国新闻传播史》，中国人民大学出版社，2002，第 49 页。

(三) 对在华葡文报刊的定性认识存在误区

中国大陆学者对在华葡文报刊认识上存在误区，"葡文报刊由于主要注视本国的斗争，对中国事务的反映退居次要地位，因此，它的发展自成一体，和在华外报发展的联系并不密切。这是我们没有把葡文报纸作为一个重要部分加以评介的一个重要原因"①。这种认识误区首先反映在对澳门作为中国近代报业源头的认识上。正如李长森在《近代澳门外报史稿》中所言："目前内地及港台等地研究外报的热点在港沪的英文报刊，多数人认为中国近代外报兴起在港沪两地，然后波及内地。这种研究及看法很不全面。不管英文报刊出现如何之早，亦不管其规模及影响如何之大，他们都与澳门有着密切的关系。"② 澳门作为鸦片战争前在华外人唯一的"合法"居留地，自然成为中国近代在华外报的源头和"避难所"，"鸦片战争期间，在广州出版的英文报刊全都迁至澳门继续刊行"③。

作为在华外报源头的在华葡文报刊，与澳门土生葡人创办的中文、英文报刊共同影响着香港和广州两地的报刊发展，自然关注对中国事务的报道。《大西洋国》《镜海丛报》把中国作为主要新闻报道及追踪对象，以至于《大西洋国》《复兴》《东方》等期刊成为 19 世纪末汉学研究的学术园地。④

中国近代报刊发端于在华外报，而中国近代报业的源头在澳门。⑤ 在19 世纪初《中国蜜蜂报》问世后的 100 年里，居澳葡人竟然在澳港沪等地创办了 100 多种报纸杂志，其中绝大多数是澳门土生葡人创办或者担任主笔的。以澳门为出版基地的在华葡文报刊和其他中外文报刊推动了香港和上海外报的发展，进而带动了中国内地报业的发展。⑥

在华葡文报刊尤其是澳门葡文报刊活动，对于中国本土新型报刊和报

① 方汉奇主编《中国新闻事业通史》（第一卷），中国人民大学出版社，1992，第139页。
② 李长森：《近代澳门外报史稿》，广东人民出版社，2010，第64页。
③ 方汉奇主编《中国新闻事业通史》（第一卷），中国人民大学出版社，1992，第194页。
④ 李长森：《近代澳门外报史稿》，广东人民出版社，2010，第65页。
⑤ 李长森：《近代澳门外报史稿》，广东人民出版社，2010，第64页。
⑥ 李长森：《近代澳门外报史稿》，广东人民出版社，2010，第284~286页。

业现代化具有重要的意义，而该领域的研究成为深入研究在华外文报刊和中国近现代报刊的基础之一。辩证地认识并纠正中国现当代新闻学著述对《澳门土生公正报》的错误记述，激励研究者对传统的新闻学研究方法加以改进和创新，在尊重"奠基之作""权威著述"基本观点的同时，以科学的和历史的观点来审视某些有待考证的问题，在对包括在华葡文报刊尤其是澳门葡文报刊在内的在华外报进行系统而深入研究的基础上，纠正某些错误的信息和认识，能够进一步为全面而正确地认识在华外报尤其是在华葡文报刊活动提供启示。

作者通信地址：广州市白云区白云大道北 2 号广东外语外贸大学，邮编：510420，邮箱：wanghai 68@163.com，yyuqian@163.com

责任编辑：赵新良

广东辛亥保路运动史述

胡文中*

广州市荔湾区地方志编纂委员会办公室，广东广州，510150

摘　要：晚清四川的保路运动，是辛亥革命的前奏，而同期的广东辛亥保路运动较少受研究者注意。文章梳理时人报道，详细还原广东保路运动始末，指出官方部署收路，激起以商人为首进行保路运动。这导致清廷的统治基础被削弱，也对后来的革命活动起了推动作用。

关键词：粤汉铁路；保路运动；黄景棠；詹天佑；辛亥革命

晚清政府为了加强中央集权，削弱地方势力，试图控制铁路主干线，把原来批准的商办干线铁路收归中央官办，由此激发了中央与地方商办铁路势力的巨大矛盾。四川保路运动，是推翻清朝封建统治的辛亥革命的前奏。与此同时，广东也有保路运动，不过方式较平和些。当时两广总督署编辑的《两广官报》、20世纪30年代初粤汉铁路公司编辑出版的《粤汉铁路广韶段史略》和1936年9月16日出版的《铁道半月刊》第9期中的《陈雨声：粤汉铁路建设史略》等史料，记录了这一历史事件。本文根据这些史料，尝试梳理广东辛亥保路运动始末。①

---

* 胡文中（1947～ ），男（汉族），广东广州市人，广州市荔湾区地方志编纂委员会办公室副研究员。

① 詹同济《詹天佑与广东省商办粤汉铁路》一文有所涉及，可参罗雨林主编《荔湾风采》，广东人民出版社，1996，第253～265页。

一 粤汉铁路的早期历史

本文所说的广东辛亥保路运动，是指 1911 年反对把原商办粤汉铁路收归清廷官办的斗争。要了解保路运动产生的原因，首先要回顾粤汉铁路修筑及路权变化的历史背景。

粤汉铁路最早由三省绅商提出修筑，后被美国合兴公司抢去了筑路权。光绪二十二年（1896）九月，总理各国事务衙门奏请统筹南北铁路。此时，鄂、湘、粤三省绅商欲通力合办粤汉铁路，并经奏准，开始测绘路线。接着，美国合兴公司请求承办粤汉铁路。光绪二十四年（1898），受命督办铁路总公司事务的盛宣怀委托出使美国的大臣伍廷芳与合兴公司签订《粤汉铁路借款合同》十五条。但此时因美国与西班牙开战，合兴公司无法履行合同，美国工程师则认为此合同对该路建设费预估不足。光绪二十六年（1900）六月，盛宣怀委托伍廷芳与合兴公司续订《粤汉铁路借款续约》二十六条。光绪二十七年（1901）十二月，合兴公司动工修筑支线广三铁路，光绪二十九年（1903）十月竣工。光绪二十八年（1902），合兴公司未经中方同意，把公司该路底股三分之二售给比利时，公司董事大半易为比利时人，在华的公司中的美国人陆续回国。

湖广总督张之洞极其担心美国合兴公司此种做法对中国安全的危害。张之洞认为，在欧洲，比、法、俄关系密切，京汉铁路已由比、法合办，粤汉再入其手，则贯穿南北的干路大动脉全归他们掌握，再加上俄人所建的中国东北铁路，比、法、俄就掌握了中国当时的重要交通命脉，隐患巨大。光绪二十九年（1903），张之洞倡议与美国合兴公司废约。清廷允准，致电驻美公使梁诚与美商交涉废约。九月，合兴公司停办工程，美欲以华丰公司取代合兴公司继续合约，张之洞不允。考虑到废约涉及两国间的交涉，张之洞与梁诚商议把废约谈判改为赎约谈判。

经反复磋商谈判，中方与合兴公司终达成赎约协议。光绪三十一年（1905）八月，由梁诚与合兴公司达成赎约协议。合兴公司初开价计赎回股票、造路费及路有特权、矿权等共计 1000 多万美元。经梁诚及相关律师等反复交涉，最后定为 675 万美元，另加小票及售价议定前未付的利息。

向合兴公司第一期还款时间为八月初九日，由张之洞先向汉口汇丰银行暂借，还款及息共 2090892.45 美元。第二期还款时间是九月，先以湘、鄂、粤三省督抚会同绅商向香港政府借款，向合兴公司还款及息共 2836232 美元。另还有原合兴公司曾售出的金元小票 220.2 万美元，须以九折实数赎回。向香港政府借的 110 万英镑，利息 4.5 厘，由三省摊还：鄂省还 1/7，湘、粤两省各还 3/7。① 是年，朝廷申明，赎回后再筑路不准再借外债，由三省派员各自督办。

赎回粤汉铁路修筑权后，三省制定了修路条款，订好计划，分省修路。翌年正月十三（1906 年 2 月 6 日），由湖广总督张之洞、两广总督岑春煊、湖南巡抚庞鸿书牵头召开三省商绅会议，制定三省分别修路、相互联系监督的三省修路条款十四条、预议路成后条款四条，对三省分摊的债务、聘任技术人员、勘路、材料、权益等事务做了具体规定。② 光绪三十四年（1908），湖广总督陈夔龙奏请在鄂境把川汉铁路与粤汉铁路连接起来，清廷派督办粤汉铁路大臣张之洞兼任督办鄂境川汉铁路大臣。③

收回后的广东粤汉路段，开始为官办，后转商办。两广总督岑春煊派出王秉恩、向万鑅接收广东路段，任广东粤汉铁路总局总办。光绪三十一年十二月（1906 年 1 月），岑春煊欲加各项税以筑路，但遭绅商反对。岑令番禺县逮捕反对加税的绅士黎国廉，引发全省公愤。次月黎绅士获释。岑后来还因此被调往贵州任职。省城许应骙、左宗蕃、黄景棠等绅商会同广州总商会、九大善堂等，乘势倡议招股收归商办。定 5 元一股，每股首期先收 1 元，二期收 1.5 元，三期收 2.5 元。不久即招到八万余股。

是年四月，商办广东粤汉铁路有限公司（以下简称“广东粤路公司”）正式成立，订立《广东粤汉铁路简要章程》十六条。选举郑观应为总办，黄景棠为副总办，许应鸿、周麟述、左宗蕃为坐办。④ 公司接收从前合兴

---

① 按：因当时未提及川汉铁路，粤汉铁路在湖北省的长度较短，故分摊较少的还款额度。
② 陈雨声：《粤汉铁路建设史略》，《铁道半月刊》第 9 期，1936 年 9 月 16 日，第 8 页。
③ 粤汉铁路广韶段管理局机要课编辑室编《粤汉铁路广韶段史略》，粤汉铁路广韶段管理局机要课编辑室，1931，第 25 ~ 28 页。
④ 粤汉铁路广韶段管理局机要课编辑室编《粤汉铁路广韶段史略》，粤汉铁路广韶段管理局机要课编辑室，1931，第 35 页。

公司在广东的一切事宜，并占已开行的广三铁路七分之三的权益。光绪三十二年闰四月（1906 年 6 月），北京已有谕令给岑春煊，正式批准粤汉铁路督商筹办。粤汉铁路广东段（以下简称"粤路"）完成了赎回路后由官办向商办的转变。是年八月，广州黄沙至韶州（韶关）粤路开始从黄沙起修筑，线路全长 224 公里。[①]

二　广东辛亥保路运动

宣统三年（1911）初，皇帝溥仪年幼，溥仪之父摄政王载沣监国，谕旨以载沣钤章和奕劻、那桐、徐世昌三人联署的方式代为颁布。当时清廷为加强中央集权，推出铁路干线收归国有、向外国银行借款修筑的政策，只允许铁路支线商办。原允许并正在举办的商办粤汉、川汉铁路要收回改为官办，由此，引起了官商之间路权问题的复杂矛盾，四省商界掀起了保路运动。

（一）广东官方收路的启动

广东官方奉命启动了收路工作。四月十三（5 月 11 日），两广总督张鸣岐收到北京度支部、邮传部电报："昨奉谕旨，干路均归国有，定为政策。所有宣统三年以前商办干路各案，一律取销。应如何收回之详细办法，着度支部、邮传部悉心筹画，迅速请旨办理等因。除全录电咨并行知各路公司外，查川汉、粤汉皆属干路，遵旨会议收回，详细办法尚需时日……拟俟尊处查明账目，咨到公司所有实支款项，或由部筹还，悉听商民自办支路及可靠矿务，或一时尚无支路、矿务，可办愿领国家公债股票，按年保息，分期归本，亦可听便。并请台端察酌情形，分别电复，藉资参酌。目下工程，仍责成总、协理及工程司办理。俟派督办大臣到工，并循旧案会同督抚赶办。原有之总、协理，或可酌量改为帮办，以资熟手。"[②]

---

① 粤汉铁路广韶段管理局机要课编辑室编《粤汉铁路广韶段史略》，粤汉铁路广韶段管理局机要课编辑室，1931，第 63～64 页。

② 《两广官报》（第一至二期　宣统三年五月），沈云龙主编《近代中国史料丛刊三编》第 50 辑，（台北）文海出版社有限公司，1989，第 204～205 页。

当日，张鸣岐委派陈望曾往广东粤路公司查明相关情况。四月二十四（5月22日），端方以候补侍郎任督办粤汉、川汉铁路大臣。①

与此同时，四川、湖南官方却对此提出了异议。广东官方向北京方面提出了管控好别的相关省份，以免影响广东这方面工作的请求。五月初二（5月29日），广东当局电告邮传部："干路收归国有，粤中绅民初无异议。因闻湘公司反对颇力，川公司及谘议局要求仍归商办。粤路股东之在沪汉及外洋各埠者，来电均主抗争。现据谘议局来呈恳为奏请收回成命，已札复俟开股东会议决再行酌办。但川湘等省既持异议，粤路更与川湘不同，愈滋藉口。倘川湘异议不息，必至同受牵动。应请大部设法主持，勿使粤路被此影响。否则，全局动摇，断非一隅之力所有抵御。"②作为对广东官方要求的回应，五月初六（6月2日）的电传谕旨，通报申饬代四川谘议局奏称川省绅民函电请饬暂缓铁路国有的四川署督王人文③；五月初七（6月3日），邮传部通报斥责代"湖南谘议局呈称湘路力能自办，不用借债，据情代奏"的湖南巡抚杨文鼎④。

（二）广东粤路公司股东的几次反对声浪

广东当局按度支部、邮传部的指令开展收路工作。但是，外省的反收路斗争还是影响到了广东。广东粤路公司召开股东大会讨论时，收路工作便遭到股东们激烈的反抗。随后，虽然广东当局驱逐了反抗领头人黄景棠，但仍有大量股东继续反对收路及收路中歧视广东的退股办法，继续提出保留商办。

1. 黄景棠倡议广东粤路公司股东反抗收路

广东保路运动的序幕，是由前广东粤路公司副办黄景棠在讨论收路的

---

① 《两广官报》（第一至二期 宣统三年五月），沈云龙主编《近代中国史料丛刊三编》第50辑，（台北）文海出版社有限公司，1989，第226页。

② 《两广官报》（第一至二期 宣统三年五月），沈云龙主编《近代中国史料丛刊三编》第50辑，（台北）文海出版社有限公司，1989，第450~451页。

③ 《两广官报》（第一至二期 宣统三年五月），沈云龙主编《近代中国史料丛刊三编》第50辑，（台北）文海出版社有限公司，1989，第261~262页。

④ 《两广官报》（第一至二期 宣统三年五月），沈云龙主编《近代中国史料丛刊三编》第50辑，（台北）文海出版社有限公司，1989，第228~229页。

股东大会上掀开的。四月二十八（5月26日），广东当局通知广东粤路公司总理詹天佑，可以在五月二十（6月16日）召开股东大会，研究商办如何转国有的问题。翌日，邮传大臣电令广东粤路公司总理詹天佑续收三期股款，"一律给予国票保息以免另借洋债，并由尊处将工程事宜妥筹开具实在预算，报部查核"①。这一举措与湖北、湖南、四川三省政策不同，因这三省已被明令停收股金及其他路捐。五月初四（5月31日），广东当局批准广东粤路公司股东大会可提前在五月初十（6月6日）召开。而在这天召开的广东粤路公司股东大会上，当进入股东投票表决程序时，广东粤路公司首任副办黄景棠在会场上倡议力争商办。如力争不得，另筹对待，并建议由董事局电禀邮传部力争，及请两广总督张鸣岐代奏收回成命，由股东们设保路办公室，分电外埠及湘鄂等省，合力反对。黄并宣布投票表决的议事表作废，不得开投票筒。② 当天，广东粤路公司致电川路公司："路归国有，失信天下。粤路蒸日③会议，股东合群反对，力筹对待，现就公司设保路机关所。彼此唇齿，务恳协力。"股东大会原决定五月十五（6月11日）再开会，再议反收路事，被广东官方行文制止。

黄景棠（1870～1913）为新加坡华侨，与夫人马励芸常来往于广州、中国香港、新加坡之间。光绪二十九年（1903），曾与其父黄福一起投资潮汕铁路。光绪三十二年（1906）四月，黄景棠被股东选为广东粤路公司副办，后因与总办郑观应意见不合而辞职。同年秋起，黄景棠主办广州《七十二行商报》，是广东商绅界维护商办粤汉铁路权益的报纸。翌年梁诚上任广东粤路公司总办、宣统三年（1911）初詹天佑上任广东粤路公司总理后，黄景棠仍十分关注广东粤路公司的发展。④

邮传部于五月十三（6月9日）两次复电两广总督张鸣岐从严惩办黄景棠，并严控电报局，不得发"有关涉抵抗路事电报"，"倘有党羽扰乱治

---

① 《两广官报》（第一至二期　宣统三年五月），沈云龙主编《近代中国史料丛刊三编》第50辑，（台北）文海出版社有限公司，1989，第213页。

② 《两广官报》（第一至二期　宣统三年五月），沈云龙主编《近代中国史料丛刊三编》第50辑，（台北）文海出版社有限公司，1989，第451～452页。

③ 即五月初十日。

④ 参见邱捷《黄景棠与清末广东铁路》，《学术研究》2013年第3期，第97～104页。

安，亦应查明，据实具奏，一体示惩"。① 但鉴于前任岑春煊抓捕黎国廉引起社会公愤事件，张鸣岐不敢贸然抓捕黄景棠，仅令其离开广州。

2. 郭汝城等一百多名广东粤路公司股东反对还股歧视

虽然黄景棠被迫离开广州，但其余股东的不同意见仍持续而来。针对邮传部制定的歧视广东粤路公司股东的退股办法，郭汝城等 112 位广东粤路公司股东联名反对。

早在四月二十二（5 月 20 日），广东官方就向北京度支部、邮传部发出陈望曾关于广东粤路公司账目调查的电文。② 同日，北京当局与四国银行正式签订了借外资修筑湖北、湖南、四川三省的粤汉铁路、川汉铁路的借款合同。粤路则以国家名义开收第三期股款继续修路。粤路征集商股款本最多，朝廷却在五月二十一（6 月 17 日）定发还四省股金时宣布了贬低粤股的做法："粤路全系商股，因路工迟滞，糜费太甚，票价不及五成。现每股从优先行发还六成，其余亏耗之四成，并准格外体恤，发给国家无利股票，路成获利之日，准在本路余利项下，分十年摊给。"③ 而其他三省的股票，如不愿换国家股票，则可全数发还股本。

对此说法，郭汝诚等 112 位广东粤路公司股东，做了细致调查，得出广东粤路公司非亏折而有盈利的结论："近经股东等确切核算，查粤路头二期共收股本银一千九百五十八万余元。核与前月公司布告已成各路及建筑过半各工核实估价，并现存款项、购存物料、摊还英镑等款实收实支，原股不特无亏，且盈余二十余万。另黄沙先后购地，不过费价十万有奇，今加筑过半，时价又复渐增，计共值银一百七八十万元。此即公司之溢利也。"④ 因而恳请两广总督代奏，呼吁北京邮传部取消对广东粤路公司股东

① 《两广官报》（第一至二期　宣统三年五月），沈云龙主编《近代中国史料丛刊三编》第 50 辑，（台北）文海出版社有限公司，1989，第 455、456 页。

② 详见《两广官报》（第一至二期　宣统三年五月），沈云龙主编《近代中国史料丛刊三编》第 50 辑，（台北）文海出版社有限公司，1989，第 208~210 页，兹不具引。

③ 《两广官报》（第三至四期　宣统三年五月至六月），沈云龙主编《近代中国史料丛刊三编》第 50 辑，（台北）文海出版社有限公司，1989，第 468 页。

④ 《两广官报》（第十三至十五期　宣统三年闰六月至七月），沈云龙主编《近代中国史料丛刊三编》第 50 辑，（台北）文海出版社有限公司，1989，第 2678 页。

的还股歧视。六月（7月），邮传部派出参议龙建章清查粤汉、三佛铁路账目。① 闰六月初五（7月30日），广东当局把详查广东粤路公司光绪三十二年至宣统二年（1906～1910）收支款的详情报度支部、邮传部和督办粤汉川汉铁路大臣端方。② 但北京当局好像不相信这一调查结果。七月初三（8月26日），督办粤汉川汉铁路大臣端方派出原籍广东的吉林道颜世清"赴粤省调查，随时呈报"。③

此时的两广总督张鸣岐由于较审慎地处理粤路事，没有太大激化矛盾。一方面，他加强对舆论宣传的控制，如八月初一和初四（9月22日和25日），《两广官报》两次发布通电，"严禁藉名保路开会演说""严谕各报馆勿得登载保路会文件及有意鼓吹希图煽惑人心各项言论"④。另一方面，张鸣岐再次电请北京当局，就四川乱局现状请审慎处理收回粤路事件，再次提出应十成归还粤路股本。⑤ 八月二十一（10月12日），邮传部正式回复张鸣岐代奏的要求十成发还股本的提议，湖南、广东同样办法："仍遵谕旨，悉照粤股一律实发六成现银，其余四成另给国家印票，分作两年，每年给还二成。或归两年后一气全还。其未还以前，仍给发六厘利息。"⑥ 对比原定广东的余下四成"发给国家无利股票，路成获利之日，准在本路余利项下，分十年摊给"，有了一些改进。

3. 麦巽董事等再提粤路商办

黄景棠事件后，广东粤路公司董事麦巽等看到张鸣岐愿为股东代奏争取十成退还股本，就再禀求张总督代奏允许粤路继续商办："合计粤汉川

① 《两广官报》（第七至八期　宣统三年六月），沈云龙主编《近代中国史料丛刊三编》第50辑，（台北）文海出版社有限公司，1989，第1539～1540页。
② 《两广官报》（第十三至十五期　宣统三年闰六月至七月），沈云龙主编《近代中国史料丛刊三编》第50辑，（台北）文海出版社有限公司，1989，第2331～2377页。
③ 《两广官报》（第十三至十五期　宣统三年闰六月至七月），沈云龙主编《近代中国史料丛刊三编》第50辑，（台北）文海出版社有限公司，1989，第2519页。
④ 《两广官报》（第十六至十七期　宣统三年七月至八月），沈云龙主编《近代中国史料丛刊三编》第50辑，（台北）文海出版社有限公司，1989，第3004～3007页。
⑤ 《两广官报》（第十八至十九期　宣统三年八月），沈云龙主编《近代中国史料丛刊三编》第50辑，（台北）文海出版社有限公司，1989，第3167页。
⑥ 《两广官报》（第二十至二十一期　宣统三年八月），沈云龙主编《近代中国史料丛刊三编》第50辑，（台北）文海出版社有限公司，1989，第3587页。

汉路工需款总在数千万以上，谅难免借用外债。……而一经借债，铁路权利尽操于外人之手，种种妨碍实不堪言。是借债收路有损于民无益于国。今日股商虽可得回十成股本，而异日之担负，诚恐靡有穷期。与其收十成之股本致贻累子孙，何如争永久之商办而保全铁路等语。各埠股东众口一词，纷纷以禀请宪台力争商办，交责于董等数人之身。近更催迫愈甚。董等再四思维股东所言，类皆持之有故，且出自爱国之热诚。自维责任所在，未便始终缄默。"① 但由于牵涉到清政府的底线，八月初八（9 月 29 日），张鸣岐对麦巺等人要求代奏的禀帖予以批驳，不予代奏。八月十九（10 月 10 日），张鸣岐行文通知广东谘议局，就呈来的保路会关于不借外债的提议，再次承诺不借外债，"全省士民均可毋庸疑虑"。②

（三）广东粤路公司总理詹天佑的态度

詹天佑是在宣统二年（1910）秋被广东粤路公司股东选为总理的，但在他上任公司总理兼任该路总工程司③职务，与任协理的留美同学黄仲良合作时，迎来了宣统三年收路与保路的重大政治风波。作为曾经的清政府技术官员，他不能公开发表与政府主张不同的意见。不过他在四月二十三（5 月 21 日）、五月十一（6 月 7 日）、五月十七（6 月 13 日）给川汉铁路副总工程司颜德庆的信件中，反映了他对此事的心声："邮传部正在收回所有的铁路干线。是善是恶，终将有报。我强忍着不做任何评论，而每一个人都和我一样，洞悉此事。""关于政府收回铁路干线一事，虽然在借款合同上没有提到广东粤汉铁路任何事。但是'国有'一事，已经提及广东省，并已包括粤汉铁路。昨天，股东们举行了一次会议，他们全都拒绝政府收回，并且坚持商办。""广州现在处于一种激愤的形势中，我希望不要有严重后果。但我想恐将导致一场前所未有的巨大悔恨。"④

---

① 《两广官报》（第十八至十九期　宣统三年八月），沈云龙主编《近代中国史料丛刊三编》第 50 辑，（台北）文海出版社有限公司，1989，第 3173 页。

② 《两广官报》（第二十至二十一期　宣统三年八月），沈云龙主编《近代中国史料丛刊三编》第 50 辑，（台北）文海出版社有限公司，1989，第 3433 页。

③ 按：清末有一定行政权力的工程师的职位称"工程司"。

④ 詹同济编著《詹天佑创业著述精选和创业哲学思想研究》，广东省地图出版社，1999，第 64～66 页。

詹天佑在实际行动上，是默默支持保路运动的。他对清廷几次派来查账目的人员，以及股东自发要求的查账，都实事求是地配合尽快查清，使清政府诬陷广东粤路公司严重亏损的指责站不住脚，以致两广总督张鸣岐都不得不帮助广东粤路公司股东代奏争取发还十成股本。正因为他的努力，广东当局不敢使用强硬手段收回路权，也保证了在辛亥革命的政治动荡时期粤路的继续修筑和正常运行。[①]

（四）粤汉铁路在民国时期的建设与路权归属

辛亥革命后，粤汉铁路仍然由广东粤路公司负责，并继续往韶州方向修路。1916年6月通车至韶州（今韶关），至乐昌高廉村山洞时，因资金缺乏、山势险峻、军阀混战而停顿下来。1933年，铁道部以庚子赔款和粤汉铁路南段运营收入为筑路资金，由凌鸿勋领衔，用了两年零八个月修通，于1936年竣工。粤汉铁路至此才全线通车。此时粤汉铁路从武汉通至广州，原分北、中、南三段设局管理的机构，改组为粤汉铁路管理局一个局。这时广东粤路已由商办变官办，应没有疑问。

在保路运动中活跃的人士，革命后际遇各不相同。詹天佑继续留在广东粤路公司工作。1912年5月17日，詹天佑在公司接待前来视察的孙中山，随后被委任为汉粤川铁路会办，仍兼广东粤路公司总理一职。原广东粤路公司总工程司一职，由原副（总）工程司容祺勋升任。直至1914年5月，詹天佑兼任的广东粤路公司总理一职，才由欧赓祥接替。张鸣岐在辛亥革命广东宣布独立时，逃往香港，后再逃日本。1912年回国扶助袁世凯。1916年起退隐上海、天津。[②] 辛亥革命广东宣布独立后，黄景棠立即回到广州，一度被聘为"都督府九等顾问员"。后革命党人逐步采取排斥原立宪派绅商的政策，一度被吸纳进军政府的绅商领袖黎国廉、黄景棠很

---

① 詹天佑的长女婿王金职在詹天佑逝世后写有一篇纪念詹天佑的英文文章（"Memoir of Tian You Jeme"），其中提到詹天佑在这个时期的工作。该文原载 *The American Society of Civil Engineers*，Vol. LXXXIII，1919~1920，《"中央研究院"近代史研究所史料丛刊》第4期（1977）登载的凌鸿勋、高宗鲁合编专集《詹天佑与中国铁路》内，有此英文文章的全文转载，本文提及的詹天佑坚守岗位迎辛亥革命的相关内容，见该书第206~207页。

② 广东省中山图书馆、广东省珠海市政协编《广东近现代人物词典》，广东科技出版社，1992，第246页。

快退出。1913 年，黄景棠去世。①

三　余论

广东商界的保路运动，虽较平和，但有实效。随着辛亥革命爆发，广东官方收回粤汉铁路的行动不了了之。本来，商办、官办没有绝对的谁好谁坏之分。商办有商办的好处，在资金、人才方面较灵活，起步快。官办有官办的好处，可以集中力量办大事，如地势险峻的株韶段，拖了十六年时间，才再动工，结果最后两年零八个月即修通。当时的《铁道半月刊》称这是继詹天佑修京张铁路的又一可喜成就。回顾 1911 年广东保路运动，绅商民众之所以有如此反应，不仅因为政府朝令夕改的铁路政策损害自身利益，更因为对清廷统治失去信心，对借外债筑路产生丧失路权的恐惧。因此，保路运动与其说是民间社会与清政府间的经济抗争，倒不如说是民间社会就国家发展、绅商民众权益与清政府进行的政治斗争。

作者通信地址：广州市荔湾区光复北路 692 号 801 室，邮编：510170，邮箱：wen33320132@163.com

责任编辑：赵晓涛

---

① 邱捷：《黄景棠与清末广东铁路》，《学术研究》2013 年第 3 期，第 103 页。

史料发掘

中国研究之西文古籍述略

——以中山大学图书馆馆藏为例[*]

谢小燕^{**}

中山大学图书馆，广东广州，510275

摘　要：文章从西文古籍的界定出发，对中国研究之西文古籍的现状及收藏情况进行了调查，并以中山大学图书馆馆藏中国研究之西文古籍为例，从收藏概况、出版年代、装帧特色、内容及著者等方面进行系统分析，深入揭示近代中西文化交流与碰撞的各个阶段的代表性西文古籍。而其中有关广州之西文古籍也颇为丰富，对于研究广州在近代史上的地位具有重要作用。

关键词：西文古籍；中国研究；中山大学图书馆

一　概念界定

"西文古籍"，亦被称为"外文古籍"，是相对于国内"中文古籍"的说法。目前在国内图书馆界还没有一个关于"西文古籍"的通用概念，此外还有"西文善本"及"西文新善本"的说法。20 世纪 90 年代，全勤提出西文善本应当从图书的出版年代、内容、装帧形式以及图书的出版数量

---

* 本文为《广州大典》与广州历史文化研究一般课题"中山大学图书馆藏有关广州之西文古籍文献研究"（批准号：2017GZY27）成果之一。

** 谢小燕（1984 ~ ），女（汉族），河南信阳人，中山大学图书馆馆员，图书馆学硕士。

等方面进行具体辨别。[①] 当前图书馆界较普遍的做法是将 1911 年及以前的西文文献视作西文古籍，将 1800 年以前的西文古籍视作西文善本，将 1800～1911 年具有特殊价值的西文古籍视作西文新善本，但这一划分标准并不是绝对的，各图书馆还会结合收藏情况以及工作需要做具体规定，如中国国家图书馆将 1850 年以前的西文文献视作西文善本。[②]

综上所述，对于西文古籍的时代限定并没有统一的标准，从图书馆的馆藏建设来看，关注其稀有程度、内容的保存价值、装帧的历史与艺术价值更具有实际意义。参考国内中文古籍划分的通例和收藏情况，中山大学图书馆藏西文古籍主要是指 1911 年以前出版的西文书。

二　中国研究之西文古籍收藏情况

（一）国内图书馆的中国研究之西文古籍收藏与整理情况

自明末七千部西文古籍入华[③]至今已有 400 余年，西文古籍作为科学、宗教、文化的代表，改变了中国社会各方面，尤其是自然科学。而传教士、学者、商人等来到中国，也通过著书、翻译介绍中国历史、文化、自然人文等到西方，中西方文化交流与碰撞由此开始。中国研究之西文古籍成为这段历史的特殊见证和印记，具有较高的收藏与研究价值。清末与民国初期，中国研究之西文书籍的公私收藏曾发展至高峰，有数万种之多，累计翻译的西文书籍也多达上万种。[④] 但目前国内对西文古籍的收藏与整理仍处于起始阶段，中国研究之西文古籍收藏和整理尚未得到系统关注，大致情况见表 1。

---

① 全勤：《养在深闺待人识——试谈图书馆外文古籍善本书的区分标准》，《河南图书馆学刊》1996 年第 3 期。

② 张靖、张盈、林明、邱蔚晴：《中国大陆及港澳地区图书馆西文古籍保护与修复情况调查》，《大学图书馆学报》2017 年第 2 期。

③ 西书七千部是 1614～1618 年比利时传教士金尼阁（Nicolas Trigault）奉当时中国耶稣会会长龙华民（Nicolaus Longobardi）之命为设立中国教区而募集的西方书籍。这批书籍先是随金尼阁一行到达澳门，之后进入中国内地，辗转流传并历经劫难，最终大多成为著名的新北堂藏书。

④ 刘扬：《浅论中国学西文书籍的公私收藏》，《中国社会科学报》2016 年 7 月 1 日，第 6 版。

表1 中国研究之西文古籍收藏与整理情况

单位	收藏情况	有关整理情况
中国国家图书馆	自20世纪30年代开始建立西文中国学文献专藏，分散于善本特藏、外文临时基藏、缩微文献等部，已形成较为完整的馆藏体系，尤其在中国文献典籍西译及其研究书籍方面颇为完备①	《北堂书目》收录原北堂藏书，共著录西文图书4101种15133册；《中国国家图书馆外文善本书目》收录西文善本1234种、日文善本299种、俄文善本420种，在西文善本中有不少是早期来华传教士的著作和外交官的回忆录
上海图书馆	馆藏50多万册旧西文图书，2010年引进瑞典典藏书家罗闻达（Björn Löwendahl）先生的"罗氏藏书"，收录1477~1877年1551种西文汉学著作及手稿②	《上海图书馆西文珍本书目》著录馆藏1800多种西文珍本
北京大学图书馆	西文善本971种1921册，馆藏西文图书中20世纪初以前出版的有关中国的西文图书多达2万册	《北京大学图书馆藏西文汉学珍本提要》中选录了300余种珍本善本，大多出版于1850年前
福建师范大学图书馆	2500余种西文善本，包括约1000册有关中国的著述等③	《福师大图书馆藏有关中国社会西文书目提要》
河北大学图书馆	1811年前出版的有110种250册，大部分为法文，近一半为原版。有关中国部分有36种，内容涉及中国地理与科学、历史、中西关系等④	《河北大学图书馆所藏西文珍本书基本目录》
台湾图书馆	1949年前出版的有关中国西文图书约2000册，包括经济、政治、工商业、历史、自然科学等类	《台湾省立台北图书馆有关中国西文图书目录》
杂·书馆	西文汉学馆里收藏1万余册1949年以前有关中国的西文文献⑤	

①韩华：《西文中国学采选工作的几点思考——被西人理解与认识的中国文化》，国家图书馆外文采编部编《新信息环境下图书馆资源建设的趋势与对策：第三届全国图书馆文献采访工作研讨会论文集》，国家图书馆出版社，2009，第337~340页。

②艾柯：《"罗氏藏书"入驻上图》，《出版人·图书馆与阅读》2010年第11期。

③李颖：《福师大图书馆藏有关中国社会西文书目提要》，《来华西方人与晚清厦门社会》，厦门大学出版社，2011，第292~319页。

④〔法〕梅谦立：《河北大学图书馆所藏西文珍本书基本目录》，《国际汉学》2005年第1期。

⑤杂·书馆简介，杂·书馆，http://www.zashuguan.cn/jianjie/#，最后访问日期：2018年3月12日。

此外，经调查发现，其他一些图书馆也有西文古籍收藏，主要集中在大型图书馆和有教会背景的图书馆，如北京师范大学图书馆拥有16~19世纪西文羊皮封面装帧的古籍图书近 800 册，文种多为拉丁文、英文、德文、西班牙文等，内容涉及哲学、宗教、历史等方面[①]；广东省立中山图书馆藏有 1949 年前出版的外文文献共近 5 万册，以英文文献为主[②]；复旦大学图书馆藏有一批老西文图书和老法文图书，来源于上海教会大学，其中有珍贵的旧籍[③]。综上所述，除上海图书馆、中国国家图书馆、北京大学图书馆等几家顶级专业图书馆对有关中国研究之西文古籍有系统收藏及整理外，其他大型图书馆和院校图书馆内有关中国研究的西文古籍馆藏数量偏少，且并没有从西文文献中独立出来编目著录，未能得到系统揭示和整理，整体收藏状况还未能知晓，因此整理与开发的空间较大。笔者以中山大学图书馆藏中国研究之西文古籍为例，揭示馆藏情况，系统梳理该部分书籍的出版与内容特色，以期为研究近代中西方文化交流史提供更多史料与原始素材。

（二）中山大学图书馆的中国研究之西文古籍收藏情况

中山大学图书馆拥有丰富的西文古籍资源，馆藏 4 万余册，语种繁多、涉及的内容广泛、装帧多样，具有极高的学术价值和收藏价值。其中，1 万余册珍藏在总馆特藏部，其主体源于岭南大学图书馆，岭南大学前身是美国长老会传教士创办的格致书院，比较重视西文学术专藏的建设，其西文古籍主要来自多方购买和赠送。其余西文古籍分布在东校园图书馆和珠海校园图书馆，大部分来源于捐赠，如 2004 年哈佛大学哈佛学院下属的喜乐斯图书馆赠送 15 万册珍贵图书；2012 年美国友人将明史和中西文化交流史研究专家陈纶绪的近 3 万册西文藏书捐赠给中山大学图书馆；2015 年，美国加州大学洛杉矶分校（University of California，Los Angeles，UCLA）捐赠 9 万余册人文社会科学图书，入藏中山大学珠海校园图书馆。这些大宗的

---

① 《北京师范大学图书馆（二）馆藏经典》，中国图书馆网，http://www.chnlib.com/School-lib/putong/162.html，最后访问日期：2018 年 12 月 10 日。

② 沈璇：《养在深闺人未知——外文古籍文献及民国时期馆藏状况调查——以广东省立中山图书馆为例》，《内蒙古科技与经济》2015 年第 24 期。

③ 《复旦大学图书馆馆藏老西文图书》，搜狐网，http://www.sohu.com/a/315837140_523187，最后访问日期：2018 年 12 月 10 日。

西文图书中包含一些 20 世纪前的珍本，包括"喜乐斯专藏"7600 余种 1.7 万册、"陈纶绪司铎专藏"1000 余种 1400 余册、"旧外文专藏"4000 余种 6000 余册、UCLA 专藏 1800 余册。总馆岭南大学旧藏包括从 17 世纪 到 20 世纪中叶的英文、德文、法文、拉丁文等语种的文献，其中以与中国 相关的文献最有特色。据考察，1917 年岭南大学图书馆已经将中国研究西 文出版物，尤其是关于华南地区地理、气候、生物、农业、经济、金融等 方面的西文文献，作为专藏进行建设，单独分类、编目，并统一在分类号 前缀以 China 的缩写"Chi"以示标识。① 目前中山大学图书馆馆藏中发现 和整理出的 Chi 类书约 1604 种 2500 余册，已经全部完成编目，由此可以 窥见中国研究之西文古籍的完整面貌。

中山大学图书馆藏中国研究之西文文献类型包括图书和期刊，其中图 书 1412 种 1861 册，期刊 192 种 734 册。年代分布上自 1653 年，下至 1954 年，有关具体年代分布可参见表 2。

表 2 中山大学图书馆藏有关中国之西文历史文献年代分布

类型	年代	1850 年前	1851～1911 年	1912～1954 年	年代不明	共计
图书	种类	47 种	313 种	992 种	60 种	1412 种
	册数	80 册	419 册	1284 册	78 册	1861 册
期刊	种类		39 种	148 种	5 种	192 种
	册数		182 册	546 册	6 册	734 册

其中 1850 年前的西文善本有 47 种 80 册，与国内藏书相较显示出其 珍稀。

从表 3 可以看出，英语文献占了大部分，法语、德语文献次之，还包 括少量的拉丁语、俄语、葡萄牙语、西班牙语和意大利语文献，语种较为 丰富。为更好地从中探索出西文古籍的特色，笔者从以上中国研究之西文 藏书中选取了 1911 年前的古籍共计 360 种进行详细分析。

① 周旖：《岭南大学图书馆"中国问题研究"西文专藏研究》，《图书馆杂志》2012 年第 10 期，第 80～84 页。

表3　中山大学图书馆藏有关中国之西文历史文献语种分布

类型	语种	英语	法语	德语	拉丁语	俄语	葡萄牙语	西班牙语	意大利语	合计
图书	种类	1222	130	47	2	3	1	4	3	1412 种
	册数	1590	200	57	2	3	1	5	3	1861 册
期刊	种类	182	4	6						192 种
	册数	700	15	19						734 册

三　中山大学图书馆藏中国研究之西文古籍特色

（一）装帧特色

西文古籍的装帧技术、纸张材质、印刷工艺等与中文古籍文献差异较大。西文古籍以精装为主，且有很多大开本的图书，是研究早期西方印刷技术与版本的珍贵资料。封面材料较早时期主要采用皮革、羊皮纸和装饰纸。19世纪后出现了半皮和皮脊硬面装订以及全布料装订。这个时期以摩洛哥羊皮革做封面也比较普遍，颜色上除棕色、黑色外，还有宝石红、祖母绿和宝石蓝。此外占主导地位的封面材料是"卡里科"（印花布），这种布有人工压纹，种类和颜色多样，可以镀金和印压凸纹。较为常见的形制是书脊部分有烫金题名。19世纪20年代后，硬壳封面被引入装订。[①] 因此，19世纪后半叶的精装图书较为普遍，平装书也开始出现。平装书书皮较薄，一般适用于比较薄的书籍。纸张方面，无论精、平装书籍，书叶纸质多为较厚较硬的机械纸，也有少量手工纸，韧性好。精装书籍的书背分为圆背和平背，圆背多用牛皮纸、皮革等有柔韧性的材质做内衬材料，方便起弧。平背则使用与书壳相同的硬纸板做里衬，形状平整。[②]

① 《喜欢西文古籍收藏？得先从了解装帧开始！》，搜狐网，https://www.sohu.com/a/234095700_523187，最后访问日期：2018年6月10日。
② 耿宁：《中、西古籍修复的比较研究》，安徽大学硕士学位论文，2014，第9页。

　　因此，馆藏西文古籍的装帧大致呈现出以下特点。其一，大部分采用精装，且纸质较厚较硬，封面及环衬材料等也多为布料、皮革、厚纸板等，比较牢固坚挺，大多呈现厚、硬、重等特点。其二，印刷精美，装饰精细。书脊、封面部分常用烫金和无色压凸纹来装饰。书中也常附有插图，多为铜版画和手绘插图，兼具历史与艺术价值。

　　如馆藏 1653 年的《大中国志》，封面是大理石纹和羊皮革，书脊及封面包角也是羊皮革，书脊有烫金题名，内页和环衬是手工纸，搭头布也是手工制作的，显示出早期西方装帧工艺的精细（见图 1、图 2）。1738 年出版的《中华帝国全志》2 卷均为 460mm＊260mm 的大开本，封面全皮革，书脊都采用烫金文字，厚达 1097 页，颇具分量且装帧考究，书中附 22 幅人物、器物、风景的铜版画和 20 幅地图，精巧绝伦（见图 3、图 4、图 5）。再如 1806 年的《中国旅行记》是全布面精装，书口镀金，内含三幅折页地图及五幅亚历山大绘画的雕版彩图，亦十分精美（见图 6、图 7）。

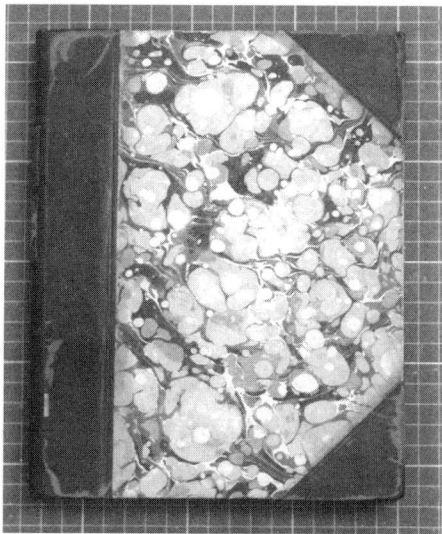

图 1　《大中国志》封面

资料来源：中山大学图书馆。

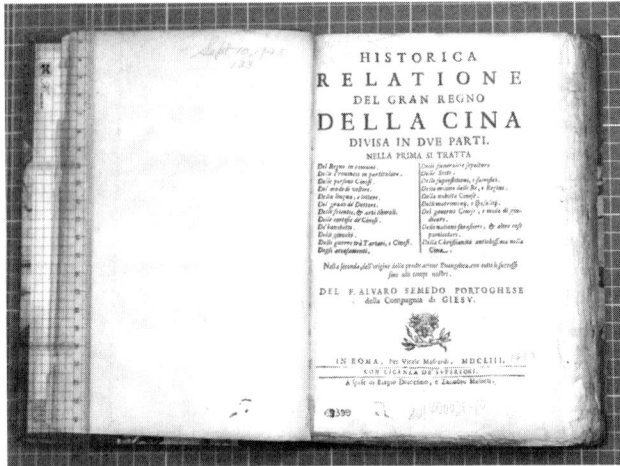

图 2　《大中国志》书影

资料来源：中山大学图书馆。

图 3　《中华帝国全志》封面

资料来源：中山大学图书馆。

图4　《中华帝国全志》书脊

资料来源：中山大学图书馆。

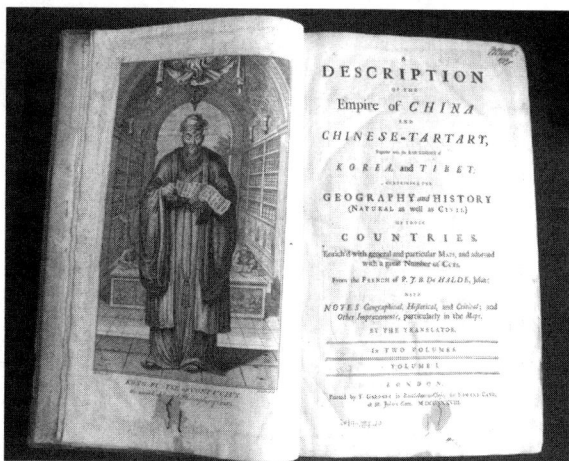

图5　《中华帝国全志》书影

资料来源：中山大学图书馆。

图6　《中国旅行记》封面

资料来源：中山大学图书馆。

图 7　《中国旅行记》书影

资料来源：中山大学图书馆。

（二）出版情况

从表 4 可以看出，西文古籍的出版以工业革命的中心地带为主，如伦敦、巴黎等，19 世纪后美国的纽约、波士顿、华盛顿等地出版也较兴盛。值得留意的是，早期到中国的美国人中文化人极少，对中国文化的了解也相当肤浅，当时在美国出版的为数不多的有关中国的书几乎都出自欧洲人。① 自中国开放通商口岸后，本土也开始出版外文书籍，以上海和香港为中心，别发印书馆（Kelly & Walsh Limited）成为主要出版机构。别发洋行是英资跨国公司，其上海公司成立于 1870 年。别发印书馆出版了一些关于中国文化的书籍，将中国的文化向国外传播。在其出版的作品中，以 1876 年开始出版发行的"十九世纪关于中国的书"书系最为令人瞩目，在中外文化交流史上具有重要的意义。值得一提的是，别发印书馆大量印发了汉学家的著作，翟理斯、理雅各、卫礼贤等都是它青睐的对象。②

---

① 罗荣渠：《美国历史通论》，商务印书馆，2009，第 275 页。

② 孙轶旻：《别发印书馆与近代中西文化交流》，《学术月刊》2008 年第 7 期。

表4 中山大学图书馆馆藏中国研究之西文古籍出版地统计*

出版地	上海	香港	伦敦	巴黎	纽约	波士顿	广州
数量（种）	52	18	123	26	62	6	4
出版地	牛津	华盛顿	柏林	莱比锡	中国其他	未知	其他
数量（种）	7	5	3	5	9	9	31

* 多地同时出版时，只统计第一出版地。

（三）内容及著者特色

从西文古籍所涉内容主题来看（见表5），中山大学图书馆藏中国研究之西文古籍内容丰富，广泛涉及中国的社会生活、政治、历史、文学、语言文字、哲学、宗教、地理、人物传记、教育、艺术等诸多方面，对中国的考察面面俱到且视角独特。而从著者来看，从明末清初欧洲传教士所撰写的大量关于中国总论的作品，康乾盛世国外访华使团的游记，至晚清以来欧美各国汉学家、来华人士对中国的记叙性和研究性著述，都有系统性收藏，凸显了西方来华人士因时代的局势与中西方关系的发展而展开的不同层面的交流情况，对于考察西方人的中国印象演变，研究明清中西方文化交流史及近代发展等都具有重要参考价值。

表5 中山大学图书馆藏中国研究之西文古籍主题分布

主题	历史	游记	宗教	文学	语言文字	地理	商业、贸易、海关	社会生活	人物传记
数量（种）	64	53	48	32	28	16	16	16	12
主题	哲学	教育	政治	艺术	生物	外交	工具书	医学	其他
数量（种）	11	11	9	9	7	7	7	5	9

1. 明清时期来华传教士的著作

（1）天主教耶稣会士的著述

自16世纪以后，以耶稣会士为代表的来华传教士在华开展了各项活动，为中国输入了西方文化理念和文艺复兴以来的近代科学技术，同时更加关注中国道德和政治的理念，理解中国文化的精神，将中国文化介绍到西方，对欧洲思想界产生了深刻影响。

门多萨的《大中华帝国史》（1585）和利玛窦的《利玛窦中国札记》（1615）等综论中国历史与现状的代表性著作开启了欧洲人研究中国的时代，传教士们的著述开始进入大众视野。中山大学图书馆馆藏西文珍籍中以 1653 年曾德昭的《大中国志》为最早。

曾德昭（Alvaro Semedo，1585－1658）是葡萄牙耶稣会士，1613 年和 1644 年两度来华，任在华耶稣会会长。自 1649 年起直至去世，他一直居住在广州。《大中国志》分两部分系统介绍了中国政治、经济、历史、文化等诸方面，并记载了耶稣会士在华的传教事迹，是研究该时期传教史的第一手资料。① 《大中国志》原稿为葡萄牙语手稿，1642 年有西班牙语译本，1643 年意大利语译本在罗马出版，1653 年重印。意大利语版的《大中国志》被视为最权威的，1645 年法语版和 1655 年的英文版均根据意大利语版翻译而来。中山大学图书馆馆藏共 2 部，包括 1653 年意大利语版（*Historica Relatione del Gran Regno Della Cina Divisa in due Parti*）和 1667 年法语版（*Histoire Vniverselle de la Chine*）。

意大利耶稣会士卫匡国（Martino Martini，1614－1661）1643 年来华，曾在浙江、福建、广东等地传教，是欧洲汉学的先驱之一，著有《鞑靼战纪》（*Bellum Tartaricum，or the Conquest of the Great and Most Renowned Empire of China*），该书取材于作者的亲身见闻、友人书信及官私记载，详细记述了明朝衰亡和满族政权入主中原的始末，是研究明清鼎革时期的重要历史文献。此书于 1654 年在荷兰、意大利等国同时用拉丁文出版，同年被译为英文。至 1706 年，此书以九种语言发行了 25 次，足见其广泛的影响力。② 中山大学图书馆收藏了 1654 年伦敦出版的英文版。

李明（Louis Le Comte，1655－1728）的《中国近事报道》（*Nouveaux Memoires sur L'etat Present de la Chine*）于 1696 年在法国巴黎出版，该书是其在华期间给国内要人的通信汇编，主题涉及清代中国的国家治理、社会生活、风土人情、宗教信仰、气候地理等，是法国第一部关于中国综合报

---

① 李双璧：《入仕之途：中西选官制度比较研究》，贵州人民出版社，2000，第 201～202 页。
② 杨植峰：《帝国的残影：西洋涉华珍籍收藏》，团结出版社，2009，第 24～30 页。

道的著作。此后又有英文版和德文版问世。① 中山大学图书馆收藏的是 1698 年英文版第二版，完整题名为 "*Memoirs and Observations Topographical, Physical, Mathematical, Mechanical, Natural, Civil, and Ecclesiastical. Made in a Late Journey through the Empire of China, and Published in Several Letters……*"。

中山大学图书馆还收藏了欧洲三大汉学巨著：《中华帝国全志》《耶稣会士书简集》《北京耶稣会士中国论集》。这三部著作均由法国传教士汇编出版，曾在欧洲特别是在法国引起强烈反响，成为欧洲汉学研究的里程碑。其中杜赫德（J. B. Du Halde，1674 - 1743）所撰写的《中华帝国全志》（*Description Géographique, Historique, Chronologique, Politique et Physique de L'empire de la Chine et de la Tartarie Chinoise*）是介绍当时中国最完备的著作。杜赫德虽然不懂中文也未到过中国，但与居留在东方的传教士保持通信联系达 25 年之久。《中华帝国全志》即根据 17 世纪以来到华传教士的相关资料编辑而成，涉及 27 位在华耶稣会士，内容包括当时中国、鞑靼、朝鲜地区的历史、政治、宗教、经济、艺术、科学、教育、语言等，成为一部百科全书式的巨著。② 该书首版是 1735 年出版于巴黎的法文版，1736 年翻译编辑而成伦敦英文简本，题名为《中国通史》（*The General History of China*），共 4 卷；1738～1741 年在伦敦出版英文首版 2 卷。中山大学图书馆现存本有 1736 年版《中国通史》第 1 卷和第 3 卷；1738～1741 年英译本，译名为 *A Description of the Empire of China and Chinese-Tartary*。1738～1741 年英文版的《中华帝国全志》目前存藏较少，极为珍贵。

《耶稣会士书简集》（*Lettres Édifiantes et Curieuses：Écrites des Missions Étrangéres*），是汇编 17 世纪末至 18 世纪后半叶在世界各地从事传教工作的法国耶稣会士的书简而成，由巴黎耶稣会士郭弼恩（Charles Le Gobien，1653 - 1708）、杜赫德、帕杜耶（Louis Patouillet，1699 - 1779）等相继出

---

① 赵华：《17 世纪晚期传教士眼中的中国——评〈中国近事报道（1687～1692）〉》，国家清史纂修工程出版中心、吉林省社科院《社会科学战线》编辑部编《清史纂修研究与评论》，上海古籍出版社，2012，第 497～503 页。

② 张国刚：《从中西初识到礼仪之争——明清传教士与中西文化交流》，人民出版社，2003，第 274～275 页。

任主编，1702～1776 年共刊出 34 卷。全书在整体上以对中国全景式的生动而具体的描述见长，在细节上翔实精确，中国的形象是立体的和多侧面的，是一套集中国信息之大成的著述，对于当时和现代的读者都具有重要意义。①《耶稣会士书简集》自问世后，有多种版本在欧洲流传，其中较有名的法文版有以下几种：1703～1776 年巴黎原版 34 卷；1780～1783 年巴黎新版 26 卷；1810～1811 年图卢兹新版；1819 年里昂新版 14 卷；1829～1832 年巴黎新版 40 卷。中山大学图书馆收藏的是 1819 年的里昂新版 14 卷，全套保存完整。此版在后世较为常用，其中来自中国的书简及有关中国的内容约占 6 卷（第 9～14 卷），2001 年郑德弟、朱静等人即根据此版本的第 9～14 卷翻译成《耶稣会士中国书简集》，作为国际汉学研究书系的一部分出版。

《北京耶稣会士中国论集》（*Mémoires Concernant L'histoire*，*les Sciences*，*les Arts*，*les Mœurs*，*les Usages. &c. des Chinois*：*par les Missionnaires de Pékin*）作为耶稣会士三大巨著中的最后一部巨型论集，1776～1814 年在巴黎共刊行 16 卷，是 18 世纪后半期耶稣会士最重要的中国专题论文集。该书的主要作者有钱德明（Jean Joseph Marie Amiot）、韩国英（Pierre-Martial Cibot）和宋君荣（Antoine Gaubil）等学者型的传教士，因此该书不同于前两部对中国全景式的介绍与描写，而注重于对中国问题做专题性的研究和探索，被誉为"法国古汉学里程碑"，标志着学术研究意义上的汉学的产生。② 中山大学图书馆藏法语初版，收藏 1776～1791 年出版的前 15 卷，保存很完整。

耶稣会士的三大著作构成了 18 世纪欧洲人认识和了解中国的资料库，为深入接触和思考中国奠定了坚实的基础，在 18 世纪中西文化交流史上具有划时代的价值与意义。中山大学图书馆馆藏系列著作完备，馆藏之丰可见一斑，亦足见当时岭南大学系统建设中国研究之西文古籍馆藏之前瞻性。

（2）基督教新教传教士的著作

自康熙末年禁教，清朝历代皇帝都实行严格的禁教政策，因此天主教

---

① 钱林森：《中外文学交流史：中国－法国卷》，山东教育出版社，2015，第 137 页。
② 钱林森：《中外文学交流史：中国－法国卷》，山东教育出版社，2015，第 139 页。

在中国的活动几乎中断。这种状况虽然由于 19 世纪初新教传教士的冒险传教活动稍有打破，但直至鸦片战争国门被迫打开后，教会人士涌入中国沿海和内地，中西文化交流才得到进一步扩展。这些传教士非常重视对中国历史和现实的研究，他们编印报刊，撰写研究论文和著作，广泛介绍中国的风土人情、历史地理、宗教信仰、社会生活，翻译介绍中国传统典籍，著述颇丰。

马礼逊（Robert Morrison，1782 – 1834）是西方派到中国大陆的第一位基督新教传教士，他在华开创了译经、编字典、办刊物、设学校、开医馆、印刷出版等事业，成为近代中西文化交流的重要开拓者。中山大学图书馆藏有几种马礼逊的重要著述，如《中国通俗文学译文集》（*Horæ Sinicæ*：*Translations from the Popular Literature of the Chinese*，1812），翻译《三字经》《大学》《三教源流》等，对于研究早期西方对中国文学作品的译介具有重要参考价值。《中国大观》（*A View of China*：*For Philological Purposes*，1817）一书简要地介绍了中国的历史，列出了中国各个历史朝代年表，概要地介绍了中国地理、政府机构、节气计时、风俗习惯及宗教神学等方面的内容，供学习中文的人参考。《马礼逊回忆录》（*Memoirs of the Life and Labours of Robert Morrison*），是在马礼逊去世后，由马礼逊夫人搜集其生前所写的日记、书信和文件等手稿编纂而成，其中收录的大量的原始资料涉及当时的传教士及重要事件等，从另一个视角透视了 19 世纪初中国社会的政治、经济、生活等方面的情况，馆藏为 1839 年伦敦首版 2 卷本。

美国传教士丁韪良（William A. P. Martin，1827 – 1916）曾任同文馆总教习，对宗教、教育、国际法等都有研究，是清末在华外国人中首屈一指的"中国通"。馆藏中其教育、文化等方面的著作有《翰林集》（*Hanlin Papers*，*or*，*Essays on the Intellectual Life of the Chinese*，1880）、《中国人：他们的教育、哲学和文字》（*The Chinese*：*Their Education*，*Philosophy*，*and Letters*，1881）、《中国的神话传说与杂诗》（*Chinese Legends and Other Poems*，1894）等，还有自传《花甲记忆：一位美国传教士眼中的晚清帝国》（*A Cycle of Cathay*：*Or China*，*South and North with Personal Reminiscences*，1896）、《北京被围目击记》（*The Siege in Peking*：*China Against the World*，1900）、《中国之觉醒》（*The Awakening of China*，1910）等，这些著作以作

者亲身经历对晚清社会进行了细致的描述与独特的思辨，对中国历史、地理与战火中的变革也展开了独特的审视，加深了西方对中国社会的认识与理解。

英国传教士麦嘉温（John MacGowan，？–1922）1860 年来华，对中国历史与社会生活颇有研究，著述丰富。中山大学图书馆收藏了多部他的作品，内容涉及历史、宗教、社会生活等，如《中国通史》（*A History of China*，1897）、《是耶稣基督，还是孔子？——厦门差会的故事》（*Christ or Confucius，Which？Or，The Story of the Amoy Mission*，1889）。他对中国社会生活方面的描写尤为动人，《华南写实》（*Pictures of Southern China*，1897）依据其在福建、广东等地的见闻真实地记录了 19 世纪下半叶中国社会生活的状况，书中附有 77 幅图版；《大清子民生活剪影》（*Sidelights on Chinese Life*，1907）一书以农民、教师、小贩、风水先生以及官员为主体，描绘了晚清时期人们的生活掠影，如家庭生活、娱乐项目、宗教信仰等，书中还附 34 幅老照片和 12 幅彩色绘画作品，真实生动。

1872 年，美国传教士明恩溥（Arthur Henderson Smith，1845–1932）来到中国，不仅成为当时名噪一时的传教士，也是著名的"中国通"，他出版了许多有关中国的著作，对增进西方对中国的了解起到了积极作用。他的著作《中国乡村生活》（*Village Life in China：A Study in Sociology*，1907）包罗了中国乡村生活的方方面面，如中国乡村的结构、名称、道路、市场、狩猎、婚俗、集会、家庭等，超越了一般游记和见闻录的水平，达到了一定的学术水准。[①] 此外，中山大学图书馆还收藏了他的另两部代表：《中国人的气质》（*Chinese Characteristics*，1890）和《汉语谚语俗语集》（*Proverbs and Common Sayings from the Chinese*，1888）。

有关宗教及新教士传教方面的著述也有很多，对于了解宗教史具有重要意义，如富世德（Arnold Foster）编《基督教在中国的发展》（*Christian Progress in China*，1889）；为台湾的医疗和教育事业做出巨大贡献的加拿大马偕牧师（George Leslie Mackay）的《台湾遥寄》亦为研究台湾基督教

---

① 章立明、马雪峰、苏敏：《社会文化人类学的中国化与学科化》，知识产权出版社，2014，第 16～17 页。

史之珍贵史料。《基督教在华传教士大会记录，1877 年》（*Records of the General Conference of the Protestant Missionaries of China*：*Held at Shanghai*，*May* 10 – 24，1877）一书收录了基督教在华传教士第一次大会上的发言和讨论记录，内容不仅涵盖基督教基本传教事务，同时也反映出晚清时期中国社会状况、传统习俗、文化、教育、医学等众多内容，对于晚清宗教、文化和历史研究具有重要意义。对于佛教在中国的情况，传教士也多有研究，如欧德理（Ernest John Eitel）的《佛教三讲》（*Buddhism*：*Its Historical*，*Theoretical and Popular Aspects. In Three Lectures*，1884）；毕尔（Samuel Beal）在《中国佛教》（*Buddhism in China*，1884）中论述了佛教的历史、理论及其传播情况等。

2. 访华使团的游记作品

19 世纪以来西方国家更加关注中国的市场，所以商业活动越来越成为中国与西方关系的主要内容。西方国家的殖民扩张活动也经由商业团体上升到政府层面，开展了中外商贸交涉活动。[①] 其中较为著名的有马戛尔尼勋爵使团和阿美士德勋爵使团出使中国的外交事件。

（1）马戛尔尼勋爵使团

1792 年，英国政府任命马戛尔尼为正使，以贺乾隆帝八十大寿为名出使中国，这是西欧各国政府首次向中国派出正式使节。使团抵达澳门后一路北上至北京、承德，再由京城南下广州返回英国。马戛尔尼使团纵穿中国腹地，几乎游历了大半个中国，对清朝的政治、经济、军事和文化等方面进行了较为周详的调查和了解，虽未达到外交和通商的目的，但在了解中国文化方面获得了相关著述的大丰收。回国后，马戛尔尼使团的很多成员写了详尽的回忆录或笔记，如使团副使斯当东（George Staunton）所著的官方版本《英使谒见乾隆纪实》、安德逊（Aeneas Anderson）的《英使来华记》、卫兵霍姆斯（Samuel Holmes）的日记、随团画师亚历山大（William Alexander）的画册，斯当东家庭教师赫脱南（Johanm Christian Huttner）的日记等。时隔多年后又出版了随团天文学家丁维提所著的纪实及正使秘书约翰·巴罗（John Barrow）的《中国旅行记》。但马戛尔尼本

---

① 张海林编著《近代中外文化交流史》，南京大学出版社，2003，第 79 页。

人的使华日记及观察记在 1962 年才被全文整理出版。① 这些著述是英国人作为官方代表首次深入中国的宫廷和内地，游历大半个中国，并首次把迄今为止最为完整的、以亲身经历为基础的对中国的全面认识著书出版，在英国乃至整个欧洲引起了巨大反响，这些著作改变了欧洲的中国观，欧洲人对中国开始重新观察和认识。中山大学图书馆收藏了《英使谒见乾隆纪实》英文版（*An Authentic Account of an Embassy from the King of Great Britain to the Emperor of China*，1797）、法文版（*Voyage Dans L' interieur de la Chine，et en Tartarie：Fait Dans Les Annees* 1792 - 1793 *et* 1794，1798）、德文版（*Des Grafen Macartney Gesandschaftsreise nach China*，1798）、《英国使团来华记》（*An Historical Account of the Embassy to the Emperor of China*，1797）、《英使来华记》（*A Narrative of the British Embassy to China in the Years* 1792，1793，*and* 1794，1796）、《塞缪尔·霍姆斯日志：马戛尔尼勋爵使团的中国和鞑靼之旅》（*The Journal of Mr. Samuel Holmes，Serjeant-major of the XIth Light Dragoons，During His Attendance*，1798）、《中国旅行记》（*Travels in China*，1806）等，相关著述收藏完备，版本多为各语种初版，较为珍稀完整，是不可多得的系统研究资料。

（2）阿美士德勋爵使团

1816 年，英国政府派遣阿美士德勋爵访华，以图与清廷商讨中、英贸易事宜。由于在觐见嘉庆皇帝的礼仪问题上，双方产生分歧，最终嘉庆皇帝取消接见，但准许使团沿大运河南下旅行至广州，使团沿途也得到了礼遇。使团 1817 年 1 月 28 日在澳门登船返国。② 使团成员返回后也出版了一系列著作，影响较为广泛的有副使埃利斯（Henry Ellis）的《阿美士德使团出使中国日志》（*Journal of the Proceedings of the Late Embassy to China*，1818）、随团医生约翰·麦克劳德（John·M'Leod）的《阿尔西斯特号黄海、朝鲜、琉球航行记》（*Narrative of a Voyage in His Majesty's Late Ship Alceste，to the Yellow Sea，Along the Coast of Core*，1817），汉文正使德庇时

---

① 杨植峰：《帝国的残影：西洋涉华珍籍收藏》，团结出版社，2009，第 35～37 页；叶向阳：《英国 17、18 世纪旅华游记研究》，外语教学与研究出版社，2013，第 330～331 页。
② 韩庆编著《中国近代航运发展史——晚清篇》，大连海事大学出版社，2012，第 25～26 页。

（John Francis Davis，1795 – 1890）在多年后出版的《中国见闻录》（*Sketches of China*，1841），记录了在北京、南京和广州等地为期 4 个月的旅行见闻，并附与第一次鸦片战争有关的评论。以上著述中山大学图书馆均有收藏。

3. 翻译家、汉学家的著作

19 世纪后半叶，国外对中国的研究已经形成一门专门学科——"汉学"，这些传教士也开始向汉学家转变，除了注重中国历史文化的研究，也开始翻译和研究中国古籍，向西方介绍中国的儒家经典和中国古代哲学思想，已然超越传教士的身份而成为事实上的翻译学家和中国学家，其中贡献巨大的有理雅各、翟理斯、傅兰雅等人。

英国传教士理雅各（James Legge，1815 – 1897），曾任香港英华书院院长，1876 年任牛津大学首位汉学教授，向西方世界译介了大量的中国古典著作，最有影响力的译著为《中国经典》。1861～1872 年，《中国经典》（五卷）第一版在香港出版，含全译英文本《论语》《大学》《中庸》《孟子》《尚书》《竹书纪年》《诗经》《春秋》《左传》。1876 年，"韵体本"《诗经》在英国出版，1879～1891 年翻译的《易》《礼记》等则收入 1895 年缪勒编纂的《东方圣书》中的《中国圣书》系列。1893～1895 年，《中国经典》修订版出版。[①] 这两部书对欧美研究中国古典作品影响颇大。中山大学图书馆收藏其专著《中国经典》（*The Chinese Classics*）1861～1872 年初版五卷 8 册、1876 年现代本第三卷（"韵体本"《诗经》）、1883 年纽约 J. B. Alden 公司出版的《中国经典》第 1 卷。《中国圣书》系列全套（*The Sacred Books of China：the Texts of Confucianism*，1879；*The Sacred Books of China：The Texts of Taoism*，1891）均收藏完整。此外，理雅各还在《孟子的生平与著作：含论文与注解》（*The Life and Works of Mencius：With Essays and Notes*，1875）中比较孟子、杨朱、墨子诸人思想与基督教观念的关系，在《中国的宗教：儒教、道教与基督教的对比》（*The Religions of China：Confucianism and Taoism Described and Compared with Christianity*，1880）中对宗教进行对比研究。

---

① 姜燕：《理雅各〈诗经〉翻译与儒教阐释》，山东大学出版社，2013，第 1～2 页。

英国汉学家翟理斯（Herbert Allen Giles, 1845 – 1935）的翻译和汉学著作颇丰，其所考察的中国问题更是涉及民族、思想等大课题，对中国文学史研究颇有造诣。在中英文学交流史上，翟理斯在译介中国文学方面的成就举足轻重。他的文学类译著主要包括《聊斋志异选》《古文选珍》《庄子》《古今诗选》《中国文学史》等。除此以外，他的其余汉学著述，如《中国札记》《佛国记》《翟理斯汕广纪行》《历史上的中国及其他概述》等，在内容上也涵盖了部分中国文学、历史的内容。翟理斯是英国汉学史上乃至整个欧洲汉学史上对中国文学进行总体观照的第一人，使英语世界的读者对中国文学有了大致的了解，其译介作品音韵优美、行文流畅，有较高的欣赏价值和学术价值，传播面较广，在中英文化交流史上的成就斐然。① 中山大学图书馆收藏了翟理斯的多部著作，除了《古今诗选》（*Chinese Poetry in English Verse*, 1898）、《中国文学史》（*A History of Chinese Literature*, 1901）、《历史上的中国及其他概述》（*Historic China and Other Sketches*, 1882）、《中国文明》（*The Civilization of China*, 1911）、《古今姓氏族谱》（*A Chinese Biographical Dictionary*, 1898）等文学、历史著作外，还有其编撰的《华英字典》（*A Chinese-English Dictionary*, 1892），该字典改进了汉字的"威妥玛式拼音法"，世称"威妥玛 – 翟理斯式拼音法"，曾长期被西方世界使用。

欧洲第一位翻译《道德经》的法国汉学家鲍狄埃（Guillaume Pauthier, 1801 – 1873）的多部关于中国文化的著作在中山大学图书馆也有收藏。在《中国图识》（*Chine；ou，Description Historique*, 1837）一书中鲍狄埃依据大量汉文史籍资料记述了中国历史地理、山川风物、风景名胜、文学科学等内容，并对中国文明的发展及中国历史的延续性加以论述，书中附有 72 幅铜版画，具有重要价值。关于儒学经典研究，中山大学图书馆收藏了两种：《孔子与孟子：中国道德哲学与政治文选》（*Confucius et Mencius：les Quatre Livres de Philosophie Morale et Politique de la Chine*, 1841、1858）、《诗经》（*Hymnes Sanscrits, Persans, Égyptiens, Assyriens et Chinois：Chi-king；ou, Livre des vers*, 1872）。此外，兰斯洛·克莱默 – 宾（Launcelot Cranmer-

---

① 葛桂录：《含英咀华》，中央编译出版社，2014，第 174 ~ 201 页。

Byng）和老沃尔特·高尔恩（Walter Gorn Old）也翻译了多部经典，如《诗经》《书经》等。

汉学家们对中国的生物学、医学、艺术等领域也进行了广泛探讨。法国汉学家派利罗格（Maurice Paléologue，1859－1944）的《中国艺术》（*L'art Chinois*，1887）一书为最早图文并茂介绍中国艺术的西文书籍之一，内容涉及中国青铜器、建筑、石刻、木刻、象牙雕刻、绘画及陶瓷等，内附多幅黑白精印版画，详著名称及收藏地，颇有价值。路易·拉卢瓦（Louis Laloy，1874－1944）学问兼通古今中西，研究音乐、汉学和文学，曾著《中国音乐》（*La Musique Chinoise*，1900）。著名俄罗斯汉学家贝勒（E. Bretschneider）曾出任俄罗斯驻北京公使馆医生，精于元明史地、中西交通史和中国植物学等研究，曾出版《中国植物学：中西典籍所见中国植物学随笔》（*Botanicon Sinicum：Notes on Chinese Botany from Native and Western Sources*，1895），根据中国典籍详细记载了各类植物，并详细研究了《本草纲目》，收录了其中全部 358 种植物药。

4. 商人、探险家、旅行者和外交人员等的作品

19 世纪后来到中国的西方人，虽然传教士仍占据主体地位，但其他人群也不容忽视，如外交人员、商人、旅行者、作家、学者、技术人员等。他们更关心中国的世俗生活，更想了解中国的真实状况，因此开启了对中国社会生活各方面的观察，带来某些独特的视角和作品，除了有关于自然游历的游记和见闻录外，也有亲历的各类历史事件、社会生活、文化接触等多层次的作品。

英国植物学家福钧（Robert Fortune，1812－1880）于 1839~1846 年受英国皇家园艺协会及东印度公司派遣，先后四次来到中国，采集植物标本及调查茶树栽培、制茶方法、产茶情况，并将茶从中国引入印度。回英国后，他写了几本颇具价值的著作介绍其中国之行，中山大学图书馆均有收藏，包括《漫游华北三年》（*Three Years' Wanderings in the Northern Provinces of China*，1847）、《居住在中国人之间》（*A Residence Among the Chinese：Inland，on the Coast，and at Sea*，1857）、《江户和北京：日本和中国都城的旅行记》（*Yedo and Peking：A Narrative of a Journey to the Capitals of Japan and China*），还有两部关于茶业的著作——《中国茶乡之行》（*A Journey to* the Tea Countries of China，1852）和《两访中国茶乡和喜马拉雅山麓的两座英国茶园》（Two Visits to the Tea Countries of China and the British Tea Plantations in the Himalaya，1853）。书中对中国的茶树栽培和制茶方法详加阐述，对中国园艺、植物特性与分布、饮茶文化也多有着墨，是西方了解中国茶业的重要著作。

1869 年，美国传教士、外交官何天爵（Chester Holcombe，1844 - 1912）来到中国，在居留十多年后根据亲身经历和观察思考写下了《中国人本色》（The Real Chinaman，1895；又译作《华游志略》《真正的中国佬》），其内容涉及中国的政治制度、教育状况、社会生活、官民关系、礼仪习俗、宗教信仰、商业精神等各个方面，大体勾勒出了晚清社会的真实面貌，是关于晚清中国社会的一幅全方位、大视角的生动画卷。[1] 美国社会学家罗斯（E. A. Ross）的《变化中的中国人：东西方文化在中国的冲突》（The Changing Chinese：The Conflict of Oriental and Western Cultures in China，1911）则是辛亥革命前西方观察中国的代表作，内容涉及中国人的体格以及中国的民族精神、工业前景、禁烟斗争、妇女解放和新式教育等。他们在中国居留时间较长，对中国文化和社会有不同程度的理解，以独有的视角和眼光考察中国，记录了真实的感受，还拍摄了值得保留的老照片，非常难得。[2]

在自然地理方面，探险家们对西藏、云南、台湾等地都有涉足。英国自然科学家柯灵乌（Cuthbert Collingwood）在《自然学家漫谈中国海岸》（Rambles of a Naturalist on the Shores and Waters of the China Sea，1868）一书中详细地记录了他随军舰至台湾西北海岸考察的情况，多样地描绘出当时自然环境和汉人移民社会的面貌，可作为了解台湾开埠之际情况的主要参考著作。英国女旅行家伊莎贝拉·伯德·毕肖普（Isabella Bird Bishop）的《扬子江流域及以外地区》（The Yangtze Valley and Beyond，1900）描述了当时长江流域及川藏地区的现状，书中附 113 张照片，是研究晚清社会的一本有价值的参考书。美国旅行家、人文地理学家盖洛（William Edgar

---

① 〔美〕何天爵：《真正的中国佬》，鞠方安译，光明日报出版社，1998，第 253~254 页。
② 梁碧莹：《美国人在广州（1784—1912）》，广东人民出版社，2014，第 404 页。

Geil，1865 – 1925）所著的《扬子江上的美国人》（*A Yankee on the Yangtze*，1904）记录其考察长江地理风貌及沿江风土人情的情况，书中一百多幅照片具有极高的资料价值，是西方人系统考察和研究长江的第一部著作。19世纪末萨维奇·兰道尔（A. Henry Savage Landor）深入西藏游历，并将其行程经历辑录成《西藏禁地》（*In the Forbidden Land：An Account of a Journey in Tibet*，1898）在伦敦出版，穿插诸多有关西藏的风土民情图片，是研究西藏的必备参考书。

从鸦片战争开始，西方人士更多地进入中国，中国近代史特别是农民运动、战争史等相关著作也逐渐增多，鸦片战争、太平天国运动、义和团运动等多受关注，呈现了多部著作，如白朗（Lindesay Brine）的《太平天国起义》（*The Taeping Rebellion in China*，1862）、晏玛太（Matthew Tyson Yates，1819 – 1888）的《太平天国运动》（*The T'ai-Ping Rebellion*，1876）等。还有一些人亲历战争后完成的相关著述，如曾投效太平军的英国人吟唎（Augustus F. Lindley，1840 – 1873）所著的《太平天国革命亲历记》（*Ti-Ping Tien-Kwoh：The History of the Ti-Ping Revolution*，1866）援引了丰富的材料，并与作者亲身见闻互相印证，记述了太平军的作战、阵法、婚姻、税收、法庭等方面的实况，成为研究太平天国运动可靠的第一手资料。[①] 英国报纸驻北京记者辛普森（Bertram Lenox Simpson，1877 – 1930）亲历北京的义和团运动，以日记的形式记录了各国驻华使馆被围期间的情况，也反映了八国联军入京后抢劫掳掠的暴行，这些日记被辑录出版，名为《庚子使馆被围记》（*Indiscreet Letters from Peking：Being the Notes of an Eyewitness*，1907）。

此外，这些在中国土地上居住的外国人尤其关注社会生活，倪维思夫人（Helen S. C. Nevius）的《我们在中国的生活》（*Our Life in China*，1868）和许妥玛夫人（Mrs. Thomas Francis Hughes）的《在汉人中间》（*Among the Sons of Han*，1881）都是外国人在中国生活的真实写照，对中西文化和习俗差异、日常生活等做了细致生动的描述。英国女作家阿绮波

---

① 〔英〕吟利（A. F. Lindley）：《太平天国革命亲历记》，王维周译，中华书局，1961，第1～2页。

德·立德（Mrs Archibald Little）的《亲密接触中国：我眼中的中国人》（*Intimate China：The Chinese as I Have Seen Them*，1901）则对中国清末官场的腐化堕落、科举制度对民众思想的桎梏、缠足陋习对女性的危害，以及迷信、鸦片等，有生动翔实的描写。她以西方人的独特视角，对仍处于封建制度下的中国社会的各方面发表了一些深刻的见解。[①]

（四）中山大学图书馆所藏有关广州之西文古籍

具有两千多年历史的文化名城广州，一直是中国对外贸易开放的港口。自 16 世纪始，大批西方人来到中国，广州作为独特的对外开放窗口，成为传教士、商人、旅行家和外交使节进入中国内陆的主要中转站。明清时期入华的欧洲人也多是通过广州这个特定的区域来认识整个中国的。耶稣会士罗明坚神父在华期间长期在广州从事传教活动，利玛窦神父虽然后来到北京的宫廷服务，但在去北京前也一直在广东传教。至于早期入华的商团，则基本上没有去过北京，只在广州参加贸易。自 1757 年清政府宣布粤海关成为唯一合法对外开放的口岸后，广州更是成为贸易全球化的中心市场，是中国封建时代外国人接触最多的地方，甚至很多来华的欧洲商人只知道广州而不知道北京。[②] 在 19 世纪之前的西方人眼里，"广州"几乎成为"中国"的代名词，因此广州对海外的影响和辐射深远而宽广，在近代中西文化交流的历史进程中扮演着重要角色。前述传教士的有关中国的著述中大多都有关于广州的内容，或是通过在广东地区收集的资料写成，对于研究广州的商贸史及其在近代中外文化交流史上的地位都有重要价值。中山大学图书馆所藏有关广州之西文古籍约计 110 种，基本涵盖从早期开始各个时代西方人对广州地区的认识和研究，类别涉及各类综合性介绍、历史论述、游记、普及性读物，以及学术性研究著作等，此处特精选一些著作做代表性的描述。

1. 综合性的一般著述

综合性的著述包括对中国历史、地理、人文、自然、社会等相关内容

---

① 〔英〕阿绮波德·立德：《亲密接触中国：我眼中的中国人》，杨柏、冯东、周素平译，南京出版社，2008，第 1~2 页。

② 吴青：《十六至十八世纪欧洲人笔下的广州》，暨南大学硕士学位论文，2005，第 1~2 页。

概况的介绍与论述，前述综论性作品中大部分都有对广州的描述，如《大中国志》《中华帝国全志》《中国大观》等，还有一部分关于发源于广东的太平天国运动的历史著述也属于研究广州地区的历史性著述。

（1）卫三畏的《中国总论》等书

卫三畏（S. Wells Williams，1812－1884）是美国最早的来华传教士之一，曾编译出版多种有关中国历史、语言的书，其中最具代表性的《中国总论》两卷本于1848年出版，是一部关于传统中国的百科全书，被公认为是美国人研究中国的最早的权威名著。卫三畏在广州生活了20多年，对鸦片战争前后的广州社会及其变化有深刻的认识，该书对广州有大量的全面的记载。这本被称为"有关中国的信息宝库"的书，详尽介绍了"广东省"、"省会广州府"和"广州"，为研究老广州留下了珍贵的史料。① 中山大学图书馆藏有《中国总论》（*The Middle Kingdom*）1860～1876年原版第4版和1882年的修订版，以及1897年的节选本《中国历史》（*A History of China*）。

（2）德庇时的《中国人》等书

英国著名汉学家、外交官德庇时曾在广州地区居住多年，他依据亲身经历和在广东等地收集到的丰富资料介绍了中国文学戏剧和风土人情等。中山大学图书馆收藏了三种：《中国见闻录》（*Sketches of China*，1841）、《中国：中华帝国及其居民概述》（*The Chinese*：*A General Description of the Empire of China and Its Inhabitants*，1836）和《汉文诗解》（*Poeseos Sinicae Commentarii*：*The Poetry of the Chinese*，1870）。

2. 语言文字

研究中国文化、翻译中文典籍及了解中国社会都离不开对中国语言文字的学习和研究。中西方语言文字的交流是从广东民间开始的。19世纪下半叶至20世纪上半叶来华的西洋传教士，编写、出版了种类繁多的汉语特别是粤地方言的字典和词汇工具书等。如前述马礼逊通过编译字典、印刷典籍等为中国语言与文字的研究做出了杰出的贡献。中山大学图书馆目前收藏有欧德理的《广州方言汉语字典》（*A Chinese Dictionary in the Canton-*

---

① 梁碧莹：《美国人在广州（1784—1912）》，广东人民出版社，2014，第142～143页。

ese Dialect，1877）、尹士嘉（Oscar F. Wisner）所编的《教话指南》（*Beginning Cantonese*，1906）、勒布朗（Joseph A. M. Leblanc）的《广东话口语课程》（*Cours de Langue Chinoise Parlée Dialecte Cantonnais*，1910）等。

生于广州，供职于香港英国最高法院三十余年的英国人波乃耶（James Dyer Ball，1847 – 1919）编有多种学习粤语、客家语和其他方言的著作，中山大学图书馆收藏其多部著述，如《粤语速成》（*Cantonese Made Easy*，1907）、《粤语指南》（*How to Speak Cantonese*，1902）、《如何书写汉字部首》（*How to Write the Radicals*，1905）、《中国的节奏与韵律：中国诗歌与诗人》（*Rhythms and Rhymes in Chinese Climes：A Lecture on Chinese Poetry and Poets*，1907）、《中国经典句选》（*The Pith of the Classics*，1905）和《在本土的中国人》（*The Chinese at Home：Or，The Man of Tong and His Land*，1911），较为完整。

美国长老会教徒嘉约翰（John Glasgow Kerr，1824 – 1901）是最早来中国的传教医生之一。1859 年，他在广州创办了中国最早的西医医院——博济医院。嘉约翰不仅在西医在中国的传播方面贡献巨大，而且在中西语言学交流方面成就卓著。他的《粤英要语》（*Select Phrases in the Canton Dialect*，1888）一书收录了广州地区大量的民间方言短语和句型，是英语人士学习粤语的入门指南，多次再版。此外，他还出版了《广州市及其近郊指南》（*A Guide to the City and Suburbs of Canton*，1904）。

19 世纪来华的传教士，他们翻译、编写、出版了种类繁多的圣经汉语译本和方言译本。其中广东土白译本有罗马字和汉字两种译本。早期的译本多为汉字本，自 1889 年起传教委员会才开展罗马字译本的出版。中山大学图书馆收藏 2 种罗马字译本，均由北海传教出版社出版。

3. 有关广州地区的游记及回忆录文献

西方政府官员、学者、记者和旅行家们记录了在中国的亲身经历、所见所闻，写下了关于中国的各种著述，反映了不同阶层、身份的西方人对中国的认识，是研究中国近代社会生活的重要资料，除前述马戛尔尼使团及阿美士德使团都经由广州进入中国内地，相关著述和报告中都对广州地区做了描述外，其他活跃在广州的西方人，在经商、旅行、外交访问和传经布道的同时，也对当时广州各方面的情况进行了多层面的观察和记录，多为他们的所见所闻和亲身经历，他们以西方人独特的眼光和观念来看待和记录当时广州的种种社会情况，成为了解当时广州的不可或缺的史料。

（1）《荷兰东印度公司使节团访华纪实》（*L'ambassade de la Compagnie Orientale des Provinces Unies vers L'empereur de la Chine：ou Grand cam de Tartarie*，1665）

约翰尼斯·纽荷夫（Jean Nieuhoff，1618 – 1672），荷兰人，著名商人、探险家，首位驻京大使。1655 年，纽荷夫随荷兰东印度公司的使节团到访中国，将自己从澳门到广州的沿途见闻以文字图画形式辑录成此书，书中附有百余幅插图和地图，是了解 17 世纪广东地区的地理、文化和建筑等情况的重要史料。1665 年以荷兰语出版，同年出版法语本。中山大学图书馆所藏为 1665 年法语本。

（2）《中华帝国图景》（*The Chinese Empire：Historical and Descriptive*，1858）

托马斯·阿罗姆（Thomas Allom，1804 – 1872），英国皇家建筑师协会创建人，既是建筑师又是插画家，其绘制的中国内容版画风靡整个欧洲。在该书中，阿罗姆参考了马戛尔尼使团中画师威廉·亚历山大的画稿，重新刻绘了 19 世纪 120 余幅著名的中国世态风情版画，其中就包含多幅广东相关图画，具有重要的艺术和史料价值。该书由伦敦的 Fisher & Son 公司首版于 1843 年，第二版由 Peter Jackson 公司于 1845 年出版，第三版由 The London Printing & Publishing 公司于 1858 年出版。中山大学图书馆收藏的是第三版。

（3）《广州之行》（*Voyage à Canton，Capitale de la Province de ce nom，à la Chine*，1799）

法国人夏庞蒂埃·德·科西尼（Charpentier de Cossigny，1730 – 1809）多次航行到中国，曾在法国东印度公司任机械师及商船大班，并在广州的法国商馆居住。在本书中，科西尼主要结合自己在广州的经历对 1792 年马戛尔尼使团和 1794 年荷使范罢览谒见乾隆的见闻加以评论。这些评论为后人观察乾隆末年中外关系史上的两件大事提供了一种同时代人的视角。①

---

① 蔡香玉：《广州十三行法语文献略述》，《海洋史研究》2015 年第 1 期。

法国作家阿兰·佩雷菲特就马戛尔尼使团访华事件在 1989 年 5 月出版了《停滞的帝国》一书，书中就曾以科西尼的评论为依据考察当时的情况。

（4）威廉·亨特的《广州番鬼录》（*The Fan Kwae at Canton*，1882）和《旧中国杂记》（*Bits of Old China*，1885）

美国商人亨特（William Hunter）于 1835 年来华，在广州、澳门、香港等地生活和从事贸易活动近 40 年，1882 年在巴黎出版《广州番鬼录》，叙述了 1825 ~ 1944 年外国人在广州的情形；1885 年他又在《旧中国杂记》中着重记载了鸦片战争前广州的情形。这两部著作透过广州窥视中国社会，涉及面较广，包括中国的政治、经济制度、历史文化、教育与思想以及风土人情与习俗等各方面，真实客观，对史学界研究早期中美关系具有较高的史料价值。①

（5）香便文的著作

美国北长老会传教士香便文（B. C. Henry，1850 – 1901）1873 年来广州传教，1888 年与哈珀（Andrew P. Happer）创办了私立岭南大学的前身格致书院。《岭南纪行》（*Ling-Nam*：*Or*，*Interior Views of Southern China*，*Including Explorations in the Hitherto Untraversed Island of Hainan*，1886）一书记录了其在广东各地及海南岛考察的经历，尤其是后半部分《海南纪行》，在当时西方世界影响颇大，几乎成为西方人进入海南岛的"路书"。该书采用纪实手法书写，不仅具有历史学、人类学和博物学价值，而且具有文学价值。此外，他的另一部著作《基督教与中国》（*The Cross and the Dragon or Light in the Broad East*，1885）在中山大学图书馆也有收藏，书中描述了大量当时广东的风土人情，及其为广东地区的医疗、教育所做的努力。书内附有与晚清中国社会有关的精美铜版画近百幅，极为珍贵。

4. 通商口岸等商业贸易文献

粤海关曾在百余年内是中国对西方国家通商的唯一口岸，同时十三行设立在广州，协助粤海关管理广州的对外贸易，至鸦片战争前广州贸易处于高度发展的黄金时代，粤海关相关的贸易报告和商业资料等也极为丰富。

---

① 刘圣宜、宋德华：《岭南近代对外文化交流史》，广东人民出版社，1996，第 194 ~ 195 页；梁碧莹：《美国人在广州（1784—1912）》，广东人民出版社，2014，第 142 ~ 143 页。

（1）梅辉立的《中日商埠志》（*The Treaty Ports of China and Japan：A Complete Guide to the Open Ports of Those Countries*，1867）

《中日商埠志》一书中按港口所在地理位置从南至北介绍了21个中国商埠，包括香港、广州、澳门、汕头、厦门、福州等，介绍了每个港口的全貌及当地人文景观，内容翔实，如广州一节的内容就包括地理历史概况、经济贸易、建筑设施、气候人口、外国居民、日常生活、政府及工作人员等，内容丰富，涉及社会生活的各个方面。①

（2）马士的贸易史研究

美国人马士（H. B. Morse，1855－1934）曾在中国海关任职长达30余年，是总税务司赫德的主要助手，为近代中国海关制度的建设和发展做了大量工作。他还是一位著名的历史学家，根据海关的丰富档案资料写成了多部中国对外关系史、中国贸易史的著作，如《中华帝国对外关系史》（*The International Relations of the Chinese Empire*，1910－1918）、《中国的贸易和行政》（*The Trade and Administration of China*）等。他在《中国行会考》（*The Gilds of China*，1909）中论述了广东的行商制度，以及广州行商与外商尤其是与英商的关系。另一部巨著《东印度公司对华贸易编年史》（*The Chronicles of the East India Company*，*Trading to China* 1635－1834，1926－1929）则详尽地记载了1635～1834年英国对华贸易的情况，根据英国东印度公司档案及西方有关中国早期资料的著作按年度编成，涉及中国与英国等西方国家的关系、早期中西贸易、清代前期海关行政、广东十三行的历史，是研究早期中英贸易、中英关系和清代海关的重要史籍。②

此外，馆藏还有很多海关贸易报告。海关报告种类众多，详细统计了各通商口岸及港口对外贸易总额、往来船只数量与贸易收益等信息，粤海关作为其中最重要的口岸之一，相关情况报告都可从中找到，是研究广州对外贸易史的重要资料。中山大学图书馆藏有1907～1937年的月报（Monthly Returns or Reports）、季报（Quarterly Returns or Customs Gazette）、年报（Annual Trade Returns & Reports）等，因归为连续出版物，暂不赘述。

---

① 凌姗姗：《梅辉立与中西文化交流》，华东师范大学硕士学位论文，2013，第31～34页。
② 梁碧莹：《美国人在广州（1784—1912）》，广东人民出版社，2014，第546～574页。

5. 生物学研究

（1）《中国昆虫自然史》（*An Epitome of the Natural History of the Insects of China*，1798）

爱德华·多诺万（Edward Donovan，1768 - 1837）是爱尔兰作家，同时也是自然历史插画家。他的《中国昆虫自然史》是西方学者有关中国昆虫研究较早的一部专著，主要根据在广州一带收集来的标本进行相关描述而成，分为文字介绍部分和插图部分。该书收录各种昆虫的描述和多幅彩色手绘插图，非常精美。该书还收录了乔治·斯当东作为马戛尔尼使团副使出使中国带回去的少量昆虫资料。[①]

（2）《中国广东和香港植物志》（*Flora of Kwangtung and HongKong*，1912）

英国植物学家邓恩（Stephen Troyte Dunn，1868 - 1938）曾任香港植物及林务部监督，该部著作描述了在广州、香港等地采集的植物标本，为研究广东地区的植物提供了参考。

6. 其他

此外，有关广州之西文古籍还包括文学、医学、农学、在华南地区传教史及传教事业等相关文献。

第一部被译为西方文字的中国小说《好逑传》的最早译本，是 1719 年由在广州居住过多年的英国商人魏金森（James Wilkinson）译出的。中山大学图书馆收藏了克里斯托夫·戈特立布·穆尔（Christoph Gottlieb Murr）1766 年的德文版本和 1842 年的法语版本，都极受推崇，特别是德文版曾得到歌德的关注。[②]

金文泰译《广东话情歌》（*Cantonese Love-Songs*，1904）是其早年在香港工作期间，翻译招子庸编撰的广东方言民歌《粤讴》汇编而成的，他认为"《粤讴》与希伯来民歌具有同样不朽的文学价值"。

还有一部《中国的茶叶种植加工》（*An Account of the Cultivation and*

---

① 复旦大学历史地理研究中心：《跨越空间的文化：16~19 世纪中西文化的相遇与调适》，东方出版中心，2010，第 220 页。

② 黄启臣：《澳门是最重要的中西文化交流桥梁》，（香港）香港天马出版有限公司，2010，第 231~232 页。

Manufacture of Tea in China，1848），英国人巴尔（Samuel Ball，1781 –
1874）著，他曾任东印度公司派驻广州的茶叶检验员。该书是有关广州郊
外河南地区种茶的记载，内容包括中国茶树史、制作红茶和绿茶的不同工
艺等，是英国第一本详细、综合记载中国如何种植和加工茶叶的书，是研
究 19 世纪前期中国茶业历史的重要文献。

结　语

中山大学图书馆藏中国研究之西文古籍因图书的专题性质而有特殊的
学术价值和独特的显示度。从收藏的版本、语种、年代、内容来看，这批
西文古籍内容涉及明末以来耶稣会士和新教传教士来华传教记录、18 世纪
以来早期中国游记、关于中国的总体和区域考察与专题研究、中国传统经
典和名著翻译等，全面且丰富。特别是自 17 世纪耶稣会士东来直至今日，
反映早期中西文化交流与碰撞的各个阶段情况的具有代表性的西文典籍大
体具备，而其中尤以广州府地区收藏为完备和有特色，可展现明清时期至
近代广州地区的城市形象与在中西方文化交流中的地位。这些历史珍籍虽
然有些已影印出版或有中文译本，但仍然具有重要的版本价值与原始史料
价值，对于了解中国研究之西文典籍流布史也具有特别的揭示意义，需要
继续深入整理与开发。

作者通信地址：广州市海珠区新港西路 135 号中山大学图书馆特藏部，
邮政编码：510275，邮箱：xiexyan7@ mail. sysu. edu. cn

责任编辑：黄小高

早期对外粤语教材《法粤语言对照读本》述略[*]

禤健聪　谢晓文[**]

广州大学人文学院/语言服务研究中心，广东广州，510006

国家工商行政管理总局商标审查协作广州中心，广东广州，510030

摘　要： 苏天畴编著的《法粤语言对照读本》1936年出版于越南西贡，是一部由中国人编著、供越南当地法语使用者学习粤语的教材。该书立足当时的教学实际，在结构编排和题材选择上有较鲜明的特点：单独设置句法专题，采用Aubazac注音法标注读音，法语注译直译与意译搭配，编列法粤对照词汇表，内容取材在一定程度上反映了当时旅越粤语人士的生活面貌。该书对当下对外汉语教材的编写有借鉴作用，对广府文化研究也有一定意义。

关键词： 法粤语言对照读本；粤语；对外汉语；教材

1807年马礼逊来华传教，开启了清代中后期以降来华西方人汉语学习和研究的热潮，相应地出现了大量的以传教士为主编写的汉语学习教材和汉语词典，当中有相当一部分为方言学习教材。

广东地区是明清以来中国对外交往的重要窗口，广州、澳门、香港等

---

* 本文为广州市属高校科研项目"历代广府方志文献所见粤方言语料辑证"（批准号：1201620449）、《广州大典》与广州历史文化研究课题"《广州大典》所收粤方言文本方言字词辑考"（批准号：2018GZY29）之阶段性成果。

** 禤健聪（1978~ ），男（汉族），广东三水人，广州大学人文学院/语言服务研究中心，教授，文学博士。谢晓文（1991~ ），女（汉族），广东广州人，国家工商行政管理总局商标审查协作广州中心，实质审查员，汉语国际教育硕士。

地均是中西文化交汇的重要城市，西方传教士、外交官、商人频繁来粤，为了各自不同的目的和使命积极学习粤语。19 世纪以来，一批面向西方来华人士粤语学习需求的教材先后出现。日人竹越美奈子曾辑录早期粤语教材 50 余种，如许雪航的《新编广东省城白话》、卫三畏的《拾级大成》、麦仕治的《麦仕治广州俗话书经解义》、尹士嘉的《粤语入门》、谭季强的《分类通行广州话》、李重光的《综合粤语学习法》等①，编写者既有传教士、外交官等西方人，也有不少中国人。

此一时期大部分的汉语学习教材，主要通行于中国境内，面向来华西方人士。同时也有中国人走出国门，编写教材，教授传播汉语（及其方言），苏天畴编著的 1936 年出版于越南西贡的《法粤语言对照读本》②（以下或简称《读本》）就是其中之一种。《读本》是一部由广东人编写，在法国殖民统治时期的越南使用，以法语使用者为主要教学对象的汉语（粤语）口语教材，在汉语海外传播史上有特殊的意义。此书过往研究者较少关注，似未见有专门的著录，本文试做简要介绍。

一　《法粤语言对照读本》的作者与体例

《读本》由苏天畴编著，越南堤岸民生印务局 1936 年出版。堤岸是越南西贡（今胡志明市）的著名华埠。

作者苏天畴为广东龙门县人。《读本》前有苏寿康序，序中说苏天畴"留学法国有年，精通英、法等国文字，乃前申江商政闻人"。当时旅居越南南部的华人较多，华人当中，又以粤人居多，法国殖民当局（南圻政府）为促进当地中、法、越人士的交流，在西贡专门开设了粤语课程，法国、越南的商人、学生、政界人士均可免费学习。苏天畴正是在这种背景下，被聘请任职于当地的东方语言研究所粤语科，承担有关粤语课程的教学任务。③

---

①　〔日〕竹越美奈子：《粤语早期文献目录》，（日本）爱知东邦大学，2013。

②　苏天畴：《法粤语言对照读本》，（越南）堤岸民生印务局，1936。

③　参见《法粤语言对照读本》苏寿康序及苏天畴自序。

苏天畴在教学过程中，因感到当时已有的粤语教材难以满足教学的需要，"上课之初，教授之法，因无书本可循，进行颇感棘手"，遂结合教学需要，"于公余之暇，费二年之光阴"，完成了《读本》的编写。《读本》以法语注释粤语，主要供熟习法语的当地越南人和在越法国人学习粤语之用；同时，因其法粤语言对照的体例，也有助于粤语使用者学习法语。从某种意义上讲，《读本》确实可以看作一本法、粤双向的语言学习教材。

《读本》书前有苏寿康序（汉语）、苏天畴自序（汉语）、中法堤岸上将军 G. Robert 的前言（法语）。全书主体则由三部分组成。

第一部分为体例和基本常识，包括教材简介、初步的概念、法语字母表、粤语注音法、拼音对照表以及粤语声调练习表。除了粤语声调练习表外，其他均用法语编写。

第二部分为课文，分为句法、对话和轶事，共 48 课。前 12 课是句法，描写粤语的句法现象，并与法语句法相对照。后 36 课是对话和轶事，分为三篇：第一篇是通用词句，第二篇是会话，这两篇主要围绕越南西贡的社会生活各方面设置话题；第三篇是小故事，共 10 个，取材于中外历史故事或民间故事，如《秦桧之精明》《亨利第四与农夫》《弄人终被弄》《名为福实为祸》等，篇幅在两百字以内。

第三部分是一些附表，包括以拉丁字母顺序编排的"法-粤"对照词汇表、以单个汉字为字头排列的"粤-法"对照词汇表、Aubazac[①] 注音声调与安南话注音声调对照表、Aubazac 注音字母与安南话注音字母对照表，以及勘误表。此部分的两种安南话对照表均用安南语（越南语）编写，以方便越南当地人阅读学习。

全书编排上有两个明显的特点。一是课文分栏对照编写，其中通用词句和会话部分的课文同时用汉字、拼音、法语直译、法语意译分四栏并排呈现；此外，全书均对汉字随文注音（句法、轶事部分的拼音标注在每字之下），课文之后对重要字词附加法语注释。二是书后附列对照编写的词

---

① Aubazac（何神父）是 19 世纪后期法国来华传教士，1903 年编著出版的《法粤字典》是目前所见第一部大量收词的法粤词典，书中制定了粤语拼音方案。见〔法〕路易·奥巴扎克编著《晚清民初粤语法汉词典》，上海译文出版社，2018。

表，生词表以法语对照粤语、粤语对照法语两表并存，便于学习和查找。

二 《法粤语言对照读本》的编写特点

（一）单独设置句法专题

作者苏天畴在自序中说，"思能使学者易于明了之法，当以探索文法为入手，得其轨范，俾易遵循"，遂将粤语语法"悉照西文文法演绎出之"。将句法项目单列放在教材第一部分（前 12 课，见表 1），并以与法语句法对照的方式呈现，是《读本》的一个特色。

表 1　句法项目

课时	句法项目*
第 1 课	名词（简单名词或复合名词）
第 2 课	人称代词；动词"有"和"是"；简单句子的构成
第 3 课	一般疑问句的形式：（1）由否定到肯定的同位结构；（2）疑问语气词"吗"；（3）疑问短语"係唔係"（当提问要求用"是"或"不是"回答时，用于句首）。第一个会话练习
第 4 课	数词形容词：（1）序数词形容词；（2）集体数目形容词
第 5 课	疑问句形式由直接后置成分组成。第二个会话练习
第 6 课	时间副词或时间状语和它们的位置：时间副词或时间状语通常放在主语前或紧接主语。第三个会话练习
第 7 课	详细说明事物：（1）个体量词；（2）集体量词。第四个会话练习
第 8 课	形容词：（1）比较句；（2）最高级。第五个会话练习
第 9 课	指示性形容词：（1）所有格形容词；（2）指示代词；（3）主有代词；（4）关系代词。第七个会话练习
第 10 课	间接的补足成分：（1）状语；（2）赋予补语；（3）不及物动词的补足成分。第九个会话练习
第 11 课	复杂的动词形式：（1）直陈式一般现在时；（2）未完成过去时（在一段不明起止的时间内的动作或状态）；（3）一般过去时；（4）过去完成时；（5）愈过去时；（6）简单将来时；（7）将来完成时；（8）条件式现在时；（9）条件式过去时；（10）未完成过去时（表示愿望或建议）；（11）虚拟式现在时；（12）虚拟式过去时；（13）虚拟式未完成时；（14）虚拟式愈过去时；（15）现在分词；（16）过去分词；（17）被动语态；（18）动词"住"和"倒"的用法；（19）动词"得"的用法；（20）前置的动词。第十个会话练习

课时	句法项目
第 12 课	虚词"嘅"的学习：（1）所有格"嘅"；（2）关系代词"嘅"；（3）句末"嘅"；（4）句末的虚词

＊句法项目名称按照《读本》原书列出，原文为法文。书中会话练习缺少第六、第八个会话练习，可能是后期修正删减内容所致。

同期或稍早的对外汉语教材，解说和注释一般以字音和词义为重点，虽也涉及语法，但多语焉不详，只做简要概述。相较而言，《读本》在语法项目的编排上有以下几个特点。

一是单独设置，系统编排。课文主体的第一部分就是 Syntaxe（句法）。句法用专门的一章来讨论，具有独立性。如表 1 所列句法项目，第 3 课讲一般疑问句的形式，第 6 课讲时间副词或时间状语和它们的位置等。

二是注重重现，强化重点。句法部分的每一课都先讲授需要学习的句法点，将其编入会话练习，在其后的一课或几课中介绍新句法点的同时，又重现前面的句法点。例如在第 7 课介绍了量词，到了第 9 课在介绍"指示性形容词"（指示代词）时，量词也得到了很好的重现（见表 2）。其例所在多见。注重句法重现和强化，有利于学习者把握学习重点，快速掌握目的语组合规则。

表 2　语法点重现举例

第 7 课	第 9 课
间　一间屋	我哋间屋
本　一本书	你本书
个　一个学生　我去揾一个朋友	佢个朋友系法兰西人我个系安南人
条　一条蛇　佢打死一条蛇	猎人打死嗰条蛇系好毒嘅

三是渐进提升，从易到难。我们将《读本》的句法项目与国家汉办 1996 年颁布的《汉语水平等级标准与语法等级大纲》[①]（以下简称《大纲》）进行了对比，发现《读本》所列出的句法项目基本属于《大纲》中

---

① 国家对外汉语教学领导小组办公室汉语水平考试部编《汉语水平等级标准与语法等级大纲》，高等教育出版社，1998。

的甲级语法点，只有 3 条为乙级，1 条为丙级。因此，就句法点来看，其学习难度较切合初等水平学习者，并遵循了循序渐进、从易到难的认知规律。

四是突出难点，详细对照。将法语与粤语对照呈现，是《读本》的编写特点，也是教材命名之由来。句法项目中每一个句法点虽然只用法语编写，但事实上，编者已经将粤语中的文法跟法语中的文法对应起来。通过对比，使用者能较充分地认识到目的语和学习者母语之间的差异，进而确定教学重点和学习难点，加上课文、注释和练习中有充分恰当的呈现，学习者能有效利用母语"正迁移"，更快地理解并掌握目的语。

可以说，《读本》作为一部时代较早的对外汉语教材，在句法的编排上有一定的先导性。

（二）采用 Aubazac 注音法标注读音

声调是汉语语音的特点，也是外国人学习汉语的难点；粤语拥有 9 个声调，掌握的难度更大。如何准确明了地标注声调，是对外汉语教材的难题之一。1906 年出版的粤语教材《教话指南》[1]（又名《粤语入门》），采用《标准粤拼方案》（Standard Romanisation System）标音，声调标注以元音（a）上的符号"a、ā、á、ǎ、à、a、at、at_0、āt"作为标识，声调符号显得较为复杂难记。

《读本》采取"Aubazac 注音法"（由 M. Louis Aubazac 创制），在音节后附加数字 0~4 标注声调，下标 0 表示中入声调，其他同一声调类别以上标、下标的方式区别阴、阳。如：平声，夫 fou^1，用上标"1"表示上平（阴平）声；扶 fou_1，用下标"1"表示下平（阳平）声（见表 3）。值得一提的是，Aubazac 注音法的创制人 M. Louis Aubazac 著有 *Dictionnaire Français-Cantonnais*（《法粤字典》），1903 年在香港初版，《读本》第三部分所附的"法 - 粤"对照词汇表的编排应是对其有所借鉴的。

---

① 〔美〕尹士嘉：《教话指南》，出版社不详，1906。

表 3 Aubazac 注音法粤语声调对照

声调类别	声调名称	声调例字	标注方式
平声	上平（阴平）	夫	fou^1
	下平（阳平）	扶	fou_1
上声	上上（阴上）	苦	fou^2
	下上（阳上）	妇	fou_2
去声	上去（阴去）	富	fou^3
	下去（阳去）	父	fou_3
入声	上入（阴入）	福	$fouk^4$
	中入	阔	$fout_0$
	下入（阳入）	服	$fouk_4$

此外，《读本》随文注音的编排方式也值得关注，不同课文（已见前述）的注音编排位置虽有所不同，但总体上都是汉字与注音一一对应，拼音、识字双轨运行，两者互为补充，从易到难，具有一定的先进性和科学性。

句法、轶事部分的注音方式如：

我　　有　　女　　人。

Ngo_2　　yao_2　　$neui_2$-yan_1.

通用词句、会话部分的注音方式如：

你讲乜野。	Ni_2 $kong^2$ mi^1 – $yé_2$.
我唔明白你讲乜野。	Ngo_2 m_1 $ming_1$ $pák_4$ ni_2 $kong^2$ mi^1 – $yé_2$.

相比之下，《教话指南》只在前言部分介绍拼音，在课文主体部分完全没有注音，粤语初学者自然没有那么容易掌握粤语语音。

（三）法语注译直译与意译搭配

《读本》不仅有重点难点的注释，更有直译和意译的搭配。如句法部分：

佢哋系男仔。	Litt：Ils sont des garcons.
K' eui_2 – ty_3 hai_3 nam_1 – $tsai^2$.	Pour：Ce sont des garcons.

右栏 "Litt：Ils sont des garcons" 是直译：他们是男孩；"Pour：Ce sont des garcons" 是意译：这些人是男孩。再如会话部分：

Texte	Prononciation figurée	Traduction littérale	Traduction libre
你识讲唐话吗？	Ni$_2$ shek^4 kong^2 t'ong$_1$ wa^2 ma^3.	Vous savez parler chinois ou non?	Parlez-vous chinois?
我识讲些少。	Ngo$_2$ shek^4 kong^2 sé^1 shiou^2.	Je le sais parler un peu.	Je le parle un peu.

四栏分别为 Texte（正文）、Prononciation figurée（通用发音）、Traduction littérale（字面、逐句翻译）、Traduction libre（自由、灵活翻译）。

《读本》的翻译和注释比同时或更早的同类教材都更详细更全面，直译和意译两种翻译方式同时并列，更是其一大特色。这种多维的详尽注译，可让使用者更好地把握粤语发音，也便于使用者自学。

（四）编列法粤对照词汇表

《读本》没有在每篇课文后列专门的生字词表，而是集中在全书之后，列法粤对照词汇表。编排与标注方式比照《法粤字典》，可配套使用。对照表分列 "法 – 粤" "粤 – 法" 两表。

"法 – 粤" 对照词汇表如：

A
Abaisser 放低 fong^3 tai^1，降低 kong^3 tai^1
Abandonner 舍弃 shé$_2$ hi^3，抛离 p'ao^1 li$_1$

B
Bae 横水渡 wán$_1$ sheui^2 tó^2
Bagage 行李 hang$_1$ li$_2$

"粤 – 法" 对照词汇表如：

HEN

轻 hen¹（ou hing¹）Léger, agile, 年纪｜嘅 nin₁ ki² hen¹ ké³ jeune, âge peu avancé；‖ 放底佢 hen¹ hen¹ fong³ ta¹ k'eui₃ poser le doucement.

"法－粤"对照词汇表共收录约 2600 个生词（法语词），部分生词有对应两个或两个以上粤语词的情况，因此整个词汇表粤语词汇超过 3000 个。这与《汉语水平等级标准与语法等级大纲》"汉语初等水平学习者一级要达到甲级词汇 1033 个，二级要达到甲乙两级词汇 3051 个生词"制定的数量标准相近。所收录的词语也基本上是日常生活、学习以及一定的社交范围内所需要的词。"粤－法"对照词汇表则共收录 86 个粤语字头，以单音节出现，均分别列出字词解释、组词或常用短语。

（五）反映旅越粤语人士的生活面貌

《读本》的会话部分课文包括学语言、去餐馆（酒楼）、租屋、游城市、使仆人、就医、购物等多个话题。全书虽没有单列文化专题，但在各课课文中，仍能看到不少反映粤文化或旅越粤人群体的信息。例如：

1. 你个仔学讲唐话我个学讲法兰西话。佢个朋友係法兰西人我个係安南人。学生读咽本书係唐文。（句法第 9 课）

2. 今朝你有冇去堤岸？有去一阵间。先生你到咽西贡有几耐？到咽有一个月咯。你啲唐话喺边处学嘅？喺广州。你喺广州做乜野？做生意。（句法第 11 课）

3. 你昨日有见倒陈先生冇。有，我寻日同佢喺堤岸饮茶。（6. 遇友）

4. 喺街市左近有冇唐人餐馆？有两三间，但係你想食唐餐，就不如去堤岸咯。（7. 问路）

5. 呢间高楼係乜野。係法庭，对面係大监房。元帅府喺边处，喺监房隔离。我哋望见咽座楼係乜野，係礼拜堂，你想去睇吓吗。（12. 游城市）

6. 我想租麦马洪街第十五号咽间屋，可否带我去睇吓咧。你要几多银租咧。八十文一个月。（13. 租屋）

7. 听朝先生中意食乜野做早餐？牛奶、咖啡、火腿、面包、些少牛油…重有牛油有啊。（14. 使仆人）

8. 食乜野肉喇？俾个薯仔牛扒。牛肉要煮熟哟，我唔要半生熟嘅。俾杯啤酒我。同我搦啲面包来添。我要一杯啡奶。（16. 西餐馆）

9. 去搦张菜单来，至好有法兰西文嘅菜单。请你点菜喇，先生。俾个蟹王鱼翅，花胶鸡脚，红烧乳鸽，冬笋虾球，清炖冬菇，酥炸排骨，茄汁牛扒，红烧鱼。有乜野唐人酒？我哋有五嘉皮，玫瑰露，双蒸。（17. 酒楼）

10. 请你擘大个口，伸条脷我睇，俾只手我把脉，你见口干吗？（18. 医生）

11. 我想买两件恤衫。重有乜野要喇，先生…手巾、丝袜、领带…我哋有好多新到嘅领带啩。我家吓想买顶毡帽啫。（20. 大公司）

华人迁越，历朝有之，而以前往越南南部者居多，据统计，到 1921 年，居住在堤岸的华侨人数已经达到 4.9 万人，超过堤岸总人口数 9.4 万人的一半[①]，其中又有许多粤闽商贾于此经商，安居乐业，逐渐形成了以堤岸为商业中心的华人社会。旅越粤人的生活方式，既有粤地的传统，又有法、越文化的元素。比如饮食，从课文内容可知，当时西贡的华人餐馆很多（例4），也有独具广府特色的"饮茶"习惯（例3），既有西餐馆（例8），也多中餐酒楼（例9），且粤菜品种很多。又如语言，旅居越南的粤籍人士，与法、越人士杂居，故多有越南人学法文、唐文（汉语），法国人学唐文的情况（例1、例2），所学的唐文当兼有通语和粤方言。再如中医，把脉、询问病情（例10）等都是中医看症的手段，说明当时中医随华人在越南得到了传播、发展。另外还有其他如租房、游城市、使仆人、去大公司购物等贴近生活的题材，不仅能直接反映当时大部分旅越粤人的生活状态，同时也提及了西式建筑如礼拜堂，西式的穿戴如丝袜、领带等文化内容（例5、例11）。以上这些题材对了解20世纪30年代越南西贡粤籍人士的情况提供了参考。

---

① 平兆龙：《越南华侨华人文化地理研究（1405—1945）》，暨南大学硕士学位论文，2015。

三　《法粤语言对照读本》的价值和局限

苏寿康为《读本》所作序中提到，外国人学汉语，除了通语外，主要还有粤语，前者"通用于政界"，粤语则"遍及于商场，粤人经商无远弗届而粤语亦因之风行五洲，外人之习我国语言者，多趋向粤语，以其随处皆可应用故也"。苏天畴自序中也说，"吾粤人士侨居者众，而与外人交接因之日繁故也"。《读本》可以说是近现代广府人流布海外并传承传播中华文化的见证。作者苏天畴是广东人，又精通英、法等语言，所以，《读本》与以往的粤语学习教材不同，这是国人主动地传播汉语（粤方言），其意义极为重大。

《读本》的题材内容和选择的生活场景，设定的对象主要是有一定身份地位的官商文化人士，例如"你喺边处受职？我喺甫长楼做书记"（会话第 10 课），又如"你啲唐话喺边处学嘅？喺广州。你喺广州做乜野？做生意"（会话第 11 课），换句话说，《读本》的目标群体应该是有一定文化水平的人士。这从苏寿康序中所谓"无论商学政届之法越人士，均可免费就学"也可看出。《读本》设置的难易程度与此相匹配。如句法单独设置，句法说解多用较专业的术语，如"一般疑问句的形式""复杂的动词形式""疑问句形式由直接后置成分组成"等，就需要有一定文化程度的人才能较好理解。另外，翻译、注释以及详尽的后附词表适合文化知识水平较高的成年第二语言学习者通过自学或半自学方式学习。《读本》编成之时，作者苏天畴已有四年的教学实践积累，可见是从教学中来，具有更大的实用性和针对性。针对不同目标人群，编写不同的教材，直到今天，仍具有现实意义。

当然，《读本》也有一些明显的不足：一是句法的系统编排未能更好地分散句法难点，易使初学者产生畏难情绪；二是整本教材没有编列完整的目录，各部分序列标注不统一不协调；三是课文所选轶事内容题材分散，较为随意，与粤语教学不甚契合。

作为一本早期的对外粤语教材，《读本》在教材编写上有不少创新之处，可为当下对外汉语教学教材编写提供参考。《读本》多方面的研究价值，还有待进一步挖掘。

作者通信地址：禤健聪，广东省广州市番禺区大学城外环西路 230 号广州大学人文学院，邮政编码：510006，邮箱：15201718@qq.com；谢晓文，广东省广州市越秀区流花路 117 号 14 号馆，邮政编码：510014，邮箱：948685794@qq.com

责任编辑：黎俊忻　蒋方

为学为师与治人治世

——论学者黄节的几封"家书"*

王晓东**

广东金融学院财经与新媒体学院，广东广州，510521

摘　要：黄节去世后，尚无文集、全集整理出版，在目前辑录出的黄节书信中，其致弟子（也是女婿）李韶清、李韶清胞兄李沧萍的几封书信既有师生论学的一般书信特质，也有家书的情感特质。结合黄节致弟子安仲智、友人章太炎等人的书信，尤可见出黄节于公开论学、一般师生通信外或夫子自道或感时伤怀的私人化表达。家书与论学书信的综合研读，有助于更好地理解黄节的学术历程与思想。

关键词：黄节；李韶清；李沧萍；广州大典；家书

《南方日报》曾在"世纪广东学人"专栏中以《湮没的岭南诗宗》为题对近代著名诗人、学者黄节（1873～1935）做了整版专题报道①，此文与该系列的其他21位学人的评述报道引起了社会的广泛关注，达到了"为20世纪初广东涌现出的一大批学问精深、垂范后世的学者刻画精神群像，向普通读者隆重介绍、推介这些学者们留下的学术和精神财产"的目

---

* 基金项目：广东省哲学社会科学2015年度一般项目"国学、古典诗学与'岭南学'——学术研究现代化进程语境下的黄节学术思想研究"（项目编号：GD15CZW07）；2017年度《广州大典》与广州历史文化研究专项课题"《广州大典》黄节专辑编集与研究——已收著述四种研读与待收类编十六种考论"（项目编号：2017GZY22）。

** 王晓东（1979～　　），男（汉族），山西人，文学博士，广东金融学院财经与新媒体学院副教授，主要从事古典文学学术史、岭南学术史研究。

① 《湮没的岭南诗宗》，《南方日报》2010年9月17日，第10版。

的，使广大读者"在今天这个浮躁的社会环境中，重新找回了学术的尊严，看到了人格的光芒"①。

在《湮没的岭南诗宗》中，报纸所配插图除黄节像、黄节所撰《重修镇海楼记》、黄节追悼会外，还有一幅为近年来整理出版的学术论著《黄节诗学诗律讲义》②。该书包括篇幅相近的三部分内容——《诗学》《诗律》《附：蒹葭楼诗》，其中《诗学》部分的点校错误极多，远劣于此前《民国诗话丛编》③的整理校对，《附：蒹葭楼诗》部分也不如学界已有的相关整理本《黄节诗选》④《黄节诗集》⑤《蒹葭楼自定诗稿原本》⑥。

质疑插图中所选论著的质量，并不是对《湮没的岭南诗宗》文本有所怀疑，事实上，该文写得清晰明朗，能使读者简要了解黄节的生平概要和主要成就。插图选了质量不高的《黄节诗学诗律讲义》，其实反映的是目前关于黄节论著整理、研究的不足。

黄节去世后，学界尚未整理出版其文集或全集，仅有诗集整理辑佚和早期几部诗经研究、魏晋六朝诗歌笺注⑦等受到关注。基本文献整理的缺失，严重影响了研究的开展与深入。目前最新的整理成果是《广州大典》第一期中收录的四种论著：《广东乡土历史教科书》《广东乡土格致教科书》《古歌诗读本》《诗学讲习所讲义录》。⑧ 除此之外，尚有不少论著、论文亟待整理，笔者的课题"《广州大典》黄节专辑编集与研究——已收著述四种研读与待收类编十六种考论"有幸获得 2017 年度《广州大典》

---

① 《第二批"世纪广东学人"名单出炉》，《南方日报》2011 年 7 月 8 日，第 5 版。

② 韩嘉祥整理《黄节诗学诗律讲义》，天津古籍出版社，2007。

③ 黄节撰，张寅彭校点《诗学》，张寅彭主编《民国诗话丛编》（二），上海书店出版社，2002。

④ 刘斯奋选注《黄节诗选》，广东人民出版社，1984。

⑤ 马以君编《黄节诗集》，中国人民大学出版社，1989。

⑥ 黄节：《蒹葭楼自定诗稿原本》，广东人民出版社，1998。

⑦ 2008 年人民文学出版社和中华书局不约而同地再版了这些论著，人民文学出版社为合订单册《黄节注汉魏六朝诗六种》、中华书局为"黄节诗学选刊"十种四册。颇为遗憾的是，其中重印的《阮步兵咏怀诗注》选择的是 1957 年的初版，而该书在 1984 年的再版中增补了《阮步兵咏怀诗注补编》，两社 2008 年的重印忽视了此前的重要修订，而且人民文学出版社的重印还有脱漏，如《曹子建诗注·序》末尾只有"戊辰春正"四字，脱"月初四日黄节序"七字。

⑧ 《广州大典》编纂委员会编《广州大典总目》，广州出版社，2017。

与广州历史文化研究专项课题立项资助，期望以此完善黄节研究之基础文献资料的整理。

课题拟论的"类编十六种"中有"书信"一项，主要包括论学（如与师友、弟子讨论诗文）、论世（如两致刘师培痛斥袁世凯复辟帝制，劝其罢止"筹安会"闹剧）等两大类，这些书信除公开发表于民国报刊者外，主要辑自李韶清《顺德黄晦闻先生年谱》（见《蒹葭楼自定诗稿原本》附录，以下简称《年谱》）。

李韶清（1903~1981）为黄节弟子，他于 1928 年与黄节次女韶石结婚，黄、李二人师生而兼翁婿的双重关系，使得《年谱》中保留了很多珍贵的一手资料。《年谱》中有黄节致李韶清的三封书信、致李沧萍①的两封书信，这五封书信，既有一般的师生论学特质，也有家书的情感特质，尤可见出黄节于公开论学、一般师生通信外的夫子自道、感时伤怀等私人化的表达，研读这种独特的家书兼论学书信，将有助于我们更好地梳理黄节的学术历程、思想和人生境况。

一　黍离之悲：诗学研究转向的隐衷

黄节执教北京大学、清华大学后的学术研究以诗学笺注与讲授为主，他去世后，邻居、北大同事椿冰曾在《黄节的民族意识——以此悼念〈黄史〉的作者》中写道："他在北大讲汉魏六朝诗，和近代诗（专指顾亭林诗）。"对于为何专讲顾炎武诗，该文写道："亭林诗为学掩，人多忽之。然其诗赋体风骚，扶持名教，言常世不容己之言，作后世不可少之作，抱种族之痛，而其孤怀苦志不能尽见之于著述者，一见之于诗。"② 以"扶持名教""种族之痛"解释黄节为何于近代专论顾炎武，确与他一贯的学术主张一致，黄节最早进入学术历史舞台就是在上海与邓实以创办《政艺通报》《国粹学报》来启迪民智、鼓吹革命。

---

① 李沧萍（1897~1949）也是黄节的弟子，他是李韶清的胞兄，为黄遵宪孙婿。
② 椿冰：《黄节的民族意识——以此悼念〈黄史〉的作者》，《大学新闻》（北平）1935 年第 2 卷第 20 期。

黄节的学生张中行对此类诗课的回忆（1986），使我们知道黄节专讲顾炎武的良苦用心：

> 黄先生的课，我听过两年……讲顾炎武是刚刚"九一八"之后，他常常是讲完字面意思之后，用一些话阐明顾亭林的感愤和用心，也就是亡国之痛和忧民之心。

课上"说得很感慨的时候"，有学生中途离场，黄节误以为学生对顾炎武诗不感兴趣：

> ……接着问同学："你们知道我为什么讲顾亭林诗吗？"没人答话。他接着说，是看到国家危在旦夕，借讲顾亭林，激发同学们的忧国忧民之心，"不想竟有人不理解！"

有人解释离场的学生是患痢疾却来坚持上课的，他才"点点头，继续讲下去"。[①]

可见黄节改授顾炎武诗，是因为国破家亡的危机，这是古典文学学者面对乱世遭际时做的学术、人生的选择。张中行先生回忆的是黄节1931年"九一八"事变后的上课情况，同年，黄节在致李韶清的书信中更加沉痛地写道：

> 明年拟讲顾亭林诗，近已着手笺注，殊殚心力，此书教学子以亡国后做人之方，及播散吾汉族恢复失地之种子，视他书尤为切要。[②]

在这封家书中，"教学子以亡国后做人之方"，"播散吾汉族恢复失地之种子"尤能体现学者黄节的黍离之悲。古典文学研究者常常被误以为躲在象牙塔内不问世事，其实，正如《诗经·黍离》所言"知我者谓我心忧，不

---

① 张中行：《负暄琐话》，黑龙江人民出版社，1986，第7~8页。
② 黄节：《兼葭楼自定诗稿原本》，广东人民出版社，1998，第330~331页。

知我者谓我何求"，"亡国"二字绝非悲观，不做亡国奴而力主"亡国后做人之方"，并期待将来"恢复失地"，正是知识分子忧心国运的真实情怀。

另外需要补充的是，在另一封致北大弟子安仲智（文敷）①的论诗书中，他约略提及自己和本校的诗课情况：

> 今秋开学，拟续讲宣城，毕后乃补论明远，于宋则续讲东坡，毕后乃补论宛陵，自后选诗不分年级，仆所任专家之诗，魏及六朝，与宋代数家。闻唐代诗为沈君尹默担任，若元明清三朝之诗，不知何人任之，仆谓此三朝诗，只可选论，无专研之价值，若谓欲求历代诗学变迁之大势，则在文学史中观察可耳。②

可见，黄节的古典诗学研究对象除了学界熟知的汉魏六朝外，还包括梅尧臣（宛陵）、苏轼（东坡）等"宋代数家"。这封书信能帮助我们更好地了解黄节的学术生涯规划。不过可惜的是，因为国家民族危亡，黄节去世较早，很多研究成果在新中国成立后未能最终整理出版。③

二　独立独善：乱世为学为人的情操

乱世之中，学术更多坎坷。黄节被友人张尔田誉为"内蕴耿介，外造隽淡"④。他见其时学子多"群骛虚名，不求实学"，致书弟子李沧萍云：

> 近日青年好学者，或知于学问文章求一时之名，而不知学问文

---

① 安仲智后为东北大学国文教师，见东北大学史志编研室编《东北大学校志》（第一卷），沈阳：东北大学出版社，2008 年，第 269 页。

② 黄节：《蒹葭楼自定诗稿原本》，广东人民出版社，1998，第 310～311 页。

③ 如黄节之顾炎武研究，笔者所见的新近完整刊本只有台湾出版的《亭林诗考索》（台北：东大图书公司，1992），作者潘重规以《黄晦闻先生顾诗讲义》为《亭林诗考索》的附录（讲义为日本学者小川环树所赠）。"雅昌艺术网"之"2017 年秋季艺术品拍卖会"上有黄节《顾亭林诗》的自注校改本，学术价值极高，目前标注以"7.0 万～7.5 万流拍"，见 http://auction.artron.net/paimai-art0070432533/。

④ 转引自吴宓《最近逝世之中国诗学宗师黄节先生学述》，《中央周刊》1935 年总第 353 期，第 106 页。

章，由品节性情所发，若急于著书求名，此乃汉学家余毒，前清考据之学远迈宋明，而人才衰息，国事日非，何也？由学者不知有品节性情也。文章从养气得来，岂多作即善耶？

由孟子之"我善养吾浩然之气"，拓展到学问文章的"品节性情"之根，信中对弟子充满了谆谆教诲，有"诲人不倦"的师者之风。他更告诫弟子"日必有恒，勿见异辄迁，必贯始终，方有成就"：

> 丁刘二君以应科举书院之习治学，乃急求近功，骛于一时之名，而忽性情身心之大，盖未闻诗者也。仆用深慨，尚喜足下终不我欺，为可与期于道，贫不足忧，愿从学中求乐。①

对丁刘二君急功近利的批评，也是旨在强调为学不可忽视自身的"性情"建立，为学、为人须是统一的，这种不屈从流俗的做法，也是黄节学术、政治的一贯主张。

黄节曾被误会为"脾气不好"，这大概与他为学不苟有关。李韶清所撰《年谱》中收录了黄节致梁启超的一封信（1924），措辞颇为严厉。其实黄、梁二人同龄，私交不错，在北京常有诗酒唱酬②，且黄节是简朝亮的弟子，梁启超是康有为的弟子，简朝亮、康有为又都从学于岭南大儒九江先生朱次琦，黄、梁二人的书信，算是同门论学"家书"。

在1924年6月的信中，黄节与梁启超商榷《毛诗》《楚辞》考据：

> 任公先生足下：四月间曾致尺书，敬质大论《孔雀东南飞》一诗，以何证举为六朝后作。盖其时仆方说汉诗至此篇，极愿详闻证举，一裨孤陋，乃至今未承赐答，深叹前辈往复论学之谊不可复见也。昨又由门下得读大著《要籍解题》论《诗经》、《楚辞》两篇，示学者以读书之法，义至美矣，但鄙见有不能无疑者数端，敢质之于

---

① 黄节：《蒹葭楼自定诗稿原本》，广东人民出版社，1998，第315页。
② 参见马以君编《黄节诗集》，中国人民大学出版社，1989，第293页。

左……以上数端，有所疑者，愿足下深求之方，今学子趋向，皇皇无定，足下一言一行，足动观听，夫义在指导后生，何可轻率从事……

梁启超为一时领袖，黄节希望他能更好地"指导后生"，不可"轻率从事"。此信不可仅仅当作黄、梁二人的私下学术研讨①，更与黄节所申论的一时学风塑造有关：

年来学者，倡导后生，对于一己则自信，对于古人则怀疑，以武断为能，翻新为职，后生学子，手甫一编，辄大言古人多误、多伪、多愚也……夫学有创获，未可速成，不信古而怀疑，其所学于古者断难深入，以浅尝之人，而生疑古之念，则古书无一可读者矣。以仆所闻，我辈四五十岁后，不读书而翻书者有之矣。……不读书而翻书，著为文史以猎名，于是蒙害者逾烈，仆伤心触目，今日实不能已于一言，倘足下亦有慨于此乎？②

对于学术乱象，黄节深感"伤心触目"，他始终认为学风兹事体大。早年他与刘师培同道革命（如创建国学保存会、加入南社等），后刘支持袁世凯帝制闹剧，黄节两次致书刘师培，希望这位老朋友能悬崖勒马，"深察得失，速为罢止"，黄节因此遭袁党仇视，曾一度"避居天津，寓法租界友人周觉民宅中，旋称病移居法租界北洋医学校附属医院"③。后来复辟失败，刘师培入北大授课，黄节立刻致书校长蔡元培不可接纳此"丧士节"之人，并申明自己"非有怨于申叔也"，实在是"申叔之无耻，甚于蔡邕之仕董卓"。对于刘师培的学问，他认为可以客观评断、刊行传世，但聘入北大作为人师损害学风极大：

其文章学问，纵有足观，当俟其自行刊集，留示后人，不当引为

---

① 二人交谊并不因此措辞甚重的论学书而受影响，1928 年黄节曾为梁启超题余越园《山水册》（参见马以君编《黄节诗集》，中国人民大学出版社，1989，第 298 页）。
② 黄节：《蒹葭楼自定诗稿原本》，广东人民出版社，1998，第 313~314 页。
③ 刘斯奋选注《黄节诗选》，广东人民出版社，1984，第 291 页。

师儒，贻学校羞，盖学科事小，学风事大，尔来政治不纲，廉耻扫
地，是非已乱，刑赏不行，所赖二三君子，以信义携持民心，若奸巧
之人，政府所不杀者，复不为君子所绝，则禽兽食人不远矣。

在风波诡谲、沉渣泛起的时代，黄节劝蔡元培"当今之世，实不能以优宽
仁柔为事"①。

在同年复章太炎书中，他写道：

> 当帝议炽时，节曾与执事言，它日非杀戮，不足以明廉耻。黄陂
> 继任，段氏当国，乃不戮一人，且阴纵元凶宵遁，是非刑赏不明，使
> 善者何劝，恶者何畏，威信既失……节意此事终当演为事实，必待第
> 四次革命，起而摧之，以收辛亥未竟之功……②

他是有继续革命以彻底"光复"的期许的。黄节身在学界，自然希望乱世
之学风也能善恶分明、刚健自强。他拒绝西南政府广东第一集团军总司令
陈济棠之邀，未回乡重任广东教育厅厅长，并非对乡邦无念，实在是觉得
于政局无可作为。但即便如此，他在辞谢复函中依然提出了自己的主张：

> 顷者再奉赐书，殷勤以学风为念，下问及于不才，窃惟教育之
> 坏，实隳立国之基，不同政治兵争，可以一时弭定，挽回学风，必先
> 学术，尤非政治所能独奏其效，况全国之大，未可以一隅治也。③

以学术挽回学风，进而辅助政治，达成天下弭定。学术与政治共同救世是
学者黄节的理想。

精神世界的自我建设之外，还要面对物质世界的困顿，黄节早年捐资
创办报刊、建藏书楼、整理出版先贤遗著，后来也曾做广东省省府委员、

---

① 黄节：《兼葭楼自定诗稿原本》，广东人民出版社，1998，第305页。
② 黄节：《兼葭楼自定诗稿原本》，广东人民出版社，1998，第305~306页。
③ 黄节：《兼葭楼自定诗稿原本》，广东人民出版社，1998，第333页。

教育厅厅长、通志馆馆长，晚岁却常贫困。早在 1909 年《春晚典衣购书数十部》诗中已有"典衣原为买书贫，生事初怜渐苦辛"[1] 之句，1933 年致李韶清信中更是写道：

> 北大校费积欠五阅月，节关一钱不发，予旅平二十年，遇节关无有不付账者，今年则一钱不能付账，故书债极高，此亦从前所未有也。[2]

黄节去世后，《大公报》曾报道云："黄氏平日廉洁，身后萧条，闻北大当局及其友好方面将设法为之善后。"[3]

黄节本可免遭此萧条困境。因章太炎推荐，山西军阀阎锡山曾拟聘黄节为山西教育厅厅长（1920），但黄节断然拒绝。陈济棠亦曾敦请他回粤任广东教育厅厅长（1933），黄节也复函推辞，申明再无从政之意。弟子李沧萍"居北京困甚"，黄节诒书慰之云：

> 当今人心，不扶善士，穷饿乃吾辈所当受者，仆十余年来，未尝一日无物在质库中，邝湛若有《前当票记》《后当票记》，所当乃琴书等物，尤为伤心，视吾辈区区衣物，何如也。[4]

"穷饿乃吾辈所当受者"，是乱世学人的耿介选择，颇合"不义而富且贵，于我如浮云"（《论语·述而》）的先贤教化：

> 子曰："富与贵，是人之所欲也；不以其道得之，不处也。贫与贱，是人之所恶也；不以其道得之，不去也。君子去仁，恶乎成名？君子无终食之间违仁，造次必于是，颠沛必于是。"（《论语·里仁》）

---

① 马以君编《黄节诗集》中国人民大学出版社，1989，第 54 页。
② 黄节：《蒹葭楼自定诗稿原本》，广东人民出版社，1998，第 336 页。
③ 《北大教授黄节逝世　生平诗之著作甚富》，《大公报》（天津版）1935 年 1 月 26 日，第 4 版。
④ 黄节：《蒹葭楼自定诗稿原本》，广东人民出版社，1998，第 318 页。

在乱世中，黄节与弟子书中的穷饿困顿自解，确有"穷则独善其身"的耿介。黄节去世后，挚友章太炎为其书墓志铭，铭中称其"刚棱其中，而守以淡泊"，颇是知己之音。

因史料所限，本文所论"家书"仅有数封，但乱世中的学人情怀已然清晰可见。黄节之学术人生，前期为"国粹派"中坚，在上海参与主编《政艺通报》《国粹学报》，以文字鼓吹革命；后期为"诗学宗师"，在北京笺注讲授古诗。两个时期的学术选择不同，但绝非全然割裂，其《阮步兵咏怀诗注·自叙》（1926）云："余亦尝以辨别种族，发扬民义，垂三十年，其于创建今国，岂曰无与。然坐视畴辈及后起者，藉手为国，乃使道德礼法坏乱务尽。天若命余重振救之，舍明诗莫由。"① 前期"辨别种族"的民族民主革命努力，与后期由古诗笺注而"重振""道德礼法"，深层的文化指向相同，都是为了重建民族文化于乱世。

作者通信地址：广州市天河区迎福路 527 号，广东金融学院财经与新媒体学院，邮编：510521，邮箱：gzwangxiaodong@126.com

责任编辑：于百川

---

① 《黄节注汉魏六朝诗六种》，人民文学出版社，2008，第459页。

北城侯鲁班先师殿宇公所现存
碑刻的初步研究

黄 勇*

广州市荔湾区旅游咨询中心，广东广州，510140

摘 要：中国家具的历史源远流长，其中红木家具逐渐发展为三大流派——"广作""苏作""京作"，广州的红木家具行业自明代隆庆元年（1567）已建立行会组织，但关于广州红木家具行业的历史长期以来多为红木艺人口述史，缺乏物证。2018年8月在广州发现的道光七年（1827）、咸丰元年（1851）《务本堂重建碑记》记载了广州红木家具行业会馆北城侯鲁班先师殿宇公所的始建年代、规模、重修的组织、从业人员情况，是我们了解和研究广州红木家具行业历史的重要文献资料。

关键词：红木家具 务本堂 碑刻 广州

原位于广州市越秀区小新街五显巷附近的北城侯鲁班先师殿宇公所，始建于清嘉庆丁丑年（1817），是清代广州红木家具行业祭奠鲁班先师的行业会馆，其大殿叫作务本堂。

北城侯鲁班先师殿宇公所在广州历史上扮演过非常重要的角色，是反映清代广州红木家具行业盛衰重要的历史物证，但在广东地方文献中罕有记载。因原有建筑不知毁于何年，广州红木家具行业发展史也多为老艺人代代相传的口述历史，所以缺乏碑刻、实物之类的信史。现今发现刻于道光七年（1827）与咸丰元年（1851）、保存完好的《务本堂重建碑记》和

---

* 黄勇（1972~ ），男（侗族），湖南人，文博馆员，研究方向为广州地方史。

《务本堂重修碑记》是我们了解和研究广州红木家具行业十分珍贵的历史文献资料。

清道光七年《务本堂重建碑记》长105厘米，宽58厘米，厚4.5厘米，碑刻左下角虽因石材切割角度的关系稍显不平，但碑文仍能全部辨认（见图1）。该碑重点记载了北城侯鲁班先师殿宇公所的始建年代、重修后务本堂的基本格局、重修的组织、商户捐资以及修建工程的经费开支情况。还有部分内容介绍了广州红木家具行会花梨务本堂的组织运作、例规、行业发展等情况。

图1　道光七年《务本堂重建碑记》

清咸丰元年《务本堂重修碑记》长 101 厘米，宽 54.5 厘米，厚 4.5 厘米，碑文中有 13 个字出现漫漶，但并不影响辨识（见图 2）。该碑对公所及维修过程的记载相对简略，但刻有北城侯鲁班先师殿宇公所位置示意图，图上标明了五显巷、小新街、连新街等具体地名，是判断务本堂具体位置的重要信息。

图 2　咸丰元年《务本堂重修碑记》

经肇庆端砚省级工艺大师张玉强先生辨识，两块碑均由清代被广泛地用于广州及周边地区的肇庆斧柯山石材刻制。

一　北城侯鲁班先师殿宇公所的
始建、重建及规模

北城侯鲁班先师殿宇公所始建于清嘉庆丁丑年（1817），这在道光七年《务本堂重建碑记》开篇就有记载："先师流传艺业，各相授受，由来尚矣。今我花梨务本堂一行，敬念祖师前传之德，是故建庙立像，以诚祭祀，共同报本之心，自嘉庆丁丑年始创者十一人。"①

北城侯鲁班先师殿宇公所始建于嘉庆朝的广州绝不是历史的偶然。从明朝正德年间开始一直到清乾隆朝，中国在对外贸易中处于顺差地位，日本、美洲大量白银通过广州口岸流入中国。乾隆二十二年（1757），清廷又谕旨"广州规定为夷人贸易唯一之商埠"，粤海关成为全国对外贸易中唯一口岸，广州成为全球贸易、金融中心，民间聚集的财富也十分惊人，促使广州及周边对家具产品品质要求进一步提高，高档红木家具店铺日益增多。明代隆庆元年（1567）广州木雕行业已建立行会，按工艺分设三个堂口：结构制作的为"务本堂"，雕花制艺的为"广兰堂"，油漆、打磨的为"光远堂"。② 随着广州红木家具行业的兴盛，为寻求维系同行的文化纽带，保护从业者利益，促进行业健康有序发展，急需建立红木家具行业会馆。

截至目前，红木家具行业的京作、苏作都还没有发现建立红木家具行业会馆的记载，可以说北城侯鲁班先师殿宇公所是目前发现的中国唯一的红木家具行业会馆，其重要意义不言而喻。

"务本堂"始建时"置铺平排二间，共阔三十五桁，深两大进，另天阶两廊将后进建立。祖师大殿将前进建铺二间，每间十三桁"③。

到了道光七年，由于"瓦面墙壁梁栋倾颓"进行了第一次重修，重修后的务本堂："大殿一座，明阔三十五桁，天阶两廊另到朝厅一进，石柱、

---

① 道光七年《务本堂重建碑记》。
② 贡儿珍主编《广州非物质文化遗产志》（上），方志出版社，2015，第627页。
③ 道光七年《务本堂重建碑记》。

金钟架、窗门一应俱全，前进左右当铺二间，每间十三桁，每月每间租银一两八钱，中间留巷一条，阔三尺六寸，巷口头门前至官街，自大殿后墙外起至头门官街止，共阔弍丈六尺五寸，共深七丈弍尺，东边厨房一个，阔五桁，通至五显巷出入，前后左右四至分明。"

咸丰元年，务本堂因"风雨飘摇，榱题剥落"，进行了第二次重修。

这一次重修并没有改变务本堂的位置，甚至连大殿的规模都未进行记载，据此推测，其规模跟道光七年（1827）时是一致的。此次重修最大的变化是增加了四个铺面：大殿左则增加了两间商铺，一间"深壹大进，活（原碑为'活'字，应为'阔'，下同）拾三坑"①，另一间"深壹大进，活拾伍坑"②，均"坐西向东"；在小新街闸口增铺一间，"深弍大进，活拾伍坑"③，"坐南向北"；在连新街西侧建铺一间，"深壹大进，活拾三坑，坐西向东"④。加上嘉庆丁丑年已存在的"深壹大进，活拾叁坑"⑤"深壹大进，活拾叁坑"⑥ 左右两间铺，至此，务本堂"共计大小铺陆间"⑦。

二　务本堂的理财安排

务本堂是广州红木家具行业会馆所在地，其经费开支主要是修建公所及日常运作的费用。

由于没有发现嘉庆丁丑年的鼎建碑，所以不知道初建北城侯鲁班先师殿宇公所的具体开支及经费筹集渠道。

道光七年《务本堂重建碑记》完整地记录了这次修建的日常运作费用的获取渠道和总数。筹集渠道有二：一是由行业各店铺捐赠，"本行共四十九店，踊力助金，乐成美举"，一共收到捐款"肆拾捌份助金银壹伯（原碑为'伯'字，应为'佰'，下同）壹十三大员半，每员七一伸重捌

---

① 咸丰元年《务本堂重修碑记》。
② 咸丰元年《务本堂重修碑记》。
③ 咸丰元年《务本堂重修碑记》。
④ 咸丰元年《务本堂重修碑记》。
⑤ 咸丰元年《务本堂重修碑记》。
⑥ 咸丰元年《务本堂重修碑记》。
⑦ 咸丰元年《务本堂重修碑记》。

拾伍两零五钱八分五厘"。二是收取"科金","每店科额银贰两四钱,共计四拾八店,该银壹佰壹拾伍两二分"。具体碑文信息如下:

今将各店芳名开列

冯华顺助金捌大员

潘如意助金伍两正

海关作房麦黎莫助金陆大员半

吴泗昌助金陆大员

彭松源助金陆大员

区联兴助金陆大员乙酉年入

麦万生助金肆大员

侯(原碑"候"字,应为"侯"字)达成助金叁大员半

谭源茂助金叁大员半乙酉年入

范源昌助金叁大员

英和号助金叁大员

何源盛助金叁大员

麦万昌助金叁大员

兴和号助金贰大员半

麦万利助金贰大员半

信兴号助金贰大员零壹分

袁广信助金贰大员

区泗利助金贰大员

梁满和助金贰大员

达章号助金贰大员

彭德昌助金贰大员

周荣兴助金贰大员

林利源助金贰大员

生隆号助金贰大员

杜同安助金贰大员

范正昌助金贰大员

永泰号助金贰大员

新德盛助金壹大员半

区永昌助金壹大员

奇盛号助金壹大员

仇源昌助金壹大员

区宝源助金壹大员

广泰号助金壹大员

可名号助金壹大员

叶广源助金壹大员

林胜意助金壹大员

林尚合助金壹大员

裕兴号助金壹中员

广合号助金壹中员

成合号助金壹中员

丁亥年新进共八店

范胜昌助金叁大员

松茂号助金贰大半员

伦斌华助金贰大员

范顺昌助金贰大员

麦泗兴助金贰大员

麦万耒助金贰大员

区全昌助金贰大员

广安号助金贰大员

共计肆拾捌份助金银壹伯壹十三大员半

每员七一伸重捌拾伍两零五钱八分五厘

每店科额银贰两四钱，共计肆拾八店，该银壹佰壹拾伍两二分

二共合计助金额银重贰伯两零零捌钱八分五厘

一收存下入行银壹拾肆两一钱四分

一收存下箱底银伍拾三两一钱一分六厘

一收广信代敝会银伍拾两正

一收广安租银壹拾两零四钱三分

一收全昌租银壹拾壹两贰钱四分连承旧砖银四两一钱在内

七共计收银叁伯叁十九两捌钱壹分壹厘①

除此之外，还有店铺捐献了神帐、锡烛盘、基全抱柱对等物品，分别是：

周荣兴喜认先师神帐一张

袁广信喜忍锡烛盘一个、基全抱柱对式副②

道光七年《务本堂重建碑记》完整地记录了此次维修的基本情况：

重修买料人工各项列左

何文号接到大墀大青砖四万三千七伯二十口，共银壹伯零零五钱五分六厘

海安号接到东山瓦一万二千九伯块，共银壹十八两零六分

另阶砖花头瓦并水筒，共银三两三钱三分

源盛号接到一应杉料等项，共银捌拾四两三钱六分

顺成号接到石柱一对并柱墩六个，天阶在内头门字额一块，共银六十四两八钱三分七厘

区荣茂接到干灰六伯斗，每员十斗，并白纸根灰草灰在内，共银四十九两五钱七分八厘

一应共计用材料银叁伯式十两零七钱二分一厘

麦高号接到泥水，一应共计工银六十一两五钱八分，连整铺二间在内

关林号接到做木连整铺二间，一应工银叁十两零七钱二分

一应共买杂用乌烟铁钉担脚各项该银伍十八两一口三分八厘

---

① 道光七年《务本堂重建碑记》。

② 道光七年《务本堂重建碑记》。

吕号接到窗门六只，横眉一副，曲竹对架式对，共工银九两零四分

另油窗门、烛架、长台，共工银式两四钱

关号接到油公所一座，两廊到朝连门扇在内，共工料银柒两六钱

胜昌接到篷厂一座，共计工银六两八钱三分一厘

升文接到油旧扁式个，并各神位门口对一对，共银式两七钱六分

悦升接到灯笼四对，各店街灯笼四十八个，共银三两零八分

一应通共支去银伍伯零式两八钱七分①

　　除了重修之外，为了维持会馆的日常运作，从嘉庆丁丑年开始，大家集资购买了两间铺面，利用铺面的租金来维持会馆的日常运作："祖师大殿将前进建铺两间，每间十三桁，租赁以图积计，永为当业也。"② 道光七年的第一次重建中有一项收入是租金："前进左右当铺二间，每间十三桁，每月每间租银一两八钱。" 这两间铺面租给了业内的广安号和全昌号，"一收广安租银壹拾两零四钱三分，一收全昌租银壹拾壹两贰钱四分"。

三　务本堂的重要人物和管理机构的出现

　　与清代很多广州城内出现的会馆不同的是，务本堂的管理机构并不是从北城侯鲁班先师殿宇公所建好就有的，而是经历了一个酝酿、发展的过程，在这个过程中，出现的第一个重要人物就是袁广信。在道光七年《务本堂重建碑记》约 1472 字中居然出现了三次"袁广信"：第一次是"袁广信助金贰大员"，第二次是"袁广信喜认锡烛盘一个，基全抱柱对式副"，第三次是"道光七年岁次丁亥腊月吉旦重建值事袁广信等仝立石"。对比道光六年的《重建锦纶行会馆碑》，当时锦纶行会馆已经有完整的管理机构——锦纶值事和先师值事，"通行公推锦纶、先师三年六班值事董理轮值"，而务本堂仅仅列出一名重修值事，这种情况是比较少见的，如果当时有几名重修值事是完全没有理由不列明的，也许当时负责重修的就是袁广信。

---

① 道光七年《务本堂重建碑记》。

② 道光七年《务本堂重建碑记》。

咸丰元年重修时，重修值事增加到 8 名，分别是岑永泰、吕见源、范东昌、李大兴、区全昌、区熊昌、吴有名、潘英泰，袁广信却没有出现，具体原因有待今后的深入研究。

对比道光七年《务本堂重建碑记》，"岑永泰"应该是"永泰号"的，"范东昌"与"范源昌""范正昌""范胜昌""范顺昌"也许有某种联系，"区全昌"在道光七年《务本堂重建碑记》出现过，"区熊昌"与"区永昌""区宝源""区联兴"也许有某些联系，吕见源、李大兴、吴有名、潘英泰四店则是新出现的或暂时找不到跟之前的店铺的某种联系。

道光七年《务本堂重建碑记》还有一个重要信息——海关作房麦黎莫在这次重建中捐献了"陆大员半"，在 49 家店铺中排名第三，可见实力较为雄厚。这条信息也证明粤海关有专门的高档酸枝红木家具作坊，粤海关监督向皇室进贡的广作红木家具有可能是粤海关的家具作坊制作的。《故宫博物院院刊》1983 年第 1 期记载，清雍正年间就有广东红木家具的著名工匠罗元、林彬、贺五、梁义、林志通等人奉召在宫廷造办处供职；现存故宫的清乾隆时期的双鼎紫檀大柜也是广东红木家具艺人的杰出作品；蔡易安先生的《清代广式家具》还记载他采访老艺人梁苏时，老人回忆 1889年光绪皇帝结婚用的龙床就是南海县石基村的广东红木家具艺人梁埠（梁苏的先辈）等人雕制的。[①]

四 两块碑刻反映的广州红木家具行业兴衰

如前所述，经历了明嘉靖、隆庆、万历等朝及后来的清顺治、康熙、雍正、乾隆几朝的经营和外贸银圆的大量流入，乾隆年间经济已经发展到清朝的顶峰时期，尤其是 1757 年乾隆皇帝决定关闭江、浙、闽三个海关，而只保留粤海关对欧美一口通商后，广州的对外贸易、对内贸易、城市建设等方面都得到膨胀性的发展，广州的红木家具业在这一时期的发展也十分快速，红木的店铺从嘉庆丁丑年倡议建立北城侯鲁班先师殿宇公所的 10家，经过短短的 10 年就发展到道光七年的 49 家，而且多集中在归德门附

---

① 蔡易安编著《清代广式家具》，上海书店出版社，2001，第 52～56 页。

近的小新街一带，他们对公所的捐献也是比较慷慨的，道光七年《务本堂重建碑记》记载"共计收银叁伯叁十九两捌钱壹分壹厘"。

清代早、中期广州的红木家具行业大多集中在归德门附近，包括归德门内的走木街、麻行街、象牙街、孚通街、绒线街、白薇街、梳篦街等地，归德门外南濠沿岸的街巷及濠畔街东段、华德里、小新街，其重要原因是运输便利，巨大、沉重的红木原材从位于现在海珠区的黄埔港起卸之后，专司搬运原木的工人（叫"山寨"）将这些木材从珠江运至南濠城墙下的空旷处，经长时间干燥定型后，再由专门负责开料的作坊开锯成材，这有点类似之前的黄埔鱼珠木材市场。

但是从乾隆朝晚期开始，整个国际政治、经贸的形式发生了深刻的变化，国际间白银的流动经历了一个从源源不断地流入中国到停滞，再到从中国源源不断流出的过程。1779 年西班牙参加美国独立战争，西班牙银圆市场就被关闭了，流入中国的白银也越来越少；1787 年左右，英国人在英属印度找到了"既可为中国方面接受，又能支付茶价，而且本身还可以赚钱的一些商品"①——鸦片，大约是从"1804 年以后，公司必须从欧洲运往中国的现银数量就很少，甚至全不需要。相反，印度向广州输入的迅速增加很快就使金银倒流。在 1806~1809 年这四年中，约有七百万的银块和银圆从中国运往印度，以弥补收支差额；自 1818 至 1833 年，现金银在中国全部出口中整整占五分之一。……使广州国际贸易差额发生根本变化的是中印之间的贸易"②。加上 1799~1815 年，拿破仑在法国取得成功，建立了强大的法兰西第一帝国，荷兰、西班牙在海外的殖民地也成为法兰西帝国的殖民地，为了与英国争夺霸权，英、法之间爆发了激烈的战争，从西班牙的美洲殖民地出产的白银很难在海上冲破英国人控制的航线达到中国。之后中英之间围绕鸦片还爆发了"鸦片战争"，随后签订不平等的《南京条约》规定五口通商，广州独享对欧美一口通商的特权就此终止，上海等地迅速发展起来。这一国际形势的变化在广州红木家具行业也得到迅速印证，在咸丰元年公所进行第二次重建时，广州的红木家具行业店铺

---

① 〔英〕格林堡：《鸦片战争前中英通商史》，康成译，商务印书馆，1961，第 8 页。
② 〔英〕格林堡：《鸦片战争前中英通商史》，康成译，商务印书馆，1961，第 9 页。

不但没有增加，反而减少为 44 家，并且经济能力也大不如前，咸丰元年《务本堂重修碑记》记载："已上各店捐银壹两正，合共支出工料银壹佰伍拾肆两陆钱正。"

作者通信地址：广州市荔湾区芳村大道西塞坝路 15 号文化中心，邮编：510360 邮箱：yongcoo@163.com

责任编辑：张玉华

附件 1：道光七年《务本堂重建碑记》

务本堂重建碑记
北城侯鲁班先师殿宇公所碑记

恭惟

先师流传艺业，各相授受，由来尚矣。今我花梨务本堂一行，敬念祖师前传之德，是故建庙立像，以诚祭祀，共同报本之心，自嘉庆丁丑年始创者十一人。本行共四十九店，踊力助金，乐成美举。置铺平排二间，共阔三十五桁，深两大进，另天阶两廊将后进建立。

祖师大殿将前进建铺二间，每间十三桁，租赁以图积计，永为当业也。始建以来，十有余载，因见瓦面墙壁梁栋倾颓，是以集众店公议，愿同助金，复成创举，于本年孟冬吉日兴修，换转瓦面梁栋砖墙，周围双隅到顶。大殿一座，明阔三十五桁，天阶两廊另到朝厅一进，石柱、金钟架、窗门一应俱全，前进左右当铺二间，每间十三桁，每月每间租银一两八钱，中间留巷一条，阔三尺六寸，巷口头门前至官街，自大殿后墙外起至头门官街止，共阔式丈六尺五寸，共深七丈式尺，东边厨房一个，阔五桁，通至五显巷出入，前后左右四至分明。惟愿同人念念不忘，必不负于斯拟兹者。

先师更衣焕彩宇宙维新均籍威灵之显庇福祐攸归一行之兴盛，立碑以志永垂千古不朽矣，是为序于始也。

今将各店芳名开列：

冯华顺助金捌大员

潘如意助金伍两正

海关作房麦黎莫助金陆大员半

吴泗昌助金陆大员

彭松源助金陆大员

区联兴助金陆大员乙酉年入

麦万生助金肆大员

候达成助金叁大员半

谭源茂助金叁大员半乙酉年入

范源昌助金叁大员

英和号助金叁大员

何源盛助金叁大员

麦万昌助金叁大员

兴和号助金贰大员半

麦万利助金贰大员半

信兴号助金贰大员零壹分

袁广信助金贰大员

区泗利助金贰大员

梁满和助金贰大员

达章号助金贰大员

彭德昌助金贰大员

周荣兴助金贰大员

林利源助金贰大员

生隆号助金贰大员

杜同安助金贰大员

范正昌助金贰大员

永泰号助金贰大员

新德盛助金壹大员半

区永昌助金壹大员

奇盛号助金壹大员

仇源昌助金壹大员

区宝源助金壹大员

广泰号助金壹大员

可名号助金壹大员

叶广源助金壹大员

林胜意助金壹大员

林尚合助金壹大员

裕兴号助金壹中员

广合号助金壹中员

成合号助金壹中员

丁亥年（1827）新进共八店

范胜昌助金叁大员

松茂号助金贰大半员

伦斌华助金贰大员

范顺昌助金贰大员

麦泗兴助金贰大员

麦万末助金贰大员

区全昌助金贰大员

广安号助金贰大员

共计肆拾捌份助金银壹伯壹十三大员半

每员七一伸重捌拾伍两零五钱八分五厘

每店科额银贰两四钱，共计肆拾八店，该银壹佰壹拾伍两二分

二共合计助金额银重贰伯两零零捌钱八分五厘

一收存下入行银壹拾肆两一钱四分

一收存下箱底银伍拾三两一钱一分六厘

一收广信代敝会银伍拾两正

一收广安租银壹拾两零四钱三分

一收全昌租银壹拾壹两贰钱四分连承旧砖银四两一钱在内

七共计收银叁伯叁十九两捌钱壹分壹厘

周荣兴喜认先师神帐一张

袁广信喜忍锡烛盘一个、基全抱柱对式副

重修买料人工各项列左

何文号接到大埠大青砖四万三千七伯二十口，共银壹伯零零五钱五分六厘

海安号接到东山瓦一万二千九伯块，共银壹十八两零六分

另阶砖花头瓦并水筒，共银三两三钱三分

源盛号接到一应杉料等项，共银捌拾四两三钱六分

顺成号接到石柱一对并柱墩六个，天阶在内头门字额一块，共银六十四两八钱三分七厘

区荣茂接到干灰六伯斗，每员十斗，并白纸根灰草灰在内，共银四十九两五钱七分八厘

一应共计用材料银叁伯式十两零七钱二分一厘

麦高号接到泥水，一应共计工银六十一两五钱八分，连整铺二间在内

关林号接到做木连整铺二间，一应工银叁十两零七钱二分

一应共买杂用乌烟铁钉担脚各项该银伍十八两一口三分八厘

吕号接到窗门六只，横眉一副，曲竹对架式对，共工银九两零四分

另油窗门、烛架、长台，共工银式两四钱

关号接到油公所一座，两廊到朝连门扇在内，共工料银柒两六钱

胜昌接到篷厂一座，共计工银六两八钱三分一厘

升文接到油旧扁式个，并各神位门口对一对，共银式两七钱六分

悦升接到灯笼四对，各店街灯笼四十八个，共银三两零八分

一应通共支去银伍伯零式两八钱七分

　　　　道光七年岁次丁亥腊月吉旦重建值事袁广信等全立石

附件2：咸丰元年《务本堂重修碑记》释文

务本堂重修碑记

兹我木行工艺营生，手足食力，方圆规矩，借重师资研削斧斤，功流

后觉忆自。

北城侯鲁班先师者，神恩永托，巧授钦承，顿胪既渥之欢，合展维馨之报，兹花梨行会馆所由设也，溯自峻宇雕墙妥。

神灵于冥漠朱楹画栋，表后学之夙歆。第以风雨飘摇，樸题剥落，亟宜不日程工占星考吉。众擎易举，集腋乃可成裘；九仞成功，解囊不亏一篑。遂于咸丰辛亥年，殿宇一新堂庑恢复，无如突遭兵燹，未毕全功。兹故胪序前因，勒石永垂不朽，是为序。

重修值事　岑永泰　吕见源　范东昌　李大兴　区全昌　区熊昌　吴有名　潘英泰

今将签助各店芳名开列于左

荣兴店　鸿昆店　荣昌店　怡泰店　吴安昌　华盛店　胜和店　华利店　广利店　洪兴店　胜昌店　启昌店　英昌店　源昌店　源胜店　正昌店　达章店　美吉店　利至店　会兴店　鸿源店　宝源店　源利店　顺和店　三兴店　仇顺店　城泰店　聚昌店　荣泰店　材兴店　美华店　义盛店　茂昌店　广泰店　仁昌店　源茂店　浩昌店　协和店　邓安昌　和泰店　和盛店　斌华店　三盛店　财生店　已上各店捐银壹两正　合共支出工料银壹佰伍拾肆两陆钱正

（图略）

咸丰元年岁次辛亥孟夏　吉日立石

以图证史

邓尔雅先生仿南越国"万岁"
瓦当陶文闲章跋[*]

辛 蔚^{**}

中山大学人类学系，广东广州，510275

摘 要：2016 年东莞博物馆主办了"心闲身旺·书为画心：邓尔雅、黄般若艺术作品展"，其中的一幅由邓尔雅先生创作的七言篆书楹联，钤有一枚"万岁"闲章，这枚闲章的印文与南越国"万岁"瓦当陶文非常相似。文章通过对比邓尔雅先生的印谱，知其确系临摹自南越国瓦当陶文，同时对比考古发掘的南越国瓦当的三种类型，指出印文中的"万岁"与考古发现的"半云气纹"形式的瓦当陶文非常近似，是一种全新的类型，弥足珍贵，希冀未来在南越国宫苑遗址扩大范围的考古发掘中进一步追寻。

关键词：南越国；宫苑遗址；"万岁"瓦当；邓尔雅；黄牧甫

邓尔雅先生（1884～1954）是岭南近代著名金石学家和书画艺术家，广东东莞人，明万历戊戌进士邓云霄十一世孙，清同治辛未进士邓蓉镜之子。先生生于北京，少年时入广州广雅书院就读，青年时留学日本，其后携家眷游历广西，回广东之后，曾一度仕于李根源将军幕府。1920 年，因

---

* 本文为广州市委宣传部 2017 年度《广州大典》与广州历史文化研究重点项目"南越国金石铭刻与南越国史研究"（批准号：2017GZZ04）、广州市社会科学联合会 2017 年度羊城青年学人项目"南越国金石铭刻丛考"（批准号：17QNXR49）部分成果。本文在写作中，承蒙广州金石收藏家"红棉山房"主人黄耀忠先生惠赐宝贵资料，谨致谢忱！

** 辛蔚（1985～ ），男（蒙古族），内蒙古巴林左旗人，现任中山大学人类学系特聘副研究员，历史学博士，考古学博士后。

广州战乱，寓所被毁，遂暂时避居香港新界大埔，其间因得唐代绿绮台古琴，故名宅邸曰"绿绮园"。其后，又任职于穗港两地多家艺术团体和广东中区绥靖第二军军长香翰屏将军幕府。1937 年，抗日军兴，先生方才举家迁徙至香港，大隐于市。① 先生幼承家学，学问出入"金石"与"翰墨"之间，于诗书画印无所不通，成绩超然，蜚声海内，既是辛亥革命以来岭南艺林的代表性人物②，也是近现代岭南地区早期南越国金石资料的收藏家和鉴赏家③，更是中山大学古文字学的奠基人容庚先生的舅父和启蒙老师。

　　2016 年 6 月，笔者参加岭南印社和广州书画院联合召开的"印说岭南：首届岭南印学国际学术研讨会"④，会议期间，主办方组织与会专家学者，赴东莞博物馆参观和考察。在参观由东莞市政协、东莞市文化广播新闻局主办，东莞市博物馆承办，香港艺术馆、香港中文大学文物馆、香江博物馆协办，广东美术馆特邀参展的"心闲身旺·书为画心：邓尔雅、黄般若艺术作品展"⑤ 特展过程中，笔者发现，香江博物馆参展的邓尔雅先生书写的一幅七言篆书楹联——"晋至小康大同世　主兹商甲周金文"——上钤有一枚圆形"万岁"闲章，笔者当时认为，邓尔雅先生钤印的这枚"万岁"闲章印文与南越国常见的"万岁"瓦当陶文非常相似。

　　于是，笔者与一同参观此次展览的广州金石藏家"红棉山房"主人黄耀忠先生联系，以期寻访邓尔雅先生所镌此印的下落。会议考察结束不

---

① 有关邓尔雅先生的生平与事迹的研究，参见邓祖颉《邓尔雅年谱》，《东莞文史·资料选辑》第 7 辑，中国人民政治协商会议东莞县委员会文史组编印，1985，第 32～46 页；黄大德《邓尔雅年表》，《东莞文史》第 29 期，中国人民政治协商会议东莞市委员会文史资料委员会出版，1998，第 73～99 页。个别事迹的考证，暂依黄苗子《记邓尔雅先生》，《中国书法》2004 年第 9 期；吴海丰《邓尔雅生平七考》，《岭南文史》2009 年第 4 期。

② 有关邓尔雅先生的艺林成就的评价，参见钟贤培、汪松涛主编《广东近代文学史》，广东人民出版社，1996，第 425～432 页；刘江《中国印章艺术史》，西泠印社出版社，2005，第 444～445 页。

③ 邓尔雅先生收藏的早期南越国金石资料，参见林雅洁、陈伟武、亚兴编《南越陶文录》，天津人民美术出版社，2004。

④ 有关此次会议的报道，参见孙慰祖《"岭南印学国际学术研讨会"学术总结》，《中国书法报》2016 年 7 月 5 日，第 7 版。

⑤ 有关此次特展的报道，参见靳延明、欧雅琴《莞邑大家邓尔雅黄般若纪念馆在莞城图书馆揭幕》，《南方日报》2016 年 5 月 18 日，第 DC02 版。

久,承蒙黄耀忠先生惠示香港许礼平先生编纂之《邓尔雅印集》,始得寓目邓尔雅先生所治"万岁"双面印印文钤本与款识拓本之写真①,今叙录其制如下。

"万岁"双面印,印体仿古玉琮之制,内圆外方,呈方柱状。对面阳刻印文,立面阴刻款识。正面印文曰"花好月圆人寿",系摹黄牧甫先生所治之印印文,背面印文曰"万岁",系仿南越国"万岁"瓦当之陶文。立面款识,联文为"牧甫'花好月圆人寿'印,尔疋摹之。又一面,仿瓦当文,令如古玉琮制度","风丁老人,尔疋,时年五十二岁"(见图1)。

图1 邓尔雅"万岁·花好月圆人寿"双面印文与款识拓片

资料来源:许礼平编《邓尔雅印集》,(香港)翰墨轩出版有限公司,2010,第36页。

1908 年,清帝溥仪在紫禁城登基,邓尔雅原名"溥霖"为避"溥仪"之讳,遂改名"万岁",曾自镌新印,题刻款识曰:"邓万岁。《急就篇》语也,尔雅取以为名,刻此记之。"② 因此,邓尔雅先生更名为"万岁",实取自《急就章》,而非因获南越国"万岁"瓦当陶文。尽管邓尔雅先生新镌"万岁"双面印亦曾钤压于其书画作品之上,然而并不是作为姓名章使用的,而是一枚闲章,因为印文"万岁"与"花好月圆人寿"在语境上

① 许礼平编《邓尔雅印集》,(香港)翰墨轩出版有限公司,2010,第36页。
② 黄大德:《外公邓尔雅之谜》,《中国书法》2017 年第 5 期。

恰好构成吉语，当然我们会在下文进行详细论证。

根据邓尔雅先生"万岁"双面印所附款识可知，此印镌治于 1935 年殆无疑问。梁晓庄先生虽然在所著《岭南篆刻史》一书中亦曾指出此印印文系邓尔雅先生仿自南越国"万岁"瓦当非常确切，但是直接将瓦当（或拓本）的获取时间推定于 1935 年且以之为邓尔雅先生的名号章则有欠妥当。① 我们认为：邓尔雅先生 1935 年前后仍主要活动于广州，尚未正式定居香港，正处于现代岭南早期文博事业的最重要的两次盛会——1933 年"广州市第一次展览会"和 1940 年"广东文物展览会"之间②，而早在两次会展之前，因广九铁路的修筑和广州城市建设的扩张，南越国东山陶瓦文字和龟岗大墓黄肠题凑木刻文字的发现，以及"黄花考古学会"对广州地区的南越国古墓的多次大规模科学考古发掘，岭南学人业已对南越国古史和古物有一定程度的学术认识③，南越国金石资料，亦因蔡守、谈月色等人的大力颂扬而递藏于王国维、罗振玉、梁启超、汪兆镛等名家之手④，并最终促成了南越国历史与考古学的成立、岭南地区南越国史迹的科学田野考古发掘和现代文化博览事业的发展，至于南越国的大批陶文包括南越国"万岁"瓦当实物或拓片等金石小品，承前所述，大多以传拓册页的形式，早已为包括邓尔雅先生在内的岭南学人和金石学家们所广泛收藏。

1935 年，邓尔雅先生新镌的"万岁"双面印，在性质上属于临摹，从篆刻学的角度讲，尽管在微观的细节上可以自由变通，然而在宏观的整体上则忌讳大幅改动，是故新镌印文的篆法、布局与风格等，应该大体遵照所临摹之对象。我们认为："万岁"出自南越国"万岁"瓦当陶文，系南越国宫室旧物，取岁月绵长之意，"花好月圆人寿"则出自黄牧甫客居广州时姻缘得意之作，取春宵美景之意，邓尔雅先生亦自诩为

① 梁晓庄：《岭南篆刻史》，广东人民出版社，2017，第 261 页。
② 参见丁蕾《从私藏到公共展览：民国时期广州的博物馆和展览会》，社会科学文献出版社，2017，第 184~253 页。
③ 参见刘焱鸿《历史文本与物质文化：以南越国为个案》，中山大学博士学位论文，2010；刘焱鸿《情境再造——南越国的历史文本与物质文化释读》，凤凰出版社，2016，第 5~16、48~50 页。
④ 参见丁蕾《历史关怀与考古定性：民国时期广州南越王墓的发掘》，《河南大学学报》（社会科学版）2011 年第 1 期。

黄牧甫"私淑弟子",两面文字其实由来有自,皆属岭南特有的"典故"与"佳话",而在语境上又可以相互对应,自然而成吉语,更不容发挥或僭越。

我们可以通过对比新镌印文与临摹对象,进一步深化我们的判断。其正面印文"花好月圆人寿"与黄牧甫先生所治"花好月圆人寿"(见图2)两相比较,双方的篆法、布局、风格等基本相同。其背面印文"万岁",由于新镌印文与20世纪上半叶金石学收藏集录《南越陶文录》①和20世纪下半叶考古学科学发掘报告《南越宫苑遗址:1995、1997年考古发掘报告》②等著作著录的诸种南越国"万岁"瓦当并无完全一致者,因此我们完全可以根据该印的临摹性质,依照前例推定邓尔雅先生似曾收藏有一种全新的南越国"万岁"瓦当实物或拓片的文字类型。具体情况,分析如下。

图2 黄牧甫"花好月圆人寿"原印拓片

资料来源:戴山青编《黄牧甫篆刻作品集》,广西美术出版社,2000,第131页左下。

---

① 林雅洁、陈伟武、亚兴编《南越陶文录》,天津人民美术出版社,2004。

② 南越王宫博物馆筹建处、广州市文物考古研究所编著《南越宫苑遗址:1995、1997年考古发掘报告》,文物出版社,2008。

关于南越国宫苑遗址出土的"万岁"瓦当的基本类型，《南越宫苑遗址：1995、1997 年考古发掘报告》根据考古学对其进行的划分显得过于繁复，其实我们完全可以从艺术学的角度出发，根据瓦当陶文的篆书形态和文字形式，重新划分为大体三个主要类型：第一种，呈"全云气纹"形式，以曲流石渠 Ac 型瓦当为代表（见图 3）；第二种，呈"半云气纹"形式，以蓄池 Aa 型 II 式瓦当为代表（见图 4）；第三种，呈"非云气纹"形式，以曲流石渠 Ab 型 I 式瓦当为代表（见图 5）。

图 3 南越国"全云气纹"式"万岁"瓦当陶文拓片

资料来源：南越王宫博物馆筹建处、广州市文物考古研究所编著《南越宫苑遗址：1995、1997 年考古发掘报告》，文物出版社，2008，第 120 页图八八左上。

图 4 南越国"半云气纹"式"万岁"瓦当陶文拓片

资料来源：南越王宫博物馆筹建处、广州市文物考古研究所编著《南越宫苑遗址：1995、1997 年考古发掘报告》，文物出版社，2008，第 49 页图三〇右上。

图5　南越国"非云气纹"式"万岁"瓦当陶文拓片

资料来源：南越王宫博物馆筹建处、广州市文物考古研究所编著《南越宫苑遗址：1995、1997年考古发掘报告》，文物出版社，2008，第120页图八八右下。

　　南越国宫苑遗址考古发现的"万岁"瓦当陶文中的前述三种类型既有区别又有联系。"全云气纹"的"萬"字，顶部的两个"山"呈"ω"形，中间的"田"四角圆润，底部的"厽"圈尾明显；"歲"字，顶部的"止"带有圈尾，"戉"的"丿"呈"U"形，"戈"圈尾明显，"戉"内含的"止"也带有圈尾。"非云气纹"的"萬"字，顶部的两个"山"呈"ш"形，中间的"田"四角尖锐，底部的"厽"圈尾不明显；"歲"字，顶部的"止"不带圈尾，"戉"的"丿"呈"V"形，"戈"圈尾不明显，"戉"内含的"止"与顶部的"止"大体相近。"半云气纹"正好介于"全云气纹"和"非云气纹"之间，"萬"字的"田"方中寓圆，"田"以上结构呈"非云气纹"状态，"田"以下结构呈"全云气纹"状态；"歲"字的"丿"呈"V"形，"丿"以上结构呈"非云气纹"状态，"丿"以下结构呈"全云气纹"状态。换言之，南越国"万岁"瓦当陶文在考古类型学上的分型分式的基本原理，应当取决于瓦当陶文对"云气纹"的艺术化程度，而非其他。

　　邓尔雅先生临摹的"万岁"二字，虽然与南越国宫苑遗址出土的诸种"万岁"瓦当都不尽相同，但是我们可以根据其文字特征的"一致性"和"特殊性"，来判断其临摹对象的文字源流和具体类型。

　　从邓尔雅先生临摹的"万岁"二字的篆法、布局与风格来看，其"一致性"表现为明显属于中间状态的"半云气纹"形式，"万岁"二字的下半部分的"云气纹"特征非常明显,而上半部分的云气纹特征业已式微,说明邓尔雅先生完全不可能从两面完全不同类型的瓦当上分别择取"万""岁"二字,重新拼凑再创作,而是严格遵循南越国"万岁"瓦当陶文,"印外求印",临摹而成;其"特殊性",则表现为"萬"字的"苂"有三处明显的圈尾,特别是(构成"九"的)"丿"的右旋圈尾在"半云气纹"形式中极为罕见,"歲"字的"戌"同样有三处明显的圈尾,特别是(构成"戈"的)"丿"的左旋圈尾在"半云气纹"形式中亦极为罕见,并且与(构成"戈"的)"弋"的衔接处并不回折呈角而是自然成弧。以上两种情况说明:邓尔雅先生临摹的南越国"万岁"瓦当(或拓片),虽然在大类上属于南越国常见的"万岁"瓦当"半云气纹"形式,但是其具体篆法则是一种全新的类型,迄今尚未再次发现,弥足珍贵。

综合上述分析,我们完全有理由认为:1935 年邓尔雅先生遵循"印外求印"的理念,新镌"万岁"印章印文的原型,当系仿自早期南越国金石资料——20 世纪上半叶已出土,20 世纪下半叶没有再次发现——南越国"万岁"瓦当陶文(或拓片)的全新类型,这枚双面印仿商周玉琮之制,巧取南越国"万岁"瓦当陶文入印,再仿黄牧甫先生"花好月圆人寿"印,双双对应为吉语闲章,整体上取"天长地久"之意,而与邓尔雅先生自身的"万岁"名号无涉,其原型的具体出土时间,当在广九铁路修筑和龟岗大墓发现之后,其原型的具体出土地点,则很有可能位于今北京路附近南越国宫苑遗址及其毗邻地区的未发掘部分。我们希冀南越国考古学界在未来的南越国宫苑遗址考古发掘中,进一步追寻这一全新的南越国文字瓦当资料。

南越国考古学兴起的标志,承前所述,乃是 1907 年广九铁路东山沿线南越国陶瓦文字的发现和 1916 年龟岗大墓黄肠题凑木刻文字的递藏。对于早期南越国历史与考古的学术史的研究仍处于方兴未艾的状态[①],早期南越国金石资料的复原和审读则是当今南越国历史与考古学研究的重要课题。邓尔雅先生所藏的南越国"万岁"瓦当陶文实物或拓片,是其中非常

---

① 有关南越国早期考古学的初兴,参见徐坚《作为南越国考古学起点的龟岗和猫儿岗:发现与方法》,《历史人类学系学刊》2011 年第 1 期。

重要的早期南越国金石资料，能够与今日南越国宫苑遗址出土金石资料形成对比和确切联系，具有重要的学术价值和研究意义。

作者通信地址：广东省广州市海珠区新港西路 135 号中山大学本部人类学系马丁堂大楼，邮编 510275，邮箱：xinwei121zhu@163.com

责任编辑：陈子

广州图经编纂情况考述[*]

丁　玲[**]

广东轻工职业技术学院马克思主义学院，广东广州，510300

摘　要： "图经"之名，产生于汉代。图经的编纂，兴盛于隋唐时期，隋代出现了全国性的官修图经编纂成果，唐代确立了向职方报送图经的制度。据现存文献，见于著录和征引的广州图经主要编纂于宋明两朝，宋代有王中行的《广州图经》、佚名的《广州新图经》、李木的《南海图经》，明代《永乐大典》引录的广州府"图经志"当编纂于明初，嘉靖年间编纂的《广东通志初稿》《广东通志》中皆含广州图经。从历代文献记载和征引情况来看，广州图经内容丰富，具有重要的史料价值和文化价值，值得深入挖掘和研究。

关键词： 广州；图经；方志

图经是地理志书的一种，通常包括地图和文字。历史上图经的编纂数量很多，但多已散佚不全。作为方志的重要形式，图经的实用价值、史料价值、文化价值及其在方志史上的意义不容忽视。正如陈桥驿先生在《〈图经〉在我国方志史中的重要地位》中所说："虽然历来修纂的大量图经，如今已经亡佚殆尽，所存无几，但是它在我国方志史上依然具有重要

---

　* 基金项目：本文系2017年度《广州大典》与广州历史文化研究专项课题"广州图经辑录与研究"（批准号：2017GZY08）之阶段性成果。

** 丁玲（1982～　），女（汉族），海南海口人，广东轻工职业技术学院副研究馆员，文学博士。

地位，值得我们深入研究。"① 作为独立著述的《广州图经》，全帙早已亡佚，内容散见于群书中。而明代广东志书中，有专列"图经"者，其中包含广州图经，例如嘉靖年间修纂的《广东通志初稿》和《广东通志》。现依据相关文献，考述广州图经编纂情况。

一 广州图经编纂历史

"图经"之名，历来认为起于汉代。据现存文献，题名为"图经"的最早的方志是东汉的《巴郡图经》和《广陵郡图经》。② 清代姚振宗《后汉艺文志》"巴郡图经"条云："图经之名，起于汉代，诸郡必皆有图经，特无由考见耳。"③ 魏晋南北朝时，方志以地记为主，但图经亦是通行名目之一，《文选》注引的《河南郡图经》、《太平御览》引录的《故安图经》、《太平寰宇记》引录的《建康图经》等④，当是此间所作。

隋代时，国家的统一，经济文化的交流，促进了方志的发展，出现了全国性的图经编纂成果。隋炀帝大业年间，曾大规模、有组织地编修方志。《隋书·经籍志二》载："隋大业中，普诏天下诸郡，条其风俗物产地图，上于尚书。故隋代有《诸郡物产土俗记》一百五十一卷、《区宇图志》一百二十九卷、《诸州图经集》一百卷。"其中，《诸州图经集》是全国各地图经的汇总成果，书已亡佚，辑佚成果亦非常有限，但可以推测，其中

---

① 陈桥驿：《陈桥驿方志论集》，杭州大学出版社，1997，第76页。
② 东晋常璩《华阳国志·巴志》载，巴郡太守泰山但望（字伯阖）于永兴二年（154）向东汉桓帝上疏时曾引用《巴郡图经》："永兴二年三月甲午，望上疏曰：'谨按《巴郡图经》境界，南北四千，东西五千，周万余里。属县十四，盐铁五官各有丞吏，户四十六万四千七百八十，口百八十七万五千五百三十五。远县去郡千二百至千五百里，乡亭去县或三四百，或及千里。'"唐李善注《文选》，在鲍照《芜城赋》"出入三代，五百余载，竟瓜剖而豆分"句注云："王逸《广陵郡图经》曰：'郡城，吴王濞所筑。'"关于《广陵郡图经》的作者，有东汉王逸和南齐王逡之两说。此取东晋王逸说。
③ 清姚振宗《后汉艺文志》见开明书店编辑《二十五史补编》（第二册），开明书店，1937，第2376页。
④ 关于诸多图经的编纂时间问题，众说纷纭。据考证，《河南郡图经》当作于西晋至北魏太和十七年（493）、东魏天平元年（534）至北齐建立两个时间段内，《故安图经》应撰于北魏以前，《建康图经》约为东晋、南朝的作品。详见华林甫《清儒地理考据研究·隋唐五代卷》第六章第三节"甲编：隋代及其以前《图经》辑考"，齐鲁书社，2015，第186～188页。

或许有岭南地区的图经。

时至唐代，图经的编纂数量增多，成为志书的主要形式。唐德宗李适于建中元年（780）诏令执行报送图经的制度。宋王溥《唐会要》卷五九《尚书省诸司下》"职方员外郎"条载："建中元年十一月二十九日，请州图每三年一送职方，今改至五年一造送，如州县有创造及山河改移，即不在五年之限。后复故。"唐代州县方志以官修图经为主，当时岭南道州县亦有图经。元代陈大震在《南海志序》中说："百越之有图经，自唐已然。不特供地主之求，亦可备过客之借。"唐元和年间，韩愈从潮州移袁州，途中经过韶州时，赋《将至韶州先寄张端公使君借图经》一诗，云："曲江山水闻来久，恐不知名访倍难。愿借图经将入界，每逢佳处便开看。"长庆三年（823），刑部尚书兼御史大夫郑权任岭南节度使①，张籍《送郑尚书赴广州》一诗中云："圣朝选将持符节，内制宣时百辟听。海北蛮夷来舞蹈，岭南封管送图经。"日本学者藤原佐世于宽平年间（889~897）（时为中国唐昭宗在位期间）奉敕编纂的《日本国见在书目录》中，"土地家"条下列有《扬州图经》《濮阳县图经》《唐州图经》《越州都督府图经》《海州图经》《州县图经》等。《州县图经》下附注："关内道，河南道，河东道，河北道，山南道，陇右道，剑南道，江南道，淮南道，岭南道，各一卷。"② 广州是岭南道治所，在岭南道的州县图经中，当包含广州图经。李吉甫编的《元和郡县志》，原称"图志"，前有李吉甫《元和郡县图志序》介绍该志内容："谨上《元和郡县图志》，起京兆府，尽陇右道，凡四十七镇，成四十卷。每镇皆图在篇首，冠于叙事之前，并目录两卷，总四十二卷。"③ 书中的图，北宋时已亡佚，志的内容，至南宋张子颜首刻此书时亦已有缺。由于图亡志存，陈振孙《直斋书录解题》著录该书时称之为《元和郡县志》。《四库全书总目提要》将此书列在地理类总志之

---

① 韩愈《送郑尚书序》："长庆三年四月，以工部尚书郑公为刑部尚书兼御史大夫往践其任。……及是命，朝廷莫不悦；将行，公卿大夫士苟能诗者咸相率为诗以美朝政，以慰公南行之思。"见（唐）韩愈撰，马其昶校注，马茂元整理《韩昌黎文集校注》，上海古籍出版社，1986，第 285 页。

② 孙猛：《日本国见在书目录详考》，上海古籍出版社，2015，第 12 页。

③ （唐）李吉甫：《元和郡县图志序》，见《元和郡县图志》，中华书局，1983。

首，并予以高度评价："舆记图经，隋唐志所著录者，率散佚无存；其传于今者，惟此书为最古，其体例亦为最善，后来虽递相损益，无能出其范围。今录以冠地理总志之首，著诸家祖述之所自焉。"① 指出此书在传世"舆记图经"中是最古的。书中卷三十四《岭南道一》"岭南节度使"条下有广州及其属县建置沿革，道里远近，户、乡数目等内容。

五代时，州府报送图经、地图的制度曾经废罢，后恢复。后唐天成三年（928），明宗敕罢闰年送图经、地图制度。宋王溥《五代会要》卷十五"职方"载："后唐天成三年闰八月敕：诸道州府，每于闰年合送图经、地图，今后权罢。"长兴三年（932），尚书吏部侍郎王权建议恢复报送图经的制度，明宗敕曰："宜令诸道州府，据所管州县，先各进图经一本，并须点勘文字，无令差误。……"

宋代是方志发展的繁盛期，图经的编纂成果亦丰富。据文献记载，宋太祖、宋真宗、宋徽宗等皆曾下诏要求各地编纂图经。南宋李焘《续资治通鉴长编》卷十二载，开宝四年（971）正月"戊午，命知制诰卢多逊等，重修天下图经"。《宋史·宋准传》载，宋太祖开宝八年（975），宋准"受诏修定诸道②图经"。《玉海》卷十四"开宝修图经"条云，开宝"四年正月戊午，命知制诰卢多逊、扈蒙等重修天下图经，其书汔不克成。六年四月辛丑，多逊使江南，求江表诸州图经，以备修书，于是十九州形势尽得之。《宋准传》：开宝八年，受诏修定诸道图经"。宋开宝四年（971），平定了定都在广州的南汉国，置广州大都督府。宋准修的诸道图经中，或有涉及广州的岭南图经。宋真宗时，曾下诏要求各地纂修校正图经。《玉海》卷十四"祥符州县图经"条记载："（景德四年）庚辰，真宗因览《西京图经》，有所未备，诏诸路州府军监，以图经校勘，编入古迹。选文学之官，纂修校正，补其阙略来上。及诸路以图经献，诏知制诰孙仅，待制戚纶，直集贤院王随，评事宋绶、邵焕校定。仅等以其体例不一，遂加例重修。命翰学李宗谔、知制诰王曾领其事。又增张知白、晏殊，又择选人（人）李垂、韩义等六人参其事。……（大中祥符）三年十二月丁巳，

① （清）永瑢等撰《四库全书总目》，中华书局，1965，第595页。
② 宋初地方行政区划设置仍沿用唐代"道"名。宋太宗时废道，置十五路。

书成，凡一千五百六十六卷（目录二卷），宗谔等上之，诏嘉奖。"据此可知，在宋真宗时期，诸路图经皆备，且经历了一次统一体例的"加例重修"。宋徽宗大观元年（1107），为修纂全国性志书，设置了专门机构"九域图志局"，并要求各地编纂图经。乾道《四明图经》黄鼎序中说："爰自大观元年朝廷创置九域图志局，命所在州郡编纂图经。"《宋史·职官志三》"职方郎中"条载："掌天下图籍，以周知方域之广袤，及郡邑、镇砦道里之远近。凡土地所产，风俗所尚，具古今兴废之因，州为之籍，遇闰岁造图以进。四夷归附，则分隶诸州，度田屋钱粮之数给之。分案三，置吏五。旧判司事一人，以无职事朝官充，掌受闰年图经。"说明宋代图经的编纂普及全国，并按时呈报，设官职进行专门管理。可以推断，当时广州亦有图经修纂上呈。南宋郑樵《通志·艺文略》"图经"条下著录的图经共三十三部，编纂于宋代的有二十六部，其中包括十八路图经，《广东路图经》亦在其列。见于著录的宋代广州图经，有南宋王中行的《广州图经》、佚名的《广州新图经》、李木的《南海图经》。南宋以后，新编或续修的地方志书以"志"为题者增多，而以"图经"为题者减少。

宋人编纂的广州图经，至元代多已亡佚。元人续修广州志书，不以"图经"为名。例如元成宗大德年间陈大震编纂《南海志》，是因"索图经于故府无有"，故"求旧志增修之"，所成新志不称"图经"，而称"志"。陈大震《南海志序》云："韩愈与张韶州有'愿借图经将入界'之诗，又张籍《送郑尚书》，亦有'岭南封管送图经'之句。然则，百越之有图经，自唐已然。不特供地主之求，亦可备过客之借。廉访使江阴义斋陆公，以儒被选，远有光华，原隰咨陬，索图经于故府无有，遂命里耆旧陈大震、路教授吕桂孙，求旧志增修之。"据该序，大德《南海志》是在已经"首尾残缺"的南宋嘉定、淳祐本《南海志》基础上增益而成的。

明代承续前代图经编纂的传统，自明初起，皇帝就重视图经的编纂和呈报工作。明太祖曾多次命各地绘图进呈，《明太祖实录》卷八一"洪武六年四月己丑"条载："命天下州郡绘山川险易图以进。上以天下既平，薄海内外，幅员方数万里，欲观其山川形势、关徼厄塞及州县道里远近、土物所产，遂命各行省每于闰年绘图以献。"卷一百五十五"洪武十五年七月丁未"条载："诏天下都司，凡所属卫所城池及境内道里远近、山川险易、关津亭堠、舟车漕运、仓库邮传、土地所产，悉绘图以献。"洪武年间修成不少图经志书，如《北平图经志书》《永平府图经志书》等。明代王光蕴在万历《温州府志》中说："吾温故有志，其可考者，始于宋《永嘉谱》，至我明洪武初，有《图经志》。"此亦洪武年间有"图经志"之明证。《永乐大典》中多处引录的广州府"图经志"或即编纂于洪武年间。此外，明代的广东志书中，有单列"图经"的体例。例如戴璟《广东通志初稿》、黄佐《广东通志》中均含有广州图经。清代以后，以"图经"为名的志书不多，但书中含有舆图已然成为方志的创作传统。

二 广州图经考略

（一）南宋王中行撰《广州图经》

南宋藏书家陈振孙《直斋书录解题》卷八："《广州图经》二卷，教授王中行撰。"元代文献学家马端临《文献通考》卷二百五《经籍考三十二》："《广州图经》二卷，陈氏曰：教授王中行撰。"明代黄佐《广东通志》卷四十二《艺文志上》："《广州图经》二卷，宋教授王中行撰。"

王中行，广东揭阳人，南宋隆兴元年（1163）进士，历任潮州教授、东莞知县，著有《潮州图经》《增江志》《广州图经》。南宋淳熙二年（1175）常祎《潮州图经序》称王中行"一乡之秀出者也，博识洽闻，多所采摭"，并评价王中行所作《潮州图经》云："其文典，其事实，其地形则绘于图，使览者一开卷而尽得之。……事皆有考，书成而邦人无异辞。予知是书可以传信矣。"王中行之才学与文风，于此可见。黄佐《广东通志》卷五十七载："王中行，揭阳人，登隆兴元年进士，淳熙十二年宰东莞。慈祥恺悌，博学能文，以学崇教为首务。旧学宫倾圮，捐资市地建学宫，劝农桑，平赋役，邑人颂之，有古循良风。"王中行之人品与政风，亦由此可知。关于王中行《广州图经》的著录，最早见于陈振孙《直斋书录解题》，而古书征引广州图经时，往往未明言出自王中行所著《广州图经》。①

---

① 今人著录或辑佚时，常将南宋王象之《舆地纪胜》、方信孺《南海百咏》等文献中征引的广州图经资料视作王中行所著《广州图经》佚文。

是书之具体情况，尚待进一步考证。

（二）宋佚名撰《广州新图经》

道光《广州通志》卷一百九十一《艺文略三》载："《广州新图经》，宋人撰，未详名氏，佚，见《舆地纪胜》。"光绪《广州府志》卷九十一《艺文略二》亦载："《广州新图经》，宋人撰，未详名氏，据《舆地纪胜》。"南宋王象之《舆地纪胜》卷八十九《广州》中有两处引录《新图经》，一处是"州沿革"："《新图经》云：'自杜佑为岭南节度，当兼五府经略，适执政者遗脱，佑独不兼，故五府不属自杜佑始。'"另一处是"县沿革·香山县"："《新图经》云：'元丰徐九思请建为县，止置寨官一员。绍兴二十二年（1152），东莞县姚孝资请州闻于朝，创立县也。'"道光《广州通志》和光绪《广州府志》当即据此著录《广州新图经》。

（三）宋李木撰《南海图经》

明代黄佐《广东通志》卷四十二《艺文志上》著录："《南海图经》五卷，李木撰，今亡。"清代戴肇辰修，史澄纂光绪《广州府志》卷九十一载："南海图经五卷，宋□□李木撰，据黄《通志》。"

（四）明广州府《图经志》

明代《永乐大典》中多处引录广州府《图经志》，卷一一九〇五至一一九〇七"建置沿革""星分野""道里""城池""井""桥梁""关津""坊里""墟市""风俗形势""气候""户口""田赋""课利""土产"等目下最为集中，卷三五二六、卷九七六三、卷一一九八〇、卷二一九八四等亦有引录。此所谓《图经志》当编纂于明初，主要证据有二。

第一，地图的绘制和编排时间。《永乐大典》卷一一九〇五收载广州府及南海县、番禺县、东莞县、新会县、增城县、香山县、清远县、连州郡、阳山县十幅地图。据史料记载，洪武二年（1369），革连州，属韶州府，仍设连山、阳山二县；洪武三年（1370），革连山县，并为阳山县；

洪武十四年（1381）复置连州。① 除连州外的八县为洪武二年至洪武十四年间广州府属县。《永乐大典》中"连州郡境之图"前未称"广州府"，其余县图前皆冠以"广州府"之名；"连州郡境之图"的外框和其余九幅图一致，只是本该注记道里的方框内为空白，而其余九幅图注记体例相似，可以推断十幅图曾被统一编排过，但"连州郡境之图"沿用的是旧志之图，其余九幅图当绘制于洪武二年至洪武十四年，十幅图汇编在一起亦在此时。《永乐大典》所引《图经志》的内容，涵盖地图所涉及的广州府及诸县，尤其是"道里"目下所载广州府及南海县、番禺县、东莞县、新会县、增城县、香山县、清远县、阳山县道里距离与相应的九幅地图中有关道里之注记文字高度吻合，可以推断这九幅图是《图经志》中的一部分。九幅图绘制于明初，则《图经志》亦可证成书于此时。《永乐大典》"广州府境之图"见图1。

图1 《永乐大典》卷一一九〇五卷首"广州府境之图"

资料来源：《永乐大典》（第九册），中华书局，1986，第8347页。

第二，《图经志》叙事年代的下限不早于明代初年。《永乐大典》卷一

---

① 《永乐大典》卷一一九〇六"建置沿革"目下述连州云："本朝洪武元年，仍设连州、桂阳州，二年革去。仍为阳山、连山二县。三年，革连山，并为阳山一县。"述连山县云："本朝洪武元年属连州，二年革连州，属韶州府，三年又革连山县。十四年复置，属连州。"见《永乐大典》（第九册），中华书局，1986，第8368～8369页。

一九〇五"建置沿革"目下述广州"归附始末"，引录的即《图经志》，而所叙时间，始于元末，止于洪武元年。此外，《永乐大典》卷一一九〇七"户口""田赋"目下引"本府《图经志》"，皆云"洪武十年分终数"，可见所引《图经志》的编纂时间下限可至洪武十年。

此外，如前所述，明太祖曾多次诏令各州郡绘图进呈。见于著录的洪武年间修成的图经志书有《北平图经志书》《永平府图经志书》等。明代王光蕴在万历《温州府志》中亦称"至我明洪武初，有《图经志》"，此皆洪武年间有《图经志》之明证。《永乐大典》中各府州志所引《图经志》，很大一部分当为洪武年间所修，广州府《图经志》亦在其中。

（五）明戴璟修《广东通志初稿》中的广州图经

图 2 为《广州通志初稿》中的"广州府地理图"。《广东通志初稿》四十卷，明戴璟修，张岳等纂，有明嘉靖十四年（1535）刻本。戴璟，字

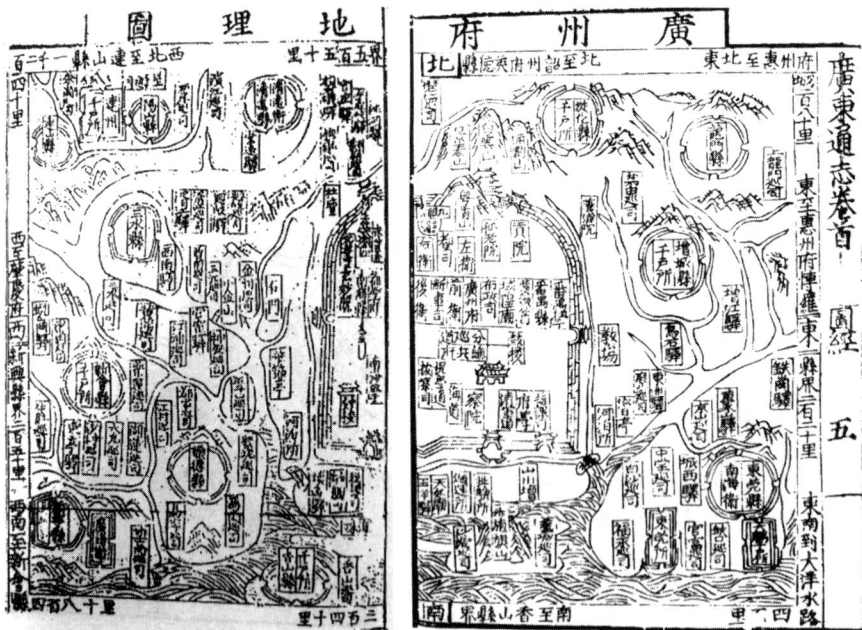

图 2　明戴璟修，张岳等纂《广东通志初稿》卷首
《图经》中"广州府地理图"

资料来源：（嘉靖）《广东通志初稿》，《广东历代方志集成·省部（一）》，岭南美术出版社，2006。

孟光，号石屏，浙江奉化人，明嘉靖五年（1526）进士，官至佥都御史，巡抚广东。嘉靖十四年（1535），以佥都御史代广东布政使，《广东通志初稿》作于此时。张岳，字维乔，福建惠安人，历任廉州知府、副都御史，总督两广军务，官至兵部左侍郎。《四库全书总目提要》评价云："是书乃璚于嘉靖乙未以临代之时两月而成，未免涉于潦草，其门类亦多未当。"①但作为第一部广东通志，《广东通志初稿》的价值是显在的。明郭棐《粤大记》卷九评之曰："其文丽，其事核，而一方文献大备。"该志中保留了大量的地方文献资料，为后来志书的编纂提供了依据。书中卷首《凡例》后即为《图经》，存广东省地理总图及广州府、韶州府、南雄府、惠州府、潮州府、肇庆府、高州府、廉州府、雷州府、琼州府地理图，图中有注记，此外未见与图有关的文字说明。

（六）明黄佐纂修《广东通志》中的《广州府图经》

《广东通志》七十卷，明黄佐纂修，有明嘉靖四十年（1561）刻本。黄佐，字才伯，号希斋，晚号泰泉，广东香山县荔山（今属珠海）人。祖籍江西，明初定居香山。明正德十五年（1520年）进士，廷试选庶吉士。嘉靖初由庶吉士授翰林院编修。历官江西佥事、广西学政、南京国子祭酒、少詹事。嘉靖四十年雷礼《广东通志序》谓是书"乃取旧志，芟秽正讹，补其缺漏，为图经，为事纪，为表，为志，为列传，为外志，凡七十卷"。是书《凡例》云："志首图经者，《周官》图以诏地事，志以诏观事，古之制也。先民陈氏大震曰，韩愈与张韶州有'愿借图经将入界'之诗，又张籍送郑尚书亦有'岭南封管送图经'之句，然则百越之有图经，自唐已然矣，图于前而括其要于后者，凡以便经略也。旧《通志》沿革、气候、形胜、疆域、别自为类，今皆纂而附之，先一省而后十郡，皆举其要领。"介绍了志书首列图经的缘由，图经的主要内容、体例及其渊源所自。书中《图经》二卷，包括《广东总图经》及广州府、韶州府、南雄府、惠州府、潮州府、肇庆府、高州府、廉州府、雷州府、琼州府图经。诸府图经，前面是图，题"某某府舆地图"（见图3），后面附文字。其中

的《广州府图经》，文字部分叙及建置沿革、领县、疆域、道里、山川形胜、气候、民风等内容。

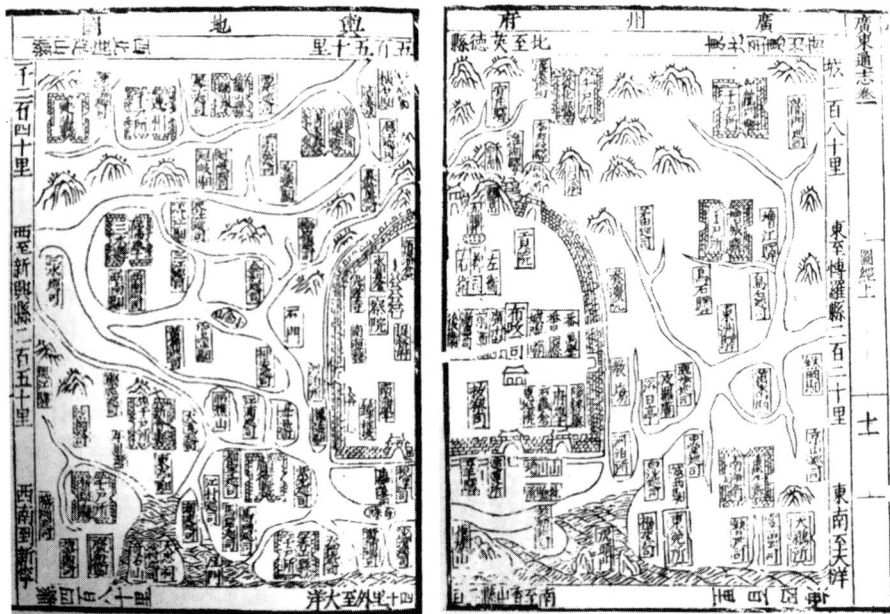

**图 3 明黄佐纂《广东通志》卷一《图经上·广州府图经》
中"广州府舆地图"**

资料来源：(嘉靖)《广东通志》，《广东历代方志集成·省部 (二)》，岭南美术出版社，2006，第 31 页。

结　语

综上所述，"图经"之名，产生于汉代；图经的编纂，兴盛于隋唐时期，繁荣于宋代，适应了国家政治、经济、军事等方面的需要，对于保存地方历史文化具有重要意义。据现存文献，见于著录和征引的广州图经主要编纂于宋明两朝。南宋王象之《舆地纪胜》、高似孙《纬略》、方信孺《南海百咏》，明代《永乐大典》，清代顾祖禹《读史方舆纪要》、仇巨川《羊城古钞》、邓淳《岭南丛述》、康熙《广州府志》、康熙《番禺县志》、康熙《南海县志》、道光《南海县志》等文献中均引用了广州图经，其中《永乐大典》引录的广州府《图经志》资料最多。明代戴璟修，张岳等纂

《广东通志初稿》和黄佐纂修《广东通志》中有题为"图经"的内容。从诸书中记载的图经编纂情况和现存广州图经资料来看，图经记录了广州建置沿革、星分野、道里、城池、桥梁、关津、坊里、墟市、山川形势、风俗民情、气候、物产、户口、赋税、课利、古迹等方面的情况，内容十分丰富，具有重要的史料价值和文化价值，值得深入挖掘和研究。

作者通信地址：广东省广州市新港西路 152 号广东轻工职业技术学院马克思主义学院，邮政编码：510300，邮箱：tingdl@126.com

责任编辑：张玉华

吴纯臣与桂林府学释奠图考[*]

马玉琴^{**}

华南师范大学文学院，广东广州，510006

摘　要：吴纯臣为南宋岭南名臣，文章对其生卒年、仕履、才性、家学、作品，以及在桂林府学刻释奠图一事进行考证。吴纯臣具有"清通仁厚"之才性，为官有政声。桂林府学所刻释奠图，实际上是朱熹订正的版本。以刻图的形式宣扬释奠礼，扩大了释奠礼的传播范围，既有利于文教事业的发展，也有利于劝民归善，达到省刑薄罚的目的。对吴纯臣的考察，有助于了解"菊坡文派"成员的文学成就及其对岭南文化建设的贡献。

关键词：吴纯臣；生平考；释奠图

吴纯臣，字德粹，番禺人。吴纯臣是宋代岭南名臣，也是以崔与之为首的"菊坡文派"成员之一。现存吴纯臣的生平资料非常少，亦无文集存世，仅有遗篇。显然，单就零星资料和现存篇什来评价他原有的创作成就比较困难。然一斑亦可窥全豹，现就这些零散资料和残篇做简要分析，尽可能地对他的历史贡献和地位进行探讨。

一　吴纯臣生平考

吴纯臣的生平资料最早见于明代黄佐所撰《广州人物传》，他的事迹

---

* 本文为 2018 年度《广州大典》与广州历史文化研究博士学位论文资助项目"岭南三大文派研究"（2018GZB02）、北京大学翁洪武科研原创基金资助项目（WHW201803）之阶段性成果。

** 马玉琴（1988~　），女（壮族），广西南宁人，华南师范大学文学院，博士研究生。

附在其父吴群传记之后，《广东通志》和《广州府志》亦有记载。三处材料内容大致相同，其中以《广州府志》所记最为详细。《广州府志》载："（吴群）子纯臣，字德粹，有父风。知连州，尽心民瘼。宁宗嘉定八年，春夏不雨。纯臣露行，酷日中诣龙津灵济庙祷焉。顷间神物蜿蜒出水上，雨如澍，岁大获，民立石颂德。崔与之知其贤，入觐，帝问南中人材，以纯臣对，诏除提点广西刑狱，剖析无滞。民有醉入仇家，适其母死，诬之。狱成矣，纯臣察释之，一境称神明。广右帅邹应龙以大魁典镇，慎许可，独才纯臣，书'清通仁厚'四字赠之。纯臣四握州麾，进朝议大夫，赐金带。又进通奉大夫，遽告归。卒年六十二。"① 下面就据此考辨吴纯臣的仕履和生平。

（一）仕履考

吴纯臣"四握州麾"，也就是说他曾四次担任知州。但具体是哪四个地方，传记中并未言明。据今人考证，吴纯臣曾知德庆府事，但年岁无考。② 德庆府治瑞溪县（今广东德庆县）。时吴纯臣之散官为朝请郎，知德庆府事应年岁较早。因此，德庆府应是吴纯臣担任知州的其中一个地方。第二个地方是潼川府。潼川府治郪县（今四川省三台县）。吴纯臣在《桂林府学释奠图记》一文中自言："纯臣曩守潼川，时取前辈所编成图者刻诸学宫，以诏郡人。"③ 此文写于嘉定丁丑（1217）其任广西提刑之时，可知吴纯臣在到广西赴任前曾守潼川。第三个是连州。《广州府志》中有"（吴纯臣）知连州，尽心民瘼"之言。《广东通志》亦载："（连州）仰韩桥，在四贤祠南，知州吴纯臣建。"④ 因此，可确定吴纯臣曾知连州。吴纯臣在连州曾建贡士仓，郡博士林子升为之作记。记中载："公名纯臣，今官朝奉大夫，以嘉定甲戌二月，至连仓之成，丙子二月

---

① （清）史澄等修《广州府志》（3），成文出版社，1966，第19页。
② 肇庆市地方志编纂委员会编《肇庆宋代钩沉》，2006，第61页。
③ （清）谢启昆撰《粤西金石略》卷十四，《历代碑志丛书》第22册，江苏古籍出版社，1998，第228页。
④ （清）阮元等修，（清）陈昌齐纂《广东通志》卷一百五十七《建置略三十三》，商务印书馆，1934，第2863页。

也。"① 可知吴纯臣当时散官为朝奉大夫，且嘉定甲戌（1214）二月至丙子（1216）二月这段时间在其知连州任期之内。但四地之中仍有一地难以考证。

后经崔与之举荐，吴纯臣得旨除广西提点刑狱公事。"崔与之知其贤，入觐，帝问南中人材，以纯臣对，诏除提点广西刑狱，剖析无滞。"② "公奏对间，一日，上问：'卿里有何人才？'公荐吴纯臣有监司之才，遂除广西宪；温若春宜清要之任，遂除秘书郎。后皆称职。"③ "宪"是"宪司"的省称，即诸路提点刑狱公事。这两条史料内容相吻合。李昴英《跋录曹吴雍所藏邹南谷书墨》云："枢密南谷邹先生名德穹博……曩由夕郎拜帅西广。南海吴公纯臣，古君子也，以宪节同寅。"④ 同寅，即同僚。邹应龙与吴纯臣同在广西为官。桂林龙隐洞现存石刻："嘉定丁丑立秋后二日，昭武邹应龙景初、南海吴纯臣德粹、庐陵曾焕少卿同游。"⑤ 可知 1217 年立秋后两日，吴纯臣与邹应龙、曾焕同游桂林龙隐洞并题名。吴纯臣在《桂林府学释奠图记》文末写道："嘉定丁丑十月朔，朝奉大夫广南西路提点刑狱公事吴纯臣谨书。"⑥ 同年十月初一，吴纯臣为朝奉大夫、广南西路提点刑狱公事。另《宋会要辑稿》载："（嘉定十一年十二月）十五日，知宾州聂溥特降一官，放罢。先是，广西经略邹应龙言其擅将本司差辟上林县令姜大钧按劾，不顾分守，寻诏特降一官。既而广西提刑吴纯臣复言溥用刑惨甚，复有是命。"⑦ 可证吴纯臣于嘉定十一年（1218）十二月仍是广西提点刑狱公事，嘉定十二年（1219）应该还在任上。由此可知，1217~1219 年，吴纯臣官朝奉大夫、广西提点刑狱公事。

---

① （明）解缙等编《永乐大典》（影印版）卷七千五百一十三引《连桂州志》，北京图书馆出版社，2003。
② （清）史澄等修《广州府志》（3），成文出版社，1966，第 19 页。
③ （南宋）崔与之撰，张其凡、孙志章整理《宋丞相崔清献公全录》卷二，广东人民出版社，2008，第 14 页。
④ （南宋）李昴英撰，杨芷华点校《文溪存稿》，暨南大学出版社，1994，第 54 页。
⑤ 桂林市文物管理委员会编《桂林石刻》上册，第 283 页。
⑥ （清）谢启昆撰《粤西金石略》卷十四，《历代碑志丛书》第 22 册，江苏古籍出版社，1998，第 228 页。
⑦ 刘琳、刁忠民、舒大刚、尹波等校点《宋会要辑稿》（9），上海古籍出版社，2014，第 5082 页。

另《广州人物传》载："（吴纯臣）考最，进朝议大夫，赐金带，又进通奉大夫，卒年六十二。"① 可知吴纯臣因政绩考列上等，升朝议大夫，赐金带，后又升通奉大夫。

综上所述，吴纯臣曾官朝请郎、知德庆府事，守潼川，于1214～1216年官朝奉大夫、知连州，1217～1219年官朝奉大夫、广西提点刑狱公事。后升朝议大夫，赐金带，又升通奉大夫。

（二）生卒年考

吴纯臣生平资料极少，生卒年无考。他逝世后葬于从化马村沙溪岭。②《广州人物传》记载，吴纯臣在提点广西刑狱公事后还有两次升迁，且辞官以后才逝世。《广州府志》载："吴纯臣，番禺人，群子。乾道五年己丑特奏，提点广西刑狱。"③ 南宋时，具备特奏名资格的条件是"下第举人，进士六举、曾经御试，八举、曾经省试，并年四十以上；进士四举、曾经御试，五举、曾经省试，并年五十以上"④。获得特奏名之人，年龄应超过四十岁甚至五十岁。《广东通志》和《广州府志》均载吴纯臣卒年六十二，若吴纯臣为乾道五年己丑（1169）特奏，到1219年广西提刑任期结束，中间间隔达50年。而吴纯臣在朝奉大夫、广西提刑后，又晋升至朝议大夫和通奉大夫，且辞官后才逝世。如此算来，吴纯臣获特奏名时不足12岁，显然是不合理的。"乾道五年己丑特奏"应有误。"己丑"疑为"乙丑"之误。宁宗朝乙丑年为开禧元年，即1205年。若照此推算，吴纯臣获特奏名时应不足50岁，较为合理。若吴纯臣于1205年获得特奏名，此时他的年龄应为40～50岁。那他的生年在1156～1166年，卒年则在1217～1227年。但1219年后吴纯臣还有两次升迁，又告老回家后才逝世。宋朝一官职任期一般为三年，辞官后又有赋闲的时间。因此可推知，吴纯臣的卒年应

① （明）黄佐原著，陈宪猷疏注、点校《广州人物传》，广东高等教育出版社，1991，第138页。
② 从化县地方志编纂委员会译注《从化县志》，广东科技出版社，1989，第339页。
③ （清）史澄等修《广州府志》（1），成文出版社，1966，第556页。
④ 刘琳、刁忠民、舒大刚、尹波等校点《宋会要辑稿》（9），上海古籍出版社，2014，第5326～5327页。

为 1227 年前后，那他的生年为 1166 年左右。

二 吴纯臣之才性及其家学

吴纯臣的才能突出、德行卓绝，受到崔与之、邹应龙和李昴英等名臣的肯定和赞誉。他的才性之形成，除了自身的努力外，还与其家学浸染密切相关。

（一）吴纯臣之才性

吴纯臣为官，颇有政声，曾获得广右帅邹应龙的称赞："广右帅邹应龙以大魁典镇，慎许可，独才纯臣，书'清通仁厚'四字赠之。纯臣四握州麾，进朝议大夫，赐金带。又进通奉大夫，遽告归。卒年六十二。"①《粤西文载·名宦小传》有"李纯臣"条，根据所载内容可确定"李纯臣"乃"吴纯臣"之误。其中载："时广右帅臣邹应龙以大魁典镇，有重名，最慎许可，独才纯臣。尝书'清通仁厚'四字赠之。谓其平反明允，不事钩距也。"②《粤西文载》认为这四字主要是针对吴纯臣的监司之才与不事机谋而做出的评价，吴纯臣是一位骨鲠而有才能的人。这幅墨宝后由吴纯臣之子吴雍保存，李昴英曾见过并写有《跋录曹吴雍所藏邹南谷书墨》一文。文中称："（吴纯臣）所得褒语，则'清通仁厚'而已。辞甚不费，而曲尽绣衣公平生所为。士大夫作时样书尺，颂德或累百言，观此可少愧矣。吴氏子资禀颖，特于此四字克肖，而齿方少。里人李昴英为先生门人，辄发明言外之旨，曰：清也，通也，厚也，皆仁中有也。宜益克己，使人欲净尽，天理混融，以全吾固有之仁，所到岂易量哉！"③李昴英之文证实了此事，并对这四个字做了分析。总之，"清通仁厚"这四个字高度概括了吴纯臣的才能与人品。

吴纯臣的才性主要有以下几个方面。其一，"清"，为官廉慎。"（吴）

---

① （清）史澄等修《广州府志》（3），成文出版社，1966，第 19 页。
② （清）汪森编辑，黄盛陆等校点《粤西文载校点》（四），广西人民出版社，1990，第 392 页。
③ （南宋）李昴英撰，杨芷华点校《文溪存稿》，暨南大学出版社，1994，第 54 页。

群尤廉慎，一介不取于民，终朝奉郎。子纯臣，字德粹，有父风。"① 吴纯
臣有其父吴群之风，老成持重，为官清廉，对百姓不取一分一毫。吴纯臣
"居官口不言钱，四握州麾，告归于家，人称其急流勇退"②。为官时不看
重钱财，急流勇退，不重名利。其二，"通"，有监司之才。断案能力强，
"剖析无滞"。宋宁宗曾问崔与之，家乡有哪些人才可推荐，崔与之以吴纯
臣有监司之才荐之，因此宋宁宗诏吴纯臣除提点广西刑狱公事。崔与之也
肯定吴纯臣的监察才能。有一个著名的案例："民有醉入仇家，适仇之母
死，遂诬之。狱成矣，纯臣察其情，释之，一境以为神明。"③ 吴纯臣明察
秋毫，刑狱检验能力突出，这也印证了崔与之对他的赞赏。其三，"仁"，
尽心民瘼。"宁宗嘉定八年，春夏不雨。纯臣露行，酷日中诣龙津灵济庙
祷焉。顷间神物蜿蜒出水上，雨如澍，岁大获，民立石颂德。"④ 虽然这件
事富有传奇色彩，有夸大之嫌，且百姓为称颂吴纯臣的德行所立之石已不
存，但其尽心履职、关心百姓的拳拳之心亦真实可感。知连州时，创贡士
仓，资助贫困的贡士进京赶考："郡侯吴纯臣置田峙仓于旧学之左，岁储
所入以资举。送行有裹囊，士甚德之。"⑤。他还在连州建仰韩桥，重视民
生工程。其四，"厚"，重视礼法。他在潼川和桂林为官时均将释奠图刻于
石上，以教化百姓。吴纯臣反对过度用刑，曾于嘉定十一年进言反对知宾
州聂溥滥用刑罚，致使聂溥特降一官，可见其仁厚。正如李昂英《送纠曹
吴雍之官序》所言："乡大夫吴公纯臣，温厚有古人风，祥刑于岭之西，
以恕称。"⑥ 吴纯臣性醇厚，虽为提刑，但以仁恕称名于世。

（二）吴氏家学

吴纯臣之父吴群颇有军事才能，纯臣之子吴雍亦有治狱之才。吴群，

① （清）史澄等修《广州府志》（3），成文出版社，1966，第19页。
② （明）黄佐原著，陈宪猷疏注、点校《广州人物传》，广东高等教育出版社，1991，第
138页。
③ （清）金鉷等监修《广西通志》卷六十五，《景印文渊阁四库全书》第567册，台湾商务
印书馆股份有限公司，2008，第71~72页。
④ （清）史澄等修《广州府志》（3），成文出版社，1966，第19页。
⑤ （明）解缙等编《永乐大典》（影印版）卷七千五百一十三引《连桂州志》，北京图书馆
出版社，2003。
⑥ （南宋）李昂英撰，杨芷华点校《文溪存稿》，暨南大学出版社，1994，第43页。

绍兴十二年壬戌（1142）进士。吴群的事迹仅记载于《广州府志》和《广东通志》等地方志之中，比较详细的是《广州人物传》所记。《广州人物传》载："（吴群）三历令掾，所至有声，以员外郎通判琼州。时海盗窃发，群出资俸，立城堡以御之。峒黎为乱，群单骑诣其营垒，开谕利害，遂戢兵归耕。初，同邑李谞者，建炎中，甲科进士，为琼州安抚。时州惟有子城，因编氓许益不欲经略，遂作乱。谞筑外罗城，州人赖之。群至是加完整，弭盗恤民，政声与谞埒。琼人歌之曰：'前有李君今见吴，琼管保障皆番禺，民之父母邦之枢。'邑人士采之，闻于当道。群尤廉慎，未尝一介取于民，终朝奉郎卒。"① 吴群的政绩主要有三个。一是出资立城堡、加固外罗城以御盗贼，可见其无私与军事眼光；二是单骑往谕峒黎以平乱，可见其胆略与口才；三是尤为廉慎而一介不取于民，可见其廉洁自守。因此，琼州人将其与李谞合称为"民之父母邦之枢"。吴纯臣颇有吴群之风范，"居官口不言钱"。吴纯臣之子吴雍也有治狱之才，并与李昴英关系匪浅。"吴雍，番禺人，纯臣子。端平二年乙未（1235）乡贡，两诣漕解，朝奉大夫，沿边安抚使。"② 《文溪存稿》中有《送纠曹吴雍之官序》和《跋录曹吴雍所藏邹南谷书墨》二文与之相关。纠曹、录曹均是录事参军事的别称，南宋时品位为从八品，是州郡属官，掌州院、军院（州、军监狱）众务，并有纠察曹官之职。吴雍在赴任新官前，到文溪拜访李昴英，李昴英写序相赠。这篇赠序不知写于何时，但李昴英问吴雍要去做什么官时，他回答："新纠曹。"可证吴雍两任纠曹，《广州府志》"两诣漕解"之说存疑。李昴英肯定了吴纯臣父子的才能："乡大夫吴公纯臣，温厚有古人风，祥刑于岭之西，以恕称。子雍是似，且甚秀爽。"且对即将赴任的吴雍进行嘱咐："问之何官？曰：'新纠曹。'又问：'赏之逐瘴之犯，何也？'曰：'初心欲有所平反，以成先志耳。'余嘉其志，而赠以言曰：'吴氏父子，视于氏父子，官崇卑不尽同，而再世俱典狱。子惟清惟明，惟乎小大之狱，本其情，无以私意有所轻重，必身享驷马高盖车

---

① （明）黄佐原著，陈宪猷疏注、点校《广州人物传》，广东高等教育出版社，1991，第138页。
② （清）史澄等修《广州府志》（1），成文出版社，1966，第558页。

之荣矣.'"① 吴雍有志于典狱，李昂英肯定其志向，并对他提出了治狱唯清明、平狱本其情的希望。同时，李昂英点出了吴氏父子均有典狱的才能，其事功在地方。可以说，吴氏家学具有浓厚的事功色彩。

三　桂林府学释奠图考

吴纯臣仅有一文传世，此文被收录在《粤西金石略》《广州府志》《粤西文载》中。《广州府志》卷一百十三以《释奠图记》为名，引的是《粤西金石略》所载全文。《粤西文载》卷二十五以《桂林府学释奠图记》为名存录，底本不详。三种文献记载的内容基本一致，只是在《粤西文载》中，文末少了一句："嘉定丁丑十月朔，朝奉大夫广南西路提点刑狱公事吴纯臣谨书。"《粤西金石略》所载全文如下：

古者祀乐，祖于瞽宗，礼也。后人释奠，祗祀先圣，其隆古之意欤。然祀以王礼，视古制为有加。自聂氏礼颁行，缺略未称，朱文公近加订正，其制始备。今在在郡邑，大率仍其旧，未能如仪。间或据礼典，易服范器，春秋丁祀，用于一旦之顷，既毕事，藏之有司。士之周旋其间，容有未尽讲明者。若名不登庠序之版，仪文纤悉，何繇知之？纯臣窃谓礼者教化之大端，不容一日阙。周官分职，皆垂法于象魏，敛以挟日，至宗伯独无闻焉。盖礼达于天下，肄习以时，非可敛而藏也。厥今容典多存于朝廷宗庙间，独释奠通行于郡邑，图而示之，非要务乎？纯臣曩守潼川，时取前辈所编成图者刻诸学宫，以诏郡人，按刑广右，又因旧图列为定式，刊于静江郡庠，以表一道。士君子而究心焉，由文物制度之粗，达而上之，可进于广大精微之域。闾巷田野之民得诸目击，中心起敬，亦将迁善，为君子之归。若夫推广其传，人心观感，又不特广右而已。嘉定丁丑十月朔，朝奉大夫广南西路提点刑狱公事吴纯臣谨书。迪功郎静江府府学教授

① （南宋）李昂英撰，杨芷华点校《文溪存稿》，暨南大学出版社，1994，第43页。

许正大立。①

从文末可知，此文作于嘉定丁丑年十月朔，即 1217 年十月初一，为秋祭而作。《广西通志》载："嘉定十年，提刑吴纯臣刻释奠牲弊器服图，有记。"② 可为佐证。"弊"应为"幣"之误，因为释奠礼中有释币之名目。据临桂龙隐洞邹应龙题名可知，当年秋季（距此文完成不到三个月），吴纯臣还与邹应龙同游临桂龙隐岩，邹应龙很可能也参与了刻释奠图的相关活动。此文为在桂林府学刻释奠图一事作记，但并未具体描述所刻之图，而是叙述刻图的原因、过程和目的，语言平实，文风质朴。

释奠原为古代学校的祭祀典礼。《礼记》云："出征执有罪，反释奠于学，以讯馘告。"③ 郑玄注："释菜、释币，礼先师也。"④ 孔颖达疏："《正义》曰：此一经论天子出征所祭之事。"⑤ 天子出征返国，或天子视学，都须行释奠礼，以礼先师。《礼记》载："凡学，春，官释奠于其先师，秋冬亦如之。凡始立学者，必释奠于先圣先师，及行事必以币。"⑥《北史》亦载："二月丁巳，帝幸路门学，行释奠礼。"⑦ 周礼中的祀典，有释奠、释菜和释币等名目。释奠、释菜礼，最初只是入学的一项仪式，先圣先师到底是哪些人，也没有确指，后才定下祭祀先师即孔子。正如宋代欧阳修所记："乃修孔子庙，作礼器，与其邑人春秋释奠而兴于学。"⑧

那么，吴纯臣刻图之形貌如何？又据何而刻？《广西通志》言："嘉定十年，提刑吴纯臣刻释奠牲弊器服图，有记。元至元十三年毁于兵，岭南帅史格定海隅还重建。大德初，鲁师道复以释奠图墨本锓石，树于明伦

---

① （清）谢启昆撰《粤西金石略》卷十四，《历代碑志丛书》第 22 册，江苏古籍出版社，1998，第 228 页。

② （清）金𫓹等监修《广西通志》卷三十七，《景印文渊阁四库全书》第 566 册，台湾商务印书馆股份有限公司，2008，第 94 页。

③ 《礼记·王制》，《十三经注疏》，中华书局影印清嘉庆本，2009，第 2885 页。

④ 《礼记·王制》，《十三经注疏》，中华书局影印清嘉庆本，2009，第 2885 页。

⑤ 《礼记·王制》，《十三经注疏》，中华书局影印清嘉庆本，2009，第 2885 页。

⑥ 《礼记·文王世子》，《十三经注疏》，中华书局影印清嘉庆本，2009，第 3043~3044 页。

⑦ （唐）李延寿撰《北史》卷十，中华书局，1974，第 378 页。

⑧ （北宋）欧阳修：《大理寺丞狄君墓志铭》，《欧阳修全集》，中华书局，2001，第 429 页。

堂，臧梦解记。"① 吴纯臣所刻是"释奠牲弊器服图"，包括释奠礼所用之牲畜、释币、器具和衣着等内容。图的来源如他在文中所说："纯臣曩守潼川，时取前辈所编成图者刻诸学宫，以诏郡人，按刑广右，又因旧图列为定式，刊于静江郡庠，以表一道。"吴纯臣曾在潼川学宫刻过释奠图，用的是"前辈"所编之图，而在桂林府学所刻正是因袭此图。"前辈"谓谁？吴纯臣在文中道："然祀以王礼，视古制为有加。自聂氏礼颁行，缺略未称，朱文公近加订正，其制始备。"其中聂氏礼应是宋代聂崇义的《三礼图》。吴纯臣认为聂氏礼有缺略。四库馆臣亦评："则所谓六本者，郑元一，阮谌二，夏侯伏朗三，张镒四，梁正五，开皇所撰六也。……聂氏《三礼图》全无来历，谷璧则画谷，蒲璧则画蒲，皆以意为之。不知谷璧止如今腰带銙上粟文耳。是宋代诸儒亦不以所图为然。然其书钞撮诸家，亦颇承旧式，不尽出于杜撰。淳熙中，陈伯广尝为重刻，题其后云：'其图度未必尽如古昔，苟得而考之，不犹愈于求诸野乎？'"② 直言聂崇义的《三礼图》虽然参考了郑元等六家，但所作之图并无依据，多凭主观臆测而画，因此并未受到宋代诸儒的重视，就连重刻此集的陈伯广都认为"其图度未必尽如古昔"。吴纯臣同样对聂氏图不满，认为朱熹订正之后释奠图才齐备。朱熹有《绍熙州县释奠仪图》，主要根据唐代杜佑的《通典》和《五礼新仪》，折中编成。吴纯臣采用的释奠图，应该是朱熹修订的版本。

吴纯臣所刻释奠图在至元十三年（1276）毁于兵火，但墨本留了下来。元代桂林学官根据墨本又两次重刻吴图。一次是大德元年（1297）鲁师道将其刻于木板立在明伦堂，鲁师道、臧梦解有记。《广西通志》载"大德初，鲁师道复以释奠图墨本锓石"是错误的。后木板年久腐烂，延祐五年（1318）桂林学官才将其重刻于石，有记，作者为广西道肃政廉访司照磨，姓邝，名字原缺。臧梦解记云："桂文学鲁君师道，蜀士也。一日捧桂学释奠二图而前谓余曰：'曩为金陵学官时，尝为平章吕公家客。

---

① （清）金𫓧等监修《广西通志》卷三十七，《景印文渊阁四库全书》第566册，台湾商务印书馆股份有限公司，2008，第94页。
② （清）永瑢等撰《四库全书总目》卷二十二，中华书局，1965，第176页。

岁在戊子，公以此图见遗某曰："此静江府学释奠图也。""奚为至我哉？"
吕曰："焉知异日先生不到静江？"乃受而藏之。越七岁甲午，以秩满，蒙
江浙省咨保，遂调今缺。毋乃二图之谶有开必先耶？大德初元，始以一图
镂梓立于明伦堂之右，愿记其事。'余即二图而观之，宋嘉定十年丁丑广
西提刑吴公纯臣石刻墨本也。"[1] 鲁师道在金陵获得释奠图墨本，并确认是
桂林府学之释奠图。后鲁师道将其带到桂林，并于 1297 年刻于木板立在明
伦堂。臧梦解看了这两幅图，确认是吴纯臣所刻之图。以臧梦解之口气
看，他应该见过原图。鲁师道记云："丁祀、舍奠二图，廉使鲁山臧公已纪
其详矣。师道爰自至元甲午（1294），祗拜恩令授斯职，暨元贞改元
（1297），捧图至桂学。诸公见者曰：'此郡庠之旧典礼也。兵火之后不得
见者几二十年矣。'"[2] 鲁师道自述 1297 年带释奠图到桂林，桂学诸公确
认了此图即吴纯臣所刻之版本，还感慨已近二十年未见。可见，"诸公"
见过原图，其言可信。但是当时条件比较艰苦："欲以二图复旧，则学校
事力空乏，未能如愿。若止存墨本，则又恐沦坠，或为有力者持之而去，
则广右后进不复得见古礼，良可惜也。载谋载惟，姑镂梓以续其传。若夫
勒之于石，以垂无穷，则深有望于后之同志君子。"[3] 鲁师道因资金不足无
法将图刻于石上，但也担心只存墨本容易丢失和损坏，因此采用了刻图于
木板的权宜之计。延祐五年（1318）三月，广西道肃政廉访司照磨所撰
《释奠位序仪式图记》载："二图乃宋嘉定丁丑，提刑番禺吴公缉勒朱文公
订正本也。历甲子一周，石毁于兵。又二十一年，郡博士蜀鲁师道自金陵
携其图来归，以得石艰，请于宪副鲁山臧公姑序，正梓于学。又二十一
年，木朽漫漶，而公复刻于石。今图器服与仪一依旧式，配享十哲从祀，
未附，则自郕沂二国公、陈公、濂洛诸子以下，各随谥列焉。"[4] 文中确认

---

① （清）谢启昆撰《粤西金石略》卷十四，《历代碑志丛书》第 22 册，江苏古籍出版社，
　　1998，第 229 页。
② （清）谢启昆撰《粤西金石略》卷十四，《历代碑志丛书》第 22 册，江苏古籍出版社，
　　1998，第 228~229 页。
③ （清）谢启昆撰《粤西金石略》卷十四，《历代碑志丛书》第 22 册，江苏古籍出版社，
　　1998，第 229 页。
④ （清）谢启昆撰《粤西金石略》卷十四，《历代碑志丛书》第 22 册，江苏古籍出版社，
　　1998，第 231 页。

了吴纯臣所刻释奠图是辑勒朱熹之版本。延祐五年，学官才将释奠图重刻于石上。虽然此时距离吴纯臣刻图已有一百余年，但是用的还是一样的版本，都是朱熹订正过的释奠图。此碑留存至今，现存于桂林中学。

作为提刑官，吴纯臣为何如此重视刻释奠图一事？延祐记文中言："是礼上而天子朝廷郊祀，下而有司释奠饮射，均此敬也，此诚也。饮射礼废久矣，朝廷之礼又非远民得瞻，其可见者，学校释奠礼耳。孔子曰：'安上治民，莫善于礼。'今公是举也，广海之民来游，来观其孝弟之心，忠爱之念，岂无油然兴起于其间者？将人材彬彬辈出，率土之民皆乐而归善，其于省刑薄罚岂小补云乎哉？然则公之率先风教，可谓知大体矣。"①朝廷之礼百姓难以见到，其他民间可行之礼又久废，只有释奠礼还保留着。将释奠图刻于石上，可以扩大释奠礼的传播范围。以图像的方式宣传，使不识字的百姓也可以观礼，士人看到印象更加深刻。而传播礼利于安上治民，使百姓乐于归善，达到省刑薄罚的目的。而这是从根本上减轻提刑官工作的重要举措。

吴纯臣在桂林府学刻释奠图一事，对桂林乃至岭南文教事业的发展和社会的稳定意义重大。他刻图的初衷是扩大"礼"的传播面。图像便于记忆，也更能被不同文化层次的人所接受。臧梦解《重镌桂林府学释奠图记》云："桂学二图有吴宪，而圣人之教始明，有鲁教而吴宪之功复，著信造物者待其人而后行也……而立图一事，尤知立教之本者，故书之曰：'礼在鲁。'"②肯定了吴纯臣的立图之功和鲁师道的恢复之功。元贞改元，鲁师道带吴纯臣所刻丁祀、舍奠二图的墨本到桂林府学，得到桂林耆老的高度重视，"诸公"对他说："今圣天子崇重孔道，命公设教是邦，而与二图俱来，诚所谓复见鲁灵光也。岂非岭右斯文兴起之一大机括耶？宜亟刻之石以复旧观。"③当时统治者崇重儒学，并认为恢复二图是广西斯文振兴

---

① （清）谢启昆撰《粤西金石略》卷十四，《历代碑志丛书》第22册，江苏古籍出版社，1998，第231页。
② （清）谢启昆撰《粤西金石略》卷十四，《历代碑志丛书》第22册，江苏古籍出版社，1998，第229页。
③ （清）谢启昆撰《粤西金石略》卷十四，《历代碑志丛书》第22册，江苏古籍出版社，1998，第229页。

的一大契机，建议马上刻于石上，恢复以往面貌。但当时处于战后恢复期，百废待兴，三年之后仍无余力刻于石上，只好将释奠一图刻到木板上立在明伦堂。延祐五年（1318）三月，木板腐朽毁坏，当时宪使嘉议公（名重福）重新将释奠图刻于石上。此举功在千秋，礼的传播利于基层控制，可从根本上解决刑罚过重的问题。这不仅是教育问题，还关系到政治的稳定。

吴纯臣为官廉慎，尽心民瘼，重视文教。他出身岭南，为官之所亦多是岭南偏远之地，但他并无懈怠，而是积极投身于地方治理和文化建设。他在筹建连州贡士仓之前说："士幸举于乡，其不能致者，非贫则远，奈何其贫且远也！昔者吾先子校文于此，吾试邑于此。今又此来，于诸君能无情乎？且兴贤举士，吾职也。将图之。"① 连州地处南隅，贫远两困使士人难以进京赶考。正因为吴纯臣有跟随父亲在连州生活、参加科考的经历，对连州有深厚的感情，且以兴贤举士为己任，在他的努力下，连州贡士仓的建设才能顺利完成。吴纯臣为地方政教事业而努力，不仅是出于乡邦之情，更是因为他作为一位儒者所具有的担当与抱负。他对文教事业的推广不局限于岭南，正如他自己所说："若夫推广其传，人心观感，又不特广右而已。"② 教化天下，乃是其理想。菊坡学派的思想具有强烈的事功色彩，吴纯臣作为菊坡学派的一员，在地方追求事功，为岭南政教建设做出了重要贡献，因此，在岭南文化史上应有他的一席之地。

作者通信地址：广东省广州市番禺区大学城华南师范大学文学院，邮编：510006，电话：13471689686，邮箱：272289423@qq.com

责任编辑：王富鹏

---

① （明）解缙等编《永乐大典》（影印版）卷七千五百一十三引《连桂州志》，北京图书馆出版社，2003。
② （清）谢启昆撰《粤西金石略》卷十四，《历代碑志丛书》第 22 册，江苏古籍出版社，1998，第 228 页。

社会风俗

浅析近代广州城市新型话语空间：
从平民到精英之演讲风习[*]

邢照华^{**}

广州市社会科学院历史所，广东广州，510410

摘　要：演讲是近代中国城市生活中出现的一种新的话语现象，也是社会群体人际交往活动中呈现出的一个新特点。伴随着晚清以来广州社会中宗教宣讲活动的持续开展及其职业化训练的进展，基层民众最先受到浸染并逐渐热衷于这种新型的意愿表达方式，而上流社会中亦逐渐形成以演讲为媒介的聚众议事、名人讲坛等时尚社交方式，从而推动了文化层面的多样性发展，客观上提升了广州市民素质，推动了广州近代社会转型，同时在区域社会公共事务管理中扮演着日益重要的角色。

关键词：演讲风习；话语空间；宗教宣讲；职业训练；名人讲坛

伴随着近代中国城市生活的转型，演讲由福音宣教开始，久而逐渐成为一种时尚之群体对白话语现象，并演化为一种新型的城市群体融通和人际交往方式。这一突兀地膨胀于近代城市生活中的交互沟通形式，与中国传统社会结构中所发生的群体交往方式相比显著有别，在一定程度上

---

* 基金项目：中国社会科学基金项目"晚清民初广东地方关于南海诸岛的文献整理与研究"（批准号：16BQ048）。

** 邢照华，（1970～　），男（汉族），河南南阳人，博士后，广州市社会科学院历史所研究员，副所长。

亦为折射中国近代社会转型程度和审视城市化水平的一个参照，值得重视和研究。目前，学术界无有针对性的系统研究工作，暂无相关专题论文和著作发表。本文拟选取清末民初的广州作为一个区域开放城市的典型，进行相关城市对话语言之尝试性研究。不足之处，恳请各位学者批评指正。

大约始自 19 世纪中叶，中国社会缓缓步入近代阶段。在传统社会向近代转型的历程中，遇到的一个较为明显的因素便是外力推动，以宗教福音宣讲为特点之一的西方外来文化，同样成为区域社会发展的一种推动力。广州作为两次鸦片战争的重要发生地，在鸦片战争后很快成为一个条约开埠城市和东西汇流的窗口辐射区。一大批具有西方色彩的教堂、医院、教会学校出现在广州各地，一系列发生在广州城乡宗教场所、城坊街道、水港码头、村道交汇点，以及众多公共场所的演讲现象和系统性的演讲职业训练，逐渐演化成为一种时尚的城市话语，在半个多世纪中，发生了潜移默化的影响，其对于广州社会的变革和城市治理方式的改进，显示了其他因素所难以替代的作用。

一　西教士与平民之福音话语空间

在西方基督教传入之前，广州本地社会相对缺乏普遍性的聚众演讲人际交往方式。传统社会基于地方安定秩序的考虑，往往对诸如此类的聚结活动，施以种种限制，事实上阻碍了社会的发展。而面向大众的演讲风习的逐渐形成，与西教士的福音传教活动密切相关。西方传教士不仅把演讲的风习带到广州，而且客观上培养了演讲人才，培育了民众乐于参与的社会文化氛围。

广州早期所发生的宗教宣讲活动，可以追溯至 19 世纪初。在当时来华外国人的笔下，有诸多相关记述。例如，1836 年，美国人京威廉等一批传教士已经获准在广州的街头传道。"他派发传单和中文圣经，不断招纳信徒，有些人甚至被训练成为牧师。他常站在离十三行半哩左右的大新路和下九路的路口；而其他传教士则会聚集在大德路、一德路和下九路附近。有些外国传教士会说广东话，用广东话传教。有些索性用英语传教，由一个中国助手负责翻译。"① 此情景当是传教士于广州城大新路等街道进行早期宣讲活动的真实境况，其讲演的听众对象群体主要是当地人，故借助于当地粤语在拥挤街道向民众讲演。

在早期盛行的医学传教活动中，传教士乐于选择医院作为演讲的平台，向病人及家属群体宣讲道义，实施感化，寓宣讲于病人医治中。其时广州博济医院规定："所有能够走动的病人，连同前来探访的友人和陪护的仆人，都必须参加晨祷会和听讲福音。"② 1835 年 11 月至 1838 年 2 月，眼科医局和中华医学传道会先后在广州正式成立。英国医生郭雷枢成为中华医学传道会会长，美国传教士伯驾和裨治文任副会长，其董事会由包括伍浩官（伍秉鉴）在内的中外商人组成，为中华医学传道会提供资助和支持。眼科医局的开创者伯驾在日记中写道："我深深相信，再没有其他事情，能比这些异教徒的情况更令我关心。借着治疗他们的身体，来触动他们的心灵，使归于我主。每一个来这里求健康的人，都得到了天使的指引，是上帝的羔羊。无论如何，这似乎是唯一打开的门。让我们进去吧。"③

广州市民听众的数量，则由于传教医务活动的开展而不断增长。美国传教士伯驾牧师在其报告中称，其中的一些人清晨两三点钟就提着灯笼离家出行，以期来到医院不会误时。假如收住病人的数目超过当日名额，他们就会选择提前一日行动，而于夜间守候在医院门口，以便届时可以得到一张挂号单。④ 医院门口总是人满为患，当地的官员和民众大量涌来，街道上停满了各式轿子、车马、车夫等，随从及家属站满了医院周边的空地，整个场面若集市和庙会。有些患者甚至不惜千里赶来问诊。西教士就活动在这些拥挤的人群中，以高声讲演的形式，向其宣讲基督福音。曾有当地士人在诗赋中写道："我居重楼越兼旬，所闻疗治皆奇新。治法迥与

---

① 〔美〕多米尼克·士风·李：《晚清华洋录：美国传教士、满大人和李家的故事》，李士风译，上海人民出版社，2004，第 75～76 页。

② W. Cadbury and M. Jones, *At the Point of a Lancet*: *100 Years of the Canton Hospital 1835 - 1935*, Shanghai, 1935, p. 142.

③ 〔美〕多米尼克·士风·李：《晚清华洋录：美国传教士、满大人和李家的故事》，李士风译，上海人民出版社，2004，第 92 页。

④ W. Cadbury and M. Jones, *At the Point of a Lancet*: *100 Years of the Canton Hospital 1835 - 1935*, Shanghai, 1935, p. 41.

中国异，三分药石七分针。求医之人满庭宇，肩摩膝促犹鱼鳞。瘫疽聋瞽杂焉坐，先生周历如车轮。"[1] 眼科医局在广州社会的显著声望及一度辉煌可以由 1854 年 10 月至 1856 年 10 月的诊治人数上得到相对确切的反映。在整整两年时间里，眼科医局共诊治病者 48759 人，平均每月诊治约 2032 人，每天诊治 68 人。其中 1856 年 10 月的前三周，就有 2421 人。[2] 这些受治人数的增加，意味着演讲受众群体的扩大，对社会产生的影响亦相应提高。

在基督教学校中，学生不仅要进行演讲课程训练，而且要定期参加社会宣教实践。这种严格的训练和锻炼，使基督教徒一般都具备超越其他社会群体的优良的讲演素养和话语能力。在教会学校受教育的非信徒，也同样深受演讲氛围的感染，具备相应之兴趣和演讲能力。周围受到这些基督教演讲习俗熏陶的人群，也慢慢熟悉了这种宗教式的交往方式。据载，真光女校的学生，经常会在老师的带领下，"前往博济医院的女病房探视和安慰病人；她们也会经常前往一些农村传教站设置的主日学校，为教民提供免费知识讲解，有些女生，还在女传教士的鼓励和支持下，前往从未涉足过的地区开展教务活动；每学期开学时，学生还要向老师和其他学生汇报假期所从事的社会实践活动。那夏利曾经回忆一位 8 岁女生每天对父母诵读经文，令家长惊讶不已"[3]。1888 年，真光中学还组织了有 45 人参加的妇女传道会，该传道会的所有活动均由学生自己安排，深入不同的农村地区和家庭传教。高年级的学生还成立了"播种者"组织，四处进行演讲活动。新成立的师范培训部也组织了"辩论社"团体，训练学员。[4] 1911 年，岭南学院的基督教青年会，每星期日下午组织四队传道队分赴附近乡村传道。青年会还曾派会员到医院、工厂传播福音。后来，该学校的基督教青年会在罗拨义校开办了暑假圣经班，向村童讲授圣经，辐射至平民群体。

以演讲激情培育新思想，是晚清民初广州城市社会演讲风习的话语功

---

①　爱汉者等编，黄时鉴整理《东西洋考每月统记传》，中华书局，1997，第 405 页。

②　20th PBFM Annual Report, 1856, p. 73；MCR, J. B. French to Board, July. 7, 1855.

③　H. N. Noyes, *A Light in the Land of Sinim*, Flemming H. Revell Company, 1919, p. 37.

④　H. N. Noyes, *A Light in the Land of Sinim*, Flemming H. Revell Company, 1919, pp. 37 – 43.

能特点之一。传教工作的特点，决定其必须面向民众公开宣讲和说教，当众演讲成为传教士的一项基本职业要求，而演讲的成效，则往往取决于相应的思考广度和深度，尤其当面对苦难的民众时，某种结合现实生活的说教，尤易于激发听者的思考力，最终促进新思想的培育。对于近代革命思想策源地广州而言，尤其如此。晚清比较著名的基督教会培养之传教助手如梁发、杨庆等，不仅是成功的演讲者，而且是具有激励性与启发力的鼓动者。史载，晚清广州有一位满族人保伯，自从皈依基督后，酷好读经，每有会意，便欣然宣传。此后言辞每见犀利，深恶清之腐政，因此招忌，遂为政府所捕。清衙囚之以铁笼，置将军府衙前示众以辱之。"然保伯处之泰然，日对围观者演讲福音，劝众悔改信靠耶稣。以铁笼作布道之讲台，以衙门为撒种之场所。在清政府以此辱之，在保伯反以此荣之；因获此机缘向民众宣传救道也。……观众见其容若天使，听其言如利剑，因而悔改信道者，亦不乏人。"[①] 后来，由于基督教会出面与官府协调，保伯终获释。这类来自基督教布教福音的演讲才能和话语功力，最后上升到了社会政治活动层面，其实也是晚清广州社会思想开化进步的一种表现。两广浸信会华人之首任牧师杨庆，中山县人，年少而有大志，聪明过人，1844年由叔牧亲自为他施浸入教。未几，远适美洲，在彼邦许愿献身事教会，于是专攻神道。"及后，杨庆整鞭归国，传道故邦，即在广州南关东石角之浸信会第一支会任牧铎……杨庆热心服务，长于布道，每礼拜必往沙面向工人布道，每星期必至八约教会演讲'街书'，数十年如一日也。"[②] 杨庆的某些言论日趋激烈，后来还影响到了其子杨英才，杨英才习西医，热心革命，后来为清政府所拘捕，施以酷刑，由是牺牲。

演讲作为新的话语方式，推动着社会公益美德走向时尚化，这是晚清以至民初广州人文活动的另一个功能。1889 年，基督教的惠济善堂，牧师"每日清晨施赠医药，午刻宣讲善书，振馈发聋，扶危济急，人咸歌颂不置"[③]。20 世纪 20 年代的广州中华基督教会惠爱堂，曾在广州惠爱东路出

---

① 刘粤声：《两广浸信会史略》，广州永汉路宝昌印书馆，1934，第 294 页。
② 刘粤声：《两广浸信会史略》，广州永汉路宝昌印书馆，1934，第 274 页。
③ 《广州近事》，《申报》1889 年 10 月 21 日。

资购地，在该地"创办儿童游戏场、讲演堂等，以增进儿童教育，德良意美，可佩可钦"①。兴华自立教会的"倡办家庭团契"，每两礼拜一次，并请属该区各教友赴会，彼此接洽。其程序有简短演讲、祈祷、读经及歌诗、音乐等，侧重交际、自由谈话。②华人自立教会的奋兴大会，一般是连续三四日，甚至六七日，教会届时聘请宗教界名流向信徒进行系列演讲。所讲主题一般围绕"教会之使命""基督徒之新生活"展开，以满怀激情的演讲去震撼观众的心灵，拓展话语空间，呼唤社会慈爱，以及憧憬主恩普照之下的现世新生活，往往具有很大的社会感染力和吸引力，从而培植了社会公德意识并且成为市民效仿的一种时尚。

演讲话语之风习由原本的宗教职业宣教活动开始，渐为晚清广州市民所熟悉、接受和效仿。这种新的时尚风习，肇始于单一的宗教情感的激发和鼓励，而后逐步上升至市民关心的地方大众事务，以至于国计民生之大计。广州平民群体，时常借以倾听基督福音，显露心声和意愿，置身于话语交际氛围中，热情及于时事生活，尤受感染和激励。广州之上流社会，渐次形成以演讲为媒介的聚众议事、名人讲坛等新型社交方式，深化了群体参政意识。演讲之风在一个各阶层似乎均能认可的平台上，培育了近代市民意识和新的民生观念，推动了近代城市化进程。

1870 年，粤人陈梦南先生赴广州参加童子试，投宿于广州府榨粉街惠爱八约近处。考场劳顿之余，到街前散步。当时适逢榨粉街之福音教堂门大开，"堂中宣道之声直贯街外，听众云集"，"遂入而听之，收堂后，众人皆出，先生仍端坐凳上，如有所待。黄先生异之，再与谈道，并授《天道溯原》一本。先生欣然承受，辞归寓所，披览竟日，大有会心，以为相见之晚也。自此常到堂，审问雄辩高谈。夜则读教中书籍，务欲将福音之道竟委穷源而后已"③，及后，"常约六七同志，晚膳后，雇一小舟，直造蛋户，详讲福音，有因而悔改者"。④ 这是目前最早的关于广州教会自立创

---

① 案卷号：27-1-10，广州市国家档案局基督教会案卷。
② 周伯琴：《本会二十五周年纪念之进行》，《兴华自立教会二十五周年特刊》，广州兴华自立教会发刊，1929，第 145 页。
③ 刘粤声：《两广浸信会史略》，广州永汉路宝昌印书馆，1934，第 285 页。
④ 刘粤声：《两广浸信会史略》，广州永汉路宝昌印书馆，1934，第 285 页。

立者的记载。其时，广州的基督堂大门是完全敞开的，与鸦片战争前后广州传统民居闭院深锁的风气截然相反，力图以宣教演讲之音，吸引过往百姓，陈梦南即由此而入，感受和接受了这种新的方式。自后，又与教徒仿效西教士对众宣讲的方式，约众沿珠江岸对渔民宣讲，疲倦不止。大约在34年之后，即1904年6月10日，该教会再举行成立纪念庆祝。当时，典礼盛大，海外教会、广州市各教会，及广州地方慈善界组织，如广仁善堂、崇本善堂等均致楹联庆贺。广州绅商学界、宗教信徒、各校男女学生，到会者计2000余人。旋开办女界布道大会，聘请各教会学校的知名女士担任主讲。这从侧面反映了晚清广州民间对演讲风习认可、效仿、适应和习惯的过程。

社会下层群体的热心与乐趣，似乎更能提升广州演讲话语行为之群体化、大众化效应。当时，广州下层民众对演讲之风多加欢迎。1906年的《时事画报》，曾以《演说纪盛》为题，做了十分精彩的报道。该报道主题醒目，曰："演说为无形之教育。"详载曰："演说为无形之教育。以之开化中下社会，推为绝大之功用。丙午（1906）正月朔日，连日有志士数君，联袂到海幢寺相继演说，环而听者约数千人，均侧耳凝神，异常恬静。迨将日夕，数君欲行，而听者环绕揖请再演。数君告以唇焦舌敝，万难再继。约以明日，始得从容而去。可觇中下社会之智识，较之前时，日进千丈者矣。"[①]时环听者达几千人之多，尚劝其继续演说，直到无能发声为止，可见众心迷恋听讲之热心程度。

二 名人讲坛之精英话语空间

广州社会话语风习的另一个显著表现，是风靡广州的名人讲坛。晚清广州名流政要乐于进入大学，举办茶话座谈会、演讲会，借以开展各种重大社会政治活动和高层外事活动。这成为近现代和当代社会文明的一个重

---

① 《演说纪盛》，《时事画报》1906年1月第1期，第10页。广东省立中山图书馆、广州博物馆编，倪俊明、程存洁主编《时事画报》（影印版，第一册），广东人民出版社，2014，第400页。

要标志。

1908 年 7 月 3 日，岭南学堂在学校夏令休假期间，特开茶会，遍请全体学生父兄参加，并由监督晏文士转请粤省官绅与美国领事莅临。广东提学使沈曾桐应邀参加这次校园茶会，并在会上做了演说，讲述开展西学教育的重要意义和紧迫性，并对岭南学堂的西式教育成绩大加肯定。沈曾桐是这次活动的主角之一，其原为光绪进士，一直主张变法维新，致力于提倡西式教育。茶会之后，他还与岭南学堂员生与粤绅合影。另外，在此次茶会上，学校还向来宾募捐，用以建立学生宿舍，来宾踊跃捐献。这一活动也很好地显现了演讲话语提升社会公德的功能特点。

民国时期，以岭南大学为最典型之场所，逐渐形成风靡广州的名人讲坛。以孙中山三次应邀进入岭南大学演讲为标志，广州各界政要名流不断在此演说和倡导新举措，在当时的中国南方富有影响力。1912 年 5 月 7 日，辞去临时大总统职务的孙中山先生，回粤后应邀到岭南学堂演讲。孙中山在岭南学堂的马丁堂前，向师生发表了题为《非学问无以建设》的重要演讲，呼吁师生以好的学问建设社会，造福社会。地方报纸竞相报道。5 月 9 日，孙中山又应邀到早年求医时的博济医院附属医校故地礼拜堂中演讲，孙中山发表了演说："兄弟今日返来，得立于念年前从学之地，与牧师兄弟姊妹同聚一堂，诚梦想所不及。……为基督徒者，正宜发扬基督之教理，同负国家之责任，使政治、宗教，同达完善之目的。……惟望此后勉力前进，同担责任，得享宗教之幸福。是兄弟所祷祝者也！"[①]孙中山在这里呼吁的"政治、宗教，同达完善之目的"就是日后基督教"人格救国"思想的一个重要的组成部分。1923 年 12 月，孙中山还在众多广州政界要人的陪同下，再次访问岭南学校，并向师生发表了题为《立志要做大事，不可要做大官》的演讲，希望全校师生担负起建设民国的责任和使命。1924 年 5 月 2 日，在黄花岗起义十三周年纪念之际，岭南学校盛设筵席，开黄花岗起义纪念会，并邀请孙中山先生在大礼堂进行演讲。孙中山在演讲中动情地鼓励青年一代学习黄花岗七十二烈士。"我们今天来纪念，

---

① 孙中山：《在广州耶稣教联合会欢迎会的演说》，载《孙中山全集》（第二卷），中华书局，1982，第 360 页。

就是纪念他们当时的志气，纪念他们以死唤醒国民，为国服务的志气……尤其要学他们的道德观念。""有聪明能力的人，应该要替众人来服务。这种替众人来服务的新道德，就是世界上道德的新潮流。七十二烈士有许多是有本领学问的人，他们舍身救国，视死如归，为人类来服务的那种道德观念，就是感受了这种新道德的潮流。"①

其他广州主政之领袖要人，多有不时来校演讲时政者。1917年，广东省省长朱庆澜曾多次来岭南学校参观，向师生演讲，与师生座谈，此举俨然使岭南学校成为广东推行新的高等教育的中心地。其对岭南学校的规模、设备、教学活动均非常赞赏，发起捐建校舍和女学经费数万元，又亲自到学校的农林试验场植树纪念。1921年4月5日，陈炯明参加岭南学校植树节仪式并发表演说，环听者300余人，师生整洁肃然，精神风貌良好。广州军政府外长伍廷芳、广州军界名人李福林（国民革命军第五军军长），及后来的抗日名将蔡廷锴等，均曾莅临岭南学校名人讲坛。

广州的名人讲坛，如一块磁石般吸引着当地社会的执政者和精英阶层来此举行各种重要施政活动，以期收高屋建瓴之效，辐射至社会大众，这将演讲和群体话语对白之社会功能，提升到一个甚高的层面。由此来看，将演讲视为社会政治生活领域的一种新生事物，抑或社会转型之际一种显著的文明进步现象，并不为过。

三　城市公共事务中之演讲话语空间

伴随着广州社会群体对演讲之风的欢迎与接受，演讲现象在各阶层中逐渐表现出其深刻影响力，成为各种社会团体参政议政的新方式，以及公共事务领域用以追求共识、和谐的交涉"媒介"，从而显示出一种强势文化的底蕴和稳健上升趋势。不过，笔者认为，这与其说是西方文明中国化的一种象征，毋宁说是中国社会近代化过程中思想解放的一种表达形式。

对于众多社会团体而言，话语空间之拓展势在必行，讲演则是一种最

---

① 孙中山：《在岭南大学黄花岗纪念会的演说》，见广州市博物馆黄花岗起义旧址文物陈列资料。

终能够为其内部成员所接受的、用以协调内部矛盾的温和处理方式，例如，在晚清的拒约运动、保路运动中，社会变革的新思潮在广州社会涌动，而这种新思潮最终表现为以演讲的形式发挥作用。1910 年 4 月 10 日，粤省绅商士庶，假华林寺自治会开国会请愿同志会第三次会议，各界冒雨偕来，一点钟全座已满。由当时会议的内容看，皆为犀利之政治演讲。其时先由谢惠林、何耀廷、冯冕臣、李芳楼、李铁尧、何紫峰、谭荔垣等次第演说速开国会之利益。"至两点钟摇铃开议，公推陈惠普、郭仙舟主席，英任衡宣布，罗少翱书记。""当由主席请众研究组织同志会进行方法及成立时期。"杜贡石起言："政府今日诿言国民程度不足，不肯速开国会，是政府恐国会一开，对于国民须负责任也。政府虽欲放弃责任，我国民断不能许其放弃今日方针。我人民对于政府有损失权利之行为，务须实行监督，揭发其阴私，指谪其罪恶，使国民皆知政府之上负朝廷，下负国民，以符先朝庶政公诸舆论之谕旨。"叶夏生起言："立宪政治必须具执政与监督两机关，监督机关常在执政机关之上，以防执政之专横。今政府但知组织内阁而不开国会，是有执政机关而无监督机关。真正宪国断无此政治，且此等内阁亦不过为一二权贵之要津，不足为责任之内阁。又何怪外人訾为伪立宪耶！"①请愿同志会的这类演讲话语，达到了本阶层内部利益沟通的预期目的。1918 年第一次世界大战结束后，广州社会中法权意识最强的法学界，对巴黎和会中的种种不公现象，也选择以演讲方式讨回公道。"自欧和大会我国代表被人凌逼之消息传至，各界人士，同深忿激，现闻有法政生陈大可、劳仲勉等，欲以言论唤起人心，分途演讲此次日本凌逼我国情形，闻该队现已在城内组织机关，开成立会，将与学界所组之演说团，并驾齐驱矣。"②广州法学界人士的呼吁，不仅表述了意愿与政治见解，也表明了斗争目标和可实施的行为方式。

演讲作为特定群体的一种参政方式，在现实中又常常表现为：该群体通过各种努力以获得政府的宽容，或者通过与政府的合作，以实现对公共事务的合法参与。1919 年，广东省会学生联合会为启发广州人的现代意

① 《粤省国会同志会开第三期会议》，《申报》1910 年 4 月 17 日。
② 《城内之演说团》，《广东中华新报》1918 年 2 月 22 日。

识，拟组织一个大约 30 人的演讲团，于周末在广州市内进行演讲。当时的广州政府考核申请后认为对社会无害，就予以批准，并安排警方帮助维护秩序。事情的原报道曰："警察厅昨令正分各署云，现据广东省会学生联合会会长周棠、郑文光函称，本会现议组织演讲队，队员约三十人，于星期日在本城公众地点讲演，其宗旨在启发国人之常识，以适应世界之潮流，用特函请给护照，以便进行等情。查该会所组之讲演队，宗旨尚属纯正，自可照准，惟公众地点，难免阻碍交通，应另择空旷之处讲演，届时并应由该队员，将日期地点、讲演时间，报该管警区，饬警弹压保护，以维秩序，毋庸发给执照，除行第一区转知该会长通告各队员遵办外，合就令行各区署分署一体查照。"①广州市政府确实支持了广东省会学生联合会的演说计划，给予了务实的另选宽广地点有序进行的建议，并派警保护。

到了 20 世纪 20 年代，演讲更加成为城市群体对白的语言和社会生活中不可或缺的因素，不仅规模大，而且范围广，具有强大的社会声势。地方政府机构也努力把召开面向公众的演讲会，作为一种重要的施政策略来对待。例如，1926 年 11 月 15 日广州举办的一次孙中山诞辰日纪念活动就是一个明证。对于这次诞辰日纪念，《广州民国日报》当时专门做了题为《演讲大会情形》的即时报道。这次大规模之演讲分五个地点，于十一、十二日晚举行。演讲情形如下，第一，"中大礼堂——十一晚中大礼堂演讲会由邱启熏君主席，演讲者有戴季陶、施存统诸先生，对于纪念总理之意义，发挥尽致"。全场鼓掌如雷。随有国民戏院电影助兴。听讲者数千人，至十一时后始散。第二，教育会。十一日晚教育会讲演会，由梁文琰君主持，有孙夫人宋庆龄女士及孙炳文、陈其媛诸先生演讲，淋漓尽致，听者动容。随有菲菲幻术社演幻术以助兴。到场听讲者千余人，当孙夫人到会时，全场起立致敬，尤足见民众纪念总理之殷也。第三，河南戏院，十一日晚河南戏院演讲会，由谭尚伦主持，听讲者四千余人，有余鸣鸾诸先生演讲。随有三十九国民女学校跳舞歌诗、河南精武会国技、跳舞、白话剧等助兴。十二日晚有袁晴晖、陆宗骐、邱启熏、梁文琰诸先生演讲。精武会跳舞、拳术、白话剧等助兴。此次河南之演讲，精武会不特报效种

---

① 无标题，《广东中华新报》1919 年 2 月 21 日。

种游艺助兴，且于会场之布置等均极力帮忙，其热心党国，不可多得也。第四，西关宝华戏院。十二日晚宝华戏院演讲会，由谢汝诚主持，演讲者有余鸣鸾及国民大学代表等，听讲者数千人，有西关女校坤罗等跳舞歌诗，香港华仁学校罢课生演白话剧助兴。第五，"东山培正学校，演讲情形见下，兹从略"。①特别值得注意的是，在这次纪念大会的五个地点中，有两个是基督教教会学校。而演讲，本来就是这些教会学校所擅长的。

在区域性的社会风俗的改造工作中，讲演扮演着灵活而精彩的重要角色，也是指向大众心理的最有效的一种沟通方式。《广州民国日报》记载有 1929 年国民党广州市党部领导下的广州市风俗改革委员会为扫除迷信之风而举办的一系列大型演讲活动。1929 年 8 月 17 日下午，广州市风俗改革委员会通过了组成案，之后为扩大宣传，拟自当日起每晚专门派员在通衢进行破除迷信的演讲，以迎接即将举行的广东各界破除迷信活动大会，殷切呼吁各界捐助。该会旋又拟定于 16、17、18 日每晚派宣传队赴中央公园、天字码头、西濠口、十八甫等繁盛地点演讲，同时，又敦请各界名流在中央公园播音台演讲迷信之害，以唤醒市民，促其觉悟，从速破除迷信。该演讲队由华侨演讲队、市宣传部等共同组成，分为四队。②后来，报纸又进一步追踪报道了演讲队所取得的成绩，认为有组织的演讲活动非常成功，其良好的演讲效果在广州市引起了很大的反响，也超越了预期。

借助于近代科学的新成果，强化演讲的社会效益，服务民众，在广州已屡见不鲜。一些新型的"化装演讲"现象，也应运而生，从而成为演讲家族中的"新贵"，这在客观上也表明演讲获得了一种层次性的提升。就上述广州市风俗改革委员会的演讲活动而言，1929 年 9 月 14 日，广州市风俗改革委员会又拟请本地的社会名流，在中央公园播音台演讲，以使民众更加明了。"聘定黄麟书、程天固、欧阳予倩于 16 日下午一时至三时演讲，黄季陆、李笠侬、伍伯良于下午六时至八时演讲；聘请陆幼刚、方德华、陈汝超于 9 月 17 日下午一时至三时演讲，林翼中、蒲良柱、区芳浦于下午六时至八时演讲；冯天如、谭惠泉、区声白于 9 月 18 日下午一时至三

① 《演讲大会情形》，《广州民国日报》1926 年 11 月 15 日。
② 《中央公园播音演讲》，《广州民国日报》1929 年 8 月 19 日。

时演讲，金习澄、伍观淇、孙甄陶等于下午六时至八时演讲；各受聘者将依时到台演讲。另外，有化装演讲：在维新路口、中央公园前、十一甫马路口等处，分盖化装演讲台，由木铎社、蜚声剧社、琳琅幻境社、机器工会，分别作化装演讲。"第一晚定演《社会黑暗之一瞥》，第二晚演《临清夜钟声》。①当时的演讲活动，聘请了广州市政府的林翼中、黄麟书、程天固、区芳浦、陆幼刚等多名地方政府要人和社会名流，包括教育局局长、工务局局长等行政首脑。在演讲中，还有"化装演讲"等富有乐趣的新的演讲形式。

在涉外政治活动中，演讲不仅被认为是一种有效的武器，政府也时常自觉地采用灵活自由的聚会演讲、茶话会演讲等形式，处理高层国际外事活动。1938 年的《国难特辑》，曾经刊载中国全面抗战开始后，广东省政府的茶话外事活动。其中，《龚斯德博士莅粤演讲经过》一文载曰："1937年年底，世界著名演讲大师美国人龚斯德博士来华巡回演讲声援中国抗战之事。世界著名演讲大家龚斯德博士，美国人，迭曾来华讲道，言论风采，夙为国人景仰。最近，博士鉴于日本侵华之暴行，曾以第三者资格致函忠告日本国民勿受军阀之愚，侵略我国，并促其及早觉悟。正义之论，友足使人敬佩。博士今次来华讲学，乃承中华基督教全国协进会之邀请，来粤程序，早经预订。博士于昨年十二月三日抵埠，8 日离粤，兹将演讲经过录于左：播音台演讲二次；对教会领袖演讲，六次，900 人；对教友演讲 5 次，2500 人；对各界公开演讲 4 次，4000 人。"②于是，在 1937 年12 月 6 日，广东省政府主席吴铁城专门设政府茶话会以招待龚斯德博士等来粤贵宾。报纸载："昨年十二月六日下午五时在迎宾馆设茶会待龚斯德博士及上海文化人章乃器、吴涵真，并请本市各界名人亨利教授、骆爱华先生、嘉拔利博士……黄文山先生等暨外宾六十余人，由吴主席，并对待龚斯德博士、章乃器先生等不远万里而来表示欢迎之忱……直至七时始散会。"③由此次记载可以知道，美国演讲大师是以一系列全民欢迎的大型演

---

① 《风改会又拟请本地社会名流演说》，《广州民国日报》，1929 年 9 月 16 日。
② 《龚斯德博士莅粤演讲经过》，《国难特辑》第二辑，资社 164 号，1938 年 1 月，第 47 页。
③ 《龚斯德博士莅粤演讲经过》，《国难特辑》第二辑，资社 164 号，1938 年 1 月，第 47 页。

讲会作为手段，声援国际社会制止军事冲突和侵略活动的，而广东省政府则以国礼的规格接待宾客。演讲成为一种富有成效的、鲜活的新型城市话语，是一种非常重要而体面有效的、处理社会公共事务的方式，其功能之日渐扩展也意味着社会人际交往方式的一种深层次的变革，从而以一种不同寻常的方式提升着近代城市文明水平。

广州城市在近代得风气之先，民众以各种演讲形式参与社会进化发展，蔚然成为城市文明中的一个特色。演讲之风最初与宗教的宣讲活动相关，在某些方面甚至还叠加了面向平民的职业训练因素。而广州上流社会则多以名人讲坛等时尚形式提升精英社交方式的效能，进而延伸到聚众议事等社会公共事务环节，从总体上看，演讲之风较为有效地推动了近代广州社会的大转型。

作者通信地址：广州市白云区新市街云安路 119 号，电话：13640348795，邮编：510410，邮箱：guangzhou112202@126.com

责任编辑：赵新良

论晚清广东女诗人女性意识的觉醒[*]

邓　丹　陈素贞[**]

华南师范大学文学院，广东广州，510006；

江门培英高级中学，广东江门，529000

摘　要：晚清广东才女的诗作中显露出逐步觉醒的女性意识。女诗人悲叹自身命运，并以独立的生命意识和独特的情感视角观照古代女性，肯定女性的作用和历史功绩；她们大多认可女性写作的价值，甚至敢于反击社会上质疑女性写作的声音，努力提升女性立言的地位；女诗人顺应时代的风气呼唤男女平等，流露出巾帼不让须眉的话语，开始进一步思考自我价值的实现。

关键词：晚清；广东；女诗人；性别意识

明清妇女文学研究是近年新的学术热点，然而相对于江南才女，关于广东才女的研究是十分冷寂的，这与广东才女生平和创作资料不易获见有较大关系。近年笔者多方搜罗，发现广东才女有著述存世者多集中于晚清，晚清广东女作家存世作品近二十种，其中逾半数为《广州大典》集部收录，得以影印面世。① 在这些以古典诗歌为主要创作样式的作品集中，

---

 * 　基金项目：2016 年度《广州大典》与广州历史文化研究一般课题项目"清代广府女诗人研究"（批准号：2016GZY13）。

**　邓丹（1979～　），女（汉族），湖北通山人，华南师范大学文学院副教授，文学博士。陈素贞（1991～　），女（汉族），广东江门人，江门培英高级中学教师，文学硕士。

① 《广州大典》收录晚清女诗人作品共 12 种，具体包括：邱掌珠《绿窗庭课吟卷》、黄芝台《凝香阁诗钞》、龙吟芗《蕉雨轩稿》、黎春熙《静香阁诗存》、李如蕙《茗香室诗略》、张宝云《梅雪轩全集》、张宝珊《听香阁集》、黄璇《紫藤花馆诗集》、梁霭《飞素阁遗诗》、罗慧卿《文寿阁诗钞》、刘月娟《倚云楼诗钞》和余菱《静香剩草》。

可以观照晚清广东才女的生命际遇、人生感悟和对时代的思考，同时还有逐渐觉醒的女性意识。

关于女性意识，乔以钢认为："从女性主体的角度来说，女性意识可以理解为包含两个层面：一是以女性的眼光洞悉自我，确定自身本质、生命意义及其在社会中的地位；二是从女性立场出发审视外部世界，并对其加以富于女性生命特色的理解和把握。"① 儒家宗法制度男尊女卑的不合理因素导致了女诗人在政治、文化、社会等领域的失落，令其眼界与胸怀颇受局限，但晚清广东女诗人大部分有幸接受教育，逐渐意识到现实的处境无法满足她们对于生命的期许，而造成这一悲剧的根源正在于她们的性别。才女们在诗作中表达对自身和历来女性命运的思考，认可女性从事写作的意义和价值，甚至流露出对男女平等的向往和追求，这是女性意识的觉醒。

一　"从古红颜多薄命"：对女性命运的悲叹

在两千多年来受儒家文化维护的男权社会里，女性成为被绳索束缚的精神囚徒，男尊女卑、三从四德的不平等因素所建立起来的家庭秩序模型确立了男女主从的社会关系，使女性的个体行动与精神世界受到抑制，生命和人生价值受到社会的漠视。晚清广东不少女诗人意识到这种悲剧的生存状态，常常在诗歌中就此发抒悲慨之情。

大埔才女范荑香（1805~1891）出生于书香之家，父范引颐曾任广东三水训导。适庠生邓耿光，不意婚后四年而寡居，无子女。时夫家贫，夫兄弟逼荑香改嫁，她"坚执不从"，"幽伤抑郁，多于诗发之"②。其《落花》组诗即表达了自身感受到的痛苦与压抑：

> 瑶台一夜彩云空，狼藉残香恨不穷。月下记曾怜并蒂，天涯谁与叹飘蓬。犹看蝶影来墙外，怕听莺声出院中。从古红颜多薄命，不须

---

① 乔以钢：《中国女性与文学——乔以钢自选集》，南开大学出版社，2004，第 140~141 页。
② （清）范沄：《荑香二姑生传》，见（清）范荑香《新刊化碧集》，梅县诗社，2002，第 3 页。

惆怅怨东风。

　　删尽繁华剩瘦枝，谁从零落惜芳姿。红绡有泪情难断，紫玉成烟志不移。汉殿魂归空惹恨，楚宫人老总无词。同心愿结重阳友，一任风霜独自支。

　　谁赋巫阳续楚文，香销玉碎任纷纷。繁华梦醒留金粉，歌舞场空剩彩裙。艳骨总成青冢草，芳魂难化楚山云。深红落尽浑无色，杜牧重来但夕曛。①

这组诗中，诗人以"落花"自喻，道出了自己如花一样的命运和飘零生活。花开虽然美丽，此般绚丽鲜活的生命却在一夜之间香残狼藉。她还把视野投射到遥远的古代，重新审视自古以来悲惨女性的不幸命运：红绡为情流泪，紫玉对爱坚贞；诗人叹息昭君出塞之后的落寞，也为息妫的哀怨鸣不平。在感受自身薄命的同时，诗人亦思考着女性群体在历史中的不幸处境，为繁华梦醒、歌舞场空而遗憾落寞。虽然深刻地意识到女性角色的局限以及社会对于女性的不公平待遇，但诗人依然没法弄懂其中的缘由，只是感慨"从古红颜多薄命，不须惆怅怨东风"，用无奈的喟叹安慰自己对生命的无奈，表达了心中无限的凉意。黄香之侄范沄评价其诗歌云："所作多凄惋音。咏物和古，率多借题写意。诗无脂粉气，菰塘夜雨，林叶秋风，未足以喻其萧瑟也。"② 可知她的诗歌多是自身真实心境写照，充满感伤情绪。

　　在悲叹自身命运之外，晚清广东女诗人还以女性独立的生命意识和独特的情感视角对那些在历史发展进程中扮演了重要角色的女性给予公正的评析，对于史笔将女性化为"祸水"的言论，常常表示不满。如范黄香的《张丽华》诗：

---

① （清）范黄香：《新刊化碧集》，梅县诗社，2002，第89页。
② （清）范沄：《黄香二姑生传》，见（清）范黄香《新刊化碧集》，梅县诗社，2002，第3页。

> 掌书记曲漫相夸，宠冠深宫张丽华。亡国分明因孔范，不应仍恨《后庭花》。

> 绿窗酌酒曳华裾，一曲徐终恨有余。地下相逢仍怏怏，愧伊三十六封书。①

张丽华是南朝陈后主的宠妃，其人聪明善记，灵慧多才，故云"掌书记曲漫相夸"，陈后主与宫廷嫔妃创制的名曲《玉树后庭花》等即为歌颂其美而作，张丽华甚至与君臣共同参与决策国家大事。但正因此，后人多将陈灭亡的原因归咎于她，认为正是她们这些绝色的嫔妃迷惑后主才导致国家灭亡。范荑香对此说甚为不满，她指出"亡国分明因孔范"，正是因为有孔范这样的奸诡大臣欺上瞒下、拉帮结派才导致了国家的灭亡，让一女子背负亡国罪名实在不妥。

南海才女梁霭（1862~1887）在评析天宝遗事时，对"女宠祸国"的观点也进行了强烈反驳，其《杨贵妃》一诗云：

> 三生钿盒恨茫茫，宛转蛾眉事可伤。千古美人卫社稷，论功应比郭汾阳。②

"唐人赋马嵬诗者，动辄归咎太真"③，梁霭此诗一反长期以来盛行的谴责杨贵妃祸国的看法，为李杨爱情和贵妃自身的命运悲叹不已，认为贵妃在马嵬坡自尽，牺牲一己而保全了爱人和社稷的安危，其功劳绝不逊于因平乱有功而被封为汾阳王的大唐中兴名将郭子仪。此诗立论新颖，透露出诗人鲜明的女性意识。梁霭的诗之所以赢得近代著名学者冒广生"幽曲纤峭，感人肺腑。盖虽苦吟雅宗之士，或未能过"（《飞素阁遗诗序》)④ 的

---

① （清）范荑香《新刊化碧集》，梅县诗社，2002，第105页。
② （清）梁霭：《飞素阁遗诗》，影印清光绪二十六年（1900）刻本，收入潘飞声等编《粤闺诗汇》，《广州大典》第57辑第36册，广州出版社，2015，第98页。
③ （清）吴骞：《拜经楼诗话》卷二，民国影印愚谷丛书本，第11页。
④ （清）梁霭：《飞素阁遗诗》，影印清光绪二十六年（1900）刻本，收入潘飞声等编《粤闺诗汇》，《广州大典》第57辑第36册，广州出版社，2015，第92页。

盛赞,当于此可见一斑。

女诗人们不但要为长期以来被祸国之说冤枉的不幸女性平反,还从历史发展的角度出发肯定和歌颂女性为国家做出的贡献。如生活于道光年间的香山才女李如蕙有《论信陵君窃符救赵》诗:

> 虎视强秦欲未厌,兵符窃出仗香查。比邻缓急偏师解,此举安危六国兼。颇惜佳人酬素志,翻令公子负微嫌。功多罪薄心如日,太息千秋史笔严。①

李如蕙认为,兵符之所以能够成功窃出全仗如姬,她的举动使信陵君得以救援赵国,也使魏国的地位提高,牵制了秦国的发展。这么一个大义大忠的奇女子,史书当中却从未为她单独立传,让她无缘青史留名。诗人由对"女英雄"历史功绩的肯定及推崇上升到对史家笔法长期以来对女性别于男性的严格与不公发抒强烈抱怨,正体现了突出的女性意识。

二 "谢女风流有嗣音":对女性写作的认可

明中叶之后,由于思想控制的松动、开明文人的鼓励和商业出版的发达,女作家大量涌现,清代女性文学创作更是呈现出空前繁盛的局面,在诗、词、戏曲、弹词等领域都取得了耀眼夺目的创作实绩。可以说,女性写作和出版在清代得到前所未有的肯定、鼓励和表彰。然而,仍有不少才女或囿于"内言不出阃"的传统观念,或对自身才华过于自谦自轻,对自身作品的刊刻和传播充满焦虑和不安。范荑香在道光间"以诗名噪遐迩,闺中士女之通文墨者争招致之。梅州松江诸宦家,其妇女皆奉之为师,敬礼不衰,故终岁作客时多,不能久居于室"②。其诗名早已享誉乡邻,与闺中女性的切磋和交流也十分频繁,但当怜才爱才的梁光熙想要将她的诗篇

---

① (清)李如蕙:《茗香室诗略》,影印清同治七年(1868)刻本,《广州大典》第56辑第34册,广州出版社,2015,第447页。

② (清)范沄:《荑香二姑生传》,见(清)范荑香《新刊化碧集》,梅县诗社,2002,第3页。

镂板行世之时，却遭到范黄香的拒绝。① 香山才女张宝珊"少耽吟咏，于书无所不读，而尤笃于史学"（张日晋《听香阁集序》）②，在她的诗作获得文士关注和赞赏时，也流露出过于自谦之意，如其《黄芭香先生向家大（人）索余诗刻入诗略中，作此志愧》诗云："自是名流解爱才，铁城坛坫一时开。香闺只愧雕虫技，也许编诗入玉台。"③ 她认为写作纯粹为消遣抒怀罢了，只是雕虫小技，无补世风。也许正是此种自我轻视的心理和才名焦虑之困，导致才女的诗作少有传世，实在可惜。

晚清广东虽有一些闺秀对于自身作品的流传充满不安和焦虑，甚至不乏抱持多才便会福薄的心理而对写作持消极保守心态者，但伴随着女性意识的渐渐觉醒，更多的才女积极地展现自我，在诗中表现出强烈的自信心。她们肯定自我乃至女性群体写作的价值，推崇随园风气以及同乡才女，甚至积极主动刊刻自己的著作，乐见其流传。

邱士超的女儿邱掌珠学识丰富，经常帮助父亲抄录整理岭南名家的诗作，在此过程中她发现岭南女诗人亦有不少佳作名篇，于是经常捧读这些诗作，并写诗表达自己对女性写作的看法，见《家大人命录岭南诗，特将闺秀诸作别成一帙，讽咏之余，赋此书后》一诗：

> 天南煜离明，文士得其半。余彩及兰闺，粉黛争炳焕。
>
> 今录岭南诗，名媛辉藻翰。时得诵清芬，珠玑足珍玩。
>
> 自愧学殖荒，骚雅失淹贯。庭训义有疑，徘徊几问难。
>
> 闺阁寡交游，行不出里闬。心美卷中人，尚有空长叹。④

邱掌珠认为，南粤之地火气炽热，光耀明亮，文人学士得了这种炽盛火气

---

① （清）范沄：《黄香二姑生传》："黄大守箕山颜之曰《化碧集》。梁广文光熙作序，将为之镂板行世。姑坚辞而止。"见（清）范黄香《新刊化碧集》，梅县诗社，第 4 页。

② （清）张宝珊：《听香阁集》，见（清）张宝云《梅雪轩全集》卷四后附，影印光绪三十四年（1908）铅印本，《广州大典》第 56 辑第 59 册，广州出版社，2015，第 785 页。

③ （清）张宝珊：《听香阁集》，见（清）张宝云《梅雪轩全集》卷四后附，影印光绪三十四年（1908）铅印本，《广州大典》第 56 辑第 59 册，广州出版社，2015，第 785~786 页。

④ （清）邱掌珠：《绿窗庭课吟卷》，光绪二十二年丙申（1896）刻本，收入潘飞声等编《粤闺诗汇》，《广州大典》第 57 辑第 36 册，广州出版社，2015，第 37 页。

的一半，孕育了昌盛的文风。而在岭南文学风气熏陶下，岭南才女亦努力展现光彩，一个"争"字，写出了才女们的志气与作为。邱掌珠肯定并赞赏岭南才女焚膏继晷的勤奋以及由此创造出来的文学成绩，亦从自身经历出发说明女性从事文学创作的不易——她们鲜有人可以交流切磋，又不能多接触外界生活，知识闻见都颇为受限。尽管如此，邱掌珠仍以岭南名媛的成就自勉自励，鞭策自己创造更好的成绩。邱掌珠的诗后来传遍粤地，不仅获得"粤东三子"之一黄培芳的赞赏，在恽珠编选全国性闺秀总集《国朝闺秀正始集》时，亦知其名，录其诗《书岭南闺秀诗后》入第十八卷。① 邱掌珠婚后与丈夫陈虹一同设帐里中，成为一名闺塾师，将自己的知识传于闺内，既为粤地闺秀文化增色，自身亦成为新型知识女性的突出代表。

生活于同治、光绪年间的香山才女张宝云在读到同乡才女麦芳兰的诗集之后，大为推崇，写下《读麦芳兰女史〈谢庭诗草〉题后》一诗：

> 绣余开卷傍花阴，想见当年著作心。已历冰霜留苦节，更裁云锦入孤吟。才人坎壈成常例，谢女风流有嗣音。我亦深闺闲搁管，欲题诗句费搜寻。②

麦芳兰名又桂，生于乾隆初年，明经麦德沛第七女，诗人麦英桂之妹。何其英《谢庭诗草叙》称麦又桂诗"词旨清朗，音节和平，虽处困极，绝无哀痛迫促之响"③。麦又桂坚韧的品格、出众的诗才皆令人赞叹，张宝云此诗即表达了对这位乡里先贤坎坷命运、冰霜苦节的同情，更盛赞其诗作有才女谢道韫遗风。麦又桂在丈夫何怀向离世后，生活困苦，"惟教女徒资

---

① 《书岭南闺秀诗后》与上引此诗文字略有出入："天南煜离明，文士得其半。残膏授绿闺，粉腻争炳焕。今录岭南诗，名媛喜璀璨。缮存几案旁，时时一把玩。自恨学殖荒，骚雅愧淹贯。庭训义有疑，无人可问难。闺阁寡交游，行不出里闉。槛外闻嘤鸣，求友声相唤。"详见（清）恽珠编《国朝闺秀正始集》第十八卷，清道光红香馆刊本，第22页。
② （清）张宝云：《梅雪轩全集》卷一，影印光绪三十四年（1908）铅印本，《广州大典》第56辑第59册，广州出版社，2015，第746～747页。
③ （清）麦又桂：《谢庭诗草》，道光七年（1827）写刻本，留香堂藏板，第5页。

以糊口，如是者二十余年"①。张宝云对其设帐教授女学生之举亦表示赞赏，在《再题〈谢庭诗草〉》诗中写道：

> 才非并世亦心倾，诗礼家风慧业成。雅爱书签堆镜匣，俭夸裙布衬钗荆。锦笺词和神仙侣，绛帐经传女学生。好与谢庭吟絮句，后先辉映有同声。②

张宝云再次盛赞麦又桂的诗才和品德，更肯定她将自身才华投入女性教育中，为女性诗歌的持续发展做出贡献，成为闺秀诗人群体中耀眼的明星，烛照后来人前进的道路。张宝云一生亦颇为坎坷，于归之前便失去了丈夫，孀居三十年抚养两嗣子成人。然而长期的寡居生活并未令她消沉忧郁，她将自身的生活体验和情感经历凝聚在《梅雪轩全集》四卷的全部诗篇中，在《自题映相》诗中自言"消受人间清净福，一生含笑乐优游"③。可以说，正是麦又桂这样的前辈才女给予了她激励和慰藉，令她有了学习追慕的对象。麦又桂、张宝云虽然素未谋面，但在这两位女诗人之间，清晰地呈现了岭南才女文学创作精神的承继。

番禺才女刘月娟的才名意识也颇为突出，她仰慕随园先生袁枚教导女弟子的风采，想象自己身处当时的氛围之中，写下《拟祝随园先生八十寿诗》，诗云：

> 才名久仰玉堂仙，归去田园乐事全。雁宕观涛年耋矣，罗浮捉蝶鬓皤然。堂前多士呈新制，阃内诸姬叠锦笺。同是祝公无量寿，自天降下福绵绵。④

---

① 冼玉清：《广东女子艺文考》，商务印书馆，1941，第 36 页。
② （清）张宝云：《梅雪轩全集》卷一，影印光绪三十四年（1908）铅印本，《广州大典》第 56 辑第 59 册，广州出版社，2015，第 756 页。
③ （清）张宝云：《梅雪轩全集》卷一，影印光绪三十四年（1908）铅印本，《广州大典》第 56 辑第 59 册，广州出版社，2015，第 759 页。
④ （清）刘月娟：《倚云楼诗钞》，1912 年排印本，收入潘飞声等编《粤闺诗汇》，《广州大典》第 57 辑第 36 册，广州出版社，2015，第 113 页。

刘月娟不但表达了对才高名盛的随园先生的倾慕，对结社作诗的随园女弟子亦羡慕不已，更祝福如此褒扬女性文学创作的随园先生能够万寿无疆。

南海才女罗慧卿曾因文字创作而遭受非议，但她没有退缩，连写了三首《丁酉省居书愤（因文字招尤，书此泄愤）》宣泄对某些保守人士反对女子学识、攻击女性写作的陈腐观念的愤懑，诗云：

> 无才女子世誉痴，好学庸知致惹疑。成器原来在磨琢，俗人不解玉无疵。
>
> 傲骨生成禀性初，羞人摇尾富豪间。从今不教诸儿女，任彼愚顽福有余。
>
> 新咏诗成满玉台，焉知是德在无才。词章总启清流祸，钗断文缘心未灰。①

"从今不教诸儿女，任彼愚顽福有余"，这显然是意气之语。罗慧卿具有较强的才名意识，她主动参加诗社，游历地方甚多且必以诗记之，她还是为数不多的自编诗集、自写序言的女作家，甚至主动将自己的诗作收集起来。在诗稿的序言中，她提到自己的诗稿"或寓言以寄慨，偶览胜而留题"，"未忍遽焚"，"弃之可惜"，"遂将旧作一百九十首类为一卷……题曰《文寿阁诗钞》"。② 女性的写作在封建社会严格的宗法制度下实为不易。冼玉清亦云："婚前尚为童稚，学业无成功之可言。既婚之后，则心力耗于事奉舅姑周旋戚党者半。耗于料理米盐，操作井臼者又半。耗于相助丈夫，抚育子女者又半。质言之，尽妇道者，鞠躬尽瘁于家事且日不暇给，何暇钻研学艺哉？"③ 才女们要在繁忙的家务中抽时间来读书学习，钻研学艺，其间心酸血泪难以明言，可以说，这些诗作就是才女们用生命的心血熔铸而成的。所以罗慧卿积极刊印自己的作品，即便可能招来非议，也不

① （清）罗慧卿：《文寿阁诗钞》，影印清宣统元年（1909）刻本，《广州大典》第56辑第61册，广州出版社，2015，第814页。
② （清）罗慧卿：《文寿阁诗钞》，影印清宣统元年（1909）刻本，《广州大典》第56辑第61册，广州出版社，2015，第812页。
③ 冼玉清：《后序》，《广东女子艺文考》，商务印书馆，1941，第2~3页。

惧怕，而是直面这些议论，且用文字进行反击。其《感事偶吟》第二首云："言论原本贵自由，清高人格识侬不？文章有价非轻与，游戏诗词偶应酬。"① 受到社会上平等自由学说的影响，罗慧卿为女子写作正名：言论本来就是自由的，既无男子与女子之分，也无高尚与低俗之分，每一个人都有发表言论的自由。此番见识，确实是受维新变法思潮影响，在晚清特定社会环境下发出的时代之声，更是消除了男女间的性别差异，提升了女子言论的地位。

三 "于今巾帼具须眉"：对男女平等的追求

早在19世纪70年代，伴随着洋务运动的开展，部分早期维新派人士就开始关注妇女问题，提出了一系列关于废止女性缠足和实施女学的主张。戊戌变法时期，社会涌现了为妇女解放而呐喊的思潮。他们以西方"天赋人权"学说为导向，在各报刊上披露伦理纲常与封建礼教对妇女施加的各种迫害，高呼男女平等与妇女解放。外界关于女性解放的呼声早已突破闺门传入才女耳中，她们目睹社会的变化，自觉接受新思想，开始进一步思考自我价值的实现问题。

当时，许多报刊当中出现了"自由""平等"等字眼，深深吸引了才女们，她们亦顺应时代的风气呼唤男女平等。南海才女罗慧卿还主动参与社会上关于女学的讨论，她的《咏感》诗有长序云：

人之恒言曰：女子无才便是德。无才而果是德乎？则《内则》之篇，母仪之重，无庸古圣人提倡女教矣？予闻其言，予悲其言，予自为哭，予并为二万万女流哭也！同是圆颅方趾，血肉衣食之伦，礼教本无分内外，形有异而学无异也。男子主乎外，女子主乎内，道原平等，权限攸关。自专制之术行，创扶阳抑阴之说，谓夫为妻纲，积习相沿，遂成义理。久而久之，女权日替，女禁愈严。旋以靠其赡养，

---

① （清）罗慧卿：《文寿阁诗钞》，影印清宣统元年（1909）刻本，《广州大典》第56辑第61册，广州出版社，2015，第814页。

故托庇男下，无敢或违。独夫因其道而利用之，为之缠其足，使艰于举动，绝见塞闻；令之不读书，智识锢闭，胆量何来？致使巾帼钗裙，有如花鸟以供男子玩器。①

罗慧卿认为，女性的身体被控制，社会要求她们缠足以控制她们的行动；女性的思想也被控制，她们学习的机会被剥夺，导致女性如同花鸟般供男子玩弄；女子要管理家庭的起居饮食、柴米油盐等各种事务，还被社会上"无才便是德"的价值判断束缚身心，实在是太不公平了。诗人为女子长期以来的悲剧命运痛哭、呐喊。

自外国的坚船利炮强行打开中国的国门后，国事蜩螗，才女们亦能感受到她们的个人际遇与国家命运之间的紧密联系，希望能够一展抱负，为动荡的国家出一份力。黎春熙有诗作记录自己亲身遭遇的咸丰八年（1858）的江西民变：

> 八月初九日贼至，围南安，是夜大雨，章江涨不可渡
>
> 黑云浩浩卷双旌，陵雨滂沱夜捍城。壮士疆场争努力，家人生死早忘情。江翻雪浪喧鼙鼓，天倒银河洗甲兵。报国愧无奇六出，木兰奚用请长缨。②

诗人渴望自己能够像花木兰一样上阵杀敌，可身为女子报国无门，也无奇计可出，苦闷之情弥漫于诗中。但是，女性如果有机会参与历史的进程，其能力和作用亦不逊于男性，如张宝珊《昭君》一诗云："马上琵琶别调新，玉关回首靖烟尘。笑他李广称飞将，到底功成让美人。"③ 此诗角度颇为新颖，人们常对李广将军的骁勇善战称道不已，但在张宝珊看来，王昭

① （清）罗慧卿：《文寿阁诗钞》，影印清宣统元年（1909）刻本，《广州大典》第56辑第61册，广州出版社，2015，第820~821页。

② （清）黎春熙：《静态阁诗存》，光绪二十四年（1898）刻本，收入潘飞声等编《粤闺诗汇》，《广州大典》第57辑第36册，广州出版社，2015，第77页。

③ （清）张宝珊：《听香阁集》，见（清）张宝云《梅雪轩全集》卷四后附，影印光绪三十四年（1908）铅印本，《广州大典》第56辑第59册，广州出版社，2015，第787页。

君的和番，凭一人之力换来两国交好的和平局面，其保家卫国的历史功绩，似乎较飞将军李广更胜一筹。张宝珊此诗彰显出"巾帼不让须眉"的豪情，从中可见诗人性别意识的觉醒。

李奇志在谈到清末民初文学中的"英雌话语"时说："随着国难日益加剧，为了营造普遍的救国氛围，男性启蒙者们把'女国民'的内涵奋力推向了极致。他们以反男权的姿态，怒斥以'大丈夫'、'英雄'论世的男权主义传统：'世世儒者赞颂历史人物曰大丈夫，而不曰大女子；曰英雄，而不曰英雌。鼠目寸光，成败论人，实我历史之污点也。'由此，'英雌'概念浮出历史地表，并逐渐演变为清末民初民族国家振兴、女权振兴的典型话语形态之一。"[①] 处于清代晚期的广东女诗人，亦开始呼应这种强烈的情绪，在书写当中出现了此种不让须眉的话语。

刘月娟生活在晚清至民国之间，其思想较生活在道咸间的女诗人多有先进开明之处，其《女界从军》诗云：

> 木兰令我想英姿，匹马从征气吐奇。自古钗裙多节概，于今巾帼具须眉。红颜并入南军队，素手同提北伐师。女子成群拼血战，热心一片助男儿。[②]

红颜女子的形象开始置放于疆场之上，构成了诗人心中无限的向往。自古以来，花木兰的形象一直为闺秀才女诉说，她们渴望自己能如花木兰般女扮男装，与铁血戎马相结合。如今社会开始呼唤"英雌"的出现，女子有机会并入军队，也有能力与男儿一起并肩作战，保护家园。在这难得的机会之下，诗人大呼"于今巾帼具须眉"，女性已经做好了一切准备，正等待着男女平等社会的到来。刘月娟在诗中不仅流露出女子不让男儿的豪迈壮志，更对将来性别平等的社会充满了期待。

尽管"戒缠足""兴女学"的话语都是建立在维护男权社会的"强国

---

① 李奇志：《清末民初思想和文学中的"英雌"话语》，湖北教育出版社，2006，第 18 页。

② （清）刘月娟：《倚云楼诗钞》，1912 年排印本，收入潘飞声等编《粤闺诗汇》，《广州大典》第 57 辑第 36 册，广州出版社，2015，第 112 页。

保种"口号上的，女性依然处于男权社会的边缘，依然没有机会参与政治，为国家建功立业，但是在家庭的教育下，一些拥有才智和教养的广东女性开始拥有独立思考的能力和难能可贵的人格尊严，并开始对自己的社会角色充满向往。这意味着清代晚期，看似牢不可破的性别桎梏正逐渐被挣开，广东才女们看到了希望的曙光，同样期待着新时代的到来。

作者通信地址：邓丹，广东省广州市广州大学城华南师范大学文学院，邮编：510006，邮箱：ddzhg@163.com；陈素贞，广东省江门市蓬江区江门培英高级中学，邮编：529000，邮箱：619957095@qq.com

责任编辑：赵晓涛　蒋方

中药橘红药名释义

孔祥华*

广州中医药大学，广东广州，510405

摘　要： 从西汉的《尔雅》到东汉的《释名》，释名学不断发展。中医药学领域特别是中药学领域，因药物众多，名称多歧，故更需要释名。为给中医药学习者提供更多样化的认识中药的角度，使其加深对中医药文化的了解，提高学习中医药的兴趣，文章通过参考《释名》《说文解字》《本草纲目》《本草释名考订》等文献资料，采用文献研究法、分析研究法、训诂法等，对橘红的各种称谓进行释名考证，认为橘红得名主要与颜色、质地、产地、中药加工与炮制、地方方言等因素相关，药名含义丰富。

关键词： 中药；橘红；释名；考证

　　橘红是一种常见的中药材，为芸香科植物橘及其栽培变种的干燥外层果皮。[①] 橘红不仅具有沁人心脾的清新香气，被老百姓应用于日常去除臭味、净化空气，而且具有极高的药用价值，是一味具有神奇功效的良药。廖弈秋等引述《广东省化州志》云："惟橘红……岐黄家用以利气化痰，功倍他药。""（橘红）治痰症如神，每片真者可直一金。"[②] 中医认为，橘红性味辛苦温，归脾、肺经；功能理气宽中、燥湿化痰；主治咳嗽痰多、

　＊　孔祥华（1978～　），男（汉族），广东肇庆人，广州中医药大学副研究员，博士，研究
　　　方向为中药文献。
　①　陈蔚文主编《中药学》，人民卫生出版社，2016，第179页。
　②　廖弈秋等：《南药化橘红基原考证》，《中药材》2015年第2期，第401页。

食积伤酒、呕恶痞闷。① 明卢子颐在《本草乘雅半偈》中谓："古人命名立言，虽极微一物，亦有至理存焉。"② 中药药名不仅是文字符号，也承载着悠久的中国传统文化。正名之外，橘红异名甚多，本文就其各种称谓的由来及含义进行考证，以飨读者。

一　橘红的正名考证

在《中华人民共和国药典》中，其正名为"橘红"。③ 部分学者认为"橘红"一名首见于元王好古《汤液本草》（成书于 1248 年）。例如，肖培根主编的《新编中药志》记载："橘红出自元王好古《汤液本草》，当中记载：'橘皮以色红日久者为佳，故曰红皮、陈皮。去白者曰橘红也。'"④ 郑宏钧、詹亚华主编的《现代中药材鉴别手册》记载："橘红……始载于《汤液本草》。"⑤ 也有学者认为"橘红"一名首见于宋洪遵《洪氏集验方》（成书于 1170 年）。例如，吴焕等认为："据查《本草纲目》黄橘皮内有'去白者橘红也'之说，但橘红之名并非李时珍首用。早在宋洪遵《洪氏集验方》（1170 年）中已有橘皮去穰取红之说，到宋陈自明的《妇人良方》（1237 年）中有十多条方剂用橘红，宋严用和《济生方》（1253 年）已有三十多方用橘红。"⑥

不过，经过查证，"橘红"一名至少早在《太平惠民和剂局方》（成书于 1078 年）中已有记载。《太平惠民和剂局方》中的"绍兴续添方"记述："二陈汤，治痰饮为患，或呕吐恶心，或头眩心悸，或中脘不快，或发为寒热，或因食生冷，脾胃不和。半夏汤洗七次，橘红各五两，白茯苓三两，甘草炙一两半……"⑦

---

① 陈蔚文主编《中药学》，人民卫生出版社，2016，第 179 页。
② （明）卢子颐撰，冷方南、王齐南校点《本草乘雅半偈》，人民卫生出版社，1986，第 232 页。
③ 国家药典委员会编《中华人民共和国药典》，中国医药科技出版社，2015，第 378 页。
④ 肖培根主编《新编中药志》，化学工业出版社，2002，第 665 页。
⑤ 郑宏钧、詹亚华主编《现代中药材鉴别手册》，中国医药科技出版社，2001，第 751 页。
⑥ 吴焕等：《化州橘红的本草学研究》，《中药通报》1985 年第 9 期，第 10 页。
⑦ （宋）太平惠民和剂局编，刘景源整理《太平惠民和剂局方》，人民卫生出版社，2007，第 108 页。

从古至今，关于"橘红"称谓的由来，学者的主流说法是：橘皮去除内层果皮取得的外层果皮，经过干燥后的炮制品，称为橘红。也就是说，经炮制去白的外果皮称为橘红，不去白者为橘皮，这是两种不同的品名，功效亦不同。这种说法得到了众多学者的认同。比如，清严洁等《得配本草》云："去白名橘红，消痰下气，发表邪，理肺经血分之郁。留白和中气，理脾胃气分之滞。"①《冉雪峰本草讲义》记载："橘皮、橘红本是一物，橘皮黄中透红，故连白者曰橘皮，去白者曰橘红。"②

"橘红"一名如何释义，董莲池《说文解字考正》云："橘。果。出江南。从木，矞声。"③ 关于"矞"字，大致包含以下两种含义。一是具有颜色之意。譬如，西汉董仲舒《雨雹对》云："云则五色而为庆，三色而成矞。"西晋左思《魏都赋》曰："矞云翔龙，泽马于阜。"明李时珍《本草纲目》记载："橘从矞（音鹬），谐声也。"又言："五色为庆，二色为矞。矞云外赤内黄、非烟非雾，郁郁纷纷之象。橘实外赤内黄，剖之香雾纷郁，有似乎矞云。橘之从矞，又取此意也。"④《古代汉语词典》将"矞"（音 yù）释为"祥瑞的彩云"⑤。以上皆为颜色之义，旨在描绘橘皮外赤内黄、非烟非雾、郁郁纷纷之象。二是表示尖锐之意。董莲池《说文解字考正》记载："矞。以锥有所穿也。从矛，从冏。一曰：满有所出也。"⑥ 言其有表尖锐之意。顾建平编著的《汉字图解字典》记载："橘，形声字。木表意，篆书形状像树木，表示橘是果木；矞表声，矞有尖锐、戳穿义，表示橘树多尖刺。"⑦ 综上所述，橘红的"橘"字乃旨在表述橘树多尖刺，果皮颜色外赤内黄。"橘红"称呼因颜色、形态得名。

---

① （清）严洁等著，姜典华等校注《得配本草》，中国中医药出版社，1997，第 177 页。
② 冉雪峰：《冉雪峰本草讲义》，中国中医药出版社，2016，第 480 页。
③ 董莲池：《说文解字考正》，作家出版社，2005，第 221 页。
④ （明）李时珍：《本草纲目》，华夏出版社，2002，第 1198 页。
⑤ 《古代汉语词典》编写组编《古代汉语词典》，商务印书馆，1998，第 1936 页。
⑥ 董莲池：《说文解字考正》，作家出版社，2005，第 85 页。
⑦ 顾建平编著《汉字图解字典》，东方出版中心，2008，第 207 页。

二　橘红的异名考证

除正名为"橘红"外，橘红还有"化州橘红""橘皮橘红""柚类皮橘红""川橘红""川云皮""衢橘红""赖橘红""广橘红""建红""大五爪""尖化红""柳叶红""五爪橘红""笔架花""云红""芸红""芸皮""陈皮""甜橘红""糖橘红""灸橘红""光化""黄七爪""绿七爪""全毛黄七爪""全毛绿七爪""光青毛爪""化州桔红"等异名称谓。①

橘红的异名"形色各异"，据笔者考证，其异名主要与产地、加工和炮制、形态、颜色、质地以及地方方言等因素有关。

（一）产地

现临床上多用"化橘红"代称"橘红"。"化橘红"全名"化州橘红"，为化州的道地药材，是芸香科灌木或小乔木植物化州柚的未成熟或近成熟的外层果皮。② 现大多数学者认为，化橘红最早记载于清赵学敏《本草纲目拾遗》（1765）。也有学者认为化橘红入药始于《广东通志》（1675）所记，其中"高州府药"（按：化州当时属于高州府）云："化州之橘红，增城之荔子，琼南之香犀、象贝，指不胜屈。"③ 认为"化"最早是指其出产于广东化州，正如陈蔚文主编的《岭南本草》所记载："'化'

---

① 参见肖培根主编《新编中药志》，化学工业出版社，2002，第 665 页；（清）赵学敏著，闫志安、肖培新校注《本草纲目拾遗》，中国中医药出版社，2007，第 254～257 页；卫生部药政管理局编《中药材手册》，人民卫生出版社，1959，第 298～299 页；徐国龙等编《常用中药材处方名辨义》，安徽科学技术出版社，1982，第 253 页；匡海学、桑树荣编《简明中医药名辞典》，黑龙江科学技术出版社，1988，第 368 页；卢赣鹏主编《500味常用中药材的经验鉴别》，中国中医药出版社，1999，第 341 页；中国药学会上海分会、上海市药材公司合编《药材资料汇编》，科技卫生出版社，1959，第 162～163、166 页；韩维恒《中药正别名集》，湖南科学技术出版社，2005，第 220 页；（明）陈嘉谟撰，陆拯、赵法新校点《本草蒙筌》，中国中医药出版社，2013，第 183 页；潘纲编著《中药材商品知识》，江苏科学技术出版社，1982，第 312 页；《全国中草药汇编》编写组编《全国中草药汇编》，人民卫生出版社，1978，第 690 页。
② 陈蔚文主编《中药学》，人民卫生出版社，2016，第 179 页。
③ 吴焕等：《化州橘红的本草学研究》，《中药通报》1985 年第 9 期，第 10～12 页。

者，言其产于化州。"①

历代医家对化橘红有很高评价，譬如，清江世琳在《橘红辨》中谓："化州所产橘红，医家以之利气化痰，功倍于他药，人皆宝之。"学术界、医学界和老百姓大多认同化州所产橘红效果最佳。化橘红之名更盛于橘红，部分学者认为主要原因是宋、明以来橘红声誉颇佳，人们发现化橘红优于一般橘皮去白之橘红，故冠以"化州"之名，以示区别。②

广东地区自古以来橘、柚不分，此说可以从大量的本草文献中得到证实，譬如，马继兴主编的《神农本草经辑注》记载："橘柚，一名橘皮。"③ 橘皮可以加工成橘红（橘类橘红），化州柚的果皮加工成化橘红（柚类橘红）。化橘红与橘红（化州柚）的称呼关系实际上是他称与自称关系，如同历史上对"客家人"的称呼一样。④ 到了清代，化橘红成为皇家贡品。但正宗化橘红产量很少，如清吴其濬《植物名实图考》记载："以城内产者为佳，然真者极难得。"⑤ 因此，周边地区（如广西）所产柚皮，也被当作化橘红使用，且一直沿用至今。

此外，沿用产地命名的橘红还有出自四川的橘红，民间称为"川橘红""川云皮"；出自浙江衢州的称"衢橘红"⑥；广东赖家产者称"赖橘红"⑦；广东一带所产者为"广橘红"⑧；主产于福建闽侯的称"建红"⑨；等等。

（二）中药加工、炮制与形态

由于药材加工方法不同，药材呈现的形态各异，不同形态有不同的名

---

① 陈蔚文主编《岭南本草》，广东科技出版社，2010，第191页。

② 吴焕等：《化州橘红的本草学研究》，《中药通报》1985年第9期，第11页。

③ 马继兴主编《神农本草经辑注》，人民卫生出版社，2013，第100页。

④ 屈杰等：《橘红及化橘红的本草考证》，《中华中医药杂志》2016年第11期，第4434~4436页。

⑤ （清）吴其濬著，侯士良等校注《植物名实图考校注》，河南科学技术出版社，2015，第779页。

⑥ 肖培根主编《新编中药志》，化学工业出版社，2002，第665页。

⑦ 徐国龙等编《常用中药材处方名辨义》，安徽科学技术出版社，1982，第253页。

⑧ 匡海学、桑树荣编《简明中药药名辞典》，黑龙江科学技术出版社，1988，第368页。

⑨ 卢赣鹏主编《500味常用中药材的经验鉴别》，中国中医药出版社，1999，第341页。

字，橘红亦然。橘皮在加工、炮制之前，一般先用刀将果皮均匀切开，剖下，展开如掌似爪。《中药材手册》记载："五角的外皮黄棕色，光而无毛茸，亦有皱纹及凹点，俗称'大五爪'，柳叶形的俗称'尖化红'。"[1]《药材资料汇编》还把"尖化红"比作"柳叶红"，原因是其果皮烘干后形如柳叶。[2] 清赵学敏《本草纲目拾遗》引述《识药辨微》亦云："又有一种为世所重，每个五片如爪，中用化州印，名五爪橘红，亦柚皮所制，较掌片为佳。"[3]

加工后的橘皮除了如掌状以外，还有其他形状。譬如韩维恒编《中药正别名集》言："化皮对半折，叠如笔架状，称笔架花。"[4]《药材资料汇编》认为："川桔红，又称川芸皮或芸红，将广柑用卷刀整个圆扦，扦成薄片，形呈波浪式的长条，形如云头，又名'云红'。重庆加工，规格分一二等，薄者叫芸红，厚者叫芸皮。"[5] 程超寰《本草释名考订》解释："芸芸，原为众多的意思。芸皮、芸红者，意为'普通橘红'。"[6]

中药的炮制方法多种多样，不同的炮制方法不仅使药物的作用、性味等发生变化，而且使中药的异名更加丰富。最常见的方法就是久藏。明陈嘉谟《本草蒙筌》卷七记载："新采者名橘红，气味稍缓，胃虚气弱者宜。久藏者名陈皮，气味辛烈，痰实气壅服妙。"[7] 由于炮制方法不同，橘红还有"甜橘红""糖橘红""灸橘红"等称谓。清赵学敏《本草纲目拾遗》引述《百草镜》记载："近日有一种产仁和塘栖镇蜜橘皮所制，曰甜橘红，清香入肺醒脾，消痰之功，不下化产，而性不峻削，名为香金板，南人体弱者宜之。"又言："糖橘红，仁和塘栖镇者佳。以皮去白，切小块，用糖

① 卫生部药政管理局编《中药材手册》，人民卫生出版社，1959，第299页。
② 中国药学会上海分会、上海市药材公司合编《药材资料汇编》，科技卫生出版社，1959，第163页。
③ （清）赵学敏著，闫志安、肖培新校注《本草纲目拾遗》，中国中医药出版社，2007，第255页。
④ 韩维恒编《中药正别名集》，湖南科学技术出版社，2005，第220页。
⑤ 中国药学会上海分会、上海市药材公司合编《药材资料汇编》，科技卫生出版社，1959，第166页。
⑥ 程超寰：《本草释名考订》，中国中医药出版社，2013，第494页。
⑦ （明）陈嘉谟撰，陆拯、赵法新校点《本草蒙筌》，中国中医药出版社，2013，第183页。

霜制。"① 潘纲《中药材商品知识》记载，灸橘红，取橘红片，用炼蜜加适量开水，拌匀略润，置于锅内用文火炒至微黄不粘手为度，取出摊晾。②

（三）颜色、质地

由于外皮的颜色、质地不同，橘红有不同的俗称。比如"光化""黄七爪""绿七爪""全毛黄七爪""全毛绿七爪""光青毛爪"等名，其中"黄""绿""青"字皆用来形容不同品种橘红外皮的颜色，而"毛""光"等字言其外表是否密被茸毛。韩维恒编《中药正别名集》："用柚皮加工的橘红，表面光而无毛，称为光化。"③《中药材手册》记载："七角的外皮黄色或黄绿色，密布茸毛，有皱纹及小凹点，俗称'黄七爪'、'绿七爪'。"④《药材资料汇编》言："原料是'枳桔'的果皮，表面有浓毛；色深绿，香味浓厚，制成为'全毛绿七爪'。其果过熟，则皮亦呈黄色，而浓毛较淡，制成为'全毛黄七爪'。"此外，还认为"光青七爪"是指"未成熟柚的幼果的果皮，表面光滑无毛，皮质粗松不实"⑤ 的品种。

（四）地方方言

橘红还有异名为"化州桔红"。⑥"橘"缘何言"桔"呢？"橘""桔"二字本义、读音都不同。董莲池《说文解字考证》："橘。果。出江南。从木，矞声。""桔。桔梗，药名。从木，吉声。一曰：直木。"⑦"橘"是水果，而"桔"是草药。这说明东汉许慎《说文解字》中即对此二字有明确的语义区别。但顾建平编著的《汉字图解字典》记载："'橘'俗称'桔'，常绿乔木，果实扁圆形，果肉多汁味甜。"⑧《现代汉语大词典》：

① （清）赵学敏敏著，闫志安、肖培新校注《本草纲目拾遗》，中国中医药出版社，2007，第 256～257 页。
② 潘纲编著《中药材商品知识》，江苏科学技术出版社，1982，第 312 页。
③ 韩维恒编《中药正别名集》，湖南科学技术出版社，2005，第 220 页。
④ 卫生部药政管理局编《中药材手册》，人民卫生出版社，1959，第 299 页。
⑤ 中国药学会上海分会、上海市药材公司合编《药材资料汇编》，科技卫生出版社，1959，第 162 页。
⑥ 《全国中草药汇编》编写组编《全国中草药汇编》，人民卫生出版社，1978，第 690 页。
⑦ 董莲池：《说文解字考正》，作家出版社，2005，第 221、224 页。
⑧ 顾建平编著《汉字图解字典》，东方出版中心，2008，第 207 页。

"桔（jú），用同'橘'。""'桔'（jié），桔梗，多年生草本植物，叶子卵形或卵状披针形，花暗蓝色或暗紫白色。根可入药，有宣肺、祛痰、排脓功效。桔槔，井上汲水的工具。"① 苏培成主编的《现代汉语辨析字典》解释，"桔"是"橘"的俗字，而不是"橘"的简化字。② 何谓俗呢？《汉语大词典普及本》解释："'俗体字'指通俗流行而不规范的汉字。"③ 据此可知，俗是指"桔"字主要在民间被用来表示"橘"，在表示某种特定水果的意义上，"橘"是正体，而"桔"是俗体。④

相关资料显示，清屈大均《广东新语》中的《木语·橘柚》篇是现今可以找到的较早使用"桔"字表示"橘"之义的用例。"吾粤多橘柚园……又有桔，亦与柑类……每田一亩，种柑、桔四五十株，粪以肥土，沟水周之。"从该文看，当时广东民间，人们大量种植"柑"和"桔"这两种果树。故"桔"字被借用来表示"橘"之义，应该是从广东开始的。⑤ 李学柱认为："在广东的三种方言中，'橘'、'桔'、'吉'同音，因此广东人喜用'桔'代替'橘'，不但易写，还包含吉利、吉祥的意思，且很相近。"⑥ 顾建平编著《汉字图解字典》："桔，形声字……吉（jí）表声，亦含吉之意。"⑦ 刘锡诚、王文室主编《中国象征辞典》："桔产于我国南方各省。利用桔与吉谐音，象征吉祥嘉瑞。"⑧ 此外，至今南方很多地方仍保留新年赠桔的风俗，互相赠送大桔，谐音"大吉"。⑨ 因此，"橘"俗作"桔"，大概是出于易写方便或其读音相似，可表吉利之意等原因。

---

① 《现代汉语大词典》编委会编《现代汉语大词典》，汉语大词典出版社，2000，第2067页。
② 苏培成主编《现代汉语辨析字典》，上海辞书出版社，2005，第287页。
③ 《汉语大词典普及本》，汉语大词典出版社，2000，第250页。
④ 陆书伟："'桔/橘'使用变异探析——汉字使用实态个案研究"，《语言文字应用》2008年第2期，第41~49页。
⑤ 陆书伟："'桔/橘'使用变异探析——汉字使用实态个案研究"，《语言文字应用》2008年第2期，第41~49页。
⑥ 李学柱：《柑桔品种名称趣谈——纪念柑桔专家曾勉、林越》，《中国柑桔》1988年第3期，第42页。
⑦ 顾建平编著《汉字图解字典》，东方出版中心，2008，第207页。
⑧ 刘锡诚、王文宝主编《中国象征辞典》，天津教育出版社，1991，第151页。
⑨ 胡朴安：《中华全国风俗志》，上海书店出版社，1986。

三　小结

南药橘红得名主要与颜色、质地、产地、中药加工与炮制、地方方言等因素相关，药名含义丰富；橘红名称多歧，为辨名识物，更需释名。中药名谓皆来源于人类生活和生产实践，体现了中国人民的无穷智慧。本草药名以其独特且丰富的内涵，俨然已经成为中国传统文化的一个特殊载体。从岭南名药橘红的释名考证可见，中药的命名具有艺术之美。相比于西药名称的抽象、烦琐，中药的命名更生动、形象。对中药名谓进行考证、整理、研究，不仅可以使中药学习者进一步理解本草文化的内涵，加深对中药四气五味、功效、毒副作用等的了解，增加学习中医药的兴趣和效果，而且有利于扩大岭南中医药文化的影响。

作者通信地址：广东省广州市广州中医药大学，邮编：510405，邮箱：657601942@ qq. com

责任编辑：黄小高

征稿启事

广州大典研究中心以传承和弘扬中华优秀传统文化为宗旨，是具有文献搜集与整理出版、研究阐发、人才培养、普及推广、传播交流、咨政与社会服务等职能的学术研究机构。《广州大典研究》是广州大典研究中心与社会科学文献出版社为推动广州地方文献整理和学术研究合作创立的学术集刊。

一、办刊宗旨：本刊秉持科学理性、兼容并包的文化精神，深入挖掘整理广府文化资源，开展系统理论研究，传承和弘扬中华文化，密切关注中国文化建设及世界文化发展的前沿理论与实践问题，充分展示当代学人的思想与探索，推进广州历史文化、历史文献的整理和研究，促进学术交流，发挥学术为社会服务的功能。

二、主要栏目：本刊收录文章主要是关于广州乃至岭南地区历史文献的搜集与整理、与岭南文化相关的学术文章，包括新文献的发现和研究、现有文献的研究利用、既有文献的重新解读等，涉及哲学、政治学、文学、历史学、文献学等社会科学及相关交叉、边缘学科的学术论文。此外，可适当收录学术著作读书笔记、评论性文章及相关学术会议内容综述等。初步拟推出（一）名家专论、（二）文献整理或史料挖掘、（三）成果应用、（四）理论探讨、（五）中外交流、（六）社会风俗等栏目，栏目将根据实际情况适时调整。

三、出版时间：本刊为半年刊，每年出版两期。《广州大典研究》（创刊号）已于 2018 年 6 月出版。

四、来稿可使用汉语、英语，文章篇幅以 3000～15000 字为宜（含注释、参考文献等）。来稿请注明作者姓名、学术简历、通信地址、电子邮箱。

五、本刊秉持学术规范精神，倡导严谨学风，拒绝任何抄袭剽窃和弄虚作假行为；如有侵犯他人著述版权及其他权利等行为，作者应承担全部责任并赔偿相关损失。

六、本刊所载论文一律文责自负。作者应对引文准确性、史实表述的严谨性等把关。编辑部可对来稿提出文字修改、句段删节及其他修改意见；对修改意见有异议者，请与编辑部进一步沟通。

七、本刊不接受一稿多投，凡在网上或其他刊物公开发表的稿件请勿投稿；稿件进入编审阶段后请勿改投他处；一旦出现他处先行刊发或全文上网的情况，请及时告知编辑部作撤稿处理。因作者原因导致重复登载，责任由作者承担。

八、论文一经发表，即奉薄酬。本刊亦有权将之以其他形式出版；外界转载、摘要、翻译、出版等均须征得本刊许可。

九、本刊设退稿制度。文稿发表与否，均通知作者。

十、联系地址：广东省广州市天河区珠江东路 4 号广州图书馆南 8 楼——广州大典研究中心《广州大典研究》编辑部。

本刊热诚欢迎国内外专家学者惠赐有关论文，提供信息和数据，希望本刊能荟萃本地区及国内外专家学者，共同整理广州文献，研究岭南社会与文化。

电子邮箱：gzdd - studies@ foxmail. com

撰稿格式

文章内容应依次包括：标题；作者姓名；工作单位；摘要、关键词；正文；作者详细通信地址、邮政编码、电话号码或电子邮箱，全文采用1.5倍行距。

一、标题：应简明、具体、确切，概括文章的要旨。中文标题一般不超过20个汉字（采用4号字，宋体），必要时可加副题（副题采用小4号字，幼圆体）。

二、作者姓名及工作单位：工作单位包括单位名称、所在省市及邮政编码（采用小4号字，仿宋）；多位作者名之间空一格（作者名采用小4号字，楷体），不同工作单位的作者在姓名右上角及相应的工作单位间夹注不同的数字序号。

具体排列为：题目名单列一行（字数较多者可分为二行，副题另行单列），姓名单列一行，单位单列一行，均居中排列。

三、基金项目：文章请在首页注明基金项目的正式名称，并在圆括号内注明项目批准号（采用小5号宋体），在标题处用"＊"及页脚处标注。

如基金项目：中国社会科学基金项目（批准号：59637050）

四、作者简介：（文章首页用"＊＊"在对应作者名及页脚处标注，采用小5号宋体）

姓名（出生年~），性别（民族），籍贯，单位，职称（职务），学位。

五、摘要与关键词：来稿均应有中文摘要，字数为100~300字，以第三人称对全文的主要内容和基本观点进行准确概括，禁用"本文""笔者""作者"等主语，不加诠释，不用报道语式，不用评价性文字，不分段，不用序号。摘要要求内容客观，应具有独立性和自含性；重点突出而新颖；文字简洁而精练。

关键词：选取反映文章最主要内容的名词性术语 3~5 个，关键词之间用分号隔开。

（"摘要""关键词"字样本身及其后的冒号采用 5 号黑体加粗，"摘要""关键词"后的内容文字采用 5 号楷体）

六、正文：要求观点明确、立论新颖、论据可靠、语言规范（采用 5 号宋体）。具体格式要求包括：

1. 文内分层或小节的标题数字顺序依次是：一、二、三……；（一）、（二）、（三）……；1、2、3……；（1）、（2）、（3）……。第一级标题居中排列，采用小 4 号黑体加粗，在汉字序数后不用标点符号，空一格后出标题题文，且该级标题与上下文之间应各空一行；第二、四级标题后紧接题文，其中第二级标题采用 5 号宋体加粗并缩进 2 字符；第三级标题阿拉伯数字后用"."，采用 5 号黑体，缩进 2 字符。

2. 为突出引文的重要性或引文较长而另立段落者，引文采用 5 号楷体，第 1 行起首空 4 格，从第二行起每行开头均空两格。引文首尾不加引号，且引文与上下文之间应各空一行。

3. 数字用法

文中阿拉伯数字均采用 Times New Roman 字体。

（1）公历世纪、年代、年、月、日用阿拉伯数字，行文中古代年代要加公元。如：19 世纪 60 年代、1922 年 12 月初、公元前 463 年、公元 1628 年

（2）民国采用公元纪年。

（3）图表的顺序号、数据及计量单位均用阿拉伯数字。

（4）古籍文献的卷数和引文使用汉字数字。

（5）非公历年、月、日使用汉字数字。中国朝代的年号及干支纪年后加括号用阿拉伯数字标出公元年代，公元前在年份前加"前"字，公元以后只标年份。如：元封四年（前 107）、乾道六年（1170）。

4. 图表

文稿中的图示和表格应注明标题（表格的标题在表格之上，图示的标题在图示之下，均居中排列），含一个以上图示和表格的应注明其序号（如表 1、表 2，图 1、图 2），并尽可能注明资料来源。

5. 文稿附加文字，如鸣谢等置于全文后，另段标出。

七、注释体例及标注位置：

文献引证方式采用注释体例。注释放置于当页下（脚注）。注释序号用①②……标识，每页单独排序。正文中的注释序号统一置于包含引文的句子（有时候也可能是词或词组）或段落标点符号之后。

引文注释格式未尽之处，烦请参考本刊已出版的数辑。

图书在版编目（CIP）数据

广州大典研究. 总第 3~4 辑 / 刘平清主编. -- 北京：
社会科学文献出版社，2021.1
ISBN 978 - 7 - 5201 - 7794 - 8

Ⅰ.①广⋯ Ⅱ.①刘⋯ Ⅲ.①地方文献 - 研究 - 广州
Ⅳ.①K296.51

中国版本图书馆 CIP 数据核字（2021）第 021860 号

广州大典研究 总第 3~4 辑

主 编 / 刘平清

出 版 人 / 王利民
责任编辑 / 周 琼
文稿编辑 / 程丽霞

出 版 / 社会科学文献出版社·政法传媒分社 （010）59367156
地址：北京市北三环中路甲 29 号院华龙大厦 邮编：100029
网址：www.ssap.com.cn
发 行 / 市场营销中心 （010）59367081 59367083
印 装 / 三河市龙林印务有限公司

规 格 / 开本：787mm × 1092mm 1/16
印张：38.75 字数：597 千字
版 次 / 2021 年 1 月第 1 版 2021 年 1 月第 1 次印刷
书 号 / ISBN 978 - 7 - 5201 - 7794 - 8
定 价 / 168.00 元